U0468473

燧石
Flint
文库

The Progressive Era

Murray N. Rothbard
Edited by Patrick Newman

现代美国的起源

[美] 默里・罗斯巴德——著
[美] 帕特里克・纽曼——整理汇编
粟志敏 陈玲 姚晨辉 蔡建娜——译

上海社会科学院出版社
SHANGHAI ACADEMY OF SOCIAL SCIENCES PRESS

荐　序

20世纪70年代初期，在普林斯顿大学就读本科三四年级时，我对进步时代非常着迷。这个时代之所以对我有那么大的吸引力，是因为当时的美国就像以前在林肯、共和党激进派，甚至是富兰克林·德拉诺·罗斯福的领导之下一样，坚决地否定美国独立战争的自由主义基本原则。

出于对这方面的兴趣，我自愿到研究生院选修了一门课，学校当时允许部分本科生这样选修课程。这门课会对进步时代的思想意识进行深入分析，授课老师是亚瑟·林克（Arthur S. Link）教授，他是伍德罗·威尔逊（Woodrow Wilson）的传记作者。这门课所有的阅读材料都是支持进步主义的，班上的所有学生也是进步主义的支持者。我们学习了林克教授的作品，还有其同事威廉·洛伊希滕贝格（William E. Leuchtenberg）的一些赞誉之词。

我希望对那个时代有一个理性的认识，这也是为了能收集一点"弹药"以备课堂辩论使用。我常常在辩论中落败。为此我请教林克教授，是否有哪位学者曾经提出有力的证据，能证明进步主义者都是江湖骗子，披着高尚商人、无私政客和诚实学者的外衣，内心却在迫切追求权力。

他告诉我，他刚刚听说过一个名为罗斯巴德（Rothbard）的年轻人的作品，但尚未拜读过。他的建议促使我拜读了《人、经济与国家》（*Man, Economy, and State*）。这本书让我欲罢不能，由此也开启了我的思想意识奇幻之旅。

同众多崇拜罗斯巴德的学生一样，我一口气读完了《新自由》（*New*

Liberty)、四卷本《在自由中孕育》(*Conceived in Liberty*),以及《银行的秘密:揭开美联储的神秘面纱》(*The Mystery of Banking*)。研究人类自由或奥地利经济学派的学生都知道,这些必读书籍会让人沉迷其中。我们也都知道,通过这些和所有其他作品,罗斯巴德成功树立了自己作为路德维希·冯·米塞斯(Ludwig von Mises)思想伟大诠释者的地位。

他撰写这些书籍,在全美各地进行演讲,并且针对人类自由撰写了众多开创性的文章和论文。与此同时,他也针对进步时代撰写独立的章节,可惜有生之年没有能看到这本书的出版。

作为罗斯巴德思想的出色诠释者,佛罗里达南方学院(Florida Southern College)年轻的教授、米塞斯学者帕特里克·纽曼(Patrick Newman)教授捡起了我们这位英雄的遗作。他收集整理这些迄今尚未出版的章节,并且补充了大量的注释,打造了一本可能会让默里·罗斯巴德自己都略感惭愧的巨著。

《进步时代》(本书《现代美国的起源》的直译名)的读者可能会有一种强烈的感觉,认为历史"是全面重现过去"。罗斯巴德从不满足于只是呈现出某历史阶段的大致观点或梗概。也正是因为如此,读者们会在他的作品中发现对大量人物的详细描述。只有像罗斯巴德这样拥有渊博知识且投入巨大精力的历史学家才能写出《进步时代》这种作品。

罗斯巴德不是简单地堆砌详细资料,以让读者感受从19世纪80年代到20世纪20年代这段进步时代。相反,他以详细资料为基础,对这个时代进行了革命性的新诠释。许多人认为进步主义者是改革者,是在向腐败开战,是在对我们的法律和体质进行现代化改造。罗斯巴德全力证明了这种普遍存在的观点是错误的。

19世纪的美国尊重个人基于自然法则所拥有的权利,而进步主义者希望改变19世纪的美国。进步主义者宣称自然法则和自由经济都已经过时,毫不科学,提出把科学应用到政治领域中,从而消除腐败、发展停滞和旧秩序,以更加繁荣昌盛、更加平等的中央集权取而代之。

罗斯巴德对此提出了异议:

> 简单来说，该阶段中央集权主义的快速高涨是受到两大群体的联合推动，一是某些大型企业群体，一是由知识分子、技术专家和专业人士（经济学家、作家、工程师、规划师等）组成的群体——他们获得了快速发展。大型企业群体迫切希望新形式的重商主义能取代自由放任经济，他们能够建立企业联盟，对经济加以控制，并且发挥自己的影响力，控制强大的政府，得到政府的扶持。第二个群体迫切希望掌握权力，在中央政府内工作，从中赚得丰厚收益。美国诞生于反垄断的传统，所以必须给新的企业联盟体系冠以人道主义政府对大型企业进行“进步性”限制的名号。他们靠知识分子销售这个观点。这两个群体都是受到俾斯麦（Bismarck）在普鲁士和德国创造垄断的福利-战争国家的启发。

罗斯巴德在为自己的诠释进行辩论时常常推翻大家已经接受的观点。我们中的多数人早就听说过，20 世纪初期芝加哥肉类加工业的恶劣环境曾经引起轰动。这场喧嚣源于厄普顿·辛克莱（Upton Sinclair）的小说《屠场》（*The Jungle*）。但鲜有人注意到，辛克莱当时造成轰动效应的内容是虚构的，与当时对肉类加工厂检查所揭示的情况完全是两回事。

罗斯巴德并没有就此止步。他揭示了大型肉类加工厂从 19 世纪 80 年代开始如何游说政府对自己进行更大力度的管控。

> 对这些谬论而言，遗憾的是，联邦政府实际上在 20 余年前已经开始对肉类进行检验，而且主要是由大型肉类加工厂自己提出来的。原因在于大型肉类加工厂迫切希望进入欧洲肉类市场，他们认为如果政府出面证明肉的质量，那么美国肉制品在海外会得到更高的评价，也就能够实现进入欧洲市场的目标。同数百年的科尔贝重商主义立法一样，通过政府强制提高质量迎合了企业建立联盟的目的，导致生产减少，限制竞争，并且提高消费品的价格。这并非巧合。

罗斯巴德发现，后千禧年派虔敬主义是整个进步时代的关键要素。后千禧一代灌输耶稣只有在整个世界进行改革之后才会开辟其王国，因此认为从宗教角度出发必须推行他们所喜欢的社会变革。

他们的影响无处不在。例如，罗斯巴德在他们的思想和优生学之间发现了意想不到的联系：

> 人们越来越支持天主教，而纠正这种趋势的方法之一……通常在宣传中披着“科学”的外衣。这种方法就是优生学，一个在进步运动中流行越来越广的学说。从宽泛的角度来说，优生学的定义就是鼓励“适者”生育繁殖，劝阻“不适者”生育繁殖。“适”与“不适”的判定标准通常符合本土白人新教信徒与国外出生人群和天主教信徒之间的分野，或者白人和黑人之间的分野。在比较极端的案例中，“不适者”会被强制进行绝育。

西奥多·罗斯福（Theodore Roosevelt）是最典型的进步主义者，而罗斯巴德让人相信，他的分析框架有助于解释这位派头十足的人物的种种匪夷所思。西奥多·罗斯福与摩根财团（House of Morgan）的银行业利益团体关系紧密。他的“反托拉斯”行为是有选择性的。他瞄准的只是那些反抗摩根财团控制的托拉斯。他支持“好的”托拉斯，也就是与摩根财团在利益上达成联盟的托拉斯。除了与摩根建立联盟之外，西奥多·罗斯福异常好战。“西奥多·罗斯福一生对战争和军事功名如饥似渴。”

战争和进步主义者天生就是盟友。战争带来了对经济的集中控制，进步主义者由此能推行他们的计划。罗斯巴德写道：

> 战时的集体主义也给这个国家的自由主义知识分子提供了一个模式。取代自由放任主义的不是存在阶级斗争的、无产阶级的马克思主义，而是一个新的强大国家，所有主要的经济群体协调一致，共同规划和组织经济。这恰好就是新重商主义，一种“混合经济”，充斥着那些和原来一模一样的自由主义知识分子。
>
> 最终，大企业和自由主义者认为战时模式是组织和融合劳动力队伍的一种方式，将这支常常难以驾驭的劳动力队伍当作法团主义系统

中的初级合作伙伴。这支队伍将由工会中“可靠的”领导层进行管理和规范。

我只列举了这本著作中分析的部分主题。书中蕴藏着众多真知灼见等待读者去发掘，其中包括联邦储备系统（Federal Reserve System）的起源、赫伯特·胡佛（Herbert Hoover）作为进步主义者的种种行为，以及洛克菲勒家族在推广社会保障系统中发挥的影响等。罗斯巴德没有回避所有这些事情中的宪治意义。西奥多·罗斯福种下了进步主义的种子，而他的仇人兼意识形态上的同志伍德罗·威尔逊则对那颗种子加以精心培育。罗斯巴德指出，从1789年到19世纪80年代，除了美国南北战争期间之外，麦迪逊模式（即联邦政府只能做宪法直接允许的事情）在政府中是主流。在进步时代之后，威尔逊模式（联邦政府可以根据其政治意愿做所有宪法未明确禁止的事情）开始盛行，直到今天。

这本著作的面世，完全归功于青年才俊纽曼教授出色的侦探工作和耐心的整理工作。在纽曼所写的《引言》中，他讲述了自己如何发现罗斯巴德的这本书并进行整理汇编。同时，他在大家去挖掘罗斯巴德的思想珍宝的路上也设置了许多有趣的机关。

罗斯巴德的这本遗作是论述进步主义的权威书籍。默里·罗斯巴德知识渊博，见解深刻而独特，研究兢兢业业，对生命的热爱颇具感染力，而且他一直在孜孜不倦地追求自由。只有他才能撰写出这样精彩的书籍。人们如果想对过去那段糟糕的时光进行研究，就必须拜读本书。

安德鲁·纳波利塔诺（Andrew P. Napolitano）

于新泽西州汉普顿镇

著有《西奥多和伍德罗：美国两代总统如何破坏宪法规定的自由》

（*Theodore and Woodrow: How Two American Presidents Destroyed Constitutional Freedom*）

2017年8月

编者的话

默里·罗斯巴德学识渊博，研究兴趣广泛。他曾著书探讨经济理论、经济史、经济思想史、历史、哲学、政治学和流行文学。事实上，大卫·戈登（David Gordon）写道："如果事先不了解默里·罗斯巴德，翻看他的书籍和文章时，读者会忍不住奇怪，为什么那五六位多产的学者都叫默里·罗斯巴德。"[①]在所有这些学科中，罗斯巴德花了大量时间研究其中一个领域，并且充分利用上述众多学科知识加以探讨。这个领域就是19世纪末期到20世纪初期的美国历史，尤其是众所周知的进步时代（大概是从19世纪90年代到20世纪20年代）。

进步时代就算不是美国历史上最重要的时期，也是最具重要意义的时期之一。这个国家曾经推行的是相对而言的自由放任经济和最小政府体制。但在进步时代里，美国变成了严格管控经济的国家，政府信奉的是干涉主义。公共知识分子、企业、公民和政党的思想意识也相应地发生了巨大的改变，更多地支持干涉主义。对多数历史学家而言，在这个阶段里，美国在发展壮大，并且意识到最小政府体制并不适合于现代化的工业经济，因为它会带来大量的社会问题，例如更短的商业周期、失业、垄断、严重的通货膨胀、产品质量低劣，以及大量的经济不平等。在罗斯巴德看来，进步时代也是一个转折点。当时美国放弃了自由放任经济相对于福利-战争国家而言的种种优势，一头扎进了这种转变，并在20世纪深陷转变带来的种种毁灭性后果。

人人皆知，罗斯巴德对进步时代的兴趣相当浓厚，一生中撰写了众多有

---

① David Gordon, *The Essential Rothbard* (Auburn, AL: Mises Institute, 2007), p. 7.

关进步时代的研究论文。但人们可能不太知道，甚至可能完全不知道，罗斯巴德曾经针对该时代撰写过一部相当成熟的著作，覆盖了从19世纪60年代的铁路干预到20世纪初的全国公民联合会(National Civic Federation)。这本著作撰写于20世纪70年代，当时罗斯巴德在加图研究所(Cato Institute)投入了大量精力。罗斯巴德从未正式完成该著作的撰写。他撰写了剩余的内容，并在20世纪80年代和90年代以各种论文的形式出版，算是非正式地完成了这本著作的撰写。罗斯巴德唯一的传记作家贾斯汀·莱蒙多(Justin Raimondo)在2000年针对该项目发表过以下看法：

> 罗斯巴德研究进步时代的文字从未编撰成单独的书册出版。这些文字对那个时代的自由主义者和其他学者进行了详尽的分析，值得大家细细挖掘。罗斯巴德使用精彩的故事讲述那些引领进步运动的男男女女，尤其是女性。他们中有政府内阁部长、社会工作者、知识分子，以及其他职业的社会改良家，他们都迫切地想以上帝的形象(通常是世俗化的)重塑美国。这种热忱源于，从神学角度来说，人类就是将在地球上建立天国的代理人。这些文字像小说情节一样层层推进，让人着迷①。

最终，这本著作综合了那本尚未完成的书籍和其他论文，把罗斯巴德对进步时代的历史研究完整地呈现给读者。

1962年，时年36岁的年轻的默里·罗斯巴德已经在奥地利经济学派和自由主义传统方面出版多部经典之作。一些作品只是论文或专论，篇幅较小。一些则篇幅更大，志向也更高，例如他在经济学领域的综合性专著。第一本在1962年出版，书名为《人、经济与国家》。第二本《权力与市场》(*Power and Market*)有关政府干预，注定会引起很大的争议，于1970年出版。另一本《美国大萧条》(*America's Great Depression*)在次年面世，探讨了一段经济历史，从奥地利经济学派的角度对美国兴旺的20世纪20年代和经济大萧条进

---

① Justin Raimondo, *An Enemy of the State: The Life of Murray N. Rothbard* (Amherst, NY: Prometheus Books, 2000), pp. 252 - 253.

行了权威的分析。除了这两本书之外，他还以约瑟夫·多尔夫曼(Joseph Dorfman)的笔名撰写了论文《1819 年大恐慌》(*The Panic of 1819*)。该文在 1956 年得到完善并在 1962 年出版①②。作为奥地利经济学派和自由主义最重要的学者之一，就算罗斯巴德在当时停止研究，他的地位已无可动摇。

但罗斯巴德并没有就此止步，他仍然兢兢业业地进行大量的创作，尤其是针对一些截然不同的主题。小肯尼斯·邓普顿(Kenneth S. Templeton, Jr.)是沃尔克基金会(Volker Fund)的合伙人，该基金会曾经为著作《人、经济与国家》提供研究资金。在写给小肯尼斯·邓普顿的信中，罗斯巴德写道：

> 非常高兴能有机会远离经济史这个领域。因为这些书籍的出版，尤其是《人、经济与国家》的诞生让我相信，我已经充分表述了自己在经济学领域想要发表的观点，现在迫切希望能够继续前行。我发自内心地讨厌重复自己，厌恶无休无止地吃老本，而这似乎是太多学者的生活方式③。

在 20 世纪 60 年代的其他时间里，罗斯巴德将精力主要投入众多截然不同的领域内，其中包括历史、政治哲学和流行的自由主义。与以前一样，他会在同

---

① 参见 Murray Rothbard, *Man, Economy, and State: A Treatise on Economic Principles*, 2 vols., (Princeton, NJ: D. Van Nostrand, 1962); *The Panic of 1819: Reactions and Policies* (New York: Columbia University Press, 1962); *America's Great Depression* (Princeton, NJ: D. Van Nostrand, 1963); *Power and Market: Government and the Economy* (Menlo Park, CA: Insti-tute for Humane Studies, 1970)。

② 关于这一阶段，约瑟夫·斯特龙伯格(Joseph Stromberg)曾经写过，罗斯巴德总是会在同时忙于多个重要项目的工作。Joseph Stromberg, "Introduction", in Murray Rothbard, *Man, Economy, and State, with Power and Market*, 1st ed., (Auburn, AL: Mises Insti-tute, 2004), p. lxii. 罗斯巴德一生都是处于这种状态。

③ Rothbard to Templeton, November 19, 1962;引自 Stromberg, "Introduction", p. lxxxii。事实上，人们可以从罗斯巴德在沃尔克基金会内部发表的一些书评中看到其研究兴趣的转变，详见 Murray Rothbard, *Strictly Confidential: The Private Volker Fund Memos of Murray N. Roth-bard*, David Gordon, ed. (Auburn, AL: Mises Institute, 2010)。对经济学书籍的评论大部分发表于 1956 年到 1960 年，关于历史和外交政策的书评基本上发表于 1961 年到 1962 年。后者涉及大量的主题，从美国独立战争到杰克逊领导的美国，再到第二次世界大战。这些文字证实，罗斯巴德既精通历史分析，也熟知当前的种种研究。另参见 Sheldon Richman, "Commentator on Our Times: A Quest for the Historical Rothbard", in *Man, Economy, & Liberty: Essays in Honor of Murray N. Rothbard*, Walter Block and Llewellyn H. Rockwell, Jr., eds. (Auburn, AL: Mises Institute, 1988), pp. 361 – 369。

时就许多不同规模的项目开展工作。他的一项主要研究工作是美国历史。1962年年底，在邓普顿的帮助下，罗斯巴德得到礼来基金会(Lilly Endowment)的一笔拨款。该笔拨款一直持续到1966年，支持他从自由主义的角度撰写美国历史卷册。他还同历史学家伦纳德·利济奥(Leonard Liggio)进行了合作。利济奥比罗斯巴德年轻，在20世纪50年代与罗斯巴德关系密切。

罗斯巴德的重要项目常常会脱离原计划，拥有自己的生命。在撰写《人、经济与国家》之初，罗斯巴德原本打算只是翻译其导师路德维希·冯·米塞斯所著的《人的行动》(*Human Action*)，将其当作教科书使用。但在认真考虑之后，罗斯巴德决定在这本书中对经济学进行全面的分析探讨。就《奥地利经济学派视角下的经济思想史》(*An Austrian Perspective on the History of Economic Thought*)而言，他最初打算从亚当·斯密(Adam Smith)谈起，小篇幅地从对立面探讨罗伯特·海尔布隆纳(Robert Heilbroner)的经济思想。但这部著作最后成为了两卷本的大部头(遗憾的是，第三卷始终未能得到撰写)，从古希腊哲学家一直谈到卡尔·马克思(Karl Marx)[①]。历史项目本只打算对美国历史进行一个大概的回顾，最终却成为了四卷本的《在自由中孕育》(*Conceived in Liberty*)，涵括了从美国殖民地建立到美国宪法制定的历史[②]。在

---

① Murray Rothbard, *An Austrian Perspective on the History of Economic Thought*, vol. 1: *Economic Thought Before Adam Smith* (Brookfield, VT: Edward Elgar, 1995); *An Austrian Perspective on the History of Economic Thought*, vol. 2: *Classical Economics* (Brookfield, VT: Edward Elgar, 1995).

② Murray Rothbard, *Conceived in Liberty*, vol. 1: *A New Land*, *A New People*: *The American Colonies in the Seventeenth Century* (New Rochelle, NY: Arlington House Publishers, 1975); *Conceived in Liberty*, vol. 2: "*Salutary Neglect*": *The American Colonies in the First Half of the Eighteenth Century* (New Rochelle, NY: Arlington House Publishers, 1975); *Conceived in Liberty*, vol. 3: *Advance to Revolution*, *1760 - 1775* (New Rochelle, NY: Arlington House Publishers, 1976); *Conceived in Liberty*, vol. 4: *The Revolutionary War*, *1775 - 1784* (New Rochelle, NY: Arlington House Publishers, 1979). 前两卷册在伦纳德·利济奥的帮助下撰写，罗斯巴德是第一作者。关于美国宪法的第五卷册从未出版，这部作品先手写再口述录音，可惜已经遗失。

更多关于该项目的内容，参见 Brian Doherty, *Radicals for Capitalism*: *A Freewheeling History of the Modern American Libertarian Movement* (New York: PublicAffairs, 2007), pp. 296, 339, 672; Leonard P. Liggio, "A Classical Liberal Life", in *I Chose Liberty*: *Autobiographies of Contemporary Libertarians*, Walter Block, ed. (Auburn, AL: Mises Institute, 2010), pp. 187 - 188; Murray Rothbard, "A Conversation with Murray N. Rothbard", in *Austrian Economics Newsletter* 11, no. 2 (Summer 1990): 3 - 4。

一次接受采访时，罗斯巴德谈到该项目的发展演变时说："我事先的计划不是这样。我不喜欢那种工作方式。我会一步一步来，而作品也在不断地变长。"[①]这种情况也适用于他的其他作品。

《在自由中孕育》的主题是自由与权力这两种思想之争。他的其他历史作品也是讨论这个主题。有人想要挥舞国家机器的强制权，有人想要抵制这种权力，历史上这两种思想之间的战斗无休无止。套用托马斯·霍布斯(Thomas Hobbes)的一句名言来说，在人类历史上，多数时候生命是"艰难、残酷和短暂的"。各种暴君、君主王侯、封建贵族和军阀使用暴力征服人民大众，对他们加以统治。这种旧制度的主要经济系统是重商主义，即政府为自己垂青的企业和其他特殊利益方提供扶持和其他形式的保护。接下来，在17世纪和18世纪的英国和美国殖民地，一切突然发生了改变，建立了截然不同的政府形式。新政府形式在权力上受到了更多的限制，给予人们更多的自由。特别是美国殖民地，在抛开皇室政府的压迫枷锁后，又在美国独立战争中彻底摆脱了英国政府，变成了支持权力更为受限的政府和由民众直接控制的自由放任经济系统。但这场斗争并没有结束，因为在19世纪，那些为自由和有限政府而战斗的人继续在与那些希望扩大政府规模的人发生冲突。

这是怎么发生的？自由思想和权力思想是如何向普通大众传播的？为什么这么久以来，公众会忍受那些旧制度统治者的蹂躏？为什么他们后来会反抗这种蹂躏，并且为自由而战？快进到进步时代，为什么钟摆会重新摆向中央集权，接受国家权力的扩大？

要回答所有这些问题，就必须先了解相关意识形态，以及那些过滤政府信息后再向公众进行传播的知识分子。在人类历史上一直存在两类知识分子。第一类是宫廷知识分子，最初是牧师和神父。他们的工作是通过宗教手段(例如"国王是神圣的")来说服公众相信和接受统治者的正当性和合法性，并且屈服于他们的掠夺。这些宫廷知识分子为统治者开展必要的公关工作，作为回报，他们能够分享从公众手中掠夺的财富。这种关系就是著名的王冠与祭坛的联盟(Alliance of Throne and Altar)，在大部分人类历史上一直存

---

① Murray Rothbard, "A Conversation with Murray N. Rothbard", p. 4.

在，只是形式各异。第二类是一些激进和革命派的知识分子，他们传播自由的信息，同强制性指令抗争。他们不是为了争取权力或树立威信，而是为了自由和公正。

在美国独立战争期间，主要的传播机制是约翰·洛克(John Locke)的天赋人权理论。尽管洛克的思想建立了基本的理论结构体系，但它非常抽象。相关信息通过更流行也更简单易懂的《加图来信》(*Cato's Letters*)向公众进行传播。该书由约翰·特伦查德(John Trenchard)和托马斯·戈登(Thomas Gordon)所著[①]。这些作品在公众心目中灌输了激进的自由主义思想，在后续数年以各种方式展现出来。不管是中央集权主义还是自由主义，知识分子会过滤向公众传输的思想内容，发挥重要的影响。这也是罗斯巴德历史研究巨著的重要主题。

罗斯巴德未能按照此前计划的那样撰写完整的美国历史，他因此将重点放在特定的历史阶段，尤其是 19 世纪末期和 20 世纪初期。这个阶段包括了进步时代、第一次世界大战和经济大萧条[②]。进步时代是后来数个大事件的主要催化剂，因为它提供了必要的框架，创造了现代的福利-战争国家，扩大了政府的权力。1965 年，在投入大量精力研究美国历史和撰写《在自由中孕育》一书的同时，罗斯巴德的著名文章《左和右：自由的前景》(*Left and Right: Prospects for Liberty*)介绍了他在分析这种转变时采用的基本框架。他借用了加布里埃尔·科尔科(Gabriel Kolko)的历史研究：

---

① Murray Rothbard, *Conceived in Liberty*, 4 vols. (Auburn, AL: Mises Institute, 2011), pp. xv–xvi, 1114–1120. 更早发表的这个分析，参见 Murray Rothbard, "Economic Determinism, Ideology, and the American Revolution", in *Libertarian Forum* (November 1974): 4–7。对于罗斯巴德方法的肯定性评价，参见 Gordon, *The Essential Rothbard*, pp. 55–61; Gerard Casey, *Murray Rothbard: Major Conservative and Libertarian Thinkers* (New York: Continuum, 2010), pp. 103–106。

② 说到详细回顾完整的美国历史，最接近于这个标准的内容是罗斯巴德为沃尔克基金会撰写的关于一本美国史的书评。他针对每个时代(从殖民时期到第二次世界大战之后)洋洋洒洒地写了 100 多页的书评，相当地尖锐，并且指出了作家们必须修改对哪些历史事件的诠释，或者必须在他们的作品中包含哪些历史事件。Murray Rothbard, "Report on George B. DeHuszar and Thomas Hulbert Stevenson, *A History of the American Republic*, 2 vols.", in *Strictly Confidential*, Gordon, ed., pp. 86–188.

> 在《保守主义的胜利》(*The Triumph of Conservatism*)一书中,科尔科追溯了进步时代"改革"中政治资本主义的起源……科尔科指出,尽管兼并和托拉斯浪潮是在世纪之交形成的,但自由市场的竞争力量快速破坏和化解了那些保持和稳定大企业经济力量的努力。正是看到自己在市场的竞争风暴中即将吃败仗,大型企业转向联邦政府要求援助和保护,在20世纪初这种情况尤甚。简而言之,联邦政府的干预是有所意图的,不是为了公众的福祉去抑制大型企业的垄断,而是帮助大型企业(以及小企业的行业协会)创造垄断。这些企业在自由市场的激烈竞争中没有能力建立垄断地位……
>
> 科尔科因此指出,管控在现在的右派人士看来是中央集权主义,但在当时,在一个接一个行业内(例如保险、银行、肉类加工、出口和商业等),管控这种做法不仅得到一致欢迎,而且是由大商人构思和实施的。这种做法从西奥多·罗斯福的新国家主义开始,到威尔逊的新自由时达到巅峰。这种做法是为了给经济添加一层扶持、稳定和垄断特权的黏合剂[①]。

罗斯巴德指出,大企业根本不想成为自由放任主义理论家,而是希望政府进行管控,积极地束缚他们的竞争对手,帮助自己组织企业联盟,限制供应,提高价格。此后不久,他又针对进步时代撰写了两篇论文《第一次世界大战中的战争集体主义》(*War Collectivism in World War* Ⅰ)和《赫伯特·胡佛和自由放任主义的神话》(*Herbert Hoover and the Myth of Laissez-Faire*),进一步探讨了这个主题[②]。

科尔科和芝加哥学派经济学家乔治·斯蒂格勒(George Stigler)支持后来所谓的管控"俘获理论"。该理论认为,管控的目的是控制企业的胡作非

---

① Murray Rothbard, "Left and Right: The Prospects for Liberty", *Left and Right* 1, no. 1 (Spring 1965): 13 - 14.

② Murray Rothbard, "War Collectivism in World War Ⅰ" and "Herbert Hoover and the Myth of Laissez-Faire", in *A New History of Leviathan*, Ronald Radosh and Murray Rothbard, eds. (New York: E. P. Dutton, 1972), pp. 66 - 110, 111 - 145.

为，但实际上通常被各种企业"俘获"，用来提高他们的利润，削弱竞争对手的实力。此外，在很多情况下，管控甚至是由企业提出的，也是为了实现上述目的。这种理论与管控的"公共利益"理论和"官僚主义"理论相悖。管控的公共利益理论认为管控是为大众服务，并且最终造福于大众。管控的官僚主义理论则认为管控是为了向各种官僚和政府机构赋权。在下文中可以看出。在探讨进步时代这段历史时，罗斯巴德同时综合了关于管控的俘获理论和官僚主义理论①。他的叙述同他分析历史的整体方式密切相关。在分析历史时，他会致力于探讨那些游说政府立法的特殊利益群体的各种动机。

在运用行为学方法推断抽象的经济定理方面，罗斯巴德是米塞斯最重要的弟子。他也是应用行为学方法分析历史和运用情意学最出色的米塞斯弟子。这些方法在《理论与历史》(*Theory and History*)一书中有详尽的介绍②。与行为学(关于人类行为的科学)不同，情意学是去了解为什么人类会采取特定的行为方式，或者是"从心理上分析"他们的行为(也就是常说的心理学)。这种史学方法试图从行为的角度去回答永恒的问题"谁受益"，尤其是从政府体制的变化角度。更具体一点来说，情意学方法分析金钱和非金钱(例如宗教)动机，并且试图回答"谁认为自己会获利"。后一个问题强调，政府干预有可能会取得意料之外的结果，而游说管控的特殊利益群体也有可

---

① 参见 Gabriel Kolko, *The Triumph of Conservatism* (Glencoe, IL: The Free Press, 1963); Gabriel Kolko, *Railroads and Regulation* (Princeton, NJ: Princeton University Press, 1965); George Stigler, "The Theory of Economic Regulation", *Bell Journal of Economics and Management* (Spring 1971)。科尔科作品与其他当代历史学家和经济学家作品的比较，参见 Robert L. Bradley Jr., *Capitalism at Work* (Salem, MA: M&M Scrivener Press, 2009), pp. 142-181。各历史学家对科尔科作品的讨论，参见 Otis L. Graham, Jr. ed., *From Roosevelt to Roosevelt: American Politics and Diplomacy, 1901-1941* (New York, 1971), pp. 70-109。另参见 Thomas K. McCraw, "Regulation in America: A Review Article", *The Business History Review* (Summer 1975): 159-183; Jack High, "Introduction: A Tale of Two Disciplines", in *Regulation: Economic Theory and History*, Jack High, ed. (Ann Arbor: University of Michigan Press, 1991); Robert L. Bradley, Jr. and Roger Donway, "Reconsidering Gabriel Kolko: A Half-Century Perspective", *Independent Review* (Spring 2013): 561-576; William D. Burt, "Gabriel Kolko's *Railroads and Regulation* at Fifty", *Railroad History* (Spring-Summer 2016): 23-45。

② Ludwig von Mises, *Theory and History: An Interpretation of Social and Economic Evolution* (New Haven, CT: Yale University Press, 1957).

能在事后未能如愿获利。为了回答这个问题,我们必须对历史的参与各方有细致的了解,而不仅仅像经济学家常常采用的方式那样,只进行统计分析。

罗斯巴德在其历史分析中使用了情意学方法,这与他坚持应用被称为“寡头铁律”的社会学法则密切相关。这条法则认为,政府、政客和法律都不受民众中的多数人或民意控制,而是被少量根深蒂固的群体或个体所操控。这个群体包括大型企业、政客和官僚分子,他们利用国家机器谋求自身利益,牺牲其他社会成员的利益。宫廷知识分子通过各种方式提供必要的公共关系建设服务,例如辩称政府不是被少量精英所控制,或者特定的政府行为是必要的。他们这样做的目的是换取权力和威望。这条法则与政治学中的“权力精英分析”方法密切关联。政府被根深蒂固的金融和政治精英控制,他们操纵着“幕后”的杠杆,而且政府官员和官僚通常与商业社会有着千丝万缕重要的关联(其中包括家族关系),由此就有了强有力的动机,也能充分解释为什么他们当政时会采取特定的行事方式。这些方法和罗斯巴德对它们坚持不懈的应用通常被批评为奇怪的“阴谋论”。但必须指出,它们只是米塞斯情意学方法的一种延伸,旨在懂得人类行为和解释其动机。政府官员不是从天而降的,不可能先前与政治世界和商业世界毫无关联,而且他们与私营部门的人一样都是自私的。情意学方法和“公共选择分析”之间有着极强的相似性,尽管两者并不完全一样。情意学方法更多地强调了解行动个体的动机,进行纯粹的历史研究。事实上,个体通常会有特定的行事方法,并且希望从中获利,尽管实际并不一定能取得成功。此外,罗斯巴德的特殊应用更多地着眼于国家统治中的寡头政治和压迫方面①。

在20世纪60年代末期和70年代初期之后,罗斯巴德在研究工作中没有放弃应用情意学方法。相反,他继续把该方法运用于重要的普及性文章、《在自由中孕育》的修订出版,以及其他历史研究论文,例如《新政和国际货币体

---

① 关于罗斯巴德的历史研究和它们同米塞斯方法之间的联系,参见 Joseph T. Salerno, “Introduction”, in Murray Rothbard, *A History of Money and Banking in the United States: The Colonial Era to World War II*, Joseph Salerno ed. (Auburn, AL: Mises Institute, 2005), pp. 7-43。

系》(*The New Deal and the International Monetary System*)①。对我们而言,更重要的一点在于,罗斯巴德在就进步时代著书的同时加入了加图研究所。

罗斯巴德希望通过这份工作继续他对美国历史的研究,只是现在,他的研究对象要从中央集权主义到自由主义的思想形态改变快进到从自由主义到中央集权主义的改变。他会记录自由是如何在20世纪之交的战争中败给权力的。他不仅需要利用科尔科的研究成果,还需要其他著名修正派历史学家的研究。这些修正派历史学家最近数年里对那个时期都著书进行过探讨,其中包括詹姆斯·温斯坦(James Weinstein)、保罗·克莱普纳(Paul Kleppner)、理查德·詹森(Richard Jensen)和詹姆斯·吉尔伯特(James Gilbert)。罗斯巴德在一份出版计划中简明扼要地介绍了自己的论文:

> 过去20年里,人们针对进步时代(从19世纪90年代末期到20世纪20年代)进行了大量的新研究工作,在质量和数量上都相当出色。本书旨在对这些研究进行综合汇总,尤其是追踪美国政策从相对自由放任体系到我们现在比较熟悉的中央集权的巨大转变的原因、本质和后果。
>
> 过去,历史学家认为进步时代中央集权主义的爆发是源于工人、农

① Murray Rothbard, "The New Deal and the International Monetary System", in *Watershed of Empire: Essays on New Deal Foreign Policy*, Leonard Liggio and James Martin, eds. (Colorado Springs, CO: Ralph Myles, 1976), pp. 19 - 64. 更通俗的文章,参见 Murray Rothbard, "Only One Heartbeat Away", *Libertarian Forum* (September 1974): 5 - 7; "The Conspiracy Theory of History Revisited", *Reason* (April, 1974): 39 - 40。从20世纪70年代到80年代,罗斯巴德也鼓励其他学者(其中包括杰出的进步时代历史学家)向《自由主义论坛》(*Libertarian Forum*)或《自由主义研究杂志》(*Journal of Libertarian Studie*)投寄分析进步时代的学术文章。罗斯巴德同时在这两份期刊担任编辑。参见 Arthur A. Ekirch, Jr., "The Reform Mentality, War, Peace, and the National State: From the Progressives to Vietnam", *The Journal of Libertarian Studies* 3, no. 1 (Spring 1979): 55 - 72; Paul Kleppner, "Religion, Politics, and the American Polity: A Dynamic View of Relationships", *Journal of Libertarian Studies* 6, no. 3 (Summer/Fall 1982): 349 - 352。在这段时期,罗斯巴德1973年在人文科学研究所(Institute for Humane Studies)组织的康奈尔大学学术活动上针对进步时代发表了一系列演讲。福里斯特·麦克唐纳(Forrest McDonald)也是演讲者之一。罗斯巴德的演讲被记录,并被冠以"20世纪美国经济史"的标题。另参见 Liggio, "A Classical Liberal Life", p. 193; Murray Rothbard, "Selected Bibliographical Essay", (n. d.)。

民和利他主义知识分子联合抵制大企业垄断的热潮，这种联合促使大政府遏制这种垄断。

但是，过去 20 年的研究几乎已经彻底推翻那种旧观点。

中央集权主义的突然爆发可以被解释为在 1896 年的总统大选之后，政治体系发生了翻天覆地的变化，拥有控制权的大型企业、大型工会、大政府和知名知识分子进行了联合。

进步主义的本质是，部分大企业试图在自由市场通过企业联盟和兼并建立垄断地位，可惜未能如愿，于是部分人将目标瞄准了政府（联邦政府、州政府和地方政府），希望通过政府发起和强制实施的企业联盟实现垄断……

在强制推行进步主义的过程中，与这些大型企业达成联盟的正是吉尔伯特所称的“集体主义知识分子”，他们的目标不再显得那么无私。相反，他们像是现代知识分子中第一波“新阶层”，想着分享权力，享受政府企业联盟建设的果实……

在过去 10 年里，“新政治史”着重强调大众的政治态度、选举和政党等的族裔-宗教决定因素。这种观点给这段历史增添了另一个重要的维度……保罗·克莱普纳解释称，布莱恩势力 1896 年在民主党内获得成功，标志着民主党不再是自由放任主义政党，由此带来了该政党缺乏真正的总统候选人可供选择，也带来了权力真空，进步主义技术官僚、知识分子和商人借机填补了该真空。①

本书原来的架构如下，由九个章组成：

第一章　引言

第二章　垄断企图遇挫

① Murray Rothbard, “Roots of the Modern State: The Progressive Era” (n. d.). Reprinted in Preface below, pp. 39 – 40.

第二章解释了铁路公司和美国钢铁公司(U. S. Steel)等大型工业企业在组建企业联盟、兼并或垄断时是如何遭遇失败的。第三章记录了此后联邦政府和州政府在大型企业的推动下在组建企业联盟方面开展了哪些工作，例如成立了州际商务委员会(Interstate Commerce Commission, ICC)和联邦贸易委员会(Federal Trade Commission, FTC)，针对肉类加工行业立法，以及建立了联邦储备系统(FRS)。该章也介绍了全国公民联合会在推动新干预举措出台方面发挥的重要作用。第四章介绍了地方进步主义政治力量和改革者发起的运动，以减少移民，推动禁酒和建设公立学校等。第五章探讨了知识分子发展成为大政府辩护者的过程。第六章关注第一次世界大战之前美国外交政策的变化，包括对亚洲、南美的干预，以及美西战争。第七章的主题是威尔逊政府力争对欧洲战争进行干预，民主党偏离其自由放任主义传统，以及战争如何代表着进步主义运动的巅峰。第八章分析了赫伯特·胡佛的进步主义思想和本杰明·斯特朗(Benjamin Strong)在 20 世纪 20 年代的货币干预。第九章将研究对象延伸到了现在②。

在撰写手稿时，罗斯巴德或多或少遵循这个架构，但有一点除外。他没有把民主党的转变放入探讨第一次世界大战的第七章(为了解释威尔逊政府如何推动参战)，而是把这块内容提前，放在兼并运动和垄断遇挫之后(即第二章)。罗斯巴德决定把这些内容提前，以解释民主党和共和党在 1896 年大选之前的第三政党体系的情况。当时，两党都变成了中央集权主义的支持

---

① Murray Rothbard, "Roots of the American Corporate State: 1890's - 1920's" (n. d.).

② 除了第一章引言，罗斯巴德为每一章都撰写了简要的小结。罗斯巴德显然未能针对该章撰写小结，因为他可能计划在完成整本书的撰写后再进行这项工作。

者,美国政坛里不再有明确支持自由放任主义的政党。

1978 年到 1981 年,罗斯巴德似乎一直在忙于手稿的撰写。与他的众多项目一样,这本书也有了自己的生命,篇幅相比最初的计划增长了很多。到 1981 年,罗斯巴德已经撰写了九章草稿,但内容进度只到原计划中的第三章!探讨垄断的第二章变成了三个章,其中两章全部在讨论铁路问题,尽管最初罗斯巴德的计划是"简要地"谈一下这个问题。解释第三政党体系和 1896 年的大选又花了三个章。然后,罗斯巴德用了两个章探讨西奥多·罗斯福政府期间的进步主义企业联盟化,以及一个章探讨全国公民联合会。就算这样,他最初打算在第三章中讨论的问题仍没有得到完整的探讨。

到 1981 年,罗斯巴德不再继续该书接下来章节的撰写工作。不是因为罗斯巴德不打算完成这本书,而是他准备把后面章节的内容以论文形式在 20 世纪 80 年代和 90 年代初期发表。第四章本来准备探讨女权运动和妇女参政权、城市改革、禁酒和地方进步主义的其他内容。针对这些主题,罗斯巴德撰写了《进步时代和家庭》(*The Progressive Era and the Family*)和《美国福利国家的源起》(*Origins of the Welfare State in America*)。就上述主题和第五章与第七章中关于知识分子和第一次世界大战的主题,罗斯巴德还撰写了《第一次世界大战的成就:权力和知识分子》(*World War I as Fulfillment: Power and the Intellectuals*)。就原本计划在第六章、第七章和第九章探讨的美国外交政策的发展,罗斯巴德撰写了《华尔街、银行和美国外交政策》(*Wall Street, Banks, and American Foreign Policy*)。罗斯巴德写作大量内容探讨美联储(原第三章的部分内容)的起源,以及 20 世纪 20 年代的货币干预措施(原第八章的部分内容),例如在《银行的秘密:揭开美联储的神秘面纱》中探讨历史的一个章"美联储成为企业联盟化的工具:早期,1913—1930 年"(The Federal Reserve as a Cartelization Device, The Early Years: 1913—1930),以及《对美联储说不》(*The Case Against the Fed*)中探讨历史的几个章:"两次世界大战之间的金汇兑本位制度"(The Gold Exchange Standard in the Interwar Years)、"美联储的起源"(The Origins of the Federal Reserve)和"从胡佛到罗斯福:美联储和金融精英"(From Hoover to Roosevelt: The

Federal Reserve and the Financial Elites)[①]。1985 年,他受邀为罗伯特·希格斯(Robert Higgs)的《危机和庞然大物:美国政府发展过程中的关键插曲》(*Crisis and Leviathan: Critical Episodes in the Growth of American Government*)撰写书评。从这篇见解深刻的书评可见,罗斯巴德仍然着迷和沉浸于进步时代[②]。此外,在布鲁克林理工学院(Brooklyn Polytechnic)教书期间,罗斯巴德在 1986 年教授过一门有关进步时代的课程,在课堂上讲授本书的手稿以及他所著的或正在研究的其他进步时代论文的部分内容[③]。

---

① Murray Rothbard, *The Mystery of Banking* (New York: Richardson & Snyder, 1983); "The Federal Reserve as a Cartelization Device, The Early Years: 1913-1930", in *Money in Crisis: The Federal Reserve, the Economy, and Monetary Reform*, Barry N. Siegel, ed. (San Francisco: Pacific Institute for Public Policy Research, 1984), pp. 89-136; "Wall Street, Banks, and American Foreign Policy", *World Market Perspective* (August 1984); "The Progressive Era and the Family", in *The American Family and the State*, Joseph R. Peden and Fred R. Glahe, eds. (San Francisco: Pacific Research Institute, 1986), pp. 109-134; "World War Ⅰ as Fulfillment: Power and the Intellectuals", *Journal of Libertarian Studies* 9, no. 1(1989): 81-125; *The Case Against the Fed* (Auburn, AL: Mises Institute, 1994); "Origins of the Welfare State in America", *Journal of Libertarian Studies* 12, no. 2(1996): 193-232; "The Gold-Exchange Standard in the Interwar Years", in *Money and the Nation State: The Financial Revolution, Government and the World Monetary System*, Kevin Dowd and Richard H. Timberlake, Jr., eds. (New Brunswick, NJ: Transaction Publishers, 1998), pp. 105-163; "The Origins of the Federal Reserve", *Quarterly Journal of Austrian Economics* 2, no. 3 (Fall 1999): 3-51; "From Hoover to Roosevelt: The Federal Reserve and the Financial Elites", in Salerno, ed., pp. 263-347.

此外,罗斯巴德也曾经在国会议员罗恩·保罗(Ron Paul)和路易斯·勒曼(Lewis Lehrman)提交给 1981—1982 年黄金委员会(Gold Commission)的《少数派报告》(*Minority Report*)中就进步主义撰写相关内容。关于 19 世纪的篇章完全由罗斯巴德撰写。在这个篇章中,他分析了 1896 年大选之前的选举政策。他也参与了关于 20 世纪的篇章的撰写(最初的数段内容,极其类似于《银行的秘密:揭开美联储的神秘面纱》中的文字)。在这个篇章中,他针对进步时代和美联储的起源阐述了自己的基本论点。参见"A History of Money and Banking in the United States Before the 20th Century" and "Money and Banking in the United States in the 20th Century", in *The Case For Gold: A Minority Report of the U. S. Gold Commission*, Rep. Ron Paul and Lewis Lehrman, eds. (Washington, D.C: Cato Institute, 1982), pp. 111-122。

② Robert Higgs, *Crisis and Leviathan: Critical Episodes in the Growth of American Government* (New York: Oxford University Press, 1987). 希格斯惊讶地指出,这篇书评采用单倍行距,足足有 26 页之长,1.2 万字,而且详细地列举了罗斯巴德建议希格斯在著作中包括的一些书目信息。此外,罗斯巴德引用的信息大多数都是他不假思索回忆起来的,因为他当时尚无法使用自己的藏书室。Robert Higgs, *Murray N. Rothbard: In Memoriam*, Llewellyn H. Rockwell, Jr., ed. (Auburn, AL: Mises Institute, 1995), pp. 56-60.

③ 课堂演讲都被记录,并冠以标题"美国经济和自由放任主义的结束:从 1870 年到第二次世界大战"(The American Economy and the End of Laissez-Faire: 1870 to World War Ⅱ)。

可以说，在罗斯巴德人生的最后10年里，除了就包罗万象的经济思想史进行研究之外，他脑中第二重要的研究领域就是进步主义。罗斯巴德对进步主义的兴趣一直持续到他在1995年英年早逝。这从他在世时出版的最后一本书籍《对美联储说不》中可以看出。在这本书中，有很大一部分内容都在对进步主义和美联储的历史进行概述。毫无疑问，如果罗斯巴德能活着写完自己关于经济思想史的第三卷，那么他会就进步主义知识分子撰写大量文字。按照原来的计划，第三卷将探讨从1871年边际革命到20世纪30年代凯恩斯革命及之后的时间。

《进步时代》的手稿和论文充分体现了罗斯巴德一生对美国历史的深入研究。罗斯巴德沉浸于美国历史的方方面面，尤其是进步时代。他能够对大量的研究和事实进行核对和整理，然后综合分析，进行与众不同的阐述。本引言的剩余部分将简要介绍罗斯巴德对这段历史的诠释，并且对本书进行一个总结。

罗斯巴德的核心论点是，大型企业早在20世纪之交就企图在自由市场建立企业联盟，但未能如愿。尽管他们百般努力，但企业联盟协议和兼并均以失败告终，原因在于合作者相互欺骗导致的内部压力，以及新竞争者进入市场后降低价格带来的外部压力。尝试失败之后，他们转而想到政府管控，希望借此手段阻止各种形式的价格和产品竞争，通过提高成本阻止新的小型竞争对手进入市场，进而建立企业联盟。大企业与大政府和大工会联合起来。大政府希望通过管控加大自身权力，大工会则希望扼杀劳工的激进反对声音。但是，这实际上是采取另一种形式来恢复旧制度，只是不能简单地强加给公众。公众熟悉那套旧制度，而且已经被灌输自由放任主义原则。为了能向公众推销这种旧制度，他们需要一批新的集体主义知识分子，其中许多人在美国南北战争结束后曾经在德国攻读哲学博士学位，深信俾斯麦主义。王冠与祭坛的联盟于是强势回归，通过知识分子辩护者维护政府的利益。只是这一次，知识分子不是去说服公众相信，国王的旨意就是上帝的意思，国王的掠夺是神圣之举。他们宣扬的是，大政府是必需的，为的是维护公众福祉，解决没有约束的资本主义带来的种种社会问题。作为回报，知识分子变得职业化，获得油水岗位，负责规划和管理整个体系，从而获得利益。

20 世纪初期的这种巨变单靠既有的政治体系是无法实现的。在这之前，政党的定位发生了巨大的转变。它源于民主党和共和党在 19 世纪 80 年代和 90 年代的族裔-宗教政治斗争，这些斗争带来了 1896 年竞争激烈的总统大选。

在美国政坛第三政党体系期间(1854—1896 年)，大部分公众都具有一定的意识形态，并且在政治活动家身上找到了自己的经济立场。这些政治活动家把经济立场转化成族裔-文化和宗教术语。一方面是“立足高尚道德”的共和党，主导该政党的是虔敬派本土扬基佬①。他们是“后千禧年派”，相信为了让耶稣重返地球，开辟新历史，他们必须首先建立一个千年天国。因此他们不仅仅要拯救自己，还要拯救他人，甚至是使用国家力量。虔敬派拼命地扑灭各种罪②，采取了各种举措，如实施禁酒令、弱化天主教学校的“罗马教皇制”、限制移民以及推动妇女参政权(为了增加虔敬派的选票)等。这些在地方族裔-宗教层面的家长式干预被置于规模更大的经济领域，转化成经济领域的家长式干预，例如提供各种政府扶持、保护性关税和美元通货膨胀。另一方面是民主党。这是一个“个人自由政党”，主导该政党的是礼仪派的本土人和移民，例如天主教信徒和路德宗信徒。这些教派缺乏福音派的那种热忱，不会积极地去拯救他人和消除罪，他们只是遵循各自教会的教义和实践。因此他们批评所有共和党的地方干预举措是家长作风，是在管闲事，控制他人的生活。他们也相应地建立了自己的经济政策联盟，支持更加自由放任的政府议程，包括减少政府开支、降低关税，以及推行金本位制度。信奉自由放任主义的民主党也被称为波旁民主党，他们通常集中在美国东北部和中西部，其祖先隶属于杰克逊民主党中的自由放任翼。自由与权力之战在美国历史中再次上演。

民主党确定无疑地缓慢赢得了战斗。在 19 世纪 80 年代末期和 90 年代初期，民主党获得了一系列重要的胜利，震撼了共和党的精英阶层。为了改变这种趋势，共和党的精英阶层从战略角度决定低调处理族裔-文化问题，并

① (译者注)扬基佬(Yankee)是指美国新英格兰地区和北部一些州的美国人。他们多是 17 世纪移民美国的英国人的后裔。

② (译者注)罪(Sin)，专指对宗教法则的违背。

且更加重视硬性货币，不惜以激怒虔敬派为代价停止疏远礼仪派。这种改变正好碰上 1893 年的经济恐慌。这场经济恐慌是一场严重的经济衰退，（颇为不公平地）影响到波旁民主党的大选投票结果。雪上加霜的是，在波旁民主党领导人的力量被削弱的同时，南部和西部的民主党虔敬派民粹主义者夺取了民主党机器的控制权。在南部和西部的民主党虔敬派民粹主义者中，扬基佬和活动家的人数越来越多。现在，成为新民主党旗手的是威廉·詹宁斯·布莱恩（William Jennings Bryan），而不是格罗弗·克利夫兰（Grover Cleveland）。礼仪派成群结队加入共和党，虔敬派则涌入民主党。因为这种非同寻常的转变，在 1896 年的总统大选中，温和的、信奉中央集权主义的共和党总统候选人威廉·麦金利（William McKinley）大胜支持通货膨胀政策的虔敬派民主党总统候选人威廉·詹宁斯·布莱恩，并为共和党带来了几十年的优势。这次大选结束了美国选举政治中的第三政党体系，带来了第四政党体系（1896—1932 年）。在第三政党体系期间，各党派都具有极强的意识形态，两极分化相当严重。在第四政党体系期间，两党均淡化了意识形态，都更加支持中央集权，由此导致了去民主化，官僚手中的控制权越来越大。波旁势力的弱化导致民主党褪变为少数党，结束了其在美国信奉自由放任主义的多数党的历史。这个空隙，加之前时的转变导致两党相似性越来越高，日渐信奉中央集权主义，共同创造出权力真空，新的四方联盟由此控制了美国。

新成立的全国公民联合会充分体现了这种联盟的复兴，并带来了洪水般的“进步主义”举措，其中包括加强对铁路进行管控、反托拉斯法、强制公示法、环境保护法、肉类加工行业法、纯净食品和药品法、工伤赔偿法、安全法、最低工资、联邦储备系统，以及联邦贸易委员会。曾经坚定的虔敬派进步主义知识分子代表整个体系发声，慢慢地变得越来越世俗，越来越致力于使用国家高压政治从表面上改善公众福祉，而不是创造天国。此外，整个学术界和各个学科（例如经济学）开始枉然地效仿自然科学，诋毁理论，支持统计学和实证分析。加强数据收集和归纳推理的需求，与大政府规划和干预主义携手并行。

美国政府的转变和后续的干预举措并不是孤立的现象，既与特定的金融和政治精英有关，也与统治寡头中两大主导精英群体之间冲突加剧相连。这两大主导精英群体分别是摩根系和洛克菲勒系。摩根系包括以 J. P. 摩根公司(J. P. Morgan & Company)为核心的金融财团，洛克菲勒系则包括以标准石油公司(Standard Oil)为核心的金融财团。在第三政党体系的后段，摩根家族是民主党背后的主导力量，洛克菲勒家族则是共和党的幕后势力。最后一任克利夫兰政府(1893—1897 年)被约翰·皮尔庞特·摩根(John Pierpont Morgan)①控制，后来的麦金利政府(1897—1901 年)则被约翰·D. 洛克菲勒(John D. Rockefeller)②控制。摩根家族曾经在麦金利对阵布莱恩的总统竞选中出力，所以摩根也成为麦金利的合伙人，但是地位不高。1901 年，麦金利被刺杀，与摩根关系密切的副总统西奥多·罗斯福接任，于是一切快速发生了改变。摩根家族在接下来的 10 年里一直是占优势的金融财团。最终，罗斯福政府(1901—1909 年)被摩根家族所控制，后者在很大程度上借助“反托拉斯”保护自己的大集团，因为西奥多·罗斯福“反托拉斯”对准的是非摩根的公司，尤其是标准石油公司。洛克菲勒发起了反击，主要是通过与洛克菲勒关系更为密切的威廉·霍华德·塔夫脱(William Howard Taft)。塔夫脱政府(1909—1913 年)针对摩根控制的美国钢铁公司和国际收割机公司(International Harvester)提起反托拉斯诉讼。摩根家族怒火中烧，鼓励西奥多·罗斯福放弃退休，在 1912 年代表进步党参加总统竞选，以破坏塔夫脱的连任。西奥多·罗斯福的参选分散了共和党的选票，民主党的伍德罗·威尔逊侥幸赢得大选，得到总统之位。伍德罗·威尔逊与摩根和其他财团关系密切，他的当选是民主党在第四政党体系时期内唯一获得的总统大选胜利。

进步主义和新战争国家的巅峰、顶点或者说“成就”来自第一次世界大战。当时集体主义热度达到高点，企业、官僚和知识分子都迫切希望从上至下建立企业联盟，推行计划经济，并且在战后以某种形式加以延续。20 世纪 20 年代，摩根家族仍然是主导力量。尽管规模有所缩减，但进步主义行动仍然在继续，尤其是通过商务部部长赫伯特·胡佛的努力。在赫伯特·胡佛命运多舛的总统任期里，政府干预加速；富兰克林·罗斯福(Franklin

① 以下简称为“摩根”或“J. P. 摩根”。

② 以下简称为“洛克菲勒”。

Roosevelt)的新政期间,政府干预达到新高。摩根家族在 20 世纪 20 年代一直是主导力量,直到在新政期间被粗暴地剥夺政治影响力。新政受到了洛克菲勒家族和其他反摩根势力的支持。第二次世界大战结束时,现代的美国福利-战争帝国已经成熟,步入壮年,而其根源正是进步时代。

原书手稿中的九章,外加六篇已经出版的论文,都在详尽地探讨上述论点和进步主义的其他问题。当前辑入这六篇论文,是因为它们难以找到,或者说在罗斯巴德此前的论文集中从未被收录①。

第一章和第二章分别是"铁路公司:第一代大企业和企业联盟的失败"和"铁路行业的管控"。这两章记录了从美国南北战争时期开始的铁路行业的历史。类似于后来的合并,最初得到政府慷慨扶持的铁路公司,也曾在自由市场竭力建立企业联盟,可惜都以失败告终。于是,他们中的多数人转向政府,推动国家强制企业联盟,由此有了 1887 年颁布的《州际商务法》(*Interstate Commerce Act*)。铁路公司拿着这部新法试图建立企业联盟,可惜未能大获全胜,于是又导致了试图控制铁路产业的其他法律的产生,直到各种法律和利益竞争束缚了铁路产业,政府在第一次世界大战期间接管了铁路。第三章"美国工业的垄断尝试"记录了企业如何通过各种方式尝试建立垄断却最终告败,并导致自身市场份额萎缩,其中包括标准石油公司、美国钢铁公司和国际收割机公司等。这种情况也促使政府出面建立企业联盟。

第四章、第五章和第六章分别是"第三政党体系:虔敬派与礼仪派"、"民主党 1892 年的胜利",以及"1896 年:第三政党体系和自由放任政治的崩塌"。这三章介绍了第三政党体系背后的族裔-文化背景,以及虔敬派共和党和礼仪派民主党之间的斗争。这些最终导致在 1896 年的总统大选中,共和党以绝对优势击败民主党,改变了美国政坛的未来。随着民主党的永久性走弱,美国在新世纪的政府干预也就得到了十足的加强。

第七章、第八章和第九章分别为"西奥多·罗斯福:进步时代的第一阶段(上)"、"西奥多·罗斯福:进步时代的第一阶段(下)"和"全国公民联合会:

① 罗斯巴德关于进步时代及以后的其他大部分作品,尤其是从美联储的起源到第二次世界大战的作品都可以在罗斯巴德的《金钱和银行史》(*A History of Money and Banking*)一书中找到。该书所收录的论文可以与本书配合阅读。

追求进步主义的大型商业组织”。这三章介绍了新进步主义联盟的开始，以及对各种形式企业联盟的反复尝试。权势精英之间精彩激烈的争斗得到了详细记录，西奥多·罗斯福被曝光是摩根的合作者，他的行动为进步主义打开了水闸。本书揭示，被大肆吹嘘的进步主义改革在很大程度上是源于企业希望阻碍他们的竞争对手，官僚则希望借此增加自己手中的权力。全国公民联合会被视为是新进步主义合伙人开展行动的一个重要工具。

之后的几章都是此前出版过的论文。第十章“进步时代和家庭”和第十一章“美国福利国家的起源”进一步介绍和探讨了最近的族裔-宗教史。地方进步主义和各种城市改革也有所涉及，涵括了针对公立学校的战斗、福利国家，以及众多城市改革家、经济学家和其他斗士。第十二章是“第一次世界大战时期的集体主义”，第十三章是“第一次世界大战的成就：权力和知识分子”。这两章介绍了第一次世界大战期间的进步主义。当时企业集体主义处于巅峰，此外还有各种其他形式的进步主义改革，例如禁酒和妇女参政权。知识分子的发展以及他们变得更支持干涉主义和经验主义的过程也被记录其中①。

第十四章“作为企业联盟化工具的美联储：起始阶段（1913—1930 年）”介绍了美联储的起源，以及其在第一次世界大战和 20 世纪 20 年代的货币政策。美联储源于银行家的联合，尤其是摩根家族。这些银行家希望建立一个中央银行帮助自己扩大信贷，夯实纽约的金融主导地位。20 世纪 20 年代，美联储在国际上扮演着越来越重要的角色，帮助英国恢复了金本位制度。其中主要是依靠纽约联邦储备银行行长本杰明·斯特朗的努力以及他与英格兰银行行长蒙塔古·诺曼（Montagu Norman）之间的关系。第十五章“赫伯特·胡佛和自由放任主义迷思”介绍了 20 世纪 20 年代赫伯特·胡佛推动的进步主义，揭穿了胡佛在经济大萧条期间担任总统时信奉不干涉主义并且倡导自由放任政策的谬见。

《进步时代》是罗斯巴德在学术领域最出色的成果之一，任何对进步时代或美国整体历史感兴趣的人都应该拜读本书。如果希望了解美国从 19 世纪

① 此前从未出版过的一个篇章以附录形式收录在本书第十三章。

相对倾向于自由放任主义到 20 世纪和 21 世纪的现代福利-战争国家的转变，就必须了解罗斯巴德的分析。

这本书的九章来自草稿，很多地方没有列举参考文献。从罗斯巴德后来的论文看，如果他完成本书的撰写，必定会回头审读本书，加以修改，然后为读者补充大量文献资料。作为本书编辑，在对手稿进行完善时，我竭尽所能对九章的所涉文献资料进行查找和引用，力争尽善尽美。此外，罗斯巴德在书中提到了众多观点，原本计划在之后加以详细探讨，可惜未能如愿。对于这些观点，我也为读者提供了注释说明和参考文献。(编者附注)是指我对既有的脚注加以补充，(编者注)则是完全由我添加的新脚注。

在此，我想特别感谢路德维希·冯·米塞斯研究所(Ludwig von Mises Institute)，尤其是学术副所长约瑟夫·萨勒诺(Joseph Salerno)。感谢他们为我提供编辑这本书的机会。在追踪寻找本书手稿的过程中，档案管理员芭芭拉·皮卡德(Barbara Pickard)发挥了不可或缺的作用。此外，约瑟夫·萨勒诺、乔纳森·纽曼(Jonathan Newman)和克里斯·卡尔顿(Chris Calton)协助我完成了对本书各个部分的校对。还要感谢编辑朱迪·汤默森(Judy Thommese)对本书的完善，修正了各种印刷错误。疏漏之处均为我个人所致。

帕特里克·纽曼

佛罗里达州莱克兰，2017 年 4 月

前　言

本书旨在追溯美国当前福利-战争国家状态的起源，也就是从19世纪90年代中期到20世纪20年代中期的“进步时代”。简单来说，该阶段中央集权主义的快速高涨受到两大群体的联合推动，一是某些大型企业群体，二是由知识分子、技术专家和专业人士（经济学家、作家、工程师、规划师、医生等）组成的群体，后者当时在快速发展。大型企业群体迫切希望以新形式的重商主义取代自由放任经济，形成由他们影响和操纵的大政府管控和扶持的企业联盟。第二个群体则迫切希望掌握权力，为国家工作，从中赚得丰厚收益。美国诞生于反垄断的传统，所以必须给新的企业联盟体系冠以人道主义政府对大型企业实施“进步主义”限制的名号。他们靠知识分子销售这个观点。这两个群体都是受到俾斯麦在普鲁士和德国创造垄断的福利-战争国家的启发。

企业和知识分子的这种合作带来的大政府给美国生活的方方面面带来了重大的影响，包括企业联盟经济和国家管控经济。一方面，虔敬派和强制性“道德家”现在可以借新兴“医学”的名义把自己的观点强加给美国公众。由此带来了禁酒令、禁欲法、反毒品法，以及周日蓝法。另一方面，企业和专业人士大力推动集权化，接管这个国家的各大城市，由此建立“好”政府取代腐败邪恶的老城市机器。这种做法充分利用了“道德”主题，得到了穷人和移民群体的积极响应。城市集权化的一个重要方面是公立学校系统的集权化，强迫孩童进入这些学校，从而让天主教移民群体“成为基督信徒”，得到美国和新系统价值观的灌输。

在外交事务方面，政府和企业建立新伙伴关系意味着用美国的新帝国主义取代更古老的“孤立主义”和中立主义外交政策。美国政府现在应该为海外出口开拓市场，使用高压政策保护美国投资人和美国债券海外持有人，并且为达到这些目的争夺领土。美国政府有意愿为了达到这些目的开战。军国主义的日渐增强意味着政府与它所偏爱的武器制造商签订大量合同，并提供重度扶持。

新系统里还有地位略低一级的合伙人，也就是工会。这个群体的力量一直较弱，直到他们被号召分享第一次世界大战“集体主义规划”的统治权。建立支持自己的工会是组建企业联盟的一种手段，也能确保工人在新秩序下保持合作。第一次世界大战期间和之后，在美国社会科学家发起的种族主义推动下，政府彻底禁止移民，这一方面是为了更轻松地塑造移民，另一方面也是为了对工会施加恩惠。

在19世纪的自由放任社会里，推行的是自由经济，税负较低，人们可以自由享受自己的日常生活，国家在国内外事务中奉行的是不干涉原则。但企业和知识分子的新联合在短时间内成功把美国变成了一个福利-战争帝国，人们的日常生活在很大程度上被控制。俾斯麦及其在第一次世界大战期间取得的成功启发了这种联合。在欧洲，它在墨索里尼的“法团国家”和由此衍生出的政权里达到巅峰。在美国，它的巅峰出现在富兰克林·罗斯福的新政期间和第二次世界大战后①。

过去20年里，人们针对进步时代（从19世纪90年代末期到20世纪20年代）进行了大量的新研究工作，数量繁多，质量出众。本书旨在对这些研究进行综合汇总，尤其是追踪美国政策从相对自由放任体系巨变到我们现在比较熟悉的中央集权体制的原因、性质和后果。

历史学家曾经认为，进步时代中央集权主义的爆发是源于工人、农民和利他主义知识分子联合抵制大企业垄断的热潮，这种联合促使了大政府遏制这种垄断。

---

① （编者注）摘自 Murray Rothbard 的《美国公司制国家的起源：19世纪90年代到20世纪20年代》（*Roots of the American Corporate State：1890's－1920's*）。

过去 20 年的研究几乎彻底推翻了这种旧观点。加布里埃尔·科尔科、詹姆斯·温斯坦、詹姆斯·吉尔伯特、塞缪尔·海斯(Samuel P. Hays)、路易斯·高拉姆博什(Louis Galambos)和其他许多研究者揭示,进步主义的本质是部分大企业试图在自由市场通过企业联盟和兼并建立垄断地位却未能如愿,于是将目光转向政府(联邦政府、州政府和地方政府),希望通过政府发起和强制实施的企业联盟实现垄断。研究赫伯特·胡佛的现代学者确认,胡佛就是进步主义者,也是新政的拥护者。持有这种新观点的包括埃利斯·赫利(Ellis W. Hawley)、琼·霍夫·威尔逊(Joan Hoff Wilson)、威廉·威廉姆斯(William A. Williams)和罗伯特·希默尔伯格(Robert F. Himmelberg)。

在强制推行进步主义的过程中,与这些大型企业达成联盟的正是吉尔伯特所称的"集体主义知识分子"。他们的目标不再显得那么无私,反而像是现代知识分子中"新阶层"的第一波浪潮,想着分享权力,享受政府企业联盟建设的果实。过去 20 年里,针对这些知识分子进行了大量的研究,既有吉尔伯特、克里斯托弗·拉什(Christopher Lasch)和亚瑟·埃克奇(Arthur A. Ekirch)等人对该群体的整体研究,也有对专业人士、技术官僚或社会工作者等特定群体的研究。很多研究针对的是这段时期的行医执照的历史、优生运动的出现、工程师和社会工作者的同业公会行动,以及禁欲法的强制执行。唐纳德·皮肯斯(Donald K. Pickens)、艾伦·戴维斯(Allen F. Davis)、戴维·诺布尔(David W. Noble)和罗纳德·哈莫伊威(Ronald Hamowy)等人是这方面研究的翘楚。

在过去 10 年里,"新政治史"强调大众政治态度、选举和政党等的族裔-宗教决定因素。在这方面比较著名的研究者有保罗·克莱普纳、理查德·詹森、维克多·施雷达(Victor L. Shradar)和罗纳德·福尔米萨诺(Ronald P. Formisano)等。"新政治史"观点给这段历史增添了另一个重要的维度。克莱普纳强调,在 19 世纪中期,虔敬派新教信徒,尤其是来自新英格兰的新教信徒,致力于中央集权主义。他们反对注重宗教礼仪的基督信徒——尤其是天主教信徒和路德宗信徒——的自由放任观点和自由主义态度。在那个世纪剩余的时间里,虔敬派试图强制执行禁酒令、周日蓝法和强制公立学校教育，把这些视为“基督化天主教信徒”的一种方式。礼仪派则痛苦地加以抵制。政党领导人（虔敬派共和党人、礼仪派民主党人）则从这些宗教个人问题出发，把他们追随者的兴趣点扩展到经济领域。虔敬派希望支持大政府、扶持和管控，礼仪派则支持自由贸易和自由市场。克莱普纳解释称，布莱恩势力于 1896 年在民主党内的成功标志着民主党不再是自由放任主义政党，使得该政党缺乏真正的总统候选人，带来了权力真空，进步主义技术官僚、知识分子和商人借机填补了该真空。

加强对公立学校的控制，借此影响天主教和移民儿童，这在进步时代变得相当重要。在进步时代，各州都是通过公立学校完成义务教育。人们过去对公立学校系统的发展有着过于乐观的认识，乔尔·斯普林（Joel Spring）、克拉伦斯·卡里尔（Clarence J. Karier）、科林·格里尔（Colin Greer）和其他人的研究改变了那些观点。

许多进步主义知识分子都是拥有虔敬派背景或虔敬派盟友且信奉科学技术专家治国论的融合体。詹姆斯·廷伯莱克（James H. Timberlake）指出，由于“医学”要求和虔敬派的长期努力再加上进入战争时期，禁酒运动最终取得成功。

最终，进步主义带来了有组织种族主义的胜利，南部黑人被剥夺选举权，移民终止，联邦政府推动工会的发展以建设大政府、大企业和大工会的三方联盟，对军人形象和征兵大肆赞美，以及驱动美国的海外扩张。

简而言之，进步时代启动了美国现代政治经济体系的形成。尽管在过去 20 年里进行了种种研究，但尚未有人将所有这些研究成果汇总在一起，形成连贯的说明框架。这正是本书的目标。[①]

---

① （编者注）出处同前。

目　录

第一章

铁路公司：第一代大企业和企业联盟的失败

一、为铁路公司提供扶持

铁路公司是美国最早的大企业，形成了第一个大规模产业。铁路自然而然地成为第一个得到政府大量扶持的行业、第一个企图成立大型企业联盟限制竞争的行业，也是第一个由政府管控的行业[①]。

美国令人瞩目的飞速发展肇端于19世纪50年代，而非大家曾经认为的起始于美国南北战争[②]。铁路业是这段发展的领头兵。在19世纪40年代，铁路超越运河，成为主要的内陆运输形式。19世纪50年代，铁路业建立了一个庞大的运输网络，西部最远可达密西西比州。19世纪60年代，联邦政府大量拨地推动铁路继续西进，横穿整个美洲大陆。在这段重要的时期里，州政府的扶持变得相形见绌。

在南北战争期间和之后，国会实际上由共和党一党控制。共和党用事实证明，他们有能力充分发挥这种影响力推行国家主义和中央集权主义经济纲领。这个纲领继承自辉格党，包括通过保护性关税和政府拨地的形式

---

① 本书的主题并非19世纪工业史或铁路公司发展史，所以我们不会在此全面探讨铁路公司的政府拨地和其他扶持。我们的重点是从历史的角度对铁路管控的发展和其他中央集权体系的表现进行分析。

② Ralph Andreano, ed., *The Economic Impact of the American Civil War*, 2nd ed. (Cambridge, MA: Schenkman, 1967).

向企业提供大量扶持。民主党自19世纪20年代成立以来基本上算是一个信奉自由放任主义的政党。南北战争之前，民主党在美国一直占据优势。在30余年的时间里，民主党仅仅在两届总统选举中落败。但随着民主党内部陷入混乱，退出联邦政府，被贴上卖国贼的标签，共和党抓住了这个黄金机会，开始推行自己的纲领[①]。

关于铁路公司如何将公众的钱揣到自己口袋里，一个例子是在19世纪60年代，铁路公司获得堪萨斯州东南部80万英亩[②]彻罗基族人土地，获利不菲。这块土地是由联邦政府从彻罗基人手中夺得，然后又整块出售给“铁路大王”詹姆斯·乔伊(James F. Joy)。詹姆斯·乔伊是堪萨斯城-斯科特堡-海湾铁路公司(Kansas City, Fort Scott, and Gulf Railroad)的领导者。乔伊买下这块土地的整个谈判过程是秘密进行的，他的报价在所有出价人中并非最高，因此他的胜出是一件古怪的事情。这块土地上本有2万余人定居，但这些居住者在整个交易中未得到任何补偿。事情被披露后，人们纷纷提出抗议。最终，政府把这块土地以每英亩1美元的价格出售给乔伊，并赋予他相当慷慨的赊账条件。这块土地的居住者可以再以平均每英亩1.92美元的价格从乔伊手中购买自己的土地，但必须支付现金。

联邦政府给予乔伊如此优待，可能是因为内政部部长奥维尔·布朗宁(Orville H. Browning)是詹姆斯·乔伊的妹夫。奥维尔·布朗宁主管公共土地，也是那场交易谈判的负责人。他俩的关系还不只这些：布朗宁曾经担任乔伊的律师，在交易后不久再次担任他的律师。受乔伊委派与布朗宁就彻罗基人土地进行谈判的人，正是布朗尼名下律师事务所的合伙人。一个亲密无间的小团体！[③]

联邦政府划拨的近2亿英亩宝贵的土地，近半数交给了4家横穿美洲大陆的大型铁路公司，即中央太平洋铁路公司(Central Pacific)、南太平洋铁路公司(Southern Pacific)、联合太平洋铁路公司(Union Pacific)和北太平洋

---

① (编者注)关于美国的政治史和民主党在19世纪的自由市场观，请参考第四章进行更详细的了解。

② (译者注)1英亩约等于4046.86平方米。

③ Paul W. Gates, “The Homestead Law in an Incongruous Land System”, *The American Historical Review* (July 1936): 672 - 675.

铁路公司(Northern Pacific)[①]。这些铁路公司采取的典型做法是：(1)一小群内部发起者和管理者组建铁路公司，基本上不用投入任何自有资金；(2)利用自身的政治影响力从联邦政府获得土体划拨和直接贷款(联合太平洋铁路公司和中央太平洋铁路公司的做法)；(3)争取各州政府和地方政府的帮助；(4)面向渴求的公众发行大量债券；(5)组建私营的建设公司，买入建设公司的债券和股份，再从他们自己担任管理者的铁路公司收取高昂的建设费用(或者准确地说从铁路公司的股东和债券持有人榨取大量资金)。

中央太平洋铁路公司由萨克拉门托市的商人组建。"四巨头"分别是主合伙人科里斯·亨廷顿(Collis P. Huntington)、主管财务的马克·霍普金斯(Mark Hopkins)、负责施工的查尔斯·克罗克(Charles Crocker)和负责政治事务并最终成为加利福尼亚州州长的利兰·斯坦福(Leland Stanford)。斯坦福竭力争取加利福尼亚州政府和沿线地方政府向中央太平洋铁路公司提供扶持。比如，在旧金山人投票决定是否在当地发行中央太平洋铁路公司的300万美元债券时，为了确保人们投出支持票，州长的弟弟菲利普·斯坦福(Philip Stanford)驾车来到各个投票站，向选民分发金币，换取人们的支持票答谢。

四位创始人产生了成立铁路公司的念头。但单靠他们自己微不足道的20万美元，怎样才能开展工作呢？合伙人们明白，铁路公司的根本在于获得联邦政府利润丰厚的特许执照。科里斯·亨廷顿把20万美元塞进自己汽车的后备厢，驱车来到华盛顿。在华盛顿进行游说的时候，他把这笔钱全部花完。至于是怎么开销的，无人知晓，没有任何记录。不过，中央太平洋铁路公司的特许执照落到了他们的手里。特许执照是关键所在，因为这意味着不仅会拨给该铁路公司900万英亩的土地，还会通过发行政府债券向它提供扶持，即总计2 600万美元的第一抵押贷款。在拿到特许执照后，金钱会从联邦政府、州政府、股票销售，尤其是面向公众发行的债券，源源不断地流入铁路公司。

---

① Alfred D. Chandler, Jr., ed., *The Railroads: The Nation's First Big Business* (New York: Harcourt, Brace & World, 1965), pp. 49 - 50.

四位创始人抽取的利润主要来自他们成立的信贷金融公司(Credit and Finance Corporation)。这是为中央太平洋铁路公司而设立的独立建设公司,拥有独家为该铁路公司购买材料和修建铁路的权利。信贷金融公司由中央太平洋铁路公司的四位创始人全资所有,并进行管理。身为铁路公司的领导人,这四位建设公司创始人确保铁路公司始终慷慨大方地向建设公司,也即他们本人,支付高昂的费用,因此欺诈了铁路公司的股东和债券所有者。铁路公司一共向信贷金融公司支付了7 900万美元建设费用,这笔费用来自政府和投资人。据估计,这笔费用比合理建设成本高出3 600万美元。建设过程中造成浪费的最典型例子是,在中央太平洋铁路公司迅速扩大的版图中早已经建成萨克拉门托河谷铁路公司(Sacramento Valley Railroad)的铁路线,只是规模较小。从经济角度说,合理的方法是收购萨克拉门托河谷铁路公司。但中央太平洋铁路公司坚持修建自己的铁路线。公司绕萨克拉门托河谷修建了一条弯弯曲曲的铁路线,距离更长,毫无意义。这样做的原因在于“用政府资金修建铁路线的成本要低于收购已经存在的铁路公司……”①

联合太平洋铁路公司采用了同样的方式。该铁路线从奥马哈市一路往西,在犹他州与中央太平洋铁路汇合。联合太平洋铁路公司的内部董事成立了建设公司动产信贷(Crédit Mobilier)。联邦政府拨给该铁路公司总计1 200万英亩土地,债券扶持为2 700万美元。动产信贷公司向联合太平洋铁路公司收取了9 400万美元的铁路建设费,而真正的成本估计仅为4 400万美元。

这一次,马萨诸塞州共和党国会议员奥克斯·艾姆斯(Oakes Ames)出面,负责向国会议员和其他政府官员送上厚礼,以劝说他们投票支持给联合太平洋铁路公司颁发特许执照。艾姆斯在投票前聪明地向国会核心成员奉上动产信贷公司的股票,或者直接赠送,或者象征性地收少额费用。动产信贷公司才是真正的利润制造机器。这些议员毫不意外地成为“铁路国会议

① Matthew Josephson, *The Robber Barons: The Great American Capitalists, 1861 - 1901* (New York: Harcourt, Brace & World, 1962), p. 88.(编者附注)出处同前,pp. 78 - 89; Chandler, ed., *The Railroads*, p. 50。

员”。正如艾姆斯所说的，他把股票分给了“对我们最有益的人”。因为“我们希望在国会能有更多朋友。让人们照顾自己的资产实在不是一件难事。”这些得到股票的人包括“基督政客”、来自印第安纳州的副总统斯凯勒·科尔法克斯（Schuyler Colfax），来自缅因州的詹姆斯·布莱恩（James G. Blaine），财政部部长乔治·鲍特韦尔（George S. Boutwell），来自俄亥俄州后来当选总统的詹姆斯·加菲尔德（James A. Garfield），来自马萨诸塞州的联邦参议员亨利·威尔逊（Henry Wilson），以及众多其他国会议员，包括众议院的少数派领袖、来自纽约州的詹姆斯·布鲁克斯（James Brooks）——作为给民主党的一种贿赂。对奥克斯·艾姆斯而言，他不仅拿到了部分股票，而且他的铁铲制造公司意外地得到了动产信贷公司的合同，为后者提供铁路修建所用的铁铲①。

所有铁路公司的出资人中，与共和党政府关系最密切的当属令人敬畏的银行家杰伊·库克（Jay Cooke），即杰伊·库克公司（Jay Cooke & Co.）的领导者。美国南北战争爆发之初，杰伊·库克只是费城一位金融小玩家，想创立自己的银行，并从联邦政府手中取得战争期间发行债券的独家承销权。为了向容易上当的公众销售这些债券，库克发起了现代首次债券营销活动，聘请了数千名二级代理人，针对没有戒备的公众推出了“购买国债，为国出力”的宣传口号。

通过财政部部长萨蒙·蔡斯（Salmon P. Chase），库克从华盛顿政府获得了利润相当丰厚的债券承销独家特许权。库克的哥哥亨利（Henry）曾是一名记者，自蔡斯出任俄亥俄州州长起，长期担任蔡斯的助手。之后，又追随蔡斯来到华盛顿。在与蔡斯频繁推杯换盏，以及证明其销售国债的宣传方法相当成功之后，杰伊·库克赢得了令人垂涎三尺的特许权，跻身美国顶级富豪。新成立的杰伊·库克公司位列当时的顶级投资银行。库克成为广

---

① （编者注）Josephson, *The Robber Barons*, pp. 78, 89 – 93, 164; Chandler, ed., *The Railroads*, p. 50. 格伦维尔·道奇（Grenville M. Dodge）是联合太平洋铁路公司的发起人之一。1860 年亚伯拉罕·林肯（Abraham Lincoln）竞选总统期间，道奇发挥了巨大作用，争取到爱荷华州共和党对林肯参选的支持。后来，他在美国南北战争期间被提拔为陆军将军，受命把印第安人从联合太平洋铁路公司的土地上迁走。铁路公司的部分成本通过这种方式得以解决。Murray Rothbard, “Bureaucracy and the Civil Service in the United States”, *Journal of Libertarian Studies* 11, no. 2 (Summer 1995): 39 – 41.

为人知的"大亨","像杰伊·库克那样有钱"成为流行语。

库克采用了众多新颖的方法打开债券市场。他给予金融记者和国会议员大笔贿赂,而且要求所有战争承包商和军用供应商都购买债券,作为给予合同的条件。最厉害的当属库克采用蔡斯的计划,成功说服国会改变了美国的银行系统。在南北战争爆发之前,美国所有的银行都是州特许银行。联邦政府就州特许银行发行的货币征收重税,这令他们几乎难以生存。这些州特许银行发行的货币之后将由新近得到特许的部分大型国民银行发行的货币取代。国民银行的法律架构规定,他们能发行的货币金额根据其持有的国债金额来确定。通过游说政府根据国债建立新的中央银行系统,库克为自己垄断发行的债券创造了更大的市场①。

从库克过往的种种成绩来看,最大的铁路拨地,即北太平洋铁路公司从联邦政府处得到的 4 700 万英亩土地,在 1869 年落入大亨杰伊·库克的手中并不令人感到意外。

在真正启动北太平洋铁路公司之前,库克于 1870 年在华盛顿游说,争取到一份新的特许执照,杰伊·库克公司由此成为该铁路公司唯一的财务代理人,可以因其所销售的该铁路公司的债券获得高达 12%的费用,并获得北太平洋铁路公司 20%的股票。

因此,库克无需像中央太平洋公司和联合太平洋铁路公司的所有者那样,专门成立一家建设公司榨取铁路公司的其他股东和债券持有人。他早就有了自己的私人银行。库克的特许执照在美国政界要人的助力之下,显得更加耀眼。美国政界要人争先恐后地帮助北太平洋铁路公司,以换取该公司股票。库克的老朋友、时任美国最高法院首席大法官的萨蒙·蔡斯甚至提出以"不错的薪水"出任北太平洋铁路公司的总裁。库克引入的其他知名股东包括副总统斯凯勒·科尔法克斯、来自俄亥俄州的未来美国总统拉

---

① (编者注)Josephson, *The Robber Barons*, pp. 53 - 58. 更多关于杰伊·库克以及 1863 年和 1864 年《国民银行法》的情况,参见 Murray Rothbard, "A History of Money and Banking in the United States Before the Twentieth Century", in *A History of Money and Banking in the United States: The Colonial Era to World War Ⅱ*, Joseph Salerno, ed. (Auburn, AL: Mises Institute, 2005[1982]), pp. 132 - 147; Patrick Newman, "Origins of the National Banking System: The Chase-Cooke Connection and the New York City Banks", *Independent Review* (Winter 2018)。

瑟福德·伯查德·海斯(Rutherford B. Hayes)和财政部部长休·麦卡洛克(Hugh McCulloch)。总统尤利西斯·辛普森·格兰特(Ulysses S. Grant)之所以全力支持，是源于他的老朋友兼顾问亨利·库克和他的私人秘书霍勒斯·波特将军(General Horace Porter)的耳语。霍勒斯·波特像朋友一样为库克提供服务，以换取可观的贿赂。

接受北太平洋铁路公司贿赂的这群人遭到了另一支队伍的反对。后者在为南太平洋铁路公司争取同样的优待。南太平洋铁路公司的主要支持者是众议院议长詹姆斯·布莱恩。詹姆斯·布莱恩来自缅因州，是共和党的权势人物之一。为了说服布莱恩站到自己的队伍中，杰伊·库克公司为这位议长提供了数目可观的个人贷款，贷款抵押物则根本未按照银行的标准进行核查。

手握特许执照的杰伊·库克组建了一个庞大的宣传机器。该机器类似于他在南北战争期间成功销售政府债券时所使用的那种。他聘请了旅行社，并且有组织地贿赂新闻记者，授意他们对北太平洋铁路公司极其预设铁路沿线气候唱赞歌。这样做的目的有两个，一是引诱普通民众购买北太平洋铁路公司的债券，二是鼓动移民搬到铁路沿线的西北地区居住。这些移民将不得不购买政府拨给铁路公司的土地，并在铁路建成后成为铁路公司的顾客。得益的股东亨利·沃德·比彻(Henry Ward Beecher)是美国最著名的牧师。他在著作《基督教联盟》(*Christian Union*)中对该铁路公司大加吹捧。库克聘用的宣传册撰写者则充分发挥想象力，宣称未来的明尼苏达州和蒙大拿州的气候将“融巴黎和威尼斯于一体”①。

---

① (编者注)Josephson, *The Robber Barons*, pp. 93–99. 政府依据 1862 年和 1864 年的《太平洋铁路法》(*Pacific Railway Acts*)资助建立了横穿美洲大陆的铁路公司。若要把这种低效的铁路公司与詹姆斯·希尔(James J. Hill)经营的私营铁路公司大北方铁路(Great Northern)作对比，请参考 Burton Folsom, Jr., *The Myth of the Robber Barons: A New Look at the Rise of Big Business in America* (Herndon, VA: Young America's Foundation, 2007[1987]), pp. 17–39。政府资助的横穿美洲大陆铁路公司的主要的缺点在于他们没有吸纳市场中的储蓄，而是通过政府贷款和土地划拨，所以不用考虑成本和收益。政府给予补贴，是把消费者本来会花在别处的钱(因此价值更高)转移到了铁路公司。参见 Murray Rothbard, *Man, Economy, and State with Power and Market* (Auburn, AL: Mises Institute 2009[1962]), pp. 946–953, 1040–1041。但从希尔的大北方铁路公司例子来看，这些横穿美洲大陆的铁路公司原本会自然得到修建。大北方铁路公司是在收购此前得到扶持但破产的圣保罗太平洋铁路公司(St. Paul & Pacific Railroad)的基础上建立的。圣保罗太平洋铁路公司得到的划拨土地的面积远远少于其他横贯美洲大陆的铁路公司。

然而，到19世纪70年代，铁路公司及其发起人的鸿运戛然而止。其中有三方面的原因。首先，铁路公司用尽所能，竞相剥削民脂养肥自己，这导致了民众的极度反感。1871年后，政府停止向铁路公司划拨土地，因为在19世纪70年代出现了广泛的"反垄断"运动。此后，州政府和地方政府也减缓了向新铁路公司提供扶持。在一些州，新法禁止政府向企业提供贷款（在当时，企业主要就是指铁路公司）。

除了公众对铁路公司和政府这种合作的极度厌恶，还有第二个原因，即民主党的复兴。从19世纪60年代强烈的重商主义可以看出，当时强调自由放任主义的政党事实上在国会没有什么政治影响力。19世纪70年代初期，民主党重获了自己的好运势。民主党仅在1876年的总统大选中被共和党击败，候选人塞缪尔·蒂尔登(Samuel Tilden)落选。19世纪70年代初期到90年代中期，民主党几乎与共和党并驾齐驱，就算没有经常赢得总统大选，也常常在国会两院中至少控制了一个。撇开意识形态的异同，民主党有望揪住共和党的腐败问题，赢得一定的政治资本。这些腐败问题大多数集中在铁路公司身上。

第三个结束铁路公司鸿运的原因是在1873年的经济恐慌中，权倾朝野的杰伊·库克令人震惊地破产了①。庞大国家扶持导致的问题之一是效率低下，北太平洋铁路远未竣工却已经背负上沉重的债务。杰伊·库克的营销伎俩在销售公司债券时不再像销售政府债券时那样有效。在强大的罗斯柴尔德家族(Rothschilds)的带领下，欧洲银行家和投资人纷纷躲开北太平洋铁路公司的债券，与之前欧洲投资人对美国铁路公司的浓厚兴趣形成了鲜明的对比。与此同时，在美国国内，一家由投资银行家组成的新公司态度傲慢，直接和库克对垒，促成了库克在1873年年初的美国国债发行失败。这家名为德雷克塞尔-摩根(Drexel, Morgan & Co.)的公司由库克在费城的竞争对手

---

① (编者注)需要更多了解杰伊·库克，以及1873年的经济恐慌，参见 Rothbard, "A History of Money and Banking", pp. 148－156。关于1873年经济恐慌的背景，及其带来的经济衰退时间长度和严重程度被夸大的证据，参见 Patrick Newman, "The Depression of 1873－1879: An Austrian Perspective", *Quarterly Journal of Austrian Economics* (Winter 2014): 485－497。

安东尼·德雷克塞尔(Anthony Drexel)和纽约[①]年轻的摩根联合成立。半年后,所有这些因素综合在一起,导致了杰伊·库克公司的倒闭破产,加速了1873年的经济恐慌。此后,摩根取代库克,成为美国最大的投资银行家。[②] 因为摩根是民主党人士,他的崛起也象征着美国政坛重要的转变,真正的两党制开始得到建立。

二、铁路公司的定价原理

"反垄断"和之后要求政府对铁路公司采取行动的种种运动之所以会出现,部分原因在于政府此前对铁路公司过于慷慨。抗议者提出的合理要求是停止或降低给予铁路公司的扶持。"反垄断"运动成功地终止了政府的拨地行为,之后的运动要求地方政府对铁路公司闲置未用的土地征税。铁路公司从政府手中得到土地赏赐,却迟迟不把这些土地推向市场。还有很多抗议者更进一步,要求政府进行各种形式的管控,降低铁路运价,尤其是货运价格。从经济学角度看,货运价格显然要比旅客服务价格更加重要。

公众要求对运价进行管控,如果不是完全出于自私的目的,那么它充分体现了人们完全不懂铁路定价的基本经济学原理。人们认为运价"太高",或者说铁路公司是垄断部门,这种观点完全违背了现实。铁路公司面对的竞争相当激烈,甚至可以说惨烈。消费者所得到的服务,不仅仅是在陆地上横跨美国东西两岸[③],而且是以因竞争而不断大幅下降的价格享受的。

铁路公司在同一群市镇中竞争,在地区之间彼此竞争,还要与运河和沿

---

① (译者注)本书中的"纽约"(New York)按照原文翻译,若无特别指出是纽约州,均指纽约市。

② (编者注)Josephson, *The Robber Barons*, pp. 165 - 173. 摩根与罗斯柴尔德家族在纽约的代理人奥古斯特·贝尔蒙特(August Belmont)是盟友,所以我们可以推测罗斯柴尔德家族断然拒绝购买北太平洋铁路公司债券的部分原因在于一场阴谋。他们希望把杰伊·库克拉下马,让摩根在美国银行圈取而代之。这场阴谋取得了胜利。关于摩根和贝尔蒙特,以及罗斯柴尔德家族的联盟,参见 Stephen Birmingham, *"Our Crowd": The Great Jewish Families of New York* (New York: Pocket Books, 1977)。摩根和欧洲之间还有其他重要的关系。其父亲朱尼厄斯(Junius)出生于美国,是乔治皮博迪公司(George Peabody & Co.)伦敦分公司的银行家。

③ 现代读者难以理解这点。在铁路诞生之前,想在陆地上出行,除了糟糕的泥土路,人们别无选择。因此,在19世纪中期之前,运输主要是水运,人口中心和生产中心都不得不位于水运中心附近。

海船运竞争。很显然，与其他所有商品的定价一样，铁路运价也是根据不同地区的竞争状况设定的。在一些线路上，铁路公司要与运河和沿海船运直接竞争，所以铁路运价不得不比没有这些竞争的地方低。对横贯大陆的铁路线而言，部分地区是存在交集的，那么铁路公司之间就要竞争。东部城市和中西部城市之间的五条“干线”同样存在激烈的竞争。这五条干线分别是伊利铁路（The Erie）、巴尔的摩-俄亥俄铁路（Baltimore & Ohio，B&O）、宾夕法尼亚铁路（Pennsylvania）、纽约中央铁路（New York Central）和大干线铁路（Grand Trunk）。有趣的是，面对公众舆论，铁路公司辩称运价应该根据有利于特定铁路线类型的定价“理论”设定。五条干线中最短的巴尔的摩-俄亥俄铁路和宾夕法尼亚铁路提出，运价应该根据距离来制定。这样自然可以帮助他们在价格上低于竞争对手。纽约中央铁路的运营成本最低（沿线坡度更小、人流更密集），所以提出运价应该以运营成本为基础来制定。大干线铁路实力较弱，始终在破产边缘摇摇欲坠，他们表示运价需足以涵盖运营成本，不用去考虑股息[①]。

途径同一座城市的不同铁路线也竞争激烈。事实上，到 19 世纪 80 年代中期，美国的大型城市都至少有两条铁路线经过。比如，在那段时期，圣路易斯市和亚特兰大市之间至少有 20 条铁路线同时在争抢客源。

顾客（农场主、商人和其他托运人）和普通大众对运价的抱怨主要是铁路公司采用多种定价模式的做法。铁路公司针对托运人收取不同的运价。支付较高运价的托运人谴责铁路公司的行为是“价格歧视”，是铁路公司的阴谋。但每一次，这些定价做法都基于合理的经济原因。这些投诉可以归纳为几类：

其一，把铁路公司收取的费用摊到每英里[②]算，长途运输的比短途运输的更低。人们对此抱怨不断。但此类定价并非是对短途运输的阴谋，而是从经济学角度得出的结果。首先，铁路公司的车站成本（即在每趟运输的起点站和终点站的装货和卸货成本）是固定的，也是较高的。不管旅途长短，这个成本都会发生。对长途运输而言，这个成本摊到每英里后相对会显得

① Edward C. Kirkland, *Industry Comes of Age: Business, Labor, and Public Policy, 1860 - 1897* (New York: Holt, Rinehart, and Winston, 1961), pp. 77 - 79.

② （译者注）1 英里约等于 1.6093 千米。

较低。其次，西部铁路线的运载能力远远高于其实际货物运量，所以铁路公司必须降低运价吸引农场主和其他顾客，开拓该地区的市场。这也会导致从西部到东部的长途跨州运输价格相对较低。

东部农场主因为来自西部农场主的竞争而遭到剧烈冲击，自然更加倾向于相信阴谋论，而不去考虑货运价格差的经济原因。他们宣称因此丧失了自己在东部城市里"理所当然的"市场。东部商人和农产品制造商也对高运价有着类似的抱怨。他们认为自己在与西部产品的竞争中落败了。比如，罗切斯特的磨坊主公开抨击其纽约制造商从明尼阿波里斯的磨坊主处采购时可以享受到较低的运价。

其二，可能有人认为西部农场主至少会因为从西部到东部的长途运输可以享受较低运价而高兴。但人性使然，再加上压力和抱怨的政治价值，西部农场主也宣称自己不满意。他们抗议自己不得不支付较高的地方货运价格，并且铁路公司给予大型承运人的折扣高于小型承运人。

对于现代读者而言，大批量运输享受折扣是一件合理的事情。大订单可以确保最低的生产或运输量，而且大订单的处理成本相比更低，因为处理订单的特定成本是固定不变的。

其三，正如前文所说的，不管是与同城或其他地区的铁路线竞争，还是与其他运输形式进行竞争，当竞争变得激烈，铁路公司的运价会走低。匹兹堡市唯有宾夕法尼亚铁路线经过。在纽约，却有众多铁路线相互竞争。因此从芝加哥购买谷物运回纽约所支付的每英里货运价格比运回匹兹堡的更低。与更远些的波士顿商人相比，马萨诸塞州伍斯特的商人在购买西部谷物时要支付更高的价格。那些自认为处于弱势城市的商人自然怨言不断。

其四，对地域性运价"歧视"抱怨最强烈、最持久的是南方人。他们认为，美国南部相比其他地区被迫支付过高的货运价格，与美国东部相比尤甚。在一篇文章中，著名的历史学家戴维·波特（David M. Potter）曾经分析和解释了南方货运价格持续较高的经济学原理①。

---

① David M. Potter, "The Historical Development of Eastern-Southern Freight Relationships", *Law and Contemporary Problems* (Summer 1947): 420 - 423.

波特认为，美国南方货运价格较高有几方面的原因。第一，美国东部的人口密度更高，南方的运输密度较低，导致成本较高。第二，从南方往外运出的货物主要是棉花。铁路公司早就意识到，他们在确定货运价格时必须对商品进行“分类”。单价低的笨重商品无法承受每英里每吨的高运价，重量轻的消费品相对来说价格承受力更强。因此，如果运送煤炭、小麦、牲畜、矿石或棉花等笨重商品，铁路公司必须将这些商品归入低运价商品类型，而不是归入食品杂货或服装类。南方的铁路公司针对棉花只能收取较低的运价，作为弥补，他们对其他更高等级的商品收取较高的运价，包括那些南下的北方商品。

第三，很长一段时间里，南方缺少可以去往美国东部市场的长途运输干道。相反，南方的铁路运输是本地化的，把农产品从内陆运至沿海港口，然后再实施沿海船运。本地铁路运输意味着货运价格较高。事实上，在南方大部分地方都有激烈的水运竞争，一是沿海船运路线，二是大小河流上的运输船。这意味着存在竞争的路线上铁路运价通常较低，而没有竞争的路线上收费较高。

第四，即使建成了干线，形成的联运路线是个三角形，即从中西部把粮食运送到南方，然后从南方把棉花运送到东部。这意味着只有单向的货物流动，成本高昂，因为反向基本上没有货物可供运输，无法分摊运营成本。这种情况又导致了南方贸易中的联运价格较高。

第五，在批评者看来，最令人不安的是铁路公司给托运人提供运价“回扣”。他们认为这种做法是歧视和垄断，是在给予标准石油公司这种铁路公司偏爱的托运人特别优待。

但是，这些批评者没有意识到，给予回扣这种做法根本不是什么“垄断行为”，完全是铁路公司彼此竞争以及与其他运输形式竞争的主要方式。在标价之上打折来吸引或保留顾客是现在常见的做法，人们不会以垄断或歧视去谴责它。要点在于企业不喜欢降价。这是可以理解的。如果竞争迫使他们不得不降价，他们首先会争取不调整价目表，而是给顾客按照价目表打折，希望这种降价只是暂时的。这种降价行为最初只针对一两个顾客，或者是为了争取新顾客，或者是为了挽留顾客，避免他们投奔自己的竞争对手。

如果折扣不需要持续太久，那么这种折扣会消失，价目表将保持不变。如果整体趋势是降价，那么折扣或回扣的范围会扩大，尤其当其他顾客发现和要求享受类似的待遇之时。简而言之，铁路公司将通过秘密折扣的扩散范围来证实是否需要降价。①

回扣现象之所以那么普遍，还有另一个原因。企业通常愿意降低收费来换取确定的订单。一位铁路公司人员在美国参议院听证会上解释为什么广泛采用回扣手段时说："某个人说，'我可以给你带来这些业务量。'如果你信任这句话，你就能相应地作出确定的安排。"②

由此可见，商业世界的定价与经济学课本中明确的定价计算和图表完全不同。这是一个不断发现的过程，需要不断摸索找到在特定情况下最佳且利润最高的价格是什么③。这尤其适合于铁路公司。铁路公司拥有大量的路线，需要面对各种情况，不得不以此为基础为数千种商品制订运价。

这个发现过程的复杂性可能解释了铁路公司的回扣现象并不局限于标

---

① （编者注）罗斯巴德关于企业为什么愿意悄悄打折而不是公开降价的分析，可以解释为什么众多价格看上去要比实际"更稳定"。历史价格数据可能看上去在很长一段时间里都保持稳定不变，但这些可能并非是真正的交易价格。对商品的定价种类进行重新划分，或者对此前免费的服务改为收费，这些也会导致隐性的价格上涨。在课堂上讲到这点时，罗斯巴德提到了乔治·斯蒂格勒的研究。参见 George Stigler and James Kindahl, *The Behavior of Industrial Prices* (New York: NBER, 1970); Murray Rothbard, "The Railroading of the American People" in *The American Economy and the End of Laissez-Faire: 1870 to World War Ⅱ*, 75: 00 onward。价格并不是完全弹性的，但也不是像人们常常认为的那样固定不变。

② Kirkland, *Industry Comes of Age*, p. 84.

③ （编者注）罗斯巴德强调定价是一个发现过程，这也是奥地利经济学派的主要观点。奥地利经济学派认为，完全竞争的最终状态模型太过古板，买卖双方不会影响价格，而且双方都拥有充分的信息，这未能准确地反映竞争的状况。竞争实际上更应该被描述为一个动态的互动过程，买卖双方互为对手，必须对相关的市场数据进行评估，然后进行推测和预测，并且不断地调整自身的行为。这个市场过程，或者说企业家通过经济计算分配稀有资源的行为是一种争取平衡的过程，而不是平衡的状态。就算不是处于完全竞争或总体平衡，市场也是有效率的，能提高福祉。参见 Murray Rothbard, *Man, Economy, and State*, pp. 687－698，720－739; Dominick T. Armentano, *Antitrust and Monopoly: Anatomy of a Policy Failure*, 2nd ed. (Oakland, CA: Independent Institute, 1990), pp. 13－48，以及此处引用的其他奥地利经济学家的观点。罗斯巴德后来批评了这个发现过程范式。他更喜欢将市场中的企业家视作估价师和变数承担者，而不是发现者。参见 Murray Rothbard, "The End of Socialism and the Calculation Debate Revisited", in *Economic Controversies* (Auburn, AL: Mises Institute, 2010[1991]), pp. 845－848。有一个分析对铁路行业使用完全竞争基准，忽视了上述观点，参见 Robert Harbeson, "Railroads and Regulation, 1877－1916, Conspiracy or Public Interest?" *Journal of Economic History* (June 1967): 230－242。人们常常认为铁路公司享受的是"自然垄断"。奥地利经济学派对此的态度参见第九章。

准石油公司这类少数大型的托运人,而是在19世纪50年代之后广泛出现在石油精炼和其他多数行业。此类回扣成为铁路公司相互竞争的主要方式之一。因此纽约中央铁路公司通常会有6 000例“特殊合同”或回扣。在加利福尼亚州,几乎每个合同都可以享受回扣。背后的降价可以轻松达到50%。

其六,曾经最重要且最荒谬的控诉当属铁路公司的收费在南北战争之后的数十年里“过高”。当然,缺乏合理的、客观的标准来衡量价格究竟应该多高或多低。除此之外,在那几十年里,最显著的现象之一是运价逐年大幅下降。正是从那时候开始,美国进入了廉价长途运输的新时代。

总体上,在经济萧条期间,铁路公司的运价同其他价格一样下滑,但在其后的经济繁荣时期内却没有回涨到之前的水平。因此运价的整体趋势是快速下降。美国工业革命使得商品和服务的供应大幅增加,降低了多数商品和服务价格,给美国带来了辉煌的几十年。在19世纪,除了战时通货膨胀那段时期,价格的整体趋势是下行的。但与其他价格相比,铁路运价的下跌特别引人注意。

运价的下跌有多种形式。一种是直接降低挂牌价。在那几十年里,挂牌价下跌了1/2到2/3。把小麦从芝加哥市运到纽约市的运价在1866年是每100磅65美分,31年后,运价降到20美分。这两座城市之间的分割牛肉运价从1872年的每100磅90美分降至19世纪末期的40美分。从纽约市往西运往芝加哥市的运价最贵的商品,或者说一级商品的运价从1865年春季的每100磅2.15美元降至1888年年底的0.75美元。四级商品的运价同期从0.96美元降至0.35美元。

1876年至1877年是价格战最激烈的时期。1874年,巴尔的摩-俄亥俄铁路至芝加哥市的延长线竣工。此后,干线的运价显著下跌。在1876年至1877年这两年里,一级商品的运价从每100磅0.75美元跌至0.25美元,四级商品的运价则跌至0.16美元。从芝加哥市往东运至纽约市的货物运价惊人地下跌了85%,从1美元跌至0.15美元。在这段时期,客运票价也被砍半。

除了直接降价,因为铁路公司加强了服务,所以实际运价也在下降。例如铁路公司免费提供存储或马车运输服务。还有一种悄悄降价的方法是对商品种类进行系统性调整，把某些商品从高运价种类调低至低运价种类。虽然每个级别商品的名义运价仍然保持一样，但是如果某种货物从高运价类别调到低运价类别，则其铁路运输的费用实际在下降。例如，在 1887 年之前，铁路干线上所有西行运输的商品中，2/3 被划分到一级到三级商品。1887 年，铁路公司对商品类别进行了调整，仅有 53％的商品被归入运价最高的三个级别。

也是在 1887 年，整车运输可享受更低运价的商品类型大幅增加。在此之前，铁路干线上只有 14％的西行货物可以享受整车运输折扣。1887 年之后，55％的货物类型可以享受该特权。更多的商品可享受数量折扣特权，这也意味着真实的运价在下降①。

总的来说，铁路运价的下跌幅度远超 19 世纪 70 年代农民协进会运动和其他反铁路公司运动最疯狂的梦想。据艾伯特·菲什洛（Albert Fishlow）估计，到 1910 年，"真实的货运价格相比 1849 年的水平下跌超过 80％，真实的客运价格下降了 50％"。②

反对铁路公司的群体中，声音最高的是铁路公司的投资人。这些铁路公司的所有者常常受到肆无忌惮的公司发起人和内部管理者的欺诈，并经不住如饥似渴的地方、州和联邦政府的引诱而不断加大投资。他们发现，在那几十年里，本来就不丰厚的投资回报缩水了。1870 年左右，铁路公司债

① Kirkland, *Industry Comes of Age*, pp. 79 - 80, 83 - 84, 93 - 94.

② Albert Fishlow, "Productivity and Technological Change in the Railroad Sector, 1840 - 1910", in National Bureau of Economic Research, *Output, Employment and Productivity in the United States After 1800* (New York, 1966), p. 629.

（编者附注）农民协进会运动是一场农民抗议运动，主张加强对铁路公司的管控，以及采取其他干预措施。说农民在 19 世纪末期遭遇经济困难，实际上有所夸张。总的来说，西部农民得到的真实运价在那个时期基本上保持不变，并且他们的贸易条件得到了改善。他们也没有因为实际利息支出增加而困扰。事实上，利率存在竞争，多数农民也没有抵押贷款。就算有抵押贷款，这些贷款也都是短期的，预见了未来的通货紧缩。农民们之所以生气，主要在于他们的收入增长不及其他群体，而且他们所处的经营环境在不断发生变化，竞争在加剧。参见 Charles Morris, *The Tycoons* (New York: Owl Books, 2005), pp. 115 - 117; Susan Previant Lee and Peter Passell, *A New Economic View of American History* (New York: W. W. Norton & Co, 1979), pp. 292 - 301。

券的收益率平均为6%，股票分红大概为7%。19世纪末期，债券平均收益率跌至3.3%，股票分红为3.5%。除了收益率下跌50%，在19世纪90年代，只有30%—40%的铁路公司股票进行了分红[①]。在这10年里，铁路公司纷纷破产或重组。

三、建立企业联盟的尝试

在大型铁路公司的发展过程中，一些铁路公司希望规避激烈的竞争和价格战。他们想到的办法是历史悠久的企业联盟协议。在这种方式中，特定行业内的所有公司都同意提高售价。如果各家公司都信守协议，所有公司都提高售价，那么每家公司都能从中获利。

公众认为签订抬价和价格控制协议相当轻松，在俱乐部杯觥交错中悄悄商量就行。但事实上，这类协议难以组织，遵守的难度更大。生产和供应的竞争拉低了价格。为了成功抬高价格，公司必须同意减少产量。这就是症结所在：没有哪家企业，没有哪位企业家，也没有哪位管理者愿意削减产量。他们更愿意扩大生产。如果商人勉强同意削减产量，他必须确保自己的竞争对手也这样做。这些公司会无休无止地争论每家公司究竟应该减产多少。如果几家公司总计生产100万吨金属X，原售价为每吨100美元，若希望把价格提升到每吨150美元，他们必须就总产量应该降至多少，以及谁应该减产多少达成协议。此类协议非常难以达成。

对于那些企图建立企业联盟的人来说，这只是头疼的开始。一般而言，他们将根据基准年的产量就减产配额达成协议。所以，如果在1978年建立了企业联盟，那么公司A、B和C等都同意自己1979年的产量相比前一年减少20%。在签订企业联盟协议之后不久，随着时间的流逝，人性使然，每位商人和管理者会想："去你的，为什么我要死守根据1978年产量设定的最大产量？现在是1979年(或1980年)，我们有了×××新工艺，我们有了××热门产品或精英销售人员。如果我们自由竞争和削减价格，我们的销

① Kirkland, *Industry Comes of Age*, p. 71.

量就会增加。市场份额增加，利润更高，创造好得多的业绩。”随着 1978 年越来越远，1978 年的情况变得越来越没有意义，每家公司之间的摩擦日渐增加，都希望减价再次一决高低。某家公司可能向企业联盟申请增加配额，但这意味着其他公司的产量必须相应地减少，他们会强烈抗议，否决申请。

最终，由于内部的压力变得过大，企业联盟分崩离析，价格再次大幅下跌。企业联盟破裂的典型形式就是秘密减价。躁动不安的公司迫切想降价，于是决定采取行动。愚蠢的其他生产商还在坚持协议价格，比如每吨 150 美元，但有一家公司已经对自己迫切希望挽留的几家客户，或者它渴望争取到的其他客户说：“看看，你这么出色，你的公司也是那么优秀，我可以给你每吨 130 美元的价格。但我希望你不要张扬，以免你我的竞争对手知晓这笔交易。”几个月里，这种方法非常奏效，该公司赚取了额外的利润，竞争对手则背负了损失。但世上没有不透风的墙，最终该公司的其他客户和竞争对手会听到关于秘密降价的传闻。其他客户会要求类似的待遇，竞争对手则会理直气壮地谴责这家公司“争抢份额”，是“骗子”，是叛徒。企业联盟由此瓦解，取而代之的是激烈的竞争、降价和行业内的相互指责。

这种内部压力来自企业联盟内部，势不可挡。但还有另一种导致企业联盟瓦解的力量，其影响力同样强大，难以抗拒。这是一种来自企业联盟外部的压力。假设在我们虚拟的金属行业内存在企业联盟。行业外部的公司、投资人，以及颇具洞察力的企业家在寻找赚钱机会，注意到这个行业，也看到行业内建立了企业联盟，价格已经上涨 50%，因而该行业利润超高。为了便于说明，假设该企业联盟已经把利润从 5%提高到 15%。外部投资人会想：“哇！这些人日子过得真好。为什么我不能这样呢？我完全不受企业联盟协议的限制。我可以进入这个行业，建设新工厂，成立新公司，然后从企业联盟手中抢夺市场。我可以卖每吨 130 美元。更何况，我建设的是全新的工厂，配备的是最新的设备和工艺。那些竞争对手的工厂年代已久，部分早就过时。”所以，更高的价格和更高的利润率变成了一把保护伞，但也成为一种诱惑，吸引其他可能更具竞争力的新公司进入该行业。

这些企业联盟如何才能迎接危险的新竞争对手带来的挑战呢？如果企业联盟希望维持较高的联盟价格，就必须把新公司拉入联盟，把自身的生产配额分割给新公司。这意味着原先加入的公司进一步减少产量，但他们本来就讨厌减产的想法，何况进一步减产的受益者是不受欢迎的新闯入者。新公司不太可能被企业联盟吸纳，因此更可能的是企业联盟被打破，价格再次下跌。只是这一次，新竞争对手来势汹汹，可能在竞争中脱颖而出，把部分既有公司挤出市场。就算是新公司被企业联盟吸纳，平衡也是暂时性的，因为会有更多公司不断地受到吸引进入这个行业，问题会一而再地出现。最终，企业联盟因为行业新进入者所带来的外部压力而瓦解。

所以，相互竞争的公司为了抬高价格和消减产量而自愿签订的协议和建立的企业联盟最终必定会因为外部和内部压力而瓦解。企业联盟无法长期战胜自由市场[①]。

在每个曾经试图建立企业联盟的行业，故事基本类同，反复证明了上述基本的经济学观点。就铁路公司而言，相似的情节再次上演，只是这个行业的企业联盟被称为“联营”，产品是货物运输，价格就是运价，而降价的形式是悄悄地提高给托运人的回扣。

第一起重要的铁路公司联营是爱荷华联营（Iowa Pool），缔结于1870年[②]。内布拉斯加州奥马哈市和爱荷华州康瑟尔布拉夫斯市是联合太平洋-中央太平洋铁路的东向终点。这条新铁路线横贯北美大陆，通往加利福尼亚州。由此，从芝加哥市出发向西至奥马哈市铁路线，相当重要。芝加哥市和奥马哈市之间有三条线路在相互竞争，北部的芝加哥-西北铁路（Chicago and Northwestern）、芝加哥-洛克群岛-太平洋铁路（Chicago, Rock Island, and Pacific，洛克群岛线路），以及南部的“伯灵顿系统”（Burlington System,

---

① （编者注）罗斯巴德在其他地方指出，即使企业联盟能够成功地限制内部产量并抬高价格，也没有证据能证明它们可以完全限制生产，因为某个行业的产量削减后，会释放出非特异性因子。这些因子会被其他行业所吸收，促进它们提高产量。Rothbard, *Man, Economy, and State*, pp. 638, 690. 政府可以采取强制手段减弱打破企业联盟的内部和外部机制，维持企业联盟。政府可以通过多种干预措施在市场建立企业联盟，相关调查参见 Rothbard, *Man, Economy, and State*, pp. 1089 - 1147。正如下文将详细探讨的那样，在进步时代里，几乎所有这些干预举措都上演了。

② Julius Grodinsky, *The Iowa Pool: A Study in Railroad Competition, 1870 - 1884* (Chicago: University of Chicago Press, 1950). 19世纪50年代中期和末期断断续续进行了多起铁路公司联营尝试，其中包括几大干线尝试建立联营，但这些联营很快就瓦解，没有造成什么影响。参见 Alfred D. Chandler, Jr., *The Visible Hand: The Managerial Revolution in American Business* (Cambridge, MA: The Belknap Press of Harvard University Press, 1977), p. 135。

通过伯灵顿-密苏里铁路连接芝加哥市、伯灵顿市和昆西市）。幸运的是，这三条竞争线路由两位商人和其伙伴控制。伯灵顿系统由“铁路大王”詹姆斯·乔伊控制，背后是一群波士顿资本家。在包括荷兰投资人在内的众多资本家的支持下，约翰·特拉西（John F. Tracy）则控股了芝加哥-西北铁路和洛克群岛线路。

既然这三条相互竞争的铁路线是由两位商人控制，似乎适合建立企业联盟。两人都渴望进行尝试。为了获得公司的控制权，乔伊和特拉西都过度借贷，当时的财务状况岌岌可危。1870 年年末，特拉西发起爱荷华联营，试图减少总运输量，平分三条线路的总收入，提高运价，以大幅减少争相追逐利润或降价的动力①。

尽管看起来条件很有利，而且企业联盟的官方寿命很长（一直到 1884 年），但爱荷华联营在开始时困难重重，短短 4 年后就分崩离析。争相降价和违背协议的行为不久就出现，而且发生在多个层面。首先，在伯灵顿系统和特拉西控股两条铁路线的内部出现了大幅降价的行为。每个销售经理和管理者都希望提高自身辖区的利润，这是可以理解的。同时，伯灵顿系统和特拉西控股的两条铁路线之间出现了激烈的竞争和大幅降价，而且都谴责对方在进行“欺骗”。此外，爱荷华联营面对的竞争不仅仅是组织内部和组织之间的竞争。因为整个横贯北美大陆的铁路系统也在与太平洋邮船公司（Pacific Mail Steamship）的线路残酷竞争。后者装载着大陆的货物经过巴拿马运河在美国东西两岸之间航行。1870 年，太平洋邮船公司和联合太平洋铁路公司签订了提高运价的协议，并且就铁路公司和邮船公司之间如何分配货流达成了一致意见。这意味着，为了提高运价，这两种运输形式都设置了最大运输配额。但是，1873 年，铁路公司和邮船公司之间发起了运价战，导致整个爱荷华联营在一年后以失败告终。

爱荷华联营瓦解的另一个重要因素是联合太平洋铁路公司的干预。爱荷华联营最初的行动之一是要求从联合太平洋铁路公司芝加哥-旧金山横贯线路的收入中分得更多。联合太平洋铁路公司相当恼怒，决定与伯灵顿

① 更具体一些来讲，铁路公司将其货运收入的 50%和客运收入的 55%整合到一起。

系统的个体成员交易，同时把更多的业务从芝加哥车站转移到圣路易斯车站，以抗拒那个要求。不管是内部还是外部的竞争，所有这些导致爱荷华联营在喧嚣4年之后分崩离析①。

下一起重要的联营发生在为蓬勃发展的新石油产业提供运输服务的铁路线。1859年，宾夕法尼亚州泰特斯维尔市的第一口美国油井正式开采。自那之后，宾夕法尼亚州西部油田生产的原油大部分送到克利夫兰市进行精炼。在宾夕法尼亚铁路公司首领托马斯·斯科特（Thomas A. Scott）的要求下，1871年，宾夕法尼亚铁路、伊利铁路和纽约中央铁路这三条铁路干线组建了南方改善公司（South Improvement Company）。为了提高运价，该公司内部进行了石油运输量的分配。宾夕法尼亚铁路获得了45%的石油运输量，伊利铁路和纽约中央铁路各分得27.5%的份额。为了确保各家公司坚守协议，一群炼油企业也加入该协议，作为"平衡器"，确保每家铁路公司不会超出自己的石油运输配额。

这些炼油企业在为铁路公司联盟提供如此重要的服务时，可以获得什么回报呢？他们可以获得高达50%的运价回扣。此外，如果南方改善公司协议之外的炼油企业在运输石油时享受到回扣，作为"平衡器"的炼油企业可以根据那些回扣得到补贴。鉴于联盟内的炼油企业作为铁路公司石油运输的"平衡器"，他们可以拿到运输的货运单，从而监督铁路公司是否诚实地信守补贴协议。

石油炼制行业的竞争相当激烈，尽管南方改善公司的行为意味着运价上涨，但一些炼油企业仍然愿意加入这个联盟，以获得竞争对手无法获得的回扣和补贴优势。此外，他们也可以在石油炼制行业建立企业联盟。行业内的最大炼油企业即洛克菲勒的标准石油公司是这些炼油企业的首领。标准石油公司最初是一家合伙企业，名为洛克菲勒-弗拉格勒-安德鲁斯公司（Rockefeller, Flagler & Andrews Co.），成立于1867年。3年后，它发展成为价值100万美元的大型企业。洛克菲勒并不反对进行垄断，但他怀疑企业联盟是否能取得成功，所以不太情愿地加入了这个阵营。事实上，南方改

① （编者注）Grodinsky, *The Iowa Pool*, passim; Gabriel Kolko, *Railroads and Regulation: 1877 - 1916* (Princeton, NJ: Princeton University Press, 1965), p. 8.

善公司最终流产了。当协议内容泄露，被新闻报道后，其他炼油企业和原油生产商的愤怒和压力迫使该企业联盟土崩瓦解。正如我们将在第三章中看到的那样，洛克菲勒此后转向兼并路线，以求在石油炼制行业内建立垄断地位。[①]

东部第一个重要的联营组织成立于1874年8月。在1873年经济恐慌期间，东部至中西部铁路运输的竞争相当激烈，由此拉低了铁路运价。纽约中央铁路、伊利铁路和宾夕法尼亚铁路这三条主要的干线担心，即将竣工的巴尔的摩-俄亥俄铁路会带来新的竞争，导致运价进一步下滑。三家干线的总裁在纽约州萨拉托加市会见，纽约中央铁路公司的威廉·范德比尔特(William H. Vanderbilt)住在该市。三家公司达成提高运价的协议，并且成立了两个地区委员会负责落实。

但是，这份铁路干线的协议很快就迫于联盟内外的压力而被放弃。巴尔的摩-俄亥俄铁路公司总裁约翰·加勒特(John W. Garrett)决定置身该协议之外，希望在竞争中战胜其他几家铁路公司，在货运领域争取到更大的市场份额。在外部，加拿大大干线铁路(Grand Trunk of Canada)充分利用该协议带来的机会，在更北部开启了一条借道加拿大从芝加哥到波士顿的新干线。协议迅速瓦解。此后，1875年至1876年，更激烈的价格战在干线之间进行，并于1876年达到了顶峰[②]。

绝望之中，铁路干线们想到了艾伯特·芬克(Albert Fink)。艾伯特·芬克是出生于德国的工程师，曾经担任路易斯维尔-那什维尔铁路公司(Louisville & Nashville Railroad)的副总裁，后来成为铁路联营方面著名的理论家、发起人和管理人。从1873年开始，芬克一直在劝说铁路公司通过签订企业联盟协议和分配货运量把运价提高到适当水平。1875年秋季，芬克成立了南方铁路和邮船协会(Southern Railway and Steamship Association)。

---

① (编者注) Allan Nevins, *Study in Power: John D. Rockefeller, Industrialist and Philanthropist* (New York: Charles Scribner's Sons, 1953), vol. 1, pp. 95 – 131; Kirkland, *Industry Comes of Age*, p. 84;同时参见本书第三章。

② D. T. Gilchrist, "Albert Fink and the Pooling System", *Business History Review* (Spring 1960): 33 – 34; Kolko, *Railroads and Regulation*, pp. 8 – 9.

加入这家协会的32条铁路线签订了一份协议，并聘请芬克担任协会会长，负责监督协议的实施。

1877年，铁路干线们决定找芬克帮忙，再试一次。4月，四家铁路干线签订了沿海差价协议(Seaboard Differential Agreement)，决定东行前往费城和巴尔的摩的每100磅货物的运价，分别比前往纽约或波士顿的低2美分和3美分。西行部分线路采取同样的差价，其他一些线路的差价为6美分和8美分。沿海差价协议充分体现了主导力量从纽约向巴尔的摩和费城转移。范德比尔特的纽约中央铁路和伊利铁路被迫同意维持高于宾夕法尼亚铁路和巴尔的摩-俄亥俄铁路的运价。宾夕法尼亚铁路的东部终点站位于费城，而巴尔的摩-俄亥俄铁路的东部终点站为巴尔的摩。这份协议由德雷克塞尔-摩根公司的安东尼·德雷克塞尔和J. P. 摩根策划和设计，费城的金融家J. P. 摩根同时是巴尔的摩-俄亥俄铁路的大股东和债权人。J. P. 摩根的父亲朱尼厄斯·S. 摩根领导的英国银行家联盟对于协议的达成也施加了压力。

1877年7月，四家铁路干线签订了一份加强协议，对从纽约出发西行的所有货物运输进行了分配：伊利铁路和纽约中央铁路各得到33%，宾夕法尼亚铁路得到25%，剩余的9%归属巴尔的摩-俄亥俄铁路。此外，成立了由艾伯特·芬克领导的铁路干线协会(Trunk Line Association)，对联营和运价协议进行管控和监督。次年8月，东部铁路干线和主要的西部铁路公司扩大企业联盟，成立了西部执行委员会(Western Executive Committee)，以固定和提高运价，划分联营货运量。同年12月，在频繁活动的芬克的建议下，铁路干线协会和西部执行委员会成立了联合执行委员会(Joint Executive Committee)，负责监督管理整个协议，该委员会仍由艾伯特·芬克领导。芬克和联合执行委员会还负责监管协议涉及所有大城市中的区域委员会。1881年，该运价联营组织又把东部的铁路运输纳入麾下。

但是，为了建立一个铁路公司自愿联营组织付出的这般持续、巨大的努力，最终仍同其先驱一样，走向凄凉的失败。从一开始，加拿大大干线铁路就在不断降价。加拿大大干线铁路通往芝加哥的铁路线竣工，令情况变得更加严峻。此外，企业联盟内部个别铁路公司的降价行为也让芬克感到头痛。这种降价通常采取秘密回扣的形式，芬克难以察觉，等到察觉时又为时已晚。秘密回扣给运价架构和相应的市场份额带来了巨大的损害。为托运人提供回扣的行为通常采用多种方式加以隐瞒，例如承运单上的出发地比实际出发地更远，实际货物重量超过承运单上的重量，以及在承运单上对货物类别造假，把它划分到运价更低的类别。芬克试图建立一套运价检测体系，以应对这些行为，但他缺乏强制实施的管理权，有计却无法施展。

1878 年 2 月，芬克试图把所有同意秘密回扣的铁路执行高管列入黑名单。但 1 个月后，底特律和密尔沃基之间的货运分配已经因为运价战和航运竞争失去了意义。1878 年和 1980 年，铁路干线之间爆发了两次激烈的价格战，出现了抢夺货源的行为。

从最初签订该协议时起，纽约的商人和托运人就对纽约相比费城和巴尔的摩在运价上始终处于劣势而颇为不满。这种抱怨是可以理解的。1881 年，迫于这些商人及其同业公会的压力，纽约中央铁路破坏规矩，发起了激烈的价格战。在 1881 年的 3 个月里，东部和西部的运价被砍半。芬克竭力遏制事态发展，争取多方达成统一，把运价提高到价格战之前的水平，并且制裁用秘密回扣争取销售的铁路公司销售经理（货运代理和揽货员）。可惜，一切努力都是徒劳。1882 年 3 月，芬克和联合执行委员会再次尝试，在每个重要的运输中心安排一位联合代理人，有权检查各铁路公司的账本和提货单。但到了年底，这些努力仍以失败告终。

芬克和干线企业联盟之所以失败，最主要的原因之一在于当时最离经叛道的铁路金融家杰伊·古尔德（Jay Gould）的英雄行为。在追求利润的过程中，作为铁路企业联盟的破坏王，古尔德积习难改的“背叛”和“破坏配额”行为，让他无意之间成为人民斗士①。古尔德明白，以低于铁路公司联营或企业联盟的价格进行竞争可以获得利润，他要么在签订协议后立即违反协议，要么在协议之外修建铁路与傲慢、脆弱的铁路公司联营组织进行竞争。

古尔德发起了 1881—1883 年的东部运价战。他在新泽西州修建了西

① 有趣的是，古尔德也受到左翼历史学家的抨击。马修·约瑟夫森（Matthew Josephson）称古尔德是“恶魔梅菲斯特”，说“杰伊·古尔德四处掠食财富残骸……”Josephson, *The Robber Barons*, pp. 170, 192.

岸铁路(West Shore Railroad),在纽约州修建了特拉华-拉克万纳-西部铁路(Delaware, Lackawanna and Western),直接向纽约中央铁路发起了挑战①。朱利叶斯·格罗丁斯基(Julius Grodinsky)对杰伊·古尔德重新进行了精彩的评价。他证实了这位"和平破坏王"如何通过不断地修建新铁路和打破铁路公司联营组织与运价协议,为公众和托运人谋福利。与在东部一样,古尔德在西部和中西部也一再发挥这种作用。格罗丁斯基指出,古尔德在19世纪70年代和80年代屡屡发起运价战,让货运价格持续地远远低于此前的水平。从长远来看,古尔德的降价行为甚至给铁路公司创造了效益,因为他的行为迫使铁路公司降低价格,提高效率,带来了货运的长久发展和增长②。

总的来说,到19世纪80年代中期,铁路公司基本上处于加布里埃尔·科尔科在介绍1883年东部铁路干线企业联盟时所描述的那种状态。

> 到这个时候,联合执行委员会几乎就是一个空架子,没有任何权力或意义。芬克警告铁路公司,他们的政策会导致自己亏损,但他自己无法争取到这些铁路公司的合作。铁路公司也非常清楚后果。但通过自愿协议来控制公司,涉及的主体太多,有太多地方存在产生摩擦的可能。③

---

① 关于干线铁路公司、芬克和古尔德,参见 Gilchrist, "Albert Fink and the Pooling System", pp. 34 - 46; Kolko, *Railroads and Regulation*, pp. 17 - 20。(编者附注)Lee Benson, *Merchants, Farmers, and Railroads: Railroad Regulation and New York Politics, 1850 - 1887* (Cambridge, MA: Harvard University Press, 1955), pp. 39 - 54; Paul W. MacAvoy, *The Economic Effects of Regulation: The Trunk-Line Railroad Cartels and the Interstate Commerce Commission Before 1900* (Cambridge, MA: The MIT Press, 1965), pp. 39 - 109. 在联合执行委员会看来,激烈的价格战发生在1881年、1884年和1885年。1880年年初,谷物的官方运价为每100磅40美分,1883年年初降至30美分,1886年年中进一步降到24美分。参见 Robert H. Porter, "A Study of Cartel Stability: the Joint Executive Committee, 1880 - 1886", *Bell Journal of Economics* (Autumn 1983): 311。

② 杰伊·古尔德与那几十年里的众多企业家一样,完全符合白手起家的标准。这些企业家包括洛克菲勒和詹姆斯·希尔。古尔德出生于纽约州北部的贫困家庭,自学土地测量,后来成为一名出色的投机家和企业金融家。参见 Julius Grodinsky, *Jay Gould: His Business Career, 1867 - 1892* (Philadelphia: University of Pennsylvania Press, 1957)。

③ Kolko, *Railroads and Regulation*, p. 20. (编者附注)出处同前, pp. 7 - 20。

1884 年，运价架构崩塌，铁路干线协会“只能站着干着急”。这一年，知名的马萨诸塞家族后代、铁路干线协会领导人之一小查尔斯·弗朗西斯·亚当斯（Charles Francis Adams, Jr.）写道，协会的一次会议，

> 让我感到震惊，就像是在参加葬礼。协会成员明显才智枯竭……芬克先生耗费心力建立的巨大组织变为废墟……他们让我想起漂浮在尼亚加拉河湍流上独木舟里的人。①

这些铁路干线在 1885 年又艰难地达成了另一份协议，但次年再次破裂。美国其他地区铁路公司进行联合的情况与此相仿。阿尔弗雷德·钱德勒（Alfred Chandler）对这段历史进行了恰当的总结：“到 1884 年，几乎所有铁路公司管理者和多数投资人都认为，设计再精良的企业联盟也无法对竞争加以控制。”②

---

① 引自 Gilchrist, “Albert Fink and the Pooling System”, p. 46。

② Chandler, *The Visible Hand*, p. 142.（编者附注）出处同前，pp. 137 - 143。

第二章
铁路行业的管控

一、进行管控的要求

并不令人感到意外，正是艾伯特·芬克率先发现了解决办法。如果铁路公司不能自愿建立成功的企业联盟，那么他们不得不请政府来帮助他们组建。只有政府的强制力可以成功维系企业联盟。芬克在1876年的一封信中指出："合作是否能通过运输公司的自愿行动得到成功实现，这尚且存疑。或许在一定程度上需要政府的管控和权威才能实现这个目标。"①

铁路业人士基本上不反对请政府帮助解决问题。正如我们看到的那样，铁路公司多年来一直得到政府的大量扶持，尤其是南北战争之后。19世纪70年代，所有的铁路公司总裁中，80%的人在任前、任期或任后都曾经涉足政坛。19世纪70年代的53位铁路总裁中，28位在担任总裁之前或期间曾经在政府任职。14位从铁路公司离职之后进入了政界②。

在南北战争之后，各州开始管控铁路。首先是1869年成立的马萨诸塞州铁路委员会(Massachusetts Railroad Commission)。历史学家曾经认为这

---

① Gilchrist, "Albert Fink and the Pooling System", pp. 32 - 33.

② Ruth Crandall, "American Railroad Presidents in the 1870's: Their Backgrounds and Careers", *Explorations in Entrepreneurial History* (July 15, 1950), p. 295. 引自 Kolko, *Railroads and Regulation*, p. 15。(编者附注)关于南北战争后在政府中主导铁路行业的利益集团，参见 Philip H. Burch, Jr., *Elites in American History: The Civil War to the New Deal* (New York: Holmes & Meier Publishers, Inc., 1981), pp. 15 - 67。

些州委员会是由农场主呼吁组建的，为的是降低铁路运价。但后来发现，管控的要求大部分来自特定地区的商人群体，他们非常厌恶铁路运价的制订模式，尤其是在运价相对较高的地区。但是，这些州委员会根本不是为了压制铁路公司。充分的证据显示，铁路公司非常欢迎这些委员会，并且试图利用这些委员会建立企业联盟。小查尔斯·弗朗西斯·亚当斯来自显贵的亚当斯家族，作为马萨诸塞州法律的架构者、铁路委员会的主席，他称不上是铁路行业的平民。相反，他成为一家铁路联营组织的管理者，后来担任了联合太平洋铁路公司的总裁。此外，纽约中央铁路公司的律师昌西·迪普(Chauncey M. Depew)和公司领导者威廉·范德比尔特都早早地接受并拥护管控的概念。正如迪普后来所写的，他“深信管控的必要性……是为了保护公众和铁路公司的利益……”①

诸多事实表明，在19世纪70年代和80年代，新英格兰地区和纽约州的铁路委员会是咨政机构，只能举行公众听证会和鼓励信息公开；伊利诺伊州和其他几个中西部州则赋予了其铁路委员会强制定价权。但是，在实践中，这两种做法差别不大，“弱”的州铁路委员面对的铁路公司几乎都是自愿的。据1887年参议院州际商务委员会(Committee on Interstate Commerce)的报告，铁路行业之所以听从马萨诸塞州铁路委员会的指令，原因在于：

> 自身的利益使他们明白，舆论通过委员会得到集中和起效，同这些舆论抗争必输无疑，鼓励或参与此类抗争是愚蠢的行为。这不是因为管理者、董事或股东等个人因为公众的批评意见而退缩，而是因为在委员会的背后站着州议会，而州议会的背后站着人民……②

但是，州政府的管控举措过于多样，效率低下，尤其是无法对运价通盘管控，因为运价通常涉及多个州。在农场主抱怨州铁路委员会对铁路公司过于友善之后，铁路行业开始转而寻求联邦政府的管控，企图建立联邦层面

---

① Kolko, *Railroads and Regulation*, pp. 16 - 17.

② Kirkland, *Industry Comes of Age*, p. 120.

的企业联盟。1877 年夏季,宾夕法尼亚铁路公司的董事约翰·赖特(John A. Wright)在《铁路世界》(*Railway World*)杂志撰文指出,联邦政府必须"保护"铁路公司,避免无情的投机者发起"残酷的"铁路运价竞争。联邦政府不仅应该控制铁路公司的投资和特许执照,还应该固定货运和客运价格,违背者应当"面临刑事诉讼"。[①]

1879 年,包括艾伯特·芬克在内的铁路公司联营组织执行高管基本上达成意见统一。他们认为,联营组织若没有政府的强制无法取得成功,联邦政府必须出面干涉,就铁路公司货运建立联盟。同年,联邦政府铁路统计部门的第一任首领小约瑟夫·尼莫(Joseph Nimmo, Jr.)报告称:

> 当前,铁路公司管理者似乎都认为,面对不公正和不恰当的歧视,唯一可行的补救方法是在政府的认可和控制之下建立铁路公司联盟。此类联盟的特点是对货运量进行分配。[②]

1887 年的《州际商务法》旨在管控铁路行业,是美国历史上最早的联邦政府管控法律之一。最初,在宾夕法尼亚州西部一群独立石油生产商的要求下,来自匹兹堡的民主党联邦众议员詹姆斯·霍普金斯(James H. Hopkins)在 1876 年提出了一份法案。霍普金斯法案的主要条款是禁止铁路公司提供回扣。历史学家加布里埃尔·科尔科最先指出,宾夕法尼亚州石油商人的动机并非反对铁路公司。恰恰相反,他们都支持铁路公司,反对标准石油公司。标准石油公司在竞争中的优势和其从铁路公司获得回扣的能力令这些石油商人恼怒不已。在竞争中落败之后,他们转而想到借助联邦政府的力量遏制自己的竞争对手。次年,他们组建了石油生产商联合会(Petroleum Producers' Union)。该联合会支持铁路公司,并且控诉标准石油公司把庞大的纽约中央铁路、宾夕法尼亚铁路和巴尔的摩-俄亥俄铁路变为奴隶。铁路公司非常高兴与这些实力较弱的石油商人结成联盟,让自己摆

---

① Kolko, *Railroads and Regulation*, p. 14.

② 出处同前,pp. 26 – 27。

脱烦人的回扣竞争。霍普金斯法案由费城-雷丁铁路公司(Philadelphia and Reading Railroad)的律师起草,这充分反映了当时的情况。[①]

针对霍普金斯法案,宾夕法尼亚州的石油商人快速组织了规模庞大的请愿运动。2 000 多位宾夕法尼亚州的石油生产商和匹兹堡商人签名,鼓动国会通过霍普金斯的法案。霍普金斯法案在国会委员会的审议中被否决,但一份由石油制造商联合会起草的类似法案又在 1878 年年初借宾夕法尼亚州联邦众议员刘易斯·沃森(Lewis F. Watson)之手提出。很快,近 1.5 万份请愿签名从宾夕法尼亚州涌向众议院,抨击铁路公司的回扣和运价"歧视"。宾夕法尼亚州议会在 1879 年向国会提交了类似的法案。印第安纳州和内华达州紧跟其后。

自此以后,铁路公司和其他利益方之间就联邦铁路企业联盟应该具体采取何种形式进行了近 10 年的博弈。沃森法案由得克萨斯州联邦众议员约翰·里根领导的众议院商业委员会提出,里根法案对沃森法案进行了修改,认为铁路公司联营是违法行为。里根法案在 1878 年 12 月得到众议院的通过[②]。铁路公司很高兴看到回扣被认定为非法,但他们希望强制实施联营协议,而不是对此加以禁止。他们反对里根法案的主要原因在于该法

---

① 出处同前,pp. 21 - 22。

② (编者注)里根法案背后的动机直到最近才得到充分的挖掘。铁路大亨托马斯·斯科特(Thomas Scott)名下拥有由得克萨斯-太平洋铁路公司(Texas & Pacific)和宾夕法尼亚铁路公司组成的铁路帝国,羽翼未丰,但在 19 世纪 70 年代也加入了与大型铁路巨头的激烈冲突。得克萨斯-太平洋铁路与科里斯·亨廷顿的中央太平洋铁路争夺从加利福尼亚到美国南方的运输控制权,宾夕法尼亚铁路则与伊利铁路和纽约中央铁路抢夺标准石油公司利润丰厚的石油运输业务。斯科特希望联邦政府的扶持能够提升得克萨斯-太平洋铁路的实力,从而与亨廷顿一决高低。得克萨斯州的约翰·里根迫切希望助斯科特一臂之力。为自己的国会选区争取一条横贯北美大陆的铁路,这是他长期的追求和目标之一。此外,事情还与拉瑟福德·伯查德·海斯竞选美国总统搅在一起。1877 年的妥协方案中,共和党对南方民主党(包括约翰·里根)作出含糊承诺,为得克萨斯-太平洋铁路提供扶持,换取他们同意选举委员会把存在争议的选举投票记在海斯名下。但在选举结束后,民主党食言,斯科特未得到联邦政府的扶持,里根也没有争取到横贯北美大陆的铁路。后来的里根法案把联营和向托运人提供州际回扣视为非法,视为一种歧视。该法案旨在壮大斯科特的帝国,阻碍它的竞争对手——与标准石油公司有联系的事实上的铁路企业联盟。对回扣和运价歧视的禁止只针对州际贸易,刁钻地打击了宾夕法尼亚铁路的竞争对手。此外,得克萨斯-太平洋铁路反对价格歧视,支持政府参与定价。参见 Samuel DeCanio, *Democracy and the Origins of the American Regulatory State* (New Haven, CT: Yale University Press, 2015), pp. 149 - 179。

案禁止联营。次年，艾伯特・芬克在参议院作证时表示，铁路公司希望实现里根法案的目标。芬克认同回扣是一种非法行为，必须对运价进行公示（由此遏制秘密回扣）。他也强烈要求建立合法的、强制性的联营流程，由联邦政府铁路委员会进行监管。芬克提出了以下条款，这些预示了后来的《州际商务法》的条款内容。

> 第三条，所有参与竞争的铁路公司应该针对所有竞争点联合制订运价表。
>
> 第四条，所制订的运价表应该提交由联邦政府指定的专家委员会。如果专家委员会认为运价表公平公正，所遵循的商业原则正确无误……那么此运价表将得到批准，并将成为国内法。其修改必须由同样的权威机构遵循同样的方式进行。
>
> 第五条，当铁路公司无法就此类运价表达成统一，或者是无法就可能会导致铁路公司之间爆发运价战的其他问题达成一致，则分歧应该通过仲裁的方式进行解决。仲裁人的仲裁决定将由美国法院强制实施。①

相比之下，铁路公司更喜欢众议院在 1879 年提出的赖斯法案（Rice Bill），以及后来的亨德森法案（Henderson Bill）。这两份法案都由铁路公司领导人查尔斯・弗朗西斯・亚当斯起草。法案号召成立联邦铁路委员会，合法化并强制实施铁路联营。该法案得到了宾夕法尼亚铁路公司和伊利铁路公司重要人物的支持。

在接下来的几年里，国会内争斗的主要是立法细节，尤其是铁路公司希望合法化联营，并且由管理委员会加以管理。1884 年，在众议院商业委员会作证时，铁路行业人士一边倒地支持管控，尤其是由指定的委员会进行管理。宾夕法尼亚铁路副总裁约翰・格林（John P. Green）宣称，“如果铁路委员会或其他权力机构能够根据货运量制订运价，确保铁路公司获得 6％的

① Gilchrist, “Albert Fink and the Pooling System”, p. 40.

利润，那么绝大多数美国铁路企业会非常高兴。我毫不怀疑，甚至是保证他们会愉快地接受国家政府的直接监管和运营”。[1]

在给马萨诸塞州众议院议员约翰·隆(John D. Long)写信解释为什么铁路公司坚持成立联邦政府委员会时，精明的查尔斯·弗朗西斯·亚当斯指出：

> 如果您能组建一个高效的特派委员会，他们将解决所有必须解决的问题。不管您手中有哪种法案，一切取决于谁进入委员会，以及谁负责委员会的工作。只要交给合适的人选，任何法案都能取得理想的结果。[2]

理想的结果是什么？为什么联邦政府的管控是必需的？这些问题的答案可以在伊利铁路公司领导人乔治·布兰查德(George R. Blanchard)1884年为《芝加哥铁路评论》(*Chicago Railway Review*)撰写的文章中找到。面对如此庞大规模的联营，就算是联合执行委员也无法成功强制铁路公司遵守联合运价，因此所需的是“国家层面的铁路委员会与这个被认可的委员会合作，而非与之对抗……(铁路公司)运输合作联盟的目的是在铁路、客户和各州之间寻求均衡、稳定和公正，这种联盟应该通过聪明的公共方法得到加强、批准和合法化”。[3]

1885年，在参议院州际商务委员会的听证会上，数十位著名的铁路行业人士出席作证，除一人外，其他人都强烈支持联邦政府管控的原则。几乎所有铁路公司的领导人都赞同建立一个管理委员会。在细节方面，很多人建议联营合法化，并且宣布回扣非法。在伊利诺伊州联邦参议员谢尔比·卡洛姆(Shelby M. Cullom)提交参议院的管控法案中，参议院州际商务委员会着重指出，铁路公司都支持管控。

与此同时，伊利铁路公司的前副总裁致信《商业和金融记事报》

---

① Kolko, *Railroads and Regulation*, p. 35. 另参见 pp. 26－29。

② 1884年3月1日。Kolko, *Railroads and Regulation*, p. 37.

③ Kolko, *Railroads and Regulation*, p. 38.

(*Commercial and Financial Chronicle*),批评传统的美国人坚持自由放任思想:“在这个国家,人们总是认为,政府插手越少,人们的日子过得越好,而且这正是美国相比于欧洲而言的主要优势。但如果想要有一个团结的社会,总有些事情是政府必须去处理的”,尤其是通过管控帮助铁路公司。[①] 然而,铁路公司和托运人要求“同一份安慰糖浆,即颁布立法”,这让持自由市场观点的人非常担心。[②]

1886 年年末,参议院通过了卡洛姆法案,众议院也通过了里根法案。两份法案都认定回扣是非法行为,但也都未授予联邦政府直接制订铁路运价的权力。铁路公司更支持参议院的法案,因为不同于里根法案,卡洛姆法案没有明确地宣布非官方的铁路公司联营是非法行为,更重要的是该法案成立了一个联邦政府委员会对含糊的法律进行解释和强制实施。里根法案是把执法问题留给法院处理。在众议院与参议院的会议上,里根几乎在所有问题上都向参议院作出了让步,但他坚持禁止联营。所以,最终的法案对几乎所有问题都态度暧昧,唯一明确的是认定回扣以及一些长途运输的运价歧视是非法行为。该法案的解释权和执行权被交给法院的一个由 5 人组成的委员会。这份妥协法案得到了铁路公司的支持,也在 1887 年以压倒性优势在两院得到通过。众议院的投票结果为 219 票支持,41 票反对。参议院的投票结果为 36 票支持对 12 票反对。[③]

铁路行业知名杂志《芝加哥跨洋杂志》(*Chicago Inter-Ocean*)在《州际商

---

① 参见 *Commercial and Financial Chronicle* (July 4,1885), p. 7. 引自 Kirkland, *Industry Comes of Age*, p. 127。

② *Commercial and Financial Chronicle* (June 6,1885), pp. 666 - 668. 引自 Kolko, *Railroads and Regulation*, p. 127。

③ (编者注)Kolko, *Railroads and Regulation*, pp. 43 - 44; George W. Hilton, “The Consistency of the Interstate Commerce Act”, *Journal of Law and Economics* (October, 1966): 103 - 107. 一份关于铁路公司领导人和其他商人对政府监管持不同意见的调查,见 Edward A. Purcell, Jr., “Ideas and Interests: Businessmen and the Interstate Commerce Act”, *Journal of American History* (December 1967): 561 - 578; DeCanio, *Democracy and the Origins of the American Regulatory State*, pp. 173 - 174。伊利铁路和纽约中央铁路都反对里根法案,因为该法案削弱了他们相对于宾夕法尼亚铁路具有的优势。联合太平洋铁路公司、中央太平洋铁路和南太平洋铁路公司则反对会造成竞争的横贯北美大陆的铁路。这些情况并不让人感到意外。此外,一些铁路公司反对州际商务委员会,因为他们并不满意委员会的工作成果。有理由作出假设:鉴于一些铁路公司因为破坏运价协议和企业联盟而获得了兴旺发展,会有其他一些铁路公司也反对那些举措。

务法》得到通过前不久,对铁路业内的情况进行了总结:

> 支持该法案通过的最强有力的证据,是很多著名的铁路公司管理者承认该法案的条款体现了公平、公正,并且共同要求通过该法案……(铁路公司)面对的违规行为日渐增多……这些超出了他们的管理能力……维持运价的努力也遭遇失败。于是只有孤注一掷,开始联营,但这种方式同样被证实无济于事……现在,承认自身的干预措施低效无力……管理者满意于把所有问题的解决交给国家的立法权……①

随着该法案的通过,正如亚当斯所说的,"一切取决于"州际商务委员会的成员是谁。尤其是第一任委员会将为法律未来的解释和裁定奠定模式。是铁路公司、托运人,还是农场主控制该委员会呢?或者更具体一些,格罗弗·克利夫兰总统将会任命谁来负责呢?

从政治角度来说,美国正处于一个新时代。1884 年,格罗弗·克利夫兰当选总统,民主党自美国南北战争以来首次夺得总统之位。自那之后,一直到 19 世纪 90 年代,美国又恢复为真正的两党国家,权力在两党之间轻松地转移。我们此前提到,在 1873 年经济恐慌期间,摩根曾经成功地接替垮台的杰伊·库克,成为美国最大的投资银行家。鉴于在那几十年里,铁路公司是唯一真正的大企业,这也意味着他成为美国首屈一指的铁路金融家。杰伊·库克一直是一名共和党,摩根则加入了民主党。奥古斯特·贝尔蒙特是欧洲权势银行家族罗斯柴尔德家族在美国的代表,多年里也一直担任美国民主党的财务主管。考虑到这些,也就明白摩根和贝尔蒙特这些金融界的强权人物对民主党的人事和政策施加了多么巨大的影响②。

在南北战争之前,民主党在美国一直信奉自由放任主义,追求最小政府。该党现在依然信奉这种主义,但虔敬程度不再像南北战争之前那么高。民主党变得更加脆弱,因为如果摩根、贝尔蒙特和他们圈子里的金融家或铁

---

① January 2,1887. 引自 Kolko, *Railroads and Regulation*, p. 41。

② (编者注)Burch, *Elites in American History*, pp. 50,60,87,115.

路人士开始在一个或多个领域改变自己的立场，变成中央集权主义的拥护者，那么民主党会跟着进行转变。事实也的确是这样。

摩根已经成为铁路公司联营最重要的发起人，他的铁路公司与其他铁路公司一样，认为州际商务委员会是强制建立企业联盟的一种手段。新任总统格罗弗·克利夫兰从根本上来说支持自由放任主义，但他长时间是铁路圈内人。1882 年竞选纽约州州长时，他被称为布法罗的“铁路公司律师”，这是实情。克利夫兰曾经担任多家铁路公司的律师，其中包括纽约中央铁路。在任命纽约铁路委员会的成员时，他也是站在支持铁路的那一方，非常符合以往的形象。[①] 克利夫兰与摩根长期保持密切关系。在总统任期内，他常常与摩根和小贝尔蒙特进行磋商。克利夫兰曾经的律师事务所合伙人弗朗西斯·林德·斯特森（Francis Lynde Stetson）后来成为 J. P. 摩根公司的律师，也是摩根圈最重要的顾问之一[②]。

铁路行业认为克利夫兰是安全可靠的人选，事实证明，他们的想法没错。克利夫兰没有否决《州际商务法》。他对州际商务委员会的任命更加证明了自己的安全可靠。在参议员谢尔比·卡洛姆的争取之下，克利夫兰选择著名的法学家托马斯·麦金太尔·库利（Thomas McIntyre Cooley）担任该委员会主席。库利信奉自由放任主义，遗憾的是，他选择对铁路行业实施了对自己坚信原则的最大开释。之所以选择由他来担任主席，可能是因为自 1882 年起，他就开始在艾伯特·芬克的联合执行委员会中担任管理者和仲裁员。此外，库利自 1885 年开始担任沃巴什铁路公司（Wabash Railroad）的破产接管人。在担任这些职务之后，库利到 1887 年时已经改变态度，转而支持通过联邦委员会对联营进行政府管控。

其他四位委员中，两位是知名的铁路公司人士。奥古斯塔斯·休恩梅克（Augustus Schoonmaker）在混迹纽约州政坛时就同克利夫兰交好，后来成为铁路公司的律师。阿尔戴斯·沃克（Aldace F. Walker）是铁路行业的资

---

① Benson, *Merchants, Farmers, and Railroads*, pp. 181－182, 187－188, 200.（编者附注）克利夫兰的第一届政府同样是被铁路公司利益方控制，其程度甚至超过了此前的共和党政权。Burch, *Elites in American History*, p. 91.

② （编者注）关于克利夫兰和摩根之间的关系，更多内容参见本书第七章。

深人士，在州际商务委员会任职两年后辞任，成为一家大型铁路运价协会的首领，并且最终成为艾奇逊-托皮卡-圣塔菲铁路公司(Atchison, Topeka & Santa Fe.)的董事长。另两位委员是陈腐的民主党政客，其中一位是阿拉巴马州铁路委员会委员。毫不奇怪，《铁路评论》(*Railway Review*)称赞这些任命："幸运的是，当前所选的成员都不会轻易在自身职责前退缩……"①

州际商务委员会迅速向铁路公司渴望的方向发展。一方面，当短途运输收取较高运价对铁路公司更有利时，州际商务委员会允许铁路公司自行暂停遵守关于短途运价歧视的禁令，这就等同于州际商务委员会批准了他们的做法。阿尔戴斯·沃克称该政策"具有普遍适用的能力……事实上，为了预防价格战和破坏性竞争，聪明的铁路行业人士认识到，这是比联营更有用的方法"。② 另一方面，铁路人士迫切地希望州际商务委员会禁止给托运人的回扣，州际商务委员会热情地遵照实施。铁路公司领导人时刻警惕竞争对手违反新法令的行为，热切地把自己变成了当局人士。正如时任联合太平洋铁路公司总裁的小查尔斯·弗朗西斯·亚当斯宣称的那样："……我们热烈欢迎《州际商务法》，将严格认真地执行《州际商务法》的各项条款。"③

最初，在州际商务委员会的友好领导之下，铁路公司得以提高运价。但很快，到1887年年底，可怕的回扣现象再次出现，因为部分铁路公司决定再一次发起激烈的竞争。铁路公司这次决定打擦边球。尽管从法律层面来说，联营已经被认定为非法，但自愿的运价协会仍然是合法的。所谓自愿的运价协会，也就是固定运价，但不对货运量和市场进行分配。事实上，乔治·希尔顿(George Hilton)非常认同当时一些观点，认为《州际商务法》源于最初的卡洛姆法案，是站在铁路公司一边，"几乎是强迫"铁路公司共同定价。④

在执法过程中，为了取悦铁路公司，州际商务委员会决定批准铁路运价协会拟定的货运价格。简而言之，也就是利用联邦政府批准私营铁路企业联盟制订的运价。所以，尽管官方宣布联营为非法，但州际商务委员会成为

---

① *Railway Review* (April 16, 1887): 220. Kolko, *Railroads and Regulation*, pp. 47 - 49.

② Aldace F. Walker to Joseph Nimmo, Jr., November 22, 1887. 引自出处同前，p. 52。

③ 1888年12月的演讲。出处同前，p. 57。

④ Hilton, "The Consistency of the Interstate Commerce Act", pp. 108 - 109.

铁路公司建立企业联盟的强有力工具。

这也就不令人感到意外，在《州际商务法》颁布和州际商务委员会成立后不久，铁路行业对两者大加赞美。商人和农场主曾经对州际商务委员会有着很高的期望，现在却呼吁取消州际商务委员会。19 世纪 90 年代中期，众多商人和农场主要求不再认定对长途运输有利的运价歧视是违法行为，底特律和印第安纳波利斯的同业公会甚至要求直接废除州际商务委员会，因为该委员会为铁路公司提供保护，提高了铁路运价。①

州际商务委员会只是看上去在偏袒运价协会制订的企业联盟运价，实际上，该委员会没有任何权力固定或执行这些运价。随着竞争继续，运价进一步下跌，孜孜不倦的摩根把西部主要铁路公司的总裁召集到纽约，寻求维持运价的方法，探讨如何强制执行反回扣法律。铁路行业在 1889 年与州际商务委员会的委员召开会议，州际商务委员会鼓励铁路公司就事实上的联营协议达成统一。22 家铁路公司签订了协议，阻止运价下跌。协议并没有对铁路公司之间的货运量份额正式进行分配。为了保证协议文字符合法律规定，协议授权铁路公司采取必要的合法举措"确保各公司在货运竞争中争取应有的份额"②。这次的联营协议，暗地里分配了业务量，从而保证运价的上升，算是有实无名。州际商务委员会则出面强制执行协议。

新的企业联盟自称"州际商务铁路联合会"，目的是"发挥自身的影响力维持运价，执行《州际商务法》的所有条款"。简而言之，该联盟只是为了无私地执法！该联合会保证在协议执行过程中向州际商务委员会通报任何违法行为。最重要的一点是，阿尔戴斯·沃克辞去州际商务委员会的委员职务，成为新组织的主席。这种做法彰显了新联合会与州际商务委员会之间的"近亲"关系。加布里埃尔·科尔科称，州际商务铁路联合会"事实上就是铁路行业企图在州际商务委员会的支持下解释和执行 1887 年的《州际商务法》"。③

宾夕法尼亚铁路和纽约中央铁路的总裁、西北铁路委员会的代表，以及

---

① Kolko, *Railroads and Regulation*, pp. 50 – 53.

② Kolko, *Railroads and Regulation*, pp. 57 – 59.

③ Kolko, *Railroads and Regulation*, p. 60.

小查尔斯·弗朗西斯·亚当斯都对该协议表现出关切。东部的10条主要铁路线加以效仿，在2月签署了类似协议，并且任命到处活动的企业联盟主义者艾伯特·芬克成为其首领。其伪善的目的是"为《州际商务法》各条款的执行提供协助"，并且向州际商务委员会通报各种违法行为。①

就算有了州际商务委员会的支持，事实证明，竞争之风太过强烈，铁路企业联盟仍无力抵挡。1889年春，西部猛烈的价格战摧毁了州际商务铁路联合会。西部试图重建联合会，西南部试图建立运价协会，这些努力都以失败告终。摩根的百般努力和州际商务委员会的背书无济于事。19世纪90年代，秘密的回扣竞争导致运价不断下跌。铁路公司一再尝试，希望建立或重建运价协会，可惜都是徒劳。1895年年末，东部31家主要的铁路线建立了联合运输协会(Joint Traffic Association)，所走的路线与不复存在的州际商务铁路联合会几乎完全一致。1898年，美国最高法院效仿前一年的裁定，裁定这份协议非法，宣告了这家协会的终结。必须指出的是，在最高法院宣布裁决之前，联合运输协会这艘大船已经因为撞上竞争和降价的暗礁而沉没。②

19世纪80年代，铁路公司一直在争取所谓的"合法联营"，即可以合法强制执行的真正联营。在铁路公司发起或撰写并最终提交给国会的法案中，铁路公司的联营将规定运价，然后由州际商务委员会批准和强制执行。正如作为其中一份法案起草者的巴尔的摩-俄亥俄铁路公司某律师宣称的："我们毫不迟疑地表示，我们丝毫不害怕委员会的干预。我们不希望任何协议在未得到他们批准之前生效……"明尼苏达-西北铁路公司(Minnesota & Northwestern Railroad)总裁A. B. 斯蒂克尼(A. B. Stickney)在出版于1891年的一本书中客观介绍了铁路行业的观点。

---

① Kolko, *Railroads and Regulation*, p. 61.

② Kolko, *Railroads and Regulation*, pp. 72–73, 83. 关于铁路公司在19世纪90年代初期之前的竞争，参见 Julius Grodinsky, *Transcontinental Railway Strategy*, 1869–1893: *A Study of Businessmen* (Philadelphia: University of Pennsylvania Press, 1962), pp. 312–429。关于州际商务委员会试图强制建立铁路公司联盟，参见 MacAvoy, *The Economic Effects of Regulation*, pp. 110–204。

> 25 年以来，他们（铁路公司）一直在作出各种努力，彼此之间签订各种协议，希望借此实现并维持稳定统一的运价。但这些协议并没有得到法律的认可，没有约束力，所以协议的执行只能完全靠各公司的良好信誉，而且在很大程度上也取决于铁路公司管理者和员工的能力与信誉。在过去，这些协议没有产生什么效果……更不用期待这些协议给公司所有者的权利提供足够的保护……对他们的保护来自强有力的法律。让法律制订运价，让法律维持和保护运价的实施。①

尽管州际商务委员会积极提供支持，国会还是坚决地拒绝任何此类立法。1898 年之后，甚至建立运价协会都被法庭裁定为非法。因此铁路公司和州际商务委员会向国会进一步施压，力争联营的合法性。

二、提高州际商务委员会的影响力

到世纪之交时，铁路公司的领导者意识到，既有的《州际商务法》还不够强大，无法帮助铁路行业成功建立企业联盟。正如希尔顿所写的，在 20 世纪的头 10 年里，“州际商务委员会努力把 1887 年的法律变为有效支持企业联盟的法令。这是对法定管理机构州际商务委员会的功能的最好解释”。②

在这个方面，铁路行业相当幸运，又遇到了贵人。1899 年，斯蒂芬·本顿·埃尔金斯（Stephen Benton Elkins）接替支持铁路公司的谢尔比·卡洛姆，出任参议院州际商务委员会主席。他来自西佛吉尼亚州，精力更加旺

---

① 引自 Kolko, *Railroads and Regulation*, pp. 74－75，77。（编者附注）一些针对科尔科的批评家提出，鉴于众多铁路公司只是在争取政府强制实施他们自愿签订的企业联盟协议，并支持他们彼此达成一致的合同，所以他们并不是科尔科和其他历史学家描绘的那种干涉主义者。参见 Robert L. Bradley, Jr. and Roger Donway, “Reconsidering Gabriel Kolko: A Half-Century Perspective”, *Independent Review* (Spring 2013): 570－571，573。不过，必须指出，至少从罗斯巴德的观点来看，自由市场不会强制实施任何承诺，除非商品已经发生事实交易。这点也适用于企业联盟协议，并且在罗斯巴德的《人、经济与国家》第 181 页进行了明确的阐述。另参见 Murray Rothbard, *The Ethics of Liberty* (New York: New York University Press, 2002[1982]), pp. 133－148。因此，铁路公司争取政府强制实施其企业联盟协议的行为的确构成了干涉。

② Hilton, “Consistency of the Interstate Commerce Act”, p. 110.

盛,也更加支持铁路公司。他很快就成为国会内铁路立法最重要的影响力量。埃尔金斯的眼睛始终盯着机遇。19 世纪 70 年代,他聪明地利用自己担任美国地方检察官的机会,成为新墨西哥州最大的土地主,后来又幸运地迎娶了西佛吉尼亚州煤炭和钢铁大亨亨利·戴维斯(Henry G. Davis)的女儿。这场联姻令埃尔金斯成为近大西洋地区最大的矿主。他和岳父还控股了西佛吉尼亚中央和匹兹堡铁路(West Virginia Central and Pittsburgh Railroad)。简而言之,埃尔金斯对铁路公司的利益足够关心,是因为他自身是铁路公司的业主。[①]

西奥多·罗斯福突然就任美国总统,对铁路公司企业联盟主义者而言也是相当幸运的一件事。西奥多·罗斯福是进步主义最重要的政治标志,其漫长的政治生涯始终同摩根财团牵扯在一起。[②] 19 世纪 80 年代,摩根在铁路行业的地位达到了前所未有的高度,他也加大了推动企业联盟(在整个铁路公司行业)的力度。所以,也就不奇怪摩根的盟友西奥多·罗斯福后来被称为铁路行业"最好的朋友"。[③]

新一轮推动企业联盟的努力收获了第一份成果,即 1903 年颁布的《埃尔金斯反回扣法》(*Elkins Anti-Rebating Act*)。1887 年颁布的《州际商务法》认定回扣非法,但回扣这种强大的竞争武器仍然在使用,只是形式比较隐蔽,通常采用的是错配货物类别和低估货物重量等方式。亚历山大·卡萨特(Alexander J. Cassatt)自 1899 年起出任摩根麾下宾夕法尼亚铁路公司的总裁。他长期致力于建立企业联盟和"稳定"。他希望宾夕法尼亚铁路停止向庞大的卡内基钢铁公司(Carnegie Steel Co.)提供回扣,但这种尝试导致了激烈的战斗。安德鲁·卡内基(Andrew Carnegie)和乔治·杰伊·古尔德以修建与宾夕法尼亚铁路并行的铁路线作为威胁。摩根予以回击,试图在钢铁行业建立垄断公司,即美国钢铁公司(United States Steel)。[④] 卡萨特毫

---

① Kolko, *Railroads and Regulation*, pp. 90 - 91.

② 关于西奥多·罗斯福与摩根之间的关系,更多内容参见本书第七章。

③ Kolko, *Railroads and Regulation*, p. 155.

④ (编者注)Gabriel Kolko, *The Triumph of Conservatism* (Glencoe, IL: The Free Press, 1963), p. 32. 更多内容参见本书第三章。

不犹豫地求助于世俗武器，请自己的法律总顾问詹姆斯·洛根（James A. Logan）在1901年起草了埃尔金斯法案，希望打击回扣。洛根在一次新闻发布会上表示，如果他的法案得到通过，铁路公司"将不再在运价方面屈服于大托运人"。[①] 原始版本的埃尔金斯法案得到了参议院的通过，达成了铁路公司长期以来合法化联营的目标。尽管最终版本的法案有所妥协，没有正式认定联营合法，但法案认定铁路公司联合制订运价合法，并且任何向州际商务委员会备案的联合运价"应该都被认为是合法运价，任何违背此运价的行为或报价都是违法行为……"[②]这相当于认定联营合法。埃尔金斯法案也规定企业和个人要为违规行为负责，回扣的提供方和接收方都将被起诉。所以，1903年的《埃尔金斯反回扣法》在很大程度上强化了对回扣的禁止，并恢复了联合运价的合法地位——最高法院曾在5年前裁定联合运价非法。

铁路公司为《埃尔金斯反回扣法》的通过而欢喜雀跃。法案在参议院得到全票支持，在众议院也几乎没有遭遇任何反对意见。《铁路公报》（*Railroad Gazette*）宣称该法令本应该在5年前就通过，并且洋洋得意地表示，"公众对委员会的唯一要求就是，他们应该行动起来，抓住本国所有违法降价之人"。[③]

但是，各种商人和托运人群体不满意这部法律，他们因为1903年后州际商务委员会将拥有直接规定运价的权力而焦躁不安。其他一些托运人反

---

① Kolko, *Railroads and Regulation*, pp. 94–97.

② Kolko, *Railroads and Regulation*, p. 100.

③《铁路公报》（1903年2月20日）：124。引自Kolko, *Railroads and Regulation*, P101。历史学家一直忽视了《埃尔金斯反回扣法》的重要性。乔治·希尔顿强调，该法律的重要作用在于揭示了铁路行业的"整体监管框架"。George W. Hilton, "Review of Albro Martin, *Enterprise Denied*", *Bell Journal of Economics and Management Science* (Autumn 1972): 629.（编者附注）上述文章尖锐地批评了奥尔布罗·马丁（Albro Martin）的著作《美国铁路公司的衰退起源》（*Enterprise Denied*）。这本关于铁路公司的书籍对科尔科的部分论点进行了批判。罗斯巴德最初称赞那篇文章"值得阅读"。*Libertarian Forum* (December, 1972): 6. 参见 Albro Martin, *Enterprise Denied: The Origins of the Decline of the American Railroads, 1897–1917* (New York: Columbia University Press, 1971)。但正如下文所显示的，罗斯巴德也对马丁的部分观点表示赞同，例如在1910年之后，铁路公司在州际商务委员会的管控之下走向灭亡。钱德勒并不认同铁路管控是在帮助企业建立联盟。但他承认，铁路公司压倒性地支持埃尔金斯法案。他未能认识到，该法案强化了州际商务委员会的权力，并且合法化联合运价。Chandler, *The Visible Hand*, p. 174.

对这些群体的意见，其中包括全国制造商协会（National Association of Manufacturers）。后者对这个问题完全持相反态度。由于存在这种分裂，外加铁路公司的反对，埃施-汤森法案（Esch-Townsend Bill）等最终被国会否决。[①]

1906年，另一部在西奥多·罗斯福当政期间起草的《赫伯恩法》（*Hepburn Act*）在国会几乎得到全票通过。正如科尔科指出的，历史学家宣称《赫伯恩法》是直接反对铁路公司的争议性"改革"举措。但他们忽视了一些基本事实，其中包括（1）所有的争议都是小问题，（2）所有人（尤其是铁路公司）都接受了该法令的基本原则，只是对细节问题进行了争辩。在对《赫伯恩法》进行分析后，我们找到了铁路公司和铁路行业期刊对该法令大加赞赏的原因。可能最重要的在于，《赫伯恩法》强化了《埃尔金斯反回扣法》对回扣的禁止。第一，《赫伯恩法》扩大了《埃尔金斯反回扣法》的覆盖范围，把快速铁路、卧铺火车、私人商务火车和输油管道也纳入其中，由此覆盖了各种相互竞争的运输形式，扩大了企业联盟的范围。第二，《赫伯恩法》禁止铁路公司运输自己的产品。这项举措针对的是竞争性"工业铁路"，例如拥有煤矿的无烟煤铁路。[②] 第三，《赫伯恩法》要求运价调整必须提前30天通知，借此减缓竞争性降价的速度。同时，该法令加强了对回扣现象的处罚力度。若出现违法现象，罚款金额为回扣价值的3倍，并可能面临2年的监禁。第四，铁路企业联盟的影响力加大，为顾客提供免费乘坐，以及其他各种针对托运人的免费服务都被禁止。当然，这相当于通过禁止各种降价行

---

① （编者注）Kolko, *Railroads and Regulation*, pp. 103–106, 118–120. 铁路公司在1904年和1905年反对管控。针对这种情况存在许多探讨。有些人反对科尔科的观点，认为铁路公司全部反对任何新的管控手段。参见 Martin, *Enterprise Denied*, pp. 111–114; Richard H. K. Vietor, "Businessmen and the Political Economy: The Railroad Rate Controversy of 1905", *Journal of American History* (June, 1977): 50–53。但科尔科指出，铁路公司的反对意见，尤其是在参议院委员会会议上的反对意见主要是针对埃施-汤森法案。该法案允许州际商务委员会确定具体的运价，而在演讲和铁路行业期刊上，铁路公司更加认同其他形式的管控。Kolko, *Railroads and Regulation*, pp. 117–144.

② 《铁路工程评论》（*Railway and Engineering Review*）杂志站在铁路公司一边，向新法中认定工业铁路非法的条款致敬："……'工业铁路'将破产。它们本就不应该出现。" *Railway and Engineering Review*, Sept. 15, 1906, p. 714. 引自 Kolko, *Railroads and Regulation*, p. 150。（编者附注）出处同前，pp. 144–151。

为来强行提高运价。第五，如果托运人对铁路公司确定的运价存在质疑，州际商务委员会在发现运价存在“不公平、不公正、不合理”时有权制订最高运价。州际商务委员会的裁定将提交法院进行审议。尽管规定的是最高运价，但赋予它的法律效力，将使铁路公司更加容易勾结，由此增强了企业联盟。[①]

对《赫伯恩法》尤为热心的当属宾夕法尼亚铁路公司的掌舵人亚历山大·卡萨特。他公开宣称自己完全认同西奥多·罗斯福的立场。宾夕法尼亚铁路公司在1906年的年报中指出，《赫伯恩法》帮助他们实现了终结回扣的目标，“实际上，运价已经能够平稳维持”，他们可以出售手中购买的竞争对手的股票。[②] 纽约中央铁路公司的G. J. 格拉马(G. J. Grammar)非常高兴强制取消免费乘坐和免费服务。约翰·米奇利(John W. Midgley，一位资深的联营组织者)和塞缪尔·斯宾塞(Samuel Spencer)等重要的铁路行业领导人物都迫切希望把私人商务铁路线纳入管控。《铁路工程评论》为废除工业铁路欢呼。爱德华·哈里曼(E. H. Harriman)是铁路行业内仅次于摩根的第二号控制人物，他也非常支持《赫伯恩法》。在法案得到通过后，J. P. 摩根公司合伙人乔治·珀金斯(George W. Perkins)致信摩根，表示新法“将极大造福铁路公司。毫无疑问，回扣遭遇了致命的一击”。[③]

回扣问题过去一直让铁路公司感到头痛，为此西部铁路公司的高管在1905年12月会面，商讨如何予以应对。他们决定向州际商务委员会上报所有违法行为。

《赫伯恩法》由司法部部长威廉·穆迪(William H. Moody)起草。西奥多·罗斯福总统与部分铁路公司领导人进行了磋商，其中包括卡萨特、米奇利和斯宾塞。在海军部部长保罗·莫顿(Paul Morton)的影响之下，西奥

---

① Hilton, “Review of Albro Martin, *Enterprise Denied*”, p. 269.(编者附注)希尔顿认为企业联盟最高运价的影响在于铁路公司可以力争更高的最高运价，并且让该运价变为官方定价，相对于该运价的降价行为会变成非法。希尔顿的这个观点颇具争议性。

② 引自Kolko, *Railroads and Regulation*, p. 147。

③ Perkins to Morgan, June 25, 1906. 引自Kolko, *Railroads and Regulation*, p. 148。(编者附注)相比更为不利的管控手段，哈里曼更支持该法案。1906年年底，他对西奥多·罗斯福的影响力大幅降低。参见本书第七章。

多·罗斯福已经“皈依”铁路事业，而且支持铁路联营。保罗·莫顿此前曾经担任摩根控制的艾奇逊-托皮卡-圣塔菲铁路公司的副总裁。[①]

在1905年12月在国会发表的国情咨文中，西奥多·罗斯福解释了为什么自己要求对铁路行业进行管控，限制铁路竞争，保护“好”公司战胜“差”（尤其是发展强劲的）竞争对手。

> 我相信，总体而言我们的铁路行业表现不错，并无问题。但铁路行业希望取得出色业绩的公司不应该被迫与那些无此意愿的公司进行竞争。为了实现这个目的，唯一的方式是授予政府特别委员会以权力主持正义，让愿意争取出色业绩的公司安心开展工作，让不愿努力创造业绩的公司得到惩罚。此外，如果政府机构获得更多授权，出现针对铁路行业的不合理反对或者虚假指控时，该机构可以代表铁路行业给出权威性回应。[②]

在分析哪些因素推动《赫伯恩法》的诞生时，《华尔街日报》（*Wall Street Journal*）一针见血地指出，这些因素包括铁路行业的热情和行业自我管控之下日渐增长的商业利益。

> 最值得指出的是西奥多·罗斯福总统建议政府对铁路运价进行管控，以及政府要员加菲尔德建议联邦政府对州际公司进行控制，这些建议迎合了铁路公司和工业企业的管理者。但这并不意味着没有反对意见，因为……
>
> 事实上，众多铁路行业人士和企业管理者都公开支持这些举措，这

① 出处同前，pp. 111，125。我们都知道，西奥多·罗斯福政府的公司管理局（Bureau of Corporations）局长詹姆斯·加菲尔德（James R. Garfield）在1905年一直同两位颇具影响力的公司律师进行商议。一位是艾奇逊-托皮卡-圣菲铁路公司的维克托·莫拉维茨（Victor Morawetz），另一位是摩根的私人律师弗朗西斯·林德·斯特森。在推动公司管理局发展成为联邦贸易委员会的过程中，莫拉维茨和斯特森可能在最开始时发挥了巨大的影响力。在这个过程中，铁路公司的问题“可能”也得到了探讨。出处同前，p. 113。

② 出处同前，p. 115。

> 具有重大意义。最终,所有企业都会发现,合理的联邦管控体系将符合他们的利益……本国最著名的一些铁路业内人士当前在配合总统,力争颁布法律授权联邦政府对运价进行管控。该法令将公正对待铁路公司和公众。①

《赫伯恩法》带来的后果之一是,该法令真正伤害的对象和真正受益的对象与所宣传的内容恰恰相反。法案刚刚得到通过,纽约中央铁路就愉快地依法停止向纽约面粉商人提供免费的存储设施,芝加哥和东伊利诺伊铁路公司(Chicago and Eastern Illinois Railroad)开始针对铁路转车收费,费城的免费车厢服务和免费装车服务也被废除了。《铁路世界》杂志愉快地报道称:

> 尽管很多人此前担心该法令的实施会导致铁路公司受到伤害,但铁路公司并未对该法令总则有所怨言。相反,投诉来自托运人,他们本应该是该法令的主要受益人。②

1910年,国会通过了《曼-埃尔金斯法》(*Mann-Elkins Act*)。在20世纪的头10年里,一共通过了三部有关铁路公司企业联盟的法案。塔夫脱政府最初提出的法案本打算把铁路公司制订货运价格的协议合法化,这是铁路公司多年来渴望的。但铁路公司无法争取到国会通过该法案,于是,他们不得不接受州际商务委员可以暂停和审核铁路公司运价调整的条款。

事实上,铁路公司欢迎政府对运价进行审核批准,前提是这种权力用于预防运价下降,而不是预防运价上升。为了确保这点,铁路公司支持《曼-埃尔金斯法》中的一个老条款,即成立新的特别联邦商务法院,法院有权处理针对州际商务委员会运价决策的上诉。所有人都希望新的商务法院可以坚定地支持铁路公司,事实也恰恰如此。商务法院的主席是州际商务委员会

---

① *Wall Street Journal*, December 28,1904。引文出处同前,p. 120。

② *Railway World*, August 29,1906, p. 729。引文出处同前,p. 150。

的前主席马丁·纳普(Martin A. Knapp),他长期反对铁路行业的竞争,支持政府强制实施合法的垄断联盟。他现在再次重申这种立场,并且倡导提高铁路运价。[①]

企业联盟的助力还来自《曼-埃尔金斯法》的另一个条款,即恢复禁止对短途运输进行运价歧视。《州际商务法》曾经禁止歧视短途运输,短途运输不得收取相对长途运输而言更高的运价。美国最高法院在1897年针对阿拉巴马米德兰铁路(Alabama Midland Railway)的裁定宣布该条款作废。国会恢复该禁令后,阻止了铁路公司降低长途运价以发起竞争,进一步强化了铁路公司的企业联盟。

希尔顿教授犀利地总结了《曼-埃尔金斯法》和其他法律的影响:

> 1910年制订的审查流程在数十年里得到了人们的认可。该流程有效地禁止了杂乱的降价行为。《曼-埃尔金斯法》对1887年法律的第四章进行了修订,恢复短途运输不得收取比长途运输更高运价的禁令。如果没有第四章,州际商务委员会就无法扑灭价格战。在价格战中,铁路公司会降低两个站点之间的运价,让其低于中间站点之间的运价,以与其他平行铁路竞争。
>
> 从根本上来说,1903年、1906年和1910年的立法纠正了19世纪90年代司法裁决的负面影响,树立了州际商务委员会的权威机构形象,帮助州际商务委员会完成国会在1887年为其设定的任务,即通过不建立联营的方式稳定铁路企业联盟。[②]

州际商务委员会是铁路公司争取设立的机构,但后者却为州际商务委员会的表现感到忧虑,因为他们看到,州际商务委员会迫切地把尽可能多的

---

① (编者注)出处同前,p. 199。

② Hilton, "Review of Albro Martin, *Enterprise Denied*", p. 630. 正如科尔科指出的,最高法院在19世纪90年代末的裁决打击了各种运价管控举措,拒绝批准企业联盟协议。如多数历史学家所认为的那样,这些裁决并非"倾向于铁路公司"。相反,它们证明了最高法院与铁路公司之间存在冲突。Kolko, *Railroads and Regulation*, pp. 80 - 83.

定价权赋予商务法院。对于有组织的托运人而言，他们感兴趣的是低运价，而且他们的政治势力日渐增长。他们已经成功地在国会阻挡了塔夫脱政府提出的支持铁路公司的重要条款。他们的影响力在 1910 年后得到增长。因此在 1910 年之后，州际商务委员会一再拒绝铁路公司提高运价的迫切愿望。1912 年，最高法院削减了商务法院的权力。次年，托运人群体说服国会废除了商务法院。①

尽管担心托运人对州际商务委员会的影响，但对于美国的铁路公司而言，没有什么回头路可走。他们坚定地推动联邦政府的管控，而且管控力度越强越好。② 一方面，相比于州管控，联邦政府的管控必定更加统一，因此能更有效地强制建立一个全国范围的企业联盟。另一方面，政府也可能更热衷于建立企业联盟。1914 年夏，新成立的铁路高管咨询委员会建议联邦政府沿袭新《联邦储备法》(*Federal Reserve Act*)控制银行的思路，全面控制全国的铁路公司。该委员会涵括了全美多数铁路公司，由切萨皮克-俄亥俄铁路公司(Chesapeake & Ohio)的弗兰克·特朗布尔(Frank Trumbull)领导③。艾奇逊-托皮卡-圣塔菲铁路公司总裁 E. P. 里普利(E. P. Ripley)呼吁联邦政府和铁路公司合作。政府在获得运价的控制权后，能够保证所有铁路公司获得固定的最低利润率。里普利表示，这样"可以消除竞争体系带来

---

① (编者注)出处同前，pp. 195 - 202。

② (编者注)尽管一再努力，但州际商务委员会仍被铁路公司视作失败之举，并且最终被对立的托运人群体控制。罗伯特·希格斯准确地描述了托运人势力增长并挫败铁路公司的情况：

> 通常情况下，企业支持联邦政府管控的行为会带来棘手的后果。同科学怪人弗兰肯斯坦博士(Dr. Frankenstein)创造出的怪物一样，新成立的联邦管控机构通常不再在意其商界创始人的声音。例如在成立 20 年内，州际商务委员会已经受托运人利益的支配，拒绝批准合理的运价增长，并且残酷地压低铁路公司的运价。在 1906 年之后的 10 年里，铁路公司遭遇到重创。在第一次世界大战期间，铁路公司资金吃紧，纷纷破产，落入美国铁路管理局(U. S. Railroad Administration)的手中。此后，根据 1920 年的运输法规定，铁路公司发现自己已经降为受管控的公共设施。

Robert Higgs, "Regulatory Harmonization: A Sweet-Sounding, Dangerous Development", in *Against Leviathan: Government Power and a Free Society* (Oakland, CA: Independent Institute 2004[2000]), p. 76.

③ (编者注)Kolko, *Railroads and Regulation*, pp. 219 - 220。关于美联储的起源，更多信息参见本书第十四章。

的巨大浪费……”[1]巴尔的摩-俄亥俄铁路公司首领丹尼尔·威拉德(Daniel Willard)则主张加强联邦政府层面的铁路管控,并且拿最近的《联邦储备法》和联邦贸易委员会这些联邦政府的管控举措来对比。

1910 年,托运人以铁路公司需要“提高效率”和“科学管理”为由,在州际商务委员面前成功阻止了运价提高。在后续要求全面性联邦管控的过程中,铁路公司领导人扭转局面,把“效率”这个进步主义概念与强制采用统一标准和消除“竞争性浪费”联系在一起。更确切一点说,“效率”来自合作,就像建立企业联盟那样,削减铁路公司的服务和运输量,并分配运输量,一切都以有效减少浪费的名义进行。联邦政府的角色是这个企业联盟建设过程中的监管者和实施者。所有这一切都需要而且也意味提高铁路运价[2]。

芝加哥-印第安纳波利斯-路易斯维尔铁路公司(Chicago, Indianapolis & Louisville Railroad)总裁费尔法克斯·哈里森(Fairfax Harrison)表示,当利润较低时,州际商务委员会必须确保运价的整体上涨,从而保证和提高铁路公司的收益。他的话说出了铁路公司领导人的心声。这样要远远好过自由竞争或是州级管控的变化无常。哈里森高呼:“曼彻斯特学派和自由放任主义的日子已经远去……从个人角度来说,我不反对变革……”[3]

作为响应,1916 年,共和党的施政纲领呼吁联邦政府全盘接手铁路管控。民主党则通过伍德罗·威尔逊总统的观点和行动修筑同样的道路。1914 年 9 月 10 日,威尔逊总统致信特朗布尔称,鉴于铁路公司的收益下滑,铁路公司必须“从各个方面得到帮助,可以是私营合作,也可以是政府机构在可行领域采取行动……”[4]《铁路世界》杂志报道称,威尔逊总统的观点得到了铁路行业的广泛认同。铁路行业协会(Railway Business Association)通过一项决议,请摩根总裁致信威尔逊总统,感谢其在致特朗布尔信函中所表述的观点。

---

① *Traffic World*, October 31,1914, p. 798. In Kolko, *Railroads and Regulation*, pp. 215 - 216.

② K. Austin Kerr, *American Railroad Politics*, 1914 - 1920: *Rates*, *Wages*, *and Efficiency* (Pittsburgh: University of Pittsburgh Press, 1968), pp. 16,22 - 24.

③ Fairfax Harrison, “Speech Before the Transportation Club of Indianapolis”, March 31,1911(1911), p. 1. In Kolko, *Railroads and Regulation*, pp. 206 - 207.

④ *Railway Age Gazette*, September 11, September 18,1914, pp. 462,506. 出处同前,p. 213。

此外，应特朗布尔的要求，威尔逊总统在1915年12月提交给国会的国情咨文中建议全面处理国家的铁路问题。特朗布尔热情地致电威尔逊，表示，“我充分相信您能像此前处理银行问题一样，成功帮助本国的铁路公司获得发展”。[①] 此后，在国会联合委员会(Congressional Joint Committee)的听证会上，铁路高管咨询委员会首席律师阿尔弗雷德·托姆(Alfred P. Thom)陈述了铁路行业的主要立场。国会联合委员会成立于1916年7月，由民主党内华达州联邦参议员弗朗西斯·纽兰兹(Francis G. Newlands)领导。在听证会上，托姆不仅呼吁由联邦政府独家管控铁路行业，同时要求政府提供保护。他力荐采用联邦储备系统的模式，成立地区州际商务委员会，由该委员会负责制订最低和最高运价，联邦政府强制合并所有铁路公司，并且只由联邦政府对铁路安全问题进行管控。

威尔逊总统在1916年8月也呼吁加强州际商务委员会，同时主张提高运价。在12月提交给国会的国情咨文中，他再次提出这些要求。正如我们将在下文中看到的那样，1917年，美国加入了第一次世界大战，为这一切达到巅峰铺平了道路，也为美国工业的其他进步主义企业联盟铺平了道路。在第一次世界大战期间，铁路行业的企业联盟主义者为他们行业的“国有化”感到无比快乐。[②]

---

① 弗兰克·特朗布尔致伍德罗·威尔逊的信，1915年12月7日。出处同前，p. 223。

② (编者注)参见本书，pp. 379－382，394－396。

第三章

美国工业的垄断尝试

一、美国的工业革命

在南北战争之后的几十年里，一直到19世纪末，美国经历了名副其实的工业革命。工业化的爆发让美国从农业主导国家变成了工业国家。在这个过程中，美国人口激增，产量和生活标准飙升。工厂系统带来了生产能力的巨大提升。在这几十年里，工厂系统取代了小型工坊，成为工业生产的主要形式。此前，工匠通常使用自己的工具和原材料在家开展工作，有时候会得到批发商客户的资金支持（“散工制”或“家庭工业制”）。现在，资本主义雇主利用自身储蓄或合伙人的储蓄，修建或购买建筑物、机器和原材料，聘请众多雇员集中在一个地点加工这些原材料。事实证明，在多数行业内，这种方式相当有效，可以增加工厂的规模。随着生产能力的提高，全美的市场也在扩大。

在南北战争之后的30年里，生产和工业化都经历了爆炸式发展。有许多指标可以揭示这种发展的幅度。按“实际”来计（按照1879年的美元价值），从1869年到1899年，总商品生产增长了3.5倍。其间，农业生产增长超过2倍，建筑行业增长2.5倍。相比之下，制造业的生产同期几乎增长6倍，而矿业增长8倍。具体到产品，增长更为壮观，领头的是繁荣发展的钢铁业。1865年，美国运输的生铁为93万短吨①。1899年，这个数字增长16

① （译者注）1短吨＝0.907吨。

倍，达到1525万短吨。钢锭和铸件的产量增长了500倍，从1867年的2万长吨[①]增长到1899年的106万长吨；同期，结构钢铁的产量增长10倍，棉纺织品的产量增长5倍，铁轨的产量增长近6倍。烟煤的产量从1865年到1900年增长17倍，同期原油的产量增长26倍。

在这期间，美国人口激增，人均产值和生活水平也大幅提高。人均商品产值在此期间几乎翻番。以1929年的不变价格计算，人均国民生产总值在从1871年到1891年这20年间增长近80%。按实际工资计算，各行业的平均日薪从1865年到1891年增长13%，而生活成本同期平均下降31%。日平均实际工资（根据价格变动进行校正）提高了64%。如果考虑到同期平均工作时间从每天11个小时降低到10个小时，那么我们还应该在平均实际工资上增加10%。

生产的增长蔚为壮观，其增速超过了同期的货币供应增长速度。说来也奇怪，从1870年到1890年，整体价格每年稳定下跌2.5%。[②]

但制造业的资本增长速度到19世纪90年代才赶上铁路业的。在此之前，大多数工业企业仍然采用个人独资或合伙的形式，公司形式仅局限于铁路和银行。尽管人均储蓄额在19世纪70年代和80年代大幅增长，但在此期间的多数时间里，企业规模尚不够大，无需从独资或合伙的形式向公司形式转变。当时企业的资金主要来源于合伙人的储蓄或亲朋好友的民间借贷。所以，在19世纪90年代之前，纽约证券交易所和其他证券市场都局限于国债、铁路公司股票和债券，以及银行股票的交易。

正因为如此，在19世纪80年代中期之前，对于承销和发行证券的投资银行而言，业务在很大程度上也局限于国债和铁路公司证券。库克财团（House of Cooke）和摩根财团只关心政府和铁路公司。但到19世纪90年代，摩根率先组建大规模的工业公司，然后承销和控制这些公司的证券。

---

① （译者注）1长吨＝1.016吨。

② （编者注）U. S. Department of Commerce, *Historical Statistics of the United States, Colonial Times to 1957* (Washington, D. C.: Government Printing Office, 1960), pp. 7, 90, 115, 127, 139, 355, 365－366, 414－417. 关于美国经济同期整体情况的数据，参见Rothbard, "A History of Money and Banking", pp. 159－166。

1892 年，摩根组建了通用电气公司（General Electric Company），进军电机和照明这个全新的重要领域。公司所有权从伟大发明家托马斯·爱迪生（Thomas Edison）的手中转移到膨胀的 J. P. 摩根公司，这代表了未来的美国工业发展趋势。另一方面，19 世纪 90 年代中期，同样伟大的发明家乔治·威斯汀豪斯（George Westinghouse）顽固地拒绝与通用电气公司合并。新成立的西屋公司（Westinghouse Company）坚持靠存款，以及乔治·威斯汀豪斯和其他股东的利润再投资获得生存，摈弃对“华尔街”和投资银行家的依靠。

投资银行的另一个成功策略是通过收购控股快速发展的寿险公司。寿险公司的总资产在 1867 年到 1897 年间增长了 10 倍。① 鉴于这些公司都由自我延续的受托人委员会“拥有”，且委员会成员不能从公司的资产中获取利润，因此寿险公司高管更愿意维持资产，而不是去寻求利润。之后，他们被投资银行收割。投资银行会获得寿险公司受托人委员会的控制权，然后让寿险公司购买工业公司的证券，而这些工业公司都由投资银行控股。②

二、石油产业

南北战争后的几十年里，生产制造业获得发展。垄断的诱惑力促使企业限制生产，提高价格。这种情况感染了一个又一个行业。大家的尝试主要有两种形式。一种是建立企业联盟。类似于铁路行业的情况，这种形式因为内部分裂和外部新竞争的双重压力而有着灾难性结果。另一种形式是合并，也就是将一个行业内的所有公司合并成一家大型企业，以实现垄断目标。在一定程度上，合并是有利的，也是不可避免的。小公司可以利用扩大的市场获得发展，最后并入拥有更多资金大公司。在当时，公司形式开始替代私人商号或合伙形式。合并在 1850 年后也出现在东部铁路公司中，小型铁路线路被合并成效率更高、规模更大的铁路线路。但自然的市场力量所带来的合并和出于“观念”进行合并是截然不同的，原因在于后者是希望通过这

---

① （编者注）*Historical Statistics*, pp. 675 - 676。

② （编者注）美国商业的整体转变，参见 Chandler, *The Visible Hand*, passim。

条道路来获得垄断。后者的结局是灾难性的，与建立企业联盟的结果类似。

建立产业垄断的第一次重要尝试发生在石油业。这是一个新产业，始于 1859 年宾夕法尼亚州西北部泰特斯维尔市的第一口小油井。很快，克利夫兰市众多炼油商如雨后春笋般冒出来，为宾夕法尼亚州西部的石油提供精炼服务。在这群人中，有一位商业天才脱颖而出。他名叫约翰·洛克菲勒。洛克菲勒最初只是一个贫困潦倒的簿记员，但很快就成长为食杂批发商。1863 年，洛克菲勒和塞缪尔·安德鲁斯（Samuel Andrews）成为埃克塞尔西奥工厂（Excelsior Works）最主要的合伙人，这家工厂是克利夫兰市最大的煤油厂。为了组建公司，洛克菲勒从父亲、亲朋好友借来资金，再加上自有资金悉数投入。1867 年，洛克菲勒组建了洛克菲勒-弗拉格勒-安德鲁斯公司（Rockefeller, Flagler & Andrews Co.），其弟弟威廉（William）、亨利·弗拉格勒（Henry M. Flagler）和斯蒂芬·哈克尼斯（Stephen V. Harkness）是新加入的合伙人。这家炼油公司效率高，成本低，推动了公司的进一步扩张。它与相互竞争的炼油公司合并，在几年内不断纳入新企业。1870 年，该公司发展成为俄亥俄标准石油公司（SOHIO），拥有全球最大的炼油能力。俄亥俄标准石油公司的资本达到了 100 万美元。

有一点必须指出，即俄亥俄标准石油公司是一个由其主要持有人共同建立的业务和财务联盟，洛克菲勒是领头人。从那时开始，一直到 20 世纪，这些创建标准石油公司的家族一直协同行动，彼此结盟，共同决策投资。这些创始家族包括弗拉格勒家族、哈克尼斯家族、佩恩家族（Payne）、博斯特威克家族（Bostwick）、普拉特家族（Pratt）、布鲁斯特家族（Brewster）、罗杰斯家族（Rogers）和阿奇博尔德家族（Archbold）。

我们介绍过洛克菲勒如何在 1871 年参与南方改善公司。东部铁路公司和石油产业建立企业联盟的这次尝试以失败告终。此后，洛克菲勒试图通过收购所有竞争对手，更持久地达到同样的结果。与历史传说不同，洛克菲勒并没有通过大幅降价把竞争对手挤出市场，以在石油行业树立自己的垄断地位。那种方式成本高昂，而且相当危险。洛克菲勒只是收购自己的竞争对手，而且是高价收购。他迫切希望与竞争企业的前所有者保持良好的关系，并且在俄亥俄标准石油公司内部发挥他们的管理才能。

俄亥俄标准石油公司也不是通过争取铁路公司的独有回扣来实现自己最初的行业主导地位。正如上文指出的，与其他行业一样，所有的炼油商都享受到了回扣，一些小型竞争对手得到的回扣甚至超过了俄亥俄标准石油公司。俄亥俄标准石油公司争取到行业主导地位，依靠的是提高效率，率先采取创新方法降低成本和改善产品。俄亥俄标准石油公司的成本比竞争对手更低。俄亥俄标准石油公司进行了多项技术创新，改进了润滑油，但它的最大创新在于管理。俄亥俄标准石油公司率先采取了现代化的企业管理，建立了执行高管委员会体系，推行细致的簿记和公司会计，并且设计了一个向中央审查委员会报告的管理系统。

到 1879 年，洛克菲勒已经收购了匹兹堡、费城、纽约和巴尔的摩的炼油商，并且拥有全美 90％的炼油能力和 80％的输油管道。1882 年，洛克菲勒及其盟友进一步扩张，建立了标准石油托拉斯（Standard Oil Trust），总部设于纽约，总资本为 7 000 万美元。各州的独立公司纷纷用自己的股份交换这家貌似垄断的新公司的股份。

但标准石油公司未能保持其在 1879 年取得的行业主导地位。此外，这种主导地位从未威胁到市场或者原油生产。标准石油公司的计划是以高价收购所有独立的炼油商，这种计划的效果类似于后来的农产品价格补贴。简单来说，各位精明的企业家发现，如果洛克菲勒傻到准备收购所有愿意出售的炼油厂，那么他们就可以大举进入一个利润丰厚的全新业务，即修建炼油厂，目的只是“迫使”洛克菲勒购买这些炼油厂。他们匆忙修建的这些炼油厂甚至无法用来精炼石油，不过在外观上已经足以欺骗标准石油公司的检验员。洛克菲勒发现自己陷入了困境，需要花钱购买源源不断找上门来的新炼油厂。1881 年，洛克菲勒终于宣布他不再向这些新炼油厂支付“敲诈款”。在接下来的几年里，很多新的独立炼油商提出要将工厂出售给标准石油托拉斯，但均被洛克菲勒否决。1885 年，洛克菲勒放弃了通过并购以垄断炼油行业的想法。此后，美国有 10％到 20％的炼油产能不隶属于标准石油公司的网络，而且当机会出现时，有人会随时加入这个行业，加剧行业竞争。

相关于标准石油公司小型竞争对手的事实常常被扭曲。最典型的例子是乔治·赖斯（George Rice）。他是俄亥俄州的一位小炼油商，被媒体吹捧为挑战标准石油公司的殉道者。事实上，赖斯从他的竞争对手手中拿到了大笔利润，他向标准石油公司的报价不断上涨。历史学家拉尔夫·海迪(Ralph Hidy)和穆里尔·海迪(Muriel Hidy)说：

> ……赖斯先冲到某个地区，降价到几乎无利润可言，然后再又换到另一个地点继续，由此挑起战争。1881 年，他出版了一本小书《黑色之死》(*Black Death*)，发布反标准石油公司的宣言……标准石油公司的经营者试图收购他的炼油厂，让他闭嘴，但面对赖斯的报价，他们选择了噤声。赖斯的报价从最初的 20 万美元一路涨到 50 万美元。这个报价代表了他对自身阻碍价值的重新评估，或者说反映了在不到 10 年里垄断竞争带来的净资产价值的惊人增长。[①]

尽管几乎垄断了炼油行业，但标准石油公司显然未能利用其垄断地位限制生产或提高价格。在那段时间里，最主要的石油产品是煤油。煤油的价格在那几十年里随着石油产量的大幅增长全面下跌。煤油的批发价从 1863 年的每加仑[②] 45 美分跌至 19 世纪 90 年代的每加仑 6 美分。煤油的产量在不断增长以迎合大众市场，而且只要政府不对石油行业设置准入门槛，标准石油公司就不得不一直保持警惕，小心自己的垄断地位。

事实上，标准石油公司的垄断地位在 19 世纪 80 年代慢慢被侵蚀。我们看到洛克菲勒不得不放弃建立垄断的企图。19 世纪 90 年代，标准石油公司的地位进一步下跌。独立的石油输送管道逐渐发展，向标准石油公司在该领域的控制地位发起挑战。1900 年之后，标准石油公司在炼油行业的主导地位加速消失。当时距离 1911 年的反托拉斯法还有很长的时间，这两者之间显然没有关系。1899 年，标准石油公司的产量在全美炼油业占 90%，这个数字在 1904 年到 1907 年期间跌至 84%，到 1921 年跌至 50%(包括标准石油公司麾下的所有公司)。根本原因在于标准石油集团的管理

---

① Ralph W. and Muriel E. Hidy, *Pioneering in Big Business, 1882 - 1911* (New York: Harper & Bros., 1955), pp. 203 - 204.

② (译者注)1 加仑约为 3.785 升。

越来越保守，越来越古板，而且官僚主义愈发严重。随着洛克菲勒和其他高管在 19 世纪 90 年代末期退休，情况的恶化速度日益加快。

特别是标准石油公司在 1900 年后因为企业管理技能欠缺而犯了两个相当严重的错误。其一，公司未能把握住原油革命，即在得克萨斯州、湾区和加利福尼亚州地区发现了越来越多的原油。标准石油公司完全将根扎在了宾夕法尼亚州和俄亥俄州的油田，直到很晚才意识到新油田的重要性。得克萨斯公司（Texas Company）和海湾石油公司（Gulf Oil）等新公司由此抢在了标准石油公司之前。其二，在大型石油公司中，标准石油是最后一家发现汽油正在取代煤油成为主要石油产品的公司。这是 20 世纪头 10 年里两大工业技术革命带来的巨大转变。这两大工业技术革命分别是从燃烧煤油照明转向电力照明，以及汽车发展成为主要的陆地交通运输方式。因此，在 1899 年，63％的石油精炼产品为煤油，在 20 年后，这个比例仅为 15％。

此外，标准石油公司的高利润率吸引了新的独立炼油商进入石油行业。1899 年的炼油商数量为 67 家，到 1911 年这个数字翻了一倍多，达到 147 家。独立炼油商凭借各种石油业创新挑战标准石油公司，例如零售加油站的概念、石化产品发现和生产方面的创新，以及油罐车方面的创新。[①]

---

① （编者注）出处同前，pp. 1 – 49；Nevins，*Study in Power*，vol. 1，pp. 56 – 76，vol. 2，pp. 54 – 79；John S. McGee，“Predatory Price Cutting：The Standard Oil（N. J.）Case”，*Journal of Law and Economics*（October，1958）：137 – 169；Kolko，*The Triumph of Conservatism*，pp. 39 – 42；Simon N. Whitney，*Antitrust Policies：The American Experience in Twenty Industries*（New York：The Twentieth Century Fund，1958），p. 143；Harold F. Williamson and Arnold R. Daum，*The American Petroleum Industry：The Age of Illumination 1859 – 1899*（Evanston，IL：Northwestern University Press，1959），pp. 326，484，575，680。另参见 Armentano，*Antitrust and Monopoly*，pp. 55 – 73；Robert L. Bradley，Jr.，*Oil，Gas，and Government：The U. S. Experience*（Lanham，MD and Washington D. C.：Rowman and Littlefield Publishers and the Cato Institute，1995），vol. 1，pp. 1067 – 1105。后者是一篇罗斯巴德指导的博士论文.

最近的研究提出，标准石油公司的成功源于其能够复制南方改善公司的形式，成功控制了回扣问题。标准石油公司在运输石油时能够确保自己获得比竞争对手更低的折扣。如果为标准石油公司运输石油的某家铁路公司向其竞争对手降价，那么标准石油公司就会报复，削减通过该铁路公司运输的石油数量。参见 Elizabeth Granitz and Benjamin Klein，“Monopolization by ‘Raising Rivals’ Costs：The Standard Oil Case”，*Journal of Law and Economics*（April，1996）：1 – 47。但必须指出，正如大家所预料的，铁路公司仍然常常试图向标准石油公司的竞争对手降价，以提高自身的销售额。而且美国在新的地区发现了石油，新的炼油厂在不断开设，这些都是标准石油公司无法控制的。对于伊丽莎白·格拉尼茨（Elizabeth Granitz）和本杰明·克莱因（Benjamin Klein）的批评，参见 Morris，*The Tycoons*，pp. 345，359。

三、钢铁行业

直到最近，钢铁行业仍是工业革命中最灿烂的一个行业。任何不发达国家若希望自己显得现代化一些，必须为至少一家大型钢铁厂提供填鸭式扶持。但在美国，钢铁行业在19世纪里长期效率低下。匹兹堡的铁器制造商在1820年发起了美国第一轮争取保护性关税的有组织运动。在19世纪接下来的时间里，宾夕法尼亚州的钢铁制造商冲锋在前，呼吁抵制效率更高的英国进口产品，保护美国钢铁行业。

共和党政府为钢铁设置了较高关税。在1889年，美国钢铁行业有719家炼铁厂、炼钢厂和轧钢厂。19世纪80年代和90年代，钢铁行业一再试图进行联营或建立企业联盟，希望借此降低产量，提高价格。不过，由于一家或多家公司不遵守协议，生铁、钢铁、钢坯、钢丝和铁钉等领域的联营都以失败告终。最终，行业内出现了一系列大规模的合并和托拉斯，把138家公司合并成了6家托拉斯。这6家托拉斯又在1901年组成了一个庞大的、类似于托拉斯的新股份公司，也就是价值14亿美元的美国钢铁公司。美国钢铁公司由摩根牵头，标志着这个行业从盈余再投资转变为由投资银行提供资金和经济担保。该公司的掌权人很快就变成了摩根财团的合伙人乔治·珀金斯。就算如此，鉴于在该世纪之交时仍然有223家炼铁厂、445家钢制件厂和轧钢厂，美国钢铁公司的市场份额仅仅占62%。

尽管规模庞大，市场份额领先，但不管按照哪个标准来看，美国钢铁公司都表现糟糕。美国钢铁公司的股价在1901年为55美元，到1904年已经暴跌至9美元。公司的利润率也大幅下跌，从1902年的16%跌至2年后的不足8%。钢价在稳步下行，所以美国钢铁公司不敢提价，担心会吸引活跃的新竞争对手。1907年年末，埃尔伯特·加里（Elbert H. Gary）法官组织了一系列钢铁行业领导人“同加里共进晚餐”活动，希望达成“君子协议”，提高钢铁价格。埃尔伯特·加里是美国钢铁公司的董事长，也是摩根的亲信。但在1908年年中，规模较小的独立钢铁公司开始悄悄降价。协议因此被打破，美国钢铁公司和其他大型钢铁公司不得不跟进。1909年年初，甚至“同加里共进晚餐”这个固定形式都消失了。1908年，钢铁价格开始大幅下跌，直到美国参加第一次世界大战，才止住颓势。科尔科写道："加里协议的瓦解是钢铁历史上一个重要的转折点，因为它代表了推动美国钢铁公司合并以争取利润和保持稳定的希望彻底破灭。"①

此后，尽管美国钢铁公司开展了进一步的兼并，且拥有明尼苏达州3/4的铁矿，但公司的市场份额逐步萎缩，一直持续到现在。其铁钉的市场份额从1901年的66%跌至1910年的55%，钢锭和铸铁的市场份额从1901—1905年的63%跌至1911—1915年的52.5%。此外，1909年，美国仍然有208家炼铁厂、446家钢制件厂和轧钢厂。

美国钢铁公司之所以会持续走下坡路，最根本的原因在于规模过大的企业存在的通病，即技术和企业管理都比较保守。同标准石油公司的情况一样，美国钢铁公司始终是钢铁行业内最后进行大型技术创新的企业。从1900年到1919年，平炉炼钢逐步取代了贝塞麦酸性转炉炼钢，成为钢铁生产的主要方法。但美国钢铁公司深陷转炉炼钢，很晚才作出改变。同样，在后来的几十年里，美国钢铁公司迟迟未从平炉炼钢转变为碱性氧气吹炼，是最晚作出这种改变的大型钢铁厂。美国钢铁公司大力投资重型钢的生产，进军轻型钢、合金和结构钢等不断发展新领域的速度缓慢。公司也迟迟未能从使用铁矿石转向变废料为原材料。

摩根原本计划以美国钢铁公司主导和垄断钢铁行业，但该计划注定与此前的联营和企业联盟一样以失败告终。正如科尔科所总结的：

> 如果不说其他，钢铁行业在第一次世界大战之前是相当具有竞争力的，摩根财团试图通过自愿的、私下的经济手段控制和稳定钢铁行业的努力最终告败。在经济领域失败之后，美国钢铁公司的努力转移到了政治领域。②

---

① Kolko, *The Triumph of Conservatism*, p. 36.

② Kolko, *Triumph of Conservatism*, p. 39.（编者附注）出处同前，pp. 30–39；Armentano, *Antitrust and Monopoly*, pp. 95–100；Butler Shaffer, *In Restraint of Trade: The Business Campaign Against Competition, 1918–1938* (Cranbury, NJ: Associated University Presses, 1997), pp. 123–127。

四、农业机械

19世纪末20世纪初，农业机械行业主要是两大公司唱主角，其一是由赛勒斯·麦考密克（Cyrus McCormick）和麦考密克家族所拥有的麦考密克收割机公司（McCormick Harvester），其二是威廉迪林公司（William Deering and Company）。麦考密克收割机公司和威廉迪林公司之间的竞争相当激烈，为此两家公司开始购买铁矿石并建设轧钢厂，与钢铁行业进行竞争。美国钢铁公司董事长、摩根亲信加里法官开始插手其中。在他的建议之下，摩根的合伙人乔治·珀金斯发挥自己的影响力，说服麦考密克收割机公司和威廉迪林公司合并，垄断农业机械行业，以赚取丰厚利润。于是，在1902年成立了国际收割机公司，将麦考密克收割机公司、威廉迪林公司和3家规模相对较小的公司合并在一起，由珀金斯出任董事长。国际收割机公司成立之初占据了美国85%的收割机市场，96%的割捆机市场，以及91%的割草机市场。

但是，国际收割机公司立刻就陷入举步维艰的境地。在合并15个月后，该公司的利润率不足1%。在大规模重组和剥离不良业务之后，公司在1907年的股息只有3%—4%，直到1910年才开始支付普通股股息。有3家小公司被排除在合并之外，分别为迪尔公司（Deere and Co.）、杰罗姆凯斯公司（J. I. Case and Co.）和奥利弗农业设备公司（Oliver Farm Equipment Co.）。这三家公司迅速扩张，并开发了农业机械全套产品线。1909年，美国有640家农业机械制造公司。国际收割机公司的市场份额全面萎缩。1911年，其割捆机的市场份额跌至87%，割草机的份额跌至75%，收割机的份额跌至80%。1918年，其收割机的份额只剩下64%。更重要的是，国际收割机公司很快也患上“垄断”企业的通病，即在开发或利用创新方面反应迟缓。①

---

① （编者注）Kolko, *The Triumph of Conservatism*, pp. 45 - 47; Chandler, *The Visible Hand*, p. 409.

五、糖业托拉斯

我们还将针对行业垄断再多分析一个案例，即“糖业托拉斯”。制糖业在1882年建立了企业联盟，但联盟协议因为那些常见的原因分崩离析。5年后，该行业试图通过兼并建立垄断，为此成立了一家托拉斯，即美国制糖公司（American Sugar Refining Company）。

成功的条件似乎都具备。这个行业在地理上相对比较集中。23家制糖厂中，10家位于纽约市，其中6家位于布鲁克林。在这6家位于布鲁克林的制糖厂中，3家最大制糖厂的生产能力占全美总制糖能力的55%。这3家制糖厂都归属于哈弗梅耶家族（Havemeyer），该家族的族长是令人敬畏的亨利·哈弗梅耶（Henry O. Havemeyer）。

但就算如此，如果制糖商未成功地争取到国会设立较高的保护性关税，该托拉斯组织不会成立。1899年，哈弗梅耶在国会作证：“如果没有那种关税，我想我们可能不敢冒险成立托拉斯……我肯定不会冒险做托拉斯做的所有事情……除非业务已经得到高关税的保护。”在证词中，哈弗梅耶还说出了经典名句：“托拉斯之母就是关税法。”[①]自那之后，民主党和自由贸易主义者均认为保护性关税是推动托拉斯和建设垄断的必要条件。

美国制糖公司成立于1887年，拥有全美80%的制糖能力。保护性关税在公司建立垄断的过程中究竟有多么重要？我们可以对比一下英国和美国的价格。1886年，英国产的精制糖价格为每100磅4.09美元，其中包括

---

① 引自 Richard Zerbe，“The American Sugar Refinery Company，1887－1914：The Story of a Monopoly”，*Journal of Law and Economics* 12（October，1969）：341－342。（编者附注）自南北战争起，保护性关税一直是美国的特色。这种情况被广泛批评，人们认为它避免了国外的竞争，导致美国国内垄断，从而损害了美国消费者的利益。该领域重要的立法包括1861年的《莫里尔关税法》（*Morrill Tariff*）、1890年的《麦金利关税法》（*McKinley Tariff*）、1897年的《丁利关税法》（*Dingley Tariff*）和1909年的《佩恩-奥尔德里奇关税法》（*Payne-Aldrich Tariff*）。所有这些法令将平均关税维持在40%—50%的水平。更多信息参见本书第七章；Gary M. Walton and Hugh Rockoff，*History of the American Economy*，8Thed.（New York：Harcourt Brace & Company，1998），pp. 462－464。但必须指出，尽管有这些建立垄断的有利条件，市场竞争仍然成功地消融了这些优势。

运至美国的运输成本。相比之下，美国产的精制糖价格高达每 100 磅 6.01 美元。很显然，只有保护性关税才能让美国的制糖业参与竞争。

美国制糖公司很快就开始履行自己的“职责”，即减产和提价。他们拆除了 20 家工厂，把工厂降至 10 家，精制糖价格得以从 1888 年的每 100 磅 7.01 美元升至 1889 年的 7.64 美元。

但是，一个严重的问题很快出现了。虽然糖业托拉斯减产，独立的制糖厂却迫不及待地抓住精制糖价格上涨的机会，提高了产量。糖业托拉斯在精制糖市场所占的份额陡降，从 1888 年的 73%降至次年的 66%。尤其让糖业托拉斯头痛的是，克劳斯·斯普莱克斯(Claus Spreckles)借助精制糖价格上涨的东风进入了他们的领地。克劳斯·斯普莱克斯是“夏威夷群岛糖业大王”，他在费城和巴尔的摩修建了现代化工厂，有能力打败那些老制糖厂。到 1891 年，独立制糖厂的制糖能力几乎翻番，而精制糖价格则下降至 4.69 美元，并且在 1892 年又降至 4.35 美元。

糖业托拉斯举步维艰，但 1890 年新的《麦金利关税法》把进口原糖纳入免税清单之列，促使糖业托拉斯再一次发起尝试。糖业托拉斯收购了斯普莱克斯的公司，在 1892 年变为一家规模更庞大的、新的美国制糖公司。该公司所拥有的制糖能力占到全美总制糖能力的 95%。

然而，伊甸园里仍然有毒蛇。那些制糖行业老手看到了机会，纷纷建设具有竞争力的新糖厂。例如，阿道夫·西格尔(Adolph Segal)给糖业托拉斯带来了洛克菲勒在石油业遇到的那种麻烦。阿道夫·西格尔显然把建设制糖厂再迫使糖业托拉斯收购当成了一门生意。1895 年，西格尔在新泽西州卡姆登设立了美利坚制糖公司。糖业托拉斯组织购买了该公司后，却发现那里没有水，完全无法开展生产。

面对独立制糖商发起的新竞争，精制糖价格在升至 4.84 美元后又在 1894 年跌回 4.12 美元。美国制糖公司仅仅在糖业市场内占据 85%的份额。在接下来的 2 年里，制糖商签订了另一份企业联盟协议，这份协议覆盖了 90%的制糖产能。然而，在接下来的几年里，克劳斯·多舍尔(Claus Dorscher)和阿巴克尔兄弟公司(Arbuckle Brothers)又进入了制糖业。阿巴克尔兄弟公司尤为擅长打破企业联盟，因为他们的成本低，但质量高。1897 年的《丁利关税法》针对原糖征收较高的关税,把原糖在美国的价格提高了18%,这让制糖产业的日子更加困难。1898年年初,糖业托拉斯的产量只占全美总产量的75%。

1900年至1901年,行业内再次尝试。阿巴克尔和哈弗梅耶建立了企业联盟,涵括了几乎所有美国东部的制糖商。多舍尔和其他独立制糖商被并入美国制糖公司,该糖业托拉斯在全美产能中所占比例在1902年升回90%。精制糖价格从1897年的4.5美元涨至1900年的5.32美元。

但是,该托拉斯组织仍然难以维持垄断地位。新的制糖厂再次进入这个行业,其中包括斯普莱克斯建设的一家现代化制糖厂。此外,甜菜糖过去在精制糖产量中占比不超过4%,但《丁利关税法》对进口的原蔗糖收取高关税,由此刺激了甜菜糖产量的大幅增加。看到这种情况,糖业托拉斯在1901年开始收购甜菜糖公司,希望借此维持自己的类垄断地位。但是,1905年,美国制糖公司被迫放弃了这条可能导致亏损的、成本高昂的政策。1905年,糖业托拉斯和其企业联盟仅仅控制了70%的精制糖产能,以及70%的甜菜糖产能。加剧的竞争再一次在1906年把精制糖价格拉低至4.52美元。

此外,在1905年糖业托拉斯放弃收购与其竞争的甜菜糖公司之后,甜菜糖在整个市场上所占比例大幅上升(从1905年的4%增长到1911年的14%)。但糖业托拉斯的甜菜糖产量所占份额同年下跌至54%。事实上,糖业托拉斯对甜菜糖市场的控制并不强,仅仅控股了甜菜糖市场中8%的公司。

1917年,糖业托拉斯的整体市场份额已经跌至28%。事实上,美国制糖公司后续的发展非常像美国钢铁公司历史的重演:

> 没有证据显示制糖商成功实现了建立企业联盟的目标。因此他们聪明且坚定地转而求助更加有效的企业联盟倡导者——政府。政府在第一次世界大战期间凭借《粮食管理法》(*Food Administration Act*)成功地在食品行业组建了企业联盟。[①]

---

① Zerbe,"The American Sugar Refinery Company", p. 367; Chandler, *The Visible Hand*, p. 328.(编者附注)另参见 Richard Zerbe,"Monopoly, The Emergence of Oligopoly and the Case of Sugar Refining", *Journal of Law and Economics* (October, 1970): 501-515; Armentano, *Antitrust and Monopoly*, pp. 50-51。

六、整体情况

在1897年至1901年那股兼并大浪潮期间，托拉斯组织快速起落的最典型例子之一是全国饼干公司（National Biscuit Company）。该公司成立于1898年，由三家地区性公司组合而成，旨在垄断饼干市场，收购竞争对手，通过限产和提价控制竞争。正如全国饼干公司在1901年的年报中承认的，结果是以灾难收场。该公司年报宣布彻底放弃此前控制竞争的目的，并宣称：

> 回顾过去的4年（自全国饼干公司创立之时起），我们发现，我们的经营方式发生了极大的变化……在公司成立之初，我们曾经认为自己必须控制竞争，而且为了实现这个目标，我们必须战胜竞争对手或者是收购竞争对手。第一种方法意味着进行破坏性价格战，给利润造成较大的损失。第二种方法则要不断地增加资本投入。经验很快证实，不管采用何种方法，如果坚持下去，不会给我们带来成功，却必定带来灾难。于是，我们开始反省是否有必要去控制竞争……公司很快就明白，公司本身必须创造成功。
>
> 我们改变了自己的关注方向，将精力放在内部的业务管理改善上，通过大批量采购原材料降低成本，减少生产开支，对销售部门进行系统化管理，以提高效率。所有这些努力是为了改善我们的商品质量和提升销售服务质量。
>
> 公司政策已经明确不再通过收购来避免竞争……[①]

事实上，在20世纪之交，商人的托拉斯梦想已经幻灭。在一个又一个托拉斯案例中，公司联盟带来的价格增长吸引了强大的新竞争对手。更何

---

① 引自Alfred D. Chandler, Jr.,“The Beginnings of Big Business in American Industry”, *Business History Review* (Spring 1959): 11 - 13。

况，在此之前，他们已经花费了大量的资源收购此前的竞争对手。畅销书《铁器时代》（*Iron Age*）哀叹托拉斯面临的种种难题，尤其“公司合并意味着公开为自己的商品提价，也意味着重金收购竞争对手或为竞争对手提供补贴，以换取他们退出市场”。此外，《纽约金融家》（*New York Financier*）指出：

> 托拉斯当今面临的最严重问题是独立企业所带来的竞争……当报刊报道特定行业托拉斯停止运营时，他们却没有提及独立工厂里新生命的觉醒……①

在研究 19 世纪末期的托拉斯时，亚瑟·杜因（Arthur S. Dewing）把这股托拉斯浪潮分为几个阶段。第一个阶段是从 19 世纪 80 年代末期到 1893 年；第二个阶段属于高潮期，是从 1897 年到 1901 年或稍晚。他认为托拉斯的成立戛然而止，只是因为事实证明这些组织表现相当糟糕。② 它们并没有成功地抑制竞争，创始人的热切期望也没有变为现实。新托拉斯的股价稳步下滑，而且没有几家托拉斯能支付股息。很多托拉斯以出局告终。

杜因随机挑选了那两个阶段成立的 35 家托拉斯，有了以下发现。每家独立的公司在成立托拉斯之前的平均收益要比成立托拉斯之后第一年内的收益高 20%，而且比成立托拉斯组织之后 10 年内的平均收益或第 10 年的收益高。此外，托拉斯的发起人和银行家的预期收益也比托拉斯成立后第一年的实际收益高 50%，相比成立托拉斯 10 年里的平均收益高出更多。在这 35 家托拉斯中，只有 4 家的收益达到了预期。③

还有多种研究方法可以得出类似的结论。在 1899 年至 1900 年合并成

---

① *The Iron Age* (September 20, 1900): 7; (November 1, 1900): 43; *The New York Financier* (June 11, 1900). 引自 Marian V. Sears, “The American Businessman at the Turn of the Century”, *Business History Review* (December, 1956): 391。

② 这些托拉斯组织之所以被终结，并不是因为害怕反托拉斯诉讼。在当时，对公司合并行为而言，反托拉斯诉讼还算不上是威胁。更多信息请参考本书的第七章。

③ Arthur S. Dewing, “A Statistical Test of the Success of Consolidations”, *Quarterly Journal of Economics* (1921), pp. 84-101. 另参见 Arthur S. Dewing, *The Financial Policy of Corporations*, 2 vols. 5th ed. (New York: Ronald Press, 1953)。

立的近 100 家公司中,3/4 在 1900 年没有支付股息。阿尔弗雷德·伯恩海姆(Alfred L. Bernheim)研究了 1903 年资本额不低于 1 000 万美元的 109 家公司,发现其中 16 家公司在 1914 年前倒闭,24 家在 1909 年至 1914 年期间没有支付股息,同期只有 22 家公司支付了超过 5%的股息。1909 年至 1914 年,这些公司支付的股息平均只有微不足道的 4.3%。1910 年规模最大的 50 家公司中,27 家在 1929 年已经跌出前 100 名;1909 年最大的 100 家公司中,61 家在 1929 年已经跌出前 100 名。[①]

杜因从该研究中得出结论,企业家企图在行业内建立单一的大公司以追求规模经济,这个想法大错特错。他们忽视了公司经济规模所存在的特定局限性。巨型企业尤其缺乏管理能力、个人的判断力和创新精神,这些特质也无法自动进入巨型企业。他指出,仅仅拥有庞大规模这种特点,通常会阻碍公司与规模更小、更灵活的竞争对手比试高低。那些小竞争对手通常管理成本更低,可以在年景不好时退出行业,等到年景好时又重回行业。此外,杜因补充说,规模相对较小的竞争对手通常也是更为出色的创新者,官僚主义的程度更低,而且也更加乐于接受新思想和新方法。事实上,他们不会被厂房、设备等固定资产过时的问题所困。

杜因用一段睿智的话语作了总结:

> 可以看到,自始至终,单单靠资本聚集维持垄断的做法毫无效力。个人的天赋才能决定了企业的成功或失败,这点也令我印象深刻。了解这些观察所得后,人们会大胆猜测,不管存在何种"托拉斯问题",它都能自己找到解决方案。没有政府的管控,这种低效的组织会走向灭亡。因为有政府管控,其灭亡的进程被推迟。限制性管控维系低效的企业,为那些天生的缺点提供人为的支撑,阻碍个人自由地追求远大志向,从而破坏效率。[②]

---

① Sears, "The American Businessman", pp. 391 – 392; Kolko, *Triumph of Conservatism*, pp. 27 – 29.

② Arthur S. Dewing, *Corporate Promotions and Reorganizations* (Cambridge, MA: Harvard University Press, 1914), pp. vii – viii.

我们在本章开始时指出，工业企业和股份在19世纪90年代中期才出现。因此，发起和承销这些股份的以摩根为首的投资银行家，在同期牵头了企业合并，希望通过垄断获得一定的价格优势，这并非巧合。美国钢铁公司是此类垄断失败的一个例子。

不管是在制造业，还是在铁路业，兼并和企业联盟都未能在自由市场中建立垄断。[①] 此后，那些希望建立垄断的工业集团和财团开始效仿铁路公司的做法，请政府代表他们强制建立企业联盟。但是，从表面上来看，政府管控的目的是反对市场上的企业“垄断”。政府需要与社会舆论造势群体合作，营造那种假象。在20世纪之交，舞台已经搭建完成，美国直接迈入中央集权体系，踏进众所周知的进步时代。

---

① (编者注)兼并通常会带来新的竞争，并不能成功地建立垄断。类似证据可参见 Naomi Lamoreaux, *The Great Merger Movement in American Business*, *1895 -1904* (New York: Cambridge University Press, 1985)。

第四章

第三政党体系：虔敬派与礼仪派

美国在1900年之后为什么会大步跨入中央集权体系？这次跨越为什么如此顺利，没有遇到任何质疑？美国长期以来坚持个人自由理念，这种传统遇到了什么情况？19世纪的后50年，以及此前的50年，个人自由理念曾经是主导思想，或者至少说具有活力。这种思想怎么会突然软弱地倒地装死？为了回答这些问题，我们必须先了解"新政治史学家"在过去10年里如何分析美国"第三政党体系"在1896年的戛然而止①。正是这种突然的崩塌，预示着美国党派政治中自由放任主义思想的失败，为进步时代铺平了道路，也促使中央集权体系在20世纪剩余的时间里未曾得到任何质疑和挑战。

一、第三政党体系

在过去10年的时间里，政治史学家一直在对个人选举进行分析。此外，他们也分析了政党及其选民阵营之间如何建立和维持关系，以及这些关系是如何随着时间推移发生改变的。他们辨识出美国历史上存在的一系列"政党体系"，即结构性政治关系。第一个是联邦党人和民主共和党人，两者之间的冲突开始于18世纪90年代，一直持续到1812年战争。此后，美国

① (编者注)第4—6章的精简版本可以参阅Rothbard, "A History of Money and Banking", pp. 169-179。

只拥有一个政党，这种情况一直持续到19世纪20年代末期。当时民主党已经发展壮大，足以向既有政党发起挑战，由此快速引发了反对党派辉格党的形成。民主党与辉格党之间的冲突从19世纪20年代一直持续到50年代，构成了美国的第二政党体系。共和党在19世纪50年代出现，立足于奴隶问题。共和党的成立，外加辉格党的消失，带来了第三政党体系。

最值得一提的是，19世纪的这三种政党体系与美国当前的政党体系截然不同。政治学家、记者和当权者通常称赞当前的两党制是非意识形态的，即两个政党的纲领没有明显的区别，而且几乎完全重叠，没有可供选择的余地。因此，在这种两党体系下，唯一可选的是候选人的个性，而非政党纲领。不管是在联邦、州还是地方一级，政党，更具体来说是纲领和党纲宣言，对当今政府的行为而言意义并不大，就主要的行政部门来说更是如此。没有了有意义的选择，公众表现出越来越漠然的态度，选民的参与度稳步下滑，越来越多的人称自己是“独立的”，而不是特定政党中的一员。

但是，情况并非一直如此。在19世纪，也就是在那三个政党体系时期，各政党具有非常强的意识形态。他们的选民阵营积极拥护自己的政党，选举时的选民参与度相当高。党纲宣言代表着特定的意义，政党会为之而战斗。政党之间的界限清晰，共和党人不会投票给民主党人，反之亦然。选民一旦对某个政党的幻想破灭，就不会再为他们投票。因此每个政党不会走中立路线，去争取那些摇摆不定的独立选民，而是设法激发自己好战支持者的热情，“产生新选票”。

19世纪，除了奴隶问题之外，民主党(此前是民主共和党)是自由论党派，信奉自由放任主义，强调“个人自由”“自由贸易”“硬通货”，坚持经济、宗教和几乎其他一切与国家分立，反对大政府、高税负、公共工程(内部改善)、司法寡头或联邦政府的权力，支持新闻自由、自由移民、州政府与个人权力。另一方面，联邦党、此后的辉格党和再后面的共和党，都信奉中央集权主义，即坚持大政府、公共工程、大规模国债、政府为产业提供扶持和保护性关税，反对移民和外侨，支持低利率和政府对银行业的控制(通过中央银行，以及后来的准集权式的中央银行体系)。辉格党更是大力借助国家权力强迫个人提高道德水平，例如禁酒、周日蓝法，或者把共济会作为帮会定义成非法。共和党基本上是辉格党和反奴隶的民主党人的混合体，被称为“立足高尚道德的政党”。这个称呼恰如其分。南北战争之后，奴隶问题不再是美国的污点，民主党成为个人自由的支持者，名声并未受损；共和党力争建立“道德观念”，这种行为更容易受到自由主义者的嘲讽，被视为是强制性的，是自由和解放的反面。①

第一政党体系始于 18 世纪 90 年代。当时成立了民主共和党，以对抗联邦党的经济中央集权纲领，即高关税、公共工程、中央集权政府、国债、政府控制银行体系、低利率，以及对媒体上民主评论家的压制。民主共和党也在力争终止寡头对政府的绝对控制，以及通过废除海军和常备军来终止军国主义。1800 年，托马斯・杰斐逊（Thomas Jefferson）就任总统，在一定程度上实现了民主共和党的党纲宣言。此后，民主共和党开始衰退，走上联邦主义的道路，同他们的夙敌英国开战。支持英国的联邦党因为反对 1812 年战争而遭到巨大的破坏，但他们的敌人在发动和参加战争的过程中实际上是把他们的纲领付诸实践。在战争中必须采取中央集权体系，也就是设置较高的保护性关税、联邦政府征收国内消费税、建立中央银行、银行信贷爆炸式扩张、发行国债、开展公共工程，并且在战争结束时建立一党制。

杰斐逊在蒙蒂塞洛享受退休生活时，为来自弗吉尼亚州的总统继任者詹姆斯・麦迪逊（James Madison）和詹姆斯・门罗（James Monroe）所做的事情哀叹。他们在任期内建立了一个没有联邦党人的一党联邦主义。人性使然，杰斐逊并没有注意到自己身上也有他所痛斥的联邦主义思想。两位年轻的政客周末会前往蒙蒂塞洛拜访杰斐逊。他们是密苏里州的托马斯・哈特・本顿（Thomas Hart Benton）和纽约州的马丁・范布伦（Martin Van Buren）。受到这些“朝圣之旅”的启发和影响，他们决定承担起重任，建立一个全新的政党，一个旨在把美国从联邦主义道路上拉回头的政党，重拾 1776 年（美国独立战争和独立宣言）和 1798 年（肯塔基决议和弗吉尼亚决议，号召各州反对专制的侨民法和镇压叛乱法）的优秀老方针。新政党以纽

① 但共和党（更不用说辉格党）没有兴趣去解放南方的奴隶，只是希望阻止苦役向西部地区扩散。

约州、密苏里州和在弗吉尼亚州原有的杰斐逊支持者为基础，需要一位魅力型的领导人。他们最终找到了安德鲁·杰克逊（Andrew Jackson）。新的民主党由此诞生，信奉的是个人自由、最小政府、自由贸易、硬通货，以及政府和银行系统分离。与他们对立的辉格党则重新树立国家主义-中央集权主义的联邦党纲领。但是，辉格党对强制性道德和限制移民更感兴趣，并且采用了煽动性的技巧和修辞，而不像联邦党那样直率地表现出精英主义、反普选权和反民主。

必须指出，在第一个两党体系期间，自由放任主义政党缓慢但稳步地树立起自己作为美国主要党派的地位。联邦党因为杰斐逊的成功慢慢消失，杰斐逊的方针却因为他本人希望发动战争而被放弃。在第二政党体系中，民主党也建立起自己作为主要党派的地位，美国似乎会快速向自由放任主义的理想迈进。在联邦政府层面，切实可行的杰斐逊计划将历经杰克逊的8年任期、范布伦的8年任期，以及本顿的8年任期，以足足24年的时间实现目标。杰克逊的8年任期是从1828年到1836年，紧接着是范布伦当政的4年。此后，第一场煽动性现代总统竞选活动取得了成功，短暂地打断了民主党的掌权。那场总统竞选充斥着我们现在所熟悉的各种宣传技巧，比如标语、游行、徽章。所有这些都是由辉格党政治大师瑟洛·威德（Thurlow Weed）策划的。人人都知道，民主党在4年后轻松地复制了所有这些技巧，并且在1844年重新赢得总统大选。范布伦再次就任总统，延续民主党的掌权。此后，得克萨斯州作为蓄奴州加入联邦，奴隶制扩张的问题导致了民主党的分裂，杰克逊和范布伦就该问题也产生了分歧。尽管民主党在多数问题上坚持杰斐逊主义，但当时的背景是，民主党是立足于南方、支持蓄奴的政党。于是，包括一些北方民主党人在内的共和党在19世纪50年代成立，成为反对奴隶制扩张的政党，并且在南北战争中掌握了联邦政府的权力，反对国家分裂。第三政党体系开始。

共和党在1860年的普选中仅仅获得40%的选票，但抓住了美国南方退出联邦的机会，几乎占据国会所有席位，强力推行了辉格党的经济纲领，即发行会引起通货膨胀的纸币，对银行进行中央集权控制，设置高关税，向铁路公司提供大量的政府扶持，针对“不道德的”酒类和香烟商品征收较高的联邦消费税，外加征兵制度和所得税等中央集权主义举措。共和党在南北战争期间和战后的重建阶段毫不意外地成为了执政党。①

众多历史学家认为共和党在 1912 年前，甚至在 1932 年前一直是执政党，只是格罗弗·克利夫兰的两任总统任期打断了共和党的持续当政。但这种印象是错误的。新政治史学家提醒我们，民主党在 1874 年攻占了众议院，紧跟着在 1876 年夺得了总统之位，却只能眼睁睁地看着共和党以重建南部为交易又夺走了总统之位。1874 年到 1896 年，在这 22 年里，两党在国会席位和总统之位的争夺上势均力敌。1875 年到 1895 年，共和党在 10 届会期里仅控制了 2 届众议院。1888 年可谓是他们的巅峰，控制了 51.1% 的众议院席位。一方面，尽管民主党在 10 届会期内控制了 8 届众议院，而且在 1890 年的巅峰时期控制了 71%的众议院席位，但他们只有 5 次超过席位数的 55%。在 1876 年到 1892 年期间的 5 次总统大选中，共和党只赢

---

① （编者注）简要了解美国在南北战争之前的自由主义传统历史，参见 Murray Rothbard, *For a New Liberty: The Libertarian Manifesto*, 2nd ed. (Auburn, AL: Mises Institute, 2011[1978]), pp. 7 - 10。仅在修订版中可查阅到相关内容。更深入的探讨参见 Murray Rothbard, "Report on George B. DeHuszar and Thomas Hulbert Stevenson, *A History of the American Republic*, 2 vols." in *Strictly Confidential: The Private Volker Fund Memos of Murray N. Rothbard*, David Gordon, ed. (Auburn, AL: Mises Institute, 2010[1961]), pp. 96 - 136。关于罗斯巴德着重从族裔-宗教角度对杰克逊派的分析，参见 Leonard Liggio, "Murray Rothbard and Jacksonian Banking", in *The Contributions of Murray Rothbard to Monetary Economics* (Winchester, VA: The Durell Institute, 1996), pp. 8 - 17。

关于杰斐逊派和杰克逊派自由论的长处和不足，以及奴隶和领土扩张问题给民主党内部带来的分裂，参见 Arthur Ekirch, Jr., *The Decline of American Liberalism* (Oakland, CA: Independent Institute, 2009[1955]), pp. 55 - 115; Jeffrey Hummel, *Emancipating Slaves, Enslaving Free Men: A History of the American Civil War* (Chicago, IL: Open Court, 1996), pp. 76 - 128。摩擦火柴派(Locofocos)是杰克逊民主主义在东北部的一个分支，相当信奉自由放任主义，包括经济领域的自由放任思想。其领导人是社会理论家威廉·莱格特(William Leggett)。参见 Lawrence White, "Foreword", in William Leggett, *Democratik Editorials: Essays in Jacksonian Political Economy* (Indianapolis, IN: Liberty Fund, 1984), pp. xi - xix; Lawrence White, "William Leggett: Jacksonian editorialist as classical liberal political economist", *History of Political Economy* 18(1986): 307 - 24。关于摩擦火柴派运动的全面历史，参见 Anthony Comegna, "'The Dupes of Hope Forever': The Loco-Foco or Equal Rights Movement, 1820s - 1870s" (doctoral dissertation in history, University of Pittsburgh, 2016)。

需要全面了解美国在这段时期内的货币历史，参见 Rothbard, "A History of Money and Banking", pp. 68 - 147。关于杰克逊民主党人在联邦层面对硬通货的推动，参见 Murray Rothbard, *An Austrian Perspective on the History of Economic Thought: Classical Economics* (Auburn, AL: Mises Institute, 2006[1995]), vol. 2, pp. 210 - 216, 232 - 235。

得了3场，其中两场（1876年和1888年）的普选票均低于民主党候选人。1876年至1892年，共和党总统候选人在普选中并未能赢得多数选票，只是在1880年时获得了多数普选票，且仅仅多出两千张选票。另一方面，在20年的时间里，民主党只有两次成功控制参议院的多数席位，分别是1878年至1880年和1892年至1894年。共和党只有一次成功地同时占据了两院主导和总统之位，民主党也仅有一次类似的成绩。

然而，民主党逐渐获得了优势，所以正如在第一和第二政党体系的末期所发生的那样，民主党不可阻挡地慢慢地向长期执政发展。这种发展体现在民主党以压倒性优势在1890年控制了众议院，克利夫兰在1892年轻松地连任总统，进而促使民主党自美国南北战争以来首次控制了国会两院，获得全胜。[①] 之后，一些事件导致民主党在1896年受到打击，并衰退为可怜的少数党，直到1912年才又有逆转。（更准确地说，从伍德罗·威尔逊1912年当选美国总统到1928年，共和党内部出现了严重的分裂，所以民主党得以恢复影响力）1896年究竟发生了什么灾难性事件，让美国未来的32年步入新的第四政党体系呢？这个问题将在接下来的几章中进行探讨。

二、虔敬派与礼仪派之争：政党选民阵营

1970年，在《文化交融：1850年至1900年的中西部政治社会分析》（*The Cross of Culture：A Social Analysis of Midwestern Politics：1850－1900*）这篇具有开创意义的论文中，保罗·克莱普纳教授对第三政党体系中的选民阵营进行了令人信服的解释，令人颇受启发。这篇论文之后得到了

---

① 共和党在此期间的长期衰退可以从以下数据窥见大致。1860年，共和党在北大西洋各州获得了59%的选票，在中西部赢得54%的选票。到1892年，这些比例下降了7个百分点，分别跌至52%和47%。此外，在美国南方重建时期之后，南方重拾民主党化，而且程度比南北战争之前更甚。在1892年的总统选举中，民主党获得了46%的选票，共和党仅仅得到43%，其余的选票流向了小党派。看上去民主党即将成为美国的执政党。（编者附注）以上数据参见 Paul Kleppner，*The Cross of Culture：A Social Analysis of Midwestern Politics，1850－1900*（New York：The Free Press，1970），pp. 5－6。

其他历史学家的充分认可。[①] 该论文不仅解释了哪个群体倾向于支持哪个政党,还具体介绍了这种支持是如何出现并得到强化的。

简单地说,克莱普纳的论文认为,“虔敬派”宗教团体倾向于(1)支持个人和经济领域的中央集权主义,(2)从而一直支持共和党,因为他们是中央集权主义政党。礼仪派主要是由天主教信徒和保守的路德宗信徒组成,他们(1)支持个人和经济领域的自由,(2)因此支持自由主义政党民主党。克莱普纳详细分析了中西部各州的选举和宗教记录,将路德宗和其他新教信徒群体按照对虔敬主义或礼仪主义的信仰程度分成各种类别,并从中发现了礼仪主义的信奉程度和投票支持民主党程度之间的对应关系。当然,这种关系最大的例外是美国南方。在那里,虔敬派占了绝对优势,但他们投票支持民主党,这是源于特殊的环境、记忆和南北战争带来的后果。

在分析这些截然不同的世界的起源时,克莱普纳从基本的宗教体系着手。虔敬派信徒认为,承担救赎责任的与其说是教堂或神职人员,不如说是每个个体自身。救赎不是遵从规定的仪式,甚至坚守某个固化的教义,而是个人的情感承诺或皈依体验,甚至是相信自己在特殊的“洗礼恩典”(baptism of grace)中得到“重生”。外在的表征则是他对自身行为的不断纯化。所谓的外在表征就是社会其他人能看到的证明个人皈依真诚性和持久性的证据。鉴于每个个体都要承担自身救赎的责任,虔敬派认为社会必须帮助每个人进行救赎,帮助他们发扬自身的优秀行为,并且尽可能监督他们抵抗诱惑。虔敬派强调的是尽可能多地让人们皈依,帮助他们进入和保持健全状态。

因此,社会需要通过各种强制性道德改革运动为软弱的同胞提供帮助,从而净化罪世界。世俗和宗教联合了起来。在19世纪的后50年里,虔敬派主要是在州和地方层面鼓吹三项强制性举措,以拯救礼仪派“罪人”。这三项举措分别是根除酒精的禁酒、避免人们破坏安息日的周日蓝法,以及促

① (编者注)罗斯巴德参考的部分历史学家及其作品包括:Richard J. Jensen, *The Winning of the Midwest: Social and Political Conflict, 1888 -1896* (Chicago: University of Chicago Press, 1971); Samuel T. McSeveney, *The Politics of Depression: Political Behavior in the Northeast, 1893 -1896* (Oxford: Oxford University Press, 1972); Paul Kleppner, *The Third Electoral System, 1852 -1892: Parties, Voters, and Political Cultures* (Chapel Hill: University of North Carolina Press, 1979)。

进移民“美国化”和“天主教信徒基督化”的义务教育。第三项举措在19世纪末期时达到了高潮，其目的是利用学校把天主教信徒和移民（通常是一类人）转变为虔诚的新教信徒和本土主义者。

此后，虔敬派侧重于个体行为的纯粹性和得体性。他们通常对教义和正式的宗教理论兴趣不大。虔敬派强调的是每个个体直接面对基督，所以他们并不太关心个体具体加入哪个教会。典型的虔敬派可以相对轻松地更换教派。正因为如此，虔敬派信徒主张各种教派组织进行社会改革。禁酒就是一个好例子。①

另一方面，礼仪派大部分是天主教信徒、德裔路德宗信徒和圣公会信徒。他们有着截然不同的神学思想和道德观。对于礼仪派而言，救赎的道路掌握在教会及神职人员手中，个人要做的就是相信并履行所规定的仪式。这不是感性信仰，而是知性信仰，而且还有那些宗教仪式，所以教友个体无需不停地操心自身的救赎。其他公民只要加入了教会就能得到救赎。负责道德和救赎的是教会而非国家。因此国家必须、也应当不涉足道德和神学事务。詹森教授对美国中西部的研究充分验证了克莱普纳的观点。他说：“（对于礼仪派而言，）教会会处理道德和救赎方面的所有事务……因此国家没有权力对公共道德加以规定。”②

虔敬派对酒精的强烈抵触令礼仪派感到迷惑，何况耶稣本人也喝过葡萄酒。礼仪派通常的反应是：“对于上帝不认为是罪的事情，我们也不认为是罪。”对礼仪派来说，喝酒这种“不纯洁的”行为不是罪，异端邪说才是罪，拒绝相信教会的神学教义或遵守教会规定的仪式也是罪。根据詹森教授的

① （编者注）罗斯巴德后来使用末世论对这个论点进行了详细阐述，并且称宗教干涉主义者为“扬基后千禧年虔敬派”。在19世纪20年代末期的第二次大觉醒运动期间，他们通过查尔斯·格兰迪森·芬尼牧师（Reverend Charles Grandison Finney）疯狂的布道会传道。他们是一群虔敬派英国人后裔，生活在新英格兰地区、北纽约州、北俄亥俄州、北印第安纳州、北伊利诺伊州的农村。他们都是“后千禧年派”，认为这个世界必须经历一千年的进步之后，耶稣才会重返这个世界，历史才会结束。为了能创造这个“天国”，后千禧年派认为自己有责任消除他人的罪，即使不得不借助政府的强制政策。久而久之，这些斗士失去了自己的宗教热情，变得“世俗化”，但依然热衷于利用国家力量。参见本书的第十章、第十一章和第十三章。另参见 Gary North，“Millennialism and the Progressive Movement”，*Journal of Libertarian Studies* 12（Spring 1996）：121－142。

② Jensen，*The Winning of the Midwest*，p. 64.

总结，差别在于：卫理公会把存在不纯洁行为的成员开除，而礼仪派驱逐信仰异端邪说的成员。此外，在后者看来，异端邪说和宗教礼仪这些神学问题显然都被视作无须国家干预和强制实施的事务。

有一点必须指出，尽管礼仪派主要由天主教和路德宗的信徒组成，但也包括了其他一些教派，例如传统加尔文派信徒。加尔文派信徒强调的是教义，而并非宗教礼仪，所以从严格意义上来说还不能被称为“礼仪派”。他们都认为教会和正确的信仰是至关重要的，在这个方面大家的态度类似。这种态度也导致他们与虔敬派新教信徒分道扬镳。这些注重宗教礼仪的群体包括“守旧派”长老会信徒和部分浸信会信徒。

礼仪派认为虔敬派好管闲事，虚张声势，是执着的攻击者，不顾一切地剥夺自己周日喝上一杯啤酒的权利，以及自己支持教会学校的权利。对礼仪派而言，教会学校是他们传播和维持自身的宗教和价值观所必需的。这种理解并没错。虔敬派是消除邪恶的斗士，而礼仪派想要的仅仅是不被他人干涉。共和党迎合禁酒主义者、蓝色法规[①]鼓吹者和强制公立学校的倡导者，属于虔敬派政党。因此不难理解在这段时期内他们被称为“立足高尚道德的政党”。民主党属于礼仪派政党，强烈反对强制性道德，被称为“个人自由政党”。[②][③]

对于20世纪末期的观察家而言，19世纪党派政治最令人迷惑不解的

---

① （译者注）蓝色法规（blue-law），原来指美国殖民时期清教徒制定的法律，禁止在星期天跳舞、喝酒等，因为法律条文最初是印在蓝色纸上，所以被称为“蓝色法规”。

② 我们并不认为这些因果关系是绝对必然的。很可能有的虔敬派始终如一地坚持自由主义，也可能有的虔敬派在个人自由和经济自由之间来回摇摆。可能礼仪派中有人是中央集权主义者，或者持有悖于本派思想的想法。我们只是想介绍19世纪末期美国两个对立的宗教团体分别信仰什么，他们的信仰系统又是如何起源和发展的。这些探讨并不针对世界历史上的其他时间段或其他地方。（编者附注）罗斯巴德提到了虔敬派自由主义者，例子可参见 Murray Rothbard, “Introduction” in *Lysander Spooner: Libertarian Pietist*, *Vices Are Not Crimes* [Cupertino, CA: Tanstaafl, 1977], pp. xiii–xvii)。他在文章明确引用了克莱普纳和詹森的研究。

但请注意，在18世纪和19世纪及更早些岁月，英国虔敬派领导人代表的是经济自由和个人自由，这可能令人感到迷惑。这些持异议者或不遵奉圣公会的英国新教信徒反对的是有着一定历史的圣公会（礼仪派），当国家被自己反对的教派控制时，他们自然而然支持宗教自由。还必须指出，那个时代的英国自由主义不断被不遵奉圣公会的英国新教信徒撕裂，因为后者（1）支持禁酒，（2）支持压制爱尔兰天主教信徒。所以自由党对个人自由的忠诚一再被削弱，也一再作出让步。

③ （编者注）Kleppner, *The Cross of Culture*, pp. 71–91; Jensen, *The Winning of the Midwest*, pp. 58–88.

事情之一是选民对经济问题的巨大兴趣和万般热情。在总统选举中，保护性关税、中央银行、金本位制度和银本位制度这些深奥难懂的问题是公众密切关心和党派激烈辩论的主题。对那些无法激发学生对经济问题产生兴趣的教授来说，这种情况肯定让他们颇感惊奇。普通大众为何对这些晦涩难懂的问题感兴趣呢？

克莱普纳的分析解释了这个谜团。两党选民的兴趣和热情最初只是位于地方层面和宗教文化。能激发大家兴趣和热情的事情是烈性酒、蓝色法规和公立学校。然后，两党的领导人和思想家，聪明地把地方层面的兴趣提升到国家层面，把个人问题和经济问题联系在一起。共和党领导人会告诉自己的虔敬派选民："你们相信强大的州政府和地方政府会保护公众的道德。同样，你们也应该支持强大的联邦政府，他们会保护美国人免受廉价外国竞争对手的冲击，通过大量的货币和低息贷款（通过林肯绿钞、政府控制银行系统或自由铸造银币等来实现）提高美国人的购买力，为企业和大型公用事业支出提供政府扶持。"

与此同时，民主党领导人会告诉他们的礼仪派选民："你们知道，虔敬派一心想利用他们奇特的道德观剥夺你们有益身心的乐事，例如喝啤酒，以及周日娱乐。他们试图夺走你们的教会学校。现在，那些在州一级骚扰和压迫你们的虔敬派和共和党人又试图在联邦政府一级干涉你们的自由和财产。他们想把地方层面道德领域的家长作风搬到国家层面的经济领域。他们想从你身上征税，为特权利益群体发放补贴；他们想让你没有办法购买廉价的外国产品；他们想通过低息借款和通货膨胀抢夺你们节俭和储蓄的果实。"

简而言之，两党都能够把中央集权主义和华盛顿的大政府与地方问题联系在一起，把经济和个人联系在一起。共和党支持的是中央集权主义，他们反对支持自由的民主党。[①] 在那几十年里，两党都不断地从中心偏离，不

① （编者注）南北战争之后，支持自由放任经济和硬通货的民主党被称为"政治极端保守分子"。他们通常集中在东北部和中西部。另一方面，更加支持中央集权主义和通货膨胀论的"民粹主义"民主党的基地位于南部和远西部。民主党 1896 年的巨变是指民粹主义派打败了极端保守派，把民主党从支持自由放任主义变成了更加支持政府干预。参见 Rothbard, "Report on George B. DeHuszar", pp. 137－139，148。

刻意模糊问题和分歧。相反，两党之间强调差异，为的是争取各自的选民，激发他们的兴趣。

众多历史学家认为，在19世纪的大部分时间里，本土美国人[①]对移民持有一定的敌意，民主党成为以移民为主的政党，而共和党人则吸引本土美国人。但克莱普纳的分析显示，两党基本的区别并不在于本土美国人和移民，或者英语母语者和其他母语者。例如，虔敬派的斯堪的纳维亚移民很快就得到了本土白人盎格鲁-撒克逊新教信徒的认同，并且支持共和党。两党真正的区别在于虔敬派和礼仪派之分，碰巧大部分移民都是礼仪派，所以这些移民也就成为虔敬派偏执分子最好的攻击目标。限制移民几乎可以给礼仪派最大的打击，由此让共和党获利。

基督教出现了多种形式，成为政治冲突的核心所在，也给美国历史带来了标志性转折。在美国历史上，基督教有两次几乎消亡。第一次是在18世纪的最初几十年里，当时加尔文主义被新启蒙运动的自由主义和理性主义潮流取代。但基督教在18世纪30年代和40年代随着大觉醒运动而获得复兴。这是一种新形式的基督教虔敬派，借助宗教奋兴者和福音派信徒疯狂的情感皈依而横扫殖民地。[②]

到18世纪末期，基督教再一次走向消亡，被启蒙运动的理性主义自然神论所取代。到美国建国之时，不管是在上层社会还是在普通大众之中，很显然基督教正在全面崩塌。

但是，基督教再一次引人瞩目地回归，奋兴大潮在19世纪20年代和30年代横扫全美。当然，带来这次奋兴的是虔敬派信徒。虔敬主义的狂热、咄咄逼人也始于19世纪初期这最后一波高潮。除了部分圣公会信徒之外，18世纪90年代时美国没有多少礼仪派。本土白人盎格鲁-撒克逊新教信徒都是虔敬派。19世纪时，礼仪派是来自欧洲的罗马天主教和路德宗

---

① （译者注）本土美国人（native-born Americans）并不是指土著印第安人或美洲印第安人，而是指最初的13个殖民地居民的后裔。

② （编者注）对美国早期宗教发展的进一步分析，参见 Murray Rothbard, *Conceived in Liberty*, vol. 2, "*Salutary Neglect*": *The American Colonies in the First Half of the Eighteenth Century* (Auburn, AL: Mises Institute, 2011[1975]), pp. 654–671。

移民。

自19世纪20年代的奋兴运动起，得到复苏的虔敬派开始组建各种组织，以根除身旁的罪。他们最担忧的两个问题是奴隶制和酒精。最初，他们想废除酒吧，认为那是导致酒精传播的主要罪孽。19世纪30年代末期，虔敬派提高了自己的要求，要求彻底禁酒，囊括了葡萄酒、啤酒和烈性酒。1851年，虔敬派取得了初步成功，缅因州彻底禁酒。此后，19世纪50年代初期，12个州通过了禁酒法律或宪法修正案。

1855年之后，虔敬派暂时放弃禁酒事业，把重心放在了奴隶制上。南北战争之后，虔敬派得以把他们所有的精力放到了万恶的酒精上。1868年，虔敬派禁酒主义者成立了一个秘密社团善良禁酒会（Good Templars），并且很快就拥有了40万名会员。次年，在密歇根州，在禁酒会的助力下，成立了禁酒党。1874年又成立了基督教妇女禁酒联合会（Women's Christian Temperance Union）。19世纪80年代，禁酒已经成为美国中西部和其他大多数地方最主要的政治热点。①

三、中西部的虔敬派与礼仪派之争

对于虔敬派和礼仪派的分析主要是针对中西部诸州，克莱普纳正是在那里进行了自己开拓性的研究。他的研究主要是集中在3个州，即密歇根州、俄亥俄州和威斯康星州。共和党从19世纪60年代开始在中西部遥遥领先，在总统选举中获得了约55％的选票，而民主党只争取到44％的选票。但1874年之后，共和党未能再获得明显的优势。1876年到1888年期间，共和党获得的选票在49％和52％之间起伏，然后在1892年跌至47％。在密歇根州、俄亥俄州和威斯康星州，共和党的选票在1874年跌至50％以下，此后再未能赢得超过50％的选票。但民主党未能把共和党失去的选票都抓到自己手里。在1884年到1892年的总统竞选中，民主党在中西部得到的选票维持在45％至47％之间，波动很小。由此可见，不存在选民为了

① （编者注）Jensen, *The Winning of the Midwest*, pp. 68 - 70.

支持民主党大规模抛弃共和党的现象。实际上，其中主要是两股力量在发挥作用：一是共和党选民投奔了第三党，尤其是禁酒党；二是选民人口的改变，共和党优势地区人口占总人口比例缩小，而民主党优势地区人口占总人口比例增加。[①]

克莱普纳指出，中西部这种势均力敌的斗争并非是城市和乡村之争，虽然历史学家喜欢用城市和乡村之争解释两党的冲突。例如，在中西部的所有城市地区，两党的选票数极为接近。1888 年，在密歇根州的 14 座大城市内，民主党平均得到 48%的选票，而共和党也平均得到 48%的选票。在俄亥俄州的 22 座大城市里，两党分别平均得到 48%和 49%的选票。在威斯康星州的 9 座大城市里，民主党平均得到 46%的选票，而共和党得到了 45%的选票。这种情况被称为势均力敌再合适不过。此外，自 1876 年的总统大选起，两党争取到的选票比例基本没有太多变化。

在城市选区内，各阶层之间的投票情况也没有什么差异。1888 年，民主党得票率和选区内工人阶层所占百分比之间的关联度相当低，相关系数仅为 0.035，几乎接近于零。在底特律，一个富人选区把 46%的选票投给了民主党，另一个富人选区则把 56%的选票投给了共和党。另一方面，一个非常贫穷的选区把 70%的选票投给了民主党，但另一家更贫困的选区只把 47%的选票投给了民主党。如果我们再分析选区内的宗教信仰构成，那么各党的选民结构就变得明显。在民主党占优势的选区，大部分是罗马天主教信徒，而且主要是波兰移民。在另一个主要由工人阶层组成的选区，大部分选民是本土新教信徒，他们投给民主党的票很少。

同样，在密尔沃基市，1888 年，最富有的 4 个选区把 40%的选票投给了民主党，最贫穷的五个选区把 37%的选票投给了民主党。该市所有选区中，主要由工人阶层组成的、最贫穷的那个选区大力支持民主党（68%）。但另一个主要由工人阶层组成的贫穷选区也是最不支持民主党的选区（13%）。原因在于前者主要是波兰天主教移民，而后者主要是波兰新教移民。

---

① （编者注）Kleppner，*The Cross of Culture*，pp. 8 - 9.

同年，在芝加哥，天主教信徒所占比例和民主党支持者所占比例之间的关联相当大，相关系数达到 0.90。而且不管是在上层社会选区还是下层社会选区，这种相关性都是存在的。下层社会选区的相关系数为 0.88，而上层社会选区的相关系数为 0.90。

正统历史学家声称，在这段时期，农民绝大部分支持共和党。实际上，差别并没有那么大。1888 年，在俄亥俄州，两党势均力敌(共和党为 49%，民主党为 48%)。此外，两党的选票数和农村地区的繁荣程度之间并没有明显的关联性。事实上，在同一个农业县内，处于同样经济水平的多个城镇通常有着截然不同的党派属性。职业和党派属性之间也没有明显的关系。是本土美国人还是移民，这似乎也不影响党派属性。移民并没有形成一个大整体，他们的投票模式千差万别。不管是在农村地区还是在城市地区，关键在于族裔-宗教因素。但是，多数历史学家并未像考虑经济因素那样认真考虑族裔-宗教因素的关键影响。[①]

让我们根据保罗·克莱普纳的研究列举出族裔-宗教团体，分析一下他们的投票记录。[②] 卡尔·舒尔茨(Carl Schurz)是德国移民，也是重要的自由共和党人。他的名气促使历史学家认为德国移民主要都是共和党人。[③] 但舒尔茨这位自由主义者反对教会干预政治，只为自己所在的那个著名反圣职者小群体代言。多数德国移民是忠实的天主教信徒或路德宗信徒，反对反圣职者。多数德国移民都支持民主党，反对共和党。[④] 19 世纪 80 年代，中西部大概有 150 万德裔新教信徒，以及 150 万德裔天主教信徒。德裔天

---

① (编者注)出处同前，pp. 19 - 34。

② (编者注)出处同前，pp. 36 - 69。

③ (编者注)在南北战争之后，激进共和党人主要分为两派。第一派的领导人是查尔斯·萨姆纳(Charles Sumner)，他们支持自由贸易和铸币支付。第二派由撒迪厄斯·史蒂文斯(Thaddeus Stevens)领导，支持高关税和林肯绿钞。萨姆纳派系在两派斗争中失利，最终变成自由共和党人。除了自由贸易和铸币支付之外，自由共和党人还支持停止南方重建，尤其是支持实施行政部门改革。这主要是源于他们的扬基后千禧年派背景。他们后来被称为“共和党独立派”，或者东北独立选民，支持自由市场政策和行政部门改革。参见 Rothbard，“Bureaucracy and the Civil Service in the United States”，pp. 42 - 43，55 - 56，71 - 72。

④ 在为家乡的共和党人竞选宣传造势时，就算是著名的舒尔茨也会被其德裔美国同乡扔臭鸡蛋，骂为“混账共和党人”。William F. Whyte，“Chronicles of Early Watertown”，*Wisconsin Magazine of History* 4(1920 - 21)：288 - 290. 引自 Kleppner，*Cross of Culture*，p. 38。

主教信徒绝大多数支持民主党，不管他们是在中西部各州的农村，还是城市，不管他们处于何种经济层次，也不管他们从事何种职业。从 1876 年到 1888 年，每个德国移民天主教教区都把选票投给了民主党。

100 万德裔路德宗信徒分成了多个群体，从保守的极端礼仪派到几近虔敬派都有。支持民主党的程度与群体信奉礼仪主义的程度成正比。最信奉礼仪主义的是威斯康辛路德会，绝大多数选票都流向了民主党。第二位的是密苏里路德会，流向民主党的选票相对而言要少一些。

影响选票的第二个因素是选民最初源自德国的哪个省份。不同省份的路德宗信徒信奉虔敬主义和礼仪主义的程度各异。虔敬派在德国南部和西部势力最大，尤其是在符腾堡。虔敬派在德国北部和东部势力最弱，尤其是在波美拉尼亚。因此原波美拉尼亚人是民主党最有力的支持者，而原符腾堡人对民主党的支持最弱。① 最支持礼仪派的群体被称为“老路德宗信徒”，他们在 1839 年至 1845 年期间从波美拉尼亚移民来到美国。他们之所以移居美国，是因为普鲁士君主试图强迫路德宗信徒融入归正会。老路德宗信徒因此强烈反对虔敬派和福音派，他们所在的城镇更加支持民主党。

但是，即使是老路德宗信徒也因为他们对礼仪主义的信奉程度而产生了分裂。因此，老路德宗信徒中极端信奉礼仪主义的人加入了威斯康星路德会，对宗教礼仪注重程度较低的人则加入了保守但不那么严格的密苏里路德会。正如我们所预设的，就德裔路德宗信徒的聚居地而言，最支持民主党的是威斯康星路德会老路德宗信徒比较集中的地区。以威斯康星老路德宗信徒比较集中的两个小镇为例。道奇县黎巴嫩镇（Lebanon，Dodge County）的居民主要是威斯康星路德会的成员，在 1870 年至 1888 年之间至少有 90％的人支持民主党。此外，奥佐基县梅库恩镇（Mequon，Ozaukee County）主要是密苏里路德会的成员，同期支持民主党的选民平均占 75％。

另一方面，让我们看看不是“老路德宗信徒”的原波美拉尼亚人。相比老路德宗信徒，这些波美拉尼亚人对民主党的支持没有那么强。但在这个

① 民主党选票数量的排列顺序也正是礼仪主义信仰程度的排名顺序。这些省份按对民主党的支持程度从高到低排列分别为波美拉尼亚、汉诺威、梅克伦堡、奥尔登堡、巴拉汀和符腾堡。

群体内，威斯康星路德会成员也比密苏里路德会成员更支持民主党。在威斯康星州的马拉松县柏林镇（Berlin，Marathon County），居民主要是威斯康星路德会的原波美拉尼亚人（非老路德宗信徒），他们在1880年把76％的选票投给了民主党。得克萨斯镇（主要是密苏里路德会的原波美拉尼亚人）在那一年仅把47％的选票投给了民主党。

除去威斯康星路德会，密苏里路德会又比其他德裔路德宗团体更信奉礼仪主义。密歇根州普雷斯克艾尔县（Presque Isle County）的两个原波美拉尼亚人群体（非老路德宗信徒）之间形成了明显的对比。该县莫尔特克镇的选民主要是密苏里路德会的原波美拉尼亚人，他们在1888年把59％的选票投给了民主党。另一边，俾斯麦镇（Bismark）的居民主要是虔敬派大会（General Council）的原波美拉尼亚人，同年只把8％的选票投给了民主党。

相比原波美拉尼亚人，原梅克伦堡人对礼仪主义的信仰和对民主党的支持都相对较弱。但是，威斯康星路德会成员相比密苏里路德会和其他路德会更支持民主党。因此，威斯康星州奥特加米县格林维尔镇（Greenville，Outagamie County）居民主要是威斯康星路德会的原梅克伦堡人，他们把59％的选票投给了民主党。希博伊根县普利茅斯镇（Plymouth，Sheboygan County）的居民主要是密苏里路德会的原梅克伦堡人，只把36％的票投给了民主党。但是，在威斯康星州马凯特县（Marquette County），既有原波美拉尼亚人，也有原梅克伦堡人。其梅加镇（Mecan）的居民主要是威斯康辛路德会的成员，把72％的选票投给了民主党；其水晶湖镇（Crystal Lake）的居民主要是密苏里路德会的成员，只把46％的票投给了民主党。

第三个影响投票模式的因素是反冲效应，即在一些城镇或选区里，相互敌对的宗教团体生活在同一个地方，彼此之间的摩擦和敌对情绪会更强烈。在一些城镇，德裔路德宗信徒（甚至是相当信奉礼仪主义的信徒）不得不和他们的夙敌、极端礼仪派的天主教信徒打交道。这些路德宗信徒一般会把更多选票投给共和党。威斯康星州马尼托瓦克县（Manitowoc County）的两个镇是一个很好的例子。密施科特镇（Mishicott）的居民主要是威斯康辛路德会的德国移民，1880年的选举中87％的选票流向了民主党。但在马尼托瓦克镇（Manitowoc），既有威斯康辛路德会德国移民，也有天主教德国移民。

路德宗信徒因此把选票全部投给了共和党，导致民主党的得票率只有33%。

宗派主义德国移民从本质来说是福音派和虔敬派，他们是禁酒令和宁安息日的倡导者，也是共和党的支持者。福音派德国移民把大部分选票投给了共和党，协基会和美以美会德国移民也是如此。另一方面，尽管归正会德国移民是虔敬派，但因为厌恶更为极端的福音派德国移民，所以适度地把选票投给了民主党，不过在很长一段时间里情况波动较大。总体而言，如果邻居是更信奉礼仪主义的德国移民，宗派主义德国移民会因为反冲效应把更多选票投给共和党。如果附近没有其他德国移民宗教团体，他们愿意更均衡地投一些选票给民主党。

不论移民时间长短，斯堪的纳维亚移民都是民主党的强烈反对者。[①] 他们之中包括挪威路德宗移民。民主党在挪威路德宗移民中的得票率在0到38%之间，而且多数地方的波动范围是0%—8%，甚至在挪威路德会移民中的情况也是如此，为什么会这样？其根源在于挪威的近代史。挪威路德宗是国教，是强制性的、正规化的礼仪派。18、19世纪之交时，挪威出现了抵触性的虔敬主义运动，领导人是汉斯·尼尔森·豪格（Hans Nielsen Hauge）。豪格是宗教奋兴者，也是福音派。尽管豪格派在挪威国教会发起了运动，但他们从未脱离官方教会。此外，因为挪威教会的神职人员在总人口中所占比例很低，所以挪威国内出现了很多由豪格派平信徒主持的宗教仪式。19世纪40年代和50年代，由吉斯勒·约翰逊（Gisle Johnson）领导的约翰逊觉醒运动在挪威国教会逐渐发展，带来了影响颇大的轻虔敬主义运动。信奉虔敬主义的约翰逊派神职人员乐于同更极端的虔敬派豪格平信徒合作，对国教会进行改革。于是，挪威路德会彻底地虔敬化，或者说福音化。

之后，在美国，埃林·埃尔森（Elling Eielsen）领导的豪格派脱离了挪威路德会，成立了自己的宗派。挪威路德宗移民的两个派系都属于忠实的虔

---

① 相比共和党人所占的比例，民主党人或反民主党人所占的比例更容易计算，因为禁酒党这些第三党是极端虔敬派，所以应该算入共和党人这边，属于反民主党的选票。

敬派，所以也强烈反对民主党。民主党在挪威路德会移民的得票率在0%到38%之间，而更极端的豪格派移民通常只有5%的选票投给民主党。两个派系都强烈反对酒精，支持通过严格的法律要求大家遵守安息日的规定。

相比挪威路德宗移民，瑞典路德宗移民更倾向共和党。民主党在他们中的得票率在0到28%之间波动。不管是神职人员还是平信徒，礼仪派教会中的瑞典移民都反对虔敬派。从挪威移民和瑞典移民的例子可以清楚看出，民主党阵营和共和党阵营之间的区别并不等同于“本土”和“移民”之间的区别。例如，与天主教移民不同，虔敬派斯堪的纳维亚移民很快就加入共和党的阵营。即使挪威路德会移民有自己的教会学校，但对他们来说，饮酒和“亵渎”安息日这些虔敬派关注的问题更为重要。

来自英格兰、康沃尔和威尔士等的英裔美国人都是虔敬派，坚决支持共和党，反对民主党。在盖尔语英国移民群体里，威尔士卫理公会移民是激进的虔敬派，比康沃尔卫理公会移民更强烈地反对民主党。在威斯康星州爱荷华县(Iowa County)，道奇镇(Dodgeville)和矿点镇(Mineral Point)的居民主要是康沃尔卫理公会移民，他们在1880年分别把34%和44%的选票投给了民主党；林登镇(Linden)和米夫林镇(Mifflin)的居民主要是威尔士卫理公会移民，民主党在这两个镇分别只得到了25%和24%的选票。在威斯康星州哥伦比亚县(Columbia County)，榛绿镇(Hazel Green)的居民主要是康沃尔卫理公会移民，他们把47%的选票投给了民主党；旁边的考特兰镇(Courtland)居民主要由威尔士卫理公会移民组成，民主党的得票率只有18%。但是，在密歇根州，康沃尔卫理公会移民投给民主党的选票比他们在威斯康星的会友少20%，原因在于密歇根州的原康沃尔人常常与爱尔兰天主教移民爆发争斗，后者大部分是民主党人。显然，反冲效应又在其中发挥作用。

城镇选票的分布主要与宗教信仰有关，俄亥俄州文顿县威尔克斯镇(Wilkesville, Vinton County)是一个很好的例子。1880年，威尔克斯镇的51%选票投给了民主党。这个数字看起来接近平均，却掩盖了背后的一个真相，即这个镇里的两个选区分裂严重。这两个选区都是相当贫穷的农村地区。东部选区把21%的选票投给了民主党，西部选区则把72%的选票投给了民主党。之所以有这么大的差距，是因为东部选区的居民主要是英格兰和威尔士卫理公会移民，而西部选区主要是爱尔兰天主教移民。

就爱尔兰移民而言，不管是农村地区，还是城市地区，天主教信徒都强烈支持民主党，而新教信徒都是虔敬派，强烈支持共和党。原加拿大人中，英格兰新教移民强烈支持共和党，法国天主教移民则强烈支持民主党。在同样的职业群体内，族裔-宗教因素也在发挥着影响。密歇根州巴拉加县巴拉加镇（Baraga, Baraga County）和齐佩瓦县索特斯德玛丽镇（Saulte Ste. Marie, Chippewa County）都是伐木区，法裔原加拿大人强烈支持民主党（1876 年两镇投给民主党的选票分别为 78%和 67%）。齐佩瓦县的皮克福德镇（Pickford）也是伐木区，但这里的英格兰裔原加拿大人在 1888 年强烈支持共和党（只有 36%的选票流向了民主党）。斯库克拉夫特县海华沙镇（Hiawatha, Schoolcraft County）也是伐木区，居民主要是英格兰裔原加拿大人，在 1876 年只把 22%的选票投给了民主党。

在荷兰移民之中，正如我们预想的，天主教信徒强烈支持民主党，1876 年部分选区流向民主党的选票达到 94%。归正会信徒则强烈反对民主党，给民主党的选票只有 19%。密歇根州荷兰归正会的加尔文主义倾向比通常认为的要低。因为 19 世纪 30 年代时，在吉斯伯特斯·沃修斯（Gijsbertus Voetius）的领导下，信奉虔敬主义的“新教义派”脱离了荷兰的归正会。沃修斯强调虔敬主义和清教徒行为，反对正统的教条。1846 年，在阿尔贝图斯·克里斯蒂安·范拉尔特（Albertus Christiaan Van Raalte）的带领下，一群沃修斯信徒从荷兰移民到密歇根州西部。19 世纪 50 年代，一群更传统的加尔文派信徒脱离了范拉尔特的荷兰归正会，成立了“基督教”或者说“真”归正会。尽管密歇根州的这两个荷兰归正会群体都反对民主党，但范拉尔特派对民主党的敌意更深。渥太华县（Ottawa County）是荷兰新教移民的大本营。1876 年，该县荷兰归正会移民占多数的乔治镇（Georgetown）和泽兰镇（Zeeland）只有 38%和 33%的选票流向了民主党。该县的布朗敦镇（Blendon）和奥利弗镇（Oliver）拥有更多的荷兰基督归正会移民，同年把 46%的选票投给了民主党。

当时为在美国出生的第二代及以上世代被归为“本土人”。从新英格兰地区或近大西洋中部各州移居而来的本土人，倾向于投票支持共和党，但支持率波动较大。其决定因素并非经济地位或最初来自哪个州，而是他们对虔敬主义的信奉程度。从南部移居过来的有所不同，他们一般会继续支持自己所在群体效忠的政党，把选票投给民主党。美南长老会对民主党的支持程度不及美南浸信会和基督门徒会那般强，因此也不太纠结于过去的争斗。在这些本土人宗教群体中，信奉虔敬主义的纽约卫理公会、公理会和自由意志浸信会信徒强烈趋向于成为共和党人。虔敬主义信奉程度更低、更信奉理性主义的长老会信徒也趋向于成为共和党人，但程度不及前面几个群体。长老会信徒对共和党的支持程度略低，这充分体现了长老会中“保守派”和“联合派”（两个都是礼仪派）同“新派”（虔敬派）之间的分裂。两翼在1869年重新联合，但根本性的差异依然存在。纽约浸信会的分裂程度更甚——再次反映了浸信会内部因为对虔敬主义和礼仪主义信仰程度不同而造成的分裂。自由意志浸信会这个小群体是极端虔敬派（见表4-1）。另一方面，原初浸信会信仰极端加尔文主义，所以是礼仪派。常规浸信会这个群体规模大，本身是四分五裂的，多数地方教会是虔敬派，而诸如里程碑派等是礼仪派。虔敬派的贵格会信徒强烈支持共和党人，但他们也是分裂的。密歇根州卡斯县佩恩镇（Penn，Cass County）来自宾夕法尼亚州的贵格会信徒在1876年把41%的选票投给了民主党；从宾夕法尼亚州移居北卡罗来纳州的贵格会信徒曾热忱加入反对奴隶制的战争，后来向西移居卡斯县卡尔文镇（Calvin），这些居民只把17%的选票投给了民主党。

天主教群体都支持民主党，但对民主党的支持程度有高有低。在天主教信徒中，波兰移民和爱尔兰移民一般强烈支持民主党，排在后面的是德国移民、荷兰移民和波西米亚移民，再后面是法裔阿卡迪亚移民和原“古法国”人。非天主教信徒的波西米亚移民则倾向于把选票投给共和党。

保罗·克莱普纳对民主党在各宗教群体中的得票率进行了计算和排列，以更好地进行总结。他把这些群体分为“本土人”（当时为在美国出生的第二代及以上世代）和“移民”（当时的移民及其在美国出生的第一代）。

表 4-1 民主党得票率

“移民”宗教群体	得票率	“本土人”宗教群体	得票率
爱尔兰天主教信徒	95%	美南浸信会信徒	60%
波兰天主教信徒	95%	美南长老会信徒	55%
德国天主教信徒	85%	纽约浸信会信徒	45%
荷兰天主教信徒	85%	长老会信徒	30%
波西米亚天主教信徒	80%	贵格会信徒	15%
法裔加拿大人	75%	公理会信徒	10%
“古法国”人	70%	纽约卫理公会信徒	10%
德国路德会信徒	55%	自由意志浸信会信徒	5%
德国归正会信徒	55%		
丹麦路德会信徒	45%		
荷兰基督归正会信徒	45%		
德国宗派主义者	35%		
荷兰归正会信徒	30%		
挪威路德会信徒	30%		
康沃尔卫理公会信徒	25%		
英裔加拿大人	15%		
瑞典路德会信徒	10%		
爱尔兰新教信徒	5%		
威尔士卫理公会信徒	5%		
挪威豪格派信徒	5%		

资料来源：Paul Kleppner, *The Cross of Culture: A Social Analysis of Midwestern Politics, 1850-1900* (New York: The Free Press, 1970), p. 70.

在对中西部人口按照族裔-宗教进行分类之后，我们现在可以开始分析该地区19世纪80年代末期到90年代初期的重要政治问题，并进一步了解1896年的总统选举情况。

四、改革和禁酒令的推动因素[①]

我们此前指出，在19世纪50年代，虔敬派成功地在12个州取缔了酒精饮料。伊利诺伊州、俄亥俄州、密歇根州、爱荷华州和印第安纳州等中西部主要的几个州也加入了这场运动，明尼苏达地区也同样禁止了烈酒。南北战争之后，禁酒运动重新抬头。19世纪80年代初，禁酒主义者试图通过宪法修正案，在中西部诸州取缔烈酒。此外，他们还在无数县、市和城镇力争立法取缔酒吧。19世纪80年代，在美国多数地方，禁酒是中西部最核心的议题。

正如我们此前所说，绝大多数天主教信徒反对禁酒。但是，在天主教会和爱尔兰裔美国神职人员中出现了准虔敬主义运动，类似于法国詹森主义（French Jansenism）。自18世纪起，法国詹森主义渗透了法国教会，并且深深影响了在法国学习的爱尔兰神学校学生。在圣保罗市总主教约翰·艾尔兰（John Ireland）的领导下，这场虔敬主义运动强调要热情地传播福音，遵守严格的个人道德行为标准。艾尔兰总主教并不支持完全取缔酒精饮料，而是采取了准禁酒主义者的立场。他领导了一场天主教禁酒运动，对酒吧加以谴责，推动地方的禁酒选择权和向酒吧收取高昂许可费。事实上，艾尔兰总主教本人是反酒吧联盟（Anti-Saloon League）的创始人，该联盟率先发起了完全禁酒运动。艾尔兰总主教的准禁酒主义立场得到了其他主教的支持，其中包括巴尔的摩市的枢机主教詹姆斯·吉本斯（James Cardinal Gibbons）、皮奥瑞亚市（Peoria）的主教约翰·斯波尔丁（John Spalding）、迪比克市（Dubuque）的主教约翰·基恩（John Keane）。他也在保罗传道会找到了众多拥护者。新詹森主义信徒成立了天主教彻底禁酒联合会，组织天主教静修会。这些静修会类似于虔敬派新教信徒的布道会。考虑到艾尔兰总主教的这些信仰，也就很容易理解他没有把全部心思放在天主教教区学校

---

① （编者注）更多关于禁酒和虔敬主义的内容（包括第一次世界大战之前的情况），参见本书第十三章。关于美国禁酒运动的基本历史，参见 Mark Thornton, “The Fall and Rise of Puritanical Policy in America”, *Journal of Libertarian Studies* 12 (Spring 1996): 146－157。

上，且他本人是共和党热心的成员和拥护者。

这个虔敬主义神职人员小团体对禁酒态度温和，但对爱尔兰裔天主教众影响甚微，更不用说其他族裔的天主教选民。事实上，德裔和波兰裔都厌恶他们眼中的美国教会里的爱尔兰霸权。德裔还敌视艾尔兰大主教本人、詹森主义趋势，以及美国教会对宗教仪式的不够重视。他们抨击艾尔兰总主教是“清教徒”共和党，醉心于天主教会的“新教化”。

圣公会强烈反对禁酒主义，尤其是其高教会派。高教会派在美国中西部是主流派系。在圣公会之中，禁酒主义者属于少数派，来自低教会派，不太信奉礼仪主义。威斯康星州丰迪拉克市(Fond du lac)的主教查尔斯·格拉夫顿(Charles C. Grafton)的话，充分体现了圣公会对禁酒令的看法。他宣称清教主义为了降低酗酒的诱惑，

> 采用了武力、法律或禁令的手段。这是用司法手段处理道德问题。教会更应该是寻求道德约束的帮助，以及优雅举止的帮助……肉体上的罪行会带来巨大的邪恶，通常也正是这种邪恶带来的耻辱让人悔改……另一方面，骄傲、自负这种精神上的罪过……更为致命，因为它是未知的，更为持久……①

所以，不难理解，圣公会高教会派主要是民主党人，而低教会派的成员一般支持共和党。

在长老会中，更教条的加尔文派信徒一般都反对禁酒，支持适度饮酒。纽约市支持饮酒的领导者、长老会牧师霍华德·克罗斯比(Rev. Howard Crosby)就是一个好例子。美国的加尔文派神学家、普林斯顿大学(Princeton University)的查尔斯·霍奇(Charles Hodge)支持在长老会教堂更多采用礼拜仪式，同时坚决反对禁酒。

两位主要的长老会平信徒对宗教和政治的态度充分体现了教会内存在的分歧。这两位平信徒在美国总统选举中曾经对决两次。格罗弗·克利夫

---

① Jensen, *The Winning of the Midwest*, p. 78.

兰来自布法罗市，是一位杰出的长老会加尔文派律师，其父亲是加尔文派神职人员。他是民主党的领导人之一，反对禁酒，讲究吃喝。印第安纳州古板的虔敬派本杰明·哈里森（Benjamin Harrison）则支持禁酒，是共和党的领导人之一。

对于德裔路德宗信徒而言，保守的礼仪派密苏里路德会是支持适度饮酒的群体。他们代表众多礼仪派发言，谴责禁酒令"直接破坏基督教道德的精神、方法和目的"。对于禁酒主义者而言，"他们不是依靠神灵……而是将其信任托付给不可靠的立法者……以及要花招和玩背叛的政客"。①

族裔-宗教人口因素的变化深深影响了对禁酒的态度，因此对中西部的整体议题来说是至关重要的。

---

① From the *Lutheran Witness* (February 7, 1889). 引自 Jensen, *The Winning of the Midwest*, p. 83.（编者附注）参见出处同前，pp. 69－83。

第五章

民主党 1892 年的胜利

一、民主党的成功之路

1892 年是伟大的一年，民主党在当年重获成功。这是自南北战争以来民主党首次赢得总统大选并控制了参议两院。普选中 3%的差距（民主党 46%，共和党 43%，少数党派 11%）是自民主党总统候选人塞缪尔·蒂尔登 1876 年在普选中赢得大胜之后最大的选票差距。在中西部，共和党在 1888 年曾经通吃 6 个州（俄亥俄州、密歇根州、威斯康星州、伊利诺伊州、印第安纳州和爱荷华州）。现在，民主党赢得了 3 个州（伊利诺伊州、印第安纳州和威斯康星州），而且在俄亥俄州与共和党不分上下。

但是，民主党命运的巨大转变发生在 2 年前，也就是 1890 年的国会选举。在 1890 年前，众议院内 51.1%为共和党人。1890 年之后，民主党人所占比例超过了 71%。民主党控制了几乎每个大型州。从中西部各州的选举情况来看，民主党在众议院的巅峰出现在 1890 年，1892 年开始下滑。换而言之，1888 年的中西部是共和党的大本营，在 6 个州中（伊利诺伊州、印第安纳州、俄亥俄州、爱荷华州、密歇根州和威斯康星州），6 个州长和 5 个国会代表团中的大多数人都是共和党人。只有印第安纳州立场摇摆。但 1889 年至 1890 年，情况发生了惊人的逆转。几乎所有州长和所有国会代表都是民主党人。

其中一个原因是，在这段时期共和党的运势逐渐变差，虽然幅度不大，但稳定下降；民主党的地位则得到了改善。这种此消彼长并不是源于城市和农村地区的选民发生了转变。中西部城市选民所占比例的确在1870年到1890年期间有所上升，但共和党运势的逐渐变差同时发生在城市和农村地区。正如我们此前所指出的，这种运势改变的关键在于族裔-宗教因素的影响。我们将从下文中看到，核心是烈性酒问题，虔敬派和礼仪派对该问题持有截然不同的观点。①

例如，在密歇根州、俄亥俄州和威斯康星州，在20年的时间里，选民中浸信会和卫理公会信徒所占比例显著下滑；而天主教信徒和路德宗信徒所占的比例明显增加，特别是，在路德宗信徒中，德裔的比例增长最快。到1890年，天主教成为该地区最大的宗教团体。部分原因在于天主教信徒（包括爱尔兰裔和德裔）的出生率更高。更重要的原因是，19世纪70年代和80年代出现了移民潮，爱尔兰和德国的天主教信徒、路德宗信徒是其中的主力。这些移民和其他天主教移民（例如波兰人和波西米亚人）的数量大幅超过了斯堪的纳维亚路德宗移民数量。

在19世纪50年代成立之时，共和党把重心放在反对奴隶制的扩张上，因此被视为一个注重道德的政党。由此，该政党吸引了其他斗士团体，包括禁酒主义者、严守星期日为安息日的人、德裔反圣职者，以及希望减少或取消外国移民的无知党。② 简而言之，这是政治虔敬主义。在北方，共和党吸引了卫理公会、长老会的信徒以及挪威路德宗和德国归正会的移民。另一方面，民主党是信奉自由放任主义的传统政党，吸引了天主教和德国路德宗的移民。

南北战争之后，见多识广的政客发现，德裔路德宗信徒在选举中立场摇摆，而其他宗教团体坚定地支持某一政党。1872年，民主党不切实际地选择了纽约市共和党改革家、禁酒主义者霍勒斯·格里利（Horace Greeley）作为总统候选人，他是虔敬派斗士的缩影。这场错误导致民主党彻底被德裔路德宗信徒疏远，并最终遭遇惨败。③ 民主党的复兴也因此推后了4年。

---

① （编者注）Kleppner, *Cross of Culture*, pp. 130 - 136.

② （编者注）美国的无知党是19世纪50年代反对移民、反对天主教的政党。

③ （编者注）霍勒斯·格里利也支持保护性关税，遭到民主党传统成员的厌恶。因此一群更传统的自由主义成员（后称为波旁民主党）提名查尔斯·奥康纳（Charles O'Conor）代表坦诚民主党（Straight-Out Democrat）参加1872年的总统选举，但是查尔斯·奥康纳并没有正式接受该提名。参见 Rothbard, "Bureaucracy and the Civil Service in the United States", pp. 58 - 59。

1872 年，俄亥俄州和威斯康星州被共和党攻占，但该党很快就失去了自己的胜利成果。在这两个州，迫于妇女祷告改革运动（Women's Prayer Crusade）反对酒精的压力，共和党颁布了禁酒法令。德裔路德宗信徒痛恨禁酒，所以他们反应强烈，共和党次年因此在这两个州竞选失败（共和党在威斯康星州的得票率从 55%跌至次年的 45%，在俄亥俄州的得票率则从 53%跌至 48%）。

于是，共和党的政客开始疏远他们的大部分选民，以求赢得德裔路德宗信徒那些摇摆不定的选票。但其中也蕴含风险，因为他们中的好斗分子可能被激怒，脱离共和党，或者转投少数党。为了争取德裔路德宗信徒，他们贬低禁酒令和周日蓝法，同时强调反天主教和反对用税收基金为天主教教会学校提供扶持。通过狠狠攻击天主教对公立学校的"威胁"，以及在谴责烈酒的同时反对政府强制要求禁酒，未来的总统拉瑟福德·伯查德·海斯在 1875 年赢得了俄亥俄州的州长选举①。同样，1875 年的威斯康星州州长共和党候选人哈里森·卢丁顿（Harrison Luddington）也大声谴责天主教，反对为天主教教会学校提供公共资金。身为密尔沃基市的市长，他因为拒绝实施该市的禁酒法律而受到德裔路德宗信徒的热捧。

共和党影响力在这几十年里逐步下滑的另一个原因，是其领导人对禁酒令和安息日法律的态度比较温和，因而导致极端虔敬派共和党人不断地被疏远。我们看到，共和党在 19 世纪 70 年代和 80 年代的影响力下滑幅度要比民主党的上升幅度大，这中间的空位在于一些共和党人脱离共和党，去往第三党，如 19 世纪 70 年代的绿钞党（Greenbackers）和后来的禁酒党。不算南部的话，中西部的绿钞党（支持会引起通货膨胀的纸币）都是前共和党人。从多个方面来说，他们算是虔敬派，包括卫理公会、浸信会，以及挪威裔和瑞典裔的路德宗信徒。在他们中间，几乎没有天主教信徒或德裔路德宗

---

① （编者注）海斯来自上文提到的、支持改革派的共和党群体，而且他坚定地支持硬通货，这进一步帮助他赢得了德裔选民。来自民主党的竞争对手威廉·艾伦（William Allen）州长则支持软通货政策。参见出处同前，p. 62。

信徒。[①]

19世纪80年代，禁酒党的选民大部分都是共和党的“叛徒”，其中包括斯堪的纳维亚裔路德宗信徒，但最主要的是卫理公会信徒、本土美国人、威尔士裔和康沃尔裔。

尽管有这些脱党行为，但看到选民中德裔路德宗信徒的快速增加，共和党领导人继续坚持在禁酒和严守安息日等方面采取温和态度。在俄亥俄州，共和党在约翰·谢尔曼(John Sherman)和威廉·麦金利的温和政策与约瑟夫·弗勒克(Joseph Foraker)尖锐的禁酒主义之间左右为难。19世纪80年代，局势逐渐变得明朗。弗勒克对禁酒的态度变得温和，并且收敛了自己谴责天主教破坏公立学校的虔敬主义，最终赢得州长竞选。在底特律，共和党商人在1884年组织了密歇根俱乐部(Michigan Club)，并主宰了该市的共和党政坛。密歇根俱乐部完全摆脱了老派虔敬主义，试图吸引德国路德宗移民。因此，1890年，共和党提名了一位来自城市并支持饮酒的候选人竞选密歇根的州长，而民主党则不幸地提名了一位信奉老派虔敬主义、支持禁酒的候选人。

那么，出现了一个问题：为什么好运在1890年转向民主党呢？在俄亥俄州和威斯康星州，原因在于大量德裔路德宗信徒从支持共和党改为支持民主党，导致格罗弗·克利夫兰赢得了整个威斯康星州。密歇根州是一个特别的例子。在密歇根州，下半岛本土的新教信徒在1890年转向民主党，与此同时，天主教信徒强化了他们在上半岛对民主党的支持。民主党提名了一位虔敬派禁酒人士竞选州长，这个非同寻常的提名吸引了本土新教信徒。但是，两年后，民主党退回他们传统的提名模式。随着民主党返回此前的路线，本土虔敬派也转回了共和党阵营。[②]

正统历史学家认为，民主党的运势在1890年大幅提升，是源于那一年的麦金利关税法。但是，在俄亥俄州，民主党的运势改变发生在麦金利关税

---

① (编者注)克莱普纳认为，很多虔敬派领导人事实上攻击绿钞党，这相当于默认该套理论在美国虔敬派民众中有着很大的吸引力。参见 Kleppner, *The Third Electoral System*, p. 293。

② (编者注)Kleppner, *The Cross of Culture*, pp. 95 – 143.

法颁布之前，即1889年。而且，这种说法没有解释为什么德裔路德宗信徒突然极度反感保护性关税。两大党派之间的运势转变也不能归因为人民党在1892年的崛起。总的来说，人民党吸引的民主党人数和共和党人数基本相当，他们吸引到的禁酒主义者远远超出吸引到的这两大党派成员。人民党支持通货膨胀，也强烈支持中央集权主义，从根本上是一个由本土、英裔、挪威裔和瑞典裔虔敬派组成的农民政党。作为农村地区的虔敬派政党，其选民大部分曾经是禁酒主义者，这并不令人感到奇怪。

为了解释民主党在1890年的大崛起，我们必须分析各重要州的情况。正如我们所见，俄亥俄州在1889年转为大力支持民主党，主要是源于德裔路德宗信徒的选票流向发生了改变。这种转变的原因也相当明显，即禁酒主义热潮。

因为辛辛那提市德裔在选举中的优势，俄亥俄州从未倾向于禁酒主义者。共和党内主张禁酒的成员在1883年提交了一份宪法修正案，要求禁止烈酒，但投票结果否决了这份提案。在未能获得全面胜利之后，禁酒主义者决定退而求其次，即制订严格的许可法律，尤其是针对酒吧。1885年，俄亥俄州议会决定针对烈酒征取高昂的税收，然后在1888年又提高了该税收，并且在周日禁止销售酒精饮料。俄亥俄州的官员聪明地未在德裔地区实施该法令。因此在次年，辛辛那提治安协会（Cincinnati Law and Order Association，当地人称他们是"福音派杀手"）提交请愿书，请州长弗勒克颁布法律禁止在周日销售酒精饮料。

弗勒克听从了自己此前坚持的禁酒主义信念。他接受了申请，并立即撤销原有的辛辛那提警察委员会，任命新警察委员会实施该法令。这造成了"酒吧业主"反抗活动的爆发。酒吧业主和烈酒销售商成立了公民权利保护联盟（League for the Preservation of Citizen's Rights），以对抗这项法律。300名德裔酒吧业主决定无视该法令，在周日继续营业。治安协会不仅仅出现在辛辛那提，而是在全州涌现。他们支持弗勒克州长的要求，即通过一项宪法修正案，允许州政府控制各市的选举委员会，从而消除"腐败"。

1889年秋季的俄亥俄州州长竞选中，民主党因为担心疏远自己的美南浸信会和基督门徒会支持者，所以对禁酒法三缄其口。但他们的确号召俄亥俄州各市进行地方自治，这也意味着德裔地区可以不实施该法令。公民权利保护联盟号召对州长弗勒克进行声讨，因为后者正在寻求第三任任期。所有这些足以促使大量德裔路德宗信徒加入民主党阵营，于是民主党候选人詹姆斯·坎贝尔（James Campbell）赢得了州长竞选。

在1892年的总统选举中，俄亥俄州民主党和共和党势均力敌，但民主党成功地保留了部分在三年前投靠他们的德裔路德宗信徒。民主党的选票数相比1888年大幅增加。除了那些德裔路德宗信徒的选票，胜因还在于众多共和党虔敬派的脱党行为。当时在俄亥俄州共和党里占主导地位的是麦金利派，他们对禁酒问题的态度比较温和，所以众多共和党人转而加入了禁酒党。看到败局已定，麦金利派放弃了颁布法律在周日关闭酒吧的想法。

俄亥俄州民主党的媒体喉舌是《辛辛那提问讯报》（*Cincinnati Enquirer*）。在1892年的总统选举中，民主党把自己与三年前对禁酒的抗争联系在一起，为民主党的自由主义立场辩论。在这场竞选中，民主党也向坚持贸易保护主义的麦金利关税法和共和党军力法案（Force Bill）发起了攻击。共和党希望借助军力法案作最后一次努力，力争恢复南方重建，并且由联邦监督南方的国会议员选举。民主党把政府在关税问题上的家长作风和在禁酒问题上的家长作风联系在一起。至于军力法案，民主党把该法案与禁酒联系在一起，抨击共和党在这两件事情上都侵犯了地方自治和地方政府，并且试图把权力集中在“共和党狂热分子”手中，压迫个人自由。在这两件事情上，其核心都是强调自由与清教徒式的干预及家长作风对抗。

共和党则提出了一个更温和的论调，攻击叛逃到禁酒党和其他少数党的共和党人是“想法古怪的人”和“瞎闹的禁酒主义者”，尽管这种做法有悖于他们一直以来的“道德党”立场。共和党攻击他人道德的运动非同寻常，这也预示着四年后其政策的巨大转变。

民主党因为德裔变节者的加入大获全胜，地位看似稳如磐石的共和党参议员威廉·麦金利以微弱差距败下阵来。麦金利对于禁酒的态度很快变得温和，并借此在1891年打败坎贝尔州长，抵抗住了民主党攻势。共和党也重新夺得州议会的主导权。麦金利不仅长期采取了对虔敬主义的温和态度，还精明地改变了自己此前支持通货膨胀和银本位的立场。简而言之，他在一定程度上选择了支持“稳健货币”和金本位的立场——该立场此前是与民主党联系在一起的。在同坎贝尔州长的竞争中，这种方法相当奏效，因为坎贝尔州长支持自由铸造银币。俄亥俄州在 1891 年成为共和党取得满意成绩的唯一大州。

1889 年对印第安纳州的共和党来说也是坎坷的一年。在印第安纳州波利斯市，当年秋季，一群富有的共和党人和虔敬派幕僚成立了印第安纳波利斯高许可费联盟（High-License League of Indianapolis），致力于提高酒吧的年许可费。共和党政府相应地将许可费从 100 美元提高到 250 美元。于是，民主党成功地与反对高税负的商人、传统的自由主义者、反对禁酒主义的德裔建立联盟，占领印第安纳波利斯市。[①]

威斯康星州的情况也是一样。民主党在 1890 年夺下整个州，这在很大程度上源于德裔路德宗信徒大批脱离共和党，转投民主党。两年后，民主党吸收了足够多的共和党变节者，赢得了威斯康星州对其总统候选人的支持。

威斯康星州自南北战争起一直属于共和党的阵营，只有两年例外，即 1872 年和 1873 年。当时，在共和党人的推动下，该州颁布了严格的酒吧许可法，导致大量德裔脱离共和党，也促使该州转而支持民主党。在“老板”以利沙·凯斯（Elisha Keyes）和菲利特斯·索耶（Philetus Sawyer）的精明领导下，共和党拒绝再实施该许可法，并借此重新掌权。

但在威斯康星州，关键问题不再是禁酒，而是虔敬派和礼仪派之间的另一项争斗，即教会学校的地位。共和党吸取了多年来的教训，在很多问题上态度变得温和。1889 年，新任的共和党州长威廉·登普斯特·霍尔德（William Dempster Hoard）建议实施已经形同虚设的义务教育法，要求所有学校不管公立私立必须使用英语教学。

1889 年春，威斯康星州议会通过了声名狼藉的《班尼特法》（*Bennett Law*）。该法令（1）要求儿童必须接受义务教育，（2）规定不管私立或公立学校均只能使用英语。这意味着任何德语学校都将变成违法。《班尼特法》不

---

① （编者注）出处同前，pp. 144 - 147，154 - 155；Jensen，*The Winning of the Midwest*，pp. 115 - 118，154 - 157。

仅仅打击了德国移民的天主教教会学校，也打击了路德宗教会的德语学校。威斯康星路德会在该州总共有 164 家教会学校，其中仅有 1/3 只使用英语进行教学。威斯康星路德会公开抨击该法令“是压迫性的、独裁性的”，指责该法令侵犯了“父母权利和家庭生活”。密苏里路德会拥有 146 家德语教会学校，他们抨击该法令违反了“父母的天赋人权”和他们的宗教信仰自由。

12 月底，德裔路德宗信徒成立了一个州委员会与《班尼特法》进行抗争。次年 2 月，密尔沃基市的第 19 次路德宗大会把废除《班尼特法》上升为重大政治议题。威斯康星州的三位天主教主教都是德裔，他们齐声抨击该法令干涉了“教会和父母的权利”。德语媒体则把该法令与本土主义及禁酒主义联系在一起。一些德裔反圣职自由主义者伙同德裔虔敬派团体支持这项专制法律，这更加激发了路德宗信徒和天主教信徒的怒火。

因此，在 1890 年密尔沃基市的市长选举中，民主党人推翻了共和党市长。这场选举发生在坚持贸易保护主义的麦金利关税法得到通过之前。这是 15 年以来民主党在密尔沃基市第一次获得压倒性胜利，原因之一是大量德裔路德宗信徒脱离共和党，投奔民主党。德裔天主教信徒对民主党的进一步支持是原因之二。共和党于 1888 年在密尔沃基市获得 47%的支持，现在这个数字骤跌至 30%。民主党内获得市长提名的是和蔼可亲的美国幽默作家乔治·佩克（George Peck）。他有力地抨击《班尼特法》是不公正的，侵害了天赋的宗教信仰权和父母控制权。

5 月，一群威斯康星路德宗信徒号召 6 月在全州召开反《班尼特法》大会。密尔沃基市新任民主党市长乔治·佩克在大会上致辞。威斯康星州反《班尼特法》俱乐部如雨后春笋般纷纷冒出。密苏里路德会和联合起来的路德宗信徒在每个教区有组织地反对该法令。德裔天主教信徒同样反应激烈。格林湾（Green Bay）卡曾（Katzen）总主教称：“作为教区主教，我认为任何不投票赞成废除《班尼特法》的人都是天主教教会的叛徒。”①

8 月，民主党的州施政纲领对《班尼特法》进行了抨击，并且聪明地将该法令与共和党在州层面和联邦层面的其他家长作风联系在一起，例如禁奢

---

① 引自 Jensen，*The Winning of the Midwest*，p. 132。

法、高支出、保护性关税、军力法案和中央集权等。民主党得到了舆论的支持。禁酒党被所有德裔天主教信徒和路德宗信徒痛恨，因为该党在其1890年的施政纲领中支持《班尼特法》。

威斯康星州共和党内出现了两个对立的群体。势力较大的群体积极地支持《班尼特法》，其领导人是州长威廉·登普斯特·霍尔德。霍尔德派中有众议员尼尔斯·豪根（Nils Haugen）和罗伯特·拉福莱特（Robert M. La Follette）。他们提出，为了坚守“原则”，应该发表声明支持该法令。霍尔德派在州共和党大会上取得成功，州长霍尔德再次赢得提名。霍尔德派的这些举动是对地方虔敬派反对天主教压力的回应，也是源于威斯康星州奶农联合会（Wisconsin Dairymen's Association）的推动。霍尔德是奶农联合会的成员，该联合会希望向该州的农民教授更多英语。豪根是挪威移民，代表的是该州西部和西北部虔敬派主导的地区，那里主要是挪威裔和瑞典裔。拉福莱特也同样来自虔敬派主导的地区。

另一个群体人数相对较少，态度更为温和。其领导人是州议会主席亨利·佩恩（Henry C. Payne）与美国参议员约翰·斯普纳（John C. Spooner）。他们希望推翻霍尔德州长，号召废除《班尼特法》，可惜效果有限。他们之所以如此，是因为大批德裔路德宗信徒正在脱离共和党。霍尔德州长拥有一家虔敬主义报刊，但在政坛是一个外行。他尖锐地抨击德裔父母，并且最大限度支持《班尼特法》，这种态度并不能缓解问题。

11月，面对1890年的大选，德裔路德宗信徒作出了反应，成群结队地投奔民主党阵营。共和党被当时所谓的“路德宗山崩”击垮。挪威路德会移民是忠诚的共和党支持者，只有轻量的礼拜仪式，但是，连他们都抛弃了共和党。他们没有把选票投给自己所痛恨的民主党，而是避开了投票。挪威路德会移民建立了挪威语教会学校，虔敬派的挪威裔和瑞典裔（尤其是最近的移民）因为母语受到攻击而愤怒不已。

霍尔德州长由此被民主党的乔治·佩克彻底击败。针对霍尔德的竞选口号“小小校舍，坚持到底”，民主党以“支持佩克和全部学校”作为回击。《班尼特法》被废除，因为半数共和党议员加入了民主党之列，投票支持废除。到1892年，尽管有许多德裔路德宗信徒重返共和党阵营，但仍有足够多的路德宗信徒支持民主党，把该州交给了克利夫兰。[①]

《班尼特法》效仿了伊利诺伊州在1889年通过的《爱德华兹法》(*Edwards Law*)。伊利诺伊州教育厅长理查德·爱德华兹(Richard Edwards)是该法令的主推者。该法令在伊利诺伊州引发的反应与《班尼特法》在威斯康星州引发的反应类似。德裔，甚至包括反圣职的自由主义者，联合在一起，维护自己接受德语教育的权利。共和党站出来大力支持公立学校，就像他们支持禁酒一样。他们再次提名爱德华兹为教育厅长。民主党则号召废除《爱德华兹法》，因为该法令侵犯了天赋的父母权利。《爱德华兹法》与禁酒和周日关闭酒吧法一样，成为伊利诺伊州至关重要的议题。民主党由此赢得了该州的选民，拿下了库克县，并再次主导芝加哥市。民主党候选人亨利·拉布(Henry Raab)轻而易举地打败了令人讨厌的爱德华兹。

1892年，民主党的上升势头继续。在库克县收获3.3万选票大获全胜后，格罗弗·克利夫兰成为自南北战争以来出任伊利诺伊州州长的第一个民主党人。[②]

密歇根州在1890年的投票模式有些不寻常。在密歇根上半岛，民主党赢得了天主教信徒的支持，但失去了新教信徒的选票。文化层面的原因是密歇根上半岛实际上是威斯康星州东北部的延伸，所以《班尼特法》在那里引发的骚动和怨恨也深深地影响了这里的舆情。法裔加拿大天主教移民支持民主党，英裔加拿大天主教移民则支持共和党。《班尼特法》在威斯康星州引发的冲突到了密歇根上半岛变得更加两极化。

密歇根州下半岛的政治形式则颇为古怪。正如我们此前介绍的，共和党温和派主导了该州的政坛，他们决定不再推选典型的虔敬派农场主担任州长，而是提名了一位来自城市的、支持饮酒的候选人。这位候选人是兰辛市的市长詹姆斯·特纳(James M. Turner)。密歇根州民主党相应地提名埃德温·怀南斯(Edwin B. Winans)竞选州长。爱德温·怀南斯是一位信奉禁酒主义的老派农场主。密歇根州下半岛的众多天主教信徒因此投靠了

---

① (编者注)出处同前，pp. 122－148。

② (编者注)出处同前，pp. 118－119，134－135，148，161。

共和党，更多愤怒的共和党虔敬派则转而支持禁酒党。其结果是共和党内大量的支持者流失，民主党在该州取得了胜利。

两年后，情况发生了逆转。民主党回到了其传统的提名模式，曾经流失的天主教信徒回心转意，出走的虔敬派也重回共和党的支持者之列。这意味着密歇根州的政坛在 1892 年又恢复到了 1890 年之前的情况，共和党重新牢牢控制了该州。①

因为禁酒议题，共和党也痛失了一直持有的爱荷华州的控制权。1855 年，虔敬派辉格党曾经促成通过了一项宪法修正案，禁止生产和销售酒精饮料。但是，共和党认为奴隶制才是重要问题，应该将精力集中在这个问题上，因此他们宣布啤酒和葡萄酒不在禁令范围之内，并且允许地方拥有选择权，在反对的县并没有强制实施该法令。

南北战争之后，共和党屈服于禁酒主义者施加的巨大压力。基督教妇女禁酒联合会、禁酒共济会（Sons of Temperance）和禁酒公会（Order of Good Templars）四处进行禁酒宣传，禁酒党得到成立，卫理公会则领导一部分虔敬派实施这场新改革运动。在爱荷华州，爱荷华州禁酒联盟（Iowa State Temperance Alliance）是禁酒立法的领头人。

19 世纪 60 年代末期 70 年代初，禁酒主义者成功推动通过了更多严厉的酒吧许可法律和地方选择权法律。在 1875 年的共和党大会上，一支由禁酒主义者和通货膨胀论者组成的虔敬派联盟差一点就为他们的领导人詹姆斯·韦弗将军（General James B. Weaver）赢得州长提名。詹姆斯·韦弗将军后来成为人民党的总统候选人。4 年后，这些禁酒主义者拿到了爱荷华州共和党的控制权。爱荷华州共和党力求通过一项州宪法修正案，希望加入缅因州和堪萨斯州之列，成为联邦中完全禁酒的州。该州的禁酒党土崩瓦解，因为其成员都冲向了共和党。

高潮出现在 1882 年 6 月。爱荷华州的公众针对一项禁酒宪法修正案进行投票。共和党控制的州议会此前两次提交了该修正案。爱荷华州禁酒联盟在该州上下动员，号召为了美国的文明和基督教的美德进行禁酒。

---

① （编者注）Kleppner，*The Cross of Culture*，pp. 172 – 177.

民主党谴责禁酒主义者是“禁欲狂徒”，把节约法令强加于人，压迫个体的自由。民主党还抨击共和党是“狂热布道者的工具”，正在走向“废奴主义者、辉格党、无知党、礼拜日狂热分子……的神圣联盟”。[①]

但反对无效。禁酒修正案以55∶45获得通过，支持者多3万张投票。这次投票结果立即并持久地激怒了爱荷华州的德裔。在1882年前，爱荷华州14个大量聚集德裔的县都习惯性把55%的选票投给共和党。在禁酒修正案的全民投票中，这些县有39%的人投出了支持票。此后，共和党在这些德裔聚集的县支持率下跌，维持在36%—44%。

从天主教信徒聚集的爱荷华州迪比克市(Dubuque)的投票模式变化中，也可以看出德裔天主教信徒的脱党情况。1881年，50%的选票投给了共和党人，而在1882年秋季的改选中(此前15%的选民在全民公决中投票支持禁酒)，迪比克市的共和党得票率跌至28%，到1885年略有增加，达到38%。两个德裔选区的情况尤为突出。3号选区里，共和党的得票率从1881年的51%跌至次年的23%(此前10%的选民投票支持禁酒)。5号选区里，共和党的得票率从63%跌至22%(此前6%的选民投票支持禁酒)。

次年冬季，爱荷华州高级法院裁定修正案因为程序错误而无效。共和党看到反对的声音如风暴般袭来，不敢再重新提交修正案。为了安抚虔敬派，共和党继续依据法规扩大禁酒的范围。1884年，共和党推动通过了最严格的农村禁酒法之一。在支持禁酒的小城镇和乡村，酒吧被迫关门。但在大型城市和城镇里，这项法律被公开藐视。

最初，这项法律在支持饮酒的地区执行乏力。1887年和1888年，威廉·拉腊比(William Larrabee)州长决定加大执法力度，并且通过了更严格的法律。凡是揭发非法拥有烈酒的人都可以获得奖金，执法官员有权对非法私藏酒精饮料的嫌疑人进行搜查。

1889年，爱荷华州的禁酒热潮进入巅峰。大规模藐视禁酒法的行为导致州内的禁酒态度走向两个极端，或者要求废除禁酒，或者要求为了执法加大惩罚力度。在该州的共和党大会上，极端虔敬派的政坛外行从内行手中

---

① (编者注)Jensen, *The Winning of the Midwest*, p. 92.

夺下控制权。县大会中心挤满了极端禁酒主义者。业余政客、食杂批发商约瑟夫·哈钦森(Joseph Hutchinson)被提名为州长候选人。他发表的演讲是对禁酒的赞歌,称禁酒是“为了追求高尚的道德,为了减少腐败……为了真正地提升人类种族”。[①] 哈钦森指出,选民的基本选择是支持现代文明,或者支持酒吧这种“恶心的东西”。

禁酒主义者和虔敬派,尤其是基督教妇女禁酒联合会、善良禁酒会和卫理公会,满腔热情地支持哈钦森。他们要求民众无条件地交出酒精饮料,并且废除折中的举措,例如酒吧许可和地方选择权。卫理公会还呼吁废除所有亵渎安息日的行为,其中包括球类运动、报刊出版和铁路服务。

民主党聪明地提名霍勒斯·博伊斯(Horace Boies)为州长候选人。霍勒斯·博伊斯曾经是共和党人,滴酒不沾,甚至加入了善良禁酒会。他坚定地反对禁酒,反对中央集权,也反对家长式作风的政府;但他支持地方选择权,也支持针对酒吧收取较高的许可费。

霍勒斯·博伊斯成为自南北战争以来爱荷华州第一位民主党州长,在与哈钦森的竞争中赢得50%的选票,后者赢得48%的选票。次年,民主党在爱荷华州国会代表团中赢得多数席位。

1888年,在爱荷华州,共和党的支持率是52%,次年跌至48%。通过对共和党得票数量下跌的原因进行分析,可以明显看出主要的变化源自城市地区。在爱荷华州,人口超过1.4万人的城市共有9座。1888年,民主党在这9座城市中赢得4座城市的支持,得到了城市选票中的52%。但次年,霍勒斯·博伊斯的影响力横扫这9个城市,赢得了64%的选票。

再根据宗教对选票进行分类。在爱荷华州老派虔敬主义的县和镇,如挪威裔、瑞典裔和波西米亚人的聚居地,共和党的得票率略有降低。共和党选票流失最大的是9个德裔城市选区,得票率从28%降至15%。

禁酒主义者控制了1891年的爱荷华州共和党大会,号召全面进行禁酒,并且要求取消地方选择权。但民主党候选人继续攻击禁酒政策,争取到了较多的选民支持,赢得了胜利。博伊斯州长赢得了连任,让共和党人品尝

---

① (编者注)出处同前,p. 105。

到在爱荷华州有史以来最惨痛的失败。

共和党人汲取了教训。两年后，在 1893 年的爱荷华州共和党大会上，共和党的专业政客从热情万丈的业余禁酒主义者手中夺回了政党的控制权。这场胜利的领导者是前参议员詹姆斯·哈伦(James Harlan)，他是爱荷华州共和党的创始人，元老级人物，虔诚的卫理公会信徒，滴酒不沾。专业政客队伍成功地终止了共和党长达 12 年的禁酒事业，也试图埋葬义务教育议题。地方选择权和高昂的烈酒许可费被写入施政纲领。德裔选民坚决反对低利率和通货膨胀。为了重新赢得他们的支持，爱荷华州共和党人甚至放弃了低利率的政纲，选择了反对通货膨胀的立场。有了新的温和态度，共和党在 1894 年重新掌权，温和派弗兰克·杰克逊(Frank Jackson)当选州长①。

二、共和党的重组

(一) 退出禁酒事业

19 世纪 90 年代初期，共和党在一个州又一个州沦为少数党。他们的政治领袖日渐认识到必须进行割肉剔骨式的改变。那些激进的、标志性虔敬派举措必须慢慢地停下来，避免激怒德裔路德宗信徒和其他礼仪派选民。我们此前介绍过，面对民主党的胜利，俄亥俄州和爱荷华州的共和党人迅速采取应对措施，对禁酒的态度缓和下来，或者是直接放弃了禁酒主义施政纲领。此外，在这两个州，共和党开始放弃此前支持通货膨胀和银本位制度的立场，改为倡导金本位制度和稳健货币。他们在威斯康星州甚至愿意放弃《班尼特法》，不再攻击德国教会学校。

在共和党放弃虔敬派信条的过程中，俄亥俄州威廉·麦金利州长和党魁、实业家马库斯·阿朗佐·汉纳(Marcus Alonzo Hanna)开始掌权当地的共和党。马库斯·阿朗佐·汉纳是威廉·麦金利的导师、俄亥俄州的共和党主席，后来成为共和党的全美领袖。在 1892 年至 1896 年担任州长期间，

---

① (编者注)出处同前，pp. 91 - 115，200 - 203，215 - 216。

麦金利成功地压制了俄亥俄州共和党虔敬派。此后，当约瑟夫·弗勒克重新掌权共和党之时，禁酒主义者失望地发现他们过去支持的人也汲取教训，已经成为坚定的饮酒支持者。

在威斯康星州，前州长霍尔德希望卷土重来。他力捧热诚的虔敬派和禁酒主义者担任州长，先是众议员尼尔斯·豪根，然后是众议员罗伯特·拉福莱特。但共和党的专业政客最终在 19 世纪 90 年代打败了豪根和拉福莱特，终止了老派共和党人对道德事业的追求。在密歇根州，共和党虔敬派的领导人是底特律市长黑曾·平格里(Hazen Pingree)。19 世纪 90 年代，在参议员詹姆斯·麦克米兰(James McMillan)的领导下，密歇根州共和党竭力限制或消除平格里的影响，最终避免了密歇根州共和党的强势虔敬派形象。与此同时，在伊利诺伊州和印第安纳州，共和党温和派成功地击败了党内的虔敬派，相对而言，他们面临的困难要小一些。

19 世纪 90 年代初期，共和党大规模地放弃禁酒和虔敬派所关心的议题。没有哪家大型的共和党报刊支持全面禁酒。他们所做的最多是加强管理、收取高昂的许可费，以及同意地方选择权。共和党政客越来越多地回避这个让人头疼的议题，表示该议题纯粹是地方性事务。经验老到的俄亥俄州共和党参议员约翰·谢尔曼宣称禁酒属于宗教问题，是道德问题，不应该归属到政治范畴之内。这完全背离了共和党此前树立的“高尚道德政党”形象。许多共和党政客自己就饮酒，这更让禁酒主义者感觉到梦想破灭。这些人怎么能值得信任呢?

共和党及其虔敬派选民之间的关系日渐紧张，因为共和党的态度越来越温和，而禁酒主义者却变得越来越狂热。最初，禁酒主义者习惯性地自称为节制之人。但到 19 世纪 80 年代和 90 年代，这已经往另一个方向发展。禁酒主义现在自称“激进分子”。只把目标对准烈酒已经力度不够，他们开始把啤酒也当作攻击目标。针对酒吧的中伤越来越严重，甚至开始对酒吧进行暴力袭击。大城市的治安军团(Law and Order Legions)开始打击非法烈酒销售行为。到 1885 年，全美上下共有 500 个类似的地方组织，成员达 6 万人。

不仅如此，相比中老年人而言，虔敬派年轻人态度更激进，在禁酒方面也更喜欢动用武力。虔敬派年轻人对酒吧深恶痛绝，这从青年基督教社团(Young People's Christian Societies)和主日学校的项目可见一斑。基督教妇女禁酒联合会在公立学校成功地推行了强制性禁酒卫生课程。这在一定程度上也帮助他们成功地为自己麾下的年轻人组织忠诚禁酒军团(Loyal Temperance Legion)招募了 20 万青少年。

中产阶级虔敬派年轻人变得更加激进，这是有事实依据的。中西部 2/3 的大学生加入了虔敬派的各种教派，其中多数人加入了注重道德的基督教青年会(Young Men's Christian Association)。爱荷华州立大学的教职工和学生都支持禁酒。芝加哥大学的本科生在 1892 年组织的一场总统倾向民意调查值得注意。现实中的赢家、民主党格罗弗・克利夫兰获得 52 票，时任共和党总统本杰明・哈里森赢得 151 票，人民党的詹姆斯・韦弗仅仅得到 3 票。令人震惊的却是，这场民意调查中的赢家是禁酒党候选人约翰・比德韦尔(John Bidwell)，赢得了 164 票。

面对共和党的勉强禁酒态度、禁酒党的日落西山，那些越来越激进的、支持禁酒的选民会在政坛上采取什么应对举措呢？随着一群豪情万丈的业余政客发起的禁酒运动慢慢消失，1893 年成立的反酒吧联盟以高效专业的单一议题游说取而代之。反酒吧联盟首先将目标对准地方选择权，再以此为基础逐步开展工作。他们会针对酒精这一个问题来奖励或惩罚政客。其目标是在 25 年内取得胜利。[①]

(二) 限制移民[②]

共和党相当清醒，随着天主教信徒和其他礼仪派移民的加速到来，人口的发展趋势对自己颇为不利。19 世纪 80 年代，尽管英国和斯堪的纳维亚移民数量达到新高，但德国和爱尔兰移民来得更多。自 19 世纪 40 年代末期和 50 年代初期大量涌入美国以后，德国和爱尔兰移民数量创造了新的高

---

① (编者注)出处同前，pp. 194－208。

② (编者注)关于虔敬主义和限制移民，尤其是它们与公立学校运动之间的关系，请参考第十章。关于美国义务教育的历史，参见 Murray Rothbard, "Compulsory Education in the United States", in *Education, Free & Compulsory* (Auburn, AL: Mises Institute, 1999[1971])。

点。19 世纪 80 年代，来自欧洲南部和东部的“新移民”，尤其是来自意大利的天主教信徒，开始发挥自己的影响力。

1892 年，共和党在总统竞选中落败，这进一步加剧了共和党人对天主教信徒和天主教移民的憎恨。在共和党之前，辉格党曾经是坚定的本土主义者，反对天主教。存在时间较短的无知党当初靠着反移民和反天主教的纲领繁荣发展起来。19 世纪 50 年代中期，从无知党中走出了很多共和党人。现在，满怀怨恨的共和党人把目标对准了限制移民的政策。就算不能改变宪法把天主教信徒驱逐出境，至少可以阻止天主教信徒的数量进一步增加。

美国历来奉行自由移民，不加限制。1882 年的法律第一次打破了这个传统。当时，联邦政府至少是对移民进行了形式上的控制（此前仅仅是由州政府来加以管理，主要是纽约州）①。联邦政府向每位新移民收取 50 美分，建立了移民福利基金。这笔费用并不算多，此前有几个州会收取这笔费用。曾经被判有罪的人和其他可能要吃救济的人会被拒绝入境。

19 世纪 80 年代末期，工人阶层活动分子希望限制外来劳工的数量，于是在多个州争取到立法，禁止移民从事多种职业。移民尤其不得在公用事业部门任职。美国众议院在 1886 年通过法案，禁止“未申请入籍”的外来人口在公用事业领域工作。该法案被参议院否定之后，伊利诺伊州、怀俄明州和爱达荷州继续禁止此类外来人口参与州或市一级的公用事业项目。

更彻底的是在 1885 年，劳工骑士团（Knights of Labor）和其他工人阶层团体说服国会取缔合同劳工。这套系统原本能够保证欧洲移民在到达美国之前就确定自己在美国的工作。当然，取缔合同劳工加大了那些移民吃救济的可能性，也就进一步推动了对移民的限制。②

工人们试图限制移民带来的竞争，虔敬派和禁酒主义者则将天主教信徒移民视为自己的主要敌人。1887 年的长老会大会宣布：

---

① （编者注）尽管在 1882 年也通过了更为知名的《排华法案》（*Chinese Exclusion Act*），但不管是从政治还是意识形态方面来说，都与限制欧洲移民无关。参见 John Higham, *Strangers in the Land: Patterns of American Nativism, 1860－1925* （New Brunswick, NJ: Rutgers University Press, 1955）, p. 167。

② （编者注）出处同前，pp. 44－49。

嗜酒放纵的外侨涌入，导致饮酒之人增多。这些外来移民现在每年超过50万人，他们中的大多数都酗酒、愚昧，并沾染了恶习。

全美禁酒协会（National Temperance Society）会长、牧师T. W. 凯勒（T. W. Cuyler）在1891年夏季的发言中态度强硬："共和党同意让自己的国家变成垃圾场，充斥各种各样的匈牙利流氓、波西米亚暴徒和意大利凶手……这种情况还会持续多久？"[①]

独立长老会、1891年的全美禁酒大会，以及1892年的禁酒党都在力争对移民进行限制。19世纪80年代末期，本土主义者和反天主教组织喧嚣着限制移民。共和大军（Grand Army of the Republic）是一家大型的南北战争退伍军人组织，长期以来与共和党关系密切，当时的成员数达到创纪录的40万人。该组织也谴责移民在政治上勾结"南北战争时同情南方的北方人和前叛军"，如民主党中的南方人[②]。

以快速崛起的美国青年机械师协会（Junior Order of United American Mechanics）作为领队，爱国秘密社团、本土主义者和反天主教人士在19世纪80年代蓬勃发展。美国青年机械师协会的会员在1889年为6万人，到19世纪90年代达到16万人。其他此类共济会还有美国机械师协会（Order of United American Mechanics）和美国之子爱国协会（Patriotic Order Sons of America），它们都创立于宾夕法尼亚州。

---

① Jensen, *The Winning of the Midwest*, pp. 187－189.

② 共和党通过了向退伍老兵发放抚恤金和救助金的议案。克利夫兰总统否决了这些议案，并拒绝出席1887年的共和党大会，但本杰明·哈里森支持退伍军人抚恤金。1882年，华盛顿近半数的共和党国会议员是联邦军的退伍老兵，而民主党参议员大部分是联盟军的退伍军人。1893年，爱荷华州议会中，70%的共和党议员都曾参加过南北战争，而只有39%的民主党议员参加过南北战争。1888年，俄亥俄军人之家（Ohio Soldiers and Sailors Home）的残疾老兵在民选中投给哈里森和克利夫兰的票数比为3∶1。（编者附注）出处同前，pp. 22－25。

在一份未出版的手稿中，罗斯巴德深入探讨了南北战争老兵抚恤金的来源，以及它们与后来福利国家崛起之间的关系。向联邦军老兵发放抚恤金的做法得到了共和党人的大力支持，这是使用国库结余资金取悦新兴利益群体的一种好方法。在哈里森执政期间，1890年通过了《家属和残疾抚恤法案》（*Dependent and Disability Pension Act*），大幅提高了退伍军人的收入，并带来了共和党的"十亿元国会"。参见Murray Rothbard, "Beginning the Welfare State: Civil War Veterans' Pensions"（n. d.）。

同样积极反对移民的还有一群秘密的反天主教社团，其中包括联合代表治安会(United Order of Deputies)。该治安会共有1.5万名工人会员，他们要求雇主开除所有天主教员工。当时，领头的反天主教组织是美国人保护协会。该协会1887年由亨利·鲍尔斯(Henry F. Bowers)在爱荷华州克林顿市(Clinton)成立。其成员秘密宣誓，绝不把选票投给天主教信徒，以及当有新教信徒可供选择时，绝不雇佣天主教信徒。

美国人保护协会在密西西比河谷北部逐渐发展，尤其是在天主教信徒众多的大型城镇。1891年，美国人保护协会协助共和党人轻松取下奥马哈这座原本支持民主党的城市。次年，该协会从密歇根州萨吉诺市(Saginaw)推选了一位国会议员。1893年，该协会的成员数达到7万人，次年暴增到50万人，主要集中在中西部，但也往东覆盖了整个五大湖区。

美国人保护协会几乎一无例外是共和党人。他们在1893年助力麦金利再次当选俄亥俄州州长。在密歇根州、肯塔基州和内布拉斯加州，该组织与共和党领导层关系相当密切。

也正因为如此，19世纪80年代末期和90年代初期，共和党有了充足的动力推动限制移民的工作。这既是为了响应其选民所信奉的虔敬主义，也是为了应对移民持续加入民主党，导致民主党占据人口优势。另一个重要的原因是，共和党减轻了其此前珍爱的虔敬主义，但有一点没有动摇，即保护性关税。支持关税的制造商认为，为了赢得工人阶层的支持，反对民主党对保护性关税的攻击，共和党应该为本国工人提供某种补偿：保护他们不受到外国竞争者，即移民带来的冲击。以这种方式，制造商可以在保护性关税的支持下得到特权和建立企业联盟。若能建立劳工联盟和限制外来劳动力，那将是火上添薪。[①] 这种共同获利思想得到了美国钢铁协会(American Iron

① 关于共和党倡导企业和工人联合起来限制移民的另一个例子是禁止销售服刑人员生产的产品。纽约州在1894年的州宪法大会上通过了一项修正案，禁止销售服刑人员生产的产品。该修正案得到工会的支持，也得到一些企业的支持。这些企业正在与使用服刑人员生产的机构进行竞争，尤其是那些扫帚和刷子的生产厂家，以及其他劳动密集型生产厂家。州宪法大会上，修正案的共和党支持者指出，这只是延续共和党长期以来保护工人和制造商免受“不公正”竞争的承诺。反对者则谴责该修正案是“阶层立法”，监狱将无法自给自足，会成为纳税人更大的负担。尽管反对者发出了正确的声音，但这种声音没有起到任何作用。

and Steel Association)总经理詹姆斯·斯万克(James M. Swank)的大力推动。这也就不奇怪在1812年的战争之后,效率低下的钢铁行业从最初就扮演着保护性关税运动的领导角色,并一直持续到该世纪末。

19世纪80年代末期,共和党加大了对限制移民的煽动性工作。1887年的宾夕法尼亚州和俄亥俄州的共和党大会,以及次年的加利福尼亚州共和党大会都发表声明支持限制移民。佛蒙特州共和党联邦参议员贾斯汀·莫里尔(Justin Morrill)长期以来支持贸易保护主义,倡导联邦政府对教育进行干预。他在1887年提出了限制移民的法案。3年后,国会开始着手这方面的立法。新罕布什尔州共和党联邦参议员威廉·钱德勒(William E. Chandler)在1890年成为参议院首届移民常务委员会的主席,接过了限制移民运动的领导大棒。次年,国会掌握了移民问题的唯一管辖权,开始强制执行限制移民的政策,要求客轮公司把美国移民官拒绝的移民运回原籍国。这项法律导致客轮公司不再愿意运送移民来到美国。1891年的法律首次要求遣返入境时间不足一年的非法移民,以及那些"因为到达美国之前的行为"可能要吃救济的外侨。这项法律也首次要求驱逐一夫多妻/一妻多夫的人,以及存在"令人恶心和危险的"接触性传染疾病的人。合约劳工的禁令被拓展,纳入了那些被雇主广告所鼓励前来美国的移民。

在钱德勒委员会的领导下,支持限制移民的国会议员在1892年秋季试图利用霍乱导致的恐慌促成法案通过,全年暂停所有移民。但他们没有在国会取得成功。

未实现暂停移民后,在钱德勒和马萨诸塞州联邦众议员亨利·卡伯特·洛奇(Henry Cabot Lodge)的领导下,移民限制主义者开始推动针对所有移民进行读写能力测试。1894年秋季的选举助了移民限制主义者一臂之力。这次选举的结果是共和党同时控制了参众两院。与此同时,6位年轻的名流在波士顿市成立了移民限制联盟(Immigration Restriction League)。该联盟在全美开展宣传,并在华盛顿进行游说,对来自欧洲南部和东部的新移民评头论足,指责那群移民里有大量文盲和罪犯。

1895年冬季,参议员洛奇和马萨诸塞州联邦众议员沃克·麦考尔(Walker McCall)领头提交移民限制联盟的法案。该法案要求驱逐所有不会读写且年龄超过 14 岁的人，不论男女。洛奇和麦考尔强调了针对意大利人和其他南欧人的族裔因素。1896 年，这份读写能力法案在众议院以压倒性优势得到通过，同年 12 月得到参议院的批准。但克利夫兰否决了这份法案，这也是他在任期内的最后决定之一。参议院未能推翻总统的决定。

除了限制入境，本土主义者还针对已经来到美国的移民的选举权做文章。移民限制主义者竭力主张延长移民入籍的等待期。此外，南部和西部的 18 个州允许外侨在发布简单的入籍意愿声明书后有权进行投票。本土主义者力求回到从前，即美国最初禁止外侨拥有选举权的情形。但到那个世纪结束时，仍然有 11 个州允许外侨投票。[①]

（三）虔敬主义和妇女参政权[②]

选举权不仅仅是需要加以限制，它也会需要扩大，前提是虔敬派从中获得不成比例的好处。如果你知道，天主教妇女移民不太会像土生土长的白人盎格鲁-撒克逊妇女新教信徒那样参与投票，那么你就能容易地理解为什么虔敬派热衷于给予妇女参政权。正如艾伦·格兰姆斯教授（Alan Grimes）所说的：

> 我认为……证据显示，在很大程度上，至少在美国西部，支持妇女参政权的选民同时也支持禁酒和限制移民，并且认为妇女参政权有助于他们的事业。[③]

与多数改革运动（例如禁酒运动）一样，妇女参政权运动从开始就是虔敬主义的关注重点。信奉虔敬主义的第三党（例如禁酒党和绿钞党）从头到尾都支持妇女参政权。在 1896 年被合并到民主党之前，人民党也存在同样

---

① （编者注）Higham, *Strangers in the Land*, pp. 56 – 105.

② （编者注）关于进步主义、虔敬主义和妇女参政权之间的关系，更详细的内容请参考本书第十章和第十一章。关于这些思想如何介入第一次世界大战，请参考本书第十三章。

③ Alan P. Grimes, *The Puritan Ethic and Woman Suffrage* (New York: Oxford University Press, 1967), p. xii.

的倾向。后来,1912年进步党召开了美国首次允许妇女代表参加的全国性大会,并且推选了一位女性总统候选人。至于共和党和民主党,民主党对妇女参政权问题毫不关心,而共和党的支持态度暧昧。妇女参政权支持者认为他们主要的敌人是共和党、(尤其是)民主党的党魁,以及烈性酒的利益方,如苏珊·安东尼(Susan B. Anthony)和艾达·哈珀(Ida H. Harper)所批评的,那些人"积极地、步调一致地、坚定不移地反对妇女参政权"。①

他们态度坚决,是因为在妇女参政权运动中,创立于1874年的基督教妇女禁酒联合会发挥着重要的作用。基督教妇女禁酒联合会的入会誓言是:"我在此郑重承诺,我将在上帝的帮助之下,戒除所有蒸馏、酿造和麦芽酒,包括葡萄酒、啤酒和苹果酒。我也将竭尽所能阻止这些酒的使用和交易。"到1900年,在弗朗西斯·威拉德(Frances E. Willard)的领导下,基督教妇女禁酒联合会已经在全美1万个城镇和城市建立分会,会众达到30万人。安东尼和哈珀的著作《妇女参政权历史》(*History of Woman Suffrage*)提到了众多妇女组织。在这些组织中,基督教妇女禁酒联合会占据的篇幅最多。她们参与了宵禁令、反赌博、禁烟和反性交易等的立法工作,这些行动也得到支持妇女参政权人士的赞誉。安东尼和哈珀的著作介绍道:

> (基督教妇女禁酒联合会)在众多州的禁酒立法、宪法修订、法律改革(尤其是妇女儿童保护法律的改革),以及禁毒和禁烟的立法等推动工作中发挥了主要的作用。她们也发挥了巨大的影响,在众多州内提高女性的"受保护年龄",并在400个城镇和城市争取到了宵禁令……该联合会抗议所有犯罪行为的合法化,尤其是性交易和销售烈酒的行为。②

苏珊·安东尼以专职禁酒主义者的身份开始她的事业生涯,曾经担任著名的妇女参政权组织全美妇女参政权协会(National American Woman

---

① Susan B. Anthony and Ida H. Harper, *The History of Woman Suffrage* (Rochester: Susan B. Anthony, 1902), vol. 4, p. xiii;引自 Grimes, *The Puritan Ethic*, p. 84。

② Anthony and Harper, *History of Woman Suffrage*, pp. 1046 - 1047;引自 Grimes, *Puritan Ethic*, p. 85。

Suffrage Association)的会长。她的两位继任者也是坚定的禁酒主义者。第一位继任者卡丽・查普曼・卡特(Carrie Chapman Catt)也以专职禁酒主义者的身份步入职场,第二位继任者安娜・霍华德・肖(Anna Howard Shaw)博士最初则是基督教妇女禁酒联合会的宣讲员。①

基督教妇女禁酒联合会最初起源于一个反对烈酒的"妇女祈祷者运动"。这场运动于 1874 年在俄亥俄州希尔斯伯勒市(Hillsboro)发起,并席卷全美。正如埃莉诺・弗莱克斯纳(Eleanor Flexner)所说的:"一群群唱诗和祷告的妇女出现在教堂和街角,她们潜入并关闭了数千家酒吧。"②在这场运动失败之后,基督教妇女禁酒联合会这个永久性组织在克利夫兰市成立,成系统地推进禁酒事业。

基督教妇女禁酒联合会的领袖人物弗朗西斯・威拉德出身于典型的新英格兰家庭。她西行来到欧柏林学院(Oberlin College)求学,那里是美国激进福音虔敬派的中心。后来,她在威斯康星州定居。威拉德女士最初在基督教妇女禁酒联合会担任通信秘书,两年后取代前任会长,带领联合会拥护妇女参政权。在威拉德女士的领导下,基督教妇女禁酒联合会开展各种支持妇女参政权的活动,要求妇女拥有针对禁酒地方选择权的投票权。正如威拉德女士所说的:基督教妇女禁酒联合会希望妇女能参与该事务的投票,因为"大部分妇女都反对酒类交易……"③

反对酒精饮料,反对酒吧,由此反对移民,也反对礼仪派文化。她们不仅仅惩罚饮酒行为,也关闭社区酒吧。社区酒吧是主要的社交和政治交流场所。酒吧是男性专有的,因此与禁酒事业进而与妇女参政权有了冲突。

同样,当针对妇女参政权进行全民公投时,那些在国外出生、接受移民文化并对女权主义者支持禁酒反感的人,投票反对妇女参政权。在爱荷华州,德裔投票反对妇女参政权。在加利福尼亚州,华裔投反对票。在南达科

① Aileen S. Kraditor, *The Ideas of the Woman Suffrage Movement, 1890 - 1920* (New York: Columbia University Press, 1965), pp. 11 - 13. 另参见出处同前,pp. 58 - 61。

② Eleanor Flexner, *Century of Struggle: The Woman's Rights Movement in the United States* (New York, Atheneum, 1970), p. 182.

③ 出处同前,p. 183。

塔州，针对妇女参政权的全民公投在1890年受挫，2.2万票赞成，5.5万票反对，两者票数相差巨大。对此，苏珊·安东尼和艾达·哈珀悻悻地写道："那个州有3万名俄罗斯裔、波兰裔、斯堪的纳维亚移民和其他外国移民，其中多数都反对妇女参政权。"

1880年，苏珊·安东尼参加了美国参议院司法委员会针对妇女参政权的听证会。1877年，科罗拉多州针对妇女参政权问题进行全民公投。在解释为什么会失败时，她的证词充分体现了多数女权主义运动中存在的本土主义和种族主义思想。

> 在科罗拉多州……6666位男性投出了赞成票。现在，我将为大家介绍这些投出赞成票的男性。他们都是土生土长的白人，不喝酒，文质彬彬，心胸宽广，为人正直，宽宏大量，而且喜欢思考。另一方面，有16007人投了反对票。现在，我再来说说这些选民。在该州南部主要是墨西哥人，他们说西班牙语……科罗拉多州的大部分人口都是那类人组成。我曾经在一个有200名选民的选区进行演讲。这些选民中，150人是墨西哥油脂工人，40人是出生于外国的公民，只有10人出生于我们这个国家……①

这些城市里，酒精、移民、天主教等种种"罪"肆意横行，是反对妇女参政权的大本营。以白人盎格鲁-撒克逊新教信徒为主的农村地区则倾向于支持妇女参政权。例如，1900年俄勒冈州全民公投失败的主要原因在于波特兰市和阿斯托里亚市"贫民区"的反对。1896年，加利福尼亚州举行了妇女参政权全民公投，这次公投得到了坚决反对天主教的美国人保护协会的大力支持。② 但

① Grimes, *The Puritan Ethic*, pp. 87 - 88.

② 在马萨诸塞州，女性自1879年以来拥有地方教育委员会选举的投票权。这促使大量女性新教信徒在1888年投票把天主教信徒赶出地方教育委员会。相比之下，天主教女性极少参与投票，"从而佐证了妇女参政论者的本土主义倾向，即认为扩大参政权范围，让女性参与选举就可以营造壁垒，进一步阻挡天主教的影响。" Jane Jerome Camhi, "Women Against Women: American Antisuffragism 1880 - 1920" (unpublished doctoral dissertation in history, Tufts University, 1973), p. 198. 另参见出处同前，p. 104, and James J. Kenneally, "Catholicism and Woman Suffrage in Massachusetts", *Catholic Historical Review* (April, 1967): 253。

修正案因为13.7万票反对和11万票赞成而未能得到通过。安东尼和哈珀在书中对阿拉米达县(Alameda County)的惨败表示了极度失望:“实在让人意外和痛心,因为选民主要来自共和党和人民党,他们在各自召开的县大会上曾经发誓会竭尽所能支持修正案……”正如格兰姆斯所写的:“从这样的表述以及各种历史书中经常出现的表述来看,共和党为妇女参政权运动提供了天然温床。”①

虔敬派和礼仪派在妇女参政权问题上存在分裂,这从科罗拉多州女权主义者的一份报告中可见一斑。这份报告介绍了1877年全民公投失败的情况:卫理公会成员(大部分是坚定的虔敬派)都“支持我们”,信奉虔敬主义程度较低的长老会信徒和圣公会信徒“差不多如此”,而罗马天主教信徒“并不是一概反对我们”,这显然符合大家的预期。②

从这些文字可以明显看出,妇女参政权的主要推动力来自中上层白人盎格鲁-撒克逊妇女新教信徒。她们怨恨那些地位不如自己的人(下层移民和外侨)拥有选举权,而自己却无法参与投票。③ 安东尼和哈珀说:

> ……真正的民主尚不存在,但……社会已经进行了危险的尝试,给大量罪犯、酗酒者、道德败坏者和不诚实之人以选举权,却禁止诸多禁酒之人、道德高尚者、宗教人士和良心之士参与选举。换而言之,糟粕被放入选票箱,精华却被排除在外。侵蚀一些拥有建设共和国伟大梦想的人现在领悟到了这个致命的错误,他们依稀知道妇女是完成那项任务的最大希望所在。那些担心外来人口选票的人最终将发现美国本土女性的数量超过那些出生于国外的男性和女性。那些惧怕无知选票的人将研究数据,看到女性中文盲所占比例远远低于男性中的文盲

① Grimes, *The Puritan Ethic*, p. 90.

② 出处同前,p. 92。卡姆伊(Camhi)表示,在19世纪的最后20年里,“教会组织的等级越严格,其宗教仪式越正式,则对妇女参政权的反对就越强烈。当教会组织比较民主,教条主义不那么强时,通常也就更容易接受妇女参政权。”Camhi, “Women Against Women”, p. 200.

③ 在妇女参政权普遍之前,女性在芝加哥可以参与选举投票,但女性选民比例最高的是中产阶级选区,并非工人阶级选区。出处同前,p. 331。

比例。[①]

四个西部州在19世纪90年代初期和中期开始赋予妇女参政权。怀俄明和犹他在只是地区、尚未设州时就赋予了妇女参政权（怀俄明是在1869年，犹他是在1870年）。这两个地区被设立为州时延续了此前的做法。摩门教徒经过思量，在犹他地区赋予妇女参政权，以强化自己的政治控制权，支持自己的一夫多妻制成员，反对异教徒。异教徒大部分是矿工和移居者，他们或者是单身男性，或者是妻儿留在了东部。爱达荷州被人民党和南部的摩门教徒控制，在1896年的全民公投中通过了妇女参政权。怀俄明是第一个赋予妇女参政权的地区，这样做的目的是为了提升移居该地的家庭的政治影响力，减小那些短暂居住的单身男性的影响。这些男性四海为家，常常目无法纪，主要聚集在边境地区。怀俄明地区也希望能通过该举措吸引更多不酗酒的移居者。

怀俄明地区在赋予妇女参政权后不久，就让共和党收获颇丰。因为民主党企图废除怀俄明地区的安息日禁酒法，妇女被动员起身反对民主党的做法。1871年，在民主党议员的领导下，怀俄明地区议会的两院投票废除了妇女参政权，但该法案被共和党地区长官约翰·坎贝尔（John A. Campbell）否决，坎贝尔是由格兰特总统任命的。

另一个在19世纪90年代赋予妇女参政权的是科罗拉多州。该州在1893年举行了全民公投，通过了妇女参政权。在当时科罗拉多州政坛中，势力最大的是支持通货膨胀的虔敬派人民党。当时该党在科罗拉多州人气正旺。在全民公投中，人民党的县获得了6 800票多数支持票。共和党和民主党的县则得到了500票多数反对票。此外，该州议会在1893年提交了妇女参政权修正案供投票。议会内选票的主要党派构成如下：共和党19票支持，25票反对；民主党1票支持，8票反对；人民党34票支持，4票反对。

---

① Anthony and Harper, *A History of Woman Suffrage*, vol. 4, p. xxvi；引自 Grimes, *The Puritan Ethic*, p. 94. 另参见出处同前，p. 91。

这项运动诞生于美国东部，也一直是以东部为中心，但运动取得的第一项胜利竟然在遥远的西部山区边境州。这看似有些矛盾。但要知道，虔敬派的白人盎格鲁-撒克逊新教信徒本质上是拓荒者，他们中很多人最初是来自美国虔敬主义诞生地新英格兰。历史学家弗雷德里克·杰克逊·特纳(Frederick Jackson Turner)是虔敬派边境开拓理想的颂扬者。他写道：

> 在荒芜的西部，这些(来自新英格兰的)拓荒者停下脚步，转而感知一个改变的国家和改变社会理想……如果我们沿着清教徒农民行进的步伐，我们将看到一直以来他们是如何对主义作出响应的……在南北战争之前，他是堪萨斯州“高级法”的预言家。他是爱荷华州和威斯康星州的禁酒主义者，大声反对德国习俗侵犯了他的传统理想。他是威斯康星州农民协进会会员，通过了限制性铁路立法。他是纽约州西部的废奴主义者、反共济会运动参与者、米勒派[①]、妇女参政权支持者、唯灵论者，也是摩门教徒。[②]

① (译者注)米勒派(Millerite)持耶稣复临论(Adventism)，起源于19世纪美国第二次宗教奋兴时期，相信耶稣定会再临世界。

② 引自Grimes, *The Puritan Ethic*, pp. 97－98。

第六章

1896 年：第三政党体系和自由放任政治的崩塌

一、崩塌肇始：1894 年

1896 年是灾难性的一年，美国的政坛面貌永久地发生了改变。民主党被威廉·詹宁斯·布莱恩领头的通货膨胀论者和中央集权主义者力量控制，曾经支持自由贸易、硬通货、个人自由和最小政府的那个老民主党一去不复返。正如格罗弗·克利夫兰哀叹的："……我们所认识的民主党已经灭亡。"①

正统历史观认为，布莱恩派之所以能掌控民主党，是源于 1893 年的经济衰退。面对经济不景气，在南部和西部农场主的带领下，民众在 1896 年夏季把布莱恩送入总统候选人之列。这些农场主呼吁政府加大干预，并提供低息借款以提高人们的购买力。这种正统历史观存在几大问题。首先，如果是民众希望布莱恩担任总统，为什么他在面对麦金利时会遭遇难以翻转的选举失败，又在 1900 年和 1908 年的两次普选中被碾压？这些失败永久地逆转了民主党在 1892 年之前的上升趋势，看上去不是民众呼声的结果。此外，如果说布莱恩被提名是源于经济衰退，为什么一直到经济衰退结

---

① Allan Nevins, ed., *The Letters of Grover Cleveland* (Boston: Houghton Mifflin, 1933), pp. 440–441, 525. 引自 Paul Kleppner, "From Ethnoreligious Conflict to 'Social Harmony': Coalitional and Party Transformations in the 1890s", in *Emerging Coalitions in American Politics*, S. M. Lipset, ed. (San Francisco: Institute for Contemporary Studies, 1978), p. 42。

束很久之后，布莱恩势力依然在民主党内占主导地位？仅仅断言民众开始意识到现代经济要求中央集权和政府干预，也无法回答那些问题，反而彰显了自由主义历史学家的偏见。

更重要的一个问题是，为什么布莱恩在1896年的总统选举中会惨败呢？支持布莱恩的历史学家反思了布莱恩势力发出的种种指控，认同当时的投票站存在腐败和胁迫现象。老百姓希望为布莱恩投票，却因为受到恐吓而不得不把票投给了共和党。但这种指控无法让人信服。首先，腐败是那个时代各种选举中的常态，双方都存在这种情况，而且没有证据显示在1896年的选举中突然出现或存在重大的腐败行为导致共和党的票数增加。其次，布莱恩势力并没有指责农村地区存在腐败或胁迫行为。胁迫行为应该是城市地区的雇主施加在其手下工人身上的。但当时盛行的是无记名投票，所以这种胁迫行为不可行。还必须指出，布莱恩1986年在城市地区的得票率虽然远低于1892年民主党总统候选人的得票率，却高于1894年的中期国会选举时民主党的得票率。这是否意味着2年前，共和党雇主曾经胁迫工人不投票给保守的民主党，到1896年时，这种胁迫程度有所降低？最后，这些都无法解释为什么布莱恩被中西部的农场主排斥。这些农场主本来被视为是布莱恩积极的支持者，他们从未表示过自己受到过任何胁迫。[①]

可怜的格罗弗·克利夫兰运气不好，就任之初恰逢1893年经济萧条爆发，因此很快就遭遇选民的指责。克利夫兰在3月上任，而费城-雷丁铁路公司在2周前破产。5月初，恐慌和接踵而来的众多破产让美国经济遭受重创。事实上，这些直接导致了民主党在1894年的国会选举中以惨败收场。在1892年的国会选举中，众议院中61.2%的成员是民主党人。但在1894年秋季的选举之后，众议员中只有29.4%来自民主党，失去了至少113个席位，可谓损失惨重。[②] 这种灾难性下滑带来了全盘冲击，各个地区、

---

① Kleppner, *The Cross of Culture*, p. 297.

② （编者注）需要更多了解1893年的经济恐慌，参见Rothbard, “A History of Money and Banking”, pp. 167-69。关于由此带来的政治危机，参见Robert Higgs, *Crisis and Leviathan: Critical Episodes in the Growth of American Government* (New York: Oxford University Press, 1987), pp. 77-105。想了解进步时代和后续多年里意识形态和政府的转变，本书是必读之作。

各种职业、各个族裔、各种宗教群体和各种收入群体都被波及，民主党在众多领域的实力跌至谷底。在中西部，民主党的得票率平均下跌了 9.9%，从 1892 年的 46.9%跌至 2 年后的 37%。在俄亥俄州和威斯康星州，民主党的影响力跌至了历史谷底，密歇根州的情况也基本类似。

历史学家针对 19 世纪 90 年代的“农业剧变”有过种种探讨。但相比于农村地区，美国东北部和中西部城市地区在 1894 年对民主党的背叛更剧烈。让我们对比一下农村地区和城市地区的情况。1892 年至 1894 年，民主党在密歇根州城市地区的得票率下跌 13 个百分点（从 50%跌至 37%），在农村地区的得票率下跌 18 个百分点（从 48%跌至 30%）；民主党在威斯康星州城市地区的得票率下跌 16 个百分点（从 50%跌至 34%），在农村地区的得票率下跌 8 个百分点（从 47%跌至 39%）。同期，在俄亥俄州，在城市地区的得票率下跌 7 个百分点（从 49%跌至 42%），在农村地区的得票率下跌 4 个百分点（从 46%跌至 42%）。由此可以得出结论，尽管民主党在各个地区的影响力都在下降，但在城市地区的跌幅更大，只有密歇根州是例外。

此外，民主党影响力下跌并不局限于特定的收入水平。不管是贫困还是富裕的农村县，他们对民主党的支持都有类似幅度的减少。除此之外，这种影响力下跌贯穿了各个族裔-宗教群体。各个族裔-宗教群体投给民主党的选票都有所减少，减幅则因为对民主党忠诚度的高低而有所不同。

在中西部，还有一个特点值得大家注意。共和党的选票增加与民主党的选票流失并不匹配。从中西部整体来看，民主党在 1894 年的得票率下跌 9.9 个百分点，而共和党的得票率仅增加 6.7 个百分点。中间的差额匹配了人民党所获支持的增加。禁酒党丢失的选票也流向了人民党。

在威斯康星州农村地区，尽管各收入阶层对民主党的支持都同幅下跌，但在各族裔-宗教群体中，民主党影响力的下滑程度还是取决于各群体对民主党的忠诚程度。相比密苏里路德会，威斯康辛路德会更保守，更信奉礼拜仪主义，他们对民主党的支持降低幅度稍小一些。德裔天主教信徒对民主党的支持减少幅度更小。爱尔兰裔天主教信徒的脱党行为则最少。在所有族裔-宗教群体中，只有坚定的波兰裔天主教信徒在 1894 年对民主党的支持有所增加。

在城市地区也是如此。民主党在各收入阶层、各职业和各族裔-宗教群体中的支持率都有所下滑。有些情况下，共和党的选票得到等量的增加。在其他情况下，背离民主党的人或者未投票，或者是把选票投给了人民党。背离民主党的人士中，受经济萧条冲击较大的矿主和伐木工人所占比例较大。[①]

经济大萧条导致公众对经济问题更加关注。1890 年，《谢尔曼白银采购法》(*Sherman Silver Purchase Act*)得到通过，巩固了共和党与通货膨胀和银本位制度支持力量的联盟，并且推动了后者加入贸易保护主义事业。对共和党来说，保护性关税是重中之重。民主党人是自由贸易的支持者，一直坚定地支持硬通货和金本位制度。民主党 1892 年的施政纲领对《谢尔曼白银采购法》加以谴责，并呼吁废除该法令。[②] 克利夫兰信守本党的承诺，上任后的第一项行动就是废除《谢尔曼白银采购法》。共和党由此找到把柄，称经济大萧条的罪魁祸首就是废除白银采购法。[③] 面对这种情况，外加越来越多的民主党人脱党加入支持银本位和通货膨胀的人民党，民主党改变自身的立场，选择了自由铸造银币路线，至少在南部和西部是如此。但两党在保护性关税问题上仍然存在分歧，而且这种分歧越来越大。

民主党致力于降低关税，力求在 1893—1894 年通过威尔逊-高尔曼关税法案(Wilson-Gorman Bill)。遗憾的是，南部和西部的民主党人越来越多

① (编者注)Kleppner, *The Cross of Culture*, pp. 179 - 190.

② (编者注)罗斯巴德认为，在南北战争之后，尤其是在 19 世纪 60 年代和 70 年代，民主党比共和党更支持硬通货。相关证据可参考罗斯巴德的著作《金钱和银行史》pp. 150 - 153，以及 pp. 156 - 159，167。到 19 世纪 80 年代结束，更多的共和党人支持硬通货政策，在美国东部尤甚。共和党 1888 年的竞选纲领中支持金银复本位制度，为了信守本党承诺，哈里森总统签署批准了《谢尔曼白银采购法案》。参见 Allan Nevins, *Grover Cleveland: A Study in Courage* (New York: Dodd, Mead, 1932), pp. 465 - 466。

③ 遗憾的是，克利夫兰作出了昭示他命运的决策，背弃了自己在竞选纲领中的承诺。当初，他承诺废除自南北战争以来生效的州货币 10%的税赋。在南北战争之前，美国采用的是分权式自由银行制度，该税赋的设立摧毁了这种银行制度，并且用准中央集权的、更容易导致通胀的银行制度取而代之。废除该项税赋，将促使银行制度坚定地往分权式自由银行制度发展。尽管美国南部和西部尚未支持通货膨胀，但都存在支持通货膨胀的倾向，认为其会带来差异。如果克利夫兰政府秉持民主党长期以来的自由银行制度和硬通货原则，而不是破坏这些原则，本来可以争取到支持通货膨胀的南部和西部的民主党人的支持。

地受人民党观点的影响，迫使民主党把所得税法纳入一揽子税法。尽管精明的商人以及纽约州和新泽西州的民主党领导人都竭力反对所得税法，但南部和西部的民主党人越来越倾向于中央集权体系，他们成功地推动该法案获得通过，并且得到了克利夫兰勉强的支持。后者愿意接受该税种以换取降低关税。[①] 不过，一些民主党人仍然支持过去的低税赋和低预算原则。在威斯康星州，民主党人认为，该党的减税政策在一定程度上减缓了经济衰退。

经济大萧条导致民主党在经济领域得到的支持较弱，为此民主党在1894年试图将民众的关注重点转移到文化问题上，针对刚刚兴起的美国人保护协会发起了猛烈的攻击。为了维护德裔路德宗信徒的利益，民主党将矛头对准了美国人保护协会的本土主义思想和反天主教政策。作为回应，共和党对当前的议题进行重新部署。显然，共和党放弃当前在经济问题上的优势，转而设法离间路德宗信徒和其他潜在人士，推动他们脱离民主党，这是愚蠢的。共和党现在被温和派掌握，他们试图与美国人保护协会拉开一定的距离。在威斯康星州，在争取州长提名的过程中，共和党地方领袖成

---

① 民主党推动通过了所得税法，这也是回应共和党的讥讽：如果关税大幅降低，政府收入来自何方。当然，这个问题还有另一个答案。在南北战争之前，美国一直沿用自由贸易，没有所得税，只要减少开支就可以平衡政府收入。（编者附注）克利夫兰最终觉得《威尔逊-高尔曼关税法》减少关税的幅度太小，允许此法案在未得到他签署的情况下正式成为法律。1895年，所得税被最高法院以违反宪法为由否决。《威尔逊-高尔曼关税法》在1897年被《丁利关税法》取代，后者重申了贸易保护主义。塔夫脱政府时，所得税再次被提起。除了降低关税的《安德伍德关税法》（*Underwood Tariff*），第16宪法修正案在1913年塔夫脱和威尔逊政府执政期间得到通过。所得税法之所以这次得到通过，原因在于众多支持降低关税的群体联合起来，迫切想找到另一个收入源替代关税收入。这些人中有持进步主义思想的民粹主义者，他们希望缩小收入差距。此外还有制造出口产品的企业，以及那些参与南美和亚洲外国直接投资的人。所得税收入被用于为日渐增长的养老金计划提供资金，也被用于建设海军，以保护美国的海外投资。那些进行外国直接投资的人从中可以获得一定的既得利益。尽管按照最初的税法，所得税仅仅只针对上层阶级，最高税率为7%，但在第一次世界大战期间，政府扩大了所得税的覆盖范围，涵括了中层阶级，税率激增。参见本书第七章；Higgs，*Crisis and Leviathan*，pp. 97 - 103，112 - 113，150 - 152；Ben Baack and Edward John Ray，"The Political Economy of the Origin and Development of the Federal Income Tax"，in *Emergence of Modern Political Economy*，Robert Higgs，ed.（Greenwich，CT：JAI Press，1985），pp. 121 - 138。

高昂的所得税给日益重要的创业者带来负面影响。这些创业者的年收入占自身财富比例较高，而对那些家底丰厚的企业家而言，其年收入占自身财富比例并不高。因此该项税赋降低了收入的流动性，僵化了现有精英层。参见 Ludwig von Mises，*Human Action*（Auburn，AL：Mises Institute，2008[1949]），pp. 804 - 805。

功地打败了虔敬派的尼尔斯·豪根。后者是本土主义者，积极地支持反对教会学校的《班尼特法》。温和派甚至希望提名一位德裔路德宗信徒担任州财政部部长，但遭到了州内共和党虔敬派豪根-拉福莱特势力的强烈反对，未能如愿。①

二、彻底崩塌：1896 年

保罗·克莱普纳的伟大贡献之一是，率先发现民主党在 1894 年和 1896 年的崩溃是两种截然不同的情况，其原因不同，所涉及的群体也大相径庭。总的来说，两次选举的核心特征是选民参与率异常高，且以前的两党势均力敌被共和党的压倒性优势所取代。在中西部，从 1888 年到 1892 年，两党得票率的差异基本在 3%左右浮动。但在 1894 年，共和党的得票率领先 16%，1896 年领先 11%，1900 年领先 12.5%。民主党突然落入了永久的少数党地位。不过，表面数据具有一定的误导性。关于 1896 年，有一点很关键，即政党所获支持的类型与两年前有了很大的不同。

1894 年和 1896 年的第一个区别在于 1896 年少数党所得选票急剧减少。事实上，从 1892 年到 1894 年，少数党（禁酒党和人民党）在中西部所得选票数有所增加，此后在 1896 的选举中又跌破 1892 年的水平。所以多数党在密歇根州的得票率（共和党和民主党的选票之和）在 1892 年为 91%，2 年后跌至 88%，到 1896 年又升至 97%，获得了惊人的 9 个百分点的增幅。同样，在俄亥俄州，多数党的得票率在 1892 年为 95%，1894 年为 89%，到 1896 年则为 99%。在威斯康星州，这三年的得票率分别为 94%、90%和 98%。这种情况让人感觉四党制到 1896 年突然变成了两党制（或者说是 1.5 党制，因为共和党是永恒不变的多数党）。简而言之，共和党和民主党

---

① （编者注）McSeveney，*The Politics of Depression*，pp. 35 - 41，87 - 100；Kleppner，*The Cross of Culture*，pp. 255 - 59；Jensen，*The Winning of the Midwest*，pp. 213 - 218；Richard Franklin Bensel，*The Political Economy of American Industrialization*，*1877 - 1900*（Cambridge：Cambridge University Press，2000），pp. 136，139 - 140，417 - 418；Gretchen Ritter，*Goldbugs and Greenbacks*：*The Antimonopoly Tradition and the Politics of Finance in America*，*1865 - 1896*（Cambridge：Cambridge University Press，1997），p. 243.

在1896年的总得票数超过了1894年。

重要的是，两党增加和流失的选票究竟是哪些类型。旧的族裔-宗教投票模式现在被打破。新的族裔-宗教投票模式将一直维持到1900年。简而言之，美国出现了新的第四政党体系。

1894年和1896年的关键区别在于，尽管民主党的脱党者在1896年回心转意，却出现了另一种永久性的巨大转变，即大量传统的礼仪派从民主党转投共和党，大量虔敬派离开共和党转投民主党。因此，在传统共和党人、老派虔敬派和英裔聚居的密歇根州和俄亥俄州县内，民主党斩获颇丰。

到底发生了什么事情？在1876年7月的全国大会上，民主党被威廉·詹宁斯·布莱恩和支持通货膨胀与自由铸造银币的力量控制。民主党内部出现了剧变。19世纪90年代，民主党一家独大的美国南部，经历了虔敬主义转变。安静的虔敬派现在变得狂热，南部新教组织开始倡导禁酒。人烟稀少的山区各州很多都拥有银矿，在很大程度上是虔敬派。时任总统克利夫兰代表的民主主义支持硬通货和自由放任主义，突然遭遇悲惨的批判。传统的民主主义和老一辈的民主党人一去不返。布莱恩派之所以能取得胜利，是因为经济大萧条导致民主党1893年和1894年在美国东部和中西部遭受重创，民主党中的领导力永久性地倾向于南部和西部支持自由铸造银币的山区各州。布莱恩由此控制了民主党。

布莱恩声称自己代表了“劳苦大众”，也就是美国的工人和农民。他表态支持银本位和通货膨胀，反对东部“利益群体”。传统上，历史学家认为，布莱恩至少在他心爱的农村和农业选民中获得了成功。但是，如果对数字进行分析，能发现截然不同的模式。例如，在中西部，布莱恩只得到了少量农村选票。在密歇根州和威斯康星州，布莱恩的得票率远远低于民主党在1892年的得票率（在密歇根州分别为41.0%和47.8%，在威斯康星州分别为37.2%和47.4%）。同样，布莱恩在城市地区的得票率也远远低于1892年的水平。不管是在城市地区，还是农村地区，民主党的得票数都好于1894年的那场选举灾难。但是，若看到自己1896年的得票率与1892年得票率之间的巨大鸿沟，1896年的好转对民主党起不到任何安慰作用。如果对比总统选举年民主党在中西部城市-农村地区的得票率，可以发现，民主党1892年在城市地区的得票率更高，1896年则在农村地区得票率更高。不过，鉴于民主党当时已经是无法挽回的少数党，农村地区的得票率根本不能构成真正优势。

克莱普纳分析了密歇根州和威斯康星州的城市规模与民主党得票率之间的关系。① 这些地区的选民数从2500人到10万余人不等。他的研究清楚显示，1892年，威斯康星州的城市规模大小与得票率并无关联。在密歇根州，城市规模较大，民主党的支持率略有增加。1894年，民主党的支持率全盘下跌，在密歇根州的小型城镇和威斯康星州的大型城市跌得更多。1896年，民主党的支持率（底特律例外）相比两年前出现了反弹，但在各个地区仍远低于1892年的水平。总的来说，在美国中西部的农村地区和城市地区，布莱恩的竞选成绩都相当糟糕。与19世纪70年代以来的情况相比，城市地区和农村地区的投票模式差异并没有发生太大变化。

收入阶层与得票率之间有关系吗？布莱恩深受城市地区贫穷工人阶层的喜爱，这种观点有依据吗？在对芝加哥多个选区进行分析后，我们发现，在1892年，上层阶级选区和下层阶级选区的投票模式都是不固定的（民主党当年在上层、中上层、中层、中下层和下层阶级选区的得票率，分别为45％、56％、45％、57％和63％）。1893年和1894年的经济大萧条导致民主党在各收入阶层的选票出现全面的、灾难性的稳步下跌（从1892年到1894年，民主党在上层、中上层、中层、中下层和下层阶级选区的得票率分别降低了16、24、15、25和22个百分点）。所有选区的得票率在1896年都有所反弹，但仍然远远低于1892年的水平。民主党在下层阶级选区的选票流失相比其他几个阶层选区而言稍好一些，但我们也清楚看到，民主主义在多个阶层都被全面否定（从1892年到1896年，民主党在上层、中上层、中层、中下层和下层阶级选区的支持率分别降低了18、17、12、15和14个百分点）。布莱恩获得的选票并无阶层之分，这在底特律市尤为明显。在底特律市，民主党在各个选区的成绩都比较糟糕，但富裕选区的反弹要好于贫穷选区。1892年，民主党在富裕选区的得票率为52.2％，而在工人阶层选区的

① Kleppner，*The Cross of Culture*，p. 286.（编者附注）出处同前，pp. 273－286。

得票率为 59.0%。1894 年，民主党在富裕选区的得票率下降了 12 个百分点，跌至 40.4%，在工人阶层选区的得票率下降了 16 个百分点，跌至 43.3%。1896 年，尽管民主党成功地在底特律富裕选区实现了得票率上升，达 41.2%，但他们在工人阶层选区的得票率进一步下跌，至 41.2%。

农村地区的情况类似，得票率和选民收入之间并无直接关联。各个城镇的行为千差万别，但贫瘠城镇和繁荣城镇的模式并无明显差异。克莱普纳对农村地区的投票模式总结道："经济繁荣程度和接受布莱恩的程度之间并无明显关联。"总的来说，"从经济群体来看，不管是城市工人，还是农民，对候选人和其鼓吹的商品价格上涨都未积极响应。"[①]布莱恩的参选在美国东北部遭遇了同样灾难性的命运。[②]

民主党发生了什么事情？为什么美国农村对布莱恩派宣扬的农业经济缺乏兴趣？与前面讲的一样，因为布莱恩领导的民主党已经不是此前的民主党，他们不再是礼仪派，也不再倡导个人和经济自由。相反，布莱恩派既是极端的计划经济主义者，又是极端的宗教和文化虔敬派。布莱恩派完全背离了"信奉个人自由的政党"，他们总的来说是中央集权主义者、虔敬派，甚至比夙敌共和党更加注重道德主义。共和党也在快速地改变，在 1896 年麦金利参与总统竞选期间，共和党的改变步伐更快，他们在朝着温和派的方向发展，偏离了中央集权主义和虔敬主义。由此，我们就容易理解为什么大量礼仪派脱离了布莱恩领导的民主党，转而投向共和党，或者彻底地远离了政治。感到沮丧、不愿妥协的民主党忠诚分子，因为布莱恩派的入侵和胜利而被赶出了自己的政党。

另一方面，布莱恩对民主党的掌控促使大量虔敬派转投民主党阵营。其中有一些是老派虔敬主义的共和党人，其他的是禁酒党人和人民党人。事实上，禁酒党和人民党的变化最为明显，他们逐渐解散并融入了刚刚重组的、信奉虔敬主义和中央集权主义的民主党。在中西部，人民党有两个派系，一是"1892 年人民党人"，他们最初是共和党人，后来对共和党"迎合"德

---

① 出处同前，pp. 291，294。（编者附注）出处同前，pp. 273 – 293。

② McSeveney，*The Politics of Depression*.

裔路德宗信徒和酒吧心生不满，转投禁酒党。他们中的大部分人是本土卫理公会信徒、英格兰和威尔士卫理公会信徒，以及挪威裔和瑞典裔路德宗信徒，全都是忠诚的虔敬派。1892 年，他们加入了人民党。1894 年，又有很多民主党人因为经济大萧条加入人民党。所以，“1892 年人民党人”是前共和党人，加入人民党的主要动机是虔敬主义；“1894 年人民党人”则是前民主党人，驱使他们加入人民党的是经济问题。

面对 1896 年这场关键的总统选举，人民党的这两个派系当然反应不同。“1892 年人民党人”信奉的是虔敬主义，曾经是共和党人，他们坚定地加入了民主党阵营。禁酒党在 1896 年也将绝大多数选票投给了同为禁酒主义者的布莱恩。另一方面，由多数前民主党人组成的“1894 年人民党人”则加入了共和党阵营。事实上，在 1896 年的总统选举中，共和党所增加的选票或者直接来自民主党人，或者来自作为前民主党人的“1894 年人民党人”。

这种情况完全是基于族裔-宗教原因，也就是虔敬派和礼仪派之争。50 年来，民主党一直是由天主教信徒和其他礼仪派组成的政党，而共和党（和其他小党派）是由虔敬派、强制改革派和中央集权主义者组成，他们希望借助政治改变礼仪派。1896 年，一个新的政党体系突然诞生。天主教信徒被极端虔敬主义的布莱恩派排斥，转向共和党，而后者也做好准备接受这些天主教信徒的选票和支持。

在中西部，最大的转变发生在密歇根州。大量天主教信徒在 1892 年和 1894 年的选举中把选票投给了民主党。1896 年，大量天主教信徒转移到共和党阵营，有同样多的德裔路德宗信徒远离了民主党。相反，老派虔敬主义新教信徒有史以来第一次加入了民主党阵营，尽管大多数人还是把选票投给了共和党。毕竟，共和党未经历民主党那种颠覆性改变。共和党的改变始终是循序渐进的，朝着模糊的中间路线发展，而且其领导群体没有变化。

在底特律市，天主教选区从支持民主党变成了支持共和党，这种改变无关经济阶层。德裔路德宗选区则继续他们在 1894 年选举中的叛逃，投奔共和党阵营。在 1892 年之前，民主党在密歇根州的城市势力强大，从 1982 年到 1896 年，民主党的选民一直在流失。在那些老派虔敬主义新教选民众多的城市，民主党的选票则大幅增加。简而言之，在礼仪派占主导地位的地区，民主党不仅未能在1894年的基础上反弹，反而遭遇更多的背离行为。在虔敬派占主导地位的地区，民主党的选票则有所增加。这种结果与城镇的规模大小无关。

密歇根州农村地区的投票模式也是如此。在卡尔霍恩县（Calhoun County），民主党几乎在所有城镇都赢得了选举，但有一个例外。这个名叫弗雷多尼亚（Fredonia）的小镇是德裔路德宗信徒聚居地，也是该县内民主党选举成绩不如1892年的唯一城镇。弗雷多尼亚镇在1892年把55.5%的选票投给了民主党，1896年则减少为52.6%。共和党的选票则大幅增加，从1892年的35.4%增加到1896年的44.6%。相比之下，该县勒罗伊镇（LeRoy）是卫理公会信徒聚居地，很多选民从共和党阵营转投民主党阵营。1892年，民主党在勒罗伊镇的得票率为30.4%；1894年，得票率下跌到可怜的11.4%；但1896年，民主党在勒罗伊镇的得票率升至47.9%，赢得了选举。共和党在勒罗伊镇的得票率在1894年达到惊人的70.4%，两年后却跌至47.6%。

其他农村县的情况类似。民主党在圣约瑟夫县（St. Joseph County）的得票率平均增幅为32.4个百分点。摩特维勒镇（Mottville）的德裔路德宗信徒只贡献了最小的得票率增幅，为9.2个百分点，摩特维勒镇也因此成为该县内民主党选举成绩不如1892年的唯一城镇。相比之下，帕克镇（Park）的德国福音派联盟（Evangelical Association Germans）为民主党创造了相比于1894年高出45.3个百分点的得票率增幅，比1892年增加了35.5个百分点。这些虔敬派或礼仪派城镇的投票模式与其经济的繁荣程度无关。帕克镇是一个贫穷的农村小镇，1896年民主党在该镇的得票率为60.5%；该县的洛克波特镇（Lockport）是德国福音派控制的富裕小镇，将63.1%的选票投给了民主党。

布兰奇县（Branch County）则发生了引人注目的改变。1892年，在布兰奇县16个农村镇中，民主党只赢得1个镇。但在1896年，他们赢得11个镇。民主党增加的选票中，最大一部分来自虔敬派卫理公会信徒和长老会信徒。加利福尼亚镇（California）的居民主要是长老会信徒、卫理公会信徒和公理会信徒，他们在1896年使得民主党获得决定性的62.1%的选票。

在 1892 年,民主党的得票率仅仅为 44.2%;1894 年更是灾难性地跌至 5.0%;两年后却升至新高。同样,在卫理公会主导的基列镇(Gilead),民主党的得票率从 1892 年的 39%跌至 1894 年的 13.0%,两年后反弹至 60.5%。

密歇根州东部农村县沃什特瑙(Washtenaw)也是这种情况。在该县的 4 个城镇里,民主党在 1896 年的情况好过 1892 年。这些城镇的经济情况大相径庭,从"濒临破产"到"非常富裕"都有。城镇的居民主要是本土虔敬派新教信徒,有长老会、公理会、卫理公会和浸信会。爱尔兰裔天主教信徒和德裔路德宗信徒聚居城镇的情况截然不同。在爱尔兰裔天主教信徒聚居城镇里,民主党得票情况在 1894 年触底之后略有反弹,但仍然比 1892 年的平均值低 10.1 个百分点。在德裔路德宗信徒聚居城镇里,民主党的情况更为糟糕,1896 年的得票率甚至低于 1894 年的水平,相比 1892 年下跌了 15.6 个百分点。

在密歇根上半岛的霍顿县(Houghton County),铜矿矿工的选票流向再一次取决于他们的宗教取向。汉考克镇(Hancock)和波蒂奇镇(Portage)的天主教矿工在 1896 年投给民主党的选票少于 1892 年或 1894 年,虔敬派选民则转投民主党阵营。事实上,每个镇是天主教性质还是新教性质与民主党 1894—1896 年期间的势力削弱或增长有直接关系。在霍顿县,就算是忠诚的共和党支持者、反天主教的英裔原加拿大人现在也将大多数票投给了威廉·詹宁斯·布莱恩。

俄亥俄州农村镇和矿业镇的投票模式大致也是如此。在威斯康星州,民主党在天主教信徒和德裔路德宗信徒中的选票流失最为惊人。在 1894 年的经济萧条期间,这两个群体坚定地支持民主党。虽然威斯康星州的天主教信徒未比密歇根州的天主教信徒走得更远,赋予共和党一个实际的多数票,但他们脱离民主党的程度也相当严重。这种脱党也因族裔和文化而有所不同。爱尔兰裔天主教信徒脱党最少,1896 年,威斯康星州只有两个爱尔兰裔天主教信徒聚居城镇投给民主党的选票比 1894 年有所减少,但所有的爱尔兰裔天主教信徒聚居城镇投给民主党的选票都比 1892 年更少。甚至忠诚的波兰裔天主教信徒都背叛了民主党,这给后者造成了严重的伤害。所有波兰裔天主教信徒聚居城镇对民主党的支持都有所下降。德裔和波西米亚裔天主教信徒的脱党情况更为严重。例如，在威斯康星州70%的德裔天主教信徒聚居城镇里，民主党的得票率低于1894年，比1892年的情况更差。尽管在1896年的选举中，爱尔兰裔或波兰裔天主教信徒聚居城镇未把多数票投给共和党，但27.2%的德裔天主教信徒聚居城镇和50.0%的波西米亚裔天主教信徒聚居城镇把多数票投给了共和党。不管是在1892年，还是在1894年，民主党在所有这些城镇都赢得了多数票。

威斯康星州德裔路德宗信徒的投票模式变化更引人注目。例如，在道奇县，哈斯蒂斯福德镇(Hustisford)的德裔路德宗信徒在1892年助力民主党创造了84.8%的得票率；在1894年，他们的支持几乎没有减少，民主党的得票率仍有81.8%。类似地，德裔路德宗信徒聚居的特丽萨镇(Theresa)在1892年把90.7%的选票投给了民主党，1894年为81.3%。尽管这两个忠诚的城镇在经济萧条困难时期愿意坚持到底，但他们无法接受自己深爱的政党被敌人布莱恩派控制。1896年，哈斯蒂斯福德镇只把46.0%的选票投给了民主党，而民主党在特丽萨镇的得票率只有42.7%。这种投票模式贯穿整个州。民主党1986年在每个德国路德宗城镇的得票率都低于1892年，只在11.3%的城镇得票率高于1894年灾难般的低点。在整个州，民主党1892年在德裔路德宗信徒聚居城镇的得票率达到85.2%，1894年为59.2%，而1896年只有29.6%，这是近50年内德裔路德宗信徒对民主党支持程度最低的一年。

天主教信徒和德裔路德宗信徒从民主党支持者转变为共和党支持者，虔敬派则反方向转变。在卫理公会信徒、瑞士裔归正会信徒和德裔福音派聚居的威斯康星州城镇，民主党的得票率比1892年高出10—13个百分点。在挪威裔天主教信徒中，豪格派更信奉虔敬主义，此前也比挪威路德会移民更忠诚地支持共和党，但他们现在以更高的比例转投民主党阵营。挪威裔路德宗信徒投向共和党的选票仍然比投向民主党的多一些，但民主党得到的少数票却超出了上一次。高度信奉虔敬主义的瑞典裔路德宗信徒反应与豪格派相同；尽管多数票还是投给了共和党，民主党只得到少数票，但后者的得票率是1892年的3—4倍。所以，在瑞典裔路德宗信徒聚居的伯内特县(Burnett County)，民主党在每个选区的得票远远高于1892年，平均得票率相比1892年高出21.4个百分点。

威斯康星州城市地区的选举模式也是如此。在密尔沃基市，除一个选区之外，民主党的得票率在各个选区都低于1892年的水平，而共和党的得票率为54.1%，是10年里的最高值。民主党在爱尔兰裔和波兰裔天主教信徒聚居选区的得票率只比1892年低4个百分点，在德裔天主教和路德宗信徒聚居选区的得票率下滑严重。密尔沃基市德裔中，天主教信徒和路德宗信徒中的大多数人都把选票投给了共和党。民主党在德裔天主教信徒中的得票率相比1892年的水平低了12.9个百分点。唯有在密尔沃基市非路德新教信徒中，布莱恩的得票率高于1892年的民主党得票率。

由于地方劳资纠纷，外加对公立学校使用波兰语的争议，密尔沃基市的天主教信徒相比该州其他地方更支持民主党。在威斯康星州的其他城市地区，天主教信徒和德裔路德宗信徒在1896年投给民主党的选票相比1892年有所下跌，甚至跌破1894年的水平。在全州51个城市地区中，有37个城市地区的民主党得票率低于1894年。这种失败率与天主教信徒在当地选民中所占比例密切相关。投票模式的转变同城市地区的规模并无关联。[①]

在东北部各州，民主党也在大规模地走弱。克利夫兰派民主党人在脱党后或者在1900年重回民主党的怀抱，或者加入共和党，或者退出政治。纽约州、新英格兰和中西部的德裔民主党人大批脱党。从德美健全货币联盟（German-American Sound Money League）能看出迹象。该联盟成立于1896年，支持共和党，成员包括卡尔·舒尔茨和投资银行库恩-洛布（Kuhn-Loeb）的首领雅各布·希夫（Jacob H. Schiff）等知名人士。

尽管德裔支持自由贸易，反对保护性关税，但他们特别讨厌通货膨胀和自由铸造银币，坚定地支持金本位制度。他们愿意放弃保护性关税问题，投票支持麦金利和共和党的金本位制度立场，痛恨通货膨胀论者布莱恩。正是这些德裔领导着支持麦金利和共和党的运动。很多德裔无法直接投票给共和党，于是他们把选票投给了新成立的国家民主党（National Democratic Party），这是一个因为反对民主党而从中脱离的政党。

---

① （编者注）参见Kleppner, *The Cross of Culture*, pp. 316－338。

亨利·拉布是伊利诺伊州德裔民主党人的领袖之一，曾就任该州教育部部长，抵制《爱德华兹法》（反对德国教会学校）。他在1896年政治危机中的反应可以说是德裔民主党人的典型。1891年，拉布曾经著书介绍德国宗教的保守主义和反情感主义，并说明德裔希望保护自身的风俗和理想不受政治攻击。拉布表示，德裔对美国的热爱体现在他们"勇敢地反对'金银复本位制度'和'绿钞通货膨胀'。现在，应该下定决心使用可靠货币。这就是爱国主义"。[①] 1896年，拉布脱离支持金本位制度的民主党，把选票投给了国家民主党，并且支持威廉·麦金利。

对密尔沃基市的德裔而言，促使他们做出决策的是人民党-民主党国会议员候选人罗伯特·席林（Robert Schilling）的演讲。席林是布莱恩的支持者。在一次竞选活动中，他面对密尔沃基市的德裔发表演说，表示挑选何种商品作为货币并不重要，"黄金、白金、铜、纸、德国泡菜，或香肠"，都可以拿来当作货币。德裔民众爆笑，把席林赶下了台。精明的共和党伺机将自己的宣传口号改成了"席林和德国泡菜"。这句口号在密尔沃基市迅速流行。

德国移民对黄金和硬通货的态度是如此坚定，甚至德裔无政府主义者约翰·莫斯特（Johann Most）在1896年的竞选中都表示支持金本位制度。约翰·莫斯特曾经领导一场力求最终废除货币的运动。

《伊利诺伊州报》（*Illinois Staats-Zeitung*）曾经回顾1896年的竞选和德国选民的决定性转变。该报总结说：

> 他们（德裔）曾经对共和党怨辞不断……禁酒法、主日歇业法和公立学校法等令他们一直头痛。德裔常常背对共和党人，由此促使了克利夫兰两次当选。如果民主党没有否定过去，丢人地与人民党结盟，德裔这次也会支持他们……[②]

爱尔兰裔天主教信徒脱离民主党的情况大幅低于其他群体，他们负责

---

① Jensen, *The Winning of the Midwest*, p. 293.

② *Illinois Staats-Zeitung*, November 21, 1896. 引自出处同前，p. 295。

收拾残局，控制整个民主党，在大城市尤为如此。在东北部，克利夫兰派党人纷纷脱党，民主党的控制权留给了爱尔兰裔天主教信徒，后者在之后首次提名爱尔兰裔天主教信徒竞选纽约州、新泽西州和新英格兰各州的州长，有的成功当选。麦金利当选两年后，在东北部和中西部众多大城市（纽约、芝加哥、辛辛那提、克利夫兰、底特律、亚克朗、代顿、斯普林菲尔德和密尔沃基）的市长竞选中，爱尔兰裔天主教信徒领导的民主党均战胜了共和党。一方面，爱尔兰裔天主教信徒坚守民主党，借此获得政坛的控制权；另一方面，爱尔兰裔纷纷借助这种方式获得政府职务和政治庇护。

简而言之，1896 年的选举让美国拥有了一个全新的政党体系。一个是中立的、对中央集权态度温和的共和党，该党在美国永久性地占据多数党的地位。另一个是作为少数派的民主党，主要势力局限在一党独大的南方与爱尔兰裔控制的东北部和中西部大城市，但在后者区域也是少数党。两党曾经持有截然不同的意识形态，族裔-宗教价值观也迥异，但那种日子一去不复返。现在，两党对中央集权的态度都比较温和，只是程度有所不同。两党内都有虔敬派和礼仪派。麦金利领导的共和党非常高兴自己被称为是“繁荣之党”，而不是“立足高尚道德的政党”。也就是从那时起，逐渐出现了现代美国所熟悉的情况，即两大党派之间缺乏明显的、真正的意识形态差异。不管怎样，再没有任何一个政党，或者说没有明显的一群选民致力于美国传统的自由放任意识形态。

三、政党的转变

美国政党体系在 1896 年发生巨变，关键在于两个大党的意识形态出现了改变。虔敬派布莱恩主义占领了民主党，并且彻底改变了该党古老的自由放任原则。与此同时，麦金利派的实用主义也让共和党脱离了虔敬派中央集权主义，放弃做“立足高尚道德的政党”，而是成为态度温和的主张中央集权主义的组织，只强调保护性关税，不再强调禁酒或周日蓝法规等容易引起群情激动的虔敬派议题。共和党的新务实主义，外加布莱恩派控制民主党后把礼仪派人士推向共和党，夯实了共和党在一个世代中的霸权地位。

这种重大的转变是如何发生的呢？最初是民主党在1894年的州和国会选举中遭遇灾难性惨败，共和党大获全胜。这种惨败和胜利源于公众大肆谴责克利夫兰政府，要求他们对经济大萧条负责。在民主党内部，这种失败集中在东北部和中西部，令克利夫兰及其硬通货与自由放任政策名誉扫地，也推翻了自由放任原则和支持克利夫兰的官员，权力真空导致支持通货膨胀主义的南方和西部山地虔敬派掌握了民主党在全国的领导权。在共和党内部，麦金利和其他人已经宣传实用主义和温和态度多年，1893年和1894年的共和党新党首并不希望礼仪派选民在经济大萧条结束后退出本党的支持者之列，所以采取实用主义和温和态度。共和党成为了主要党派并且支持者日渐增多，在政治上不再需要依靠禁酒党及其数量少但重要的边缘选民。此外，经济大萧条让众多选民觉得经济问题比个人问题更为重要，所以共和党有了余地去弱化"社会"问题，并且自称"繁荣之党"。

在此前共和党长期占据绝对优势的地区，新的共和党州议员扮演着重要的改革者角色。1894年和1895年这两届州议会中，他们的投票风格更像自己的民主党前辈，而非传统的共和党人。爱荷华州、伊利诺伊州和威斯康星州都是这种情况。在1894届俄亥俄州议会中，新共和党人一致支持削弱烈酒地方选择权法，最终废除了这条禁酒举措。在密歇根州，新共和党人一致投票否决关于禁酒议题的讨论，并且搁置福音派宗教群体对禁酒问题进行全民公投的请求。此外，他们联合搁置了美国新教信徒协会（American Protestant Association）支持的一项举措，即废除密歇根州允许天主教主教通过信托持有教会财产的法律。①

威廉·麦金利显然是1896年共和党大会中的领跑者。1890年，身为众议院筹款委员会主席的麦金利创造了以自己名字命名的保护性关税法，设置了美国历史上最高昂的关税，由此不可避免地与最热门的共和党议题联系在了一起。正是这个议题让麦金利深受那些得到保护的制造商的喜

---

① Paul Kleppner, "The Demise of Ethnoreligious Politics, 1900 - 1920", in "The Demise of Ethnocultural Politics: Parties and Voters, 1896 - 1920" (Unpublished paper delivered at the 1980 annual meetings of the Organization of American Historians, San Francisco, April 1980), vol. 3, pp. 22 - 23.

爱，因为后者惧怕国外的竞争，并迫切希望在关税保护伞下组建企业联盟或进行合并。宾夕法尼亚州西部和麦金利故乡俄亥俄州的制造商尤为如此。此外，麦金利逆转了民主党潮涌，高举实用主义大旗，赢得了俄亥俄州州长之位，从而树立了自己领跑者的位置。

威廉·麦金利的先辈来自爱尔兰北部的阿尔斯特地区，他本人是卫理公会信徒。威廉·麦金利很早就懂得在与各种宗教和族裔打交道时应该态度温和，兼收并蓄。他曾在俄亥俄州斯塔尔克县（Stark County）从事法律和政治工作，这段经历让他懂得必须争取占比甚高的德裔路德宗以及德裔和爱尔兰裔天主教选民。此外，他的家庭与钢铁业有一定的渊源，这也促使麦金利强调经济问题和保护性关税。美国的钢铁行业效率低下，自1820年开始要求设置保护性关税，并且在南北战争之后的保护主义岁月里一直如此。

在新实用主义方面，麦金利的长期好友、政党领袖兼导师是克利夫兰市的实业家马库斯·阿朗佐·汉纳。汉纳是煤炭和铁矿巨头，也是保护性关税的支持者。汉纳和洛克菲勒常年交好，也是商业合作伙伴。汉纳为那位克利夫兰市的炼油商提供了一个渠道去影响势力强大的俄亥俄州共和党。1876年至1920年期间，共和党至少有5位总统候选人来自俄亥俄州。[①] 汉纳曾与洛克菲勒在克利夫兰市中心高中（Central High）是密友，而且他的煤矿和铁矿生意与标准石油公司业务密切。汉纳的亲属直接投资了标准石油托拉斯的股票。

麦金利在政府任职时，汉纳屡屡借钱给经济拮据的麦金利。1893年，汉纳组建了一个秘密的实业家财团，拯救这位破产的州长。正是汉纳促成了麦金利获得总统候选人提名，他在麦金利当选总统的次年进入了美国参议院。

尽管在总统候选人中对麦金利的呼声最强，但他也面临一个问题。共和党内部始终存在支持通货膨胀和自由铸造银币的力量，国会议员麦金利曾经多次投票支持白银采购法和自由铸造银币。支持金本位制度的摩根势力和华尔街其他人并不信任麦金利，他们认为麦金利对银本位制度和通货

① （编者注）在南北战争之后的时代，共和党和民主党内几乎所有总统候选人都来自中西部和纽约州。

膨胀的态度是危险的。摩根家族过去一直支持民主党，但民主党将被不切实际的布莱恩派掌控，这迫使摩根家族将重心放在了自己在共和党内的盟友身上，希望通过共和党找到出路。颇具影响力的众议院议长托马斯·里德（Thomas B. Reed）也在争取总统候选人的提名，他对麦金利支持银本位的历史也提出了质疑。

此外，摩根家族希望自己推荐的总统候选人李维·莫顿（Levi P. Morton）能出任副总统，作为自己对麦金利支持的交换。李维·莫顿是杰出的银行家，也是摩根的密友。麦金利拒绝了该提议，由此激怒了摩根家族。莫顿时任纽约州州长，曾经在本杰明·哈里森总统执政期间担任副总统，也曾担任莫顿信托公司（Morton Trust Company）的总裁。后来，莫顿信托公司成为摩根主导的担保信托公司（Guaranty Trust Company）的核心成员。

从1895年夏季到次年6月共和党全国大会召开，摩根势力给麦金利和汉纳施加了巨大的压力，希望迫使他们放弃货币整顿和银本位制度，转向支持金本位制度。压力主要来自摩根控股的纽约人寿公司（New York Life Insurance Company）的律师威廉·比尔（William C. Beer）、《纽约论坛报》（*New York Tribune*）出版人怀特劳·里德（Whitelaw Reid），以及马萨诸塞州联邦参议员亨利·卡伯特·洛奇。在美国银行家协会（American Bankers Association）的8.5万美元资金的推动下，纽约州共和党党首托马斯·普拉特（Thomas C. Platt）也加入了他们的行列。麦金利和同伴起草了一份共和党货币政纲，呼吁维持“现有的制度”。怀特劳·里德写给麦金利的信中谈到了华尔街对此的观点：

> 关于下周（6月底在圣路易斯市）将采用的货币政纲，说人们非常焦虑绝非言过其实。有一点相当肯定，最保守的银行家都相当担心，我方若在坚定采用健全货币制度上出现任何犹豫，都可能会导致货币价值出现急剧的严重缩水。另一方面，毫无疑问，所附的政纲将带来价值的上涨。[①]

---

① 引自 Matthew Josephson，*The Politicos，1865 - 1896*（New York：Harcourt，Brace & World，1964），p. 657。

最终，在共和党大会召开前夜，麦金利作出让步，决定全心全意支持金本位制度。共和党在施政纲领中宣布，该党“毫无保留地支持健全货币”，“坚决反对任何旨在让我国货币贬值或破坏本国信誉的举措”。施政纲领在最后总结道，该党“反对自由铸造银币”，除非达成国际协议，“在此类协议达成之前，现有的金本位制度必须得到保留”。①

共和党的支持金本位制度施政纲领，促使支持银本位制度的共和党人退出大会，并退出了共和党。他们的领导人、科罗拉多州联邦参议员亨利·特勒(Henry Teller)是共和党的创始人之一。特勒登上共和党大会演讲台，宣布自己和其他 33 位与会代表(主要来自蒙大拿州、科罗拉多州、犹他州和爱达荷州等山地州)将不再支持大会和共和党。显然，他们正计划脱离共和党，加入预计次月在芝加哥亮相的重组民主党。②

支持自由铸造银币的共和党人选择了脱党，但对共和党来说，化身美国支持金本位的政党，这个代价并不算太高。因为共和党借此吸引到的不仅有摩根势力和华尔街，还有其他坚决支持金本位制度和健全货币的德裔和礼仪派。③

---

① 出处同前，p. 660。(编者附注)出处同前，pp. 639 - 661；Burch，*Elites in American History*，pp. 136，185；Kleppner，*The Cross of Culture*，pp. 347 - 348；Ferdinand Lundberg，*America's 60 Families* (New York：The Vanguard Press，1938)，pp. 57 - 59。

② 参议员特勒拥有价值 200 万美元的银矿和其他矿产股票。由此可以看出，银矿利益方在支持布莱恩和自由铸造银币政策。倡导采用自由铸造银币政策的内华达州联邦参议员约翰·琼斯(John P. Jones)和威廉·斯图尔特(William Stewart)都是富有的银矿矿主。马库斯·戴利(Marcus Daly)是蒙大拿州阿那康达市众多大型矿产的大股东，他竭力维护自由铸造银币，并是美国双金属联盟(American Bimetallic League)的主要资助者。该联盟聘请布莱恩前去演讲。戴利和其在阿那康达市的合伙人花了 28.9 万美元在民主党大会上争取与会代表支持自由铸造货币。在布莱恩获得总统提名之后，戴利为布莱恩的竞选提供了 5 万多美元的支持。年轻的报刊出版商威廉·鲁道夫·赫斯特(William Randolph Hearst)的父亲在世时曾经与戴利在阿那康达市合作。在布莱恩的总统竞选中，赫斯特是其主要的媒体支持者。(编者附注)Josephson，*The Politicos*，pp. 663 - 664.

③ (编者注)麦金利坚定地支持金本位制度，在 1896 年竞选总统获得成功，接着 1900 年通过了《金本位法》(*Gold Standard Act*)。现在，摩根势力和其他大银行家能够聚焦于货币改革，纠正国民银行体系的缺陷，用中央集权的货币扩张系统(即中央银行)取代自由银行制度。这种思路与民主党的思路截然不同。布莱恩领导的民主党不加掩饰地支持由国会控制的通货膨胀。要了解 20 世纪初期该运动的情况，请参考 Murray Rothbard，“The Origins of the Federal Reserve”，in *A History of Money and Banking in the United States：From the Colonial Era to World War Ⅱ*，Joseph Salerno，ed. (Auburn，AL：Mises Institute，2005[1999])，pp. 185 - 208。

次月（也就是7月）在芝加哥，布莱恩派在民主党全国大会上成功夺得控制权。他们的优势其实在过去2年里已经初露端倪，因为布莱恩派在美国南部和西部先后夺下数州。中西部各州也失陷，只有坚定的威斯康星州继续被支持金本位制度的民主党人控制。几番摇摆之后，密歇根州的民主党也加入了布莱恩阵营，这导致民主党在接下来的10年里再未能在该州获得主导权。

在芝加哥的大会上，民主党对本党现任总统格罗弗·克利夫兰发起声讨，采用了全新的施政纲领，而且自南北战争以来首次放弃了美国东北部，在密西西比河以西挑选了一位总统候选人。

威廉·詹宁斯·布莱恩出生于伊利诺伊州南部一个小镇的虔敬派家族。其父是南部的浸信会信徒，曾经是共和党领导人，担任过参议员。布莱恩是典型的虔敬派，深信国家的家长作风和强制性道德，认为国家有基督信徒的义务去为正义的人营造"安全的"社会氛围。正因为布莱恩的这些特点，其最主要的传记作家称他是一位"政坛福音传道者"，另一位知名的历史学家则称他是一位"宗教奋兴者"①。来到内布拉斯加州林肯市成为一名年轻的律师后，布莱恩在民主党政坛平步青云。作为民主党人，他尚且无法让自己或所在政党致力于禁酒，但他很快就以个人节制酒精而闻名，并在1889年成功地推动州民主党主张通过高昂的许可费限制酒精饮料的销售。

次年，布莱恩进入国会。他所在的选区包括林肯市和奥马哈市，当地生活着众多虔敬派，因此布莱恩在禁酒议题上选择中间路线，成功地争取到正反两方的选票。相反，他更多地强调反对保护性关税这个民主党老议题。两年后，奥马哈市被划出布莱恩的选区。奥马哈市的选民中更多的是虔敬派、本土新教信徒、禁酒主义者和农民。在争取连任时，布莱恩把自由铸造银币作为自己的主要施政纲领，从而在选区内赢得了虔敬派农民人民党成员的支持。

---

① Paolo E. Coletta, *William Jennings Bryan, I: Political Evangelist, 1860 - 1908* (Lincoln: University of Nebraska Press, 1960); Richard Hofstadter, *The American Political Tradition and the Men Who Made It* (New York: Vintage Books, 1961), p. 186.（编者附注）另参见 Kleppner, *The Cross of Culture*, pp. 338 - 348。

在芝加哥民主党大会上，第一场辩论预示了最终决定性的结果。在这场辩论中，纽约州联邦参议员戴维·比尔(David. B. Hill)提出动议，请大会支持克利夫兰政府。在动议被否决后，大会的模式和新民主党的模式昭然若揭。

民主党克利夫兰派现在面临着行动选择。对于推崇自由放任主义的老派民主党党人而言，唯一的希望是大规模脱党，对布莱恩派进行谴责，然后创立新的"第三"党，继续高举克利夫兰大旗。这样或许可以留住礼仪派和信奉自由放任主义的选民。新党可以永久性存在，也可以融入已方重新获得控制权的民主党。以纽约州州长罗斯威尔·弗劳尔(Roswell P. Flower)和其他 25 位纽约州代表为首的一群人勇敢地脱党，并对布莱恩进行谴责。金融家佩里·贝尔蒙特(Perry Belmont)和华尔街律师弗雷德里克·库代尔(Frederic R. Coudert)在这 25 位代表之列。但纽约州克利夫兰派的领导人、联邦参议员希尔和克利夫兰的金融与政治导师威廉·惠特尼(William C. Whitney)却作出了不同的决定。这部分克利夫兰势力选择了妥协，决定放弃此后的投票，或者把票转投给宾夕法尼亚州前州长罗伯特·帕蒂森(Robert E. Pattison)。

错失最佳时机之后，克利夫兰派民主党人希望尝试其他路径。金融家惠特尼恳请麦金利降低保护性关税的力度，从而建立反对布莱恩派的宽泛联盟。麦金利在任何问题上都可以让步，但保护主义除外。毕竟保护主义是他本人和他所在政党唯一与众不同的纲领。最终，克利夫兰派决定成立第三党，即国家民主党，或者说"黄金民主党"。该党 9 月在印第安纳波利斯市召开大会。国家民主党最合适、也是最引人注目的总统候选人当属总统克利夫兰本人，但他预先拒绝了提名。于是，新党提名伊利诺伊州的约翰·帕尔默(John M. Palmer)为总统候选人，肯塔基州的西蒙·巴克纳(Simon B. Buckner)为副总统候选人。事实上，在南北战争期间，帕尔默曾经担任联邦军的将军，巴克纳则是联盟军的将军，这种搭配充分体现了国家民主党希望南北双方冰释前嫌。威斯康星州资深的民主党领导人、联邦参议员威廉·维拉斯(William F. Vilas)起草了该党的施政纲领。施政纲领不仅坚决支持金本位制度，谴责自由铸造银币，还对贸易保护主义加以谴责，认为贸易保护主义是自由铸造银币主的盟友，目的是通过政府获得特权。该施政纲领接着对政府各种形式的家长作风进行了批判。对支持硬通货和自由放任主义的老民主党人而言，国家民主党的这份施政纲领是他们的最后一搏。新党主要的支持来自伊利诺伊州、其他中西部各州和边境地区的"真正货币民主党"。他们发现自己所在州的民主党都被布莱恩派占领，所以迫切希望另起炉灶。但东部的克利夫兰支持者仍然控制着自己的地方政党，因此不那么乐意组建新党。南部的民主党人对人民党或共和党可能的复兴感到不安，不敢脱离民主党。

支持健全货币的东部民主党人也没有支持这个第三党，因为他们迫切想在选举中打败布莱恩，并为了这个目标而间接或直接地支持麦金利。这种选择相当短视，但也可以理解。惠特尼、弗劳尔、库代尔、纽约坦慕尼协会众议员威廉·伯克·科克拉姆（William Bourke Cockram）和金融家托马斯·福蒂纳·瑞恩（Thomas Fortune Ryan）选择了这条路线。克利夫兰本人赞同国家民主党，但没有公开表示支持。领导纽约州国家民主党的是卡尔文·汤普金斯（Calvin Tompkins），他是这个新党州委员会的主席，也是坚定支持金本位制度的纽约改革俱乐部（Reform Club of New York）健全货币委员会的主席。纽约改革俱乐部坚定地支持自由贸易。与其他短视的克利夫兰支持者不同，汤普金斯认为有必要成立一家长久存在的、支持健全货币的政党，以实施对公众的长期教育，并且为美国支持硬通货的选民形成一个永续的架构。

遗憾的是，连帕尔默和国家民主党的主席、印第安纳州的威廉·拜纳姆（William D. Bynum）都认为新党仅仅是一场支持麦金利的运动，而不是为信奉自由放任主义的民主党人建设的一个永久性组织。除去汤普金斯，只有威斯康星州国家民主党主席埃利斯·厄舍（Ellis B. Usher）认为组建新政党是让摇摇欲坠的个人和经济自由长久不衰的一种方法，即以新的组织形式重建老民主党。

国家民主党深受缺乏灵魂和愿景的困扰，毫不意外地在1896年的选举中扮演了一个小角色。他们在1 370万张选票中仅仅获得13.3万张，只在肯塔基州和加利福尼亚州达到力量均势。大选之后，国家民主党很快就从人们的视线中消失。信奉自由放任主义的民主党的最终机会就这样流逝了。但公平一点来说，不管费多大力气，国家民主党都不可能成为一股永久性政治力量。礼仪派投向了共和党的阵营，而非国家民主党，原因在于他们认为麦金利领导的新共和党已经放弃虔敬主义，变成了一个务实的、主张温和政策的政党。这种理解没有错。①

大选过后，民主党的麻烦进一步加剧。东部支持健全货币的民主党人未加入国家民主党，却没有因此得到丝毫奖励。相反，伴随民主党的溃不成军，在东部城市领导民主党的老派新教信徒（例如来自布法罗市、比虔敬派更注重教义的加尔文派长老会信徒格罗弗·克利夫兰）被挤出领导位置，从爱尔兰裔主导选区推选出来的民主党人取而代之。但爱尔兰民主党人很快发现，在老派的白人盎格鲁-撒克逊新教信徒的和蔼领导之下，团结天主教信徒和路德宗信徒容易得多。在新英格兰，爱尔兰裔唱主角的新民主党很快就冷落了急速增长的意大利裔和法裔天主教选民，后者立刻用行动证明了他们容易受到开放的新共和党的吸引。在东部城市地区，民主党日渐被贴上“爱尔兰裔政党”的标签，这成功地惹恼了其他天主教和礼仪派选民，进一步了夯实了共和党的全美多数党地位。②

除了这些麻烦之外，在布莱恩接管之后，民主党深陷禁酒主义感情，由此进一步动摇了民主党的基础。南方已经转向禁酒主义，现在成为民主党最重要的大本营。除去南方，在布莱恩时代的民主党内部，并不完全是禁酒主义者得势，各州民主党内部就这个议题进行争斗，消耗了力量。在东部诸州，例如纽约州和马萨诸塞州，支持饮酒者和天主教信徒很快赢得了内部斗争。但在其他州，两方势均力敌，变成了一种长期内讧。1905 年，在俄亥俄州，民主党提名一位禁酒主义者为州长竞选人，借此赢得了强大的反酒吧联盟的支持，以与麦金利时代的共和党角逐。在新泽西州，反酒吧联盟支持的

---

① （编者注）McSeveney, *The Politics of Depression*, pp. 163 - 176. 更多关于国家民主党的内容，参见 David T. Beito and Linda Royster Beito, "Gold Democrats and the Decline of Classical Liberalism, 1896 - 1900", *Independent Review* (Spring 2000): 555 - 575。

② Kleppner, "Demise of Ethnocultural Politics", vol. 3, pp. 23 - 24. 在纽黑文市、普罗维登斯市和波士顿市，有充足的证据证明爱尔兰裔成为民主党新的主导力量。

是冉冉升起的进步主义者、民主党人伍德罗·威尔逊。这种支持确保了威尔逊在 1910 年的州长竞选中获胜，把他推向了总统之路。在 1906 年的选举中，反酒吧联盟的支持提升了新泽西州南部农村地区本土新教信徒对民主党的投票率，增幅达到 10—15 个百分点。相比于 4 年前民主党在州长选举中的成绩，威尔逊的得票率增加了 12—20 个百分点。[①]

人民党和禁酒党这些小党情况如何呢？人民党支持通货膨胀和中央集权，他们高兴地把布莱恩的获胜视为自身信念取得的胜利，愉快地提名布莱恩为总统候选人，并且自我解散，融入民主党。农场主联盟（Farmers' Alliance）与禁酒主义者和支持安息日法律的人类似，支持中央集权。他们也最大程度地拥护布莱恩。尽管布莱恩没有公开支持禁酒，但禁酒主义者还是得体地把他视为知己。禁酒党拒绝融入民主党，但在中西部，还是有很多禁酒党人选择加入布莱恩领导的民主党。事实上，禁酒党的全国大会（狭义禁酒者）坚决保持独立，只谈"禁酒"这一个问题。"广义禁酒者"则脱离禁酒党，成立国家党，致力于推动禁酒主义者融入布莱恩领导的新民主党。他们的支持，外加各州和地方基督教妇女禁酒联合会的支持，让多数禁酒主义者加入布莱恩阵营。此后，禁酒党事实上被并入了布莱恩领导的民主党。

支持布莱恩的人民党欢呼布莱恩担任总统候选人是一项新的"道德改革"，是一场讨伐"酒吧力量"的运动，是新的"虔敬政党"的体现。美国南部和西北涌现出众多支持布莱恩的"银本位俱乐部"，他们的行为方式像是彻底道德改革的奋兴会。他们的风格、言辞和纲领令礼仪派感到恐惧。

克莱普纳教授写道：

> 民主党、人民党和禁酒主义者三方进行合作，这是中西部禁酒党众多领导人多年力争的"改革者"大联盟……布莱恩派不仅让昔日的忠实支持者重新活跃起来，还联合了新的选民。他们希望争取到禁酒党人、人民党人和共和党人的支持，为此选择投其所好，针对这些选民建设道德社会的信念开展工作。为了进一步吸引这些选民投入"新的道德政

---

① 出处同前，pp. 24－25，55－56。

> 党”……他们采纳了自由铸造银币思想。这样做的目的是……从道德角度争取一些选民群体，因为他们希望通过政府权力弥补社会缺乏是非观的问题……
>
> 相比激发和强化老支持者的热情，他们把更多精力放在吸引新选民上。正因为如此，布莱恩及其在中西部的支持者们竭力弱化他们的民主党血统及他们与老民主主义之间的关系。他们给自己树立的形象不是“消极政府”，而是一个致力于通过积极采取行动消除社会不平等现象的政府。民主党过去的纲领是连篇累牍的“不得……”，但新民主党支持的政府在过去半个世纪里反感宗教仪式主义者（礼仪派）。[①]

老派民主党领导人及其喉舌如何对抗布莱恩派，说服选民转而支持此前他们所痛恨的共和党呢？他们不仅从经济角度攻击自由铸造银币，还攻击布莱恩派背叛了民主党的昔日信条。简而言之，克利夫兰派民主党人向选民正确地指出，布莱恩的道路和此前真民主党人的道路南辕北辙。具体来说，布莱恩主义违背了民主党过去对“个人自由”的信仰，而是尝试“管理事务……通过法律管理人们的习惯、追求和信念”。[②] 德裔反布莱恩报刊指出，布莱恩从本质上是一个禁酒主义者。

麦金利领导的新共和党热情地欢迎礼仪派加入自己的队伍。他们放弃了过去的虔敬派形象，为自己树立的形象不再是道德政党，而是一个通过保护性关税创造繁荣的政党。例如，在威斯康星州，考虑到德裔路德宗领导人的强烈反对意见，共和党遵循这个战略抛弃了虔敬派的罗伯特·拉福莱特。罗伯特·拉福莱特是《班尼特法》的支持者，也是反天主教的本土主义组织美国人保护协会的朋友。

事实上，美国人保护协会在1896年的总统选举中左右为难。美国人保护协会此前是坚定的共和党支持者，在俄亥俄州政坛上曾经与温和派麦金利进行过激烈的争斗，并且支持禁酒主义者弗勒克。麦金利任命了天主教

---

① Kleppner, *The Cross of Culture*, pp. 354,361 - 362.

② 引文出处同前，p. 364。

信徒担任公职，却拒绝任命该协会重要成员担任公职，对此美国人保护协会也心生怨恨。1896年，美国人保护协会强烈反对麦金利的提名。那年春季，美国人保护协会的国家顾问委员会谴责麦金利州长在任命公职时偏袒天主教信徒，歧视本土新教信徒。5月，美国人保护协会的执行委员会和竞选委员会公开谴责麦金利，并且表示将支持其他任何共和党候选人。

在1896年的总统竞选中，美国人保护协会因内部意见不合，迷失了方向。事实上，这导致美国人保护协会迅速分裂，过早地从美国人的生活中消失。然而，美国人保护协会的攻击，对于麦金利争取天主教信徒反而起到了很大的推动作用。①②

威廉·麦金利赢得了总统大选，这是共和党自1872年以来获得的第一个决定性胜利。麦金利由此成为共和党自1876年以来第一位在普选中赢得多数选票的总统候选人。正如我们此前指出的，他开启了共和党占据总统之位和控制参众两院的漫长时代。当选总统之后，麦金利迅速埋葬那些造成分裂的虔敬派议题。禁酒主义被共和党放弃，在进步主义运动中才得到复兴，被暂时复苏的民主党在农村牢牢抓住，此后又披着"为了战争"的外衣出现③。妇女参政权运动在1896年之后也慢慢熄火，15年后才借助进步主义运动重回公众视线④。尽管麦金利总统公开支持通过读写能力测试对移民加以限制，但共和党对该法案的热情不复存在。众多共和党人发现，礼

---

① (编者注)Kleppner, *The Cross of Culture*, pp. 349 – 352.

② 尽管犹太人当时在政坛上没有重要的影响力，但有必要指出，布莱恩派的虔敬主义带着明确的反犹太含义。克利夫兰总统和金本位制度被批评为"欧洲罗斯柴尔德犹太人"的代理人。作为罗斯柴尔德的代理人，贝尔蒙特家族(Belmonts)长期以来在老民主党内颇具影响力。赫尔曼·艾尔沃特(Herman Ahlwardt)是重要的德裔反犹太人士，他在《非犹太新闻》(*The Gentile News*)中对布莱恩表示支持。更重要的是，堪萨斯州民粹主义者、著名女性演说家玛丽·伊丽莎白·丽丝(Mary Elizabeth Lease)攻击克利夫兰总统是"犹太银行家和英国金本位制度的代理人"。明尼苏达州的民粹主义和禁酒主义领导者伊格内修斯·唐纳里(Ignatius Donnelly)写了一本小说《凯撒之柱》(*Caesar's Column*)，预言未来的社会被犹太世界寡头统治和剥削。McSeveney, *The Politics of Depression*, pp. 186 – 187.

③ 但没有哪个政党可以被称为是禁酒主义政党或反禁酒主义政党。同其他所有议题一样，没有哪个政党再持久且明确地支持某一个议题。两个政党都变成了走中间路线的温和派政党，也就是我们现在非常熟悉的样子。(编者附注)第18修正案假借第一次世界大战在1919年通过，关于禁酒和第十八修正案的颁布情况，参见本书第十三章。

④ (编者注)参见本书第十三章。这些努力最终在第十九修正案时达到高潮。该修正案1920年在全美范围内颁布实施，赋予了妇女参政权。

仪派和出生于国外的选民都流向了麦金利，而新近势力大增的德裔群体正在集体强烈反对移民限制。150 个德裔美国人社团的领导人谴责此类法案是无知主义和偏执主义的复燃，德裔和其他族裔成立了移民保护联盟对抗移民限制主义。众议院在 1898 年未能通过移民限制法案，人们的骚动随之消失。再一次，又是民主党和第一次世界大战终结了美国的自由移民传统。①

1896 年的总统大选中，美国的政党体系出现了一些新的特征。保罗·克莱普纳的研究对此有所发现。克莱普纳对比了两个 10 年里各地区党派的平均领先情况。在这两个 10 年中的 1882 年至 1892 年，第三政党体系走向了成熟和结束。第二个 10 年是 1894 年到 1904 年，也就是第四政党体系的开始。这两个时期内各党派的平均领先情况如表 6－1 所示。

表 6－1　党派领先情况(百分点)

	1882—1892 年	1894—1904 年
新英格兰地区	共和党，8.1	共和党，23.6
近大西洋中部地区	共和党，0.1	共和党，16.9
中部地区(东北)	共和党，1.1	共和党，14.8
中部地区(西北)	共和党，18.1	共和党，23.5
南部地区	民主党，32.6	民主党，39.1
边境地区	民主党，10.9	民主党，0.6
山地地区	共和党，11.7	民主党，3.8
近太平洋地区	共和党，3.5	共和党，15.5
美国：非南部地区	共和党，2.4	共和党，14.5
美国：合计	民主党，3.7	共和党，7.7

资料来源：Kleppner, “Party Transformations in the 1890s”, p. 44.

昔日在美国南部是民主党一枝独大，在其他地方则是共和党略微领先

① (编者注)Higham, *Strangers in the Land*, pp. 106－107。1917 年移民法案最终通过了对读写能力测试的要求。在此基础上，20 世纪 20 年代美国出现了移民配额。参见本书第十章和第十三章。

或两者不相上下，但很显然，现在变成了民主党在南部更加一枝独大，而其他地方则全部是共和党遥遥领先。更具体一点来说，新英格兰地区曾经是共和党稍占优势，但现在是优势严重向共和党倾斜。在大西洋沿岸中部各州，两党曾经势均力敌，但现在稳固地向共和党倾斜。原来平分秋色的中西部地区现在则绝对属于共和党阵营。在太平洋沿岸各州，共和党曾经略微领先，但现在是一骑绝尘。在此前坚定支持民主党的边境地区，两党的影响力现在旗鼓相当。事实上，布莱恩派对自由铸造银币的态度改变了人口稀少的西部山地地区的投票模式。这里的各州曾经坚定地支持共和党，但现在向民主党略微倾斜。不过，这种改变不足以让四面楚歌的民主党感到心安。

共和党的领导权地位无可撼动，这在所有美国政治架构中都有所体现。例如，此前的总统选举中，两党候选人在普选中或者势均力敌，或者民主党的候选人略微领先。但现在，天平完全向共和党倾斜。1876年，塞缪尔·蒂尔登在普选中战胜了拉瑟福德·伯查德·海斯（50.9%：47.9%），却没能取得总统之位。1880年，詹姆斯·加菲尔德在与温菲尔德·斯科特·汉考克（Winfield Scott Hancock）的竞争中险胜（48.27%：48.25%），格罗弗·克利夫兰在1884年同样以微弱优势战胜了詹姆斯·布莱恩（48.9%：48.3%）。1888年，民主党再次赢得普选，但未夺得总统之位。克利夫兰当时败给了本杰明·哈里森（48.6%：47.8%）。1892年，两人再战，克利夫兰大幅领先于哈里森（46%：43%）。但是，从1896年开始，共和党在接下来的数次总统大选中均遥遥领先。1896年，威廉·麦金利战胜了威廉·詹宁斯·布莱恩（51%：46.7%），在1900年的选举中又取得更大的胜利（51.6%：45.5%）。西奥多·罗斯福在1904年的大选中绝杀奥尔顿·帕克（Alton B. Parker）（56.4%：37.6%）。1908年的大选中，威廉·霍华德·塔夫脱也以巨大的差距战胜了布莱恩（51.6%：43%）。从1896年开始，共和党一直占据总统之位，而且控制了其他政治架构，直到1912年共和党暂时出现分裂。自19世纪70年代中期到90年代中期，一个党派同时占据总统之位和控制国会两院的情况只出现了一次。但从1897年到1911年，共和党一直同时控制着这三大机构。从1894年到1904年，在南方之外诸州的州议会中，共和党人占到了70.6%。从1894年到1931年，中西部和西部诸州中，至少有 67.2%的州长是共和党人。同期，在新英格兰和中大西洋地区，这个比例达到 83.1%。南部几乎是民主党的天下，只在相对不太重要的山地州，才显现几分民主党和共和党之争。

1896 年之后，不仅大量礼仪派人士改投共和党阵营，在温和路线麦金利共和主义（也就是“繁荣之党”，唯一坚持的是保护性关税这个共和党关心的老议题）的吸引下，之前众多因为受布莱恩民主主义诱惑而脱党的人也重回共和党怀抱。正因为如此，在 1900 年和 1908 年的总统大选中，布莱恩品尝到了比 1896 年更痛苦的惨败。克莱普纳曾分析过典型的虔敬派和礼拜仪式地区在 20 年中的表现。在宾夕法尼亚州的 6 个德裔聚居县，1882—1892 年这 10 年里，民主党获得的支持率比共和党获得的支持率高出 5.5 个百分点，但在接下来的 10 年里，情况出现反转，共和党获得的支持率高出 6.6 个百分点。在威斯康星州的 10 个礼仪派德裔聚居的县，第一个 10 年里，民主党获得的支持率平均高出 24.7 个百分点。但第二个 10 年里，共和党获得的支持率反而高出 1.6 个百分点。相比之下，在宾夕法尼亚州 10 个虔敬派占主导的县，第一个 10 年里共和党的支持率领先 10.3 个百分点，在接下来的 10 年里共和党把差距拉大到 23.1 个百分点。在威斯康星州虔敬派斯堪的纳维亚裔聚居的 10 个县，共和党在第一个 10 年里获得的支持率领先 24.8 个百分点，在第二个 10 年里则领先了惊人的 45.5 个百分点。所有这些群体的投票率都有所下跌，跌幅从 11 到 20 个百分点不等。在礼仪派占多数的大型城市，也就是大幅倾向于民主党的城市（波士顿和布鲁克林），两党在总统大选中仍势均力敌。巴尔的摩从大幅倾向民主党变为共和党的坚定支持者，而芝加哥则从坚定的民主党支持者变为忠实的共和党拥护者。

所以，在 1896 年之后，没有哪个大党可以再被归为某种意识形态的恒久信奉者，或者说他们到底是认同虔敬派还是礼仪派的宗教价值观。两党现在都是兼而有之。民主党在南方的主导地位变得更加牢固，共和党在整个美国占据霸主地位，再加上两党之内意识形态或族裔-宗教的冲突激烈程度大不如从前，导致了州选举和全国选举中的选民投票率急剧下降。表 6-2 是克莱普纳列举的两党选民平均“投票率”（参与投票的人占拥有投票资格的选民的比例）。

表6-2 投票率(百分比)

	1874—1892年	1900—1918年	投票率变化情况
新英格兰地区	56.4	47.9	-8.5
大西洋沿岸中部地区	67.9	55.1	-12.8
中部地区(东北)	74.9	61.3	-13.6
中部地区(西北)	64.8	61.7	-3.1
南部地区	56.1	24.6	-31.5
边境地区	66.4	65.8	-0.6
山地地区	54.8	74.1	+19.3
太平洋沿岸地区	52.8	43.6	-9.2
美国：非南部地区	67.3	57.6	-9.7
美国：合计	64.8	51.1	-13.7

资料来源：Kleppner，"Party Transformations in the 1890s"，p. 44.

大西洋沿岸中部地区和中部地区(东北)的投票率分别下跌了13个和14个百分点，映射了从两党势均力敌到共和党霸主地位的突然转变。新英格兰地区和太平洋沿岸地区也是类似趋势，只是这些地区的投票率下跌幅度相对小一些。南部参与度的急剧下跌源于黑人在这段时期内被剥夺了公民选举权。[①] 边

① 南方的总统选举投票率从1876年的75%下跌到1880年至1888年的约68%。这种下跌反映了南方重建的结束，以及美国南北战争之后去南方投机钻营的北方白人被驱逐出南方。此后，出现了连续的投票率急剧下跌，1892年跌至60%，1900年跌至50%，1904年和后续的选举更是跌至约38%。不管是白人还是黑人选民的投票率都很低迷，这种下滑源于在这段时期，美国南部对投票强行征收人头税，并对选民的读写能力提出了要求。它们同时也反映了1891年虔敬派共和党洛奇法案的失败。该法案的本意是让联邦政府对南方各州的选举进行强制性监督，以确保黑人参与投票。参见 Jerrold G. Rusk and John J. Stucker，"The Effect of the Southern System of Election Laws on Voting Participation：A Reply to V. O. Key，Jr."，in *The History of American Electoral Behavior*，J. Sibley，A. Bogue，and W. Flanigan，eds.（Princeton：Princeton University Press，1978），pp. 198 - 250。另参见 J. Morgan Kousser，*The Shaping of Southern Politics：Suffrage Restrictions and the Establishment of the OneParty South*，*1880 - 1910*（New Haven，CT：Yale University Press，1974）。

(编者附注)这段时期颁布的种族隔离法案得到了南方进步主义者的公开支持。这种支持不是用心良苦的改革者的"盲点"，而是他们干涉主义计划的一部分，旨在控制社会并组建联盟，从而让特殊利益群体从中获益(例如盎格鲁-撒克逊白人工人)。参见 William L. Anderson and David Kiriazis，"Rents and Race：Legacies of Progressive Policies"，*Independent Review*（Summer 2013）：115 - 133，and Chapter 9 below，pp. 292 - 293。

境地区和山地地区的重要性相对较小，但这里的党派之争并没有减弱，反而进一步加强。只有这两个地区的投票率基本持平，甚至有所提高。[①]

从总统大选的投票率可以看出，选民的参与情况在稳步下跌（见表6－3）。

表6－3 除南方各州以外的总统选举投票率

年份	投票率
1896年	78.3
1900年	71.6
1904年	64.7
1908年	67.9
1912年	55.9
1916年	59.7

资料来源：FromHoward W. Allen and Jerome Clubb，"Progressive Reform and the Political System"，*Pacific Northwest Quarterly*（July，1974）：140.

编者附注：20世纪和21世纪里，适龄人群的投票率始终低迷，一直徘徊在50％—60％。

客观地来看这些数据，总统大选中的选民投票率从1828—1836年的55％—58％，增长至1840年的80.2％，此后在70％—84％之间起伏。1896年之后，投票率下滑，又回到了1840年之前的水平。

不只是选民投票率大幅下降，投票特征也发生了巨大的变化，反映出美国政党出现的新情况。在1896年之前，正如我们大家想象的，教会选民的投票率远远高于那些不隶属于任何教会的选民。但是，之后教会选民投票率的下跌幅度更大。在第三政党体系期间，穷人的投票率高于富人；但现在，穷人的参与度大幅下滑。年轻选民，以及第一代和第二代移民选民的情

① 这里再介绍另一种观点。该观点认为1896年后选民投票率急剧下降的根源在于几乎每个州都提出了选民个人登记注册的要求。但此类解释忽略了几个事实。（1）山地地区各州的政党之争加剧，但选民投票率并未因此增加；（2）登记注册的要求只是在城市地区强制实施，可是农村地区的投票率下跌情况与城市地区一样严峻。参见Walter Dean Burnham：*Critical Elections and the Mainsprings of American Politics*（New York：W. W. Norton，1970），"Theory and Voting Research：Some Reflections on Converse's Change in the American Electorate"，*American Political Science Review*（September，1974）：1002－1023，and "Rejoinder"，出处同前，pp. 1050－1057；另参见Kleppner，"Party Transformations in the 1890s"，p. 465。

况也类似。过去的习惯很难改掉，所以不投票这种新趋势首先并深重影响了那些年轻的、刚刚拥有投票资格的年龄群体。因此，在1876年和1892年，新近获得投票资格的非南方选民中有62.1%参与了投票。但1900年到1916年，这些新选民中只有41.2%的人不嫌麻烦地去投票。[①]

正如克莱普纳所说的：

> ……社会中的选举参与度下跌并不是随机产生，也不是普遍一致的，而是有着明显的阶层倾向。从经济方面来看，最底层选民的参与度下滑最大。如果不考虑经济因素，年轻人的参与度下滑也是最为明显的。换而言之，在世纪之交，选举政治似乎大不如从前，无法再激发多数居民的热情，争取他们积极参与其中。[②]

选民的兴趣（尤其是年轻人和穷人的兴趣）在进步时代（大约是1900—1917年）为何会急剧下滑？这个时代被进步主义者和颂扬该时代的历史学家吹捧为代表了"人民"的呼声，是"民主主义前进的进行曲"。很显然，至少在最近10年，历史学家看到的只是进步主义者的表面价值观。技术专家治国论在快速发展，而且与大企业的精英联合起来，向民主主义和自由发起了猛烈攻击。民主主义的胜利进行曲只是他们的一种伪装。

无意识形态差别的新政党体系和人气低迷的选举意味着政党本身在决定政府政策上的重要性不如从前。与政党一样，政党选民对政府行为的影响力也在下降。这种政党及其选民的影响力下滑留下了一个权力真空，我们将在下文中进行详细探讨。专家、技术官僚，以及有组织的经济利益集团试图填补该空缺。新精英群体唱主角，这使得更多居民被疏远，非选民群体越来越大。驶入进步时代的道路已经铺平。

保罗·克莱普纳对这个新趋势进行了总结：

---

① Kleppner, "Demise of Ethnocultural Politics," vol. 3, pp. 27 - 32, 67.

② 出处同前，p. 33。

缺乏竞争性和群众兴趣消退的情况在累积，再加上法律变革的作用，使得政党作为组织的作用下降，削弱了政党动员的效力和效率，也使得其政治产出能力下滑。只有政策制定者不再受到政党的局限，才能提高其他政治组织影响政策和表达群体利益的能力。例如，随着政党对立法投票行为的影响力下降，有组织的经济利益群体的影响力相应地增长。此外，决策权从当选人士手中转移到被任命的人手中，使得大量政策不受政党行为的潜在影响，这种趋势也在加速。在"效率"和"专业知识"的名义之下，这种转移也导致决策脱离了舆论的影响。政党曾是地方主义者抵制法团资本主义中央集权的关键工具，世界主义精英若要打破这种情况，让决策脱离舆论影响是必不可少的一步。[①]

---

① Kleppner, "Party Transformations in the 1890s", p. 59. 另参见 Kleppner, "Demise of Ethnocultural Politics", vol. 3, pp. 33ff。

（编者附注）很多人认为进步时代出现了政治民主化。例如根据 1913 年的第十七修正案，可以直接选举产生参议员，而不是由州议会进行挑选，或者说要求政治初选。它们的主要作用是减少政党的意识形态或体制角色，让所有人可以根据自己的公共关系实施竞争，加速了政坛向乏味的人气比拼转变。这与政党日渐走中间路线且变得相似有着密切的关系，也源于权力真空给专家治国论者和政策制定者以空间在幕后控制一切。此外，第十七修正案削弱了州议会和州政府的影响力，把这些权力转移到联邦政府手中。各州无力遏制联邦政府的权力，这让联邦政府的行为和影响力得到了大幅扩大和巩固。

第七章

西奥多·罗斯福：进步时代的第一阶段(上)

一、政党的经济影响力

在1896年以前，民主党一直主张自由贸易和金本位制度，共和党则坚定地支持保护性关税，也更愿意接受通货膨胀主义者的实验。简单来说，民主党人与华尔街的投资银行家更意气相投，所受影响也更多，其中最著名的是摩根利益集团和欧洲的罗斯柴尔德家族。罗斯柴尔德家族通过其纽约代理人奥古斯特·贝尔蒙特施加影响，后者作为民主党人曾多年担任国家财政部部长。另一方面，共和党更容易受到制造商的影响。这些制造商希望制订保护性关税。尤其是宾夕法尼亚州的钢铁行业，自1820年起一直战斗在争取高关税的前线。在南北战争期间以及战争刚刚结束的那些年，共和党的主要领导人之一是众议员撒迪厄斯·史蒂文斯。他是宾夕法尼亚州的生铁制造商，也是保护性关税和不可兑现绿钞的领头支持人。[①]

格罗弗·克利夫兰领导的两届民主党政府深受摩根家族及其华尔街盟友的影响。克利夫兰最初是布法罗市铁路公司的律师，曾为摩根麾下的纽约中央铁路公司服务。在两届总统任期中间，克利夫兰加入纽约市著名的

① (编者注)关于支持保护性关税的生铁制造商和绿钞主义之间的关系，参见 Rothbard, “A History of Money and Banking”, pp. 147 - 148。保护主义者精明地意识到，如果离开金本位制度，通货膨胀除了能提供低息贷款，还会发挥关税的作用，因为外汇市场会快速地预计未来价格将上涨，这也意味着汇率的贬值幅度要高于当前价格的上涨幅度，所以净出口也会增长。

律师服务所班斯-斯特森-特拉西-麦克维事务所(Bangs, Stetson, Tracy, and MacVeagh)。该事务所最初的高级合伙人是摩根的连襟查尔斯·特拉西(Charles E. Tracy)。特拉西于1887年过世,之后弗朗西斯·林德·斯特森成为主要合伙人。斯特森是克利夫兰的密友、政治顾问,兼J. P. 摩根公司的法律顾问。克利夫兰的主要政治组织者、第一任内阁中的海军部部长是华尔街才华横溢的金融家威廉·惠特尼。惠特尼持有多家铁路公司的股份,后来曾担任多家摩根公司的董事长。其女儿嫁给了摩根的合伙人威拉德·斯特雷特(Willard D. Straight)。惠特尼也与标准石油公司和洛克菲勒家族交情深厚,因为他的连襟奥利弗·佩恩(Oliver H. Payne)和洛克菲勒合作密切,持有标准石油公司的股份。洛克菲勒家族是共和党的重要支持者。克利夫兰的第一任战争部部长是波士顿名流威廉·恩迪科特(William C. Endicott),他通过婚姻进入了富有的皮博迪家族。乔治·皮博迪(George Peabody)建立了一家银行,摩根的父亲是这家银行的高级合伙人。皮博迪家族成员曾在摩根的婚礼上担任伴郎。

克利夫兰的另一位重要助手是地位显赫的波士顿律师理查德·奥尔尼(Richard Olney)。理查德·奥尔尼最初是司法部部长,在克利夫兰再次出任总统时担任国务卿。克利夫兰的第一位国务卿是托马斯·巴亚德(Thomas F. Bayard)。巴亚德与奥古斯特·贝尔蒙特关系密切,与摩根家族和罗斯柴尔德家族是盟友。奥古斯特的儿子佩里(Perry)在国会为巴亚德工作。在担任公职之前,奥尔尼曾经担任摩根麾下波士顿-缅因铁路公司(Boston & Maine Railroad)和伯灵顿铁路公司(Burlington Railroad)的法律顾问。克利夫兰的其他顾问还包括摩根本人、斯特森和小奥古斯特·贝尔蒙特。小奥古斯特·贝尔蒙特是罗斯柴尔德家族的代理。

卸任总统之后,格罗弗·克利夫兰在摩根的建议之下,成为衡平人寿保险社(Equitable Life Assurance Society)的董事,并与惠特尼和奥利弗·佩恩一起参与股票投机。[①]

---

① (编者注)Burch, *Elites in American History*, pp. 72, 88 - 89, 97 - 98, 118 - 119, 123, 150; Lundberg, *America's 60 Families*, pp. 56 - 57; Ron Chernow, *The House of Morgan: An American Banking Dynasty and the Rise of Modern Finance* (New York: Touchstone, 1990), pp. 74 -75.

如果说克利夫兰领导的政府和摩根家族有着错综复杂的关系，那么共和党和麦金利政府则是被洛克菲勒和标准石油公司主导。在众议院，颇具影响力的议长、缅因州的托马斯·里德是亨利·罗杰斯（Henry H. Rogers）的密友，两人相交甚久。罗杰斯是洛克菲勒早期的合作伙伴，也是标准石油公司的主要股东之一。纽约州共和党无可争议的党首是托马斯·普拉特。他是洛克菲勒的老友，也是洛克菲勒曾就读的纽约州北部奥韦戈高中（Owego High School）的校友。作为参议院金融委员会的首领，来自罗德岛州的纳尔逊·奥尔德里奇（Nelson W. Aldrich）在参议院颇具影响力。他是极端的保护主义者，也是小约翰·洛克菲勒的岳父。奥尔德里奇在1881年进入参议院，当时只是一个家境殷实的食杂批发商。担任公职30年之后，即在他过世时，他已经身价数百万美元。

在国会任职期间，俄亥俄州的威廉·麦金利加入了保护主义事业。麦金利特别支持俄亥俄州的生铁制造。他的原生家庭从事生铁销售，所以全家都是保护主义者。麦金利的政治和金融良师益友是马库斯·阿朗佐·汉纳，正是汉纳设计并推动着麦金利的政治生涯及总统提名，在麦金利担任俄亥俄州州长期间帮助他逃离了破产。汉纳是煤矿主兼生铁制造商，也是洛克菲勒的商业合伙人和老朋友，两人在克利夫兰市中心高中就读时是同班同学。洛克菲勒通过汉纳影响俄亥俄州和全美的共和党。就任总统之后，麦金利立即安排俄亥俄州的州议会推荐马库斯·阿朗佐·汉纳成为俄亥俄州联邦参议员。来自该州的其他参议员当中，之前有标准石油公司合伙人的父亲亨利·佩恩，新近有约瑟夫·弗勒克。约瑟夫·弗勒克在担任参议员期间拿着标准石油公司的薪酬。

从麦金利的内阁组成也可以看出洛克菲勒和标准石油公司的巨大影响。麦金利的国务卿是资深的俄亥俄州共和党人约翰·谢尔曼。10年前，汉纳曾经支持约翰·谢尔曼争取总统提名，之后谢尔曼成为参议员。谢尔曼的女婿曾经担任洛克菲勒的金融顾问。麦金利的财政部部长是莱曼·盖奇（Lyman J. Gage），他和洛克菲勒控股的国民城市银行（National City Bank）关系密切，曾经担任芝加哥第一国民银行（First National Bank of Chicago）的总裁。从内阁离职之后，盖奇来到洛克菲勒控股的美国信托公司（United

States Trust Co.)担任总裁。盖奇在财政部精挑细选的副职弗兰克·范德利普(Frank A. Vanderlip)后来跳槽到洛克菲勒控股的国民城市银行,并最终成为该行总裁。麦金利的第二任驻英大使是标准石油公司著名的律师约瑟夫·乔特(Joseph H. Choate),海军部部长则是约翰·戴维斯·隆(John Davis Long)。约翰·戴维斯·隆后来在职期间就出任美国信托公司的董事。

布莱恩派的胜利导致摩根利益集团被赶出民主党阵营,于是摩根利益集团转而支持著名的华尔街银行家李维·莫顿争取1896年的共和党总统提名。莫顿是纽约州州长,曾经担任过副总统。麦金利打败了莫顿,并且拒绝接受莫顿再次出任副总统。作为向摩根利益集团的补偿,他选择加勒特·霍巴特(Garret A. Hobart)作为自己的竞选搭档。甚至在担任副总统期间,霍巴特依然兼任着摩根控股的一家银行、一家保险公司和一家铁路公司的董事。此外,威廉·麦金利最终把战争部部长之位授予伊莱休·鲁特(Elihu Root)。伊莱休·鲁特是一位出色的律师,曾经为托马斯·福蒂纳·瑞恩工作,后为摩根工作。此外,麦金利的内政部部长科尼利厄斯·布利斯(Cornelius N. Bliss)是摩根和瑞恩亲密的合作伙伴,也是衡平人寿保险社的董事。在麦金利的第二届任期内,司法部部长由匹兹堡的菲兰德·诺克斯(Philander C. Knox)出任。菲兰德·诺克斯曾担任全美重要的钢铁制造商卡内基钢铁公司的法律顾问。该公司推动了美国钢铁公司的成立,美国钢铁公司后来被摩根控股。诺克斯是安德鲁·卡内基的合作伙伴兼臂膀亨利·克莱·弗里克(Henry Clay Frick)的密友和生意伙伴,也是匹兹堡梅隆银行(House of Mellon)的董事。正是弗里克亲自出面,向麦金利力荐诺克斯出任司法部部长。

1901年9月,就在麦金利第二次出任总统后不久,一件大事的发生彻底改变了美国政坛的面貌。美国历史上突然出现的几个刺杀总统的“独立杀手”之一,枪杀了威廉·麦金利,导致精心打造的麦金利-汉纳-洛克菲勒政权化为尘埃。命运时常如此弄人。麦金利的接任者是来自纽约市的活力十足的年轻人、副总统西奥多·罗斯福。他蒙恩于截然不同的金融利益。美国历史上第一位、也是最典型的“进步主义”总统登上了权力舞台①。

二、西奥多·罗斯福：进步时代的缔造者

西奥多·罗斯福是美国的第一位进步主义总统，正是在他担任总统期间，进步主义在城市、州和联邦政府层面逐渐成为一股政治力量。

西奥多·罗斯福来自纽约市的贵族家庭，曾就读于哈佛大学，此后通过婚姻进入波士顿金融寡头的名流家族。他的第一任妻子艾丽斯·李(Alice Lee)是乔治·卡伯特·李(George Cabot Lee)的女儿，与卡伯特家族、李家族和希金森家族(Higginson)都有亲眷关系。希金森家族是波士顿投资银行李-希金森公司(Lee, Higginson & Co.)的股东。波士顿财团通常与摩根利益集团是盟友。在波士顿，西奥多·罗斯福遇到了自己的一生挚友、亲密的政治导师、冉冉升起的新政客亨利·卡伯特·洛奇。后者是卡伯特家族中的一员。

在担任纽约州州议员一段时间后，由于第一任妻子过世，外加在1884年因支持共和党而与自己的改革派朋友痛苦决裂，西奥多·罗斯福西迁到自己位于南达科塔州的农场。回到纽约州后，他在1886年竞选纽约市市长时遭遇惨败，于是选择退出政坛，专心撰写历史书籍。28岁的西奥多·罗斯福的政治生涯似乎走到了尽头。

但是，1889年，新任总统本杰明·哈里森被颇具影响力的国会议员亨利·卡伯特·洛奇说服，任命西奥多·罗斯福为公务员委员会(Civil Service Commission)的首领。西奥多·罗斯福在这个岗位上表现优异，并在民主党总统格罗弗·克利夫兰当政期间续任该职。②

---

① (编者注)Burch, *Elites in American History*, pp. 134 - 44, 183 - 85; Lundberg, *America's 60 Families*, pp. 57 - 65; John Flynn, *God's Gold: The Story of Rockefeller and His Times* (New York: Harcourt, Brace and Company, 1932), p. 353. 另参见本书第十四章。

② (编者注)William Henry Harbaugh, *Power and Responsibility: The Life and Times of Theodore Roosevelt* (New York: Farrar, Straus and Cudahy, 1961), passim; Lundberg, *America's 60 Families*, p. 238. 关于西奥多·罗斯福与摩根和范德比尔特利益集团之间的家族关联，参见Burch, *Elites in American History*, pp. 146 - 147。

除了推动国家主义政策，西奥多·罗斯福还坚持军国主义，致力于建立庞大的海军队伍和推行共和党的保护性关税。他长期呼吁进一步加强公务员系统。在南北战争之后的几十年，他加入了主要的“改革”事业。后来，进步主义者以此为基础，号召“政治”脱离政府。公务员改革是第一项进步主义事业，掺杂了对“腐败”的道德主义攻击，以及对政府提高“效率”和摆脱党派性的科学呼吁。其思路是终结或限制“政党分肥制”，方法是让更多政府职务脱离政治，使之不再受官僚约束，并且根据“客观的”书面考试成绩聘用和提拔人才，而不是将党派或意识形态当作标准。

1883 年的《彭德尔顿法》(*Pendleton Act*)所开启的公务员系统，产生了重要却未被公开承认的影响。该系统建立并维持了一种寡头政治，后者不再受到公众投票的影响。“非党派性”和公务员“保护”意味着官僚精英持久地笼罩在不幸公众的头顶上。它为专家统治铺平了道路，取代了政治代表的统治。公务员系统还带来了另一个固有的结果。如果 A 党派任命了其成员，通过公务员系统就可以让这些成员永久性地留在岗位上，这意味着当 B 党派掌权时，他们无法沿用旧办法罢黜 A 党派的成员，为自己的党派成员安排工作。相反，B 党派只能创造新的岗位奖励自己的追随者，再把这些成员永久性地留在那些岗位上。简而言之，公务员制度的出现，强力地刺激着两个政党成倍地增加政府公务员和官僚的数量。①

1895 年，西奥多·罗斯福就任纽约市警察局局长，他立刻踏上树立标准“改革派”政客形象之路，即按照虔敬派的作风，强制取缔酒精饮料和安息日营业行为。西奥多·罗斯福也开始强力推行共和党支持的《雷恩斯法》(*Raines Law*)，即在安息日强制关闭酒类贩卖店和酒吧。该法令对街区酒吧和啤酒屋而言影响甚大，因为啤酒屋是德裔美国人在安息日常去的娱乐场所。正如所期望的，这个措施大幅削弱了酒吧主这股政治力量。他们在礼仪派和少数族裔街区是主要的政治力量，过去也一直是城市地区民主党的堡垒。

---

① (编者注)关于《彭德尔顿法案》颁布前的公务员改革历史，参见 Rothbard，“Bureaucracy and the Civil Service in the United States”。

很快，德裔在纽约市抗议《雷恩斯法》，酒商协会（Liquor Dealers' Association）声称 90％的酒吧主因为西奥多·罗斯福的严格执法而破产。威廉·斯特朗（William L. Strong）市长支持改革，正是他任命了这位不受欢迎的警察局长。但是，连他也在一次晚宴上说："我发现我所任命的那位荷兰人（西奥多·罗斯福）想把所有纽约人都变成清教徒。"[①]市长敦促西奥多·罗斯福从宽执法，却枉费心力。西奥多·罗斯福受到抨击，也遭遇威胁，甚至有人给他邮寄炸弹信件。曼哈顿共和党县委员会（Republican County Committee）主席呼吁共和党开除西奥多·罗斯福，以求保留德裔美国人的选票。西奥多·罗斯福毫不动摇，于是共和党在接下来的选举中惨败，3 万名德裔美国人投向了民主党阵营。此后，州议会批准在提供餐饮服务的旅馆销售酒精饮料，拯救了酒吧。该法令导致伪旅馆酒吧大量出现，而西奥多·罗斯福发现自己无法有效地取缔这些场所。[②]

1896 年，西奥多·罗斯福及其联邦参议员朋友洛奇共同支持众议院议长托马斯·里德竞选总统。托马斯·里德来自缅因州，支持金本位制度。我们曾说到，洛奇发挥了重要的作用，迫使威廉·麦金利在施政纲领中纳入摩根和华尔街所支持的金本位制度。麦金利当选后，西奥多·罗斯福升入联邦级政坛。在洛奇和西奥多·罗斯福多位好友的坚持下，西奥多·罗斯福成为海军部副部长。这些朋友中包括辛辛那提的百万富翁贝拉米·斯托勒（Bellamy Storer）夫妇，他们曾经在四年前帮助麦金利逃离破产。

西奥多·罗斯福的一生渴望以战争获得功名，任何战争都行。1886 年，听闻可能与墨西哥发生冲突，西奥多·罗斯福建议将南达科塔州农场组织起来，建设一支骑兵队，向墨西哥开战。1892 年，美国因本国水手在瓦尔帕莱索市（Valparaiso）受伤要求智利政府赔偿，西奥多·罗斯福对之大力支持，梦想自己可以带领骑兵冲锋陷阵。两年后，他要求并吞夏威夷群岛，并修建一条尼加拉瓜运河。1895 年，西奥多·罗斯福赞扬克利夫兰总统在委

---

① Harbaugh, *Power and Responsibility*, p. 85.

② （编者注）Harbaugh, *Power and Responsibility*, pp. 81 – 86; Matthew Josephson, *The President Makers: The Culture of Politics and Leadership in an Age of Enlightenment, 1896 – 1919* (New York: Harcourt, Brace and Company, 1940), pp. 50 – 64.

内瑞拉边境纠纷中反对英国的强硬立场，期望与英国开战，进而占领加拿大。同年，他写信给洛奇，"……这个国家需要一场战争"。这封信促使改革家、哈佛大学校长查尔斯·艾略特（Charles W. Eliot）谴责西奥多·罗斯福"固守侵略主义教条，像一个恶棍流氓……好勇斗狠"，并且声称西奥多·罗斯福和洛奇是"堕落的哈佛大学学子"。西奥多·罗斯福在回应时把艾略特和改革家卡尔·舒尔茨归为一类，称他们"只会对需要国际公断的问题徒劳地感伤"，"优柔寡断，胆小怕事，侵蚀我们族裔的伟大战争精神"。

现在，作为海军部副部长，西奥多·罗斯福呼吁建造更多战舰，希望与日本开战，把夏威夷并入美国。宾夕法尼亚州联邦众议员托马斯·巴特勒（Thomas S. Butler）在1897年时是众议院海军事务委员会（House Naval Affairs Committee）的成员。他写道："罗斯福前来（华盛顿）是为了寻找战争。他不在乎我们究竟和谁开战，只要能打就可以。"[①]同样渴望战争的还有西奥多·罗斯福周围的学者、理论家和政客们，他们是参议员洛奇、波士顿著名历史学家布鲁克斯·亚当斯（Brooks Adams）、驻英大使约翰·海（John Hay），以及西奥多·罗斯福的良师益友、海军上校伦纳德·伍德（Leonard Wood）。西奥多·罗斯福的好友小奥利弗·温德尔·霍姆斯（Oliver Wendell Holmes, Jr.）法官认为战争是一种"红利"，美国需要用战争消除安逸带来的危险。

1898年2月15日，美国军舰缅因号（*Maine*）在古巴哈瓦那市港口爆炸。海军部部长约翰·隆之前曾警告冲动好战的西奥多·罗斯福不要"在尚未与总统和我本人商量之前采取行动，影响政府的政策"。但是，西奥多·罗斯福乘着约翰·隆2月25日因故不在办公室时违背了这条指令，向海军准将乔治·杜威（George Dewey）发去电报，要求杜威的舰队驶离香港，若美国与西班牙开战，杜威负责在亚洲海岸包围西班牙舰队，再前去菲律宾发起进攻。这番举动有悖于美国的政策。海军部部长约翰·隆大发雷霆，但他未能成功撤回西奥多·罗斯福的电报。美国在4月开战，杜威指挥舰

---

① Henry F. Pringle, *Theodore Roosevelt, A Biography* (New York: Harcourt, Brace and Co., 1931), p. 171.（编者附注）出处同前，pp. 165 – 171。

队来到马尼拉湾，最终占领了菲律宾。①

在这场战争中，西奥多·罗斯福实现了自己梦寐以求的军事行动。西奥多·罗斯福与同样支持战争的朋友罗纳德·伍德上校一起，成立了第一志愿骑兵队“莽骑兵”(Rough Riders)。西奥多·罗斯福及其“莽骑兵”在古巴战场算不上无可匹敌。事实上，西奥多·罗斯福在战场上喜欢指挥手下冲入埋伏圈，以致损失惨重。尽管有两次中了埋伏或者说深陷包围圈，并且损失了1/4的人手，但西奥多·罗斯福出现在公众面前时意气风发，成功地把自己的战争经历变为民众口中的传奇故事。②

从战场返回后，在颇具影响力的昌西·迪普的推动下，西奥多·罗斯福成为共和党的州长竞选人。昌西·迪普是摩根控股的纽约中央铁路公司总

---

① 欲更详细地了解西奥多·罗斯福的外交政策，参见下文。(编者附注)罗斯巴德计划用更多文字探讨第一次世界大战前进步时代的外交政策演变，但遗憾的是这些内容未能成文。总的来说，在这段时期，美国的外交政策从自由放任的“孤立主义”转向好战、喜欢干涉他国内政，以及家长作风，在南美和亚洲部分地方建立了一个帝国，以征服“劣等”种族。我们必须明白，这些思想与进步主义意识形态并不是对立的，而是互补的。总统的权力相应地得到了强化，新帝国也得到了进步主义经济学家和规划家的支持。这些人迫切想在新系统的规划和管理中找到新的位置。其中也包括“金元外交”系统，也就是金汇兑本位制度，美元成为其他被征服国家的储备货币。

外交政策的改变始于克利夫兰的第二届任期，最开始针对的是南美，因为银行家迫切希望政府提供扶持，刺激出口增长，加速开拓海外市场，消除英国的影响。在1898年的美西战争中，麦金利大幅加速了这种趋势。在美西战争中，美国控制了菲律宾、夏威夷、古巴和波多黎各。西奥多·罗斯福则继续这种军事扩张。他打击了菲律宾的游击队，创建了强大的大白舰队(Great White Fleet)，并且在摩根的支持下，通过煽动发起一场革命，从哥伦比亚手中夺取巴拿马。西奥多·罗斯福对更注重防御的门罗主义进行扩充，创立了罗斯福推论，宣布美国有权直接干涉拉丁美洲国家。塔夫脱对扩张主义的信仰低得多，但他也坚持新外交政策，对古巴、尼加拉瓜和多米尼加共和国进行干涉。威尔逊充分践行了什么是新帝国主义领导人。他入侵了墨西哥和其他南美国家，并且参加第一次世界大战，把美国的帝国主义搬上了全世界舞台。

参见 Murray Rothbard, *Wall Street, Banks, and American Foreign Policy* (Auburn, AL: Mises Institute, 2011[1984]), pp. 3-23 and “The Origins of the Federal Reserve”, pp. 208-234。另参见 Joseph Stromberg, “William McKinley: Architect of the American Empire”, in *Reassessing the Presidency: The Rise of the Executive State and the Decline of Freedom*, John Denson, ed. (Auburn, AL: Mises Institute, 1999), pp. 319-339; Thomas Woods, Jr., “Theodore Roosevelt and the Modern Presidency”, in idem, pp. 352-361; William Marina, “From Opponent of Empire to Career Opportunist: William Howard Taft as Conservative Bureaucrat in the Evolution of the American Imperial System”, in idem, pp. 385-411; Joseph Stromberg, “The Spanish-American War as Trial Run, or Empire as its Own Justification” in *The Costs of War: America's Pyrrhic Victories*, John Denson, ed. (Auburn, AL: Mises Institute, 1999), pp. 169-201。

② (编者注)Harbaugh, *Power and Responsibility*, pp. 96-98, 101-07; Josephson, *The President Makers*, pp. 66-89.

裁。西奥多·罗斯福的竞选资金主要来自摩根控股的互助人寿保险公司(Mutual Life Insurance),此外还有其他保险公司。摩根在表面上只为竞选提供了1万美元的资金。[①] 西奥多·罗斯福凭借战争议题及"莽骑兵"成功地赢得了选举。他谴责民主党不爱国,对战争的支持显得勉强。他要求美国必须帮助那些新近占领的地方,因为"我们的旗帜已经"在那些土地上"飘扬"。[②]

西奥多·罗斯福担任州长的这段历史之前一直被历史学家忽视。但人们现在意识到,他在担任州长期间的政策预示着他接下来几年的总统生涯。[③] 西奥多·罗斯福在自己偏爱的方向上快速前行,即扩大公务员队伍。西奥多·罗斯福与公务员改革协会(Civil Service Reform Association)会长乔治·麦卡内尼(George McAneny)密切合作,扩大公务员队伍,让这支队伍达到美国前所未有的规模。

西奥多·罗斯福与工会领导人、社会工作者和富有的中西部浸信会信徒合作,致力于进一步强制实施劳工法律,将执法权集中并加以扩大。劳工法律规定工人每天的工作小时数不得超过10个小时,并扩大覆盖范围,涵括了所有女性工人。因为实施强制性特许经营法,以及允许工厂巡视员随意进入任何作坊,所以在住宅内开设的工厂被取缔。此类法律旨在限制工人竞争,并以打击"血汗工厂"的名义抑制向更具政治影响力的大企业发起的效率竞争。

西奥多·罗斯福也极力推动政府加大对经济型公寓的管理。约束和规范经济型公寓的压力很大部分来自上层和中层阶级,还有虔敬派,他们担心经济型公寓内的贫穷少数族裔在道德上存在"缺陷"和"腐败"。约瑟芬·肖·洛厄尔(Josephine Shaw Lowell)太太是上层社会中穷人道德的守护者。她成功说服西奥多·罗斯福州长扩大流浪法的覆盖范围。该法令针对的是那些明显没有谋生手段的人,也是为了收容和惩罚皮条客。此后,在卫理公

---

① (编者注)Pringle, *Theodore Roosevelt*, p. 208; Burch, *Elites in American History*, pp. 131 - 133; Lundberg, *America's 60 Families*, p. 67.

② (编者注)Pringle, *Theodore Roosevelt*, pp. 205 - 07; Harbaugh, *Power and Responsibility*, pp. 111 - 112; G. Wallace Chessman, *Governor Theodore Roosevelt: The Albany Apprenticeship, 1898 - 1900* (Cambridge, MA: Harvard University Press, 1965), p. 84.

③ Chessman, *Governor Theodore Roosevelt*.

会主教亨利·科德曼·波特(Henry Codman Potter)和改革派共和党人弗雷德里克·诺顿·戈达德(F. Norton Goddard)的要求下，西奥多·罗斯福从法律方面对非法博彩和有奖拳击加以进一步限制。新的反博彩法律甚至规定持有下注单都是犯罪。对有奖拳击的禁令遭到了坦慕尼·豪尔(Tammany Hall)的强烈反对。坦慕尼·豪尔是纽约市民主党的领导者。但这两项打击举措都在州议会得到通过。此外，西奥多·罗斯福还提出一项动议，即成立纽约州经济型公寓管理委员会。纽约州经济型公寓管理委员会在1901年提出了一项新的住房法规。该法规很快就成为全美各州的范例。它对新住房的供应加以限制，由此以提升质量的名义抬高了成本。纽约州经济型公寓管理委员会的成员都是身家丰厚的改革家和社会工作者，包括菲尔普斯·斯托克斯(I. N. Phelps Stokes)、詹姆斯·雷诺兹(James B. Reynolds)、德福雷斯特(Robert W. DeForest)和企业律师保罗·卡拉瓦什(Paul D. Cravath)等。[①]

西奥多·罗斯福在美国总统中率先强调政府对公地、木材和其他自然资源的保护。媒体对这场自然保护运动的报道始终是正面和肯定的。人们认为自然保护主义者是完全无私的，一切都是出于对大自然的热爱。事实上，正如我们在下文进一步探讨的那样，自然保护运动一直是精英群体的联盟。这个联盟的一部分人希望抑制进一步的发展，从而保留自己的财富飞地和身边的自然风景；另一部分人拥有私有物业、木场和其他利益(例如铁路)，则希望会带来竞争的公地和自然资源远离市场，从而保持自身收入和资产的价值。这个联盟中最重要的第三部分是专家和技术官僚，他们是自然资源的专业官员和管理者。[②]

---

① (编者注)纽约州1901年经济型公寓法提高了建筑成本，限制了低收入住宅的建设，由此也减少了经济型公寓的供应量。都市的改革家同时试图通过夜间巡视来打击“租客的罪恶行为”，即贫穷的少数族裔移民分租自己的住所，以省下钱购买自己的房屋。后来出台的分区法也是类似的目的，规定只有一家人才能共同生活在一套公寓内。因为种种法规，20世纪20年代，房地产开发商开始回避经济型公寓，此后也导致社会呼吁为建筑公司提供扶持或完全采取公共供应。参见David T. Beito and Linda Royster Beito, “The ‘Lodger Evil’ and the Transformation of Progressive Housing Reform, 1890 - 1930”, *Independent Review* 20, no. 4 (Spring 2016): 485 - 508。

② (编者注)欲更多了解保护运动，参见本书第八章。

1887年，贵族猎人、冒险家西奥多·罗斯福在自己家中成立了布恩-克罗克特俱乐部(Boone and Crockett Club)，该俱乐部是森林保护的主要倡导者。布恩-克罗克特俱乐部的成员推崇纽约州护林人吉福德·平肖(Gifford Pinchot)的"科学林业"计划。年轻富有的吉福德·平肖也是俱乐部成员之一，并在1898年之后出任美国林业局局长。[①] 罗斯福州长在自然保护议题上的两大顾问都是平肖的追随者。一位是克里斯托弗·格兰特·拉法吉(C. Grant La Farge)。他说服西奥多·罗斯福就州情咨文中的林业议题找平肖咨询。另一位是詹姆斯·麦克诺顿(James MacNaughton)。他是麦金太尔铁业协会(McIntyre Iron Association)的代表，拥有9万英亩阿迪朗达克(Adirondack)林地。平肖与私营林场企业关系密切，比如他提出使用自己林业局的服务帮助私营林场主管理森林。

在布恩-克罗克特俱乐部和平肖的要求下，西奥多·罗斯福州长督促州议会把5人组成的州森林、渔业和狩猎委员会变成1人管理的部门，将权力集中。在西奥多·罗斯福离任之后，这项计划获得成功。布恩-克罗克特俱乐部的会长、富有的土地主和冒险家W.奥斯汀·沃兹沃思(W. Austin Wadsworth)成为该委员会的主席。[②]

在联邦政府层面，进步主义的重要预兆是罗斯福州长对"托拉斯问题"的态度。在1900年的年度咨文中，西奥多·罗斯福用了大篇幅讨论这个问题。正如我们所见，1898年和1899年出现了轰轰烈烈的合并潮，也就是"托拉斯"，其目的是在各个行业内建立垄断。1890年的《谢尔曼反托拉斯法》形同虚设，没有哪位合并发起人正视该法令。

麦金利政府对托拉斯采取自由放任态度。马库斯·汉纳认为反托拉斯法"是一场针对企业的战争"，以及"一场反对商业成功的战争"。1899年秋季，汉纳对前劳工领袖、经济学家乔治·冈顿(George Gunton)的作品大加赞美。冈顿谴责反托拉斯是"反对繁荣"。并不令人感到奇怪，汉纳的观点

---

① 关于平肖对西奥多·罗斯福的影响，参见 Muriel Olivi Fisher, "The Evolution of the Conservation Cartel and its Effect on Forest Resource Policy" (unpublished M. A. essay in history, University of San Diego, 1979), pp. 86 - 87。

② (编者注)Chessman, *Governor Theodore Roosevelt*, pp. 77 - 91, 200 - 33, 242 - 252.

反映了洛克菲勒当时对托拉斯的自由放任的态度。冈顿的观点同样很好理解，他当时正从标准石油公司领取津贴。[①]

就托拉斯议题，西奥多·罗斯福及其经济盟友走上了一条截然不同的道路。西奥多·罗斯福向三位知名的经济学家征询意见。这三位经济学家反对放任自流的托拉斯，支持政府建立企业联盟。其中一位经济学家是哥伦比亚大学(Columbia University)的教授埃德温·塞利格曼(Edwin R. A. Seligman)，来自大名鼎鼎的J. &W. 塞利格曼(J. & W. Seligman)投资银行家族。另一位经济学家是耶鲁大学校长亚瑟·哈德利(Arthur Twining Hadley)。还有一位是康奈尔大学(Cornell University)教授、美国工业委员会(U. S. Industrial Commission)首席顾问耶利米·詹金斯(Jeremiah W. Jenks)。工业委员会是联邦政府权威的专家小组，负责针对托拉斯进行调查，其中的一个关键顾问是战争部部长伊莱休·鲁特，瑞恩和摩根持久的律师。

磋商之后，西奥多·罗斯福决定对托拉斯和普通企业进行政府管控，组建企业联盟。1899年9月末发表演说时，西奥多·罗斯福呼吁首先通过强制公示对托拉斯进行管控，若有必要再通过征税手段，最后则采用许可的方式。西奥多·罗斯福提出，托拉斯和财富的积累是合理合法的，但是，当有人通过掠夺的方式获取财富时，政府必须进行管控。[②]

詹金斯和塞利格曼长期以来是经济"新流派"中的一员。10余年前，这个流派直率地批判自由放任主义，支持各州加大对经济的控制。在支持1887年成立州际商务委员会的过程中，塞利格曼写道：

> 我们必须认识到，垄断是既有事实，但要让它们处于受控状态……竞争已经过时，而且事实证明竞争不起作用。让我们勇敢地直面事实，

---

① 关于冈顿从标准石油公司定期领取津贴，参见 Hidy and Hidy, *Pioneering in Big Business*, pp. 600,660。这些津贴在当时广为人知，参见 Joseph Dorfman, *The Economic Mind in American Civilization*, *1865–1918* (New York: Viking Press, 1949), vol. 3, p. xxx. Gunton's article was in *Gunton's Magazine* (September 1899)。

② 在那个时候，麦金利也开始支持企业强制公示的观点。这从美国工业委员会的成立可以看出。具体参见 pp. 167–169。

不要在逻辑推理的结论前却步。让我们接受合并,但要对它们加以管控。[①]

亚瑟·哈德利被历史学家错误地当作自由放任主义的倡导者。哈德利不像信奉中央集权主义的其他学者那样迫切希望管控铁路公司和工业企业的合并,但他率先提出了罗斯福主义中的强制公示要求。19 世纪 80 年代,哈德利倡议针对铁路公司成立一个联邦政府管理委员会,但该委员会的权力在本质上只针对强制公示。同样,针对工业企业合并,他也提出通过强制公示来处理。[②]

强制公示对企业联盟有着双重影响,但公众通常不能理解其中的奥妙。首先,正如我们所看到的,铁路公司的秘密回扣事实上会带来激烈的竞争,公司的隐秘性有力地刺激了竞争。如果强制所有公司进行公示,那么每家公司就能够对竞争对手的情况有更多了解,知道对手的定价和生产政策,由此正式和非正式的企业联盟协议变得更加容易执行,主动竞争被遏制。其次,提交报告和遵守政府法规的成本会给创新型小型新竞争对手带来额外负担,阻碍它们与更保守的既有大型企业进行竞争。

在西奥多·罗斯福州长 1899 年的秋季演说之后,耶利米·詹金斯替西奥多·罗斯福起草了一份法案,提交给州议会。新成立的公司可以通过强制公示换取较低的税负。[③] 西奥多·罗斯福此后请詹金斯撰写了一篇杂志

---

① Edwin R. A. Seligman, "Railway Tariffs and the Interstate Commerce Law, Ⅱ", *Political Science Quarterly* (September, 1887): 374;引自 Sidney Fine, *Laissez Faire and the General-Welfare State: A Study of Conflict in American Thought, 1865 -1901* (Ann Arbor: University of Michigan Press, 1956), p. 338。另参见 Jeremiah W. Jenks, "Capitalistic Monopolies and Their Relation to the State", *Political Science Quarterly* (September 1894): 486 - 505。

② 参见 Arthur Twining Hadley, *Railroad Transportation* (New York, 1885); Hadley, "American Railroad Legislation", *Harper's Monthly Magazine* (June, 1887): 141 - 150; Hadley, "Private Monopolies and Public Rights", *Quarterly Journal of Economics* (October, 1886): 28 - 44; Hadley, "The Formation and Control of Trusts", *Scribner's* (November, 1889): 604 - 10; Hadley, *Economics* (New York, 1896); Hadley, "The Good and Evil of Industrial Combination", *Atlantic Monthly* (March, 1897): 377 - 385;引自 Fine, *Laissez Faire*, pp. 71 - 73。

③ 法案的全文参见 Jeremiah W. Jenks and Walter E. Clark, *The Trust Problem*, 5Thed. (Garden City, N. Y.: Doubleday, Doran and Co., 1929), Appendix C, pp. 323 - 343。

文章支持这份法案,并说服了主要的州议员私下就该法案与詹金斯、J. P. 摩根公司律师弗朗西斯·林德·斯特森和摩根铁路公司律师维克托·摩哈维兹进行商讨。

因为纽约州共和党的反对,西奥多·罗斯福和耶利米·詹金斯的法案未能得到通过,但这已经为西奥多·罗斯福就任美国总统后推出托拉斯政策奠定了基础。①

副总统加勒特·霍巴特在1899年11月过世。相对总统而言,副总统没那么重要,但他的逝世让美国二号人物位置出现了空缺。西奥多·罗斯福精心培养了自己与媒体的良好关系,全国上下现在都在宣传这位雷厉风行、幽默风趣的人物将填补副总统的空缺。不过,麦金利持反对意见。马库斯·汉纳也极力反对西奥多·罗斯福,称他"性情古怪""危险""是一个疯子"。资深的爱荷华州联邦参议员威廉·艾利森(William Allison)拒绝了麦金利对自己出任副总统的提名。此后,麦金利和汉纳提出由内政部部长科尼利厄斯·布利斯出任副总统。科尼利厄斯·布利斯是纽约州银行家,也是摩根和瑞恩的商业伙伴。这个提议沿袭了重要的传统做法,即政党中的主导力量把副手之位提供给党内的从属派系作为安抚。不过,这个提议仍被否决。总统又提出由战争部部长伊莱休·鲁特出任副总统,后者也是摩根圈内颇具影响力的人物。在鲁特也拒绝这个提议之后,麦金利只能屈服于纽约州大老板托马斯·普拉特的压力,选择由西奥多·罗斯福出任副总统。托马斯·普拉特与安德鲁·梅隆(Andrew Mellon)麾下的企业关系密切,也与参议员亨利·卡伯特·洛奇交好。在西奥多·罗斯福的宣传力量中,最具影响力的当属摩根的合伙人乔治·珀金斯。他是霍巴特和罗斯福的密友。最终,麦金利和汉纳作出让步,西奥多·罗斯福得到了副总统的提名。②

毫不奇怪,在1900年的大选结束后不久,西奥多·罗斯福举办了一场

---

① (编者注)Chessman, *Governor Theodore Roosevelt*, pp. 158 – 176.

② (编者注)John A. Garraty, *Right-Hand Man*: *The Life of George W. Perkins* (New York: Harper & Bros., 1960), pp. 221 – 222; Josephson, *The President Makers*, pp. 106 – 110; Pringle, *Theodore Roosevelt*, pp. 216 – 223; Herbert D. Croly, *Marcus Alonzo Hanna* (New York: MacMillan Company, 1912), pp. 310 – 318.

豪华晚宴向摩根致敬。[①] 摩根值得受此殊荣。每个人都知道，罗斯福与汉纳争夺1904年总统之位的战斗已经打响。但是，一位“独立杀手”突然暗杀了威廉·麦金利，西奥多·罗斯福幸运地成为美国总统，汉纳所有的希望都破灭了。

三、西奥多·罗斯福总统：“好”托拉斯

就任总统之后，西奥多·罗斯福针对管控采取的第一项举动，是在1901年12月的国情咨文中预言自己将连任总统。西奥多·罗斯福搬出了一项老议案，即成立新的商务和劳工部，为商业和工业提供扶持。罗斯福提出，该部门有权对公司进行调查，并且公开调查发现。西奥多·罗斯福也希望成立一个类似于州际商务委员会的联邦委员会，对工业合并进行监管。他的想法得到了两位好友的支持。他们分别是乔治·珀金斯和罗伯特·培根(Robert Bacon)，皆是摩根的合伙人。

1902年夏季，西奥多·罗斯福一直在自己的发言中号召通过强制公示遏制商业“恶行”。他找到司法部部长菲兰德·诺克斯这个坚定的盟友。诺克斯与梅隆利益团体和亨利·克莱·弗里克关系密切。亨利·克莱·弗里克现在是摩根麾下美国钢铁公司的大股东之一。诺克斯建议西奥多·罗斯福成立一个委员会。该委员会有权强制州际公司提交信息，并且直接向总统负责，总统可视情况决定这些信息是否应该向公众披露。罗斯福对个人权力和强制公示有着强大的兴趣，这个建议正中下怀。

1903年年初，西奥多·罗斯福向国会提交议案，除了此前提议的新商务和劳工部，还计划增设公司管理局。该局拥有权强制“调查州际公司的运营和行为”，并且把调查信息呈送总统。[②]

---

① Lundberg, *America's 60 Families*, p. 68.

② (编者注)Kolko, *The Triumph of Conservatism*, pp. 66-67, 69-71; Lundberg, *America's 60 Families*, p. 69; John A. Garraty, *Right-Hand Man*, p. 223; Pringle, *Theodore Roosevelt*, pp. 340-42; Arthur M. Johnson, "Theodore Roosevelt and the Bureau of Corporations", *Mississippi Valley Historical Review* 45 (March, 1959): 573-574.

在设立公司管理局这个提议之前，国会曾经在 1898 年 6 月成立一家调查机构，名为美国工业委员会。该委员会负责调查经济情况，收集信息，并且就立法向国会提出建议。美国工业委员会由副总统（参议院议长）指派的 5 位参议员、众议院议长指派的 5 位众议员，以及总统经参议院同意后指派的 9 人共同组成。从 1900 年到 1902 年 2 月被撤销，美国工业委员会一共发布了 19 份报告。

美国工业委员会第一任主席是北达科塔州联邦参议员詹姆斯·凯尔（James H. Kyle）。他是人民党人，也是参议院最左翼议员之一。但相比于美国工业委员会的官员，专家成员发挥的作用更大，是他们在负责实际的调查工作，主导美国工业委员会的商议意见。所有这些专家都来自新的干预主义经济学家流派。哈佛大学的威廉·里普利教授（William Z. Ripley）是该委员会的交通运输专家。他在 10 年后欣喜地表示："几家美国最优秀铁路公司的总裁支持了一项联邦政府管控的政策。我在 10 年前核准该政策文稿时，一位颇具影响力的铁路业内人士称……这项政策……'有害无益'。"[①]

罗斯威尔·麦克雷（Roswell C. McCrea）是沃顿商学院院长，在学术界颇具威望。他是美国工业委员会的税收和交通运输专家。麦克雷迫切希望建立一个福利国家。美国工业委员会的劳工和移民专家是约翰·康芒斯（Dr. John R. Commons）。他是美国首屈一指的进步主义经济学家，也是法团国家的知名拥护者。我们将在下文更加详细地探讨他对进步主义运动的影响。[②] 然而，在该委员会内，托拉斯和公司合并方面的权威当属耶利米·詹金斯，是他起草和决定了委员会在这个重要领域的意见。

美国工业委员会在 1900 年提交的初步报告，完全是詹金斯式风格。这份报告的目的是预防企业或工业合并欺骗投资者或公众，因此该委员会建议实施强制报告制度，把各类数据都提交给股东和政府，而且公司必须接受政府的检查。初步报告毫不惭愧地声称"此类公开的目的是为了鼓励竞

---

① William Z. Ripley, "Are Our Railroads Fairly Treated?" In *Year Book of the Economic Club of New York* (1916), vol. 3, p. 209；引自 Joseph Dorfman, *The Economic Mind in American Civilization*, vol. 3, p. 319。

② （编者注）参见本书第九章、第十一章和第十三章。

争”。正如我们看到的,实际情况与这句宣称完全背道而驰。美国工业委员会接着表示,在州际商务委员会诞生之前,铁路公司向托运人提供的秘密折扣令人震惊。因此,美国工业委员会决定为了维护整个行业的利益,宣布秘密折扣违法。①

美国工业委员会在1902年提交了最终报告,在此前的基础上又作了补充。该报告建议联邦和州一级反托拉斯法应该得到加强和实施,尤其要打击“歧视客户的恶劣行为”,即秘密或公开地针对一个或多个客户降价。州级立法,像马萨诸塞州颁布新法以管控新股发行价格浮动,得到提倡。该报告建议在联邦政府层面针对所有州际公司设立特许经营税,税率随着收入递增。最后,该报告提议设立一家机构执行调查、报告和公开,正式第一次提出了公司管理局的概念,以为强制性联邦公司法做准备。②

19世纪90年代末期,众多工业企业的合并以失败告终。气恼之下,美国工业委员会在最终报告中要求会计专业人士找到方法,“保护”投资人,避免在“托拉斯”的建立过程出现所谓的股本“注水”。事实上,注水并不是诈骗,而是一种合法的企业行为。如果特定托拉斯或公司的发起人对其利润过于乐观,对未来的盈利能力(以及当前的股价)估计过高,那么每个投资人都可以表示异议。在19世纪90年代那些失败的托拉斯合并中,没有人用枪指着投资人强迫他们购买。让政府为每个人的愚蠢行为买单,这完全是家长式作风。放在这个例子里,也意味着通过管控维护一些资历老、力量强

① 初步报告全文参见 Jeremiah W. Jenks, *The Trust Problem*, 3rd ed. (New York: McClure, Phillips & Co., 1903), pp. 261-266。

② Jenks and Clark, *The Trust Problem*, pp. 317-322. 美国工业委员会也力荐为农业提供扶持,其中包括通过联邦政府检查出口产品(尤其是肉类),建立农业企业联盟,并且确定谷物的标准等级。该委员会也建议在农业部下设立纯净食品和药品局,该机构有权取缔州际“不纯净”食品和药品的运输。最终报告强烈建议继续把公有地纳入森林保护范围,出于环保禁止使用这些土地。州际商务委员会需要得到加强,并且赋予他们管控铁路公司运价的权力。各州应该颁布统一的法律限制童工,从而提高成年工人的工资,并且颁布反“血汗工厂”的法律和反托拉斯法,压制小型企业的竞争力。矿工应该采用每日8小时工作制,以协助限制新人进入矿山工作,提高原有矿工的工资。为了向工会提供进一步的扶持,并且协助限制劳动力的流入,该委员会建议国会对私家侦探跨州破坏罢工的行为进行管理,打击犯人生产的产品跨州流通,并且为铁路工人起草法律。U. S. Industrial Commission, vol. 19, *Final Report* (Washington, D. C.: General Printing Office, 1902). 另参见 Fine, *Laissez Faire*, pp. 367-369。

的竞争者的利益，把一些弱小的新发起人排除在外。管控企业和建立企业联盟的事业由此得到进一步加强。①

新兴的会计专业人士立刻双手赞成美国工业委员会对所有托拉斯和公司进行管制，并呼吁强制公示和定期审计。这是出于两个原因。美国工业委员会的提议意味着会计专业人士将拥有大量的工作机会。此外，因为“持续经营企业”资本化肯定是一种主观过程，令会计专业人士感到头痛。会计专业人士喜欢“客观的”“科学的”衡量方法，但是，所有对未来盈利能力的估算必定是一种主观估计。正如加里·普雷维茨(Gary Previts)和芭芭拉·梅里诺(Barbara Dubis Merino)所说的，会计专业人士“反对‘持续经营企业资本化’程序，是因为盈利能力不能得到客观的衡量”。② 事实的确如此，但任何企业的资本价值正好就是该公司未来预期收益的贴现，是基于现实和市场表现的，肯定具有一定的投机性和主观性。对于一些会计专业人士而言，它是无法说什么“科学性”的。③

① (编者注)关于自由市场的一种常见批评意见是，自由市场提供的产品或工作标准都“质量低劣”，而且充斥着“不完美”和“不对称”的信息，所以即便管控会促使企业建立联盟，这种方式依然是有益的。为了反驳这种观点，必须指出，只有市场能够通过顾客的偏好进行最佳的调控，而且市场能确保糟糕的产品被市场淘汰。企业家有动力提供可靠的产品，力争最大的长期利润，而且消费者和投资者会通过公司之间的广告竞争了解到自己究竟在乎产品的哪些特定属性。产品质量和工作标准会久而久之得到提高，企业家的资本得到积累，也能着手尝试更复杂的生产工艺，参与技术创新。政府管控是人为地提高质量，会妨碍市场的这个重要发展过程，破坏增速，并且公然藐视消费者的偏好。参见 Rothbard, *Man*, *Economy*, *and State with Power and Market*, pp. 1069 - 74, 1096 - 1101; Mises, *Human Action*, pp. 613 - 619。

② Gary John Previts and Barbara Dubis Merino, *A History of Accounting in America* (New York: Ronald Press, 1979), p. 170. 美国工业委员会的最终报告建议大型公司每年必须提交年度审计报告，而且审计必须符合政府法规。美国工业委员会中的少数人甚至建议在财政部内设置一个机构，负责对所有公司进行登记，收取他们的财务报告，进行检查，然后发布信息。出处同前，pp. 133 - 135。

③ 乔治·斯蒂格勒指出，证券交易委员会针对新股发行的法规似乎没能保护投资者。正如斯蒂格勒所说的，不管是对证券还是对其他保护性法规而言，“公共监管削弱了消费者在市场中的防御能力，通常会给消费者强加上新的负担，无法给予他们相应的保护。‘购者自慎’的原则并没有失效：唯一的变化是消费者现在必须警惕不同的威胁，而他们并没有充足的能力应对这些威胁。” George J. Stigler, “Can Government Protect the Consumer?” in *The Citizen and the State* (Chicago: University of Chicago Press, 1975[1971]), p. 181. (编者附注)关于 1933 年证券法和 1934 年证券交易法(强调由政府强制建立企业联盟)的起源，类似分析参见 Murray Rothbard, “From Hoover to Roosevelt: The Federal Reserve and the Financial Elites”, in *A History of Money and Banking in the United States*: *The Colonial Era to World War II*, Joseph T. Salerno ed. (Auburn, AL: Mises Institute, 2005), pp. 320 - 330。

在推动设立公司管理局议案时，西奥多·罗斯福总统最主要的商界盟友是乔治·珀金斯。乔治·珀金斯是摩根的合伙人，正担任摩根的得力助手，协助组建两个巨大的托拉斯，即美国钢铁公司和国际收割机公司。珀金斯完全认同西奥多·罗斯福有关由联邦政府管控托拉斯的观点。同西奥多·罗斯福一样，珀金斯也认为托拉斯有好坏之分。他也认同西奥多·罗斯福的观点，即自己的美国钢铁公司和国际收割机公司显而易见是好托拉斯的范例。珀金斯对公司管理局的成立发挥了巨大的影响力，为此，西奥多·罗斯福总统在签署相关法案之后，把自己使用的两支签名笔之一送给了乔治·珀金斯。①

只有一个重要的财团站出来反对设立公司管理局议案。从某种程度上来说，这是很奇怪的一件事情。因为在美国工业委员会的听证会上，标准石油托拉斯的三位领袖约翰·阿奇博尔德（John D. Archbold）、亨利·罗杰斯和洛克菲勒都表示坚决支持联邦公司法和强制公示。洛克菲勒表示，

> 首先，若可能，联邦政府应针对公司的成立和管控制定法律。其次，各州的立法应尽可能与联邦法保持一致，鼓励个人和资金进行合并，以支持行业发展，但也应允许州政府进行监管……②

现在，摩根与掌权的西奥多·罗斯福成为了盟友，标准石油公司于是选择了一条相反的道路。阿奇博尔德四处游说反对公司管理局议案，小约翰·洛克菲勒则发电报给多位重要的参议员反对该议案。罗斯福总统抓住机会，举办新闻发布会，指责老约翰·洛克菲勒四处发送这些电报。这是敲打标准石油公司的残酷战争的第一枪。鉴于西奥多·罗斯福善于操控媒体实现自己的目的，国会迅速在1903年2月通过了那项议案。西奥多·罗斯福指派自己的私人秘书乔治·科特尤（George B. Cortelyou）出任新成立的

① John A. Garraty, *Right-Hand Man*, p. 223.（编者附注）乔治·珀金斯与摩根关系密切，而且被称为是西奥多·罗斯福"最重要的非官方顾问"和"摩根在政府的首席特使"。Burch, *Elites in American History*, pp. 158–159. 另参见 Chernow, *House of Morgan*, pp. 105–112。

② 引自 Kolko, *The Triumph of Conservatism*, p. 64。

商务劳工部部长，指派年轻的詹姆斯·加菲尔德担任公司管理局第一任局长。詹姆斯·加菲尔德的父亲是已故总统。在西奥多·罗斯福担任公务员委员会首领的时候，詹姆斯·加菲尔德曾担任法务专员。在加菲尔德被选中之前，他的任命得到了弗朗西斯·林德·斯特森的同意。斯特森是摩根财团的律师，是加菲尔德在威廉姆斯学院(Williams College)的校友。

加菲尔德掌权公司管理局一年多之后，商界对他的管理工作表示满意。在1904年12月提交给国会的年度咨文中，西奥多·罗斯福称赞该局"不仅仅树立了信心，还取得了出色的成绩，促进了合法经营的人相互合作"。在同月提交的公司管理局的一份报告中，加菲尔德宣称，"简单来说，为实现成立之初的目标，公司管理局与商界合作，避免相互敌对。公司管理局进行问询的目的是征求建设性立法建议，而不是提出刑事诉讼"。加菲尔德公开支持联邦政府发放公司许可证，由此取悦了多数大型企业主。乔治·珀金斯打电话给加菲尔德，热情地对他的这个提议表示赞赏。老约翰·洛克菲勒察觉到西奥多·罗斯福的愤怒，也对加菲尔德的提议赞不绝口，因为"联邦政府在给公司颁发许可证的同时会保证公司受益人得到足够的保护"。不过，洛克菲勒很快又发现，标准石油公司并不是罗斯福有兴趣"保护"的对象。①

1903年2月，国会在通过设立公司管理局议案的同时，也通过了《埃尔金斯反回扣法》，因为摩根的铁路公司试图从法律角度禁止铁路公司向托运人提供折扣。② 大型企业热烈欢迎西奥多·罗斯福的这条政策，支持由联邦政府对企业和铁路公司运价进行控制。著名的《华尔街日报》在1904年12月发表社论，充分表达了大企业对这条政策的看法。

> 最值得一提的是罗斯福总统建议由政府对铁路公司运价进行管控，以及加菲尔德局长支持联邦政府对州际公司进行控制，这些建议得到了铁路公司和工业企业的热烈响应。但这并不是说没有任何反对意

---

① 出处同前，pp. 77－78。(编者附注)出处同前，pp. 71－72；Josephson, *The President Makers*, p. 147。

② 参见本书第二章。

> 见，因为……
>
> 事实上，众多铁路公司老板和管理者都支持这些举措，这相当重要。最终，可能所有公司都会发现，合理的联邦管控体系能维护他们的利益。①

1904 年和 1905 年，西奥多·罗斯福政府与摩根控制的两大托拉斯——国际收割机公司和美国钢铁公司——的关系变得亲密无间。这两家托拉斯都是由罗斯福的密友乔治·珀金斯组建和管理的。1904 年，加菲尔德和司法部部长威廉·穆迪同意国际收割机公司的提议，即只要该公司未来遵从他们，就不会被提起任何违法诉讼。作为回报，国际收割机公司将向公司管理局提供他们想要的所有信息。不管怎么样，正如国际收割机公司出资人赛勒斯·麦考密克对加菲尔德所说的："国际收割机公司完全赞同这类项目。"②

这种情况一直持续到 1906 年 12 月。国会通过决议，要求公司管理局对国际收割机公司进行调查。国际收割机公司欣然接受调查。加菲尔德及其副手、未来的接任者赫伯特·诺克斯·史密斯(Herbert Knox Smith)在 1 月展开对国际收割机公司的调查。国际收割机公司内部负责对接的是珀金斯、麦考密克，以及公司首席发言人埃尔伯特·加里。埃尔伯特·加里同时是美国钢铁公司的董事长。加里和西奥多·罗斯福自 1902 年起建立了亲密的合作关系。在珀金斯和麦考密克的授意下，加里告诉加菲尔德和史密斯，他充分支持公司管理局的工作，也懂得政府对大型企业进行监管的必要性。他认为总统和公司管理局的行为体现了总统的政策，是一种强有力的保障，既能消除胡作非为，又能预防暴力侵犯私人权力。此外，他们也告知加菲尔德，公司管理局的报告将显示他们在美国的运营是亏损的，"这样他们就有充足的理由提高美国的价格"。③

但是，这种友好的安排似乎遇到了危险。司法部部长查尔斯·约瑟

---

① *Wall Street Journal*, December 28 1904. 引自 Kolko, *Triumph of Conservatism*, p. 78。

② 出处同前，p. 74。

③ 出处同前，pp. 119 - 120。

夫・波拿巴(Charles Joseph Bonaparte)来自巴尔的摩的显贵家族，年轻时曾是一位公务员改革家，在那时与西奥多・罗斯福相识。他坚持对国际收割机公司的部分海外行为提起诉讼。西奥多・罗斯福暗示他打消念头，先等公司管理局完成调查工作，但波拿巴未能领会这番意思。此后，赫伯特・诺克斯・史密斯给西奥多・罗斯福写去一封热情洋溢的信。赫伯特・诺克斯・史密斯曾经是公司管理局助理局长，现在已经升任局长。这封信详细介绍了公司管理局与摩根利益集团达成的种种安排和相互谅解。史密斯指出，"摩根利益集团控制着该公司。他们的整体态度是积极合作"，任何诉讼都可能导致区别对待"好、坏"托斯拉的核心原则被放弃。史密斯称谢尔曼法"从经济角度来说完全是荒谬的"，根本无法强制实施，通过强制公示实施联邦管控可以带来种种好处。接着，史密斯警告说，"摩根利益集团此前一直在总体原则和行动上支持相关的管理政策。现在要放弃该利益集团巨大的影响力，让他们站到我们的对立面吗？这是一个非常务实的问题"。[①] 几天后，西奥多・罗斯福下令波拿巴放弃诉讼。

美国钢铁公司与罗斯福政府也达成了协议，书面达成的时间比国际收割机公司稍晚一些，但实施的时间更早。加里与西奥多・罗斯福频繁会晤。1904 年年末，在一次会晤中，加里向总统建议："当你觉得钢铁公司应该接受调查时，不管什么时候你都可以去检查我们所有公司的账本和记录。如果发现其中存在任何的问题，我们都会进行合理解释，否则我们就进行纠正。"总统先生回答说："这在我看来挺公平。"此后不久，1905 年 1 月，众议院下令公司管理局对美国钢铁公司进行调查。11 月，加里、亨利・克莱・弗里克、加菲尔德和罗斯福在白宫会面，双方的协议安排正式生效。美国钢铁公司将与政府合作，提供相关信息。如果总统发现任何违反法律的行为，

① Smith to Roosevelt, September 21, 1907. 引自 Johnson, "Theodore Roosevelt and the Bureau of Corporations", pp. 588 - 589。另参见 Kolko, *The Triumph of Conservatism*, pp. 121 - 122。波拿巴是个怪人。1899 年，他谴责政府试图对工业企业联合进行管控或限制。H. L. 门肯(H. L. Mencken)后来指出，波拿巴是"信奉天主教的清教徒，最奇怪的复杂体"，是巴尔的摩反恶行协会(Anti-Vice Society)重要的支持者之一。西奥多・罗斯福最欣赏波拿巴的一点在于他有皇室血统，是拿破仑一世的侄孙。H. L. Mencken, "An American Bonaparte", *A Mencken Chrestomathy* (New York: Knopf, 1949), p. 287.

公司将公开信息。这也是唯一的惩罚方式。在向加菲尔德解释自己为什么会愿意合作时，加里写道："总统的公开讲话，还有你不时对我说的那些话，都让我看到，你们无意说什么或做什么破坏我们之间的合作或影响我们的经营。"加菲尔德非常高兴，"公司管理局的工作朝着我所期望的目标迈出了一大步"。①

西奥多·罗斯福与摩根利益集团的密切关系，从他的多项重要任命可以看出。西奥多·罗斯福任命伊莱休·鲁特为战争部部长。伊莱休·鲁特是西奥多·罗斯福相当看重的一位老友和顾问，曾经担任纽约金融家、摩根的盟友托马斯·福蒂纳·瑞恩的律师，后来在摩根财团担任律师，多次出任摩根控股的国家商业银行（National Bank of Commerce）和互助人寿保险的董事。1904年，鲁特退出内阁，帮助摩根重组衡平人寿保险公司，管理摩根对中国的投资，并且在北方证券公司（Northern Securities）的事件中保护摩根的利益，避免其受到西奥多·罗斯福的影响。我们将在下文介绍北方证券公司事件。次年，鲁特凭借自己的工作得到嘉奖，被任命为西奥多·罗斯福政府国务卿，这是内阁中权力最大的职务。事实上，西奥多·罗斯福最初将鲁特视为自己的接任者，鲁特可能出于自己"华尔街"的形象拒绝了该提议。

鲁特立即任命摩根的合伙人、西奥多·罗斯福在哈佛大学时的旧友罗伯特·培根为副国务卿。在西奥多·罗斯福的任期即将结束时，鲁特辞任，成为纽约州联邦参议员。于是，罗斯福任命培根为国务卿。在当政的最后两年，西奥多·罗斯福任命来自波士顿的乔治·冯·迈耶（George von L. Meyer）为邮政总长。迈耶曾经是摩根财团的代理人，曾担任波士顿旧殖民地信托公司（Old Colony Trust Company）的董事。1904年的海军部部长是保罗·莫顿，后来成为衡平人寿保险公司（瑞恩和摩根合伙的公司）总裁。5年前，作为摩根控股的艾奇逊-托皮卡-圣塔菲铁路公司副总裁，莫顿大力倡导联邦政府管控和铁路公司建立企业联盟。在西奥多·罗斯福的政府中，摩根的女婿赫伯特·萨特利（Herbert L. Satterlee）担任过一段时间海军

---

① Kolko, *The Triumph of Conservatism*, pp. 79 - 81.

部副部长。此外，罗斯福任命伊莱休・鲁特的法律事务所合伙人亨利・斯廷森(Henry L. Stimson)出任纽约州的联邦地区检察官，后来为斯廷森争取到共和党的州长竞选提名。连任后不久，西奥多・罗斯福总统任命来自威斯康星州的亨利・佩恩为邮政总长。佩恩原来是威斯康星州电话公司(Wisconsin Telephone Company)的总裁，也是北美公司(North American Company)的董事。这两家公司都隶属于摩根。罗斯福任命亨利・佩恩为邮政总长，显而易见是为了削弱汉纳对全美共和党的控制。①

一些历史学家用北方证券公司事件反证西奥多・罗斯福和摩根之间关系并不密切。为了争夺北太平洋铁路公司和其他西部铁路公司的控制权，摩根和爱德华・哈里曼-库恩-洛布(Edward H. Harriman-Kuhn-Loeb)利益集团展开了激烈的战斗。此后，他们之间的关系有所缓和，联合在1901年成立了北方证券公司，作为控股公司掌控合并后的铁路公司。公司股权按照双方达成的意见进行分配。西奥多・罗斯福没有咨询鲁特和其他顾问，只与司法部部长菲兰德・诺克斯进行了商讨，在上任后不久决定恢复名存实亡的谢尔曼法，并在1902年2月针对北方证券公司提起反托拉斯诉讼。

事实上，这场诉讼令摩根烦心，尤其是西奥多・罗斯福预先没有与任何人商讨或听取他人建议。但这并不意味着摩根和罗斯福总统之间出现了根本性分裂。摩根因为这起诉讼案亲自拜访西奥多・罗斯福的事情众所周知，其意味却被大家曲解。据说，摩根告诉西奥多・罗斯福："如果有做错的地方，派你的人(即司法部部长)来找我的人(摩根的律师)，他们会解决的。"西奥多・罗斯福拒绝了这个本可以缓和彼此关系的提议，向摩根表示他无意进一步侵犯美国钢铁公司或其他任何摩根的托拉斯。在摩根离开后，据传西奥多・罗斯福对诺克斯说，摩根"不禁把我当作最大的竞争对手，或者一心想摧毁他所有的利益，或者可以被诱惑，与他达成协议，不破坏他的任何利益"。②

---

① (编者注)Burch, *Elites in American History*, pp. 150, 155, 189, 191; Lundberg, *America's 60 Families*, pp. 64, 70, 72; Kolko, *The Triumph of Conservatism*, p. 84; Josephson, *The President Makers*, pp. 118, 407; Pringle, *Theodore Roosevelt*, pp. 501, 538.

② In Joseph B. Bishop, *Theodore Roosevelt and His Time* (New York, 1920), vol. 1, p. 184 – 185.

但是,关键在于西奥多·罗斯福显然同意了摩根提出的条件。至少,不管在担任总统期间还是卸任总统之后,他所有的行动都证明了这点。1904年3月,在最高法院的裁定中,美国政府在北方证券公司诉讼案中赢得了技术性胜利。尽管如此,这场诉讼的结果并非是摩根利益集团受到伤害,最后只是控股公司这个形式设置被取缔。总的来说,

> 从政治角度来说,北方证券公司事件是为了赢得口碑,而且该案例促成后来的历史学家把西奥多·罗斯福渲染成反托拉斯者。它并没有改善美国西北部铁路公司的状况,没有改变该地区的铁路公司所有权,也没能终止希尔-摩根和哈里曼这些铁路线之间的合作。西奥多·罗斯福从未要求该公司解散,或者是重新恢复竞争。①

事实上,一位历史学家认为,"按照法庭的判决,摩根与希尔在铁路公司所占份额有所增加,而哈里曼付出了相应的代价。"②不管怎样,可能那就是整个事件的最终目的。事实上,摩根财团对西奥多·罗斯福当政期间的表现相当满意,所以在1904年捐出15万美元助力西奥多·罗斯福连任。③

四、西奥多·罗斯福总统:"坏"托拉斯

从后来发生的种种事情来看,北方证券公司事件可能并非西奥多·罗斯福与摩根之间的决裂,反而是西奥多·罗斯福在向摩根最大的金融竞争对手E. H. 哈里曼宣战。1906年秋季,西奥多·罗斯福政府放出消息,暗示将解散哈里曼的联合太平洋铁路公司和南太平洋铁路公司。自然地,哈里曼把这种迫害和威胁联系到自己当年拒绝为共和党的总统竞选捐赠大笔资

---

① Kolko, *The Triumph of Conservatism*, p. 67.

② Lundberg, *America's 60 Families*, p. 71. 另参见 Josephson, *The President Makers*, p. 130。(编者附注)北方证券公司并没能限制铁路公司之间的竞争,相关证据参见 Armentano, *Antitrust and Monopoly*, pp. 51-55。

③ (编者注)Josephson, *The President Makers*, p. 167; Lundberg, *America's 60 Families*, p. 83.

金。哈里曼的律师麦克斯韦·埃瓦茨(Maxwell Evarts)试图代哈里曼向总统求情。西奥多·罗斯福大发雷霆："你根本不知道摩根和其他人是怎么说哈里曼的。"[①]次年春季，一位员工偷了一封哈里曼在1905年年末寄给自己首席顾问的信。在信中，哈里曼谈到自己对西奥多·罗斯福不再抱有任何幻想，以及哈里曼给西奥多·罗斯福的捐赠金额和对方当初回报给他的承诺，但这些承诺并没有兑现。这封信被媒体公开后，西奥多·罗斯福予以反驳，在一次新闻发布会上贬低哈里曼，攻击他是危险的、"富有的行贿者"。

摩根与哈里曼两大利益集团之间涉及西奥多·罗斯福政府的重大冲突发生在1907年。摩根希望借助麾下纽黑文铁路公司(New Haven Railroad)夯实对整个新英格兰铁路系统的控制。1907年春季，他完成了这个过程中最为重要的一步，即纽黑文铁路公司收购波士顿缅因铁路公司。在夺得控制权之前，摩根、纽黑文铁路公司总裁查尔斯·梅伦(Charles S. Mellen)，以及摩根的其他高管正式拜会了西奥多·罗斯福，争取到他对两家公司合并的同意，以避免任何反托拉斯诉讼。此外，李-希金森公司是摩根在这场合并中的重要盟友之一。该公司的合伙人小乔治·卡伯特·李(George Cabot Lee, Jr.)是西奥多·罗斯福的前连襟。另一方面，这场合并的主要反对者是E. H.哈里曼。他也在试图收购波士顿缅因铁路公司。

在媒体上对这起合并不断发射批判炮弹的人是路易斯·布兰代斯(Louis D. Brandeis)。他是一位进步主义波士顿律师，家底殷实。从一定程度上来说，路易斯·布兰代斯成功地让当时的媒体和后来的历史学家都将他视为"人民利益的代言人"，在为民众谋利益时没有掺杂任何肮脏的经济利益。但事实上，当时他的敌人都深知，布兰代斯是库恩-洛布投资银行的律师。该投资银行是摩根在投资银行领域最大的竞争对手，也是为哈里曼利益集团服务的投资银行。迫于公众的压力，西奥多·罗斯福最终在1908年5月针对纽黑文铁路公司和波士顿缅因铁路公司的合并提起反托拉斯诉讼。西奥多·罗

① George Kennan, *E. H. Harriman* (Boston: Houghton and Mifflin, 1922), vol. 2, p. 224. 另参见Josephson, *The President Makers*, pp. 240-242。众人皆知约翰·皮尔庞特·摩根对哈里曼的憎恶。"废物"只是摩根习惯于用在哈里曼身上的贬义词之一。参见Birmingham, "*Our Crowd*", pp. 189, 222。

斯福的政治良师益友、摩根利益集团长期的盟友亨利·卡伯特·洛奇致信西奥多·罗斯福，告诉他真相，即路易斯·布兰代斯事实上是哈里曼和库恩-洛布投资银行的工具。之后，西奥多·罗斯福在事实上放弃了该诉讼。[①]

在西奥多·罗斯福看来，说到“坏”托拉斯，最好的例子是标准石油公司。麦金利和汉纳在1900年曾经坚决地拒绝提名西奥多·罗斯福为副总统，这让西奥多·罗斯福怀恨在心。麦金利和汉纳同属共和党中的洛克菲勒派系。我们也看到，洛克菲勒利益集团四处游说，反对设立公司管理局的议案，这也惹恼了西奥多·罗斯福。标准石油公司的人试图说服马库斯·阿朗佐·汉纳去争取1904年的共和党总统提名，与傲慢的西奥多·罗斯福一决高低。汉纳的高人气曾经让西奥多·罗斯福感到担心，可惜汉纳在那一年上半年过世，这场竞争由此终止。有证据显示，洛克菲勒势力旋即把支持对象变成奥尔顿·帕克法官，一位平淡无奇的民主党人。奥尔顿·帕克法官在1904年的总统选举中被西奥多·罗斯福远远甩在了后面。[②]

西奥多·罗斯福靠自身的实力再次当选总统。在第二届任期内，他把火力瞄准标准石油公司。从1905年起，西奥多·罗斯福要求公司管理局把注意力放到标准石油公司身上。多年后，在解释当初的行为时，西奥多·罗斯福承认说：“它（标准石油公司）在我当选前曾经与我为敌，在我力争设立公司管理局时站在我的对立面。之后，我向他们发起挑战。”[③]另一个重要的原因在于哈里曼是摩根痛恨的敌手，但他与洛克菲勒家族是金融领域的盟友。[④]

1906年，西奥多·罗斯福总统针对标准石油公司提起一场诉讼。这是政府第一次真正对工业企业拿起《谢尔曼反托拉斯法》作为武器。公司管理

---

① （编者注）Kolko, *Railroads and Regulation*, pp. 156 - 161. 有关更多布兰代斯的信息，参见 Rothbard, “From Hoover to Roosevelt”, pp. 322 - 323。

② 波士顿金融家托马斯·劳森（Thomas W. Lawson）曾是标准石油公司的约翰·阿奇博尔德和亨利·罗杰斯的生意伙伴。他在美国参议院小组委员会前就竞选献金作证。他表示，罗杰斯“实际上在（民主党）大会上全权委托他们的代理人提名帕克先生”。参见 Lundberg, *America's 60 Families*, pp. 85 - 86。另参见 Clarence W. Barron, *More They Told Barron* (New York: Harper & Bros., 1931), p. 51。

③ Johnson, “Theodore Roosevelt”, p. 584.

④ （编者注）关于这点，以及洛克菲勒家族如何涉足银行业和其他投资，参见 Josephson, *The Robber Barons*, pp. 394 - 403。

局在1906年春季报告称，标准石油公司接受铁路公司回扣，违反了《埃尔金斯反回扣法》。1907年9月，西奥多·罗斯福政府依据谢尔曼法针对标准石油公司提起了另一场更重要的诉讼，要求解散该公司。这起诉讼最终取得了成功。标准石油公司感到惊慌，提出和解方案，但遭到了西奥多·罗斯福的拒绝。在西奥多·罗斯福看来，标准石油公司和哈里曼都是"在财富争夺战中靠非法和不正当条件遥遥领先的"，代表的是"坏"托拉斯，与摩根代表的"好"托拉斯形成了鲜明的对比。[①]

西奥多·罗斯福针对标准石油公司发起攻击的动机是什么？历史学家对此并没有完整的解释。西奥多·罗斯福宣称痛恨托拉斯，但又把托拉斯清楚划分为"好"和"坏"两种，而且认为摩根的托拉斯是好的，摩根的对手则是坏的。[②] 若说是因为个人受到怠慢导致一直怀恨在心，又有些牵强。西奥多·罗斯福和摩根联盟，摩根和洛克菲勒则存在分歧，这也不是能让人满意的解释，因为这些分歧已经存在数十年。在此前，洛克菲勒和摩根之间的竞争始终保持着绅士风度，而且主要集中在降低还是提高关税这些问题上。突然就将尘封已久的反托拉斯武器搬出来，针对洛克菲勒发起致命的攻击，个中原因只能是一些新的情况。这些新的情况影响了摩根和洛克菲勒之间的冲突，并且导致矛盾加剧。

加布里埃尔·科尔科和其他人后来对进步时代的管控进行了尖锐的修

---

① Kolko, *The Triumph of Conservatism*, pp. 123–125.

② (编者注)西奥多·罗斯福反对托拉斯这个特征被过于夸大。在担任总统的7.5年里，西奥多·罗斯福仅仅开展了44次反托拉斯行动，其中最多有10次是真正地针对大公司。尽管他发起的反托拉斯行动数量超过前任麦金利，但其继任者塔夫脱在担任总统的4年里提起了80次反托拉斯诉讼。此外，西奥多·罗斯福心目中的"坏托拉斯"基本上都是"非摩根托拉斯"，例如洛克菲勒控股的标准石油公司，以及哈里曼控制的联合太平洋铁路公司……西奥多·罗斯福的"好托拉斯"通常是摩根控股的大公司，例如美国钢铁公司和国际收割机公司……西奥多·罗斯福没有针对这些大公司采取任何行动(尽管一些联邦政府官员非常希望如此)，部分原因在于西奥多·罗斯福对摩根的公司绝对信任，保持了沉默。当然，乔治·珀金斯和美国钢铁公司董事长埃尔伯特·加里等这些摩根利益集团颇具影响力的人士也有效地施加了巨大压力。(Burch, *Elites in American History*, pp. 164–165. 另参见 Josephson, *The President Makers*, p. 242。)

有一点值得大家注意，西奥多·罗斯福并非完全是为摩根利益服务的工具。他在整个政治生涯中的古怪个性和某些行为令人头痛，例如北方证券公司诉讼案。但他允许摩根及其盟友围在自己左右，而且深受他们的影响。所以整体而言，西奥多·罗斯福的行为是在维护身边这个圈子的利益。

正主义分析。遗憾的是，这种方法并不适用于1890年《谢尔曼反托拉斯法》的起源。[①] 有一点非常明确，即俄亥俄州保守的老共和党参议员约翰·舍曼绝对不能被视作大企业的反对者。我们都知道，共和党因为其保护主义政策受到民主党越来越多的攻击，民主党的指控之一是保护性关税为托拉斯和企业联盟提供了一个保护性屏障，它们可以躲在后面不受任何外部竞争的影响。这种指控颇具说服力。共和党坚定地维护保护性关税，为了应对民主党的控诉，他们通过了一项旨在打击托拉斯的举措。政府为托拉斯建立起一个保护屏障，然后再利用政府的力量去解散它们，这是不合逻辑的。但这个不合逻辑的事实并不能永远阻止自认为能逃脱不合逻辑的政客。

此外，我们都知道，历届政府几乎没有使用过谢尔曼法，谢尔曼法在麦金利政府期间已经基本废止。该法令的目的只是响应民意，为关税问题降温。

但是，促使参议员谢尔曼提出该法案的还有一个个人原因。谢尔曼自1880年起一直在争取总统提名，而且得到了马库斯·阿朗佐·汉纳的支持。1888年的党内大会上，他的这个夙愿距离实现只在一步之遥。他在票选中一路领先，却意外地败给了来自印第安纳州的本杰明·哈里森。内心充满怨恨的谢尔曼把自己的失败归咎于密歇根州州长拉塞尔·阿尔杰(Russell Alger)，后者也是他在争取总统提名路上的敌手。谢尔曼公开指责富有的阿尔杰以人均50美元的标准贿赂南方代表不把选票投给谢尔曼，而且有充分的证据显示谢尔曼的指责并非凭空捏造。

在失败之后，谢尔曼突然对反托拉斯立法有了兴趣，尤其是针对自己所痛恨的拉塞尔·阿尔杰的垄断型企业钻石火柴公司(Diamond Match Company)。"钻石火柴大王"阿尔杰是该公司的主要投资人。我们都知道，谢尔曼在参议

---

① 只有一份作品针对谢尔曼法的起源进行了重要的研究，但这份研究比较古老，而且深陷过时的世界观，认为是群众站出来扼制大型企业的出现。参见 Hans B. Thorelli, *The Federal Antitrust Policy: The Origination of an American Tradition* (Baltimore: Johns Hopkins Press, 1955)。托雷利(Thorelli)是一位经济史学家，支持反托拉斯，而且突破了修正主义传统的局限。关于托雷利从反大型企业角度进行的精彩批判，参见 William L. Letwin, "The Origins of Antitrust Policy", *Journal of Political Economy* (April, 1956): 156-59。另参见 Letwin, *Law and Economic Policy in America: The Evolution of the Sherman Antitrust Act* (New York: Random House, 1965)。

院愉快地向大家朗读了密歇根州最高法院对理查森诉布尔和阿尔杰案(*Richardson v. Buhl and Alger*,1889)的裁决,将此作为垄断有害的一个例子。在裁决中,法院宣布钻石火柴公司的组织者签订的特定合同不可执行,因为该合同的目的是在火柴行业树立垄断。据说,哈里森总统在签署《谢尔曼反托拉斯法》之后,对助手说:"约翰·谢尔曼修理了阿尔杰将军。"①

再回到我们的核心问题:客观的经济条件是否发生了任何改变,在一定程度上促使摩根利益集团搬出此前无关痛痒的谢尔曼反垄断法,针对标准石油公司发起攻击?答案是肯定的。原因在于国际石油战的爆发。

五、国际石油战

几十年以来,美国石油一直出口欧洲和亚洲。19世纪80年代初期,标准石油公司实际上垄断了精炼石油的出口,其中的主要产品是用于油灯的煤油。罗伯特·诺贝尔(Robert Nobel)和路德维希·诺贝尔(Ludvig Nobel)兄弟俩出资在俄罗斯的巴库(Baku)建立了一家炼油厂。19世纪90年代中期,该炼油厂进军标准石油公司垄断的国外石油市场,向对方发起了挑战。这对瑞典兄弟在俄罗斯铺设输油管道,添置蒸汽油船,其在高加索的巴库炼油厂率先采用了连续精馏工艺,比标准石油公司早了20年。19世纪80年代中期,巴黎著名的

① 参见 Matilda Gresham, *Life of Walter Quintin Gresham* (1919), vol. 2, p. 632。案件全称是 *David M. Richardson v. Christian H. Buhl and Russell A. Alger*, 77, Mich. 632(1889)。参见 Letwin, *Law and Economic Policy*, pp. 87–92, especially p. 92n。托雷利一本正经地阐述道:"本作者不相信此类个人问题会成为重要因素,推动谢尔曼提出反托拉斯法案,或者导致他提出任何其他重要的法律措施。"Thorelli, *The Federal Antitrust Policy*, p. 168n。(编者附注)出处同前, pp. 49–50,402。参见 Robert L. Bradley, Jr., "On the Origins of the Sherman Antitrust Act", *Cato Journal* 9, no. 3 (Winter 1990): 737–742。该文对谢尔曼动机的阐述与罗斯巴德的观点非常类似。阿尔杰实际上与该公司关系不密切,谢尔曼故意夸大其中的关系,为的是破坏阿尔杰未来的政治生涯。此外,罗斯巴德后来的类似分析提出,《谢尔曼反托拉斯法》的目的不是为了保护消费者,而是出于其他动机,例如以牺牲更高效的竞争对手为代价,保护那些效率低下的企业,或者避免民众一直盯着1890年的《麦金利关税法》。参见 Thomas J. DiLorenzo, "The Origins of Antitrust: An Interest-Group Perspective", *International Review of Law and Economics* 5(1985): 73–90; Thomas W. Hazlett, "The Legislative History of the Sherman Act Re-examined", *Economic Inquiry* 30 (April, 1992): 263–276。从州级对反托拉斯的动机进行分析,参见 Donald J. Boudreaux and Thomas J. DiLorenzo, "The Protectionist Roots of Antitrust", *Review of Austrian Economics* 6, no. 2(1993): 81–96。

罗斯柴尔德银行(Rothschild Bank)开始与诺贝尔兄弟合作，生产和炼制石油，并通过铁路油罐车把石油从黑海运送到利润丰厚的西欧市场。

19世纪80年代末期，标准石油公司再也无法逃避战斗。诺贝尔和罗斯柴尔德的联盟在西欧市场已经与标准石油公司双分天下。相比美国产品，诺贝尔炼油厂的煤油价格更低廉，质量也更高。随着俄罗斯和其他外国原油的发展，美国在全球原油产量中所占比例从1882年的85%骤降到1888年的53%。在出口的煤油中，超过90%的美国产品都是出自标准石油公司。与此同时，俄罗斯巴库的原油生产从1882年的占全球产量13%升至9年后的38%。

美国驻高加索巴库的领事J. C. 钱伯斯(J. C. Chambers)对俄罗斯石油的增长气恼不已。因为钱伯斯是标准石油公司在当地的眼线，所以他感觉到的气恼可能会翻倍。19世纪80年代末期，在领事报告中，钱伯斯指责俄罗斯人"具有把美国石油挤出全球市场的空想"。标准石油公司在全球的巡回大使威廉·赫伯特·利比(William Herbert Libby)则指出，"俄罗斯政府的支持"和欧洲重要银行家的支持是巴库石油迅速崛起的原因所在。[①]

为了对抗诺贝尔和罗斯柴尔德的联盟，标准石油公司在海外建立了自己闯劲十足的营销机构和子公司。1891年，标准石油公司麾下的英美石油公司(Anglo-American Oil)占领了71%的英国石油进口市场。19世纪90年代，诺贝尔和罗斯柴尔德联盟的俄罗斯公司只在英国的煤油市场抢到1/3的份额，西欧市场只占1/5。与欧洲其他市场一样，亚洲和拉丁美洲的市场也是标准石油公司的。标准石油公司似乎把全球垄断地位牢牢抓在了手里。

19世纪90年代，阿方斯·德·罗斯柴尔德男爵(Baron Alphonse de Rothschild)向标准石油公司的约翰·阿奇博尔德提出建立企业联盟的建议，承诺把全球80%的石油市场让给标准石油公司。此后发生了什么不得而知。这份提议颇具吸引力，尤其是标准石油公司当时在全球市场的份额已经跌至70%。但双方什么成果都没有取得，只是签署了一系列有限的协

① Hidy and Hidy, *Pioneering in Big Business*, p. 135。19世纪80年代初期，美国国务院成为标准石油公司的国外分支机构，要求其海外代表研究和反对任何可能阻碍标准石油公司运营的外国法律和条例。出处同前，p. 137。(编者附注)出处同前，pp. 130 - 131。

议。圣彼得堡的美国总领事报告称，谈判破裂，因为俄罗斯财政部部长支持诺贝尔和罗斯柴尔德的联盟，不同意他们向标准石油公司作出此类让步。也许哈维·奥康纳(Harvey O'Connor)是对的：

> 标准石油公司在这个世界仍然可以为所欲为。尽管它不得不旁观俄罗斯人拥有的更廉价市场，但绝不愿意通过书面协议占领此类市场。①

然而，对于洛克菲勒家族而言，这种平静生活却因为一个人而笼罩上了乌云。荷兰烟草种植园主埃尔库·泽尔克(Aeilko Jans Zijlker)1885年在苏门答腊岛北部发现了丰富的石油。1890年，在荷兰金融界的帮助之下，泽尔克在阿姆斯特丹成立皇家荷兰公司(Royal Dutch Company)，开发苏门答腊岛的石油。19世纪90年代，皇家荷兰公司在奥古斯特·凯斯勒(J. B. August Kessler)的管理下快速发展，成为标准石油公司在东亚市场顽固的竞争对手。与此同时，俄罗斯巴库的石油业进军亚洲市场。他们碰到的主要问题是运输。1892年，罗斯柴尔德利益集团与运输企业马库斯·塞缪尔公司(Marcus Samuel & Company)达成十年协议，把俄罗斯的煤油运输到远东地区。塞缪尔兄弟和伦敦的罗斯柴尔德家族联合，成功说服英国人管理的苏伊士运河董事会，允许运输油船从该运河通行——此前油船被视为是危险性太大的爆炸物，被禁止穿越运河。

马库斯·塞缪尔公司蓬勃发展。1898年年初，该公司进行扩张，把众多石油商人纳入麾下，发展成为壳牌运输贸易公司(Shell Transport & Trading Company)。壳牌运输贸易公司飞速发展，大量购买高产量的印尼油井。不管是标准石油公司，还是皇家荷兰公司，此前都错误地对这种行为表示不屑。壳牌运输贸易公司也开始攻占美国原油市场。他们更有远见，看到了新发现的得克萨斯州原油的重要性，并且与海湾石油公司签订了合作协议。标准石油公司对野心勃勃的壳牌公司深感厌恶。1899年，爪哇岛一位愤慨

---

① Harvey O'Connor, *World Crisis in Oil* (New York: Monthly Review Press, 1962), p. 34.(编者附注)出处同前，pp. 29 - 34；Hidy and Hidy, *Pioneering in Big Business*, pp. 236 - 237。

的标准石油公司出口代理谈到壳牌公司时说："他们四处高声播放广告，冒失又露骨地宣称他们将如何把标准石油公司挤出荷属东印度。他们过去4年里一直这样，我的耳朵实在受不了。我讨厌这些垃圾。"[①]

皇家荷兰公司的发展更引人注目。1897年，标准石油公司的两位专家被安排调查东印度的情况，调查结果令他们折服。他们写信回公司称："在石油行业的历史上，皇家荷兰公司的成功和发展速度令人震惊，无人能及。"[②]1895年到1897年，威廉·利比(William H. Libby)提出收购皇家荷兰公司，让其成为标准石油公司的分公司。遗憾的是，标准石油公司目光过于短浅，向皇家荷兰公司股东的报价只是其当时市值的94%。标准石油公司于是错过了在亚洲市场重新找回垄断地位的机会。[③]

到1901年，三大巨头彼此觊觎对方的市场，但都小心谨慎。那一年里，标准石油公司提出收购壳牌公司的大部分股票，此后又提议收购皇家荷兰公司。罗斯柴尔德家族则希望促成皇家荷兰公司和壳牌的合并，从而在全世界向标准石油公司发起挑战。在皇家荷兰公司拒绝了标准石油公司的收购提议后，该公司的新管理者、年轻的亨德里克·奥古斯特·威廉·戴特丁(Hendrik August Wilhelm Deterding)预言，"不久后，公司将遇到事关生死的战斗，必须全力维护自己的独立性"。戴特丁颇具创新思维，后来被称为是"石油领域的拿破仑"。他对标准石油公司怀有深深的敌意，称该公司是"行业内令人憎恶的食人魔，残酷地吞噬所有新生儿"。[④]

壳牌公司和皇家荷兰公司全面合并的条件尚不存在，因为戴特丁与壳牌公司大股东、伦敦市长马库斯·塞缪尔爵士性格不合。1902年，两家公司的亚洲业务合并，共同成立了新的亚洲石油公司(Asian Petroleum Company)。壳牌公司、皇家荷兰公司和罗斯柴尔德男爵各持有新公司1/3

---

① Hidy and Hidy, *Pioneering in Big Business*, p. 260.(编者附注)O'Connor, *World Crisis in Oil*, pp. 38-43.

② Hidy and Hidy, *Pioneering in Big Business*, p. 264.

③ 1898年，皇家荷兰公司聪明地躲避了标准石油公司的收购。公司新设立了一组特别股东，只有他们有权力选择董事和改变公司资本总额。此前股票销售都是不记名的，但现在，只有在特别股东全体会议上得到授权才能销售新股票。只有受到邀请才能成为股东。受邀请的条件是在荷属东印度获得矿山开采权。出处同前，pp. 266-267。

④ O'Connor, *World Crisis in Oil*, p. 43.

的股份，戴特丁出任公司的管理者，马库斯爵士则成为对戴特丁拥有否决权的董事长。这次合并导致皇家荷兰公司在远东的收入激增。1907年，皇家荷兰公司和壳牌公司整体合并，成立了著名的皇家荷兰壳牌集团，由戴特丁负责经营。他现在搬到伦敦，被英国人授为爵士。

必须指出，两大巨头之间激烈的国际石油战开始于1902年，并且持续多年。壳牌公司早已经与梅隆经营的海湾石油公司建立联盟，为自己提供得克萨斯州开采的原油。事实上，19世纪90年代初，梅隆的石油公司开始与标准石油公司争夺欧洲的石油市场。① 摩根家族与罗斯柴尔德家族是世交，所以我们不得不将西奥多·罗斯福针对标准石油公司发起的凶猛攻击视为全球石油战的一部分。摩根和梅隆此前的律师、司法部部长菲兰德·诺克斯在这场战争中推波助澜。②

---

① (编者注)O'Connor, *World Crisis in Oil*, pp. 43 - 46.

② 关于摩根和罗斯柴尔德之间的关系，参见 Birmingham, "*Our*" *Crowd*, pp. 152, 156。(编者附注)另参见 G. Edward Griffin, *The Creature from Jekyll Island: A Second Look at the Federal Reserve* (Westlake Village, CA: American Media, 1994), pp. 413 - 419。

诺克斯卸任司法部部长后，在1904年年中成为参议员，所以他在政府针对标准石油公司的反托拉斯诉讼中没有扮演至关重要的角色。罗斯巴德从全球角度来解释西奥多·罗斯福为什么对洛克菲勒发起猛烈攻击，这些分析让摩根和洛克菲勒两大金融集团在进步时代和此后的冲突有了更吸引人的全球视角，尽管罗斯巴德表示，这些"没有确切的事实证据加以证实"。在后面一个未完成的章，罗斯巴德原本计划介绍1908年的西奥多·罗斯福总统继任者(即威廉·霍华德·塔夫脱)。尽管塔夫脱是借摩根势力的帮助上台的，但实际上与洛克菲勒势力的关系更近。因此在总统任期的中期，塔夫脱政府针对摩根的公司发起反托拉斯诉讼，尤其是美国钢铁公司和国际收割机公司。这也是在报复西奥多·罗斯福当初针对洛克菲勒利益集团发起的攻击。为了在1912年阻止塔夫脱连任，摩根利益集团组建了进步党，并且推选西奥多·罗斯福成为总统竞选人。这个政党主要是由虔敬派知识分子组成，深受摩根的影响。他们成功地阻止了塔夫脱连任，并且让民主党候选人伍德罗·威尔逊入主白宫。参见本书第十章、第十一章和第十三章；Rothbard, *Wall Street, Banks, and American Foreign Policy*, pp. 13 - 23; Lundberg, *America's 60 Families*, pp. 98 - 111; Josephson, *The President Makers*, pp. 405, 426 - 448; Kolko, *The Triumph of Conservatism*, pp. 164 - 172, 190 - 216; Burch, *Elites in American History*, pp. 173 -174。

威尔逊与摩根圈子有关联，而且摩根在第一次世界大战期间继续发挥着自己强大的政治影响力，包括力主参战。尽管摩根强大的政治影响力曾经被洛克菲勒和哈定(Harding)总统的组合简短打断，但到20世纪20年代又影响了柯立芝(Coolidge)和胡佛政府。在大萧条期间，富兰克林·罗斯福新政中的银行业改革及其他举措，是洛克菲勒相关的金融财团对摩根帝国的野蛮打击。到第二次世界大战时，摩根家族变成了次要的金融精英。参见本书第十一章和第十四章；Rothbard, "From Hoover to Roosevelt", pp. 297 - 347; Alexander Tabarrok, "The Separation of Commercial and Investment Banking: The Morgans vs. The Rockefellers", *Quarterly Journal of Austrian Economics* 1, no. 1(1998): 1 - 18。

第八章

西奥多·罗斯福：进步时代的第一阶段（下）

一、肉类加工厂谬论

早期采取的进步主义经济管控举措中，有一项是 1906 年 6 月通过的《肉制品检验法》。传统观点错误地认为这项行动是针对大型肉类加工厂组成的“牛肉托拉斯”；联邦政府之所以采取这项举措，是源于小说《屠场》（*The Jungle*）揭发的内幕引起了公众对该行业的强烈抗议。厄普顿·辛克莱的这部小说揭露了芝加哥肉类加工厂内极不卫生的情况。①

实际上，联邦政府在 20 余年前已经开始对肉制品进行检验，而且检验要求是由大型肉类加工厂自己提出来的。原因在于大型肉类加工厂迫切希望进入欧洲肉类市场。他们认为，如果政府可以出面证明肉制品的质量，那么美国的肉制品在海外就会具有更高的声誉，也就能够实现进入欧洲市场的目标。与科尔伯特重商主义法律数百年来的效果一样，通过政府强制提高质量无一例外地迎合了企业建立联盟的目的，导致产量减少，限制竞争，

---

① 就连西蒙·惠特尼（Simon Whitney）这位极具洞察力的分析师都被这种谬论所骗。参见 Whitney, *Antitrust Policies*, p. 35。（编者附注）在西奥多·罗斯福著名的“公平交易主义”中，保护消费者（例如对食品业进行管控）是主要的支撑之一，此外还有企业管控和自然资源保护。在担任总统的两届任期内，西奥多·罗斯福在这些企业联盟目标方面取得了很大的进步，并且在后来支持“新国家主义”，倡导类似的进步主义举措。伍德罗·威尔逊的“新自由主义”侧重点与“公平交易主义”的侧重点有所差异，但“新自由主义”是类似的纲领，强调税赋改革、联邦政府对企业进行管控，以及货币改革。与西奥多·罗斯福一样，威尔逊在自己担任总统期间推行了这些举措。

并且提高消费者支付的价格。此外，成本社会化能令消费者满意，因为是纳税人承担检查费用，而不是制造商自己。①

更具体一点来说，肉类加工厂在担心欧洲国家的限制主义法律。19 世纪 70 年代末期 80 年代初，欧洲国家禁止进口美国肉制品，理由是保障欧洲消费者的权益，避免病肉入口。但是，真正主要的原因可能在于保护欧洲的肉制品生产。

一定程度上，在主要的肉类加工厂的压力之下，芝加哥和其他城市开始实施强制性肉制品检验体系，并在此后对该体系进行了巩固加强。在未得到国会授权的情况下，财政部部长在 1881 年成立了一家检验机构，对出口的牛进行无牛肺疫的认证。后来，德国以疾病为由禁止进口美国的猪肉。迫于大型肉类加工厂的压力，国会在 1884 年 5 月采取行动，在农业部设畜产局，以“预防病牛出口”，并且力争消除家畜传染病。

这并不够。农业部不断要求联邦政府制定新的法规，以促进肉制品出口量。1889 年，美国暴发猪瘟。在大型肉类加工厂的施压下，国会在 1890 年夏季通过一项法律，要求所有出口肉制品必须进行检验。但欧洲政府仍然不满意，因为屠宰的活畜没有得到检验，所以他们继续限制美国肉制品的进口。美国国会在 1891 年 3 月通过了美国历史上第一部重要的肉制品强制检验联邦法。该法令要求所有活畜都必须接受检验，而且成功覆盖了州际贸易中的多数家畜。凡是涉及出口的肉类加工厂都必须接受农业部的详细检验，违反该规定将面临收监和罚款。

严格的检验法满足了欧洲的医学要求，欧洲国家马上取消了对美国猪肉的禁令。但是，欧洲的医生有多么满意，欧洲的肉类加工厂就有多么伤心。很快，欧洲的肉类加工厂提出了更高的健康“标准”，至少是适用于进口肉制品的。欧洲政府再次对进口肉制品进行限制。美国肉类加工业别无选

---

① (编者注)罗斯巴德所指的是路易十四时期法国经济大帝让-巴蒂斯特·科尔伯特(Jean-Baptiste Colbert)。他支持极端重商主义政策，通过人为设置高“质量标准”建立企业联盟系统。参见 Murray Rothbard, *An Austrian Perspective on the History of Economic Thought: Economic Thought Before Adam Smith* (Auburn, AL: Mises Institute, 2006[1995]), vol. 1, pp. 216 - 220, 246 - 249。

择，只能加强自身的强制检验，继续提高标准。农业部检验的肉制品越来越多，设立了数十个检验站。1895 年，农业部成功说服国会加强肉制品检验的执法。到 1904 年，美国 73%的屠宰牛肉都经过了畜产局的检验。[①]

对大型肉类加工厂而言，最大的问题是那些小型竞争对手，因为后者能够绕开政府的检验。这意味着，这些小竞争对手在拟建立的联盟之外，将获得销售未检验肉制品的优势。为了取得成功，企业联盟必须扩大范围，纳入那些小型肉类加工商，而且要强制它们加入。

广为人知的“牛肉托拉斯”，或者说大型肉类加工厂之间的企业联盟其实自 19 世纪 80 年代中期已经存在。它们就价格达成协议，并且对生产和竞争进行限制。但是，这个行业内存在无数的小型生产商，行业没有任何进入门槛，而且美国有成千上万的家畜养殖者，所以牛肉托拉斯并没有影响到肉价。再则，小型肉类加工商带来的竞争越来越激烈。19 世纪 80 年代，美国的肉类加工企业从 1879 年的 872 家激增到 10 年后的 1 367 家。在联邦政府组建企业联盟的影响之下，在 1899 年跌至 1 080 家；又在 1909 年增加到 1 641 家；在 20 世纪的头 10 年增加了 52%。由此可见，竞争压力日益加大。从另一个数据也可窥见竞争压力之重。1905 年，美国除 3 家规模最大的肉类加工厂之外，其他肉类加工厂的肉制品产量在市场总产量中占 65%；1909 年，这个数字增加到 78%。

1904 年 3 月，在家畜养殖者组织的施压下，众议院通过决议，请公司管理局调查牛肉托拉斯对价格和肉类加工利润的影响。公司管理局在 1 年后发布报告，正确地指出，肉类加工行业实质上竞争激烈，肉类加工厂的企业联盟对肉价并没有特别的影响。然而，这份报告激怒了丑闻揭发者、民粹主义者和家畜利益相关者。

在 1906 年之前，公众针对肉类加工业的所有焦虑都集中在所谓的垄断上，根本没人在乎卫生条件。英美两国的杂志在前两年会刊发文章攻击肉

① （编者注）小型的地方肉类加工厂痛恨芝加哥肉类加工厂的竞争力，不实地指控它们卖病肉，以及用价格打压地方小型肉类加工厂。欧洲政府由此认定美国肉制品都是病肉。Gary D. Libecap, “The Rise of the Chicago Packers and the Origins of Meat Inspection and Antitrust”, *Economic Inquiry* 30 (April, 1992): 242 - 262。

类加工厂的卫生条件，但这些没有在社会上激起波澜。1906年2月，厄普顿·辛克莱的《屠场》出版，揭露了肉类加工行业众多恐怖之处。此后不久，西奥多·罗斯福派两位华盛顿官员调查芝加哥的肉类加工行业。这两位官员分别是劳工要员查尔斯·尼尔(Charles P. Neill)和行政律师詹姆斯·雷诺兹。著名的"尼尔-雷诺兹"报告表面上确认了辛克莱的种种发现，实际上却显示了这些官员们的无知。后来的国会听证会显示，两位调查者未能理解屠宰场的工作方式，把屠宰场固有的血腥误认为是糟糕的卫生条件。

《屠场》面世后不久，一家大型肉类加工厂的老板乔纳森·奥格登·阿穆尔(J. Ogden Armour)在《星期六晚邮报》(*Saturday Evening Post*)上撰文，为政府的肉制品检验辩护，并且表示大型肉类加工厂始终支持和力争肉制品检验。阿穆尔写道：

> 单纯从商业角度来说，试图逃避(政府检验)是种自杀行为。没有哪家肉类加工厂可以不经过政府检验就进行州际贸易或出口贸易。自身利益会迫使它进行检验。同样，自身利益也要求它不能接受任何小型肉类加工厂的肉制品或副产品用于出口或其他用途，除非该小型肉类加工厂也是"官方的"，也就是说经过了美国州府的检验。
>
> 从这两个角度来看，这种政府检验成为肉类加工厂开展业务重要的辅助手段。它给肉类加工厂的产品盖上了合法和诚实的印章，因而是必不可少的。对公众而言，它也是健康肉出售的保障。①

政府的肉制品检验也让公众始终认为该食品是安全的，由此减少了肉类加工厂提升肉制品质量的竞争压力。

5月，印第安纳州联邦参议员艾伯特·贝弗里奇(Albert J. Beveridge)提出法案，建议加强对州际贸易中所有肉制品(包括肉制品和防腐剂)的强制检验，并确定肉类加工厂的卫生标准。贝弗里奇是一位著名的进步主义

---

① J. Ogden Armour, "The Packers and the People", *Saturday Evening Post* 178 (March 10, 1906): 6，原文为斜体。引自 Kolko, *Triumph of Conservatism*, pp. 98 - 108；另参见出处同前，pp. 51 - 53, 75, 81 - 82。

共和党人，也是摩根合伙人乔治·珀金斯的老友。该法案得到农业部部长詹姆斯·威尔逊(James Wilson)的大力支持。相比于现有法律，该法案所建议的联邦肉制品检验拨款翻了两番，从 80 万美元增加到 300 万美元。6 月底，贝弗里奇法案在国会两院以近乎全票通过。

大型肉类加工厂积极地支持该法案，因为该法案要求小型肉类加工商也接受联邦检验。美国肉类生产商协会(American Meat Producers' Association)也支持该法案。在众议院农业委员会就贝弗里奇法案的听证会上，托马斯·威尔逊(Thomas E. Wilson)代表芝加哥的大型肉类加工厂表示了他们的支持：

> 不管是过去还是现在，我们一直支持扩大检验范围，并且推行卫生法规以确保最佳卫生条件……我们也始终认为根据合理的法规进行政府检验符合家畜和农业企业的利益，也符合消费者的利益……①

强制要求所有肉类加工厂达到统一的卫生标准有一个好处，即所增加的成本将更多地落在小型肉类加工厂身上，由此能进一步打击那些带来竞争的小型加工厂。

政府检验范围扩大必定导致成本增加，所以针对贝弗里奇法案最大的争议在于究竟由谁承担这些成本。大型肉类加工厂自然希望能够像过去一样，继续由纳税人承担这些成本。他们同时反对法案中强制要求在肉类产品上印制装罐日期的条款，担心消费者由此会拒绝购买装罐日期比较久远的产品。詹姆斯·沃兹沃思(James W. Wadsworth)所做的修订体现了这些肉类加工厂的反对意见。詹姆斯·沃兹沃思是参议院农业委员会主席。这些修订由国家家畜协会(National Live Stock Association)的律师塞缪尔·考恩(Samuel H. Cowan)起草。西奥多·罗斯福总统私下同意了沃兹沃思的这些修订，之后又对这些修订进行攻击。沃兹沃思回应说："我此前告知您……肉类加工厂在委员会前呼吁通过严格的检验法。他们靠着这个营

---

① 引文出处同前，p. 105。

生，而且委员会将在申明中作证，他们未曾设置过任何障碍……”[1]

众议院通过了沃兹沃思法案，参议院则通过了最初的贝弗里奇版本。众议院态度坚定，且大型肉类加工厂的所有想法都得到了满足，因此总统在时年6月底签署了该法案。肉罐头不会打上日期，纳税人将承担肉制品检验的所有成本。乔治·珀金斯非常愉快，他写信给摩根表示，新法“在实施后必定带来众多好处，而且适用于全世界，因为它让商品有了政府的认证……”

反对沃兹沃思修订稿的人基本上不是从反对大型企业的角度来思考的。贝弗里奇宣布，很显然，“可以从政府检验中无限受益的行业应该支付检验费用，而不是让民众来承担这些成本”。《纽约商业日报》(*New York Journal of Commerce*)也提出了类似的观点。

左翼的大型企业反对者并没有被贝弗里奇-沃兹沃思法案愚弄。参议员克努特·纳尔逊(Knute Nelson)意识到这部法案就是肉类加工厂的金矿：“这部法案想要实现三个目标。第一是安抚肉类加工厂，第二是安抚那些养牛人，第三是为肉类加工厂争取更多的海外市场。”厄普顿·辛克莱也很清醒。他发现新法案旨在为肉类加工厂谋福利。不管怎么样，他揭发黑幕不是为了强制性地提高肉类标准，而是为了改善工人的生活工作条件。他认为，这部新法根本不能帮助他实现那个目标，因此有了他的名言：“我本来想打动公众的心，结果却意外地击中了他们的胃。”辛克莱回顾那件事情时说：

> 我本想出力将肉类加工厂清扫干净，改善本国的肉类供应……尽管这基本上是痴心妄想……但甚至没有人愿意假装相信，我改善了肉类加工厂工人的工作条件。

农业部的威尔逊明确知道谁会支持或反对新法。在法案得到通过后不久，威尔逊与大型肉类加工商会面，告诉他们：“……先生们，在这部法律实

---

① *Washington Post*, June 15, 1906. 出处同前, p. 106。

施后，你们最大的资产就是地球上最为严格和严厉的检验。”肉类加工厂以“雷鸣般的掌声”回应威尔逊的这番话。斯威夫特公司（Swift & Co.）和其他大型肉类加工厂用大幅广告宣传这部新法，称其目的“是向公众保证，只有高质量且卫生的肉和肉类产品会上市销售……这是一部睿智的法律，必将广泛且统一实施”。

在接下来的几年里，参议员贝弗里奇试图重拾由肉类加工厂承担检验费用的观点，但未能得到西奥多·罗斯福的支持，而且农业部部长也表示反对。与此同时，肉类加工厂继续维护畜产局及其检验，他们甚至希望进一步提高检验标准，只是未能如愿。①

二、哈维·威利和《纯净食品和药品法》

《纯净食品和药品法》和《肉制品检验法》在同一天得到通过，但两者都不能算是“人民的利益”战胜了“商业利益”。纯净食品问题实际上是由企业多年前提出的，尤其是那些大型企业。他们迫切希望利用政府的重商主义建立企业联盟，限制竞争，强行提高小型竞争对手的相对成本。

19世纪80年代初期，推动纯净食品立法的主要领导人是哈维·威利（Harvey W. Wiley）。他是美国农业部著名的食品化学家。19世纪末期和20世纪初期，威利既是进步主义的领导力量，也是中央集权主义的领导人物。他信奉虔敬主义，与一群“专家”致力于技术专家治国论，而且强力维护企业利益。

哈维·威利出生于印第安纳州的农场，其父亲有着北爱尔兰血统，曾经

① 出处同前，107–108。（编者附注）另参见 Jim Powell, *Bully Boy: The Truth about Theodore Roosevelt's Legacy*（New York: Crown Forum, 2006），pp. 158–169。科尔科持另一种传统观点，参见 James Harvey Young, *Pure Food: Securing the Federal Food and Drugs Act of 1906*（Princeton, NJ: Princeton University Press, 1989），pp. 221–252。肉类加工厂自然认为辛克莱在诽谤自己的行业，罪大恶极，令人讨厌。同样让他们感到困扰的还有最初的贝弗里奇法案。在这些背景下，再加上西奥多·罗斯福威胁将发布同样不真实的“尼尔-雷诺兹”（Neill-Reynolds）报告，他们甚至提出颁布自己的自愿性法规。他们支持新的法规，前提条件是纳税人支付相关费用，而且小型肉类加工厂也被纳入检验对象。正如上文所写的，他们取得了成功，如愿操纵了新的法律。

在虔敬派基督门徒会担任平信徒宣教师。[1] 不管威利的家庭隶属于哪个派别，重要的一点在于他们严格地遵守安息日要求。就读于印第安纳州汉诺威学院（Hanover College）时，威利开始痴迷"纯净性"，并持续终生。他宣讲保持身体、思想和灵魂纯净的重要性。他很早就深信香烟和猪肉是污秽的，"不纯净"会破坏人类身体的完美性。

1867 年，在汉诺威学院的毕业典礼演讲中，23 岁的威利将纯净、虔敬主义和价值中立的药品等主题掺杂在一起。这预示了他未来的职业发展道路。他宣称，人类必须保护自己的像上帝般"纯净"的身体和思想。他高度赞扬医生的伟大，因为他们"保护了上帝与人类之间的圣约"。威利承认，医生可能无法保证人们长生不死，但"他可以让人们在临死之前做好准备，迎接宝贵的生命走向尽头……"[2]

毕业后，威利前往印第安纳波利斯的一所基督门徒会学校——西北基督教大学（Northwestern Christian University）——教授语言，再进入印第安纳州医学院（Indiana Medical College），并于 1871 年在该院获得医科博士学位。此后，威利转行进入化学领域，在次年成为印第安纳州医学院化学教授，并且获得了哈佛大学的化学理学士学位。获得学位后，他在 1873 年来到西北基督教大学担任化学教授，次年前往新成立的普渡大学（Purdue University）担任化学教授。

5 年后，威利博士来到柏林大学（University of Berlin）学习医学、化学和物理学。在柏林大学时，泽尔博士（Dr. Sell）的政府实验室给了他启发。这间实验室被用于检测食品和饮料中的杂质。威利在柏林的制糖化学领域找到了自己终身的兴趣爱好，并且开始了与美国制糖行业和政府的永久性合作。

1881 年，威利呼吁政府保护消费者，避免购买印第安纳州掺假糖制品造成的危害。他建议州制定法规，要求精制糖制品和糖浆必须标识详细成

---

① 威利及其事业的传记参见 Oscar E. Anderson, Jr., *The Health of a Nation: Harvey W. Wiley and the Fight for Pure Food* (Chicago: University of Chicago Press, 1958)。尽管这本传记对威利赞誉过高，但颇具权威性。

② （编者注）出处同前，pp. 2 - 9。

分。强制标签法将带来几大重要的影响。该法令要求强制公示，由此会揭露品牌和行业的秘密，从而有助于限制竞争，帮助制糖业建立企业联盟。该法令也会带来科尔伯特主义或重商主义的效果，强迫消费者接受更高的“质量标准”，从而推动企业建立联盟。

此外，威利呼吁美国糖业做到自给自足，通过设置过高的关税把进口糖制品赶出美国市场。这个见解巩固了威利与制糖业之间的联盟。他与美国政府之间的联盟开始于1881年。当时，印第安纳州通过一项法律，对商用化肥的制造和销售进行管控，并且任命威利博士为“州化学家”，负责对这些产品进行检验。

19世纪80年代初期，威利数次尝试进入制糖业，可惜每次都以失败告终。他购买了波士顿一家现在已不复存在的甜菜糖厂生产葡萄糖——这是他高度称赞的一种新产品。他也试图在印第安纳州组建一家葡萄糖工厂。这两次尝试都遭遇了失败。他还希望使用高粱秆制糖，为此在印第安纳州组建了一家小型工厂进行前期试验。试验结果令他感到愉快，深信自己未来能够取得成功。

1883年1月，威利在印第安纳州农业委员会发表演说。当时他已经成为美国著名的制糖化学家。他在演说中清楚表述了自己对制糖的痴迷。“请让我来为国家制糖，我不在乎谁制定法律……糖的消耗量是文明发展的衡量指标，”威利大声说，“孩子没有糖就像是天堂里没有竖琴。”[①]威利不含一丝反讽地补充：“任何目标如果夸大其词，就会一无所获。”他同时介绍了制造商利用高粱秆制糖的利润情况。

当时，联邦政府农业部部长解雇了本部门的化学家彼得·科利尔（Peter Collier）博士，因为支持高粱秆制糖的科利尔博士不服管束。为了讨好具有强大政治影响力的高粱种植者，农业部部长不得不在1883年任命了同样以支持高粱秆制糖闻名的哈维·威利担任首席化学家。

威利走马上任，进入自己的新角色，继续呼吁通过保护性关税赶走高效的国外制糖商，并且扶持国内制糖行业，推动这个行业的发展。当政的共和

① 出处同前，p. 28。（编者附注）出处同前，pp. 9－16，20－23，26－28。

党正致力于阻止进口商品与美国工业进行竞争。作为终身的共和党人，威利挑选了自己最爱的关税主题。威利表示，自由贸易"只是大学温室和业余专家弄出来的柔弱热带植物"。被问及如果国外甘蔗种植者因为美国保护性关税而失业的话题时，威利表现出了进步主义者典型的、对第三世界国家的傲慢态度。威利表示，那些本地人"脸色晦暗地在阳光下懒洋洋地坐着……他们可以抬头去找椰子和香蕉。他们不会饿死，也不会冻死"。[①]

在为农业部进行科学研究工作时，威利把大量时间和精力放在为制糖业谋福利方面，尤其是寻找经济方法以高粱秆、甘蔗和甜菜制糖，特别是高粱秆。尽管在该领域内声名赫赫，但威利在19世纪80年代的高粱秆制糖试验接连失败。国会打算停止为这些项目拨款，但堪萨斯州共和党参议员普雷斯顿·普拉姆（Preston B. Plumb）一再挽救了这些拨款。普拉姆知道，堪萨斯州农业学家承受着从高粱秆中找到拯救方法的压力。威利在路易斯安那州试验的甘蔗渗出法看似能取得成功，可惜最终也告败。不过，威利对政府扶持制糖业仍然表示乐观，他还倡导政府建立学校教授人们制糖方法。

不管是试验持续失败，还是政府更迭，这些似乎都没有能阻止联邦政府不断地为威利博士的工作提供资金，甚至是扩大他的项目。一方面，威利早早用事实证明他是政坛运筹帷幄的专家。威利是共和党人，但在1885年并没有被克利夫兰政府扫地出门，因为他成功说服克利夫兰任命自己的老友、农业出版家诺曼·科尔曼（Norman J. Colman）为农业部部长。在哈里逊政府任命前威斯康星州州长耶利米·拉斯克（Jeremiah Rusk）出任农业部部长后，威利又成功地与这位新任部长保持了密切的工作伙伴关系。

次年，也就是1890年，威利和拉斯克开始与费城富有的金融家汉密尔顿·迪斯顿（Hamilton Disston）密切合作。迪斯顿在佛罗里达州购买了百万英亩的沼泽和湿地用于种植甘蔗，并且组建了佛罗里达甘蔗公司（Florida Sugar Cane Co.）。此后，迪斯顿成功地游说国会，为农业部争取到一笔拨款，用于研究如何提高甘蔗的产量。心怀感激的威利和拉斯克立刻在迪斯顿的地盘上建立了自己的试验站，距离他的制糖厂只有4英里。当然，迪斯

① 出处同前，pp. 35 - 36，39。

顿非常乐意把这块土地免费借给农业部，因为试验站能促进迪斯顿的糖产品销售，扩大他的种植面积。

到19世纪90年代中期，人们开始明白，用低成本方法以高粱秆制糖彻底行不通，而且美国国内没有真正有重要意义的制糖产业。当然，威利既不认为自己为了争取资助而夸大其词，也没有把原因归咎于自己的研究失败。他认为问题出在糖的关税仍不够高。①

威利博士一生钟情于增强美国的制糖业。除此之外，他还有另一项终生挚爱，即取缔那些被他认为“不纯净”的食品或农产品。在南北战争之后的数十年里，各地卫生局针对纯净牛奶和肉制品发布了众多条例。此外，乳品企业在一些州内通过保护性法律打击牛奶或黄油产品的竞争，例如反对人造黄油这类“掺假”竞争性产品。众多州的农场主试图阻止“掺假化肥”，我们看到，威利博士早在1881年就加入了印第安纳州的这场运动。部分州针对食品和药品制订了法律，但只在马萨诸塞州得到了实施。

在联邦层面，只有南北战争之前的一部法律禁止进口掺假药品。19世纪80年代中期，威利博士带头呼吁在联邦层面针对食品和药品立法。1884年，威利和部分州化学家组建了政府农业化学家协会（Association of Official Agricultural Chemists），开始在农业部的通报中发布协会报告。两年后，在威利担任该协会会长的时候，他说服协会扩大涉猎范围，从商用化肥扩大到整个农业化学领域，包括掺假的食品。

我们必须指出，威利在该领域主要的兴趣不是保障公众健康，而是禁止更改产品概念，因为他认为此类更改是欺骗。简而言之，威利希望把所有产品的成分固定为最初的版本。此类法律不仅能让行业建立企业联盟，而且能强制实施科尔伯特重商主义，它还会打击富有想象力的新创新者，破坏他们的竞争力，让行业保持现状不变。这样做是出于经济方面的考虑，因此得到了农业部部长科尔曼的认可。科尔曼希望通过严格的州法律和联邦法律根除食品掺假行为。奥斯卡·安德森（Oscar Anderson）表示，科尔曼“最关心的是那些诚实制造商面临的困境，这种困境源于掺假产品带来

① （编者注）出处同前，pp. 36－39，56，59－60，65。

的竞争”。[①]

农业部化学局在其 1887 年发布的第 13 号通报中启动了反对不纯净食品的行动。为了在公众中宣传自己的发现，威利在 1890 年聘请农业编辑亚历山大·韦德伯恩（Alexander J. Wedderburn）撰写第 25 号通报。亚历山大·韦德伯恩是一位纯净食品狂热分子，也是农场主游说团体弗吉尼亚农民协进会（Virginia Grange）立法委员会会长。这份通报显示出假冒产品无处不在，而且对出口市场尤为担心，出口市场已经因为美国食品的糟糕声誉而受损。韦德伯恩在通报中呼吁国家立法进行补救。

但是，说到鼓动公众呼吁国家制订纯净食品法，农业部和威利都算不上第一个。第一个是纽约市著名的食杂批发商弗朗西斯·瑟伯（Francis B. Thurber）。1880 年夏季，瑟伯请他的连襟、《管道卫生工程师》（*Plumber and Sanitary Engineer*）杂志编辑亨利·迈耶（Henry C. Meyer）少校出面，说服美国全国贸易委员会（National Board of Trade）为《管道卫生工程师》杂志组织的竞赛提供 1 000 美元赞助。美国全国贸易委员会是重要的商人组织，这场竞赛的内容是起草针对食品掺假的法案，目的是从中寻找最佳作品。

在这场竞赛中夺冠的是公共分析师工程学会（Engineering Society of Public Analysts）会长 G. W. 维格纳（G. W. Wigner）教授。此后，竞赛评委根据维格纳的思路起草了一份法案。该法案后来得到全国贸易委员会和众多地方贸易委员会的认可。尽管该法案未能得到通过，但它在 19 世纪 80 年代成为众多州法律的范本。

1886 年年末，费城的美国防治掺假食品协会（American Society for the Prevention of the Adulteration of Food）号召 1887 年 1 月在华盛顿召开全国大会，起草关于纯净食品的法案。商业组织、行业杂志和地方卫生局均派代表参加大会，支持了 1880 年全国贸易委员会的法案。次年召开的大会规模扩大，食品制造商和销售商也出席了大会。大会再次表示支持立法打击有害掺假食品和强制标识产品成分。1888 年的大会由杂货商组织领导。坦

---

① 出处同前，p. 71。（编者附注）出处同前，pp. 68 - 71。

率来说,该次大会的目的是“保护诚实的商人无须与掺假者竞争,树立公众的信心”。但安德森也指出,这次大会也是“主动采取行动,力争让颁布的法律不管是目标还是细节都符合企业视角”。[①] 众多农业企业积极参与了这次大会。他们中有乳品生产商、玉米种植场和养猪场。乳品生产商希望取缔人造黄油这种“假冒产品”,养猪厂则希望取缔掺假猪肉,并且对出口的宰杀牲畜进行检验,消除欧洲对它们的歧视。正如上文所提到的,他们成功地在1891年争取到了相关法律。当然,与会者中也有希望获得更多工作机会和树立声望的公共卫生专业人士。

一些农业企业成功地借政府之手打击自己的竞争对手。1886年,在乳品行业的努力下,联邦政府开始针对人造黄油的制造和销售征税。众议院在1890年通过一项打击生产“掺假”猪油的法案,但该法案因为棉籽油企业的反对而未在参议院通过。棉籽油企业把棉籽油和猪油混合在一起,生产合成猪油。

国会在1888年通过一项法案,在哥伦比亚特区禁止生产和销售掺假食品和药品。从本质上来说,这个地区始终是由联邦政府控制和管理的。第一份普遍适用的强制性纯净食品和药品重要法案是在1890年由内布拉斯加州联邦参议员阿尔杰农·帕多克(Algernon S. Paddock)提出的。阿尔杰农·帕多克是参议院农林业委员会主席。该法案的目的是,保护消费者和制造商,打击掺假产品,最重要的是提高美国食品在海外出口市场的声誉。该法案强制要求生产商标识产品成分,依法取缔掺假食品,禁止所谓的有害成分。次年,威利说服帕多克修改法案,强化执法力度,并把执法权交给威利所领导化学局的食品处。1892年年初,参议员帕多克发表演说,称自己的法案可以保护大家的钱包,同时保证消费者的健康,并通过提振出口市场帮助农场主。

为帕多克法案进行游说的是众多农场组织,包括农场主联盟和农民协进会,以及州议员、贸易委员会,以及食杂和药品批发商协会等。反对该议案的有棉籽油制造商,以及其他新型混合产品制造商。因为根据原始定义

---

① 出处同前,p. 76。(编者附注)pp. 71 - 76。

把某种特定产品视为“纯净”时，这些新型混合产品首当其冲地被视为“掺假”。该法案在参议院得到通过，但是在众议院被否决，因为公众或者无动于衷，或者积极反对，认为纯净食品和药品法案是非法的，是政府以家长式作风干涉他们的生活。

在富兰克林学会（Franklin Institute）为帕多克法案说话时，威利博士承认，只有小部分掺假产品会伤害消费者。他更担心的是消费者不明智地花钱，即穷人购买的食品“表面看来是纯净的、有营养的，实际上却毫无价值”。[①] 但是，他告诉农业部的同事，如果取缔掺假食品，农场主的市场将得到扩大，食品价格将会上涨。这时，对消费者钱袋的担心完全被抛在了脑后。或者更直白地说，这样可以打击食品产品的竞争，造成供应量下降，食品和农产品的价格上涨。这可能是整个业界的想法。

第二届克利夫兰政府期间，威利的日子并不好过，因为农业部部长朱利叶斯·斯特林·莫顿（J. Sterling Morton）坚持削减部门开支，消除官僚主义。但是，关于食品和药品的改革运动在继续推进。多数州在19世纪90年代颁布了纯净食品和药品法律。这项运动源于工业和商业团体迫切希望保护自己，避免竞争。19世纪90年代末期，政府农业化学家协会针对掺假产品发布报告，进行研究，发表演说。该协会食品标准委员会的首领，即该项运动的先锋人物，正是哈维·威利博士。1897年，威利成功劝说各州把帕多克法案作为法律范本，并且通过宾夕法尼亚州共和党众议员马里奥特·布罗修斯（Marriott Brosius）在众议院提交该法案。布罗修斯法案认定掺假产品非法，强制要求食品标识其成分，并且禁止添加有害成分。威利领导的农业部化学局对州际贸易中的食品样本进行检查，对产品加以管控。

支持该议案的有全国农民协进会和农场主全国代表大会，因为他们希望在食品行业建立企业联盟。最积极宣传该议案的是一个全新的组织，即全国纯净食品和药品大会（National Pure Food and Drug Congress）。该组织在1898年3月成立，旨在为纯净食品和药品立法进行游说。全国纯净食品和药品大会由来自24个州的150名代表组成，发起者是哥伦比亚特区的一

---

① 出处同前，p. 80。（编者附注）出处同前，pp. 76－80。

群健康卫生官员和食杂批发商。成立全国纯净食品和药品大会是亚历山大·韦德伯恩的主意，他曾经是威利博士手下的宣传者，现在是弗吉尼亚州农民协进会会长。威利出任全国纯净食品和药品大会咨询委员会主席，后来成为其立法委员会主席。正是该委员会说服了布罗修斯修订他的法案。[①]

威利对“纯净性”的关心只是为了约束竞争性创新。威利强烈反对在纯威士忌中添加任何混合物，并且对精馏威士忌加以严厉批判，这仅仅因为他认为精馏威士忌“掺假”，不能被称为“威士忌”，感觉此类“不纯净”的产品肯定伤害人们的健康。

在威利博士的关照下，纯净食品和药品法案得到了农场主团体的大力支持，例如全国农民协进会。这些议案也得到商业组织的大力支持，比如全国贸易委员会、全国食杂零售商协会（National Retail Grocers' Association）、全国药房批发商协会（National Wholesale Druggists' Association）、全国零售酒商协会、美国专利协会（Proprietary Association of America），以及美国制药协会（American Pharmaceutical Association）和美国医学协会（American Medical Association）。很快，全国制造商协会、美国发酵粉协会（American Baking Powder Association），以及众多公司都大力支持纯净食品和药品法案中的一个版本。该版本由威利博士起草，由众议员威廉·赫伯恩（William P. Hepburn）提交给众议院。最后，在肉类加工行业的影响下，1906年，威利的法案几乎同时在两院得到通过，西奥多·罗斯福至少是被动地支持该法案。威利指出，“绝大多数”食品制造商都支持该法案。[②]

纯净食品和药品法是先前国会法案和州级法律的延续。该法令禁止“掺假”（由政府官员和他们所代表的特殊利益组织来定义），从而打击了特定形式的竞争。该法令同时要求必须“诚实地张贴标签”，由此，对于尚未这样做的企业而言，成本将增加。掌控全局的是威利博士及其领导的农业部

① （编者注）出处同前，pp. 121－123。

② （编者注）出处同前，p. 133；Kolko，*The Triumph of Conservatism*，pp. 109－110。

化学局。[①]

威利一生对制糖业的热爱不亚于他对纯净食品和药品的热衷。在纯净食品和药品法得到通过后，威利把自己热爱的这两项事业结合起来。在受制于民主党克利夫兰政府之后，威利愉快地争取到共和党的麦金利政府的支持，恢复并扩大自己的甜菜制糖试验。1897年的《丁利关税法》给美国甜菜制糖业带来曙光，因为该法令翻番了进口糖关税。威利的研究和试验给予了甜菜制糖行业很大的帮助。1904年，在美国甜菜制糖协会（American Beet Sugar Association）的第一届年会上，威利博士被该协会称赞为“我们最忠诚和最坚定的朋友”。

哈维·威利是一位赤诚的帝国主义者，这也很符合进步主义者的特点。他积极地支持美国吞并夏威夷、波多黎各和菲律宾群岛。但相比于帝国主义，他对美国制糖业的热情更胜一筹。西奥多·罗斯福希望，在古巴在实质上成为美国的被保护国后，美国能零关税或降低关税进口古巴糖，但威利对此持反对意见。除此之外，他基本上都支持西奥多·罗斯福总统。

如果说哈维·威利在对待外国进口糖时毫不留情，那可以说他在反对糖的竞争性替代品时更加冷酷。有别于他挚爱的糖商品，他给那些替代品冠以“人造”和“不纯净”的罪名。西奥多·罗斯福很快就与这位纯净食品和药品法的精神导师决裂，其中的导火索是糖精。威利竭尽所能取缔糖精，借此讨好他在制糖行业的朋友和合作伙伴。威利谴责糖精是“欺骗”，因为它是糖的廉价替代品。威利表示，糖精缺乏食品应有的价值，所以必定是有害

---

① （编者注）化学局最终在20世纪20年代和30年代变成了食品和药物管理局。罗斯巴德原本计划进一步阐述制药行业和医疗行业的企业联盟，遗憾的是他的计划并未能变成现实。人们认为制药行业和医疗行业需要政府监管才安全，否则会有消费者不加怀疑地从庸医和邪医购买让人上瘾的危险药物或医疗服务。尽管媒体报道有些耸人听闻，上瘾和死亡的情况被过分渲染，但事实上，出现这些情况部分是因为此前的监管。此外，主流医疗界也会采用一些以当前标准来看属于危险和低效的治疗方法。1910年，亚伯拉罕·弗莱克斯纳（Abraham Flexner）的报告提出针对医学院和医院建立许可制度，以提高质量，排除众多黑人、女性和犹太医生，以及私立医院和替代药物。该报告的撰写者弗莱克斯纳是西蒙·弗莱克斯纳（Simon Flexner）的兄弟，也是洛克菲勒医学研究所（Rockefeller Institute for Medical Research）的负责人。参见 Murray Rothbard，“Government Medical Insurance”，in *Making Economic Sense*（Auburn，AL：Mises Institute，1995），pp. 76－77；Mark Thornton，*The Economics of Prohibition*（Salt Lake City：University of Utah Press，1991），pp. 52－65；Dale Steinreich，“100 Years of Medical Fascism”，*Mises Daily*（April，2010）。

的。农业部的法务官和副化学家由总统任命，其工作是遏制难以管束的威利。这位副化学家宣布糖精无害，如果正确地在标签中标识就可以用于食品。1908 年 1 月，西奥多·罗斯福在农业部任命了一个更高级别的委员会针对掺假食品发表观点，驳斥威利的意见。该委员会的领导人是著名的糖精发现者伊拉·莱姆森（Ira Remsen）。这对威利而言实在是一种讽刺。

情绪化的西奥多·罗斯福因为糖精的问题而与威利决裂，这并非意外。因为罗斯福习惯于在每天喝的咖啡中放糖精，所以深信威利已经脑子糊涂，无可救药，竟然企图让总统失去他最喜爱的甜味剂。①

在对威利的一生进行总结时，威利的传记作家敏锐地指出，威利的奋斗热情从虔敬派基督徒信仰变为通过科学实施新的拯救，或者更具体地说，是以价值中立科学的名义通过科学家、专业人士和技术官僚实施拯救。正如安德森所说的："科学填补了信仰丧失后的空白……可能（威利的）观点……源于他的福音派基督徒传统。对他而言，这种传统理论的上层建筑失去了意义，但争取社会正义的热情之火依然熊熊燃烧。"②

---

① （编者注）Kolko, *The Triumph of Conservatism*, p. 110; Anderson, *Health of a Nation*, pp. 99－103, 209－211.

② 出处同前，p. 85。（编者附注）另参见 Powell, *Bully Boy*, pp. 152－157, 168－182。吉姆·鲍威尔（Jim Powell）指出，随着罐装食品和冷冻食品的出现、更好防腐剂的发明，以及铁路交通运输的改进（其中包括带骨肉的冷藏）等，食品质量正在得到提高。另参见 Clayton A. Coppin and Jack High, *The Politics of Purity: Harvey Washington Wiley and the Origins of Federal Food Policy* (Ann Arbor: University of Michigan Press, 1999)。针对这个问题，值得引用作者的部分段落（pp. 31, 167－168）：

> 关于 1906 年的《纯净食品和药品法》，有一个惊人的事实，即城市工人及其家庭并没有去争取该法律的通过或实施。不管对该法律如何诠释，这个事实是无可否认的。没有记录显示城市里有因为食品问题而导致疾病暴发或死亡的情况。也没有任何营养不良席卷城市人口。工人阶层从来没有因为食品问题进行强烈抗议。争取国家层面食品法律的运动是由食品专员、农业化学家、昂贵食品的制造商、农业州的代表，以及少量中产阶级女性等发起的。监管的措辞是"为了大众消费者的纯净食品"，可是其推动力却来自专业阶层……
>
> 当公益改革这层光环被剥去后，我们发现 1906 年《纯净食品和药品法》的通过是因为商业和官僚竞争因素在累积。威利作为食品和药品监管者的种种行为也是源于这两股竞争力量，而非消费者的健康或商业欺诈……该法律的实施并没有改善消费者的健康情况、制造商之间的竞争，或者政府官员的诚实和廉正。如果说有什么影响，那就是威利的执法导致消费者对食品和药品作出明智判断的能力降低了。他认为各种食品和防腐剂于健康有益的观点也没有很好的理论基础……威利所反对的公司并不是欺骗消费者的坏企业。它们都是有着良好声誉的公司，与威利所支持的那些公司一样，在商业和政治交易中都相当直率。

三、西奥多·罗斯福和自然保护运动

不管是过去还是现在，自然保护运动都被涂抹美好和轻松的色彩，认为该运动是一群无私的自然爱好者带领"人民"与企业利益开战，因为那些企业希望利用和掠夺自然资源。然而，事实与这种观点有着天壤之别。在研究自然保护运动的修正主义历史学家中，先驱人物塞缪尔·海斯教授认为：

> 自然保护运动的革命性质令它拥有令人艳羡的声誉，为它树立了精神价值和国民性格维护者的形象……（但）自然保护运动并不是源于公众的强烈呼吁，也不是把主要炮火对准私营企业。此外，企业通常都支持自然保护政策，而"人民"常常反对这些运动。事实上，要想懂得自然保护运动的历史，就完全不要去想它是在与企业进行斗争……①

与其他众多进步运动相仿，自然保护运动导致自然资源的控制权或所有权从私人手中转移到政府手中，从而为当地的私营企业提供扶持或促进建立企业联盟。政府干预一般都借着"科学"管理的名义，主要有两种形式，或者为自然资源的研究和开发提供资助，或者无限期保留自然资源，禁止使用，从而将自然资源集中起来，帮助私营制造商提高价格，增加私人手中自然资源的资本价值。所以与进步时代的大部分事业一样，专业人士和技术官僚与私营企业一拍即合，建立起联盟。

我们在前文指出，西奥多·罗斯福早期对森林保护饶有兴趣，而且与吉福德·平肖是密友。吉福德·平肖后来成为森林保护运动无可争议的领导者。在德国和法国学习林业后，年轻富有的平肖成为森林私人所有者的顾问，宣传欧洲的"科学林业"技术。随着东部自然爱好者施加的压力越来越大，1895年，克利夫兰总统的内政部部长霍克·史密斯（Hoke Smith）安排

---

① Samuel P. Hays, *Conservation and the Gospel of Efficiency: The Progressive Conservation Movement, 1890-1920* (Cambridge, MA: Harvard University Press, 1959), pp. 1-2.

查尔斯·萨金特(Charles S. Sargent)教授组建国家林业委员会(National Forestry Committee),平肖成为该委员会的成员之一。该委员会发布报告,对西部城市赞成无限开发自然资源的态度进行了谴责,并且促请联邦政府采用系统的方法,永久性收回森林土地并加以保护。为了响应国家林业委员会的报告,克利夫兰总统在1897年年初建立了2 130万英亩的森林保护区,全国的保护面积由此达到3 900万英亩。1898年,吉福德·平肖成为森林管理局的负责人,并在1900年成为新成立的农业部林业局的局长——该局到1905年更名为林务局。森林管理局此前的负责人是德裔美国人伯恩哈德·费尔诺夫(Bernhard Fernow),曾在德国学习。伯恩哈德·费尔诺夫不是一位斗士,相对而言属于无害人士,他把自己的工作范围设定在研究树木和传播技术信息。

平肖着手推动国家转向科学林业。他快速与私营木材公司建立联盟,说服并帮助他们采用林业技术。美国一些大型木材商找到平肖,希望得到他的帮助,其中包括得克萨斯州的柯比木材公司(Kirby Lumber Company)、北太平洋铁路公司,以及西北太平洋地区的惠好木材公司(Weyerhaeuser Lumber Company)。到1905年,平肖对300万英亩森林的所有者施以援手,并协助管理了近20万英亩森林。1901年,平肖及其科学林业领域的同事在美国林业协会(American Forestry Association)的基础上组建了美国林业工作者协会(Society of American Foresters)。前者只是一家对森林和乔木进行赞美和欣赏的组织,短短几年时间,平肖及其同事成功地把该组织变成了新科学林业的代表组织。在平肖的努力下,私营木材商也加入了美国林业协会。1909年,该协会拥有了一个顾问团,其中包括来自九家林业组织的代表。

在国会拒绝为林业局的一名职员提供薪资后,私营木材商连续3年为该职员提供薪资。此外,他们还在耶鲁大学设立林业讲座教授,协助林业学生实地培训,并且组建游说团体,代表平肖和林业局在国会进行游说。

就任总统后不久,西奥多·罗斯福开始把越来越多的私人份地变为公地加以保护,使之成为永久性的国家森林。在担任总统的第一年,西奥多·罗斯福建立了13个新国家森林,总面积达到1 550万英亩。1907年,因为担心西奥多·罗斯福建立更多的森林保护区，国会废除了他在6个西部州建立新保护区的权力。西奥多·罗斯福赶在法律生效之前匆忙留出了7500万英亩土地，用于建立新的森林保护区，使森林保护区的总面积增加到1.51亿英亩。1905年年末，西奥多·罗斯福把国家森林保护区的控制权从内政部转移给他的朋友平肖和林务局。此外，罗斯福和平肖致力于推动一项法案。该法案在1911年得到通过，即《维克斯法》（*Weeks Act*）。根据该法令，政府在东部购买了大片私人土地，留给林务局建立国家森林保护区。

那些私营木材企业怎么会支持没收森林，把它们交给政府永久性持有呢？西奥多·罗斯福回答了这个问题。他宣称，"正是那些伟大的木材制造商推动了森林保护运动"。J. H. 科克斯（J. H. Cox）指出，西北部的林木所有者和木材制造商给予这项进步主义森林保护政策极大的支持。

> 木材制造商和林木所有者……早在1903年已经与吉福德·平肖达成共识……换而言之，政府阻止林地进入市场，这将有助于那些私人林场的价值得到提升。①

木材业官方期刊《美国木材商杂志》（*American Lumberman*）和全国木材制造商协会（National Lumber Manufacturers' Association）在这段时间表达了同样的支持。

除了林木所有者之外，木材制造商也支持强制性保护，因为这可以保证他们未来的木材供应。硬木制造商尤其希望把阿巴拉契亚山脉划出来作为硬木保护区。他们积极加入美国林业协会，支持平肖的林务局。1909年，加入美国林业协会顾问团的硬木制造商，包括箍桶板生产商协会（Tight

① J. H. Cox，"Organization of the Lumber Industry in the Pacific Northwest，1889 - 1914"，(unpublished doctoral dissertation，department of history，University of California，1937），pp. 174 - 177；引自 E. Louise Peffer，*The Closing of the Public Domain：Disposal and Reservation Policies，1900 - 1950*（Stanford，CA：Stanford University Press，1951），p. 57。西奥多·罗斯福的声明参见出处同前，p. 56。（编者附注）参见出处同前，pp. 16 - 17；Hays，*Conservation and the Gospel of Efficiency*，pp. 29 - 30，47 - 48。

Barrel Stave Manufacturers' Association)、全国马车制造商协会(Carriage Builders' National Association)、全国箱盒制造商协会(National Association of Box Manufacturers)和全国松桶制造商协会(National Slack Cooperage Manufacturers' Association)。

当然,林木所有者非常清楚,联邦政府强制没收林地的行为可以提高木材的价格和价值。再联系到提高外国木材的关税,可以明显看出产业和政府官僚建立联盟是为了提高价格。如果说他们最初的目的是保护国内资源,那么联邦政府内部倡导"科学林业"的林务员应该积极地进口外国木材,减少国内木材的生产。但是,林务员加入了倡导提高关税的队伍之列。

在19世纪90年代之前,美国政策允许私人获得份地,变公地(包括林地)为私有。1891年的《土地普通法修正案》(*General Land Law Revision Act*)赋予总统通过公告建立国家森林保护区的权力,开始终结这种份地。这种权力源于美国林业协会和美国科学促进会(American Association for the Advancement of Science)施加的政治压力,助推者则是哈里森总统。

推动1891年修正案的力量来自上层社会的"自然保护主义者",他们浪漫地希望借政府之手保护原始森林和狩猎动物。但平肖和西奥多·罗斯福都是"科学的"企业联盟主义者,很快就把保护主义者挤到了一边。通过一番官场操作,平肖成功地推动林务局脱离内政部,赢得了对该局的完全控制权。在这个过程中,平肖依靠了自己强大的政治盟友,即西部的牧场主。他们迫切希望租赁森林放牧自己的牲畜。牧场主拥护平肖的政策,因此1901年,美国全国家畜协会(American National Livestock Association)通过了支持平肖的决议,并把国家森林的控制权交予他。因此,平肖能够阻止东部的狩猎保护主义者把国家森林从商用变为狩猎保护区。西奥多·罗斯福和平肖甚至背叛他们在布恩-克罗克特俱乐部的老同僚,否决了该俱乐部在国家森林保护区内预留狩猎区域的提议。

租赁森林区域放牧很快就超过伐木,变成国家森林更重要的商用方式。这也进一步巩固了西奥多·罗斯福政府与西部牧场主之间的联盟。政府是森林的主人,私营企业是那些土地的使用者或租赁者,这种愉快的合作充分证明私营企业并不一定反对国有制。

西部牧区长期以来处于混乱状态，这是陈旧的份地法带来的结果。自南北战争以来，份地法一直主导着美国的土地政策，规定最大的份地面积为160英亩。在密西西比州东部，160英亩非常适合于湿地农业。但在西部的旱地牧场，160英亩对于一个农场来说是小得荒谬的技术单位。160英亩这个最大值在西部仍然有效，其结果是数十年来出现了大量"开放牧场"。这些牧场归联邦政府所有，却被私人使用，先到先得。西部的这种"土地公有"一方面导致私人极力赶在竞争对手之前以最快的速度、最大限度使用土壤或土地，再奔向另一块土地；另一方面，鉴于任何个人或公司在投资那些土地后无法阻止其他使用者抢劫自己的改良成果，所以也打击了人们维护或改良土壤的意愿。最后的结果是土地和林地被破坏，保持或恢复这些资源的努力均告败，更不用说什么改良。①

众多私营企业喜欢这套系统，因为它们只要少量的资本就可以启动运营，且不需要承担维护土地的工作。但其结果不仅仅是土壤被破坏，还会带来混乱、冲突和"牧场战"。土地使用者为了争夺土地展开"牧场战"，西部电影的影迷应该很熟悉这些场景。所有这些都是源于联邦政府未能在西部牧场采用私有制。

塞缪尔·海斯写道：

> 夏季在高海拔的牧场放牧，等到冬季再把牲畜迁往低海拔的牧场，牧牛人和牧羊人只需少量资金就能赚钱，而且无需私人拥有土地。但是，开放牧场一片混乱。国会从未制定法律，对放牧进行监管，或者允许牧场主购买牧场。牧牛人和牧羊人在公有土地上自由游荡，抢在其他人之前占领牧场。牧民在牧场四周围上一圈栅栏，不准他人进入；竞争对手则直接把栅栏拆毁。牧羊人和牧牛人使用暴力解决牧场冲突，

---

① (编者注)私有业主会仅仅获取和使用部分资源(例如木材、土壤、家畜或鱼)，留时间让资源得到补充以供未来使用，由此争取利润最大化。这与土地公有制导致的资源过度消耗形成了鲜明的对比。此外，久而久之，企业会创造出新的技术，让资源得到更高效的利用。企业会使用定价系统估算某资源的需求当前或未来是否会增加。关于资源保护的经济学原理，参见 Rothbard, *Man, Economy, and State*, pp. 1122－1133。

> 屠杀牲畜，杀害对方。武装团伙抢劫牛群羊群，在自己占有的区域巡逻，驱逐闯入者。由于缺乏最基本的物权法，"开放牧场"带来的只有混乱、痛苦和破坏。
>
> 一片混乱中，公共牧场很快就被破坏。原来的牧场土地肥沃，与日俱增的过度使用给草料供应带来巨大压力。西部牛群数量在南北战争之后快速增长；快速发展的牧羊业声称他们有权分享公共牧场；定居者把牧场变成能带来更大收益的农田。公共领域充斥着数量众多的牲畜，远超牧场的承受能力。因为每位牧民都担心其他人会先于自己获得可用的牧草，他会在每年尽早开始放牧，不给草地留下成熟和撒种的时间。在这种情况下，可用的牧草在数量和质量上快速下滑，多年生植物给一年出生植物让路，一年生植物又不得不给野草让路。[①]

到19世纪末期，农业部估计，过度放牧导致公共牧场的承受能力在过去10年里下滑了50%。[②]

牧牛人、牧羊人和定居农场主这三群人同时使用政府力量和私人暴力把竞争对手从公共牧场上赶走。州和社区支持者都喜欢人口增长，所以与农场主站在一边。这些农场团体成立了州移民委员会，鼓励从东部移民，并且反对任何私人份地、牧牛人立栅栏，或牧民租赁牧场。牧牛人试图反着来，阻止人们定居。通常情况下，牧牛人会将某个地区的所有用水权买下，阻止其他农场主使用水源。牧羊人也被牧牛人所憎恨，因为在牧羊人的驱赶下，羊群的移动性更强，可以更快速地觅食，而牛群通常拒绝在羊群待过的地方吃草。牧牛人成功说服州政府立法，禁止在靠近村庄的地方放牧羊群，或者对跨州放牧的牧羊人征税。

牧牛人最初试图修订份地法，把牧场变为份地，但国会拒绝了他们的要

---

① Hays, *Conservation*, pp. 50－51.（编者附注）参见出处同前，pp. 31，33－34，36，40－41；Peffer, *Public Domain*, pp. 12－14。

② Peffer, *Public Domain*, p. 27. 美国林务处估计，到1944年，公地上的牧场相比最初已经减少了2/3。Hays, *Conservation*, p. 50n。此前过度放牧和土地公有制政策也导致了20世纪30年代的沙尘暴，参见Peffer, *Public Domain*, p. 220。

求。此后，牧牛人在开放牧场的部分区域设立栅栏，但国会在 1885 年又禁止了这种做法。牧牛人可以租赁铁路公司的土地或国有土地。因此，在缺少私有制的选择下，从 19 世纪 80 年代开始，牧牛人呼吁国会把公共牧场租赁给牧场主。这样可以消除“土地公有”，至少是在一段时期内保证牛群独享某块牧场。

支持科学林业的林务员和农业学家同样支持把土地租赁给人们放牧。他们认为，这样的话，公地上的土壤和青草至少能够在一定程度上得到恢复。相比于私人所有制，政府及其农业森林技术人员可以对牛群、羊群和土地的使用进行监管。租赁计划可以同时满足牧民和支持科学林业的政府官员的需求。

那个世纪之交，吉福德・平肖及其手下的科学林业林务员发起了一场战争，反对内政部在 19 世纪 90 年代推行的自然保护主义政策，并且取得了成功。1894 年，内政部部长禁止在国有森林进行任何放牧。但 1897 年，国会通过了《森林保护法》（*Forest Management Act*），为允许放牧铺平了道路。自那之后，平肖占得上风，放牧取得了最终胜利。平肖的取胜得到了其下属牧业办公室负责人艾伯特・波特（Albert F. Potter）的协助。波特是亚利桑那州著名的牧羊人，也是亚利桑那州牧羊人协会（Arizona Wool Growers' Association）的创始人。

除了国有森林之外，公地还包括什么？为什么不把那些土地也出租，用于放牧？罗斯福、平肖与西部牧牛人建立了联盟。西部牧牛人一直蠢蠢欲动，想租赁那些地方。但他们发现，自己捅了一个政治马蜂窝。第一份租赁法案在 1901 年被提交给众议院，但被西部定居者挫败。后者只同意把内布拉斯加州西部的份地面积上限扩大到 640 英亩，但这个面积对于牧场而言，实在小得可怜。

西奥多・罗斯福在 1903 年至 1904 年期间成立了公地委员会。如大家所预料的那样，该委员会支持在公地上实施牧场租赁。但西奥多・罗斯福的行动缓慢，他 1904 年再次当选，直到 1907 年才在詹姆斯・加菲尔德的协助下提出了租赁法案。但是，众议院否决了该法案。国会在接下来的 10 年里不断地挫败平肖的种种努力，直到他最终放弃希望。

詹姆斯·加菲尔德在1907年3月出任内政部部长。他的任职可谓吉福德·平肖的政治胜利。此前的内政部部长伊桑·希区柯克(Ethan A. Hitchcock)是一位自然保护主义者,现在的内政部部长是前总统加菲尔德的儿子。老加菲尔德是西奥多·罗斯福设立公司管理局时的盟友,支持建立企业联盟。詹姆斯·加菲尔德成为平肖"科学"保护概念的坚定盟友。

西奥多·罗斯福无视国会的意见,在1907年初设置7 500万英亩的森林保护区。这个举动令西部那些迫切希望使用偏僻土地的人怒火中烧。大家尤其痛恨吉福德·平肖,因为他是西奥多·罗斯福森林政策的提出者和鼓吹者。1905年之后,吉福德·平肖掌控了所有的国有森林。为此,科罗拉多州州长组织了西部公地大会,抗议"平肖主义"。

听到反对声音的增加,西奥多·罗斯福再次听从平肖的建议,在全美发起"自然保护运动",希望进行一场基层革命。1907年秋季,深水航道协会(Deep Waterways Association)在大会上提出这项运动的倡议。1908年5月,在白宫召开的州长大会上,该运动正式启动。罗斯福成功地为之争取到内阁众多成员和最高法院众多成员的支持,同时得到了38个州长、威廉·詹宁斯·布莱恩(他很快就第三次成为民主党的总统竞选人)、知识分子和杂志编辑,以及安德鲁·卡内基和铁路巨头詹姆斯·希尔这些工业家的支持。

西奥多·罗斯福发起的这场运动攻势凌厉。1908年,共和党的施政纲领和民主党的施政纲领,都支持这股新潮流。当然,热衷西部森林保护运动的人大多来自东部都市,其中很多人是其他领域的改革者,对森林保护一知半解,却支持中央集权主义。这些显赫、富有的芝加哥城市改革者包括阿尔弗雷德·贝克(Alfred N. Baker)和沃尔特·费希尔(Walter L. Fisher),他们满腔热情地加入了自然保护运动。[①] 联邦妇女俱乐部(General Federation of Women's Clubs)和美国革命女儿会(Daughters of the American

① 1908年,平肖说服费希尔出任美国保护联盟(Conservation League of America)的主席。美国保护联盟是平肖刚组建的一家综合性团体,包括20家国家保护协会。美国保护联盟实际上毫无作用,此后平肖把自己的公众组织重点放于他在一年后组建的美国国家保护协会(National Conservation Association)。

Revolution）等妇女团体也对保护运动兴致盎然，尤其是美国革命女儿会。美国革命女儿会成立了专门的自然保护委员会，主席由平肖的母亲詹姆斯·平肖（James Pinchot）出任。平肖称颂美国革命女儿会是“最高保护形式的另一个名称，代表着勃勃生机和聪明睿智”。①

这些改革者不喜欢身边蓬勃发展的大城市。在这些大城市里，世俗主义、道德败坏和肆意挥霍正在取代虔敬派信奉的价值观，取代节制和节俭。森林保护运动似乎是在保留大自然之美，是在维护乡村价值观。很多富有的保护运动参与者都认为自己在为了公园和森林等更高的精神理想放弃“物质主义”，并以此为豪。在全国保护代表大会的一次会议上，一位妇女代表宣称，“我们没有完全沉迷于生意。对我们而言，坚持理想要比生意更高尚……”。一位森林保护运动的热衷者表示，“国家公园让人们可以更全面地去了解自然及造物主的一些特征，是人们敬奉自然的机会”。②

我们看到，众多商业团体也支持森林保护运动，尤其是那些私营木材企业和西部牧民。全国木材制造商协会经理伦纳德·布朗森（Leonard Bronson）坦率地解释了木材行业支持设立森林保护区的缘由。他在写给印第安纳州进步主义共和党联邦参议员艾伯特·贝弗里奇的信中说：“单从自私的角度来说，西部的林木所有者由衷地支持设立保护区，因为这些保护区的设立导致供应缩小，他们所持资产的价值随之得到大幅提升。”③此外，积极支持森林保护运动的还有铁路公司。铁路公司获得了大量政府拨地。他们拿到手的不仅仅是铁路的通行权，还有铁路线两旁各延伸15英里的广袤土地。铁路公司之后会把这些土地出售给新的定居者。政府对公地的保护

---

① 在全国保护代表大会（National Conservation Congress）1911年召开的会议上。引自Hays, Conservation, p. 142。（编者附注）出处同前，pp. 36 - 38，51 - 58，60 - 63，99 - 102。

② 引文出处同前，p. 145。

③ 参见Fisher, “The Evolution of the Conservation Cartel”, pp. 89 - 90，117 - 118；James Penick, Jr., *Progressive Politics and Conservation: The Ballinger-Pinchot Affair* (Chicago: University of Chicago Press, 1968), p. 36。森林保护运动主要的主持者包括全国木材制造商协会会长N. W. 麦克劳德（N. W. McLeod）、秘书乔治·史密斯（George K. Smith），南部木材制造商协会（Southern Lumber Manufacturers Association）会长R. A. 隆（R. A. Long），以及全国家畜协会会长F. J. 哈根巴斯（F. J. Hagenbarth）。支持全国森林保护运动的还有全国贸易委员会、全国商业联盟（National Business League）和全国制造商协会。

大幅提高了这些土地的价格。铁路公司知道自然保护法会给予他们垄断优势。事实上,铁路公司在这场保护运动中扮演了"出资人"的角色。正如我们此前所见,詹姆斯·希尔是一位满腔热血的自然保护主义者。事实证明,西部的铁路公司每年向著名的自然保护主义杂志《麦克斯韦的护身符》(*Maxwell's Talisman*)提供4.5万美元的资助,并且出资支持森林保护人士在华盛顿开展游说。麦克斯韦最关心的事业是灌溉。显然,扶持灌溉的一个原因是可以刺激农场定居地和交通。正如上文所显示的,另一个原因在于,如果联邦政府对公地或森林加以保护,不准使用,那么定居者将不得不搬到铁路公司的拨地,这些土地的价值和铁路公司的交通运输量都会随之上涨。所以全国灌溉代表大会(National Irrigation Congress)得到了州际铁路公司、伯灵顿系统和岩岛铁路公司(Rock Island)的资助。在全国灌溉代表大会5万美元的年预算中,3.9万美元来自这些铁路公司的捐赠。在这些铁路公司中,牵头人是詹姆斯·希尔。全国灌溉代表大会是西奥多·罗斯福森林保护运动最积极的宣传者,尤其是针对联邦灌溉扶持项目。[①]

为灌溉提供扶持是新"自然保护"运动的一部分。该项目始于1888年。当时国会要求美国地质调查局(U. S. Geological Survey)进行首次水资源调查。年轻的工程师弗雷德里克·海恩斯·纽厄尔(Frederick Haynes Newell)负责组织这项工作,并且担任首席水道测量家。19世纪90年代,纽厄尔也是国家地理学会(National Geographic Society)会长。私营企业希望开发水道和进行灌溉,所以从最开始就积极支持美国地质调查局开展调查。他们希望由社会承担调查成本,并且游说国会加大拨款力度。

西部的私营灌溉企业在1893年的经济大萧条期间纷纷破产。此后,他们找到联邦政府,希望政府能为这些不能盈利的公司提供资金。在参议员

① 国会调查发现全国灌溉代表大会背后有铁路公司的资助,此后该代表大会的效力大幅下降。参见下文;另参见 Hays, *Conservation*, pp. 10, 178; Peffer, *Closing of the Public Domain*, p. 54; H. C. Hansbrough, *The Wreck: An Historical and Critical Study of the Administrations of Theodore Roosevelt and William Howard Taft* (1913), p. 52。(编者附注)美国土地划拨系统可以被视为是一种"土地垄断"。美国政府"拥有"大量土地,这些土地或者是非份地,不属于任何人,或者是作为战利品占有的土地。政府把这些土体直接出售给定居者或者划拨给铁路公司,铁路公司再把土地出售,定居者不得不为此前免费的土地支付一定的费用或承担一定的税负。参见 Rothbard, *Ethics of Liberty*, pp. 63–75。

罗伯特·凯里(Robert Carey)的发起下，1894 年的《凯里法》(*Carey Act*)给西部各州划拨了 100 万英亩的联邦土地，用于给这些州的灌溉提供资金。但这样还不够。所以 19 世纪 90 年代末期，纽厄尔和其他联邦政府官员与西部私营灌溉企业联手，要求直接由联邦政府提供资金。

这场争取联邦政府资金支持的运动由加利福尼亚州北部年轻的律师乔治·麦克斯韦(George H. Maxwell)牵头。他有一系列唐吉诃德式的想法，如减少城市中心人口，以及城市人口去西部农地定居等。斗士麦克斯韦先在 1896 年说服了全国灌溉代表大会接受由联邦政府提供资金的观念。接着，为了说服私营企业，他提出，由联邦政府扶持灌溉，能增加西部的农民人口，扩大东部企业的西部市场。可能最具吸引力的解释是，扶持有可能覆盖各种形式的农业经济。在 1898 年的各自的年度大会上，全国贸易委员会、全国商人联盟(National Business Men's League)，以及全国制造商协会，都赞同联邦政府现在和未来扶持灌溉。次年，不屈不挠的麦克斯韦组建了全国灌溉协会(National Irrigation Association)，为这项事业加大游说力量。全国灌溉协会出版了自己的月刊《麦克斯韦的护身符》。1900 年，这些宣传取得了成功，两大党派都在其施政纲领中纳入了联邦灌溉计划。

在国会推动联邦灌溉的人是众议员弗朗西斯·纽兰兹，一位富有的银矿主。在金银复本位制度事业失败后，纽兰兹把关注重点转移到灌溉上，并且在 1902 年争取到国会通过《垦荒法》(*Reclamation Act*)。《垦荒法》为联邦政府在西部的灌溉项目提供了新的融资方法，即西部所有公地销售的收入应该汇入特别基金，用于那些州的灌溉工程。《垦荒法》同时赋予内政部部长为这些项目筹措资金的最大权力，他不必只能从国会代表手中争取每年的拨款。这让自然保护主义者感到愉快，因为科技专家将替代纳税人和民主控制。

当然，东部共和党人批判《垦荒法》以牺牲东部竞争力为代价，向西部农场主提供扶持。西部回应以"彼此，彼此"，攻击河流和港口法案长期以来为东部土地提供了扶持。《垦荒法》得到通过，背后的主要力量是西奥多·罗斯福。西奥多·罗斯福在 1900 年的选战活动中积极支持联邦灌溉，而且长期以来深受平肖和纽厄尔的影响。在起草提交给国会的第一份国情咨文时，这位新任总统曾向平肖和纽厄尔征询意见，此后他大力推动垦荒法案。西奥多·罗斯福任命弗雷德里克·纽厄尔负责新的垦荒办公室，这个决定并不让人感到意外。该办公室在1907年成为垦荒局，直接向内政部部长汇报。

联邦灌溉推高了那些受扶持土地的价格。那些土地中的许多被投机型定居者拥有，他们或者最初就拥有份地，或者从份地所有者手中购买到土地。这些投机型定居者大部分拥有中等程度的财富。政府灌溉工程和大型开发商现在不得不支付更高的价格回购土地，这些收入“灌溉”了投机型定居者群体。私营沟渠和水库公司发现，这些投机型定居者没有兴趣立即开发土地，也没有兴趣购买他们的水。因为缺乏需求，私营的灌溉公司通常走向破产。为了支持这些公司，1894年的《凯里法》规定，任何购买新灌溉项目土地的定居者必须从修建灌溉工程的私营公司购买用水权。凯里此前发起了多个灌溉项目，这些项目也遇到了资金难题，所以他试图借助这种捆绑计划来化解难题。1902年的《垦荒法》进一步把这种捆绑土地和用水权的做法从州项目扩大到联邦项目。此外，在《垦荒法》中，联邦政府承担起所有的压力，接收所有灌溉水库和大型沟渠，并永久性维护和运营这些水库和沟渠。私营灌溉项目的破产不再是绊脚石，不会阻碍过多的开发项目通过灌溉扶持匆匆上马。现在，联邦政府和纳税人将承担相关的责任。

但是，垦荒办公室的惬意大伞只适用于项目批准后新购入的土地。如果定居者已经拥有那片土地，强制捆绑的要求并不适用。此外，在经历多年的推行和宣传后，投机型定居者通常也相当警惕。接下来的工作要通过《垦荒法》完成：政府和开发商给国会施压，让国会授权内政部有权收回所有能够实施灌溉项目的份地。在垦荒局局长弗雷德里克·纽厄尔的压力下，内政部部长同意，只要垦荒局认为某块土地未来适合灌溉项目，那么就可以收回该块土地的私人使用权。大型私营土地开发商积极地与政府官员和技术官僚合作，劝说联邦政府勿把土地推向市场，而是应该从份地所有者和定居者手中收回土地。此外，他们鼓吹废除1877年的《沙漠地法》(*Desert Land Act*)。《沙漠地法》规定，私人定居者只要自行进行灌溉，就可以把320英亩的联邦政府沙漠地作为份地。大型灌溉企业迫切希望联邦政府和州政府在灌溉项目上合作，他们不欢迎任何私人竞争。

西部基本上支持私人定居和开发，支持把尽可能多的公地变为份地。罗斯福的森林保护运动和垦荒局的灌溉政策保留公地，遭到西部的反对。但西部渴望获得政府扶持，所以他们愿意忍受自然保护条款，以求通过1902年的《垦荒法》。在推进该法案的过程中，西奥多·罗斯福高声谈论将帮助那些高尚的开荒者，但他很快就为了自己的森林和灌溉保护项目把他们抛在脑后。西部被扶持和份地修辞所诱惑，愿意支持《垦荒法》。

最后，《垦荒法》得到了获得扶持的西部人、技术官僚，以及东部商人和制造商的认可。东部商人和制造商认为该法案能够为他们的产品打开西部市场。不难理解，中西部的农场主极力反对该法案。他们看到，与自己竞争的西部农场主能获得扶持，而这些扶持来自他们和其他纳税人。中西部民主党率先反对。最尖锐的攻击者之一是俄亥俄州民主党联邦众议员约翰·斯努克(John S. Snook)。他指出，中西部最早定居的农场主通过自身的努力生存下来并生机勃勃：

> 他们靠自身的努力实现了这一切……他们在无依无靠的情况下独自克服了所有的困难。他们从未得到过政府的一丝帮助，也从未要求过帮助。现在，你们提议对他们征税，去收割他们独自辛辛苦苦得来的成果，为的只是建立伟大的农业部门，而且这个部门的产品将抢夺他们的市场……①

西部领导人典型地希望牺牲他人以满足自身利益。他们谴责中西部是维护自身"狭隘自私的地方和个人利益"。灌溉扶持的倡导者拥有"美国精神"和"政治家风范"，"胸怀宽广"。② 爱荷华州共和党联邦众议员威廉·赫伯恩对此回应：

---

① 引自 Peffer, *Public Domain*, p. 36。另一位反对《垦荒法》的领导人物是联邦众议员詹姆斯·罗宾逊(James M. Robinson)。(编者附注)出处同前，pp. 33 – 35；Hays, *Conservation*, pp. 6 – 7, 10 – 12, 14 – 15, 18, 21。

② 怀俄明州共和党联邦参议员克拉伦斯·克拉克的观点参见 Peffer, *Public Domain*, pp. 36 – 37。

> 我是众议院最友善礼貌的人之一。不然我会直截了当地批评该法案的议题无礼傲慢、厚颜无耻，是一种盗窃，在立法建议中前无古人，后无来者。这些先生到底在干什么？他们让我们……拱手让出自己的国家，为的只是提高他们私有物业的价值。

1878 年的《林地和砂石地法》（*Timber and Stone Act*）允许把适合伐木和采石的公地变为份地。在《垦荒法》得到通过后，技术官僚、大型开发商和州际铁路再度联手，在西奥多・罗斯福当政期间大力游说废除《沙漠地法》和 1878 年的《林地和砂石地法》，并限制西部私人份地不得超过 160 英亩——一个从技术上说荒谬可笑的数字。1903 年 10 月 22 日，西奥多・罗斯福总统任命了一个三人组成的公共土地委员会，成员为平肖、纽厄尔和威廉・理查兹（William A. Richards）。担任该委员会主席的理查兹是怀俄明州前州长、内政部土地管理办公室主任。次年，该委员会的报告提出了一系列自然保护主义项目，包括禁止公地由私人使用、废除《林地和砂石地法》，以及把《沙漠地法》规定的份地面积上限减少至 160 英亩。

公共土地委员会的报告很快得到全国贸易委员会、全国制造商协会、全国商业联盟和全国灌溉协会的支持。[①] 为了在背后支持这份报告，乔治・麦克斯韦发动了自己的全部宣传机器，其中包括州际铁路公司和制造业组织。

尽管压力巨大，且加上总统再三请求，国会的西部议员仍成功地阻止了该委员会的议案得到通过。在他们看来，对份地的打压（尤其是通过保留土地和森林的方式）将破坏西部的发展。E. 路易丝・佩弗（E. Louise Peffer）对西奥多・罗斯福的这段当政评论道：

> 饶具讽刺意味的是，在这段时期里，一切行动令人觉得，他由衷地认同份地所有者，是为了份地所有者的利益保留所有剩下的优质土地，可实际上各项努力似乎目的在于打压份地所有者的种种机会。在 19

① 出处同前，pp. 46 - 47。

> 世纪80年代，还剩有高质量的土地，他可以合法地根据各种土地法拿到足够多的土地，让政府拥有大量的资产。到1905年，人们普遍认识到，单靠允许的份地面积已经很难谋生，但政府仍在竭力削减大家通过份地法可以合法获得的土地面积，将上限数字降低到160英亩。西部提出，在那种环境下人们无法体面地生存下去……为了在此类不尽如人意的土地上体面生存，份地法所允许的面积必须翻倍，甚至是更多。①

从表面看，西奥多・罗斯福和他的自然保护项目似乎并没有始终如一地强调自然保护，在一些情况下选择了回避，在其他情况下还为土地开发提供资助。但该项目的各个组成部分从本质上来说是一致的。在每种情况下，土地和自然资源都是取于自由的、私人的定居或开发，转交给州政府进行监管和控制，且都是与极少数特权私营企业合作完成的。政府从市场上拿走这些自然资源，其目的是限制土地和资源产业，并且建立企业联盟。尽管政府为开发提供资助，但这些开发的合作对象被小心翼翼地限制为精挑细选的私营企业，并非交给自由市场进行竞争。其中的关键是中央集权——国家法团主义。所以公共土地委员会的成员在该委员会被正式取消后继续进行非正式的聚会。正如海斯所写的，他们这种聚会的主题是："平肖和其他人提出，把非农业用地交给私人业主的老做法必须给公有制和公共管理让路。"②

当时，各个流派的自然保护主义者基本上是团结的，这在很大程度上保证了自然保护运动的一致性。正如我们此前所指出的，森林保护主义者和灌溉主义者都在勤勉地推动对方的事业。之所以有这番合作，很大原因在于保护主义者采用了借助森林覆盖控制洪水的方法。常见的观点认为，森林可以吸纳雨水，控制溪河的径流，避免土壤流失，从而在预防洪水、保证稳定的水供应方面发挥重要的作用。灌溉主义者、私人电力和供水公司、城市

① 出处同前，pp. 54－55。

② Hays, *Conservation*, p. 69.

水务部门，以及森林和工人科学家纷纷支持这个表面看来强有力的、科学的森林保护观。他们之间的联盟最早出现在19世纪90年代初期的哈里森政府。当时加利福尼亚州南部团体痴迷于通过森林控制洪水和土壤流失，哈里森总统迫于压力建立了纳迪诺国家森林公园（San Bernardino National Forest）。推动该国家森林公园设立的最主要游说者是阿道夫·伍德（Adolph Wood）将军。他是箭头水库公司（Arrowhead Reservoir Company）的总裁。这是一家涉足水力发电、灌溉和民用水的私营企业。不难理解，伍德希望州政府和联邦政府能为自己水库的长期运营提供资助。①

在西奥多·罗斯福政府后期，罗斯福自然保护主义者开始扩大灌溉项目，把灌溉和林业之间的联合扩大成一个综合性的中央集权项目，即联邦政府的"多用途流域开发"。这个多用途流域开发的概念源于十余年来争取政府为河流航运提供扶持的想法。19世纪90年代末期，美国出现河流开发运动，牵头的是城市商人和制造商。他们迫切希望纳税人为河流交通运输提供扶持。一个原因在于，1898年之后，铁路运价一改此前数十年的颓势，持续上涨。因此，托运人游说政府推动内陆航运，发展更便宜的交通运输方式——当然，是对他们而言更便宜，而不是对纳税人而言更便宜。地方商人和制造商轻松说服了地方和区域的支持团体，让他们相信联邦政府投入的资金能够推动地区的发展，提高该地区与其他城镇和地区竞争的能力。

多年来，热衷于建设昂贵低效"新航道"的人士，在国会屡屡受挫，因为众议院河流港口委员会的主席是精明的西奥多·伯顿（Theodore E. Burton）。伯顿是俄亥俄州共和党人，律师兼银行家，也是水运专家。他指出，所提议的河流改善和内陆运河成本过于高昂，而且对铁路运价毫无影响。受挫之后，新航道拥护者在1901年成立了全国河流港口代表大会（National Rivers and Harbors Congress），并在5年后重组，成为航道运动影响力最大的游说团体。该代表大会呼吁每年由联邦政府提供5 000万美元，扶持航道开发项目。在1908年12月召开的会议上，该代表大会呼吁联邦政府发行5亿美元的债券用于航道开发，并且成立一个永久性的委员会

① 出处同前，pp. 22 - 26。

负责规划新项目。

1907 年，罗斯福自然保护主义领导人把所有这些保护主义思想综合在一起，形成了多用途流域开发的概念。保护森林不仅是为了森林本身，还可以调节溪河水流；修建水库不仅可以控制洪水，还具有推动灌溉、水力发电、发展内河航运等功能。项目涉及庞大的费用，这意味着需要联邦政府的资金和控制。单靠地方和私人资金无法满足规划的灌溉需求。此外，毕竟河流流经了数个州。所以，如果由政府实施规划，必须在联邦政府层面运作和控制。纽厄尔、平肖和加菲尔德在新概念的形成和推广方面发挥了至关重要的作用。同样产生重大影响力的人还包括威廉·约翰·麦吉(W. J. McGee)。威廉·约翰·麦吉是多用途流域运动的主要理论家和组织者。麦吉来自爱荷华州，是一位自学成才的地理学家和人类学家，当时在罗斯福政府担任民族学局副局长。他不知疲倦地说服自然保护运动的各个派系接受新的任务分配。他每天向罗斯福、平肖和加菲尔德宣讲自己的想法和建议，并起草了总统咨文并组织会议。麦吉推动了纽厄尔扩大灌溉项目，并劝说纽厄尔支持新的全国河流港口代表大会。

1907 年 2 月，麦吉建议西奥多·罗斯福成立联邦内陆水道委员会。西奥多·罗斯福在次月同意这条建议，要求平肖和纽厄尔组建并参加该委员会，该委员会秘书这个最重要的职务则交给了麦吉。自那之后，多用途流域开发成为罗斯福总统最重要的资源保护政策。协助该委员会开展工作的一位重要人物是美国地质调查局首席水道测量家马歇尔·雷顿(Marshall O. Leighton)。马歇尔·雷顿研究过防洪。作为内陆水道委员会的水道测量顾问，雷顿为俄亥俄河道网庞大的开发项目设计了务实的工程规划。该河道网包括 100 多个用于防洪的水库。这些水库发电并出售电力，以实现项目的自我维持。

1907 年 12 月，联邦参议员弗朗西斯·纽兰兹提交了一份议案，综述了内陆水道委员会的种种发现，并建议把内陆水道委员会变成一个常设机构，不仅负责调查，还拥有水务项目的决定权。该议案还建议，国会永久性地每年为该委员会提供 5 000 万美元的资金。当该委员会获得的资金低于 5 000 万美元时，总统有权补足资金。

尽管西奥多·罗斯福鼎力支持，但在联邦众议员伯顿和美国陆军工程兵团（Army Corps of Engineers）的反对之下，向中央集权体系迈进的步伐还被阻止了。美国陆军工程兵团希望对水务项目加以限制，仅资助通航，并且坚决否认森林覆盖减缓径流的理论。多用途概念看似遭遇失败，但事实证明这仅仅是一个开始。正如海斯所说的："虽然国会只批准了少量的提议，但罗斯福政府第一次拟定出多用途流域开发的总则和要素，20 年后的新政将把这些付诸实践。"①

我们此前指出，技术官僚热衷于综合性多用途开发，其重要的科学基础是森林覆盖影响径流理论。遗憾的是，这个知名理论的科学基础不太可靠。对于那些所谓的科学家而言，他们对该理论的积极支持并不是源于背后的证据，而是因为森林保护和多用途开发在政坛的人气。尽管最初他们还有些犹豫，但自 1902 年自然保护主义者取得胜利后，他们对该理论的信心开始膨胀；在 6 年后为内陆水道委员会的报告进行努力时，他们的信心更是达到巅峰。

美国陆军工程兵团使用科学论据进行反驳，直接揭穿了森林覆盖的新神话。陆军中校海勒姆·马丁·奇滕登（Hiram Martin Chittenden）在河流治理方面经验丰富。1908 年 9 月，他在美国土木工程师学会（American Society of Civil Engineers）发表了一篇颇具影响力的论文。该论文向森林覆盖的神话发起了毁灭性攻击。奇滕登指出，没有定量数据证明森林采伐会对河流径流有影响。此外，森林的存在利有弊，因为森林枯落物会积水，由此加大了洪水风险。奇滕登写道，至于土壤流失，主要的原因在于糟糕的农业生产作业，而非森林采伐。美国陆军工程兵团的其他工程师进行的定量研究显示，特定河流上方的森林覆盖或森林采伐情况与洪水暴发并没有关系。美国气象局局长威利斯·摩尔（Willis Moore）也提出，洪水是由于降水量过大导致的，径流实质上不会受到其他因素的影响："高水位并没有比以前高，低水位也没有比以前低。"也就是说，水位在森林采伐前后并无区别。

奇滕登和摩尔的这些毁灭性攻击促使森林覆盖影响径流理论逐渐走下

① 出处同前，p. 91。（编者附注）出处同前，pp. 93 - 94，102 - 103。

坡路，至少在科学界是如此。

戈登・多兹(Gordon Dodds)教授对森林覆盖影响径流理论引起的争议进行了探讨。他的观点颇有启发性。

> 径流争议不仅仅彰显了自然保护运动的唯情主义和对科学的错误诠释，也揭露了科学本身的时代性……当批评者提出要采用新的定量法(而不是随机观测)，林业倡导者开始退缩，甚至表里不一。他们中的部分人意识到自身方法存在一些缺点。他们投身的是这项事业，而不是科学证据——如果证据与这项事业背道而驰……尽管自然保护主义者为森林覆盖影响径流理论提供的证据相当可疑，但他们污蔑自己的敌人是军国主义者、垄断主义者、传统主义者，施以种种脏话。这也是进步主义者惯有的方式……
>
> 奇滕登和其他向自然保护主义者宣战的人与平肖及其追随者一样，其实都致力于维护公共利益……此外，作为科学家，他们更成功地指出了一条对森林影响进行正确研究的道路。他们在科学方面做了大量的工作，他们也努力为纳税人节省了大量的公共资金，这些资金原本会被用于造林防洪。可惜，这些成就在历史研究中没有得到应有的认可。自然保护主义者反而看上去更有远见卓识，像是国家资产的守护者。①

尽管多用途流域开发的方案遇挫，但西奥多・罗斯福发起了另一项新的运动，该运动即将取得长远的胜利。借着"保护"这个动听的名义，他已经做好准备，将让大量公地不再被私人拥有、生产或使用，而由联邦政府对国家的自然资源加以控制。②

---

① Gordon B. Dodds, "The Stream-Flow Controversy: A Conservation Turning Point", *Journal of American History* (June, 1969): 67－69.

② (编者注)关于西奥多・罗斯福的自然保护政策，参见 Powell, *Bully Boy*, pp. 13－16, 183－210, 256－62。吉姆・鲍威尔按照时间顺序记录了得到扶持的灌溉系统和大坝如何通过各种方式导致自然资源的效率低下和分配不当，西部政客曾积极地支持这些灌溉系统和大坝。

第九章

全国公民联合会：追求进步主义的大型商业组织

在美国第一位进步主义总统西奥多·罗斯福上任的同时，各大企业领导人决定实践一个新的概念。这个概念在最近数年里被称为“法团自由主义”。国家将迈上通往中央集权的道路，即由大企业牵头，借助大政府的力量，以大工会为新合作伙伴的三方联盟来扩张、控制和管理一切。或者，建立一个四方联盟，因为需要经济学家和其他知识分子支持新系统，协助规划。瞧，由大企业牵头的新分配体系包括这四个群体，多么合适！[①]

一、起源：芝加哥公民联合会

全国公民联合会是一家鼓吹新中央集权体系的重要组织，1900 年由拉

---

① （编者注）罗斯巴德在此暗指闻名的“王冠与祭坛的联盟”再现，即 20 世纪初期进步主义经济学家和政府的联盟。在进步时代，大企业请大政府出面组建企业联盟，两者都需要规划者向公众推销干预举措，让公众相信政府发起的垄断不是刻意建立的。这些为新当局辩护的人不再说天赐王权，而是表示大政府是改善福祉所必需的。集体主义知识分子由此得到对新体系进行规划的权力和声望，而自由放任主义无法提供这些利益。“王冠与祭坛的联盟”世俗化，以及这段时期经济学家从推崇自由放任哲学变为积极政府的规划者，这些转变都与一个事实密切相关，即众多美国扬基后千禧年虔敬派改革者都前往俾斯麦统领的德国攻读哲学博士学位，并且被灌输了中央集权主义思想。参见本书第十一章和第十三章；Murray Rothbard, “The Anatomy of the State” in *Egalitarianism as a Revolt Against Nature and Other Essays*（Auburn, AL: Mises Institute, 2000 [1965]）, pp. 61 – 64; *For a New Liberty*, pp. 67 – 77; James Gilbert, *Designing the Industrial State: The Intellectual Pursuit of Collectivism in America, 1880 – 1940*（Chicago: Quadrangle Books, 1972）; Frank Tariello, Jr., *The Reconstruction of American Political Ideology, 1865 – 1917*（Charlottesville: University Press of Virginia, 1981）。

尔夫·伊斯利(Ralph M. Easley)创立。拉尔夫·伊斯利曾经担任教师和记者，自封为保守派共和党人。全国公民联合会是在芝加哥公民联合会(Chicago Civic Federation, CCF)的基础上设立的，后者的成立源于虔敬派改革、法团国家主义和众多外国影响。

芝加哥公民联合会由虔敬派英国人威廉·斯特德(William T. Stead)组建，为的是强烈谴责芝加哥的卖淫和赌博等行为。威廉·斯特德是著名的伦敦杂志《评论评述》(*Review of Reviews*)的编辑。斯特德对芝加哥存在的种种罪进行抗议和批判。1893年11月，民众在芝加哥市中心俱乐部聚会。斯特德曾经出力在伦敦组建"公民教会"，在聚会上，他提出建立芝加哥自己的"公民教会"。这次聚会产生了筹备委员会。1894年年初，成立了芝加哥公民联合会。联合会的首任会长是莱曼·盖奇。他是芝加哥第一国民银行行长，也是洛克菲勒圈子里的重要人物，后来出任麦金利政府的财政部部长。芝加哥公民联合会的秘书兼运营负责人是拉尔夫·伊斯利。在新成立的芝加哥公民联合会中，大部分职务由芝加哥富有的商人担任。①

成为芝加哥公民联合会精神创始人的斯特德，在英国作为一名宗教改革者兼编辑，具有相当大的影响力，但更多扮演的是幕后角色。他是社会改革家，也是热忱的英国帝国主义者。斯特德是英国艺术评论家兼社会哲学家约翰·拉斯金(John Ruskin)的门徒，曾经与更年长的拉斯金门徒塞西尔·罗兹(Cecil Rhodes)一起，指导牛津大学和剑桥大学的拉斯金年轻门徒。1891年年初，罗兹和斯特德成立了秘密组织选举协会(Society of the Elect)，致力于传播社会帝国主义。罗兹是该协会的领导人，斯特德与阿尔弗雷德·米尔纳(Alfred Milner，后来被封为勋爵)是执行委员会成员。这个圈子里的其他信徒还包括未来的英国首相亚瑟·贝尔福(Arthur Balfour)和著名的投资银行家罗斯柴尔德勋爵。②

---

① 关于芝加哥公民联合会，参见 David W. Eakins, "The Development of Corporate Liberal Policy Research in the United States, 1885 - 1965" (doctoral dissertation in history, University of Wisconsin, 1966), pp. 60 - 66。

② Carroll Quigley, *The Anglo-American Establishment: From Rhodes to Cliveden* (New York: Books in Focus, 1981), pp. 33 - 40.（编者附注）20世纪初期，该组织在英国、美国和其他国家建立了圆桌小组(Round Table)。美国分支后来参与创立了摩根主导的著名的外交关系协会(Council on Foreign Relations)。参见本书第十三章，以及 Rothbard, *Wall Street, Banks, and American Foreign Policy*, pp. 39 - 32; Griffin, *The Creature from Jekyll Island*, pp. 270 - 274。

新成立的芝加哥公民联合会旋即投身芝加哥的政治活动。该联合会率先推动上层的市政"改革"运动，这些改革运动后来在进步时代成绩斐然。芝加哥公民联合会起草并推动了伊利诺伊州的公务员制度。学术界踊跃与芝加哥公民联合会的富有商人合作，其中包括芝加哥大学社会学教授阿尔比恩·斯莫尔(Albion W. Small)和政治经济学教授爱德华·比米斯(Edward W. Bemis)。比米斯与芝加哥公民联合会的合作尤为密切，他是该联合会五人提名委员会中的一员。斯莫尔和比米斯都曾经师从令人敬畏的进步主义经济学家理查德·埃利(Richard T. Ely)，并且都积极地追随埃利支持中央集权体系。

很快，条理有序的芝加哥公民联合会开始涉足国家事务，组织了四次全国大会。其中一次在1898年召开，讨论的主题为美国的外交政策。在芝加哥公民联合会组织的大会中，人气最高、也是最为重要的是1899年的芝加哥托拉斯大会。正是这次大会带来了全国公民联合会的成立。拉尔夫·伊斯利在全美上下游走，动员代表参会，支持这次大会。事实上，这次大会属于半官方性质，因为部分州长派遣了代表团参加芝加哥托拉斯大会，其中包括纽约州州长西奥多·罗斯福的代表团。

芝加哥托拉斯大会的主要发言人是进步主义经济学家耶利米·詹金斯、爱德华·比米斯和约翰·康芒斯。多数发言都指出，有必要继续保持托拉斯，而且政府应该对托拉斯进行管控。看似激进的民主党领导人威廉·詹宁斯·布莱恩在言词上一贯对大企业持敌视态度，但他在发言结束时也倡导类似的施政纲领。这次大会引发了媒体报道热潮，成为早期法团改革运动的标志。

芝加哥托拉斯大会相当成功，导致芝加哥公民联合会的领导人下决心组建全国公民联合会，由伊斯利担任联合会会长。这份议案在1899年9月得到了执行委员会的全票通过。次年，全国公民联合会成立。此后，越来越多的进步主义和法团主义领导人加入全国公民联合会，而更为保守、对地方事务更感兴趣的成员则继续负责管理芝加哥公民联合会。

二、全国公民联合会的成立

协助伊斯利组建雄心勃勃的全国公民联合会的有耶利米·詹金斯、来自纽约百货商店家族并在后来成为西奥多·罗斯福政府商务劳工部部长的奥斯卡·斯特劳斯（Oscar S. Straus），以及美国劳工联合会（American Federation of Labor）的塞缪尔·冈珀斯（Samuel Gompers）与约翰·米切尔（John Mitchell）。新联合会的咨询委员会包括理查德·埃利、爱德华·比米斯、约翰·康芒斯、来自著名国际银行家族的哥伦比亚大学经济学家埃德温·塞利格曼，以及神秘的艾伯特·肖（Albert Shaw）。

艾伯特·肖是一位政治科学家，也是埃利的门徒，后来成为西奥多·罗斯福的主要顾问。他曾经在芝加哥托拉斯大会上发表演说。作为《美国评论评述》杂志（*American Review of Reviews*）的著名编辑，肖借用媒体的力量追求自己的法团主义事业。在约翰·洛克菲勒组建普通教育委员会（General Education Board）时，艾伯特·肖成为这家颇具影响力的新基金会的董事之一。有趣的是，1891 年，即威廉·斯特德创办《美国评论评述》杂志时，艾伯特·肖就成为该期刊的长期编辑。

伊斯利快速取得了巨大的成功，洛克菲勒最重要的盟友马库斯·阿朗佐·汉纳不久就成为全国公民联合会的首任会长。此外，芝加哥公用事业巨头塞缪尔·英萨尔（Samuel Insull）、芝加哥银行家富兰克林·麦克维（Franklin MacVeagh，后来担任财政部部长）、安德鲁·卡内基，以及几位 J. P. 摩根公司的合伙人（这是自然的事情）也很快就任新联合会的领导人。1903 年，全美有 367 家公司的市值超过 1 000 万美元，其中 1/3 的公司向全国公民联合会派驻了代表。该联合会也包括全美最大型的铁路公司中的 1/4。摩根在政坛最主要的助手乔治·珀金斯在该组织内位高权重。汉纳过世后，著名的民主党人、罗斯柴尔德在美国的代理人小奥古斯特·贝尔蒙特当选全国公民联合会的会长。全国公民联合会的执行委员会在不同时期先后包括了众多知名政客，例如前总统格罗弗·克利夫兰、罗斯福政府的司法部部长查尔斯·约瑟夫·波拿巴、在哥伦比亚大学任教的西奥多·罗斯福的密友尼古拉斯·默里·巴特勒(Nicholas Murray Butler)、西奥多·罗斯福的国务卿伊莱休·鲁特,以及西奥多·罗斯福的私人秘书乔治·科特尤。乔治·科特尤未来先后成为西奥多·罗斯福的财政部部长、联合燃气公司(Consolidated Gas)的总裁,以及西奥多·罗斯福政府和威廉·霍华德·塔夫脱政府的战争部部长。简而言之,很显然,全国公民联合会代表了最大的数家企业以及摩根家族、罗斯柴尔德家族和洛克菲勒家族的联合,摩根家族在其中最为突出。①

三、工会问题上的冲突

对全国公民联合会而言,工会问题尤为棘手。原因有两点。首先,众多商人坚定地信奉自由放任主义,格外反对工会主义。其次,工会的数量相当稀少,主要是在一些非竞争性(地方性)行业,例如建筑业、建立了企业联盟的铁路公司,以及特定技能行业。在这些行业,工会可以排挤那些会带来竞争的劳动力。总的来说,在美国加入第一次世界大战之前,工会成员在全美劳动力队伍中所占比例不到6%,而且始终低于这个数字。但是,这些垄断性同业工会完美地契合法团主义者的理想,他们放弃了早期工会组织劳工骑士团的激进做法,围绕在美国劳工联合会四周,准备在法团主义秩序中找到自己的位置。相比他们在自由市场中可能获得的地位而言,这个角色能给予他们更多。

劳工领导人从一开始就在全国公民联合会中扮演重要角色。塞缪尔·冈珀斯长期担任美国劳工联合会的领导人,从全国公民联合会成立之日起出任全国公民联合会副会长,直到其于1924年过世。约翰·米切尔是美国矿工联盟(United Mine Workers)的领导人,1904年到1911年担任全国公民联合会劳资协议部主席或联合主席。铁路行业共济会(Brotherhoods)是铁路行业颇具影响力的同业工会,其首领是全国公民联合会执行委员会的

① (编者注)James Weinstein, *The Corporate Ideal in the Liberal State, 1900 -1918* (Boston: Beacon Press, 1968), pp. 8 - 11; Burch, *Elites in American History*, pp. 135,156,166,170,184.

成员。

全国公民联合会劳资协议部组建于1904年，目的是在雇主群体中宣扬工会主义。在4年的时间里，米切尔与知名雇主、匹兹堡煤炭公司(Pittsburg Coal Company)的弗朗西斯·罗宾斯(Francis L. Robbins)联合担任劳资协议部主席。劳资协议部与纽约服装业、铸铁厂、新闻出版商和印刷工会(Typographical Union)签订了协议，并且促成了剧场经理协会(Theatrical Managers)与音乐家保护协会(Musicians Protective Association)、纽约金属行业协会(New York Metal Trades Association)与锅炉制造工会(Boilermakers Union)、烟煤操作工与美国矿工联盟、美国钢铁公司与金属工会(Metal Workers Union)等多项双方协议。

但是，众多进步主义大商人一方面迫切希望在美国兜售法团主义和工会主义，一方面却在回避自家工厂的工会。领导队伍支持每位工人——除了自己公司的工人——加入工会的，是摩根势力的一些重要人物，如乔治·珀金斯、国际收割机公司的赛勒斯·麦考密克，以及美国钢铁公司的埃尔伯特·加里。

这方面有一个很典型的例子。全国公民联合会的工会领导人一致推选小奥古斯特·贝尔蒙特成为汉纳的接班人，接任全国公民联合会的会长。尽管有这层热络关系，贝尔蒙特仍然拒绝自己的纽约地铁公司跨区捷运(Interborough Rapid Transit Company)与工会扯上关系。

在全国公民联合会，大企业在唱主角，与之对立的是新近成立的全国制造商协会。该协会成立于1895年，最初是一个低调的小团体，旨在促进外贸。1902年，中西部一群激进的小商人掌管了该协会，开始致力于自由市场，并且与工会对立。伊斯利谴责全国制造商协会以及与他们想法雷同的资本家是“无政府主义者”。

全国制造商协会的领导人感到气恼。他们认为自己受到了威胁，于是报以回击。正如后来一位历史学家所总结的，他们认为全国公民联合会“是工业巨头和工会主义者之间的一个阴谋，目标就是他们”。罗伯特·维贝(Robert H. Wiebe)教授认为，“大劳工组织和大企业联手，这让全国制造商协会的成员感到害怕，他们认为自己的未来取决于经济的流动性，最近成立的托拉斯和美国劳工联合会将破坏经济的流动性”。[1] 与此同时，拉尔夫·伊斯利嘲笑全国制造商协会的反工会雇主是无足轻重的小苍蝇，他们中“没有任何代表煤炭、钢铁、建筑和铁路等基础产业的大雇主”。[2]

两大群体之间的冲突因为一位全国制造商协会领导人的反工会行为变得戏剧化。这位领导人是詹姆斯·范·克利夫（James W. Van Cleave），圣路易斯市巴克炉灶公司（Buck's Stove and Range Company）的总裁。金属抛光工会（Metal Polishers Union）组织了该公司工人的罢工，要求巴克炉灶公司认可该工会。1908 年，美国劳工联合会组织了针对巴克炉灶公司的间接抵制，以支持罢工。范·克利夫提起诉讼，要求获得针对间接抵制的禁令。当时，华尔街律师、民主党 1904 年的总统候选人、未来的全国公民联合会会长奥尔顿·帕克担任了冈珀斯的辩护律师。摩根圈的钢铁巨头安德鲁·卡内基给予美国劳工联合会的支持是秘密提供了大部分资金，他同时也是全国公民联合会最大的捐赠者。[3]

四、工伤赔偿法的推动

全国公民联合会支持工会的态度得罪了反工会的雇主。不过，1905 年之后，全国公民联合会把越来越多的注意力放到福利提升和福利国家上，这种行为避免了他们与反工会的雇主之间的关系疏离。全国公民联合会的福利部成立于 1904 年，之后开始扮演重要角色。到 1911 年，该部门拥有了 500 名雇主成员。其任务是推动企业自愿启动对工人的家长式福利计划，增强工人的团队意识，以及对企业的封建式忠诚。正如詹姆斯·温斯坦所说的，福利部的办法是“把工人的生活和业余时间与企业的工作结合在一

---

① Robert H. Wiebe, *Businessmen and Reform: A Study of the Progressive Movement* (Cambridge, MA: Harvard University Press, 1962), p. 31.

② Weinstein, *The Corporate Ideal in the Liberal State*, p. 16.

③ 詹姆斯·范·克利夫在联邦法院赢得了针对美国劳工联合会间接抵制的临时禁令。但两年后，最高法院撤销了该禁令。法院禁止和平劝说，而不是禁止工会使用暴力，这是相当少见的案例，但巴克炉灶公司正是其中一起。参见 Sylvester Petro, “Injunctions and Labor Disputes, 1880 - 1932, Part I”, *Wake Forest Law Review* 14 (June, 1978): 485,488,550。

起，以提升雇主和员工之间的共情和认同感”。[1]

更重要的是，全国公民联合会在大力推动福利国家的项目。特别是，其领导人在努力争取工伤赔偿立法。根据普通法的清晰条款，雇主在以下情况下无须为事故担责：(1)其他工人的责任所导致的事故(同主雇员)；(2)如果工人知晓风险，就应该被视为自动承担风险(风险自担)；或者(3)工人自身的疏忽是导致事故的原因之一(共同过失)。当时，工会并不支持工伤赔偿法。相反，他们呼吁对雇主责任法进行修改，让雇主对非工人原因导致的事故承担责任。到 1907 年，众人的呼声成功地争取到 26 个州通过了此类“雇主责任”法。但这些法律多数只适用于铁路公司，因为其工会的影响力最大。而且这些法律仅适用于同主雇员的事故，即三项雇主不担责抗辩中最弱的一项。

进步主义雇主在这段时期开始推进工伤赔偿立法。在他们看来，这些法律能够带来几大好处。第一，他们可以抢先一步，阻止雇主责任法带来的威胁。依照工伤赔偿法，需要他们支付的款项会少很多，成本也将分摊到所有雇主身上，而非那些事故率最高的雇主。第二，也是更为重要的，纳税人将不得不承担很大一部分赔偿成本。与自愿保险相反，纳税人将承担监管官僚机构的费用，且事故保险的成本可在州保险计划之下社会化。第三，这些法律将让企业背负合规和事故预防方面的成本，对小型竞争对手来说，这些高昂的固定成本会给他们带来巨大压力。由此，工伤赔偿法虽然披着人性化和进步的外衣，但实际上能推动行业内企业联盟化。一些大型公司已经推行自愿工伤赔偿方案，例如国际收割机公司和美国钢铁公司。这些大型公司现在呼吁政府立法，不仅是为了建立企业联盟，也是为了给竞争对手强加更高的成本。第四，在反工会的雇主看来，工伤赔偿法会减少工人从工会得到的好处，促使工人转向其他组织。

在全国公民联合会 1911 年的年会上，小奥古斯特·贝尔蒙特宣布，他已经争取到爱迪生电力公司(Edison Electric)、奥的斯电梯公司(Otis Elevator)和英格索兰公司(Ingersoll-Rand)等 12 家大型企业支持工伤赔偿

---

① Weinstein, *The Corporate Ideal in the Liberal State*, p. 19.

法。安德鲁·卡内基也支持该法。全国公民联合会坦承,最主要的原因是抢先一步,阻止在制造业实施雇主责任法。与此同时,始终具有先见之明的乔治·珀金斯强调,工伤赔偿是工业企业组建企业联盟的众多方法之一。珀金斯在全国公民联合会1909年的年会上表示,“工商界的合作正在取代残酷的竞争,这是应该出现的情况”。为了取得成功,这种“新秩序”必须证明,不管是对工人,还是对资本和消费者来说,它都是更好的选择。[①]

1908年,为了推动工人赔偿立法,全国公民联合会组建了工业保险委员会(Industrial Insurance Commission),由乔治·珀金斯担任委员会主席。这个委员会最初看上去很安静,直到第二年,全国公民联合会新主席瑟斯·劳(Seth Low)宣布全国公民联合会前主席小奥古斯特·贝尔蒙特出任新的工业事故赔偿与事故预防部的首领。自那之后,全国公民联合会成为工伤赔偿立法运动中的核心力量。在全国公民联合会,参与这项运动的人包括著名的进步主义改革家路易斯·布兰代斯。他是全国公民联合会马萨诸塞州分会的积极分子、大都会人寿保险公司(Metropolitan Life Insurance Company)的副总裁、圣贤基金会(Sage Foundation Fund)派驻全国公民联合会的代表。在1909年的年会上,乔治·吉列(George M. Gillette)、路易斯·施拉姆(Louis B. Schram)和陆军少校约瑟夫·格莱丁·潘伯恩(Major J. G. Pangborn)热烈拥护工伤赔偿法。乔治·吉列是明尼阿波利斯钢铁机械公司(Minneapolis Steel and Machinery Company)的副总裁、明尼苏达州雇主协会(Minnesota Employers' Association)的会长。路易斯·施拉姆是美国酿酒商协会(U. S. Brewers Association)劳工委员会的领导人,约瑟夫·格莱丁·潘伯恩来自巴尔的摩-俄亥俄铁路公司(Baltimore and Ohio Railroad)。正是在这一年,全国公民联合会成功地推动塞缪尔·冈珀斯和美国劳工联合会改变思路,支持工伤赔偿法。

1910年,全国制造商协会的小型制造商也转而支持工伤赔偿。1911年春季,记者威尔·欧文(Will Irwin)指出,整个工商界现在都支持工伤赔偿

① 出处同前,pp 41－47。

法。他表示，仍然坚持反对该“科学体系”的仅是“眼睛只盯着来年收入的老制造商”。[①]

全国公民联合会起草了工伤赔偿法模板，将之推送给州政府和联邦政府。1909年前，州级并无相关法律。但与20世纪美国其他众多中央集权措施一样，在罗斯福总统的推动下，国会在1908年通过了联邦工伤赔偿法案。

工伤赔偿立法运动实际上是由小奥古斯特·贝尔蒙特发起的。1909年，小奥古斯特·贝尔蒙特出任全国公民联合会工伤赔偿部负责人。此后不久，他要求P.特库姆塞·谢尔曼（P. Tecumseh Sherman）领导的法律委员会起草一份法案。P.特库姆塞·谢尔曼是一位保守的律师，曾担任纽约州劳工局局长。德国的强制医疗、养老和意外保险系统给予谢尔曼极大启发。他明白，这种全面的福利国家模式在美国不可能一蹴而就，所以他坦率地声称自己的州工伤赔偿法案是“一种折中举措，仅仅是切入口”。[②] 这份草案在1910年春季完成，然后被发送给所有对该问题感兴趣的州长和议员。

有悖于老派历史学家的观点，在全国公民联合会，反对谢尔曼草案的声音主要来自大企业家，他们敦促谢尔曼拿出勇气，应该更加激进。在联合会中，带头批评工伤赔偿法草案的是美国钢铁公司的雷纳尔·博林（Raynal C. Bolling）。他声称工伤赔偿应该是普遍性的、强制性的（谢尔曼只把工伤赔偿范围设定在危险行业），而且应该同时适用于农业、制造业和家政业。此外，不管是明尼苏达州雇主协会的首领乔治·吉列，还是明尼苏达州政府聘请负责该州工伤赔偿研究的休·默瑟（Hugh V. Mercer），都号召采用更激进的立法，虽然他们的呼吁并未取得成功。

1909年，纽约州率先通过了强制性工伤赔偿法。次年，在全国公民联合会积极地为各州提供谢尔曼法草案之后，前总统西奥多·罗斯福在全国公民联合会年会上发表演说，呼吁制订工伤赔偿法。1911年，颁布工伤赔

---

① 出处同前，pp. 47－51。

② 出处同前，p. 52。

偿法的州政府数量从 1 家跃升到 13 家。

但是，这辆驰往天堂的列车突然被人踩了一记刹车。1911 年春季，纽约上诉法院在艾维斯诉南布法罗铁路公司案（*Ives v. South Buffalo Railway Co.*）中裁定工伤赔偿法违宪，侵犯了普通法，属于未经法定程序就剥夺财产。不管怎样，法庭是自由放任主义这种旧秩序的最后要塞。

在法院作出工伤赔偿法违宪的裁定后，西奥多·罗斯福率先表示了不满，指出必要的"社会改革"道路被封堵。进步主义杂志《调查》（*Survey*）尖锐地评论，"如果一群背负着巨大的财产利益的铁路商人"坐在法官席上，那么法庭就不会否决工伤赔偿法。《调查》杂志特别指出，在这件事情上，有一群人展现出了高超的政治才能，他们是摩根、埃尔伯特·加里、安德鲁·卡内基和雅各布·希夫——除了雅各布·希夫是库恩-洛布公司投资银行的领导者以外，其余人都来自摩根圈。当然，谢尔曼、全国公民联合会和令人敬畏的弗朗西斯·林德·斯特森也立刻对艾维斯诉南布法罗铁路公司案的裁决进行了抨击。弗朗西斯·林德·斯特森长期担任摩根的律师，现在是摩根麾下国际收割机公司的律师。全国公民联合会呼吁国会通过联邦工伤赔偿法。

为了应对艾维斯诉南布法罗铁路公司案的裁决，纽约州议会在压力下快速行动，在 1913 年提出宪法修正案，移除对工伤赔偿的法定程序保护。此前，这种严重侵犯私人财产的行为会引发众怒。但现在，不管是在立法机关，还是在公众之中，这项修订以压倒性的优势得到通过。1913 年 12 月，在令人敬畏的伊莱休·鲁特的领导下，纽约州共和党召开大会。大会毫无争议地通过一项决议，欢迎宪法修正案，为政府干预的新精神喝彩。共和党人宣称"社会环境和工业环境已经和正在发生的改变给政府带来新的责任"，因此该党必须"满足现代文明对工业和社会的需求"。①

既然有了先例，其他州法院纷纷批准工伤赔偿法。到 1920 年，除了 6 个州之外，其他所有州都颁布实施了工伤赔偿法，联邦政府针对自己的所有

---

① Weinstein, *The Corporate Ideal in the Liberal State*, pp. 55 - 56, 58, 61.

雇员也实施了工伤赔偿。[1]

五、公用事业的垄断

全国公民联合会推动的另一项进步主义改革，涉及美国公用事业的转变，即公用事业从自由市场变为授予垄断特权。公用事业包括燃气、电力和有轨电车，州和市政府会对这些领域进行保护和管控，避免竞争，从而保证固定的利润率。对于获得公用事业特许经营权的幸运者来说，这里就像是天堂。

1905 年年末，全国公民联合会成立了公用事业公有制委员会，表面上是就公用事业问题和公有制会导致的结果进行科学客观分析。当时，公用事业公有制已经成为欧洲的主流方式。该委员会的首任主席是四巨铁路公司（Big Four Railroad）的董事长麦尔维尔·英格尔斯（Melville E. Ingalls），第一任副主席由美国矿工联盟的约翰·米切尔出任。该委员会下属执行委员会的成员包括洛克菲勒控制的国民城市银行的弗兰克·范德利普、著名的投资银行家艾萨克·塞利格曼（Isaac N. Seligman）、富有的改革家雅各布·里斯（Jacob Riis）、路易斯·布兰代斯，以及公用事业巨头塞缪尔·英萨尔。英萨尔此前就职于爱迪生的通用电气公司。该执行委员会中还有著名的进步主义经济学家、威斯康星大学（University of Wisconsin）的约翰·康芒斯。英格尔斯和康芒斯都曾参加对英美公用事业的巡回考察。1907 年，全国公民联合会公用事业公有制委员会发表了三卷本报告。塞缪尔·英萨尔确立了该报告的总体基调，其观点与电力行业同业公会全美电灯协会（National Electric Light Association）的非常类似。报告提出，在公用事业领域可以合法授予企业垄断权，由政府组建的公用事业委员会实施管控。然

---

[1] （编者注）需要更多了解工伤赔偿法，参见 Price Fishback，Shawn Kantor，*A Prelude to the Welfare State*：*The Origins of Workers' Compensation*（Chicago：University of Chicago Press，2000）。大型企业希望小型竞争对手背负沉重的养老金负担，这也是建立社会保障体系背后的动机。类似分析参见本书第十一章。

而，有别于全美电灯协会，全国公民联合会的这个委员会并不支持市政所有制。[①]

英萨尔的观点在10年前已经形成，主要是借鉴了芝加哥公用交通巨头查尔斯·泰森·耶基斯(Charles Tyson Yerkes)的思路。19世纪90年代末期，耶基斯遇到了一个问题。根据所在州的法律，他的公用事业系统只能得到20年的垄断经营权，所以他的公用事业帝国每年总会有一部分必须重新申请特许经营权。耶基斯愿意也有能力向市议员行贿，不断地续接自己的特许经营权。但他发现自己的公司无法发行长期债券，因为这些公司有可能在几年后失去垄断地位。

1897年，耶基斯抓住自己资助的共和党人当选州长的机会，设法向伊利诺伊州议会提出一系列议案，建议公用交通的特许经营权延长至50年，且把市议会的交通运输控制权交给专家，也就是所谓的无党派的州管理委员会。这种做法为垄断特权披上了科学的外衣，当然也大幅减少了查尔斯·泰森·耶基斯的行贿支出。

尽管耶基斯的议案比进步主义改革更早，但他违背了新兴的进步主义思潮的一个原则，所以最终遭遇惨败。城市进步主义一个至关重要的组成部分是激烈攻击政客的“腐败”，正是行贿问题导致耶基斯遭遇了滑铁卢。[②] 势力强大的进步主义组织芝加哥公民联合会也对耶基斯进行批判，所以他的议案只能以失败告终。[③] 对此，我们将在下文做进一步的

---

① (编者注)Weinstein, *The Corporate Ideal in the Liberal State*, pp. 24 - 25.

② (编者注)罗斯巴德原本计划进一步阐述第六章所介绍的去民主化，并且分析它与城市市政改革运动之间的关系。这场运动的主要推动者是上层社会的虔敬派商人和专业人士。他们从政治中取出各种票选的“政党机器”职位，用中央集权的官僚委员会取而代之，让这些职位远离选民的选票。这场运动不仅仅没有得到贫穷阶层和中产阶层的支持，更是被视为消除了地方选区对政治架构的影响，从而削弱了礼仪派在政坛中的影响力。参见本书第十章、第十一章和第十三章；Weinstein, *The Corporate Ideal in the Liberal State*, pp. 92 - 116; Samuel P. Hays, “The Politics of Reform in Municipal Government in the Progressive Era”, *The Pacific Northwest Quarterly* 55, no. 4 (1964): 157 - 169; Murray Rothbard, “H. L. Mencken: The Joyous Libertarian”, *The New Individualist Review* (Summer 1962): 24; Murray Rothbard, “Historical Origins”, in *The Twelve Year Sentence*, William F. Rickenbacker, ed. (San Francisco, CA: Fox & Wilkes, 1999[1974]), pp. 20 - 25。

③ Forrest McDonald, *Insull* (Chicago: University of Chicago Press, 1962), pp. 84 - 88.

探讨。

塞缪尔·英萨尔从耶基斯夭折的计划中汲取经验教训，将之运用于电力公用事业。1898年6月，塞缪尔·英萨尔在全美电灯协会发表主席竞选演讲，开始在公用事业领域推行进步主义思想。他敦促其他电力巨头接受州委员会对该行业的管控，把确定价格和服务质量标准的权力全部交给州委员会。有别于耶基斯赤裸地争取垄断，英萨尔更注重公共关系，所以他强调政府的定价权，而非与之相伴的长期垄断专营权。英萨尔对自由放任主义的这番攻击令诸多公用事业高管感到震惊，但他也找到了部分支持者，并且请他们出任新成立的全国公民联合会立法政策委员会(Committee on Legislative Policy)的委员。

全国公民联合会立法政策委员会因为缺乏电力行业的支持而缺乏活力。英萨尔指示其芝加哥爱迪生电力公司和联邦电力公司(Commonweal Thelectric)做广告，开展公关，并于1901年在业内率先成立了公关部门。

全国公民联合会立法政策委员会于1905年发布研究报告。报告中提到的市政管控价格以及公用事业市政所有制的危险，为受监管的垄断获得最终成功提供了动力。19世纪80年代和90年代，电力设备销售商和燃气公司提出了电力公用事业市政所有制思路。电力设备销售商希望纳税人为电力提供资助。燃气公司则希望由地方政府负责供电，以遏制日益激烈的电力对自己的竞争。19世纪80年代中期之后，市政所有制得到发展，并且在1905—1906年达到巅峰。当时，利率走低，市政债券市场因此异常火爆。交通运输公司是市政所有制的重点领域，但公有电力公司也得到了发展。从1902年到1907年，公有发电厂的数量增长，达到了私营发电厂的两倍。这在小城市尤为明显。超过80%的市属发电厂位于人口不足5 000人的城市。

作为对这种趋势的回应，全美电灯协会成立了市政所有制委员会。该委员会在两年后发展成为公共政策委员会。新委员会包括了英萨尔和他此前的立法政策委员会的多数成员。新的公共政策委员会基于自己1907年的报告进行宣传，四处游说成立州管理委员会。该报告提出的建议与全国公民联合会委员会同年报告的建议相差无几。全美电灯协会公共政策委员会的报告强调，全美电灯协会应该支持州管理委员会的管控，如控制特许经营权，建立价格体系，实施统一的会计系统，并且公布所有相关的信息——由此进一步强化了公用事业行业内部的企业联盟，削弱了竞争。该公共政策委员会强调了作为第二种选项的市政所有制的危险，却故意省略了作为第三种选项的自由竞争和自由市场。①

市政所有制之后很快死亡，其存活的时间正好完成其推动垄断特权的目标。1907 年的金融恐慌推高了利率，冲击了市政债券市场，实力较弱的小城市的债券变得无人问津。②

全国公民联合会从来不满足于止步在理论阶段。按照务实的进步主义传统，理论是政治行动的基础。约翰·康芒斯是全国公民联合会委员会报告的作者之一，他基于该报告起草了威斯康星州公用事业法。在康芒斯任职于威斯康星州查尔斯·麦卡锡（Charles McCarthy）领导的立法文献局（Legislative Reference Bureau）期间，约翰·康芒斯极力推销"威斯康星州理念"，并把自己的威斯康星州公用事业法纳入其中。在威斯康星州进步主义者的推动下，该法于 1907 年春季获得通过，并成立了威斯康星州铁路委员会（Wisconsin Railroad Commission），为其他州树立了榜样。类似的法律很快在纽约州和马萨诸塞州也得到通过，由此带来了公用事业行业的垄断，竞争性"歧视"定价的结束，以及公用事业价格的提高。正如詹姆斯·温斯坦总结的：

> 1909 年，众多行业开始期待州委员会的管控，并且逐渐懂得公用事业管控脱离政治存在哪些优势。政府针对管控立法的基本原则是支持可靠的私人所有制，而且新委员会的专家几乎一无例外地比较保守，

① （编者注）芝加哥燃气行业（公用事业的一种）在 19 世纪 90 年代开始接受政府限制。在此之前，供气领域的竞争效率如何呢？参见 Werner Troesken, *Why Regulate Utilities? The New Institutional Economics and the Chicago Gas Industry, 1849 - 1924* (Ann Arbor: University of Michigan Press, 1996), pp. 25 - 53。关于塞缪尔·英萨尔和公用事业管控的更多内容，参见 Robert L. Bradley, Jr., *Edison to Enron: Energy Markets and Political Strategies* (Salem, MA: M&M Scrivener Press, 2011), pp. 19 - 221, 493 - 522。

② 参见 McDonald, *Insull*, pp. 113 - 121。

他们不会质疑公用事业行业的框架。因此这种做法带来了公用事业行业的稳定，并且通过取消歧视定价“提高了公共道德”。[①]

全国公民联合会大力推动州政府对公用事业管控，这项运动的领头人是银行家爱默生·麦克米林（Emerson McMillin），他也在多家燃气、电力和机车公司担任总裁或董事。与他合作的是西奥多·罗斯福的前秘书、纽约联合燃气公司（Consolidated Gas of New York）的统领者乔治·科特尤。有些公用事业巨头担心州公用事业管理委员会会导致公用事业的债券利率出现波动，麦克米林敏锐地指出，州公用事业管理委员会对公用事业的财务情况及其债券发行的监督具有重要价值，有利于公用事业的融资。

1913 年秋季，拉尔夫·伊斯利致信全国公民联合会主席瑟斯·劳，提及推动公用事业管控所取得的成功。他高兴地表示，公用事业“接受了管控”，诸多铁路公司甚至欢迎管控，并且“乐在其中”。[②]

六、管控工商业

如大家预料的那样，在国家层面，全国公民联合会与罗斯福总统及其公司管理局保持着密切关系。在 1904 年的首份年报中，公司管理局对《谢尔曼反托拉斯法》进行了批判，认为应该用另一类法律替代之，通过取缔“不正

---

① Weinstein, *The Corporate Ideal in the Liberal State*, pp. 25－26。另参见威斯康辛州铁路委员会主席巴尔萨泽·迈耶（Balthasar H. Meyer）的类似估计。在此期间，呼吁公用事业管控的公司都来自电力行业，其他公用事业倾向于反对管控。参见 McDonald, *Insull*, p. 121。

② Weinstein, *The Corporate Ideal in the Liberal State*, pp. 34－35.（编者附注）若需要更多了解公用事业的起源，参见 Thomas J. DiLorenzo, “The Myth of Natural Monopoly”, *Review of Austrian Economics* 9, no. 2（1996）：43－58。托马斯·迪罗伦佐（Thomas DiLorenzo）借用罗斯巴德的话指出，“公用事业”主要的问题之一是他们占用公共街道，而非私人道路，这会影响企业家经济核算的有效性。

当然，在所谓的“自然垄断”行业，与所有商品一样，始终会有其他潜在创新型生产商生产替代性产品，从而带来竞争压力。成本-定价和特许经营权管控会导致笨重、低效的公司在成本发生变化时无法快速变革，减少竞争性创新，并且招致规制俘虏。还有一个事实是，管控者无法客观了解公司的成本和价格，成本和价格必须由企业家进行评估和发现。

当回扣、价格歧视和有失公正的组合”管控托拉斯。该年报中的每一项提议都经过精心考虑，为的是打击最有效的竞争形态，遏制市场破坏企业联盟和垄断的能力。

全国公民联合会的领导人接下来对标西奥多·罗斯福思路起草了相关法案。在四巨铁路公司董事长麦尔维尔·英格尔斯和小奥古斯特·贝尔蒙特的督促下（尤其是后者），全国公民联合会组建了一个修订反托拉斯法的委员会。但是，没多久，该委员会认定必须采取更激进的行动，创造更大的影响力。借鉴芝加哥公民联合会托拉斯大会的经验，全国公民联合会请来詹金斯教授。詹金斯教授在组织之前的托拉斯大会过程中积累了丰富的经验。在着手组织新大会之前，伊斯利先赢得了罗斯福总统及其商务劳工部部长奥斯卡·斯特劳斯的私下支持。

全国公民联合会的托拉斯和公司合并全国大会于 1907 年 10 月在芝加哥召开。一共有 147 支代表团的 492 名代表参加了该次大会。这些代表来自州政府、工商业和劳工组织，以及公民团体。代表中工商界人士占到了绝大多数，另有少数学术界人士、政客和改革家。哥伦比亚大学可敬的校长尼古拉斯·默里·巴特勒担任大会主席。正如州际商务委员会和西奥多·罗斯福建议的，大会敦促允许铁路公司签署价格协议，由国会成立委员会对谢尔曼法进行修订，从而管控竞争，建立联邦层面的公司许可体系，为了“公众利益”批准托拉斯（即西奥多·罗斯福所说的“好的托拉斯”）。大会还建议公司管理局有权强制要求大型企业公示。这些提议都是为了取悦大型企业和罗斯福政府。

西奥多·罗斯福和国会领导人对大会提议甚为满意，因此指示全国公民联合会起草所需的法案，不必等国会的相关委员会的成立。全国公民联合会现任主席瑟斯·劳成立了一个由知名法团主义者组成的非正式委员会，负责起草所需的工业管控法案。这个委员会可谓名流云集，其中的工商界人士包括美国钢铁公司董事长埃尔伯特·加里法官、艾萨克·塞利格曼、詹姆斯·施派尔（James Speyer），以及纽约顶级投资银行家摩根的麾下乔治·珀金斯和小奥古斯特·贝尔蒙特。劳工领导人包括塞缪尔·冈珀斯和约翰·米切尔。进步主义学术界的代表是巴特勒校长和耶利米·詹金斯。

艾伯特·肖是媒体界的代表。该委员会中还有奥尔顿·帕克法官，他曾经在 1904 年代表共和党参选总统，可惜遭遇惨败。此外，西奥多·罗斯福的公司管理局局长赫伯特·诺克斯·史密斯作为政府代表也加入了委员会。事实上，真正负责起草该议案的是摩根圈的两位显赫律师，他们分别是摩根的律师弗朗西斯·林德·斯特森，以及艾奇逊-托皮卡-圣塔菲铁路公司的律师维克托·摩哈维兹。

这个强大的委员会兢兢业业、快马加鞭地开展工作，在 1908 年 2 月完成了法案，全国公民联合会迅速予以批准。公司管理局局长赫伯特·诺克斯·史密斯与斯特森和摩哈维兹密切合作，也对他们的工作表示非常赞赏。联邦参议员威廉·赫伯恩向国会提交了全国公民联合会的法案。法案授予公司管理局事先审批企业合同或企业兼并的权力，由此联邦政府官员可以选择性批准公司合并；公司管理局对公司众多日常运营工作亦拥有监管权和否决权；反托拉斯法不适用于工会。

美国的中小型企业家纷纷向国会表达自己的反对意见。全国制造商协会、纽约商人协会（Merchants Association of New York）和纽约商会等商业组织反对这项立法。他们不仅反对支持工会的条款，也反对允许政府部门挑选和评定企业行为的好坏。罗斯福政府被迫收回对该法案的支持，珀金斯致信史密斯，表示“政府监管的反对者只要知道你们为了美国企业的最大利益如何劳心劳力，他们一定会改变当前的态度”。瑟斯·劳写信给总统指出：“加里法官等人所代表的大型企业坚定地支持我们的法案。反对的声音来自商业界……”①

是时候进行重构了，于是全国公民联合会转向了英格尔斯和安德鲁·卡内基建议的另一种方法，即通过成立新的州际贸易委员会实现同一个目的。此前成立的州际商务委员会针对的是铁路公司，州际贸易委员会则针对整个工商业，但两者的功能一样。联邦贸易委员会的萌芽出

---

① Weinstein, *The Corporate Ideal in the Liberal State*, pp. 77 - 82。关于 1907 年的托拉斯大会，参见出处同前，pp. 73 - 76。另参见 Kolko's account in *The Triumph of Conservatism*, pp. 129 - 38。科尔科特别强调了西奥多·罗斯福因为反对全国公民联合会-赫伯恩法案中支持工会的条款而收回了对该法案的支持，却对中小型企业施压造成的影响轻描淡写。

现了。[①]

七、结盟团体：美国劳工立法协会

如果说全国公民联合会是法团主义大商人与少量知识分子和学术盟友的组织，那么美国劳工立法协会（The American Association for Labor Legislation，AALL）则是一家由大企业出资的法团主义知识分子组织。

美国劳工立法协会是美国经济学会（American Economic Association）的衍生机构。美国经济学会的成立目的是在经济学家中培养新中央集权精神。美国经济学会在1905年年会上成立了美国劳工立法协会筹备委员会。美国劳工立法协会在两年后与美国经济学会联合举办了其第一次年会。该协会的第一任会长是理查德·埃利，长期担任执行秘书的是理查德·埃利和约翰·康芒斯的助理研究员约翰·安德鲁斯（John B. Andrews）。他同康芒斯合著了大量关于工业和劳工的书籍。

美国劳工立法协会研究的是法团主义路线的劳工和"社会福利"问题。作

① （编者注）罗斯巴德原本计划在后文用一定的篇幅介绍《克莱顿反托拉斯法》（*Clayton Antitrust Act*）和联邦贸易委员会，也即公司管理局的继承者。《克莱顿反托拉斯法》和联邦贸易委员会于1914年秋季在威尔逊政府得到通过和成立。由五人组成的联邦贸易委员会从一开始就坚持重商基调。用著名的联邦贸易委员会成员爱德华·赫尔利（Edward N. Hurley）的话来说，该委员会旨在"为整个工商业"提供服务，类似于州际商务委员会、美联储和农业部等为铁路公司、银行家和农场主所提供的服务。该委员会拥有多位颇具影响力的顾问，其中有一些耳熟能详的名字，例如路易斯·布兰代斯和维克托·莫拉维茨、铁路公司高管沃克·海恩斯（Walker D. Hines），以及亚瑟·艾迪（Arthur Eddy）。亚瑟·艾迪是知名的企业律师，曾经在他著名的图书中宣称"竞争就是战争，战争会带来地狱"。

这些法案推动了竞争性价格歧视以及控股公司和搭售协议等各种市场形式的消除。这种做法帮助了那些从事州内贸易的既有大公司和小公司。大型企业出于成本优势可以横向或纵向进行整合，中型企业只能通过各种市场协议在一定程度上进行整合，但后者现在被认定为"限制"了竞争。从中型竞争对手的牺牲中，大型企业获得了利益。联邦贸易委员会后来在20世纪20年代组织了"贸易惯例大会"，把行业成员聚集在一起，查找"不公正的"贸易惯例，例如价格歧视和秘密降价。关于这些法案的起源，参见 Murray Rothbard，"Left and Right：The Prospects for Liberty"，in *Egalitarianism as a Revolt Against Nature and other Essays*，（Auburn，AL：Mises Institute，2000[1965]），pp. 40 – 41；Kolko，*The Triumph of Conservatism*，pp. 255 – 278；Weinstein，*The Corporate Ideal*，82 – 89。另参见本书第十三章、第十四章和第十五章；Shaffer，*In Restraint of Trade*，pp. 51 – 90。

为国际劳工立法协会(International Association for Labor Legislation)的一个分支机构，它得到了劳工统计局的政府资助，出版有英文版国际劳工局公报。

美国劳工立法协会自封"科学家"，宣称自己在经济或产业冲突中不会站在任何党派的一边，自以为是地断言自己"仅仅忠于公共福利"。他们也支持各州采用统一的劳工法。此外，在1914年的美国劳工立法协会全国大会上，包括工商界人士、州政府和劳工官员在内的大会代表就稳定就业的思想达成统一，号召州和联邦失业人员管理部门为工人和雇主提供税金维持的免费就业服务，并推出一定形式的强制失业保险。这次大会迅速刺激纽约州民主党州长马丁·格林(Martin Glynn)推动一项法案的通过，成立了州就业管理部门。次年，美国劳工立法协会号召设计和推行市政工程项目以缓解失业问题。当然，这个项目经过精心设计，为建筑行业提供了扶持。

在之后数年里，美国劳工立法协会起草了多方面的法案模板，推动了就业管理部门的成立、工伤赔偿、强制医疗保险、增强版安全法、失业边缘工人最低工资、童工法等。童工法是一个"人道主义"项目，旨在禁止雇佣未成年人，消除未成年人工人对成年工人的竞争。成年工人讨厌这种竞争，而且常常在竞争中落败。1916年，国会通过了克恩-麦吉利卡迪法案(Kern-McGillicuddy Bill)。这项法案由美国劳工立法协会起草，适用于联邦政府雇员的工伤赔偿。①

① (编者注)进步主义经济学家提出的最低工资和其他提议都蕴含着强烈的种族主义和性别歧视。诸多经济学家和其他社会理论家都深信优生学，即社会可以有效地计划和控制劳工的种族质量，从而改善劳工质量，提高社会福利。所以他们都非常担心亚洲和欧洲部分地方"劣等"移民的涌入破坏美国劳动力大军的质量，拉低高人一等的盎格鲁撒克逊白人的工资。他们也担心女性工人正在从养家糊口的男性抢走工作，而不是去做应该做的家务，去照顾孩子。最低工资和其他劳动法(例如移民限制和最长工作时间的法律)将导致技能不娴熟的移民和女性失业，从而保证那些白人男性的工作。参见本书第十章和第十三章；Thomas C. Leonard, *Illiberal Reformers: Race, Eugenics & American Economics in the Progressive Era* (Princeton, NJ: Princeton University Press, 2016), pp. 141-185。若需要理解经济学人士如何从自由放任主义的支持者转变为干预主义技术官僚和规划者，以及刺激这种转变的内在家长主义和精英主义，就必须认真阅读这整本书。

当然，现代进步主义已经用平等主义或者说人人平等来取代优生学。但这并非是真正的平等主义，而是另一种形式的精英主义，因为它是除了知识分子和观念塑造者之外的人人平等。知识分子和观念塑造者仍然被挑选出来规划社会和管理人们的生活。参见 Murray Rothbard, "Egalitarianism and the Elites", *Review of Austrian Economics* 8, no. 2(1995): 39-57。

表面上看，追求统一劳工立法的做法是无害的，只是为了追求“效率”。实质上，与诸多推动工伤赔偿和其他社会福利的项目一样，其背后的目的是扶助已经在企业内建立福利项目的家长式雇主，强制增加“无社会意识的”竞争对手的成本。正如戴维·埃金斯(David Eakins)所说：

> 在许多例子中，进步主义法律不仅支持(开明的)商业人士，也是由这些商业人士起草的。这些人很多都信奉“法团自由主义”，他们之所以支持一些法律，是因为州政府或联邦政府的统一执法让具有社会意识的雇主能够与利己主义的低成本雇主公平竞争。那些“不择手段的”(即拥有竞争力、能取得成功的)雇主由此没有了生存空间。

接着，他直接引用了美国劳工立法协会纽约分会在1910年发表的一段话：“为了限制这种竞争，在法律上设立它们无法达到的标准，从而终结这种‘剥削’，是美国劳工立法协会的方法和目的。”①

美国劳工立法协会的会员包括工商业人士、政坛人物，比全国公民联合会拥有更多的中央集权主义知识分子。其中尤为重要的一位政客是伍德罗·威尔逊。威尔逊加入协会时任职新泽西州州长，就任总统后仍留在协会中，在美国劳工立法协会前后待了五年。威尔逊的商务部部长威廉·雷德菲尔德(William Redfield)在美国劳工立法协会亦表现积极。工会主义者塞缪尔·冈珀斯和约翰·米切尔也是美国劳工立法协会会员。协会的法团主义知识分子包括一些全国公民联合会的忠诚拥护者，如理查德·埃利、约

---

① Eakins, *The Development of Corporate Liberal Policy Research*, pp. 84 - 85。(编者附注)就算没有进步主义立法行动，这种“剥削式竞争”也已经在衰落。自1900年起，工人们的生活水平因为实际收入的提高、每周工作小时数的减少、童工的减少、退休时间的提前、更高的工作标准等而得到提高。这主要是因为不受限制的资本主义经济的自然发展所致，而不是因为那些立法。那些法律只是将既有的发展趋势成文。参见 Claudia Goldin, “Labor Markets in the Twentieth Century”, in *The Cambridge Economic History of the United States*, Stanley Engerman and Robert Gallman, eds. (Cambridge: Cambridge University Press, 2000), vol. 3, pp. 549 - 624; Price Fishback, “The Progressive Era”, in *Government and the American Economy* (Chicago: University of Chicago Press, 2007), pp. 307 - 308。

翰·康芒斯和耶利米·詹金斯。美国劳工立法协会出版了詹金斯(1910年)撰写的书籍《政府的社会福利行动》(*Governmental Action for Social Welfare*)。全国公民联合会顾问亨利·西格尔(Henry R. Seager)是哥伦比亚大学政治经济学教授,担任过三届美国劳工立法协会主席。在美国劳工立法协会出版的他的书籍《社会保险:社会改革项目之一》(*Social Insurance, A Program of Social Reform*,1910年)中,西格尔介绍了美国劳工立法协会的诸多基本信条。他呼吁政府为了"公共福利推行激进的政府管控项目"。西格尔宣称,政府不干预的思想已经过时,必须重新树立由政府积极推进公共福利的思想。他的理想是效仿欧洲,针对事故、疾病和失业采用强制性州保险方案。三年前,西格尔率先建议实行统一的最低工资法。[①]

全国公民联合会和美国劳工立法协会的主要区别在于,美国劳工立法协会中支持集体主义和中央集权的知识分子数量更多,如弗洛伦斯·凯利(Florence Kelley)、维克多·伯杰(Victor Berger)、威廉·德怀特·波特·布利斯(William Dwight Porter Bliss)和罗伯特·亨特(Robert Hunter)等。

但是,信奉法团主义的大型企业依然牢牢地控制着美国劳工立法协会。美国劳工立法协会的官员包括一些法团自由主义金融家和工业家,例如波士顿人爱德华·法林(Edward A. Filene)、查尔斯·卡伯特(Charles M. Cabot)、通用电气公司的杰勒德·斯沃普(Gerard Swope)和投资银行家艾萨克·塞利格曼。美国劳工立法协会的金融界知名人士有美国钢铁公司的埃尔伯特·加里法官、玛德琳·阿斯特夫人(Mrs. Madeline Astor)、约翰·洛克菲勒、J. P. 摩根的女儿安妮·摩根(Anne Morgan)、与库恩-洛布公司投资银行关系密切的银行家费利克斯·沃伯格(Felix Warburg)。

历史学家的传统观念把进步主义者泾渭分明地划分为"激进的知识分子"和"温和的商界人士"两派。但大企业对美国劳工立法协会的支持和控制充分证实了这个观念的荒谬。事实上,两者之间并无真正的区别,而是相

① Eakins, *Development of Corporate Policy Research*, pp. 91 - 93.

互渗透的。无论是温和的还是激进的法团主义者，大企业的支持者和知识分子愉快合作，携手迈进新秩序。[①]

① 参见埃金斯对该问题的深刻探讨，出处同前，pp. 85 - 86。

第十章

进步时代和家庭[①]

虽然进步时代过去被狭义地定义为从 1900 年至 1914 年，但历史学家现在意识到，这个时代实际上宽泛得多，一直从 19 世纪的后几十年延伸到 20 世纪 20 年代初。在这个宽泛的时期，整个美国政治——从经济到城市规划，从医学到社会工作，从职业许可到知识分子意识形态——从基于个人权利的自由放任体系转变为国家计划和控制的体系。在与家庭生活密切相关的公共政策领域，大多数变化发生或者至少开始于 19 世纪的后几十年。在这部分，我们将使用“新政治历史”的见解分析，考察所谓的进步主义者试图塑造和控制美国家庭生活某些方面的方式。

一、族裔-宗教冲突与公立学校

在过去的二十年里，“新政治历史”的出现改变了我们对 19 世纪美国政党体系和政治冲突基础的理解。与 20 世纪的政党体系不同(共和党主导的第四政党体系时期，1896—1932 年；民主党主导的第五政党体系时期，1932—?)，19 世纪的政党并不是温和的利益联盟，它们不像 20 世纪的政党那样有着几乎相同的无定形意识形态，即为了争取大部分的无党派选民，每个政党都模糊了自己在竞选中留下的形象。在 19 世纪，每个政党都提供了

① (编者注)最初发表于 *The American Family and the State*, Joseph R. Peden and Fred R. Glahe, eds. (San Francisco: Pacific Research Institute, 1986), pp. 109 - 134。

一种截然不同的意识形态，政党发挥了把共同的意识形态强加于政府部门和经济利益集团的功能。在竞选期间，意识形态和党派意识变得更加强烈，界限更加清晰，因为目标不是吸引独立的温和派——实际上没有独立的温和派，而是吸引属于自己党派的选票。这种党派性和尖锐的选择，标志着美国的第二政党体系时期（辉格党对民主党，从大约 1830 年到 19 世纪 50 年代中期）和第三政党体系时期（共和党和民主党激烈对抗的时期，从 19 世纪 50 年代中期到 1896 年）。

新政治历史的另一个重要观点是，普通民主党人和共和党人对国家经济问题的党派热情，源于地方和州层面对现在所谓“社会”议题的类似热情。此外，从 19 世纪 30 年代开始，政治冲突植根于 19 世纪 30 年代奋兴运动带来的美国新教的激烈变革。

尤其是在美国北部，新的奋兴运动像野火一样席卷了新教教会。老式加尔文派教会强调遵守教义所述的上帝训诫的重要性，新的虔敬主义则截然不同。虔敬主义本质上是这样的：不同教会或教派的特定教义并不重要，对特定教堂的仪式或礼拜仪式的服从也是如此。真正重要的是每个人都需要“重生”——个人和上帝之间的直接面对面，一种神秘的、情感上的转变，在这种转变中个人获得了拯救。因此，洗礼仪式对虔敬主义者来说成为次要的，最重要的是他或她的个人发生转变的时刻。

但是，如果特定的基督教会或教义淹没在一个模糊的跨教派主义中，那么基督信徒个人就要独自去解决拯救问题。19 世纪 30 年代席卷美国新教的虔敬主义，在北方和南方采取了两种截然不同的形式，具有截然不同的政治含义。南方人，至少直到 19 世纪 90 年代，成为“拯救主义虔敬派”，也就是说，他们相信个人再生和重生的情感体验足以确保救赎。宗教是生活的一个独立部分，是一种垂直的个人与上帝的关系，不一定要改变人为的文化和人际关系。

与之相反，北方人，尤其是在“扬基佬”居住的地区，采取了一种截然不同的虔敬主义，即“福音派虔敬主义”。福音派信徒相信，人类可以通过自由意志的行为获得救赎。更进一步，他们还认为，为了一个人自己的救赎，有必要尽最大努力确保社会上其他人的救赎：

> “传布神洁”，即通过把所有人带到基督面前，以建立基督教联邦，是“得救者”神圣的职责，他们的使命是“把世界变成基督的意象”。[1]

由于每个人都是独自与罪作斗争，进行救赎，没有教会的教义或仪式来支撑他，因此福音派的职责是利用国家这个整体性基督教社会的分支，消灭罪的诱惑和机会。只有这样，一个人才能履行神圣的职责，最大限度地拯救他人。[2] 对福音派信徒来说，罪具有极其广泛的定义，他们对圣洁的要求远远超过其他基督教团体。正如一位反虔敬派基督徒所说，“他们看到了上帝没有看到的罪”。特别是，罪存在于与酒接触的任何和所有形式之中，以及除了祈祷和星期天去教堂之外的任何事情之中。任何形式的赌博、舞蹈、戏剧、阅读小说，简而言之，任何形式的世俗享受都被认为是有罪的。

令福音派特别不安的罪形式是那些他们认为干涉个人神学自由意志的罪，这种形式的罪使他们无法获得救赎。他们声称，酒是罪的，因为它削弱了饮酒者的自由意志。罪的另一个特殊来源是罗马天主教。在天主教中，教士和主教是教宗的臂膀（福音派信徒认为他们是敌基督者），他们统治着思想，因此削弱了教会信徒的神学意志自由。

对于“扬基佬”，即起源于新英格兰（尤其是农村）并广泛移民到纽约州北部和西部、俄亥俄州北部、印第安纳州北部和伊利诺伊州北部的文化群体而言，福音派信仰特别具有吸引力，并因此扎根于这个群体。扬基佬是天生的“文化帝国主义者”，他们习惯于把自己的价值观和道德观强加给其他群体；因此，他们很自然地通过一切可用的手段，包括国家的强制力量，把他们

---

① 这些引文分别摘自 *The Minutes of the Ohio Annual Conference of the Methodist Episcopal Church*, *1875*, p. 228；*Minutes of the Annual Meeting of the Maine Baptist Missionary Convention*, *1890*, p. 13。两者都引自 Kleppner, *The Third Electoral System*, *1853－1892*, p. 190。克莱普纳教授是新政治史学元老，也被称为“族裔文化”历史学家。参见他的 *The Cross of Culture*。

② 以前的基督教团体要么是千禧年主义者（相信耶稣的回归将结束人类历史），要么是前千禧年主义者（相信耶稣的回归将迎来上帝王国在地球上一千年的统治）。与这些基督教团体不同，大多数福音派信徒是后千禧年主义者。简而言之，天主教信徒、路德宗信徒和大多数加尔文派信徒都相信耶稣的回归是独立于人类行为的，但是后千禧年主义者认为，基督徒在地球上建立上帝王国一千年的统治，是耶稣回归的先决条件。简而言之，福音派信徒必须接管国家、消灭罪，这样耶稣才能回来。

的虔敬主义强加于人。

与福音派信徒和少数老式加尔文派信徒相反，两个大的基督教团体——天主教信徒和路德宗信徒（至少是高教会派路德宗）——是礼仪派，而不是虔敬派。礼仪派通过加入特定的教会，遵守其仪式，执行其圣礼，看到了救赎之路；他们个人并不孤独，并不是只有个人情感和国家来保护他。因此，不会特别需要国家承担教会的职能。除此之外，礼仪派对罪的含义有着更加放松和理性的看法，比如，过量饮酒可能是罪的，但酒本身不是。

从 19 世纪 30 年代开始，福音派信徒主要是英裔北方新教信徒，以及斯堪的纳维亚裔路德宗信徒和少数虔敬主义德裔路德会信徒；礼仪派则是罗马天主教信徒和高教会派路德宗信徒，主要是德裔。

很快，政党一对一地反映了这种族裔-宗教的分裂关系。辉格党，后来的共和党，主要是由虔敬派信徒组成的；民主党则几乎都是礼仪派。近一个世纪以来，在州和地方层面，辉格党/共和党的虔敬派信徒拼命而坚决地试图消灭酒精和教堂之外的所有周日活动（当然，周日喝酒是一种十恶不赦的双重罪行）。对于天主教，虔敬派试图通过限制或废除移民来压制，因为来自德国和爱尔兰的礼仪派人数超过了来自英国和斯堪的纳维亚的虔敬派人数。由于无法做到这一点，并且对拯救被梵蒂冈代理人所“毒害”的成年天主教信徒感到绝望，福音派决定集中精力拯救天主教和路德宗家庭中的青少年，试图消除教会学校——因为正是通过教会学校，这两个宗教团体在向青少年传递各自的宗教和社会价值观。正如许多虔敬派信徒所说的，目标是“天主教信徒的基督化”，迫使天主教和路德宗信徒的孩子进入公立学校，并把公立学校作为虔敬派的教化工具。由于扬基佬很早就接受了通过公立学校强制推行公民公共美德和服从性教育的想法，因此他们特别容易接受扩大公共教育的这个新理由。

面对这些被他们称为“狂热分子”的持续侵略，礼仪派进行了反击。备受困扰的德裔，无论是路德宗信徒，还是天主教信徒，都习惯了星期天去教堂后全家人一起快乐地在花园里享受啤酒。现在，他们发现“狂热”的虔敬派想取缔这种快乐且无辜的活动。虔敬派新教信徒对私立学校和教会学校的攻击严重威胁到礼仪派文化和宗教价值观的保存和维护；由于大量天主教信徒和路德宗信徒都是移民，因此教会学校也承担了在一个经常充满敌意的新世界——尤其是盎格鲁-撒克逊虔敬主义世界——维持团体关系的责任。对德国移民而言，这也意味着几十年来用心爱的德语保护教会教育，以对抗英国化的强大压力。

在19世纪的最后三十年，随着天主教移民的增长以及民主党缓慢但是确定无疑地走向多数地位，共和党或者说虔敬派感受到的压力变得更大。对虔敬派来说，公立学校的目的是“使社会统一并变得同质”。这里并没有20世纪人们所关心的宗教和公立学校系统分离的问题。与之相反，在大多数北方司法管辖区，只有虔敬派新教信徒才被允许在公立学校担任教师。每天阅读新教圣经、进行新教祈祷和唱诵新教赞美诗在公立学校非常普遍。与此同时，学校教科书充斥着反天主教宣传。纽约的学校教科书大谈“骗人的天主教信徒”，向孩童灌输的信息是“天主教信徒无论在道德上、智力上无疑都是一个愚蠢的种族”。①

教师们就教宗的邪恶以及自己深信的虔敬派神学价值观进行说教：阐述酒精的邪恶（恶魔朗姆酒），以及安息日的重要性。在19世纪80年代和90年代，狂热的虔敬派致力于反酒精教育，并将其作为公立学校课程的必要部分；到1901年，联邦的每个州都被要求进行禁酒教育。

由于大多数天主教儿童都去公立学校而不是教会学校，因此可以理解，在这种情况下，天主教当局急于清除学校的新教要求和仪式，以及所有这些反天主教的教科书。对于虔敬派来说，公立学校这些去新教化的尝试是不可容忍的来自“罗马天主教的侵略”。公立学校的全部要义是道德和宗教的同质化，天主教信徒正在破坏使美国社会变得神圣的尝试——通过公立学校和新教福音来创造“一个道德和政治上同质的族裔”。克莱普纳写道：

> 当他们（虔敬派）谈到“道德教育”时，他们想到了福音派信徒共同分享的道德原则，因为公立学校的所有孩子，包括那些父母被“路德宗

① 引自 David B. Tyack, *The One Best System: A History of American Urban Education* (Cambridge, MA: Harvard University Press, 1974), pp. 84–85。

形式主义或者天主教迷信"所奴役的孩子，都会接触到圣经。仅此一点就有理由保持乐观，因为他们相信圣经是"改变灵魂的媒介"，"能够使人类成为真正的人的经卷"。①

这样，"美国(将)通过孩童得到拯救"。②

虔敬派被激怒了，因为天主教信徒正在试图阻止对美国儿童的拯救——最终将阻止对美国自身的拯救——这一切都是在"外国君主"的命令下进行的。因此，1870年新泽西卫理公会用他们最深切的情感强烈反对这种来自天主教的阻挠：

决议：我们强烈反对来自"憎恨光的人"所作的这些事情，特别是那些傲慢的神职人员，他们试图把圣经从我们国家的公立学校中排除出去；我们将竭尽全力击败这个出自"荡妇之母"的邪恶设计。③

整个19世纪，"本土主义者"对"外来人"或外国移民的攻击实际上主要是对礼仪派移民的攻击。虔敬派信徒都是来自英国或者斯堪的纳维亚的移民，他们下船就成了"好美国人"。其他移民的多元文化必须被同化并且被塑造成虔敬主义美国文化。因此，1889年新英格兰卫理公会宣布：

我们是一个来自旧世界松散剩民组成的国家……公立学校是我们的社会用于消除这种现象的补救机构之一……并加速将这些异质材料合成统一的材质。④

---

① Kleppner, *Third Electoral System*, p. 222, n. 1.

② *Our Church Work* (Madison, WI), July 17, 1890. 引自出处同前，p. 224。

③ *Minutes of the New Jersey Annual Conference of the Methodist Episcopal Church*, 1870, p. 24. 引自出处同前，p. 230。类似的反应可以在1875年宾夕法尼亚中部卫理公会、1887年缅因卫理公会、1880年纽约卫理公会和1890年威斯康星公理会的会议记录中找到。

④ *Minutes of the Session of the New England Annual Conference of the Methodist Episcopal Church*, 1889, p. 85. 引自出处同前，p. 223。

或者，正如波士顿的一位公民领袖宣称的，"提升外来人口质量的唯一方法就是让他们的孩子成为新教信徒"。[①]

19世纪后期，由于越来越多的天主教移民涌入北方城市，虔敬派对有罪城市和移民的攻击成为力求同质性盎格鲁-撒克逊虔敬派文化的反礼仪派斗争的一部分。爱尔兰人尤其受到虔敬派的蔑视；纽约的一本教科书尖锐地警告说，持续的移民可能会使美国成为"爱尔兰的公共下水道"，充斥着醉酒和堕落的爱尔兰人。[②]

19世纪末，来自南欧和东欧的移民涌入，似乎给虔敬主义进步派带来了更大的问题，但是后者没有从职责上退缩。正如美国杰出的进步主义教育历史学家、斯坦福大学的埃尔伍德·库珀利（Ellwood P. Cubberley）所宣称的，来自南欧和东欧的移民：

> 极大地稀释了我们的国家储备，腐蚀了我们的公民生活……在任何地方，这些人都倾向于成群结队地定居下来，并在这里建立他们的族裔习惯、风俗和仪式。我们的任务是分裂这些群体或定居点，吸收和融合这些人，使他们成为我们美国族裔的一部分，并向他们的孩子植入……盎格鲁-撒克逊人关于正义、法律和秩序以及民选政府的概念……[③]

二、进步主义者、公共教育和家庭：旧金山案例

对儿童的塑造当然是同质化的关键，也是实现通过国家工具对个人进行严格社会控制的进步主义愿景的关键。威斯康星大学杰出的爱德华·阿尔斯沃斯·罗斯（Edward Alsworth Ross）是西奥多·罗斯福最喜欢的社会

---

① Tyack, p. 84, n. 3.

② 出处同前，p. 85, n. 3。

③ Ellwood P. Cubberley, *Changing Conceptions of Education in America* (Boston: Houghton Mifflin, 1909), pp. 15 - 16.

学家，也是进步主义社会学家的一个缩影。他总结道：公共官员，尤其是公立学校教师的角色，是“从私人家庭收集一小块可塑面团，并在社会的案板上塑型它们”。①

罗斯和其他进步主义人士的观点是，国家必须承担过去由父母和教会承担的对孩子进行控制和灌输道德价值观的任务。城市里由中上层阶级组成的进步主义盎格鲁-撒克逊新教信徒与主要由工人阶层组成的天主教信徒之间的冲突，在 20 世纪 20 年代争夺旧金山公立学校系统控制权的斗争中，清晰地展现出来。非常受欢迎的法国-意大利裔天主教信徒阿尔弗雷德·隆科维里（Alfred Roncovieri）从 1906 年起当选为当地督学。隆科维里是一个传统主义者，他认为学校的功能是教授基础知识，对孩子进行性和道德的教育应该是家庭和教会的功能。因此，当公立学校开设性卫生课程的运动开始时，隆科维里在咨询了母亲俱乐部之后，把该计划拒之门外。

1908 年，上层阶级进步主义人士发起了长达十年的运动，试图驱逐隆科维里，以改变旧金山公立学校系统的性质。进步主义者想要一个由市长任命的傀儡教育委员会任命的万能督学，而不是一个由选区选举出的教育委员会任命的督学。换句话说，在“把学校从政治中带走”的名义下，他们希望扩大教育官僚机构，并保持其权力不受任何民众或者民主的控制。其目的有三个：推动社会控制的进步主义项目，对工人阶层实行上层阶级控制，对天主教少数族裔施加虔敬主义新教控制。②

旧金山公立学校的族裔-宗教斗争并不新鲜；自 19 世纪中叶以来，旧金山的这个领域一直动荡不安。③ 在 19 世纪的后半叶，这座城市分裂成两个部分。统治这座城市的是一群精英——本土美国人，他们来自新英格兰，包

① Edward Alsworth Ross, *Social Control* (New York, 1912). 引自 Paul C. Violas, “Progressive Social Philosophy: Charles Horton Cooley and Edward Alsworth Ross”, in *Roots of Crisis: American Education in the 20th Century*, C. J. Karier, P. C. Violas, and J. Spring, eds. (Chicago: Rand McNally, 1973), pp. 40 - 65。

② 这些城市已经达到阶级和族裔区分几乎完全重合的程度，换句话说，很少有工人阶层的盎格鲁-撒克逊新教信徒居住在这些城市。

③ 有关 19 世纪中叶至 20 世纪头三十年旧金山公立学校族裔-宗教斗争的出色研究和分析，参见 Victor L. Shradar, “Ethnic Politics, Religion, and the Public Schools of San Francisco, 1849 - 1933” (Ph. D. dissertation, School of Education, Stanford University, 1974)。

括律师、商人和虔敬派新教牧师。他们相继组成了该市的辉格党、无知党、人民党和共和党。另一群，则是国外出生的移民，主要是来自欧洲的天主教移民——爱尔兰人、德国人、法国人和意大利人。这些人组成了民主党。

新教信徒早期试图利用公立学校作为均质化和控制的力量。伟大的理论家和旧金山公立学校系统的创始人——约翰·斯韦特（John Swett），“加利福尼亚州的霍勒斯·曼（Horace Mann）”，是一个扬基佬，也是一个终身的共和党人。他在搬到西部之前在新罕布什尔州教书。此外，旧金山教育委员会最初是一个新英格兰人的展示窗，全部由来自佛蒙特州、新罕布什尔州和罗德岛州的移民组成。旧金山市长是马萨诸塞州塞勒姆市前市长，公立学校的每一位管理人员和教师都是移居过来的新英格兰人。第一任督学并不完全是新英格兰人，却是一个与新英格兰关系密切的人：托马斯·奈文斯（Thomas J. Nevins），一位来自纽约市的辉格党扬基律师，美国圣经协会的代表。旧金山第一所免费公立学校是在一个浸信会小教堂的地下室建立的。

奈文斯于1851年被任命为督学，他迅速采纳了纽约市学校的规则：每位教师必须以阅读新教圣经作为每天的开始，并且每天都要进行新教祈祷。约翰·斯韦特作为共和党人在19世纪60年代当选为加利福尼亚州公共教育督学，他宣称加利福尼亚州需要公立学校，因为它的人口组成多种多样。他警告说：“除了公立学校，再没有其他什么能够使这些混乱的元素美国化，并向它们注入我们体系的精神。”①

斯韦特敏锐地认识到，虔敬主义的教育模式意味着国家从父母那里接手孩子的管辖权，因为“孩子成年后不属于父母，而是属于社会、国家”。②

19世纪50年代，新教扬基佬和天主教少数族裔之间的拉锯战在旧金山爆发。1855年，州宪法规定教育委员会从十二个选区中的每一个选区中选出，而不是从整个选区中选出，督学则由民众选出，而不是由教育委员会

---

① 出处同前，p. 14，n. 13。

② Rousas John Rushdoony，“John Swett：The Self-Preservation of the State”，in *The Messianic Character of American Education：Studies in the History of the Philosophy of Education*（Nutley，N. J.：Craig Press，1963），pp. 79－80.

任命。这使得旧金山的学校能更灵敏地响应民众的诉求。民主党人于1856年在这座城市清除了无知党，把权杖交给了戴维·布罗德里克（David Broderick）。布罗德里克是一名爱尔兰裔天主教信徒，领导着旧金山和加利福尼亚州的民主党。但这个成果很快被旧金山私警治安委员会[①]抹杀。该组织是一个由商人和新英格兰出生的扬基佬组成的私人团体，他们攻击布罗德里克的“坦慕尼”策略，夺下他的权杖并驱逐了布罗德里克组织的大部分成员，以一个新成立的人民党取而代之。

从1857年到1867年，人民党铁腕统治旧金山十年，实施秘密提名，并任命一批在公开会议上仅有一票提名的候选人。公开提名程序、初选或选区划分统统被禁止，以确保“有声望”的人赢得选举。人民党很快重新建立了一个全部由扬基佬组成的教育委员会，学校的管理人员和教师又一次完全由新教信徒和好战的反天主教人士组成。人民党不断地攻击爱尔兰移民，指责他们为“爱尔兰佬”和“臭爱尔兰人”。尽管如此，19世纪60年代由人民党任命的督学乔治·泰特（George Tait）仍哀叹，一些教师没有在学校阅读新教圣经，“糟蹋了宗教及社区品性”。

然而，到19世纪70年代，国外出生的居民人数超过了本地出生居民的人数，民主党在旧金山重新掌权，人民党逐渐衰落并加入了共和党。教育委员会终结了公立学校中对新教的热情，爱尔兰裔和德裔开始涌入公立学校系统的行政和教学岗位。

1874年，另一次倒退开始了。当时共和党控制的州立法机关废除了旧金山教育委员会的选区选举，坚持要求教育委员会成员通过普选产生。这意味着只有富人，通常是富裕的新教信徒，才有可能从竞选中胜出。因此，1873年旧金山教育委员会中有58％是国外出生的人，第二年这个比例下降到了8％。虽然爱尔兰裔约占选民的25％，德裔约占13％，但是爱尔兰裔在12个普选席位中只能获得一两个，德裔则几乎一个都没有。

拉锯战仍在持续。1883年，民主党人在爱尔兰天主教“盲老板”、重量

---

① （译者注）原著中的表述“San Francisco Vigilance Movement”有误，该组织名称为旧金山私警治安委员会（Committee of Vigilance of San Francisco）。

级政治家克里斯托弗·巴克利(Christopher Buckley)的庇佑下又回来了。在巴克利的时代,1874年之后的教育委员会——原来完全由富有的本土美国商人和专业人士主导,成为一个族裔结构相对平衡的结构,其中工人阶层和国外出生人士的比例很高。此外,在巴克利时代,爱尔兰裔天主教教师,其中大多数是单身女性,进入了旧金山学校,到20世纪初所占比例达到了50%。

19世纪80年代末,反天主教和反爱尔兰移民的美国人党(American Party)在旧金山和加利福尼亚州其他地方变得强大,共和党领导人高兴地加入他们,一起谴责"移民的危险"。美国人党以"宗教上不可接受"的名义,设法把爱尔兰裔天主教信徒约瑟夫·奥康纳(Joseph O'Connor)从督学座椅上拽下来。这场胜利预示着共和党进步主义"改革"在1891年卷土重来。被任命为旧金山督学的约翰·斯韦特为了全面改革而战斗:他打算改变一切,甚至把市长职位从选举变成任命。他实现了部分的目标,依据1900年该州的新宪法,旧金山市长任命的四人教育委员会取代了原来由选举产生的十二人教育委员会。

然而,全任命的整体目标仍然受阻,因为自1906年之后,民选督学换成了受欢迎的天主教信徒阿尔弗雷德·隆科维里(Alfred Roncovieri)。二十年来,虔敬派的进步主义也因为旧金山在1901年至1911年的大部分时间里被新的联合劳工党(Union Labor Party)主宰而遭受挫折。联合劳工党依靠一份平衡族裔和职业的候选人名单取得了胜利,并推选了音乐家工会成员、德国-爱尔兰裔天主教信徒尤金·施密茨(Eugene Schmitz)为市长。在1911年之后的18年里,旧金山一直在最受欢迎的市长、绰号"阳光吉姆"的罗尔夫(Rolph)管辖之下。他是一位对天主教信徒和少数族裔友好的圣公会信徒,支持隆科维里,并领导着一个族裔多元化的政权。

仔细考察这场最终获得成功并推翻隆科维里的进步主义改革运动构成,是有启发意义的。这场运动主要由商业和专业精英构成的标准进步主义联盟以及本土主义和反天主教的组织推动,这些组织呼吁把天主教信徒赶出学校。其中,特别的能量来自斯坦福大学的教育家埃尔伍德·库珀利(Ellwood P. Cubberley),他给大学校友协会(Association of Collegiate

Alumnae)——后来的美国大学妇女协会(American Association of University Women)——加利福尼亚州分会注入了活力。大学校友协会由富有的杰西·施泰因哈特(Jesse H. Steinhart)夫人领导,她的丈夫后来成为进步党的领袖。施泰因哈特夫人请纽约进步主义教育家阿格尼斯·德·利马(Agnes De Lima)夫人对旧金山的学校进行了一项调查。所形成的报告发表于1914年,为一个由委任教育家独自管理的"高效"商业化学校体系树立了预期。施泰因哈特夫人还组织了旧金山公共教育协会,以鼓动学校的进步主义改革;在这方面,她得到了旧金山商会的支持。

旧金山的其他精英团体也支持进步主义改革,并急于赶隆科维里下台,其中包括妇女选民联盟(League of Women Voters)和久负盛名的加利福尼亚共和国俱乐部(Commonwealth Club of California)。

应施泰因哈特夫人和作为出资人的旧金山商会的要求,美国教育办公室的菲兰德·克拉克斯顿(Philander Claxton)于1917年12月提交了自己的报告。该报告认可大学校友协会的研究,并对旧金山的学校系统提出了尖锐批评,呼吁把该系统的权力交给一个委任的督学。克拉克斯顿还抨击了旧金山公立学校一直在进行的外语教学,呼吁进行全面的"美国化",以打破种族隔离。

《克拉克斯顿报告》(*Claxton Report*)是商会卷入进步主义运动的信号。它催生了一份在1918年11月公投的进步主义建议书,呼吁任命一名督学和一个教育委员会。这项提议——第37号修正案,得到了旧金山大多数有名望的商业和专业团体的支持。除了上面所提到的团体之外,还有房地产委员会(Real Estate Board)、精英妇女组织妇女俱乐部联合会(Federation of Women's Clubs)、富裕社区改善俱乐部和《旧金山检查人》(*San Francisco Examiner*)等。然而,第37号修正案以二比一的劣势落败,因为它在工人阶层社区以及教师群体中几乎没得到任何支持。

然而,两年后,第37号修正案获得了通过,这主要得益于战后美国虔敬主义和反天主教思想的复苏。禁酒令胜利了,三K党作为一个虔敬主义反天主教组织经历了全国性的复兴。20世纪20年代初,三K党在旧金山湾区拥有多达3 500名会员。反天主教的美国人保护协会分享了这波复兴,这个组织在加利福尼亚由英裔小商人、反爱尔兰移民的亚瑟·彼得森(J. Arthur Petersen)上校领导。

在1920年的选举中,彼得·约克(Peter C. Yorke)神父——一位杰出的神职人员和爱尔兰移民,反对第37修正案。他富有洞见地指出了分歧的根本:“现代的学习体系不满足于教孩童读写算……它伸出手来,要占据他们的整个生活。”

第37号修正案于1920年以69 200票对66 700票的微弱优势获得通过。它在每一个中产阶级和上层阶级聚居区获得了通过,而在每一个工人阶层社区被否定。国外出生的选民在选区的集中程度越高,反对的票数就越多。在33个选区中,在意大利移民聚居的1至17区,修正案以3比1被否定;在爱尔兰移民选区,它同样以3比1被否定。工人阶层选区的新教信徒越多,就有越多的选票支持修正案。

修正案的大部分游说工作是由特别教育会议开展的。获胜后,特别教育会议高兴地向教育委员会呈交了一份提名名单。现在,教育委员会由市长任命的七名成员组成,而校长又由教育委员会任命。新提名的教育委员会完全由商人组成,只有一人是保守的爱尔兰裔天主教信徒。由于市长屈服于压力,1921年以后,旧金山学校体系的多元文化让位于单一的进步主义统治。教育委员会威胁对缺席圣帕特里克节[①](19世纪70年代以后旧金山市的一个传统)活动的教师进行处罚,并为了一个中心化城市的利益不再顾及特定社区的意愿。

新政下的督学约瑟夫·马尔·格温(Joseph Marr Gwinn)博士开始了新的方案。作为公共管理专业“科学家”,他公开宣称目标是单一控制。他设置了一整套典型的进步主义教育配方,包括一个教育部门和各种实验项目。传统的基础教育遭到蔑视,新的法令规定,如果孩童觉得没有必要,就不应该“强迫”他们学习读写算。传统教师因守旧和“不专业”不断受到攻击,得不到任何提升。

---

① (译者注)圣帕特里克是爱尔兰最重要的天主教圣人,3月17日是圣帕特里克的忌日。圣帕特里克节在17世纪初被定为正式的基督宗教节日,天主教会、英国圣公会、正教会和路德宗均庆祝此节。爱尔兰移民对北美圣帕特里克节庆祝活动影响最大。

尽管教师、家长、社区、少数族裔团体和被驱逐的隆科维里表示反对，所有要求废除第 37 号修正案的尝试都没能成功。进步主义的现代化体系，最终征服了旧金山。教育委员会和督学脱离了选民的直接和定期控制，实际上剥夺了家长对公立学校教育政策的所有重大控制权。最后，正如约翰·斯韦特在 60 年之前断言的那样，学童“不再属于父母，而是属于社会和国家。”

三、族裔-宗教冲突与女性主义的兴起

（一）妇女参政权

19 世纪 90 年代，以礼仪主义为导向的民主党缓慢却无疑地赢得了政党的全国斗争。这场斗争的高潮是 1890 年民主党在国会的胜利，以及 1892 年格罗弗·克利夫兰在总统大选中的压倒性胜利。在那段时期，国会参众两院都站在克利夫兰的身边，这是一个非同寻常的战绩。民主党正在成为美国的多数党，其根源是人口统计的事实：大多数移民都是天主教信徒，天主教信徒的出生率高于虔敬派新教信徒。尽管来自英国和斯堪的纳维亚的移民在 19 世纪 80 年代达到了一个新高点，但是他们的数量被来自德国和爱尔兰移民远远超过了。后者因为 19 世纪 40 年代后期著名的马铃薯饥荒而大量涌入美国。此外，来自南欧和东欧的“新移民”，尤其是意大利移民，几乎都是天主教信徒，他们在同一个十年间开始发出声音。

虔敬派信徒变得越来越愤怒，他们加大了对外来人口，尤其是对天主教信徒的攻击。1891 年夏季，受人尊敬的 T. W. 凯勒牧师、美国禁酒协会主席，怒不可遏地喊道：“还要忍耐多久……继续让这个共和国的土地成为堆积所有匈牙利恶棍、波希米亚暴徒和各种意大利杀手的垃圾场？”

面对日益高涨的天主教信徒大潮，虔敬派的第一个具体政治反应是限制移民。共和党人成功地通过了削减移民的法案，但是克利夫兰总统否决了一项对所有移民进行识字测试的法案。共和党人还设法减少移民的投票，在大多数州禁止侨民投票，从而扭转了允许侨民投票的传统习俗。他们

还敦促延长入籍的法定等待期。

对移民和移民投票的限制，并未产生足够的作用，直到 20 世纪 20 年代移民才真正被阻止。但是，如果投票无法受到足够严格的限制，可能它会朝着虔敬派的方向增长。

具体来说，在虔敬派新教信徒看来，很明显，礼拜仪式少数族裔家庭妇女的角色与虔敬派新教家庭妇女的角色大相径庭。推动虔敬派信徒和共和党走向禁酒令的原因来自一个事实：东北部的城市变得越来越天主教化，从文化上来说，城市男性天主教信徒的生活是围绕着社区酒馆展开的。男人们晚上会去酒馆闲聊、讨论和争论——他们通常会从酒馆老板口中听取政治观点，因此酒馆老板成为他们所在选区的政治发电站。禁酒令意味着破坏民主党在城市中的礼仪派机器的政治动力。

但是，当礼仪派男性的社交生活围绕着酒馆展开时，他们的妻子是待在家里。虔敬派妇女越来越独立，政治上也越来越活跃，但是礼仪派妇女的生活却完全围绕着家庭和壁炉。政治，严格来说，是丈夫和儿子的业余爱好。意识到这一点，虔敬派开始争取妇女的参政权，他们认识到与礼仪派妇女相比，虔敬派妇女更会利用投票的力量。

因此，妇女参政权运动从最开始就主要是由虔敬派推动的。比如，绿钞党和禁酒党等超虔敬主义第三方党派，视共和党为不可信任的社会问题温和派，从始至终支持妇女争取参政权的运动。人民党也比较倾向于这个方向。1912 年，进步党强烈支持妇女获得参政权；他们的全国会议是第一个允许妇女代表参加的大型全国会议。第一位女性总统候选人，威斯康星州的海伦·斯科特（Helen J. Scott），是由进步党选出的。

妇女参政权运动中最主要的独立组织也许是基督教妇女禁酒联合会。基督教妇女禁酒联合会成立于 1874 年，到 1900 年时，会员人数已达 30 万。从 19 世纪妇女参政的官方历史来看，基督教妇女禁酒联合会参与了所有被妇女参政权运动称道的运动，包括宵禁、反对赌博、反对吸烟和禁止性骚扰等：

> 基督教妇女禁酒联合会一直是争取法定禁止、宪法修正、法律改革

> 的主要力量之一，特别是在那些保护妇女和儿童，以及反对赌博和禁烟的立法领域。它在许多州促进了女童保护年龄的提高，并在400个城镇促成宵禁法律的通过……基督教妇女禁酒联合会抵制所有犯罪的合法化，特别是卖淫和售酒。[1]

并不仅有苏珊·安东尼开启了自己的专业禁酒主义职业生涯，她的两位继任者、全美妇女参政协会主席卡丽·查普曼·卡特夫人和安娜·霍华德·肖博士，也是如此。基督教妇女禁酒联合会的主要精神领袖，弗朗西斯·E.威拉德，出生于一个新英格兰家庭。她的父母向西迁移到欧柏林学院学习——欧柏林学院当时是美国激进福音派虔敬主义中心；后来又到威斯康星州定居。在威拉德小姐的指导下，基督教妇女禁酒联合会开始了支持妇女参政权的改革运动，她们要求妇女在地方参与对禁酒法案的投票。正如威拉德小姐所说，基督教妇女禁酒联合会希望妇女在这个问题上投票，因为“大多数妇女反对酒类交易……”[2]

相反，每当举行关于妇女参政权的公民投票时，礼仪派和外国移民响应移民文化，并出于反对虔敬派女权主义者支持禁酒法案的考虑，反对妇女参政的权利。在爱荷华州，德国移民投票反对妇女参政权，在加利福尼亚州的中国移民也是如此。加利福尼亚州1896年的妇女参政权修正案得到了强烈反对天主教信徒的美国人保护协会的大力支持。天主教信徒众多的城市倾向于反对妇女参政权，而虔敬派占大多数的农村地区倾向于支持妇女参政权。1900年在俄勒冈的公投失败，主要是因为遭到波特兰和阿斯托利亚天主教地区“贫民窟”的反对。

科罗拉多州一名女权主义者在一份报告中揭露了1877年在妇女参政权公投中表现出来的教派分裂。她解释道，（最信奉虔敬主义的）卫理公会信徒是“支持我们的”，（虔敬主义程度稍低的）长老会信徒和圣公会信徒是“相当支持我们的”，而罗马天主教信徒“并不全都反对我们”——很明显，他

---

① Anthony and Harper, *The History of Woman Suffrage*, vol. 4, pp. 1046 – 1047.

② 引自 Flexner, *Century of Struggle: The Woman's Rights Movement in the United States*, p. 183。

们理应反对我们。[①] 1880 年,苏珊·安东尼在美国参议院司法委员会作证支持妇女参政权时,提出了她对科罗拉多州投票的解释:

> 在科罗拉多州……6 666 名男性投了赞成票。现在,我要描述投赞成票的男人:他们是土生土长的男人,有节制、有教养、心胸开阔、慷慨、公正、有思想。另一方面,16 007 人投了反对票。现在,我要描述一下那类选民。该州的南部居住的是墨西哥移民,他们说西班牙语……科罗拉多州的大量人口是由那类人组成。我被派往一个有 200 名选民的投票区发表演讲;这些选民中有 150 人是原墨西哥人,有 40 人是国外出生的公民,只有 10 人出生在这个国家;我希望我有能力让这些人改变观念,让我在这个政府中拥有和他们一样的权利……[②]

在马萨诸塞州有一场关于妇女参政权的测试,该州从 1879 年起赋予妇女在教育委员会选举时进行投票的权利。结果,1888 年,波士顿的大数量新教妇女把天主教信徒赶出了教育委员会。相比之下,天主教妇女几乎没有参与投票,"从而验证了支持妇女参政权人士的本土主义倾向,他们相信赋予妇女完全的参政权有助于为隔离天主教影响提供一道屏障"。[③] 在 19 世纪的最后二十年中,教会的等级制度越强,组织和仪式越正式,它对妇女参政权的反对就越强烈。相对而言,以民主形式组织的教会具有较少的教条主义,往往更容易接受妇女参政权。[④]

---

① Anthony and Harper, *The History of Woman Suffrage*, vol. 3, p. 724, n. 15.

② 引自 Grimes, *The Puritan Ethic and Woman Suffrage*, p. 87。

③ Camhi "Women Against Women: American Antisuffragism, 1880 – 1920", p. 198. 另参见 Kenneally, "Catholicism and Woman Suffrage in Massachusetts", p. 253。此外,英裔美国人俱乐部和众多的新教牧师、基督教妇女禁酒联合会、美国自由妇女忠诚联盟(Loyal Women of American Liberty)、全国妇女联盟(National Women's League)和独立妇女选民联盟(League of Independent Women Voters),要求只能选举新教信徒进入波士顿教育委员会。参见 Kleppner, *Third Electoral System*, p. 350, n. 1。另参见 Tyack, pp. 105 – 06, n. 1; Lois Bannister Merk, "Boston's Historic Public School Crisis", *New England Quarterly* 31 (June, 1958): 172 – 199。

④ Camhi, p. 200, n. 20. 以等级形式组织的虔敬派教会,如卫理公会或者斯堪的纳维路德宗,对妇女参政权的欢迎程度不亚于其他新教教会。

四个山地州在19世纪90年代的早期和中期赋予了妇女参政权。其中，怀俄明州和犹他州是美国的新州，仅仅是正式批准了长期以来区域内的这种实践：1869年、1870年，怀俄明地区和犹他地区的妇女分别得到了参政权。犹他地区的虔敬派摩门教徒有意识地采取妇女拥有参政权的政策，平衡对政治的控制，以支持一夫多妻的摩门教徒，反对异教徒。后者主要是一些矿工以及单身或者把妻子留在东部的定居者。怀俄明地区给予妇女参政权则是为了提升定居者的政治权利，以制约那些居住在边境地区的临时、流动人口，以及目无法律的单身男性。

怀俄明地区赋予妇女参政权不久，很快就发现变化对共和党有利，特别是看到妇女们被动员起来，反对民主党废除怀俄明地区的周日禁令。1871年，在民主党人的领导下，怀俄明地区的立法机构投票通过废除妇女参政权，但是该法案遭到了共和党地方行政长官的否决。

19世纪90年代，又有两个州赋予了妇女参政权，即爱达荷州和科罗拉多州。1896年，在爱达荷州南部占主导地位的激进人民党和摩门教徒的领导下，通过全民公投赋予了妇女参政权。科罗拉多州的人民党郡县，给予妇女参政权6 800票多数赞同票，而民主党的郡县则给出了500票多数反对票。[①]

人们可能觉得妇女参政权运动有些滑稽，这场产生于东部并以东部为中心的运动，却在遥远的西部的边境地区获得了最早的胜利。但是，当我们意识到边境地区民众具有的虔敬主义盎格鲁-撒克逊新教信徒本质时，这种滑稽就变得可以理解。他们中的许多人都是扬基佬，来自美国虔敬主义的发源地新英格兰。西部理想的伟大的讴歌者、历史学家弗雷德里克·杰克逊·特纳抒情地评论道：

> 在荒芜的西部，这些(来自新英格兰的)拓荒者停下脚步，转而感知一个改变的国家和改变社会理想……如果我们沿着清教徒农民行进的

① 此外，在1893年科罗拉多州立法机构向选民提交的妇女参政权修正案投票中，选民投票的党派构成如下：共和党，19票赞成，25票反对；民主党，1票赞成，8票反对；人民党，34票赞成，4票反对。参见Grimes, p. 96, n. 16 and passim。

步伐，我们将看到一直以来他们是如何对主义作出响应的……他是爱荷华州和威斯康星州的禁酒主义者，大声反对德国习俗侵犯了他的传统理想。他是威斯康星州农民协进会会员，通过了限制性铁路立法。他是纽约州西部的废奴主义者、反共济会运动参与者、米勒派、妇女参政权支持者、唯灵论者，也是摩门教徒。

（二）优生学和节育

虔敬主义进步派主导的妇女参政权运动，不仅仅是为了实现某种抽象的选举原则和男女平等，却更像是达到其他目的的一种手段：为直接控制美国人家庭生活的虔敬主义措施创造选举多数票。他们希望通过国家干预决定那些家庭饮用什么种类的酒，在什么时间和地点饮酒，以及如何度过安息日，孩子应该如何接受教育。

纠正日益倾向于天主教的人口数量的方法之一是限制移民，另一个方法是促进妇女的参政权。第三个方法则是常常以“科学”的名义被提倡的优生学，一种日益流行的进步主义学说。广义上来讲，优生学可被定义为鼓励“适宜”的生殖行为，同时抑制“不适宜”的生殖行为。“适宜性”的区分标准则常常要么与本土白人新教信徒和外国移民或天主教信徒之间的区别重合，要么与黑人和白人之间的区别重合。在极端情况下，被认为不适宜的人群被强制性灭绝。

美国优生学运动的创始人、著名的生物学家查尔斯·本尼迪克特·达文波特（Charles Benedict Davenport），是一个具有新英格兰望族背景的纽约客。在他看来，女权主义运动的兴起确立了一个有利条件，能促进具有生物学优势的人口得到持续发展，减少生物学上被认为“不适宜”的人口。生物学家哈里·劳克林（Harry H. Laughlin）是达文波特的助理、《优生新闻》的副编辑。作为众议院的移民和归化委员会的优生学专家，劳克林在20世纪20年代的限制移民政策中具有很大的影响力。他强调减少生物学“劣等”的南欧移民的重要性，因为这样一来，盎格鲁-撒克逊妇女的生物学优势就可以得到保护。

哈里·劳克林提交给众议院的报告于1923年出版，促成了1924年的移民法。该法令不仅严格限制了向美国移民的总人数，还基于1910年人口普查规定了国别配额，以便平衡移民的来源地，并尽可能地向北欧移民倾斜。后来，劳克林还强调美国妇女必须保持国家的血统纯净，不要嫁给“有色人种”，包括南欧人以及黑人：因为“具有一小部分混血的有色人种男性如果很容易找到白人女性作为伴侣，那么人类的激烈种族混合的大门将就此敞开”。对劳克林来说，其中的伦理原则是明确的：“美国人种的永续性以及美国的体系，有赖于美国妇女的美德和生育能力。”①

问题是，多育的妇女不是进步主义虔敬派，而是天主教信徒。在虔敬派看来，除了移民，人口警报的另一个声源是天主教妇女普遍更高的生育率。如果他们能够被诱导节育就好了！因此，在虔敬派与天主教信徒和其他礼仪派的战争中，节育运动成为虔敬派武器装备的一个部分。

然而，著名的美国加利福尼亚大学优生学家塞缪尔·J.霍姆斯（Samuel J. Holmes）哀叹：“节育的麻烦在于，它总是在最应该实施的地方最少地被实施。”在《节育评论》中，节育运动领导人之一安妮·G.波瑞特（Annie G. Porritt）更明确地说，“关闭外国移民进入美国大门，却对美国城市最不受欢迎的这些成分和贫民窟人口的后代敞开大门，是愚蠢的”。② 简而言之，对于节育论者来说，如果目标是限制天主教信徒的总人数，即“有色”或“非有色”的南欧人口，那么在国内这些人口持续增长的背景下，仅仅限制移民是没有意义的。

美国节育运动的著名领袖玛格丽特·希金斯·桑格（Margaret Higgins Sanger）夫人是一位多产的作家，也是《节育评论》的创办人和长期编辑。在桑格看来，节育和优生学运动携手尤其重要。作为进步主义各种声音之一，桑格夫人呼吁利用科学的和“有效率”的最新节育方法解放妇女。她在自传中说：

---

① 原文引自 Donald K. Pickens, *Eugenics and the Progressives* (Nashville, Tenn.: Vanderbilt University Press, 1968), p. 67。

② Annie G. Porritt, “Immigration and Birth Control, an Editorial”, *The Birth Control Review* 7 (September, 1923): 219. 引自 Pickens, p. 73, n. 24。

在这个已经把科学、工业和经济的效率提高到一个最高水平的时代，人们对发展一门如何为人父母的科学考虑得如此之少。这是一门可以阻止女性和产妇的精力遭到令人震惊和无法估量浪费的关于生育的科学。①

对桑格太太来说，“科学”意味着停止繁殖“不适宜”的后代。作为一个坚决的优生主义者和查尔斯·达文波特的忠实追随者，她责备优生运动没有抓住要点：

优生学家希望生育控制体系的重点，从减少贫困人口的孩子数量转变为增加富裕人口的数量。我们重新回到问题的起点，从一开始就寻求停止“不适宜”人口增殖的方法。这是朝着改善人种迈出的重要和最大的一步。②

四、集聚在一起：进步主义作为一个政党

在很大程度上，进步主义是虔敬派新教信徒政治冲动到达的一个高峰，这种冲动希望管控美国人生活的方方面面，囊括经济和伦理，甚至是家庭生活中最为亲密和关键的方面。但是，这里也有一个古怪的两方联盟，一方是希望推动政府监管并坚信“价值中立科学”的技术官僚，另一方是希望利用国家强制力量拯救美国和世界的虔敬派。科学主义和虔敬主义的论点，经常被同时使用，有时是被同一群人使用。因此，周日禁令不仅以宗教的理由被实施，还常常以所谓科学的或者医学的理由被宣传。20 世纪之交的进步主义知识分子领袖往往曾经是虔敬派新教信徒，在大学毕业之后转向政治舞台，再把他们对人类的热情转化为“利用科学进行救赎”。最后，社会福音

① Pickens, p. 80, n. 24.

② 出处同前，p. 83。

运动成功地把政治集体主义和虔敬派基督教教义装在一个包裹里。在进步主义运动中，所有这些因素紧密地交织在一起。

这些发展在1912年的进步党全国大会达到顶峰。这次会议的参加者包括商人、知识分子、学者、技术官僚、效率专家和社会工程师、作家、经济学家、社会科学家，以及所有社会工作新职业的代表人。这些进步主义领导人属于中上层阶级，几乎都来自城市，受过高等教育，都是对过去或者现在的虔敬派议题高度关注的盎格鲁-撒克逊白人新教信徒。

给大众带来中央集权祝福的有作为社会工作领导者的上层女性：莉莲・D. 沃尔德（Lillian D. Wald）、玛丽・金斯伯里・辛霍维奇（Mary Kingsbury Simkhovitch），以及最重要的简・亚当斯（Jane Addams）。简・亚当斯女士是进步主义的伟大领导者之一，出生于伊利诺伊州农村。亚当斯女士的父亲约翰是一位州议员和一位虔诚的福音派新教信徒。亚当斯女士对南欧和东欧的移民感到忧虑，因为他们是"原始的"和"迷信的"，构成了无节制个人主义的危险。他们多元化的族裔背景打破了美国文化的统一性。然而，这些问题在亚当斯女士看来，也容易补救。公立学校可以改造移民，剥夺他们的文化背景，把他们改变成为一个新的、更伟大的美国社会的基石。[①]

在进步党全国大会上，不仅有进步主义作家和技术专家，还有很多职业虔敬派人士。社会福音派的领袖莱曼・阿博特（Lyman Abbott）、受人尊敬的牧师R. 赫伯・牛顿（R. Heber Newton）和德高位重的牧师华盛顿・格拉登（Washington Gladden）都是进步党的知名人士。进步党竞选佛蒙特州州长的候选人是弗拉萨・麦慈格（Fraser Metzger），佛蒙特州教会联合会（Inter-Church Federation of Vermont）的领袖。事实上，进步党人宣称自己是"在美国政治生活中复兴宗教精神的人"。

事实上，许多观察家对进步党大会强烈的宗教基调感到惊奇。西奥多・罗斯福的大会致辞被意味深长地题名为"信仰告白"（A Confession of

① Violas, "Jane Addams and the New Liberalism", in Karier et al., eds. *Roots of Crisis*, pp. 66 - 83, n. 11.

Faith)，他的演讲不时被“阿门”和与会代表不断唱诵的基督教赞美诗打断。他们唱的是《信徒如同精兵》(*Onward, Christian Soldiers*)、《共和国战歌》(*The Battle Hymn of the Republic*)，最后则是奋兴赞美诗《追随，追随，我们将追随耶稣》(*Follow, Follow, We Will Follow Jesus*)①，只不过他们在每一个转折处用“罗斯福”取代了“耶稣”。

1912 年 8 月 6 日《纽约时报》把进步党会众这次非同寻常的体验总结为“狂热分子的集会”。“这根本就不是一场大会。它是宗教狂热分子的集会，是隐士彼得主持的大会，是披着政治外衣的卫理公会营会。”②

因此，我们今天对美国家庭内部生活进行大规模国家干预的基础，是由 19 世纪 70 年代到 20 世纪 20 年代所谓的“进步时代”奠定的。虔敬派和“进步主义人士”联合起来，控制其他美国人的物质和精神选择。他们的饮酒习惯、他们的娱乐喜好、他们的价值观、他们对子女的培育和教养方式，都将由他们的上级来决定。精神方面的、生物方面的、政治方面的、智力方面的和道德方面的精英，通过国家权力统治和管理美国家庭生活的特性和质量。

五、意义

几十年来，人们都知道进步时代的标志是美国政府对经济、社会和文化生活领域实施主导的急剧增长和扩张。几十年来，这次向中央集权体系的跃进，被历史学家天真地解释为需要对日益复杂的经济进行规划和管理的一种回应。然而，近年来，历史学家逐渐认识到，这种在联邦级和州级日益增长的集权主义，可以更好地被解释为某些商业和工业利益集团之间的利益联盟。在寻求企业联盟化和企业垄断的民间努力失败之后，他们寻求通过政府把产业企业联盟化。与此同时，知识分子、学者和技术官僚寻求到帮

---

① (译者注)此处原文可能有误。“Follow, Follow, I Will Follow Jesus”是著名赞美诗《跟随》(*Follow On*)中的句子。

② 引自 John Allen Gable, *The Bull Moose Years: Theodore Roosevelt and the Progressive Party* (Port Washington, NY: Kennikat Press, 1978), p. 75。

助管理和规划经济的工作，并对进入自身专业的行为设立限制。简而言之，进步时代重建了大政府、大企业和作为舆论塑造者的知识分子之间的古老联系。这种联盟更早期的体现是16世纪至18世纪的重商主义制度。

其他历史学家在地方层面也发现了类似的过程，特别是在进步时代的城市。响应进步主义的要求，城市政府系统地运用媒体、意见领袖、高收入群体和商业团体的影响，剥夺民众的政治权力并将之集中在自己手中。民选官员和分散的选区代表或者系统地被委任的官僚和公务员取代，或者被集中化的总选区代表取代，后者的选举需要得到大规模资助才有可能胜出。以这种方式，权力从民众的手中转移到少数技术精英、高收入阶层的商人手中。其结果之一是政府给予企业的合同增加，从政党的“坦慕尼”式慈善转向纳税人支撑的福利国家。郊区居民承受更高的税负，为市中心金融利益相关者的再开发项目债券提供资金。

在过去的二十年里，教育史学家描述了公共领域，特别是在城市、学校系统中的类似过程。在进步时代，公立学校的范围大幅扩展，义务教育在新英格兰和其他“扬基佬”地区以外的地区蔓延。一场强大的运动发展起来，试图禁止私立学校，强制每个人进入公立学校系统。

从教育史学家的工作来看，很明显，在进步时代和后进步时代，国家对个人和社会生活全面控制的跃进，并不局限于政府和经济系统。一个更加全面的进程正在发挥作用。义务教育扩张的根源来自集体主义的增长，以及知识分子和教育学家中反个人主义的思想意识。这些“进步人士”认为，个人必须通过教育的过程被塑造得符合群体。这在实践中意味着权力精英以组织的名义发布命令。历史学家早就知道这个过程。[①] 但是，对进步主义作为一种企业联盟化工具的深入了解，导致放弃了“商人”等于“自由放任”这个简单公式的历史学家，看到进步主义的各个方面——经济的、意识形态的、教育的——是一个更大的整体的一部分。商业群体中的新意识形态是企业联盟和集体主义，而不是个人主义或自由放任主义。进步主义对

① 更多关于教育的深入讨论，参见 Robert B. Everhart, ed., *The Public School Monopoly: A Critical Analysis of Education and the State in American Society* (San Francisco: Pacific Institute for Public Policy Research, 1982)。

个人的社会控制整齐地与进步主义教育理念和实践并进。另一个齐头并进的是控制学校和经济的技术官僚和知识分子的权力及收入的增加。

谈到这里，当时的商界和知识界精英转向进步主义的行为得到了解释。然而，对进步主义和始于20世纪初的向中央集权主义的跃进，还存在一个解释和理解的缺口，因此依然有必要解释美国选举制度中的大众投票行为和政党的意识形态及其纲领。在进步时代，政府管控家庭的权力发生了显著变化，新近的"族裔-宗教历史学家"对此现象进行了富有启发的研究，本章的写作充分运用了这些成果。尤其是，我们探讨了公立学校和教育精英扩大对家庭管控权力的运动，以及妇女参政权运动和优生运动等这些进步主义运动的重要特征。在每个案例中，我们都看到了这些对家庭领域的入侵与盎格鲁-撒克逊虔敬派新教信徒推动的进步主义运动之间的重要关联。虔敬派希望利用国家力量"使美国成为神圣的"，他们试图消除罪，并通过最大限度地拯救他人来确保自己的救赎。需要特别指出的是，所有这些举措都是虔敬派信徒长久以来的"圣战"的一部分或者说组成内容。他们一直希望通过这些努力降低(即便不能消除)礼仪派(主要是罗马天主教信徒和高教会派路德宗信徒)在美国政治中的作用。在周日取缔酒精和世俗活动的努力，长期遭遇天主教和高教会派路德宗信徒的成功抵抗。义务的公立教育很快就被视为"基督化天主教信徒"任务中一种不可或缺的武器，即利用公立学校作为宣教机器拯救天主教儿童的灵魂。旧金山的教育系统可作为一个案例，研究这场笼罩学校并由此笼罩天主教父母的族裔-宗教政治战争。如果没有盎格鲁-撒克逊新教信徒的阻挠，天主教父母拥有把自己的价值观传递给孩子的权利。妇女参政权被抓住，作为加强盎格鲁-撒克逊新教信徒投票力量的手段，移民限制和优生学被用来应对日益增长的天主教选民人口的挑战。

总而言之，最近关于各种商业利益驱动企业联盟化运动的深入洞见，为20世纪快速增长的中央集权主义提供了重要的解释。族裔-宗教历史学提供了对大众投票行为和政党纲领的解释，完美补充了对商业精英企业联盟化行动的解释。

第十一章

美国福利国家的起源[①]

标准理论认为政府是功能性的：当一项社会需求产生时，政府会半自动地运转起来，满足这个需求。这个逻辑基于对市场经济的理解和类推：需求导致供给(例如，对奶酪的需求将导致市场对奶酪的供应)。但是，如果再类推说，对邮政服务的需求将会自动产生政府垄断的邮政局，这个邮政局发布公告宣布其他竞争性业务为非法，并以更高的价格为我们提供更差的服务，那就非常牵强。

倘若提供一项真正的社会服务(如邮件运送或者道路建设)，仍无法进行这种类推，那么，请想象一下，如果政府根本不提供任何商品或者服务，只是强制性重新分配收入和财富，这个类推逻辑将会多么糟糕！

简而言之，当政府用枪指着头把钱从 A 处拿过来给 B，是谁在需求什么？市场上奶酪的生产者利用自己的资源满足对奶酪的真实需求，他并不涉及强制性再分配。那么，政府把钱从 A 拿来给 B，算什么？他们谁是需求者，谁是供应者？可以说，接受扶持的人——“受赠人”，对这种再分配有“需求”；然而，如果说被捋羊毛的 A 也对这种活动有“需求”，无疑令人难以置信。事实上，A 是不情愿的供应商，也就是被迫捐赠的人：B 以 A 为代价从中获益。但这里真正有趣的角色是 G，由政府所扮演。G 是无偿的利他主义者，即以无报酬的罗宾汉的形式完成这种行为，这种情况不太可能。因此，G 得到一笔回扣，或一笔手续费，或一笔中介费。换句话说，G，即政府，

---

① (编者注)最初发表于 *Journal of Libertarian Studies* 12，no. 2(1996)：193－232。

为了 B 和自己的利益去剪 A 的羊毛，实施了它的利益再分配行为。

一旦我们开始关注交易的这个方面，我们就开始意识到 G，即政府，可能不仅仅像标准化理论说的，是 B 所感觉到的需求和经济要求的被动接受者；相反，G 可能自己就是一个积极的需求者，一个全职付薪的罗宾汉。它甚至可能在第一时间刺激 B 的需求，以便能够参与交易。因此，B 所感觉到的需求，可能是政府这个罗宾汉自己的需求。

一、为什么是福利国家

为什么政府在这个世纪有了很大的发展？尤其是，为什么福利国家会出现、发展，规模越来越大，力量越来越强？这里被感知到的功能需求是什么？一种回答是，20 世纪贫困的发展带来了对福利和财富再分配的需求。但是这个回答没有什么意义，因为很明显在过去的一个半世纪里，普通人的生活水平有了很大的提高，贫困大幅减少了。

或许是不平等加剧了，尽管大众的情况变好，但是他们和富人之间的收入差距越来越大，令他们感到沮丧？也就是说，可能大众对日益扩大的收入差距目瞪口呆，并因此感到嫉妒、不满和愤怒。但是，从第三世界的情况可以一眼看出，那里富人和大众之间的收入和财富的不平等明显要比西方资本主义的国家严重得多。那么，问题到底出在哪里？

另一个标准化回答似乎更加合理：19 世纪晚期，工业化和城市化剥夺了大众的权利，把他们根植于土地或者小镇生活的社区意识、归属感和相互扶持习惯连根拔起。[①] 他们被迫背井离乡，生活在城市和工厂，相互隔绝，因此他们寻求福利型国家替代他们原来的传统社区。

福利国家确实是在工业化和城市化的同一时期出现的，但是巧合并不构成因果关系。

在这个城市化理论中，一个严重的问题是它忽略了当时城市的真实模

---

① 哈罗德·维伦斯基（Harold Wilensky）直率地指出："经济增长是福利国家发展的根本原因。" Harold Wilensky, *The Welfare State and Equality* (Berkeley: University of California Press, 1975), p. 24.

样，即在第二次世界大战后几十年中被完全摧毁之前的模样。那时候的城市并不是铁板一块，而是由一系列社区组成，每个社区都有自己独特的性格，有俱乐部网络、兄弟社团和街头流氓的巢穴。简·雅各布斯(Jane Jacobs)的著作《美国大城市的生与死》(*Death and Life of Great American Cities*)，对多样化城市街区中的这种一致性，以及"街道监视者"和当地店主的亲切角色，进行了生动和准确的描绘。直到1900年，美国各个州大城市的生活，几乎仍然是由天主教和少数族裔组成的。各个社区天主教男性的政治和社会生活，在某种程度上仍然围绕着附近的酒吧。在这些街区，男人每天晚上都去酒吧聚会，他们会喝几瓶啤酒，进行社交活动，讨论政治。通常，他们会接受酒吧老板的政治指引，后者通常是当地民主党人的跟班。他们妻子的社会活动是跟他们分开的，通常是在家里进行。这样可爱的社区当时活在美国的城市之中，并且运行良好。

更深入地调查历史，可以发现，那个看似合理的工业主义解释完全站不住脚。这不是因为常见的美国例外论，而是因为尽管美国的工业化速度更快，在发展福利国家方面却落后于欧洲国家。例如，对一些工业化国家进行的调查发现：在19世纪80年代至20世纪20年代或60年代之间，工业化程度和采纳社会保险计划之间没有任何相关性。①

令人惊讶的是，在美国内部也有同样的发现，美国例外论并未发挥作用。最早的美国民众社会福利计划是向联邦军队的老兵及其家属发放内战战后养老金。但是，相比大工业城市的居民，农民和小城镇居民更能从这些战后养恤金中获益。19世纪80年代后期是这些养恤金支付的峰值年份。

---

① 因此，彼得·弗洛拉(Peter Flora)和延斯·阿尔伯特(Jens Alber)没有发现工业化水平和19世纪80年代至20世纪20年代12个欧洲国家的社会保险计划之间的相关性。Peter Flora and Jens Alber, "Modernization, Democratization, and the Development of Welfare States in Western Europe", in *The Development of Welfare States in Europe and America*, Peter Flora and Arnold Heidenheimer, eds. (New Brunswick, NJ: Transaction Press, 1981), pp. 37－80. 类似地，科利尔(Collier)和梅西克(Messick)发现19世纪80年代至20世纪60年代59个国家的工业化和社会保险项目的采纳并没有关联。David Collier and Richard Messick, "Prerequisites versus Diffusion: Testing Alternative Explanations of Social Security Adoption", *American Political Science Review* 69 (1975):1299－1315. 引自 Theda Skocpol, *Protecting Soldiers and Mothers: The Political Origins of Social Policy in the United States* (Cambridge, MA: Belknap Press of Harvard University Press, 1992), pp. 559－560.

对这段时期俄亥俄州县级层面养恤金领取的研究表明，城市化程度或者说居住在城市而非农场的人口占比与领取养恤金的比率负相关。研究者认为，“一般来说，养恤金主要分配给农村地区，或者说盎格鲁-撒克逊地区”，主要城市克利夫兰的人口领取养恤金的比率最低。[①] 此外，失业保险和其他社会立法方面的先行者也经常是工业化程度较低和农村地区较多的州，如威斯康星州、明尼苏达州、俄克拉何马州和华盛顿州等。[②]

此外，还有一种标准化观点。实践者所谓的“社会民主模式”，认为福利国家不是通过工业化的半自动机能实现的，而是通过下层有意识的大规模群众运动产生的。这些运动源自假定的福利国家受益者的需求：他们是穷人、群众或者受压迫的工人阶层。这篇论文的一个支持者大胆地总结，在任何一个地方，福利国家都是下述过程的产物：

> 一个拥有广泛阶级基础的高度集权化工会运动，与一个统一的改革社会主义政党密切协作。这个政党主要以广大工人阶层的支持为基础，在政党体系中可以获取支配性地位。[③]

当然，这篇论文的大部分观点甚至对于欧洲来说也是夸张了。欧洲的大部分福利国家是由保守主义或自由主义官僚和政党建立的，而不是由工会或社会主义政党推动的。若把这个问题放在一边，只注意美国的情况，我们可以看到：首先，并不存在一个民众大规模支持的社会主义政党，更不用说存在一个成功取得“支配性地位”的社会主义政党。

---

① Heywood Sanders, “Paying for the ‘Bloody Shirt’: The Politics of Civil War Pensions”, in *Political Benefits*, Barry Rundquist, ed. (Lexington, MA: D. C. Heath, 1980), pp. 150 – 154.

② Edwin Amenta, Elisabeth Clemens, Jefren Olsen, Sunita Parikh, and Theda Skocpol, “The Political Origins of Unemployment Insurance in Five American States”, Studies in American Political Development 2(1987): 137 – 182; Richard M. Valelly, *Radicalism in the States: the Minnesota Farmer-Labor Party and the American Political Economy* (Chicago: University of Chicago Press, 1989); Skocpol, Protecting Soldiers, pp. 560 – 561.

③ Michael Shalev, “The Social Democratic Model and Beyond: Two Generations of Comparative Research on the Welfare State”, *Comparative Social Research* 6(1983): 321. 一个类似的看法是：“福利国家是公民社会中劳动力量不断增强的产物。”John Stephens, *The Transition from Capitalism to Socialism* (London: Macmillan, 1979), p. 89.

那么,我们只剩下工会作为推动美国社会民主主义模式的唯一可能。但是,在这里,历史学家,那些几乎无一例外过分乐观的工会支持者,都疯狂地夸大了工会在美国历史上的重要性。在我们听到的过去关于罢工和工业斗争的浪漫故事中,工会的角色不可避免地被粉饰或添色。即使是最优秀的经济史学家,也懒得告诉读者工会在美国经济中的微小数量角色或重要性。事实上,在新政之前,除了由联邦政府强制推行的工会化短暂时期(在第一次世界大战期间,以及在20世纪20年代铁路业),工会会员在经济衰退时期占劳动力的比例通常在1%到2%之间,在经济繁荣时期则高达5%或6%,然后,在下一次经济衰退中下降到可以忽略不计的程度。[①]

此外,无论是繁荣还是萧条时期,在自由市场上,工会只能在经济的某些特定职业和领域中立足。具体来说,工会只能在以下技能工人群体中兴盛:(1)职业所涉及的技能工人数量较少,所以能够控制该职业劳动力的供应;(2)成员数量有限,其工资只占雇主支付工资的一小部分;(3)由于技术因素,所涉及行业在地理区域之间的竞争不强。用一句经济学家的行话来总结,就是雇主对这种劳动的需求计划是没有弹性的,对这种劳动力的供给施加一个很小的限制,就可能导致劳动力工资的大幅增长。此外,工会还可以兴盛于无烟煤这样缺乏地理竞争性的行业(无烟煤只在宾夕法尼亚州东北部的小部分地区被发现),以及各种建筑行业,如木匠、泥瓦匠、电工、木匠等。因为纽约的建筑行业与芝加哥或德卢斯的建筑行业,彼此之间只有遥远的竞争关系。相反,尽管付出努力,工会却不可能在沥青煤这样被美国大片地区都拥有的行业或者服装制造业等得到繁荣和发展,因为这些工厂可以随时转移到另外一个没有工会的地区。

正是基于对这些原则的精明理解,塞缪尔·冈珀斯及其美国劳工联合

① 15—64岁的美国人口中工会会员所占的比例,在1871年只有1.35%,1880年只有0.7%,在1886年美国劳工联合会和现代劳工运动的发展之后,1890年达到1.0%,1900年达到1.9%。参见Lloyd Ulman, *The Rise of the National Trade Union* (Cambridge, MA: Harvard University Press, 1955)。关于这段时期工会的最好著作仍然是Leo Wolman, *The Growth of American Trade Unions*, 1880-1923 (New York: National Bureau of Economic Research, 1924),以及Leo Wolman, *Ebb and Flow in Trade Unionism* (New York: National Bureau of Economic Research, 1936)。

会的手工业者工会得以兴盛。相反，其他更激进的工会，例如劳工骑士团等则迅速崩溃，并退出了历史舞台。[①]

应该说，美国福利国家的出现和成长，显然几乎或完全与美国的工会运动无关。相反，第一次世界大战期间和20世纪30年代工会主义在美国的发展——工会主义的两次爆发期，都是由政府的高压政治造成的。因此，至少在美国，工会是福利国家的结果，而不是福利国家的成因。

二、扬基佬的后千禧年虔敬主义

如果不是工业主义或者工人阶层的群众运动把福利国家带到美国，那它又是怎么来的呢？我们到哪里去找到福利国家背后的动因？首先，我们必须认识到人类历史上最强烈的两个动机一直是意识形态（包括宗教教义）和经济利益，这两个动机的结合是不可抗拒的。事实上，正是这两种力量强手联合建立了福利国家。

从1830年开始，意识形态被拥抱宗教教义的激情推动。后者几乎控制了所有的新教教堂，尤其是北方的“扬基佬”地区。与此类似，在19世纪末，不断增长的中央集权主义和企业联盟思想在知识分子和阁僚之间得到传播。在推动福利国家蓬勃发展的经济利益集团中，有两个特别重要。其中，一个群体是日益增长的接受过教育（经常是过度教育）的知识分子和技术官僚，以及那些向福利国家寻求权力、声望、扶持、合同、安逸工作并希望通过许可证限制他人进入自身所在行业的“辅助型专业人士”。第二个群体是大商人，他们在自由竞争市场上没能实现对市场的垄断，继而转向政府——地方、州和联邦政府——以求得垄断地位。政府将提供扶持、合同，特别是强制性企业联盟。1900年以后，这两个利益集团联合起来，融合了两个关键性因素：财富和舆论塑造。后者不再受到民主党自由放任意识形态阻力的

---

① 对冈珀斯工会主义的经典描述，参见 Selig Perlman, *A Theory of the Labor Movement* (New York: Augustus M. Kelley, 1949)；另参见 Perlman, *A History of Trade Unionism in the United States* (New York: Macmillan, 1922)。经济学家塞利格·珀尔曼(Selig Perlman)是约翰·R. 康芒斯的学生。约翰·R. 康芒斯是威斯康星大学的一位制度经济学家，实际上是冈珀斯的理论顾问。

羁绊。这个新的联盟创建了美国福利国家,并加速了这个进程。不仅在1900 年是这样,今天依然如此。

也许促使福利国家诞生的最重要事情,是 19 世纪 20 年代后期美国新教的一个显著而迅速转变。乘着来自欧洲的浪潮,并经常被复兴会议产生的唯情主义推动,第二次大觉醒征服和重塑了新教教会,把老派加尔文主义远远抛在后面。查尔斯·格兰迪森·芬尼(Charles Grandison Finney)在全国各地举办的奋兴布道会成为新式新教的导引。新式新教是虔敬主义的,嘲笑礼仪派是天主教的或者说形式主义的,并蔑视加尔文派信条或教会组织的形式主义。因此,宗派主义、上帝的律法和教会组织不再重要。重要的是每个人依靠自己的自由意志,通过"重生",通过"在圣灵中受洗"获得救赎。一个虔敬派信徒可以被定义为唯情的、暧昧的,非信条的和普世的教义将取代严格的教义或礼仪。

新虔敬主义在这个国家的不同地区呈现出不同的形式。在南方,它成为人格主义,或者说是自我拯救主义;重点是每个人通过自己的努力达到重生,实现救赎,而不是通过社会或者政治行动。在北方,尤其是在扬基佬地区,新式新教的形式非常不同。它是攻击性福音派或者后千禧年虔敬主义,即每个信徒的神圣职责是努力在地球上建立一个上帝王国,在美国并最终在全世界建立一个完美的社会,消灭罪和"使美国成为神圣的",为迎接耶稣基督第二次降临做基础准备。每个信徒的职责都超越了仅仅向传教活动提供支持,因为这个新式新教教义认为,不尽力最大化他人的救赎,自己是不会得到救赎的。

在躁动几年之后,这些新教信徒明白,地球的上帝王国只能由政府建立,必须通过消灭罪的机会为个人救赎提供支持。这份罪的清单冗长,但是后千禧年信徒特别强调抑制恶魔朗姆酒(因为它使人类的心智蒙上阴影)、奴隶制(因为奴隶制阻碍他们获得救赎),以及安息日除祈祷或阅读圣经之外的任何活动,由梵蒂冈罗马教宗及其专属代理人构建的天主教会组织的任何敌基督活动。

特别拥护这种观点的扬基佬是马萨诸塞州原初清教徒繁衍的族裔-文化群体。他们从新英格兰的乡村出发,向西迁移,最后在纽约州北部(尽燃之地)、俄亥俄州北部、印第安纳州北部、伊利诺伊州北部和其他邻近地区定居。早在他们仍是清教徒的年代,这些扬基佬就热衷于胁迫自己和邻居;第一个美国公立学校是在他们的主导下为了灌输顺从和公民美德在新英格兰成立的。①

新的中央集权主义拥护者集中在扬基佬地区,这并不令人感到奇怪。从芬尼牧师到几乎所有的进步主义知识分子——那些设定1900年后美国道路的人,都出生在扬基佬地区,几乎像是同一个人:来自新英格兰农村;定居在纽约州北部和西部、俄亥俄州东北部("西部保留区",最初属于康涅狄格州,康涅狄格州的扬基佬早就定居此地),以及印第安纳州和伊利诺伊州的北部;在严格遵守安息日的家庭长大,父亲常常是一个非专业的传教士,母亲常常是传教士的女儿。②

很有可能,扬基佬的性格倾向于迅速接受新式新教虔敬主义强制性、运动性的特质,这是他们的清教徒祖先以及他们在新英格兰建立的社区的价值观、习俗和世界观留下的遗产。的确,在最近几年里,有三个非常不同且相互冲突的团体引起了我们的关注,他们都是新教信徒。他们来自大不列颠的不同地区,定居在北美不同的地区:强迫性以社区为本的清教徒,来自东英格兰,定居在新英格兰;以庄园和种植园为本的盎格鲁骑士,从韦塞克斯来到南方的提德沃特;顽强独立的人格主义长老会信徒,来自英格兰北部边境和苏格兰南部的乡村,定居在美国南部和西部落后的乡村。③

---

① 19世纪80年代末和19世纪90年代初,这两大意识形态之间的对抗在格罗夫·克利夫兰和本杰明·哈里森这两位政治对手之间体现出来。克利夫兰,一个老式加尔文派长老会成员,来自布法罗,是一个加尔文派神职人员的儿子,一个民主党人,一个饮酒人士、一个性情温和的人;一本正经、阴郁的哈里森,则是一个来自印第安纳州的虔敬派长老会信徒,一个共和党人。具体参见Jensen, *The Winning of the Midwest*: *Social and Political Conflict*, 1888 - 1896, pp. 79 - 80。

② 他们通常是属于乡村的,因为在18世纪,像波士顿这样的新英格兰城市中心已经走向了唯一神派。另一方面,唯一神派与后千禧年主义者结盟,鼓吹由政府实现强制性乌托邦王国的世俗版本。关于唯一神派、加尔文派和上帝的地球王国,尤其是它们在19世纪主导的公立学校运动,参见Rousas John Rushdoony, *The Messianic Character of American Education*, pp. 18 - 32,40 - 48。

③ David Hackett Fischer, *Albion's Seed*: *Four British Folkways in America* (New York: Oxford University Press, 1989). 这些边境居民或者说苏格兰-爱尔兰人,到底是不是凯尔特人,是有争议的。费舍尔予以否认,大多数其他作家,特别是格雷迪·迈克温尼(Grady McWhiney)和福里斯特·麦克唐纳,则予以承认。

发起虔敬主义浪潮的查尔斯·格兰迪森·芬尼，实际是一个自我矛盾的扬基佬。他出生在康涅狄格州；在芬尼的孩提时期，他的父亲就加入了移民的行列，把家人带到了纽约州西部的一个农场，靠近安大略省的边界。1812 年，居住在纽约州西部的 20 万人中的 2/3 是在新英格兰出生的。作为一个名存实亡的长老会成员，1821 年，29 岁的芬尼皈依了新虔敬主义，经历了他的第二次洗礼，即他的"圣灵之洗"。芬尼的宗教是自修的，缺乏任何宗教训练，这在很大程度上襄助了他的皈信。抛开圣经中加尔文主义学究传统，芬尼得以开创自己的新宗教，并在他的新信仰中授以自己圣职。1826 年，当芬尼在俄亥俄州东北部当律师的时候，他发起了这场非常成功的奋兴运动。他的新虔敬主义席卷了整个东部和中西部的扬基佬地区。芬尼最后待在俄亥俄州西部保护区的奥伯林学院，成为该学院的院长，并把奥伯林学院改造成教育和传播后千禧年虔敬主义的出类拔萃的国家中心。①

虔信派迅速在当地和州政府层面实行了中央集权家长主义：试图取缔朗姆酒恶魔、安息日活动、舞蹈、赌博，以及其他形式的各种享受；取缔或惩罚天主教教会学校，扩展公立学校作为对天主教儿童进行基督化的设施，或者用 19 世纪后期的常用语来说，"基督化天主教信徒"。对国家政府的使用也早就开始了：试图限制天主教移民，以回应 19 世纪 40 年代后期爱尔兰天主教信徒的大量涌入；限制或废除奴隶制度；消除在星期日寄信这类罪。因此，这些新教信徒很容易把他们偏爱家长主义的意识扩大到国家经济体系。利用大政府创造一个完美的经济，似乎与利用大政府消灭罪、创造一个完美的社会，是类似的、平行的。早前，后千禧年虔敬派就提议政府介入，以襄助企业利益和保护美国工业免受国外进口的竞争。此外，他们还倾向于提倡公共工程和政府通过纸币和中央银行创造民众的购买力。因此，后千禧年虔敬派很快就被主张中央集权的辉格党所吸引，然后是极端反天主教的美国人党

---

① 关于芬尼和奋兴运动，参见 Bernard A. Weisberger, *They Gathered at the River: The Story of the Great Revivalists and their Impact Upon Religion in America* (Boston: Little, Brown, 1958)；以及 Whitney R. Cross, *The Burned-Over District: The Social and Intellectual History of Enthusiastic Religion in Western New York, 1800–1850* (New York: Harper Torchbooks, 1950)。

(或无知党),最后是全力支持共和党这个“立足高尚道德的政党”。[①]

另一方面,所有不愿意屈从于后千禧年虔敬主义神权的宗教团体——天主教、高教会派(或礼仪派)德裔路德宗信徒、老式加尔文派、世俗主义者和南方个人拯救主义者,自然而然地被自由放任的政治党派(民主党)吸引。民主党变成了“个人自由党”,在国家经济层面支持小政府和自由放任,如政府与商业的分离、自由贸易和硬货币,其中包括分离政府和银行系统。

民主党在创立之初就是自由放任、有限政府和权力下放的拥护者,直到它在1896年被极端虔敬主义的布莱恩势力接管。1830年以后,自由放任的民主党选民数量由于反对扬基佬神权统治的宗教信仰群体的涌入而大幅增长。

如果说后千禧年新教教义为国家主导社会和经济提供了一个关键的推动力;那么,另外一个代表政府和工业合作伙伴关系的重要力量,是商人和工业家渴望跳入国家特许洪流的热情。当时,对共和党联盟至关重要的,是那些依赖政府扶持、负债累累的大铁路公司,以及常年缺乏效率、永远需要高额关税来保护他们免受进口产品竞争压力的宾夕法尼亚州钢铁工业。就像我们经常看到的那样,当时的工业家达成了一致。试图以强制手段建设完美社会的扬基后千禧年虔敬派,与寻求政府援助的低效率工业家,站在了一起,宗教教义与经济利益的融合成为他们行动的强大动力。

三、扬基妇女:推动力量

在所有主张中央集权“改革”的积极分子中,也许最强大的力量是扬基妇女军团。她们是一些具有中产阶级或上流社会背景的妇女,尤其积极的是一些不受家庭和家庭责任束缚、喜欢忙碌的未婚女性。后千禧年虔敬派最热衷的改革之一是争取妇女参政权,这在宪法修正案将其强加于全国之

---

① 关于反天主教和对无知党的选择,对共和党上升到美国主要政党地位影响巨大,却被相对忽视。具体参见 William E. Gienapp, “Nativism and the Creation of a Republican Majority in the North before the Civil War”, *Journal of American History* 72 (December, 1985): 529 - 559。

前早就在各个州和地方完成。其中一个主要的原因是，每个人都很清楚，只要有机会投票，大多数新教妇女会马上走近投票箱，而天主教妇女认为她们的位置是在家里，和家人在一起，不会为政治考虑操心。因此，妇女参政权是一种加权总选票的方式，让选票数倾向于后千禧年虔敬派，远离天主教信徒和高教会派路德宗信徒。

女权主义历史学家卡罗尔·史密斯-罗森博格(Carroll Smith-Rosenberg)恰当地描述了19世界20年代和30年代新教奋兴转型给女性行动主义带来的影响：

> 妇女的宗教运动成倍增加。女性皈信者组成圣乐队，帮助福音传道者的奋兴传道行动。天一亮，她们就聚集到传道者那里，帮助策划当天的奋兴策略。她们在公共场所张贴传单，说服民众参加奋兴会议，督促商人关闭商店并举行祈祷，逮住有罪的男人并和他们一起祈祷。尽管“仅仅是女人”，她们仍把守夜祈祷引入家里，并且延续到深夜。这些妇女大多数是已婚的，属于受人尊敬社区里受人尊敬的成员。然而，受到后千禧年虔敬主义的狂热影响，她们几乎忽视了对女人行为的一切约束。她们的自我正义规划了她们的神圣空间。她们大胆地携带着基督的信息走向街道，甚至走向城市新的贫民窟。[①]

妇女参政权运动的早期领导者最初是狂热的禁酒主义者，禁酒运动是当时后千禧年虔敬派的主要政治关切。她们都是扬基佬，早期的活动集中在扬基佬的中心地区纽约州。出生于马萨诸塞州的苏珊·安东尼，是第一个妇女节制(禁酒主义)协会的创始人，这家协会于1852年在纽约州北部诞生。苏珊·安东尼的合作者，另一位妇女参政权运动和禁酒运动的领导者，伊丽莎白·卡迪·斯坦顿(Elizabeth Cady Stanton)来自纽约州“尽燃之地”约翰斯顿。1873—1874年冬季，有组织的禁酒主义开始流行，自发的“妇女十字军”涌上街头，致力于关闭酒吧的直接行动。从俄亥俄州开始，成千上万

① Carroll Smith-Rosenberg, *Disorderly Conduct* (New York: Alfred A. Knopf, 1985), pp. 85 - 86.

的妇女参加了这些活动。这些自发的暴力活动平息之后，1874 年夏季，妇女在纽约州弗雷多尼亚(靠近布法罗)组织了基督教妇女禁酒联合会。基督教妇女禁酒联合会像野火一样蔓延，成为后来几十年禁酒运动的杰出力量。

不太为人所知的是，基督教妇女禁酒联合会不是一个单一议题组织。19 世纪 80 年代，基督教妇女禁酒联合会在美国各州和地方，推进一个涉及政府干预和社会福利的综合性国家计划。该计划包括取缔妓院和红灯区，强制实施 8 小时工作制，为失顾和失依儿童建立政府设施，为职场母亲的子女建立政府托幼机构，为城市贫民建立政府休憩设施，为教育提供联邦援助，为母亲提供教育和职业培训。此外，基督教妇女禁酒联合会还推动建立新的“幼儿园”，寻求降低儿童由教师和其他教育专业人员看护的年龄。[①]

四、进步主义和后千禧年虔敬主义的逐步世俗化：埃利、杜威和康芒斯

在美国政治历史上，一个非常关键却在很大程度上没有被言说的故事，是新教后千禧年虔敬派在 19 世纪中后期的几十年里，不可遏制地逐渐世俗化。[②] 一开始，他们的关注重点是利用政府消除罪，并创造一个完美的社会，在地球上迎来上帝的王国。在后来的几十年里，他们的关注重点缓慢却无疑地发生了转移：离基督和宗教越来越远，越来越模糊，越来越倾向于社会福音，强调政府纠正、组织并最终规划社会。从修正社会问题的家长主义开始，政府越来越得到重视，越来越被认为是整个有机社会的领导者和推动者。简而言之，辉格党、无知党和共和党正在逐渐成为进步派，将主宰 1900 年后的政治和文化。其中，大政府基于科学和宗教的共同真理提供服务，协

---

① Ruth Bordin, *Woman and Temperance: the Quest for Power and Liberty, 1873 - 1900* (Philadelphia: Temple University Press, 1981). 关于后千禧年派和妇女参政权运动，参见杰出著作 Grimes, *The Puritan Ethic and Woman Suffrage*。

② 参见富有启发性的文章 Jean B. Quandt, “Religion and Social Thought: The Secularizing of Postmillenialism”, *American Quarterly* 25 (October, 1973): 390 - 409；以及 James H. Moorhead, “The Erosion of Postmillennialism in American Religious Thought, 1865 - 1925”, *Church History* 53 (March, 1984): 61 - 77。

调所有的阶层，并把它们整合成一个有机整体。

19世纪80年代，后千禧年基督信徒开始把关注点从奥伯林学院转向马萨诸塞州安多弗神学论坛的自由主义“新神学”。让·匡特(Jean Quandt)指出，安多弗自由派人士强调“上帝在自然和社会中的无所不在，这个概念部分源于进化论的信条”。此外，“基督徒的皈信，越来越多地意味着个人道德的逐步提高”。因此，匡特指出，安多弗对上帝与社会中所有的再生和教化力量的认同，以及它的阿米尼乌斯式对人的道德成就的强调，都指向了“美国的日益世俗化变形”。[①] 匡特教授将这种渐进的不可逆变化总结为一种“末世论观点的世俗化”。匡特写道：

> 19世纪50年代导向上帝王国的圣灵，在镀金时代和进步时代，被知识、文化与基督教伦理的进步取代。福音派新教坚持说，上帝王国将来自上帝的恩典，而不是任何自然过程；但后来的版本用天赐的科学礼物取代了救赎恩典。在朝这些更多自然主义世界观转变的同时，人们对救赎机构的态度也在发生变化。那些教会和相关的古老慈善团体仍然被认为是迎来上帝王国的重要工具，但是现在更多的关注点开始朝向自然科学和社会科学等客观的“救世主”代理。爱和手足情义……(现在)被认为是人类进化的成就，与超凡脱俗的神的联系微乎其微。[②]

进步主义知识分子以及社会和政治领导人都在一个光鲜的队伍中达到了他们的职业顶峰，几乎所有这些人都出生在1860年前后。[③]

理查德·T.埃利出生在纽约州西部布法罗的一个农场，靠近弗雷多尼亚。[④] 他的父亲以斯拉(Ezra)，是英国复辟时期一个清教徒难民的后裔，其

---

① Quandt, “Secularization”, p. 394.

② 出处同前，p. 396。

③ 1860年及其前后出生的进步主义人士的那份令人印象深刻的清单，参见 Robert M. Crunden, *Ministers of Reform: The Progressives Achievement in American Civilization*, 1889－1920 (New York: Basic Books, 1982), pp. 275－276。

④ 关于埃利的传记，参见 Benjamin G. Rader, *The Academic Mind and Reform: the Influence of Richard T. Ely on American Life* (Lexington: University of Kentucky Press, 1966)。

祖辈历代都是公理会和长老会的神职人员。以斯拉来自康涅狄格州农村，是一个农民。他的贫瘠土地只适合种植大麦，然而，作为一个热诚的禁酒主义者，他拒绝种植大麦，因为大麦的主要消费制品是啤酒。出于对宗教的热诚，以斯拉恪守安息日，他禁止在安息日游戏或者阅读书籍（圣经除外），并且讨厌烟酒。

理查德·埃利也对宗教虔诚，但是不像父亲那么专注；他在成长过程中因为没有皈信体验感到窘迫。他很早就学会了与富有的捐助者相处，从富裕的哥伦比亚大学同学、纽约投资银行家族的埃德温·塞利格曼处借了不少钱。1876年，埃利从哥伦比亚大学毕业。当时的美国还没有博士课程，于是像同时代的经济学家、历史学家、哲学家和社会科学家一样，埃利为了博士学位开始了在博士之乡德国的异国之旅。和同伴一样，埃利被组织化中央集权主义深深吸引。埃利拥有足够的幸运。年仅28岁的他从德国获得博士学位回到美国后，成为美国第一所开设政治经济学研究生课程的约翰·霍普金斯大学的第一位政治经济学教师。在那里，埃利面对一群闪闪发光、正在成长的经济学家、社会科学家和历史学家授课，并发现了他的门徒。其中有些人的年纪并不比他小，包括芝加哥社会学家和经济学家阿尔比恩·W.斯莫尔（出生于1854年）、芝加哥经济学家爱德华·比米斯、经济学家和社会学家爱德华·阿尔斯沃斯·罗斯、纽约城市学院校长约翰·H.芬利（John H. Finlay）、威斯康星大学历史学家弗雷德里克·杰克逊·特纳，以及未来的总统伍德罗·威尔逊。

在19世纪80年代，像许多后千禧年虔敬派信徒一样，埃利活力四射。他创立了美国经济学会，并以铁腕治理该学会数年。他创办了基督教社会学研究所（Institute for Christian Sociology），并成为该研究所的首席所长，该研究所承诺“将在地球上实现人类社会要实现的完整理想……（神的）王国”。埃利还事实上接管了全盛的福音派肖托夸运动。毫不夸张地说，他的教科书《政治经济学入门》（*Introduction to Political Economy*）成为持续近半个世纪的畅销书，成为肖托夸文学和科学界的必读之物。1891年，埃利和威廉·德怀特·波特·布里斯牧师一起，建立了新教圣公会基督教社会联盟（Christian Social Union of the Protestant Episcopal Church）。布里斯牧师是基督教社会主义协会(Society of Christian Socialists)的创始人。埃利也被“一个大工会”吸引，这个工会就是劳工骑士团。在埃利的著作《劳动运动》(1886年出版)中，他赞之为“真正科学的”；然而，劳工骑士团在1887年突然倒下。

由于无法在霍普金斯大学得到一个正教授席位，沮丧的埃利通过昔日的学生、威斯康星大学的弗雷德里克·杰克逊·特纳，于1892年在威斯康星大学谋到一个教授席位，并成为一个新机构——经济、政治和历史学院(School of Economics, Political Science, and History)的院长，享受校园里最高的薪水。作为一个富有天分的学术帝国缔造者，他为该学院一名助理教授、一名研究生以及一个大图书馆争取到了资助。

埃利把自己最喜爱的前学生都带到威斯康星大学，他以及他昔日和后来的学生成为罗伯特·M.拉福莱特(1855年出生)政府的主要顾问。拉福莱特于1900年成为威斯康星州进步党州长。通过拉福莱特，埃利和其他人在州级开启了福利国家项目。意味深长的是，拉福莱特以一个狂热禁酒主义者的身份在威斯康星州开始了自己的政治生涯。

埃利思想的关键在于他实际上已经把国家圣化。“上帝”，他宣称，“更多地通过国家而不是任何其他机构来实现它的目的。”[①]匡特教授再一次恰当地总结了埃利：

> 在埃利看来，政府是上帝赐予的工具，我们必须通过它进行工作。政府作为神圣工具的无可比拟地位，是建造在宗教改革运动后废除了神圣与世俗的区别，以及国家拥有对公众施行道德解决方案的权力这两个基础之上的。对神圣和世俗的同时认同……使得埃利可以把国家圣化，把基督教社会化。他认为政府是上帝施行救赎的主要工具。[②]

绝不能认为埃利的观点是完全世俗化的。正好相反，神的王国从未远离

---

① Fine, *Laissez Faire Thought and the General-Welfare State*, p. 180.

② Quandt, “Secularization”, p. 403.

他的思想。“教育基督徒对手足的职责”是社会科学的任务。通过工业革命、大学和教会这些工具，通过宗教和社会的融合，埃利坚信，“所有人都在热切等待的‘新耶路撒冷’将来临”。然后，“地球将变成新的地球，所有的城市都会成为上帝之城”。那个王国，根据埃利的说法，正在快速向我们走来。

后千禧年进步主义领导者世俗化的一个显著例子，是实用主义哲学和进步主义教育的著名创始人约翰·杜威(John Dewey，1859年出生)。很少有人知道，在他看似无止境事业的前期，他是“后千禧年主义”和“上帝王国到来”观点的一名热忱宣教者。向密歇根的学生基督教联盟(Students' Christian Association)致辞时，杜威认为：《圣经》中关于上帝王国来到地球的概念是一个有价值的真理，它曾经被世界遗忘，但是现代科学的发展和知识的交流已经使世界足够成熟，可以实现上帝“王国”。杜威忠告，科学和民主一起前进，将重建宗教真理。随着这个新真理得以建立，宗教可以帮助“在地球上……实现人类的精神统一，实现人与人之间的手足情谊，实现基督徒称为上帝王国的所有事情”。

在杜威看来，民主是一个“精神现实”。它是揭示真理的“手段”。杜威断言，只有在民主政治中，“上帝在人身上的化现(也就是说，人是普遍真理的一个器官)才能成为活的、现世的”。

杜威最后呼吁采取行动：“还能有人要求比这个更好、更鼓舞人心的工作吗？一定要把社会和宗教动机融入每个人，破除隔离宗教思想与人类普通生活的形式主义和一意孤行，把国家作为一个真理的联邦——当然，这是一个值得奋斗的事业”。[①] 由此，在杜威的带领下，世俗化的最终形式完成了：耶稣基督的真理就是现代科学和现代民主向人类展开的真理。很明显，对于约翰·杜威以及其他处境相似的进步主义人士而言，这绝不是一小步。放下基督，并把对基督的热切信仰放于政府、科学和民主，实现地球上无神论的上帝王国。[②]

---

① Crunden, *Ministers of Reform*, pp. 57 - 58. 另参见 Quandt, “Secularization”, pp. 404 - 405。

② 正如 H. L. Mencken 所说的，杜威生来就“具有不可摧毁的佛蒙特州血统，是一个具有坚忍耐力和极度清醒的男人”。杜威是佛蒙特州一个小镇杂货店老板的儿子，他母亲是一个热心的福音派会众。参见 H. L. Mencken, “Professor Veblen”, in *A Mencken Chrestomathy* (New York: Alfred A. Knopf, 1949), p. 267。

如果说经济学和社会科学中的后千禧年虔敬主义和进步主义头号领军人物是理查德·T. 埃利，那么第二号人物就是不知疲倦和深受埃利喜爱的约翰·罗杰斯·康芒斯教授(1862 年出生)。康芒斯是埃利在约翰·霍普金斯大学的研究生，尽管他中途辍学，他仍然是埃利的左膀右臂和永远的活动家，并成为威斯康星大学经济学教授。康芒斯是全国公民联合会的主要力量。全国公民联合会是在经济中推动中央集权制的重要进步主义组织，得到了大量的企业资助，在州和联邦层面进行游说，为州失业保险、联邦贸易管控和公共事业管控争取支持。可以说，从 1900 年到美国加入第一次世界大战，全国公民联合会一直是进步主义政策的主导力量。康芒斯也是美国劳工立法协会的创始人和领导者。从 1907 年开始，该组织强有力地推动了公共工程、最低工资、最长工作时间和支持工会的立法。美国劳工立法协会得到洛克菲勒和摩根的支持，在 18 世纪二三十年代非常有影响力。几十年来，美国劳工立法协会的执行秘书一直是约翰·安德鲁斯，他最初是康芒斯在威斯康星大学的一名研究生助理。

约翰·R. 康芒斯是著名的英国清教徒殉道者约翰·罗杰斯(John Rogers)的后裔。他的父母从佛蒙特州乡村搬到狂热的后千禧虔敬派扬基佬聚居区——俄亥俄州东北部的西部保留区。康芒斯的父亲是一个农场主，精力充沛的母亲是一名教师，毕业于后千禧虔敬派的总部——奥柏林学院。这个家庭后来搬到印第安纳州东北部。康芒斯的母亲，他们家庭的主要经济支柱，是虔敬派长老会信徒以及终身热忱的共和党人和禁酒主义者。康芒斯的母亲希望儿子将来成为一名阁僚。当康芒斯在 1882 年去奥柏林学院入学时，他的母亲跟随前往，母子俩在奥柏林学院共同创办并编辑了一本禁酒主义者杂志。尽管作为一个共和党人，康芒斯在 1884 年的全国大选却把选票投给了禁酒党人。康芒斯为自己来到奥柏林学院感到庆幸，尤其是反酒吧联盟发起时自己就身处那里。反酒吧联盟即将成为把禁酒令引入美国的最大独立力量——一个单独议题压力集团。当时，这个联盟的全国组织者是奥柏林的一个神学学生霍华德·H. 拉塞尔(Howard H. Russell)。

在奥伯林，康芒斯找到一位受人爱戴的导师詹姆斯·门罗。这位政治和历史学教授设法获得了两个奥伯林基金，资助康芒斯在约翰·霍普金斯大学的研究生课程。门罗是一个虔诚的后千禧虔敬派信徒，一个保护主义者和禁酒主义者，三十年来一直是西部保留地的共和党国会议员。1888年，康芒斯从奥伯林毕业，去约翰·霍普金斯大学继续求学。[①] 在去威斯康星大学之前，康芒斯曾到几所大学任教，如奥柏林学院、印第安纳大学和雪城大学，并且帮助建立了美国基督教社会学研究所。

康芒斯在威斯康星州成为"威斯康星思想"的主要鼓吹者和活动家，帮助当地建立社会福利和政府管控。此外，他在威斯康星大学的几个博士生将成为富兰克林·罗斯福新政中的重要人物。塞利格·珀尔曼当选威斯康星州众议院议长。追随自己的导师，珀尔曼成为康芒斯钟爱的美国劳工联合会的政策和行动主要理论家。康芒斯在威斯康星大学的另两个学生，亚瑟·J. 奥特迈耶(Arthur J. Altmeyer)和埃德温·威特(Edwin Witte)，成为威斯康星工业委员会的高级官员。该委员会由康芒斯发起，负责推动该州支持工会的立法工作。从威斯康星州起步，奥特迈耶和威特最后成为富兰克林·罗斯福社会保障立法的主要发起人。[②]

五、扬基妇女进步派

埃利、康芒斯和杜威也许更有名，但是扬基妇女进步派为进步主义运动以及之后蓬勃发展的福利国家提供了令人生畏的军队。不可逆转的逐渐世俗化过程已经走过了几十年。废奴主义者和稍晚的一群人是狂热的后千禧年虔敬派基督徒，但是再后来的一群进步主义者，就像我们看到的那样，即出生在1860年左右的，未减狂热，却更世俗，更少以基督王国为导向。进步主义是不可避免的。如果你作为一个基督福音传道者的行动实际上与基督教信条、礼拜仪式甚至个人改过无关，而是完全集中在使用政府的力量塑造

---

① John R. Commons, *Myself* (Madison: University of Wisconsin Press, [1934]1964).

② Dorfman, *The Economic Mind in American Civilization*, *1918 - 1933*, vol. 4, pp. 395 - 398.

每个人，消灭罪，并迎来一个完美社会，如果政府实际上是上帝救赎的主要工具，那么基督教在一个人的实践行动中的角色就蜕变成一个背景。基督教被理所当然地视为一种背景杂音；一个人的实践行动目的是使用政府消灭酒精、贫穷，或任何其他被定义为罪的东西，以及把自己的价值观和原则强加于整个社会。

19世纪晚期，当1860年这代人成熟时，女性行动主义有了推动中央集权和政府干预的越来越多专业化机会。妇女十字军是年龄较大的团体，从事短期活动，因此可以依靠已婚女性短暂能量的爆发。然而，随着女性行动主义变得职业化，化身专业的社会工作和社会服务所，除了成群结队而来的中上阶层未婚女性，这里几乎没有给其他任何女性留下空间。必须强调的是，这些社会服务所不仅向穷人提供私人帮助，而且颇为有意识地带头推动社会变革、政府干预和改革。

北方进步主义社会工作者中最著名的人物、整个运动的象征是简·亚当斯（1860年出生）。她的父亲约翰·H. 亚当斯（John H. Addams）是一位虔诚的贵格会信徒。约翰·H. 亚当斯在伊利诺伊州北部定居，创办了一家锯木厂，并投资铁路和银行，成为伊利诺伊州北部最富有的人之一。约翰·H. 亚当斯终其一生都是共和党人，他参加了1854年在威斯康星州里彭（Ripon）举行的共和党成立大会，并担任了16年的共和党州参议员。1881年从当时的第一批女子大学之一洛克福德女子神学院毕业后，简·亚当斯遭遇了她爱戴父亲的亡故。来自上流社会、聪明且精力充沛的她，陷入人生到底该做些什么的困境。她对男人没兴趣，所以婚姻不是她的选项；事实上，在她的一生中似乎有过几次同性恋绯闻。①

经历八年的犹豫不决之后，简·亚当斯决定全力以赴投身社会工作。1889年，她在芝加哥的贫民窟建立了著名的社会服务所赫尔馆（Hull House）。简·亚当斯的灵感来自富有影响力的英国艺术评论家约翰·拉

① 最近的女性主义历史学家高兴地克服了老一代历史学家的不情愿心理，骄傲地宣称那个时代的亚当斯和许多其他未婚女性进步主义行动分子都是同性恋。可能这些女权主义者是对的，而且该运动中女同性恋的无处不在对于理解该运动的历史原因至关重要。最起码，她们不能简单地跟随其他女人的生活方式，从事婚姻和持家的事业。

斯金的作品。约翰·拉斯金是一位牛津大学教授,也是自由放任资本主义的强烈批评者。拉斯金是英国基督教社会主义的魅力领袖,在英国国教神职人员的队伍中颇具影响力。他的一名弟子是历史学家阿诺德·汤因比(Arnold Toynbee)。1884年,拉斯金的另外一名弟子坎农·塞缪尔·巴涅特(Canon Samuel A. Barnett)在伦敦建立了社会服务所汤因比馆,以示对汤因比的敬意。1888年,简·亚当斯去伦敦考察汤因比馆。她在那里遇到了巴涅特的良师益友坎农·W. H. 弗里曼特尔(Canon W. H. Freemantle)。这次访问解决了问题,激励简·亚当斯回到芝加哥,与她的昔日同窗、同性恋伴侣埃伦·盖茨·斯塔尔(Ellen Gates Starr)合作成立了赫尔馆。汤因比馆和它的美国副本之间的主要差异是:前者的员工主要由男性社会工作者组成,他们通常在那里待几年,然后移居到其他地方建立自己的职业生涯;然而,美国社会服务所的员工几乎全由未婚女性构成,她们终身都在这里工作。

简·亚当斯利用自己的上层阶级关系获得了很多狂热的支持者,其中一些女性成为亚当斯小姐的亲密朋友,甚至是同性恋伴侣。她的一位忠诚的资金赞助者是路易丝·德·科文·鲍温(Louise de Koven Bowen,1859年出生)。鲍温太太的父亲约翰·德·科文(John de Koven)是芝加哥银行家,积累了一大笔财富。鲍温太太成为简·亚当斯的密友,当上了她的财务主管,并为社会服务所捐建了一幢住宅。其他支持赫尔馆的妇女包括:玛丽·罗泽·史密斯(Mary Rozet Smith),她和简·亚当斯有过一段恋情;拉塞尔·赖特(Russell Wright)夫人,她是未来著名建筑师弗兰克·劳埃德·赖特(Frank Lloyd Wright)的母亲。玛丽·罗泽·史密斯确实能够代替埃伦·斯塔尔作为简·亚当斯心上人的位置。史密斯做到这一点通过两种方式:一是对好斗的亚当斯小姐完全顺从并进行自贬,二是为赫尔馆提供充沛的财务支持。玛丽和简声称她们"结婚"了。

简·亚当斯在赫尔馆的另一个亲密同事是强硬、好斗的朱莉娅·克利福德·莱思罗普(Julia Clifford Lathrop,1858年出生)。朱莉娅·莱思罗普可能也是亚当斯的同性恋伴侣,她的父亲威廉·莱思罗普(William

Lathrop)从纽约州北部移居到伊利诺伊州北部的洛克福德。[1] 律师威廉·莱思罗普是不信奉英国国教、受人尊敬的约翰·莱思罗普(John Lathrop)牧师的后裔。威廉成为洛克菲勒女子神学院的董事,并当选伊利诺伊州共和党联邦参议员。朱莉娅比亚当斯更早地从神学院毕业,然后就读瓦萨学院(Vassar College)。1890 年,朱莉娅·莱思罗普来到赫尔馆,开始终身从事社会工作和政府服务。1899 年,朱莉娅在芝加哥建立了全国第一个少年法庭,然后成为伊利诺伊州慈善组织委员会(Illinois State Board of Charities)的第一位女性委员,以及全国社会工作会议(National Conference of Social Work)的主席。1912 年,朱莉娅·莱思罗普被塔夫脱总统任命为美国儿童局的首任局长。

在联邦政府生根之后,儿童局成为福利国家和社会工作的前哨,成为不懈地宣传和倡导联邦扶持项目的中心,以及为母亲和孩子谋福利的宣道总会——为"家庭价值"、希拉里·罗德姆·克林顿(Hillary Rodham Clinton)对孩子的关切以及儿童保护基金埋下了伏笔。儿童局在 1916 年 3 月设立了一个"婴儿周",在 1917 年又指定 1918 年全年为"儿童年"。

第一次世界大战后,朱莉娅·莱思罗普和儿童局游说并在 1921 年年底推动国会通过了《谢泼德-唐纳母婴保护法》(*Sheppard-Towner Maternity and Infancy Protection Act*),规定为设立儿童卫生局或儿童福利局的州提供联邦资金,并由护士和医生提供母婴护理公共指导。从这时起,美国有了社会化医学和社会化家庭。这些公共指导在有关家庭的会议、保健中心中,被提供给各个领域的医疗保健专业人员。在联邦扶持的鼓励下,这些州还规定,如果"家庭照料不恰当",将撤销父母对儿童的监护权;当然,恰当性标准由政府和所谓的专业人士确定。同时,每一个婴儿必须进行强制性出生登记,以便联邦对母婴提供援助。

---

① 有关简·亚当斯及其朋友和同事的故事,参见 Allen F. Davis, *American Heroine: The Life and Legend of Jane Addams* (New York: Oxford University Press, 1973)。对亚当斯的批判性评价,参见 Christopher Lasch, *The New Radicalism in America*, 1889 - 1963: The Intellectual as a Social Type (New York: Random House, 1965), pp. 3 - 37。很明显,简·亚当斯在她 1910 年的自传中撒谎。她声称自己建立赫尔馆的动机是高尚的。她声称观看西班牙斗牛时深感恐怖。然而,她当时所有的信中都没有提到那些所谓的恐怖。

朱莉娅·莱思罗普说服谢泼德和唐纳把这份福利法案从最初针对无支付能力者变成涵盖每一个人。莱思罗普说,“这个法案旨在强调保护生命的公共责任,正如我们已经通过公立学校承担了儿童教育的公共责任”。政府增加干预的逻辑是不可抗拒的;不幸的是,没有人把逻辑反过来,发起废除公立学校教育的运动。如果说谢帕德-托纳法案的反对者中无人走得足够远,号召发起废除公立学校,那么坚定的自由放任主义联邦参议员詹姆斯·A. 里德(James A. Reed)算是做得较好。里德参议员挖苦道:“现在有人提议将这片土地上母亲的控制权交给几个在华盛顿做政府工作的单身女士……我们最好是推翻这个建议,成立一个母亲委员会去帮助老姑娘,教她们如何找个丈夫并拥有自己的孩子。”[①]也许里德参议员由此说明了这些扬基进步主义分子的动机。

就在简·亚当斯及其朋友成立赫尔馆的同时,社会服务所也在纽约和波士顿得以成立,同样是因为扬基未婚女性受到了汤因比馆的启发。实际上,第一个临时社会服务所的建立者是纽约的男性斯坦顿·柯特(Stanton Coit)。他于 1857 年出生在俄亥俄州北部一个富有商人的家庭,是清教时期马塞诸塞扬基佬约翰·柯特(John Coit)的后裔。柯特在柏林大学获得博士学位,在汤因比馆工作。1886 年,他在纽约成立了基尔德社区服务所(Neighborhood Guild Settlements),但次年就遭遇失败。受这个例子所启发,1887 年,三个扬基女同性恋者成立了大学社会服务所联盟(College Settlement Association),并于 1889 年及几年后依次在纽约、波士顿和费城建立了大学社会服务所(College Settlements)。其中,著名的女性发起人是维达·达顿·斯卡德(Vida Dutton Scudder, 1861 年出生)。富有的波士顿人斯卡德是一名公理会印度传教士的女儿。1884 年从史密斯学院毕业后,斯卡德到牛津大学进修文学,后来成为拉斯金的门徒和基督教社会主义者,在韦尔斯利大学(Wellesley College)任教超过 40 年。维达·斯卡德是圣公会信徒,以及妇女商业工会联盟的成员。另外两名大学社会服务所的创始人是凯萨琳·科曼(Katharine Coman, 1857 年出生)及其长期的同性恋伴

---

① Skocpol, *Protecting Soldiers and Mothers*, pp. 500 – 501.

侣凯萨琳·贝茨(KatharineLee Bates)。凯萨琳·科曼出生于俄亥俄州北部,父亲曾是纽约州北部一位热忱的废奴主义者和教师,在内战中受伤后搬到俄亥俄州的一个农场。毕业于密歇根大学的科曼后来成为韦尔斯利大学历史和政治经济学教授、韦尔斯利大学经济系主任、全国消费者联盟和妇女工会联盟(Women's Trade Union League)的领导者。科曼和贝茨前往欧洲学习,并回到美国推进社会保险。凯萨琳·贝茨是韦尔斯利大学英语教授。

弗洛伦斯·凯利曾为儿童局和谢泼德-唐纳法案进行游说,是儿童局概念的创始人,在某种程度上是少数独特、非典型女性活动家之一。在许多方面,她确实具有进步主义女性的特点。她出生于1859年,父亲是费城富有的终身共和党国会议员威廉·D. 凯利(William D. Kelley)。威廉·D. 凯利是如此努力地争取保护性关税,尤其是为宾夕法尼亚州的钢铁业,以至于为自己赢得了"生铁"凯利的声誉。他是爱尔兰新教信徒,一个废奴主义者和激进的共和党人。

弗洛伦斯·凯利与她的同事有些不同:她结婚了,不是同性恋。然而,从长远来看,这个不同并不重要。弗洛伦斯·凯利设法在短时间内离开了她的丈夫,然后把三个孩子的抚养事宜全部交给溺爱她的朋友。因此,家庭和灶台并没有成为弗洛伦斯·凯利进行战斗的障碍。

从康奈尔大学毕业后,弗洛伦斯进入苏黎世大学学习。在那里,她把恩格斯的《英国工人阶层状况》翻译成英语。在苏黎世,弗洛伦斯与俄罗斯犹太裔医学生拉扎尔·维什涅特斯基(Lazare Wischnewetsky)相识并结婚。1884年,她与丈夫搬到纽约,到1887年有了三个孩子。在纽约,弗洛伦斯组建了纽约消费者联盟,并推动通过了一项在工厂检查妇女的法律。1891年,弗洛伦斯带着孩子逃离她的丈夫,去了芝加哥,个中原因连她的传记作者都不知道。在芝加哥,她不可避免地被吸引到赫尔馆,并在那里住了十年。在这段时间,弗洛伦斯·凯利的火山和狂风般的激情点燃了简·亚当斯,使她变得激进。凯利在伊利诺伊州成功进行游说,为妇女制定了工作日最长工作8小时的法律。然后,她成为伊利诺伊州第一位首席工厂检查员。

弗洛伦斯·凯利的丈夫维什涅特斯基医生被赶出了历史画面。但是她的孩子呢?当弗洛伦斯忙碌于伊利诺伊州进步主义任务时,她把抚养自己孩子的职责交给了朋友亨利·德马雷斯特·劳埃德(Henry Demarest Lloyd),著名的左翼媒体《芝加哥论坛报》的记者,《芝加哥论坛报》一名股东的女儿。

1899年,弗洛伦斯·凯利回到纽约,接下来的四分之一个世纪一直居住在位于下东区的纽约最著名的亨利街社会服务所(Henry Street Settlement)。凯利在那里创建的全国消费者联盟,成为联邦儿童局和谢泼德-唐纳法案的主要游说团体。凯利为推动最低工资法和最长工作时间法而斗争,为争取宪法平等权利修正案不懈战斗,并成为全美有色人种协进会(NAACP)的创始成员。

纽约另外一位杰出、富有的扬基女性是玛丽·梅琳达·金斯伯里·辛霍维奇(1867年出生)。玛丽·梅琳达出生在马萨诸塞州栗子山(Chestnut Hill),是著名的公理会信徒和共和党商人艾萨克·金斯伯里(Isaac Kingsbury)的女儿。她的一位叔叔是宾夕法尼亚铁路公司的执行官,她的一位堂兄是加利福尼亚州标准石油的首领。从波士顿大学毕业后,玛丽·梅琳达和母亲在欧洲旅行,她在德国学习。与俄国学者弗拉基米尔·辛霍维奇(Vladimir Simkhovitch)订婚后,当未婚夫在哥伦比亚大学获得了一个职位时,她奔赴纽约跟他待在了一起。在结婚之前,玛丽·梅琳达成为纽约大学社会服务所的居民领袖。她学习意第绪语,以便更好地与她的下东区邻居交流。在嫁给弗拉基米尔·辛霍维奇并有了两个孩子以后,玛丽·梅琳达建立了自己在格林威治大厦的社会服务所,加入纽约消费者联盟以及妇女工会联盟,为推动政府养老金和公共住房计划而奋斗。

对纽约的中央集权主义和社会改革尤为重要的是富有且地位显赫的德雷尔家族,这个家族培育了几个非常活跃的女性。她们是德裔美国人,但说她们是扬基佬也没错,因为她们是热忱的——如果不用狂热来形容的话——德裔福音派虔敬主义者。她们的父亲西奥多·德雷尔(Theodore Dreier),是来自德国不来梅港市的移民,已经跃升为一个成功的商人;在内战期间,他回到不来梅港市,娶了他的年轻表妹多萝西·德雷尔(Dorothy Dreier),一位福音派牧师的女儿。每天的早晨,德雷尔的四个女儿和她们的兄弟爱德华(1872年出生)都是在阅读圣经和赞美诗歌声中度过的。

1898年,德雷尔牧师去世,给家人留下几百万美元遗产。大女儿玛格丽特·德雷尔(Margaret Dreier，1868 年出生)有能力让弟妹听命于她，共同从事慈善活动。[①] 为了体现利他主义和所谓的“牺牲”，玛格丽特·德雷尔常常穿着廉价服装。活跃在消费者联盟的玛格丽特，与妹妹玛丽一起于 1904 年年底加入新成立的妇女工会联盟，并对其提供了大笔资助。不久，玛格丽特成为纽约妇女工会联盟的主席及全国妇女工会联盟的财务主管。从 1907 年到 1922 年，玛格丽特·德雷尔担任全国妇女工会联盟(National Women's Trade Union League)主席。

1905 年春，玛格丽特·德雷尔认识了芝加哥的进步主义冒险家雷蒙德·罗宾斯(Raymond Robins，1873 年出生)，之后与他结婚。他们在一个合乎逻辑的场合邂逅，当时罗宾斯正在纽约的一个福音教会进行一场关于社会福音的演讲。罗宾斯夫妇成为这个国家的第一进步主义伴侣；玛格丽特的社会活动几乎从来没停下脚步，因为芝加哥至少是像纽约一样活跃的社会福利改革中心。

雷蒙德·罗宾斯作为一个漫游者具有多变的职业。罗宾斯出生在佛罗里达，被父亲遗弃，母亲未知。他在全国各地游荡，设法在加利福尼亚州获得了法律学位，并成为支持工会的进步主义人士。他去阿拉斯加勘探金矿，却在荒野中看到了一个燃烧的十字架，因此成为一个以社会福音为导向的牧师。1901 年，罗宾斯来到芝加哥，成为芝加哥社会服务所的社工，当然，与赫尔馆以及“圣简”·亚当斯保持着交往。

罗宾斯与玛格丽特·德雷尔结婚两年后，玛格丽特的妹妹玛丽·德雷尔(Mary Dreier)对罗宾斯坦白了自己对他无法抗拒的爱情。罗宾斯说服玛丽把她不道德的秘密激情转向社会改革祭坛。基于两人之间“燃烧十字架的命令”，他们维持了一生的秘密通信。

也许玛格丽特·德雷尔对进步主义事业最重要的作用是，她成功地把社会顶层的女性资源带进来，给予妇女工会联盟的福利国家项目以资金和政治的支持。

---

① 稍微打破德雷尔范式的是妹妹凯瑟琳(Katherine，1877 生)，她是一名艺术家和现代艺术的赞助者，对有机哲学感兴趣，在 20 世纪 30 年代成为反纳粹主义者。

这些女性资源包括：安妮·摩根，J. P. 摩根的女儿；阿比·奥尔德里奇·洛克菲勒（Abby Aldrich Rockefeller），小约翰·D. 洛克菲勒（John D. Rockefeller Jr）的女儿；多萝西·惠特尼·斯特雷特（Dorothy Whitney Straight），唯洛克菲勒是瞻的惠特尼家族的女继承人；玛丽·伊莱扎·麦克道尔（Mary Eliza McDowell，1854年出生），其父亲在芝加哥拥有一家钢铁厂；安尼塔·麦考密克·布莱恩（Anita McCormick Blaine），机械收割机发明者赛勒斯·麦考密克的女儿。赛勒斯·麦考密克已经在简·亚当斯引导下加入了这场运动。①

我们在离开芝加哥的场景时，必须关注到其主要行动和学术思想向下一个阶段的转变。其中，索芙妮丝芭·布雷肯里奇（Sophonisba Breckinridge，1866年出生）是一位起关键作用的学者。富有的未婚女性索芙妮丝芭来自一个著名的肯塔基州的家庭，是一个美国联邦参议员的曾孙女。她不是扬基佬，但显然是一个女同性恋者。作为肯塔基州的一名律师，索芙妮丝芭过得并不舒心，后来她去了芝加哥大学研究生院，于1901年成为政治学领域第一个女博士。在索芙妮丝芭剩余的职业生涯中，她在芝加哥大学从事社会学和社会工作教学，并成为伊迪丝·阿博特（Edith Abbott，1876生）的导师，也可能是伊迪丝长期的同性恋伴侣。伊迪丝·阿博特出生于内布拉斯加州，曾任波士顿工会联盟秘书。她赴伦敦经济学院学习时，受到韦伯的强烈影响。毕业后，她可能在伦敦的一个社会服务所短暂生活和工作。然后，她赴芝加哥大学攻读经济学，并于1905年得到了博士学位。1908年，伊迪丝成为韦尔斯利学院教师后不久，加入妹妹格蕾丝所在的赫尔馆。伊迪丝成为赫尔馆的社会研究主管，此后十几年，两人一直居住在那里。20世纪20年代初，伊迪丝·阿博特成为芝加哥社会服务行政管理学院院长，与朋友兼导师索芙妮丝芭·布雷肯里奇共同编辑了学校的《社会服务评论》。

格蕾丝·阿博特（Grace Abbott）比伊迪丝小两岁，走的是更加激进的路线。阿博特姐妹的母亲来自纽约州北部，毕业于洛克福德女子神学院

---

① Elizabeth Ann Payne, *Reform, Labor, and Feminism: Margaret Dreier Robins and the Women's Trade Union League* (Urbana: University of Illinois Press, 1988).

(Rockford Female Seminary);他们的父亲是伊利诺伊人,成为内布拉斯加州副州长的律师。住在赫尔馆的格蕾丝·阿博特,是简·亚当斯的密友。1917年,她成为朱莉亚·莱思罗普在联邦儿童局的助手,并在1921接替莱思罗普成为儿童局局长。

如果说女性社会改革积极分子几乎都是扬基佬,那么到19世纪后期,犹太妇女开始在这个面团中加入她们的酵母。在19世纪60年代的这个关键人群中,最重要的犹太人是莉莲·D.沃尔德(1867年出生)。莉莲出生在辛辛那提一个中上阶层的犹太家庭。她和家人后来搬到罗彻斯特,在那里她成为一名护士。莉莲在纽约下东区组建了护士社会服务所(Nurses' Settlement),也即很快就享有盛誉的亨利街社会服务所。1905年,莉莲·沃尔德第一个向西奥多·罗斯福总统提出了联邦儿童局的概念,正是西奥多·罗斯福总统领导推动了反对童工的联邦宪法修正案。虽然莉莲·沃尔德不是扬基佬,但是她延续传统,与同事拉维尼娅·多克(Lavinia Dock)形成了长期的同性恋关系。尽管莉莲并不富有,但是她拥有不可思议的能力,能为亨利街社会服务所赢得华尔街投资银行库恩-洛布公司的雅各布·希夫和所罗门·洛布夫人(Mrs. Solomon Loeb)这样的顶级犹太金融家,以及西尔斯罗巴克公司(Sears Roebuck)未来的首领朱利叶斯·罗森沃尔德(Julius Rosenwald)的支持。资助亨利街社会服务的著名机构还有米尔班克基金(Milbank Fund),这家基金来自洛克菲勒关联家族,该家族拥有波登牛奶公司(Borden Milk Company)。

把这支重要的进步主义犹太活动特遣队集结起来的是戈德马克(Goldmark)四姐妹,海伦(Helen)、波琳(Pauline)、约瑟芬(Josephine)和艾丽斯(Alice)。她们的父亲出生在波兰,在维也纳是一名医生,也是一名奥地利议员。戈德马克医生在1848年革命失败后逃往美国,成为化学家,因发明撞击式雷帽而变得富有,并在19世纪50年代帮助组织了共和党。戈德马克定居在印第安纳州。

戈德马克医生于1881年去世,留下大女儿海伦作为一家之长。海伦嫁给了著名的哲学家费利克斯·阿德勒(Felix Adler)。阿德勒是犹太人唯一神教组织纽约伦理文化学会(Society for Ethical Culture)的创始人。艾丽斯嫁给了著名的波士顿犹太律师路易斯·布兰代斯，帮助布兰代斯从温和的古典自由主义者转变为社会改革派。出生于1874年的波琳，一直保持单身。1896年，她从布林茅尔学院毕业后，赴哥伦比亚大学和巴纳德学院(Barnard)成为植物学、动物学和社会学研究生，之后成为纽约消费者联盟的助理秘书。更成功的活动家是约瑟芬·克拉拉·戈德马克(Josephine Clara Goldmark，1877年出生)。1898年，她从布林茅尔学院(Bryn Mawr)毕业，成为巴纳德学院的教育学研究生，然后成为全国消费者联盟的宣传秘书及该联盟年报的作者。1908年，约瑟芬加入新的全国消费者联盟立法委员。约瑟芬、她的姐姐波琳，以及弗洛伦斯·凯利(和艾丽斯一起)，说服布兰代斯就《马勒诉俄勒冈州案》(1908年)写作他著名的案件陈述，声称俄勒冈州妇女的最长工作时间法是符合宪法的。1919年，约瑟芬·戈德马克的职业生涯继续发展，成为洛克菲勒基金会护理教育研究会秘书。约瑟芬·戈德马克职业生涯巅峰以她著述的第一部传记为标志——她以这本传记向她在进步主义活动中的亲密朋友和导师弗洛伦斯·凯利致敬。[①]

六、新政

就在这些进步主义和社会改革分子对美国国家政策施加影响后不久，1912年由摩根势力发起并成立了进步党。这个政党是由摩根的合伙人乔治·W. 珀金斯领导的。成立进步党是为了尝试提名西奥多·罗斯福竞选总统，由此挫败威廉·霍华德·塔夫脱总统，后者与他的前任西奥多·罗斯福的亲摩根政策发生了决裂。

进步党包括这个中央集权主义联盟的所有先锋人士：进步主义学者、摩根商人、社会福音派新教牧师，当然还有我们的主题人物——进步主义社会工作者。

因此，在纽约出席1912年全国进步党大会的代表包括简·亚当斯、雷

① Josephine Goldmark, *Impatient Crusader: Florence Kelley* (Champaign: University of Illinois Press, 1953).

蒙德·罗宾斯、莉莲·沃尔德，以及纽约伦理文化学会的亨利·莫斯科维茨(Henry Moskowitz)、纽约格林威治社会服务所的玛丽·金斯伯里·辛霍维奇。进步党的女权主义立场是真实的，它是除禁酒党外第一个把妇女代表纳入其代表大会的政党，并且首次提名了一位女性总统候选人——来自威斯康星州的海伦·J. 斯科特(Helen J. Scott)。在1912年进步党获得总统选举成功后，蜂拥加入进步党的社会工作者和社会科学家相信，他们在把纯净的“科学”价值观带入政治事务。他们的国家主义主张是“科学的”，对这些措施的任何抵抗都是狭隘的，违背了科学精神和社会公共利益。

关于1913年的常设机构，进步党采纳了简·亚当斯在选举刚刚结束后提出的“工作计划”。它的最大部门是进步科学部(Progressive Science)，由纽约社会工作者、律师和社会学家弗朗西斯·A. 凯劳(Frances A. Kellor)领导。立法推荐局(Legislative Reference Bureau)是进步科学部的一个部门，局长是芝加哥一名支持工会的劳工律师唐纳德·里奇伯格(Donald Richberg)。此人后来在20世纪20年代的《铁路劳工法》(*Railway Labor Act*)和新政中声名鹊起。在进步党教育部(Bureau of Education)的杰出人士中，最耀眼的是约翰·杜威。特别重要的社会和工业正义部(Department of Social and Industrial Justice)由简·亚当斯领导。在社会和工业正义部下面，亨利·莫斯科威茨领导着男性劳工委员会；上流社会的人类学家玛丽·麦克唐维尔领导着妇女劳工委员会；社会保障保险委员会由著名社会工作杂志《调查》的编辑保罗·凯洛格(Paul Kellogg)领导；莉莲·沃尔德则在儿童福利委员会扮演了一个突出角色。①

然而，比进步党兴奋的那几年更重要的，是国家和联邦政府加速积累的影响和权力。尤其是妇女的社会服务所运动在制定新政时发挥了巨大的影响力，这种影响力长期被低估。

以玛丽·H. 威尔马斯(Mary H. Wilmarth)为例。她是一位煤气装置制造商的女儿，也是芝加哥上层社会名流之一，为赫尔馆带来了一批富有的支持者。很快，玛丽·威尔马斯成为激进的妇女工会联盟的主要财务支持

---

① 关于进步党，参见Gable, *The Bull Moose Years*。

者之一。玛丽的妹妹安妮·威尔马斯(Anne Wilmarth)嫁给了芝加哥进步主义律师、脾气暴躁的哈罗德·伊克斯(Harold L. Ickes),后者很快成为妇女工会联盟的法律顾问。在新政期间,伊克斯成为富兰克林·罗斯福重要的内政部长。

如果说威尔马斯姐妹位于社会和族裔谱系的一端,那么位于另一端的是矮小、暴躁、好斗的单身美国波兰犹太人罗斯·施奈德曼(Rose Schneiderman, 1882 年出生)。作为最直率的煽动女性之一,施奈德曼小姐于 1890 年和家人移民到纽约,在 21 岁时成为世界上第一个犹太女性服装、制帽地方工会的组织者。罗斯在妇女工会联盟中表现突出,并在成立国际服装女工工会(International Ladies Garment Workers Union)的过程中发挥了关键作用,成为该组织的执行委员。罗斯·施奈德曼在新政中被任命为劳工咨询委员会委员。

从弗洛伦斯·凯利的全国消费者联盟中,走出了富兰克林·罗斯福社会保障委员会委员莫莉·道森(Molly Dewson),以及新政中的财政部助理部长约瑟芬·罗奇(Josephine Roche)。

但是,很明显,相比这些人物还有一些更重要的人物需要我们提及。也许从妇女中央集权主义和社会福利运动中涌现出来的最主要领导力量不是别人,而是埃莉诺·罗斯福(Eleanor Roosevelt, 1884 年出生)。埃莉诺拜倒在热情激进的伦敦预科学校校长玛丽·苏夫人(Madame MarieSouvestre)的影响力之下,显然后者为埃莉诺设定了她的终身道路。回到纽约,埃莉诺加入弗洛伦斯·凯利的全国消费者联盟,成为一名终身改革者。20 世纪 20 年代早期,埃莉诺活跃地为莉莲·沃尔德的亨利街社会服务所和玛丽·辛霍维奇的社会服务所工作,并为他们提供资金支持。20 世纪 20 年代初,埃莉诺加入妇女工会联盟,并资助激进组织,推动为妇女制定最长工作时间和最低工资法。埃莉诺成为莫莉·道森的密友,道森后来加入了罗斯·施奈德曼的社会保障委员会。埃莉诺也把朋友托马斯·拉蒙特夫人——当时最有影响力的摩根合伙人的妻子——带入了她的社会改革运动圈。

在新政中职位最高的女性,是劳工部部长和美国历史上第一位女性内阁成员,弗朗西斯·珀金斯夫人(Frances Perkins, 1880 年出生)。这位在新政社会立法中非常重要的人物出生在波士顿，父母来自缅因州，是活跃的公理会信徒。她的父亲弗雷德(Fred)是一个富有的商人。1898 年，弗朗西斯去蒙特霍里约克学院(Mt. Holyoke College)就读，成为班级班长。在蒙特霍里约克学院，弗朗西斯被卷入学校强烈的宗教虔敬主义风潮；每个星期六晚上，各个班都会举行祈祷会。

可被称作校园“宗教左翼”领导人物的，是美国历史学教授安娜贝尔·梅·苏尔(Annabelle May Soule)。她组织了全国消费者联盟的蒙特霍里约克分会，敦促废除童工和低工资血汗工厂——这是另一个卓越的进步主义事业。正是在蒙特霍里约克，富有魅力的全国消费者联盟领袖弗洛伦斯·凯利的一次演讲，改变了弗朗西斯·珀金斯的一生，使她走上福利国家改革的终身道路。

1913 年，弗朗西斯·珀金斯与经济学家保罗·C. 威尔逊(Paul C. Wilson)举办了秘密婚礼。富有的威尔逊性格开朗，是一个坚定的社会改革家，这为弗朗西斯进入城市改革圈提供了一个绝好机会。婚姻本该是一场关于爱情的相互匹配，但是对于意志坚强的珀金斯来说婚姻到底意味着什么是令人疑惑的。她的一个朋友，单身主义者、社会福利活动家波琳·戈德马克(Pauline Goldmark)，悲叹弗朗西斯结婚了，但又补充说，她“这样做是为了忘记这件事”。作为一个早期女权主义者，弗朗西斯拒绝使用丈夫的姓氏。当她被富兰克林·罗斯福任命为劳工部部长时，她与一位亲密的朋友，即富有的玛丽·哈里曼·拉姆西(Mary Harriman Rumsey)合租了一栋房子。后者是大亨爱德华·哈里曼的女儿。哈里曼家族在新政中势力强大，这是在很大程度上被历史学家忽视的一个影响力。玛丽·哈里曼·拉姆西于 1922 年丧偶开始寡居，是组约市妇产中心管理局的首领，在新政中成为国家振兴管理局消费者咨询委员会的主席。①

社会工作、女权主义行动和极端富有的资助者之间的紧密关系，可以在弗朗西斯·珀金斯的密友亨利·布鲁厄(Henry Bruere, 1882)的职业生涯

---

① 关于珀金斯，参见 George Whitney Martin, *Madame Secretary*: *Frances Perkins* (Boston: Houghton Mifflin, 1976)。

中看到——布鲁厄与保罗·C. 威尔逊也是密友。布鲁厄出生在密苏里州圣查尔斯市一名医生家中,毕业于芝加哥大学法学院,然后成为哥伦比亚大学政治学研究生。研究生毕业后,布鲁厄栖居在大学社会服务所,并成为摩根系国际收割机公司的人事主管。

从那时起,布鲁厄的职业就像是进入了一扇旋转门,从社会机构到私人公司再返回,如此往复。在离开国际收割机公司之后,布鲁厄成立了纽约市政研究所,并且成为纽约市社会福利委员会(New York City Board of Social Welfare)主席。之后,他又变身大都会保险副总裁和鲍里储蓄银行(Bowery Savings Bank)首席执行官。20 世纪 20 年代晚期到 50 年代初,鲍里储蓄银行成为他的运营基地。

亨利·布鲁厄仍然有足够的时间做好事。20 世纪 20 年代后期和 30 年代初期,布鲁厄是纽约市福利理事会(Welfare Council of New York City)执行委员会成员,领导了政府失业救济运动。1930 年,布鲁厄接受珀金斯任命,成为纽约州工业稳定委员会(Stabilization of Industry)主席。该委员会预演了国家振兴管理局的政府强制性企业联盟设想。在新政期间,布鲁厄成为联邦房主贷款公司(Home Owners Loan Corporation)、联邦信贷协会(Federal Credit Association)、重建金融公司(Reconstruction Finance Corporation)的顾问,以及失业和养老保险方面的顾问。布鲁厄还担任过富兰克林·罗斯福的第一任财政部部长威廉·伍丁(William Woodin)的执行助理。

在此期间,有一点应该得到强调:除了高级联邦职位和社会福利工作方面的贡献,布鲁厄在与金融巨头的觥筹交错中成为哈里曼家族的联合太平洋铁路公司的董事,以及爱德华·A. 法林的左翼自由主义 20 世纪基金(Twentieth-Century Fund)的财务主管。百万富翁法林是一位零售商,也是自己的常务顾问兼朋友路易斯·布兰代斯的法律活动的主要赞助人。

从亨利·布鲁厄的案例中可以看到,在扬基妇女开创了社会福利和社会工作组织之后,男人开始效仿。去赫尔馆待过并深受影响的男性包括:杰出的记者弗朗西斯·哈克特(Francis Hackett),曾住过伦敦汤因比馆的历史学家和政治学家查尔斯·A. 比尔德(Charles A. Beard),美国历史上最杰出的中央集权企业联盟主义者、摩根系通用电气公司首领杰勒德·斯沃普，以及听命于小约翰·戴维森·洛克菲勒的社会和劳工运动活动家之一、最终作为洛克菲勒的亲信担任加拿大自由派总理多年的威廉·莱昂·麦肯齐·金（William Lyon Mackenzie King）。

不过，在新政中脱颖而出的男性社会工作者中，最重要的或许是成为富兰克林·罗斯福总统智囊的商务部部长哈里·劳埃德·霍普金斯（Harry Lloyd Hopkins，1890 年出生），他后来成为美国的影子（事实上的）国务卿。霍普金斯和埃莉诺·罗斯福，可以被视为继 19 世纪 60 年代那批开创者之后、19 世纪 80 年代这批人之中最主要的中央集权主义社会工作者和活动家。

霍普金斯出生在爱荷华州，是一个马具制造商的儿子。他的父亲后来经营了一家杂货店。霍普金斯的加拿大母亲安娜·皮克特·霍普金斯（Anna Pickett Hopkins）是一位福音教师，她追随扬基佬虔敬主义社会福音的模式，曾经担任爱荷华州卫理公会家庭传教会主席。1912 年，霍金斯从爱荷华州格林奈尔学院（Grinnell College）社会科学专业毕业。他搬迁到纽约后，很快就迎娶了自己三任妻子中的第一任，犹太人埃塞尔·格罗斯（Ethel Gross）。霍普金斯一头扎进社会服务所运动，在结婚之前一直住在克里斯多拉社会服务所（Christodora House）。然后，他前往改善穷人境况协会（AICP）工作，并成为该协会主席约翰·亚当斯·金斯伯里（John Adams Kingsbury，1876 年出生）的门生。约翰·金斯伯里与富有的玛丽·金斯伯里·辛霍维奇没有血缘关系，他出生在堪萨斯州农村，父亲曾经出任西雅图一所高中的校长。1909 年，约翰·金斯伯里从哥伦比亚大学教育学院毕业，开始从事专业的社会工作。

在纽约市长约翰·珀洛伊·米切尔（John Purroy Mitchell）的改革政府中，金斯伯里是纽约市公共慈善局局长；霍普金斯是儿童福利委员会执行秘书，与冉冉升起的社会改革明星人物诸如亨利·布鲁厄、莫莉·道森和弗朗西斯·珀金斯在该委员会共事。

1917 年到 1922 年，霍普金斯在南方管理红十字会，返回纽约市后成为改善穷人境况协会的总监助理，并兼任颇有影响力的米尔班克基金的首席执行官。米尔班克基金参与了许多医疗和健康项目，属于洛克菲勒派系。1924年，当霍普金斯成为纽约结核病协会（New York Tuberculosis Association）总监之后，金斯伯里资助了该协会有关结核病的一个大型项目。金斯伯里日益成为公开的激进派，把苏联的医学成就夸到了天上，鼓吹在美国推行强制性健康保险。金斯伯里直言不讳地反对美国医疗协会，以至于美国医疗协会威胁抵制波登牛奶公司（米尔班克家族的主要业务），并在1935年成功地逼迫金斯伯里退职。但是，不必担心，霍普金斯立刻请老朋友金斯伯里在他的"成名作"工程振兴管理局（Works Progress Administration）出任顾问。

哈里·霍普金斯究竟如何从一个社会服务所的社工崛起为新政中最有权势的人物之一？部分答案是他和哈里曼家族中W. 埃夫里尔·哈里曼（W. Averill Harriman）的亲密友谊、他与强大雷曼兄弟投资银行合伙人约翰·赫兹（John Hertz）的交情，以及他与权势洛克菲勒家族正在崛起的政治领导人纳尔逊·奥尔德里奇·洛克菲勒（Nelson Aldrich Rockefeller）的关系。

事实上，当霍普金斯在新政中被任命为商务部部长时，他想把副部长的职位给予纳尔逊·洛克菲勒，但是后者拒绝了这个提议。

七、洛克菲勒家族和社会保障

洛克菲勒家族及其知识分子和技术官僚随从，实际上构成了新政的核心。从深层意义来说，新政本身构成了对摩根势力的激烈取代。也即，洛克菲勒家族、哈里曼家族、库恩-洛布公司和雷曼兄弟投资银行领导的一个政治联盟，取代了在整个20世纪20年主导代金融和经济政治的摩根财团。[①] 比如，在制定新政措施时颇具影响力的商务部商业咨询委员会，主要是由哈里曼家族的埃夫里尔·哈里曼以及洛克菲勒的亲信、新泽西标准石油公司首领沃尔特·蒂格尔（Walter Teagle）等主导。在这里，我们可以追

---

① Thomas Ferguson, "Industrial Conflict and the Coming of the New Deal: The Triumph of Multinational Liberalism in America", in *The Rise and Fall of the New Deal Order, 1930–1980*, S. Fraser and G. Gerstle, eds. (Princeton, NJ: Princeton University Press, 1989), pp. 3–31.

溯一下洛克菲勒家族携手威斯康星州进步派和社会服务所毕业生，在创造并推动美国社会保障体系方面的影响力。同时，这个国家社会保障体系也是后千禧年虔敬派信徒救世主思想不可逆转逐渐世俗化过程的最终产品。也许只有这样说是最合适的：一场始于后千禧年扬基妇女走上街头试图摧毁酒馆的行动，以威斯康星州的社会学家、技术官僚，以及由洛克菲勒驱使的专家，操纵政治权力杠杆，用福利国家的形式在美国发动了一场自上而下的革命而结束。①

社会保障始于1934年。富兰克林·罗斯福总统派遣了一个三人小组，挑选经济保障委员会(CES)的成员。经济保障委员会将负责社会保障系统的立法工作。这三个人分别是劳工部部长弗朗西斯·珀金斯、联邦紧急救济局局长哈里·霍普金斯和农业部部长亨利·A. 华莱士(Henry A. Wallace)。

其中，最重要的是珀金斯，他的部门最接近社会保障管辖权，且他能在国会听证会上呈现政府观点。珀金斯和其他人决定把这些重要任务委托给亚瑟·奥特迈耶。奥特迈耶是威斯康星州一个英国国教会信徒，曾经担任威斯康星州工业委员会秘书，管理过威斯康星州失业救济系统。在富兰克林·罗斯福于1933年强制推行法团集体主义国家振兴管理局时，奥特迈耶被任命为国家振兴管理局劳动合规司司长。法团主义商人，特别是伊士曼柯达公司的总裁、商业咨询委员会的主要成员马里安·福尔瑟姆(Marion

---

① 洛克菲勒家族最初是热忱的后千禧年浸信会信徒。老约翰·戴维森·洛克菲勒来自纽约州北部。小约翰·戴维森·洛克菲勒是洛克菲勒帝国道德和慈善部门领导人。1920年，小约翰·戴维森·洛克菲勒在纽约市领导了一个庞大的陪审团，以铲除那个城市的罪。然而，在第一次世界大战后，为了击退教会中的前千禧年教派的"原教旨主义"潮流回归，洛克菲勒家族挑选牧师哈里·爱默生·福斯迪克(Harry Emerson Fosdick)作为领导者，推动了"自由主义新教"运动——后千禧年主义的一个世俗化版本。哈里·福斯迪克成为自由派新教组织的支柱——基督教会联盟委员会(Federal Council of Churches of Christ)的主席。与此同时，约翰·戴维森·洛克菲勒任命福斯迪克的弟弟雷蒙德·布莱恩·福斯迪克(Raymond Blaine Fosdick)为洛克菲勒基金会负责人，雷蒙德最后成为老约翰·戴维森·洛克菲勒官方指定的传记作者。雷蒙德·福斯迪克曾是社会服务所的一个社工。福斯迪克兄弟出身在布法罗的一个新英格兰家庭。关于福斯迪克兄弟，参见 Murray N. Rothbard, "World War I as Fulfillment: Power and the Intellectuals", *Journal of Libertarian Studies* 9, no. 1 (Winter 1989): 92－93, 120。

(编者附注)见本书第十三章。

Folsom)衷心认同奥特迈耶在这些任务中的表现。

奥特迈耶首选的经济保障委员会主席不是别人，正是劳资关系咨商委员会(Industrial Relations Councilors, IRC)研究总监布赖斯·斯图尔特(Bryce Stewart)博士。20世纪20年代初，专门负责洛克菲勒帝国意识形态和慈善事业的小约翰·洛克菲勒推动成立了劳资关系咨商委员会。劳资关系咨商委员会是推动法团主义劳工管理合作新形式，并在工业界和政府中推动支持工会和福利国家政策的学术和社会行动旗舰机构。劳资关系咨商委员会也在常春藤盟校，特别是在普林斯顿大学，设立了深具影响力的劳资关系系。

然而，布赖斯·斯图尔特对公开代表劳资关系咨商委员会和洛克菲勒家族掌权社会保险事业犹豫不决。他更愿意待在幕后，为劳资关系咨商委员会提供咨询，并合作指导委员会的一项失业保险研究。

遭到斯图尔特拒绝后，奥特迈耶把目光转向了自己的威斯康星州工业委员会秘书职位的继任者、康芒斯的弟子埃德温·威特。威特成为经济保障委员会执行秘书，负责任命其他成员。在富兰克林·罗斯福的建议下，奥特迈耶向商业咨询委员会委员杰勒德·斯沃普、沃尔特·蒂格尔、约翰·拉斯科布(John Raskob)咨询经济保障委员会的机构设置和相关政策。

奥特迈耶和威特还为富兰克林·罗斯福准备了一份由雇主、工会和“市民”组成的名单，以从中挑选经济保障委员会的顾问委员会成员。除了杰勒德·斯沃普、马里安·福尔瑟姆和沃尔特·蒂格尔，顾问委员会还包括另外两位有权势的法团主义商人。一位是莫里斯·利兹，利兹-诺斯拉普(Leeds & Northrup)公司总裁，支持工会和福利国家的美国劳工立法协会的一位成员。另一位是山姆·卢易森(Sam Lewisohn)，迈阿密铜矿公司副总裁，美国劳工立法协会前主席。担任顾问委员会理事长的是深受爱戴的南方自由主义者、学术带头人、北卡罗来纳大学校长弗兰克·格拉哈姆(Frank Graham)。

奥特迈耶和威特任命默里·韦伯·拉蒂默(Murray Webb Latimer)、道格拉斯·布朗(Douglas Brown)和芭芭拉·阿姆斯特朗(Barbara Nachtried

Armstrong)出任经济保障委员会关键技术委员会委员。三个人都是劳资关系咨商委员会的成员。芭芭拉是加利福尼亚大学伯克利分校第一位女性法律教授。拉蒂默和布朗是劳资关系咨商委员会的杰出人物。拉蒂默是铁路退休委员会(Railroad Retirement Board)的主席,曾编写劳资关系咨商委员会工业养老金研究成果,并完善了铁路退休法案的细节。拉蒂默也是美国劳工立法协会会员,并帮助新泽西州标准石油公司、俄亥俄州标准石油公司和加利福尼亚州标准石油公司管理保险和养老金计划。

道格拉斯·布朗是劳资关系咨商委员会创立的普林斯顿劳资关系系主任,也是为高龄老人设计社会保障养老金计划的关键人物。布朗携手劳资关系咨商委员的大企业成员,坚决表示雇主不会逃避养老金计划的税收。布朗坦率地说,小企业不可避免地受到这些社会保障税义务带来的成本上涨影响。已经自愿为雇员提供昂贵养老金的大公司,可以利用联邦政府迫使小型竞争对手为类似昂贵的项目付费。1935 年,布朗在提交给参议院财政委员会的证词中说,雇主对养老金的"贡献"的最大好处是:

> 它给整个工业提供了相对统一的高龄保障最低成本,保护那些正在提供养老金的更慷慨的雇主,免受那些在员工高龄时解雇员工因此无需向员工支付养老金的雇主的竞争。它同时提高了进步雇主和不进步雇主对高龄员工保护的成本。①

换而言之,通过立法故意惩罚成本相对较低、"不进步"雇主,用人为的手段削弱他们,使他们的成本提高到与大雇主相当。当然,同样受伤的还有被迫为这种慷慨付出代价的消费者和纳税人。

因此,不足为奇,几乎所有的大公司都全力支持社会保障计划;那些小

① 参见 Jill Quadagno, *The Transformation of Old Age Security: Class and Politics in the American Welfare State* (Chicago: University of Chicago Press, 1988), p. 112; Jill Quadagno, "Welfare Capitalism and the Social Security Act of 1935", *American Sociological Review* 49 (October, 1984): 641; G. William Domhoff, *The Power Elite and the State: How Policy is Made in America* (New York: Aldine de Gruyter, 1990)。

企业协会，如全国金属行业协会、伊利诺伊州制造业协会、全国制造业协会则都攻击这个计划。1939年时，只有17%的美国企业赞成废除《社会保障法》，没有一家大企业支持废除《社会保障法》。

事实上，大企业热情地与社会保障部门合作。当社会保障委员会面临建立2600万个个人账户的艰巨任务时，他们向商业咨询委员会请益。马里安·福尔瑟姆帮助筹划建立了地区社会保障账户中心。商业咨询委员向社会保障委员会推荐了费城商会工业部部长出任首席登记员。道格拉斯·布朗也因为自己的工作而获得奖励，成为社会保障局新一届扩大的咨询委员会的主席。

美国劳工立法协会在发展社会保障制度方面起到重要作用。这个由康芒斯发起和成立的左翼社会福利机构，由他的学生约翰·B.安德鲁斯领导了几十年，得到了洛克菲勒、摩根和其他富有的法团自由主义金融和工业利益集团的资助。

美国劳工立法协会是20世纪20年代残疾保险和健康保险倡议的主要发起者，在20世纪30年代转向为失业保险制定州法案模板。1932年，威斯康星州采纳了美国劳工立法协会的计划。在美国劳工立法协会的游说下，民主党把这份计划纳入其施政纲领。

经济保障委员会的关键技术委员会和咨询委员会的职位，几乎被美国劳工立法协会的成员填满。不仅如此，1934年初，珀金斯部长要求美国劳工立法协会驻华盛顿的说客保罗·劳申布什(Paul Rauschenbush)起草社会保障法案，该法案成为经济保障委员会进一步讨论的基础。与此同时，美国劳工立法协会与弗洛伦斯·凯利的全国消费者联盟保持密切联系。

保罗·劳申布什有着极好的家庭背景。他的父亲是社会福音浸信会著名牧师沃尔特·劳申布什(Walter Rauschen)。保罗师从约翰·康芒斯，是威斯康星州失业保险法的主要撰写者。更具有进步派风格的是，劳申布什娶的是著名的进步主义律师的女儿伊丽莎白·布兰代斯(Elizabeth Brandeis)。伊丽莎白也师从康芒斯，并从威斯康星大学获得了博士学位。她是弗洛伦斯·凯利的密友，并帮助编辑了她的姨妈约瑟芬·戈德马克为凯利写的传记。伊丽莎白帮助起草了威斯康星州的失业补偿法。她在威斯康星大学教授经济学,最后晋升为正教授。

最后,我们可以借历史学家欧文·耶洛威兹(Irwin Yellowitz)的话进行总结:所有这些改革组织都是由"富有的贵族、职业人士和社会工作者组成的一个小团体主导和资助的。富有的女性,包括来自纽约社会的一些女性,所提供的资金和人力支持,对这些组织来说是不可或缺的"。[1]

① 参见 Irwin Yellowitz, *Labor and the Progressive Movement in New York State, 1897–1916* (Ithaca, NY: Cornell University Press, 1965), p. 71; J. Craig Jenkins and Barbara G. Brents, "Social Protest, Hegemonic Competition, and Social Reform: A Political Struggle Interpretation of the American Welfare State", *American Sociological Review* 54 (December, 1989): 891–909; J. Craig Jenkins and Barbara Brents, "Capitalists and Social Security: What Did They Really Want?" *American Sociological Review* 56 (February, 1991): 129–132。

第十二章
第一次世界大战时期的集体主义

与以往任何时期相比，第一次世界大战是美国商业体系最关键的分水岭。因为，当时的“战时集体主义”，即主要基于大企业利益，通过中央政府政策工具实施的完全计划经济，为后来的20世纪国家法团资本主义提供了模板、先例和鼓舞。这种鼓舞与先例不仅出现在美国，也出现在第一次世界大战主要参战国的经济中。战时集体主义向西方世界的大企业昭示了一种可能性：过去主要基于自由市场的资本主义，可以大幅度转变为以强大政府及其广泛、普遍的干预与计划为标志的新秩序，由此为企业，尤其是大企业的利益提供一个获得扶持和垄断特权的网络。具体来说，就是经济在政府的庇护下被企业联盟化，形成经典垄断模式中的价格上涨、产量受限且固定，军事合同和其他政府合同通过特定渠道流向支持法团主义的生产商。对于日益难以控制的劳工群体，可以通过机制设计促进适当程度的合作工会主义，让有合作意愿的工会领导人成为初级合伙人，为这个新的国家垄断秩序提供服务，以进行驯服和约束。

可以说，这种新秩序在很多方面都是对旧式重商主义秩序惊人的回归，它含有侵略性的帝国主义和国家主义、无孔不入的军国主义，以及一个给予大企业利益相关者扶持和垄断特权的庞大网络。当然，在20世纪，由于工业革命已经使制造业和工业发展成为占主导地位的经济形式，所以新的重商主义是关于工业的而不是商业的。与先前的相比，这种新重商主义还有一个显著的不同：初始重商主义的阶级规则是赤裸裸的，对普通劳动者和消费者的蔑视也是如此[①];相反,在20世纪的这种新重商主义中,新的分配方式遮隐在新的规则形式之下。这种新形式规则声称,通过新的劳工代表形式,可以促进劳动者的整体福利水平和国民共同利益。与此同时,负责支持和赞美这个新规则的20世纪自由主义新意识形态,有了一个迫切的需要,即为它提供一个通俗的合理性解释和支撑。有别于19世纪自由放任的旧自由主义,这种新自由主义宣称,新制度在增进国民福利方面具有先进性,因此与旧的剥削性重商主义制度截然不同。这种说法为新系统赢得了民众的认可。作为对这种新的法团自由主义者提供意识形态支持的回报,新系统为他们提供了声望、收入,以及具体规划新系统和作为代言人宣传意识形态的权力。

一、大企业和战时集体主义

在这里,我们无法详细阐述大企业及其商业利益在驱使美国卷入第一次世界大战方面扮演的诸多角色。通过出口订单和为盟国提供贷款(尤其是J. P. 摩根公司签署的贷款——J. P. 摩根公司在美国政治中极富影响力,同时也是英国和法国政府的代理人),这些大企业与英国和法国建立了广泛的经济联系。这些经济联系以及美国国内和盟国的军事订单带来的繁荣,在推动美国参战方面起到了重要作用。实际上,当时几乎整个东部工商界都支持参战。[②]

除了积极推动美国加入战争,这些大企业还热衷于广泛的计划和经济动员——这些显然是战争需要的东西。因此,早期的战争动员狂热团体之

---

① 关于重商主义者对劳工的态度,参见 Edgar S. Furniss, *The Position of the Laborer in a System of Nationalism* (New York: Kelley & Millman, 1957)。在此书中,埃德加·弗尼斯(Edgar S. Furniss)引用了英国重商主义者威廉·佩蒂(William Petyt)的观点。佩蒂曾把劳动力称为"资本原材料……生料、未经消化的……被托付给最高权威之手,经过后者的谨慎和处理,被改进、管理和塑造成为多少有点用处"。弗尼斯补充道,"这是此类作者的特点,他们倾向于相信政权的智慧可以'改善、管理和塑造'国家的经济原材料"。P. 41.

② 关于"摩根众议院"的作用以及与盟国的其他经济联系如何最终导致美国参战,参见 Charles Callan Tansill, *America Goes to War* (Boston: Little, Brown & Co., 1938), pp. 32 – 134. (编者附注)另见第十四章。

一是美国商会。自1912年成立以来,美国商会一直在联邦政府的庇护之下推动工业领域的企业联盟化。1916年年中,美国商会月刊《全国商业》(*The Nation's Business*)预言:一个动员起来的经济将带来政府和企业之间权力和责任的分享。1916年年末,美国众议院国防执行委员会主席写信给杜邦,表达了他对未来的预见:"军需问题似乎会成为在政府和产业之间培养新合作精神的最好机会。"①

第一个面向战争进行经济动员的组织是工业准备委员会(CIP)。该组织于1916年脱胎于海军顾问委员会工业准备委员会,一个专门考虑美国海军迅速扩张带来派生影响的工业顾问委员会。按照惯例,新的工业准备委员会是一个公私紧密融合的组织,它作为联邦政府的分支机构隶属于官方,但是运营经费完全依赖于私人捐献。此外,工业准备委员会企业家成员的工作属于免费的爱国行为,因此他们可以保留自己在私人公司的职位和收入。工业准备委员会的主席霍华德·科芬(Howard E. Coffin)是底特律哈德森汽车公司(Hudson Motor Co. of Detroit)副总裁,一位致力于工业动员的狂热分子。在科芬的引领之下,工业准备委员会编制了一份关于全国数千家军需制造厂的详细目录。为了宣传这个被命名为"工业准备"的成果,科芬驱动了美国新闻协会、世界联合广告俱乐部(Associated Advertising Clubs of the World)、《纽约时报》以及美国工业企业的大量宣传机器。②

1916年末,工业准备委员会转型为完全政府化的国防委员会(CND)。狭义的国防委员会由几名内阁成员组成,但其咨询委员会主要由私人工业家组成,因此私人工业家成为其实际的运营代理人。总统威尔逊宣布的国

① 引自 Paul A. C. Koistinen,"The 'Industrial-Military Complex' in Historical Perspective:World War I",*Business History Review* (Winter 1967):381。

② 研究第一次世界大战工业动员的著名历史学家格罗夫纳·B. 克拉克森(Grosvenor B. Clarkson),是国防委员会的主要参与者并担任过该机构的主席。他写道:在企业一致赞成的声音之外散落的例外情况,"显示出相当程度上缺乏为国家服务的统一意志,这种统一意志对于把个人主义的铁丝编入牢不可破的族裔团结中是不可或缺的"。参见 Grosvenor B. Clarkson,*Industrial America in the World War* (Boston:Houghton Miffl in Co., 1923),p. 13。顺便说一下,克拉克森这本书的出版是由工业战时集体主义的领袖伯纳德·巴鲁克(Bernard Baruch)资助的,其手稿经过巴鲁克一个高级助手的仔细检查。作为一个公共关系专家,克拉克森正是在科芬1916年的工业准备运动宣传工作中开始了他的奋斗。参见 Robert D. Cuff,"Bernard Baruch:Symbol and Myth in Industrial Mobilization",*Business History Review* (Summer 1969):116。

防委员会宗旨是:“把整个工业机制……以最有效率的方式组织起来”。威尔逊指出,国防委员会具有特殊的价值,因为它“为商人、科学家以及所有政府部门之间的交流与合作,开辟了一个全新的和直接的渠道……”。[①] 同时,他向在国防委员会咨询委员会工作的人致敬,认为他们标志着“无党派的工程师和专业人士正在以前所未有的规模进入美国政府事务”。这些成员则向总统表示,他们将无偿服务,“效率是他们唯一的目标,美国主义是他们唯一的动机”。[②]

霍华德·科芬为新成立的国防委员会感到兴奋。1916年12月,他写信给杜邦:“这是我们的希望所在,我们可能在为一个工业、民间和军队紧密交织的结构奠定基础,每一个具有思考能力的美国人都已经认识到这对国家未来的生活至关重要,它在和平时期及在商业领域的重要性丝毫不亚于在任何可能的战争时期。”[③]

在成立国防委员会的过程中,一位特别有影响力的人物是财政部部长威廉·吉布斯·麦卡杜(William Gibbs McAdoo)。麦卡杜是威尔逊总统的女婿,曾推动哈德森铁路和曼哈顿铁路的建设,与华尔街瑞恩利益集团关系密切。[④] 国防委员会咨询委员会的主席是沃尔特·吉福德(Walter S. Gifford)。他曾是工业准备委员会的领导者之一,从摩根麾下垄断企业美国电话电报公司首席统计师的职位来到这个政府部门。国防委员会咨询委员会其他的“无党派”成员包括:巴尔的摩-俄亥俄铁路公司总裁丹尼尔·威拉德、华尔街金融家伯纳德·巴鲁克、霍华德·科芬、西尔斯罗巴克公司总裁朱利叶斯·罗森沃尔德、美国劳工联合会主席塞缪尔·冈珀斯,以及一名

---

① Clarkson, *Industrial America in the World War*, p. 21。

② 出处同前,p. 22。

③ Koistinen, “The ‘Industrial-Military Complex’ in Historical Perspective”, p. 385.

④ 最初产生国防委员会构想的是霍利斯·戈弗雷(Hollis Godfrey)博士,工业培训和管理教育机构德雷克塞尔研究所(Drexel Institute)的主席。在成立国防委员会过程中发挥影响力的还有军民联合克南委员会(Kernan Board),其成员包括弗朗西斯·J. 克南(Francis J. Kernan)上校和一些平民成员:本内迪克特·克罗韦尔(Benedict Crowell),克利夫兰克罗韦尔-利特尔建筑公司(Crowell & Little Construction Co. of Cleveland)董事长、未来的战争部副部长;R. 古德温·雷特(R. Goodwyn Rhett),查尔斯顿人民银行(People's Bank of Charleston)行长、美国商会会长。出处同前,pp. 382,384。

科学家和一名外科医生。

在美国参战前几个月，由国防委员会咨询委员会设计了保证战争供给的整个采购系统、食品管控制度和新闻审查制度。与此同时，国防委员会咨询委员会会见了来自各行各业的兴高采烈的代表，告诉他们组成行业委员会，以把他们的产品按固定价格卖给政府。毫不奇怪，我们看到丹尼尔·威拉德负责铁路事务，霍华德·科芬负责军需制造，伯纳德·巴鲁克负责原材料和矿产资源，朱利叶斯·罗森沃尔德负责供应系统，塞缪尔·冈珀斯负责劳工事务。成立各个行业委员会，"把他们的资源集中在一起"，这个想法来自伯纳德·巴鲁克。国防委员会的各商品委员会一成不变地由各个领域的主要实业家组成，然后由这些商品委员会和各行业委员会进行协商。[①]

根据国防委员会咨询委员会的建议，赫伯特·克拉克·胡佛(Herbert Clark Hoover)出任新的食品管理局局长。1917 年 3 月底，国防委员会又设置了一个采购委员会，负责协调政府从各个行业的采购。采购委员会很快改名为军需品委员会(General Munitions Board)。该委员会的主席是克利夫兰市制造商华纳-斯韦齐公司(Warner & Swasey Co)总裁弗兰克·A. 斯科特(Frank A. Scott)。

由于官僚机构混乱，集中动员工作进展颇为缓慢。于是，美国商会向国会提出，"类似于军事首长在军事方面具有的权力和权威"，国防委员会的首长"应该被赋予经济领域的权力和权威"。[②] 1917 年 7 月初，原材料、军需品和补给等部门以新的战时工业委员会(War Industries Board, WIB)名义集中在一起，斯科特出任该委员会主席。战时工业委员会将成为第一次世界大战中集体主义的中心机构，其功能将很快转为协调采购、分配商品和确定生产的价格及优先次序。

---

① 作为众多例子中的一个，国防委员会的"铜合作委员会"成员包括：阿纳康达铜矿公司(Anaconda Copper)总裁、卡鲁梅特-赫克拉矿业公司(Calumet and Hecla Mining)总裁、菲尔普斯·道奇公司(Phelps Dodge)副总裁、肯纳科特矿业公司(Kennecott Mines)副总裁、犹他铜矿公司(Utah Copper)总裁、佛得角联合铜矿(United Verde Copper)总裁，以及默里·M. 古根海姆(Murray M. Guggenheim)——有影响力的古根海姆家族利益代表。美国钢铁学会(American Iron and Steel Institute)提供了该行业的代表名单。参见 Clarkson, *Industrial America in the World War*, pp. 496 - 497; Koistinen, "The 'Industrial-Military Complex' in Historical Perspective", p. 386。

② Clarkson, *Industrial America in the World War*, p. 28.

管理问题一直困扰着战时工业委员会。一言以蔽之，需要一个令人满意的“独裁者”充当这个新组织的主席，以便寻求对整个经济的统治。有意愿成为这个独裁者的人终于在1918年3月出现，他就是伯纳德·巴鲁克。随着威尔逊总统在财政部部长麦卡杜的催促下选择了伯纳德·巴鲁克，战时集体主义完成了它的最终形式。① 从资历来看，巴鲁克担当此项任务是无可指摘的。巴鲁克在很早就支持参战，在1915年向威尔逊总统提出了战争工业动员计划。

战时工业委员会发展成为一个巨型机器，通过商品分配把各个行业连接起来，各个行业的商人充填于这个“机器”。一位历史学家，战时工业委员会的领导人之一，兴奋地指出战时工业委员会建立了

> 一套所有其他国家都无法匹敌的系统，把商业、工业和政府的所有权力都集中起来……它与美国陆军、海军以及盟军的供应部门，还有美国政府的其他部门紧密交织在一起。它本身是一个实体……它的决定、它的行为……总是基于对整体情况的把握。与此同时，通过商品部与相应行业委员会的交易，战时工业委员会把触角延伸到工业的最深处。过去从未有过如此专门的关于美国广大的工业、商业和交通业的知识，也从来没有过一种方法能够对整个大陆的商业事务做到无所不知。②

大企业首领渗透到战时工业委员会的结构之中，囊括战时工业委员会自身到其下属的具体商品部。我们可以看到：副主席亚历山大·莱格(Alexander Legge)来自国际收割机公司，商人罗伯特·S. 布鲁金斯(Robert S. Brookings)是限定价格的中坚力量，负责制成品的乔治·N. 皮克(George N. Peek)曾是领先的农业机械制造商迪尔公司(Deere & Co.)的副总裁，主

---

① 弗兰克·A. 斯科特和丹尼尔·威拉德先后担任主席，随后这个职位被移交给霍默·弗格森(Homer Ferguson)，即纽波特纽斯造船公司(Newport News Shipbuilding Co.)总裁及后来的美国商会会长。

② Clarkson, *Industrial America in the World War*, p. 63.

管优先次序的罗伯特·S. 洛维特(Robert S. Lovett)是太平洋联合铁路公司董事长,钢铁负责人伦纳德·里普洛格尔(J. Leonard Replogle)曾任美国钒业公司(Vanadium Co.)总裁;巴尔的摩-俄亥俄铁路公司的丹尼尔·威拉德没有直接出现在战时工业委员会的结构中,但他实际上负责全国的铁路;大商人赫伯特·C. 胡佛则是“食品沙皇”。

战时工业委员会在授予战争合同时没有任何关于竞价的废话,效率和成本的竞争被完全抛开,由行业人士主导的战时工业委员会把合同发放给他们合意的对象。

任何持有异见或持个人主义行径的公司,以及不喜欢遵守战时工业委员会规定和命令的公司,很快就在政府的高压和有组织的业界同行的联合责骂之下被粉碎。格罗夫纳·克莱森写道:

> 当他们意识到工业已经像人力资源一样被征用的时候,个人主义美国实业家震惊了……工业界交出了自己的主权,锻造了自己的镣铐,并监视着自身的服从。到处都是怨愤、激烈的抗议,尤其是来自那些被削减和停顿的产业。(但是)权力外衣的租金,被工业界用温顺和合作付清。偶尔妨碍战时工业委员会命令的人,最终发现自己被业界的同行排斥。[①]

战时集体主义最重要的工具之一是战时工业委员会保护委员会——又一个主要由制造业首领组成的机构。这个机构在之前作为国防委员会商业经济委员会存在,是该委员会第一任主席芝加哥商人阿奇·W. 肖(Arch W. Shaw)的思想结晶。这个委员会或者说部门,向工业经济体提出建议,敦促行业考虑合作性规制。它假定被监管是“出于自愿的”,一种由“行业舆论强迫”所导致的自愿行为,“行业舆论会自动监督遵守倡议的情况”。因为,“当一种实践出于压倒性大多数赞同而被采纳,甚至被同行坚持时……特别是当它出现在紧急时刻,带有爱国服务的标签时,是无法被轻易

① 出处同前,pp. 154,159。

忽视的”。[①]

通过这种方式，保护委员会在战时“保护”的名义下着手使工业合理化、标准化和联盟化，并希望这种情况在战争结束后持续下去。阿奇·W.肖把自己部门的任务总结如下：显著减少工业产品的款式和尺寸数量，消除繁多的款式和品种，规范尺寸和度量。这种对工业竞争的无情、彻底的压制，并不只是作为一种战时措施，这可以从格罗夫纳·克莱森的话中看出来：

> 世界大战是一个很棒的学校……它向我们展示了有那么多事情可以做得更好，以致于我们迷惑于应该从哪里开始永久利用我们的所知。单是保护委员会就告诉了我们：仅仅把贸易和工业中的无效习惯和无用多样性剥离出来，就会给世界的资本带来丰厚的红利……也许，希望保护委员会的成功经验给和平时期带来更多普遍化益处，会是一种奢求。但是现在的这个世界和战争期间一样，都需要提高经济效率。[②]

展望未来的企业联盟化，克莱森宣称：和平时期如此的“经济效率……意味着竞争性企业之间的一种亲密和谐的关系，这在反托拉斯法迫使的分散化商业中是不可能出现的”。

伯纳德·巴鲁克的传记作者总结了这种强制性“保护”和标准化的长期效果：

> 战时保护减少了衣服的款式、品种和颜色。它有标准化尺寸……它取缔了美国250种不同型号的犁模具，更不用说755种钻头……大规模生产和大规模分配成为这片土地的法律……然后，这也将成为20世纪下一个25年的目标：“使美国工业标准化”，使战时必需成为和平时期的有利因素。[③]

---

① 出处同前，p. 215。

② 出处同前，p. 230。

③ Margaret L. Coit, *Mr. Baruch* (Boston: Houghton Mifflin Co., 1957), p. 219.

不单是保护署，而是战时集体主义和企业联盟化的整个结构，构成了对未来和平时期商业和政府的一种经济愿景。克莱森坦率地说：

> 毫不奇怪，对于跟国家工业打交道的人来说……面对和平时期工业呈现的巨大混乱——总是处在过度生产和死亡的永恒循环，以及危机后内部调整尝试中，他们在沉思并感觉到智力受到了侮辱。于是，从他们的沉思中产生了一个有序经济世界的梦想……
>
> 他们把美国设想成控制世界贸易的“商品部门”。整个世界贸易在华盛顿被仔细计算、登记，需求被标注，美国的资源随时待命，水龙头可以随时打开或关闭。简而言之，这是一种国家思想和愿望，即在面对国际贸易时，保持自己内部的商业井然有序。[①]

战时工业委员会控制工业的核心和灵魂机制是60多个商品部。商品部监督各类商品，其成员是来自对应行业的商人。除此之外，商品部还负责与300多个战争服务委员会（War Service Committees）打交道。战争服务委员会都是由美国商会麾下的各种专门行业团体组建的。毫不奇怪，在这种舒适的氛围中，商业和政府之间是和谐的。克莱森钦佩地描述道：

> 完全奉献给政府服务的商人，对工业问题有充分了解，现在他们面对着完全代表工业的商人，后者与政府的目的保持合拍。[②]

以及：

> 这些商品部是为了国民共同利益由商业运作的政府部门……战时工业委员会熟悉、理解并信任商品部的首领。他们就是彼此。[③]

---

① Clarkson, *Industrial America in the World War*, p. 312.

② 出处同前，p. 303。

③ 出处同前，pp. 300 - 301。

克莱森兴奋地总结道，商品部的人“经过动员和操练，反应灵敏、一腔热忱。他们斗志昂扬，列队以待”。[①]

美国商会对战时服务委员会系统表现出特殊的热情，这个系统也激励了和平时期的行业联合运动。芝加哥联合信托公司(Union Trust Co. of Chicago)副总裁、美国商会主席哈里·A. 惠勒(Harry A. Wheeler)宣称：

> 战时服务委员会的创建为一个真正的全国性工业组织奠定了基础，这个组织的未来和机会是无限的……美国商会关于整合企业的目标，已经近在眼前。战争是一位严厉的老师，驱使我们把努力合作的作业带回家。[②]

这个在每个行业内及行业和政府之间新得到的和谐，将导致“以合作取代竞争”。对政府订单的竞争几乎不存在，“价格竞争实际上被政府行动消灭，实业界处在……一个和谐的黄金时代”，商业损失的威胁不复存在。[③]

战时计划的关键功能之一是限定价格，即由战时工业委员会限定价格委员会设定工业产品的价格。限定价格在战争初期从钢铁和铜等关键领域开始，最后不可阻挡地扩展到诸多其他领域。在社会公众面前，限定价格被描述成限定最高价格，以保护公众不受战时通货膨胀的影响。事实上，政府把每个行业的价格设定在保证高成本生产者的“公平利润”水平，从而赋予了低成本公司很大程度的优待和高额利润。[④] 克莱森承认，这个系统是对大企业的巨大激励，但是对小企业很严酷。大规模且有效率的生产者得到

---

① 出处同前，P. 309。战时工业委员会的商品部和大企业之间的感情为产业-政府协调体系铺平了道路。参见 Weinstein, *The Corporate Ideal in the Liberal State, 1900－1918*, p. 223 and passim。

② The Nation's Business (August, 1918): 9－10. 引自 Koistinen, "The 'Industrial-Military Complex' in Historical Perspective", pp. 392－393。

③ Clarkson, *Industrial America in the World War*, p. 313.

④ George P. Adams, Jr., *Wartime Price Control* (Washington, D. C.: American Councilon Public Affairs, 1942), pp. 57, 63－64. 举个例子，政府将纽约铜的离岸价格设定在每磅 23.5 美元。占铜总产量 8%以上的犹他铜矿公司的生产成本估计是每磅 11.8 美元。通过这种方式，犹他铜矿公司在扣除成本后确保了近 100%的利润。出处同前，p. 64。

比通常水平更高的利润，而众多的小企业得到的回报低于其习惯水平。①

但是，成本较高的公司大多数满意于他们得到的“公平利润”保证。

限价委员会的态度在其主席罗伯特·S. 布鲁金斯的演讲中一览无遗。布鲁金斯是一个退休的木业巨头，他对镍行业说：“我们并不嫉妒你们的利润，如果可以的话，我们更愿意为它们辩护。这就是我们做事情的方式。”②

要了解典型的限定价格操作，可以看一看棉纺织工业的情况。限价委员会主席布鲁金斯在 1918 年 4 月的报告中说，棉制品委员会决定“以友好的方式聚集起来”，尝试“稳定市场”。布鲁金斯在备注里记录了大型棉纺织制造商的意愿，即最好是设定一个较高的长期最低限价，而不是吃完当前高价带来的短期好处。③

工业界尤其是大企业对战时集体主义制度的这种普遍的热情，是可以得到解释的。可以说，它是这种制度带来的稳定产品价格的产物。这个制度熨平了市场价格的波动，与此同时，产品价格几乎总是在政府和各个行业代表的双方认可下确定的。无怪乎，美国商会主席哈里·A. 惠勒在 1917 年夏季写道：战争“正在给商业创造一种合作的基础，单单这种合作就可以使美国的经济变得有效”。美国电话电报公司的总裁也呼吁，完善这种“合作，以确保政府与公司之间以及公司与公司之间的完全合作”。战时合作计划运作得如此出色，以至于共和钢铁公司（Republic Iron and Steel）的董事长在 1918 年初就提出，这个计划应该延续到和平时期。④

至关重要的钢铁业是关于战时集体主义如何运作的一个出色案例。钢铁业受到严密控制的特点，就是政府和行业之间的紧密“合作”。在这场合作中，华盛顿决定宽泛的政策，然后，领先钢铁生产商的首领艾伯特·加里法官决定如何在行业内实施这些政策。加里组建了一个代表当时美国最大钢铁生产商的委员会，由这个委员会帮助自己运营这个行业。这时，一个志

① Clarkson, *Industrial America in the World War*.

② Adams, *Wartime Price Control*, pp. 57 – 58.

③ Weinstein, *The Corporate Ideal in the Liberal State*, *1900 –1918*, pp. 224 – 225.

④ Melvin I. Urofsky, *Big Steel and the Wilson Administration* (Columbus: Ohio State University Press, 1969), pp. 152 – 153.

愿盟友出现了,即雷伦纳德·里普洛格尔,美国钒业公司总裁、战时工业委员会钢铁委员会主席。里普洛格尔和加里拥有同样的钢铁业长期愿景:在一个友好的联邦政府的支持下,实现行业的企业联盟化和市场稳定。毫无疑问,加里对自己指导钢铁业的新权力非常满意,并敦促授予自己"动员,必要时可以没收的"完全权力。钢铁业杂志《铁时代》(*Iron Age*)盛赞道:

> 很明显,这个历史上最大规模的战争促成了一种在综合经济计划中达成合作的想法,这是美国的钢铁制造商早在十年前就想通过当时加里法官和总统西奥多·罗斯福之间短暂亲密关系在自己的行业里实施的。[1]

诚然,战争时期政府与钢铁公司之间的关系有时会很紧张,但是政府征用资源这样一种紧张和高压的威胁通常只针对规模较小的公司,比如熔炉钢铁公司(Crucible Steel)——这家公司一直顽固地拒绝接受政府的合同。[2]

事实上,美国钢铁公司、伯明翰钢铁公司(Bethlehem)、共和钢铁公司等钢铁巨头,早在战争初期就敦促政府限定价格。他们不得不推动间或糊涂的政府把限定价格纳入政府计划,其中的主要原因是这些大型钢铁生产商对战时需求推动的钢材市场价格巨幅上涨感到兴奋,急于在价格高位稳定市场,从而在战争期间确保一个长期获利的位置。因此,1917 年 9 月政府的钢铁工业限价协定,受到了共和钢铁公司总裁约翰 A. 托平(John A. Topping)的欢迎。他说:

> 钢铁限价协议将对钢铁行业产生健康的影响,因为政府批准的合作监管原则已经确立。当然,目前的不正常利润将在很大程度上有所

① 出处同前,pp. 153 - 157。在对战时工业委员会中企业和政府之间关系的重要研究中,罗伯特·卡夫(Robert Cuff)教授的结论是,联邦政府对工业的监管方式是由大企业领导人塑造的,政府和大企业之间的这种关系在钢铁等行业表现得最稳定,因为这些行业的领导人早就在致力于寻求政府扶持的企业联盟化。Robert D. Cuff, "Business, Government, and the War Industries Board" (Doctoral dissertation in history, Princeton University, 1966).

② Urofsky, *Big Steel and the Wilson Administration*, p. 154.

下降。但是，这避免了市场失控，繁荣也将随之扩大。此外，稳定性的未来价值将得到保全。①

此外，大型钢铁生产商乐意以限定价格为由稳定和控制工资，因为工资成本正在上升。另一方面，较小的钢铁制造商，通常成本较高，在战争之前从未经历过繁荣，他们想充分抓住战争带来的短期暴利，因此反对限价。②

在这种体制下，钢铁业的利润率达到了历史最高水平，战争两年期间的年平均利润率为25％。一些规模较小的钢铁公司受益于较低的资本总额，利润率差不多翻倍。③

战争期间最彻底的价格管控制度不是由战时工业委员会实施的，而是由赫伯特·胡佛以“食品沙皇”身份主持的独立的食品管理局强制实施的。研究关于战时价格控制的官方历史学家恰如其分地写道：食品价格控制计划是“美国曾经采取过的……控制价格的最重要的措施”。④

赫伯特·胡佛在美国参战后迅速接受了任命，但是他提出了一个条件，即他必须具有管理食品的绝对权威，并且不受任何委员会的阻挠。食品管理局在未得到国会批准的情况下提前成立。然后，一个由胡佛支持的法案被提交给国会并获得通过，赋予了该体系充分的法律权力。胡佛还被授权可以征用“必需品”，可以征用工厂为政府生产，可以控制或禁止交易。

食品管理体系实施控制的关键是建立一个庞大的许可证网络。食品管理局并没有直接控制食品，而是得到了向食品业所有部门颁发许可证，以及设定许可证持有条件的绝对权力。所有的食品经销商、制造商、分销商以及仓储商，都被胡佛要求必须持有联邦许可证。

胡佛作为“食品沙皇”引入的一个显著特点是动员了一个庞大的公民志

---

① *Iron Age* (September 27, 1917). 引自 Urofsky, *Big Steel and the Wilson Administration*, pp. 216－217。

② Urofsky, pp. 203－06; Robert D. Cuff and Melvin I. Urofsky, “The Steel Industryand Price-Fixing During World War I”, *Business History Review* (Autumn 1970): 291－306.

③ Urofsky, *Big Steel and the Wilson Administration*, pp. 228－233.

④ Paul Willard Garrett, *Government Control Over Prices* (Washington, D. C.: Government Printing Office, 1920), p. 42.

愿者网络参与他的法令执行。赫伯特·胡佛也许是第一位这样做的美国政治家，他认识到通过洪流般宣传鼓动公众充当政府官僚的志愿助手以获取民众支持和执行政府法令的巨大潜力。公众的动员最终发展到这样一种地步：如果有人反对胡佛的命令，公众就会把这个人说成是道德麻风病患者。因此：

> 作为所有一切工作的基础，食品管理局实施控制的基础是……教育工作出现在各种保护和监管举措之前，并且伴随着措施实施的整个过程。胡佛先生完全认同这个想法，他认为控制食品的最有效方法就是让全国所有的男人、女人和孩子都想办法节约食物……成百上千万的宣传册和传单被撒播在这个国家，以教育人民认识粮食形势。华盛顿没有哪个战争委员会得到像食品管理局这样的广泛宣传，食品管理局的标志出现在西服翻领、商店橱窗、公共餐厅、火车和家庭之中，那些不服从食品管理法令的人被贴上羞辱的标签，置于学校、教堂、妇女俱乐部、公共图书馆、商业协会、共济会和其他社会群体的压力之下。①

食品管理局实施价格控制的方法是要求被许可人接受“一个合理的利润率”。这个“合理的利润率”被解释为略高于每个生产者成本的一个利润。成本加上“合理的利润”成为价格控制的规则。这个计划在公众面前被宣传成一种降低食品利润和食品价格的手段。虽然食品管理局希望稳定物价，但是它更重要的目标是企业联盟化。行业和政府联手确保个别的叛逆者不越轨，价格一般设定在保证所有人都有“合理的”利润。目标不是为了降低价格，而是为所有人制定一个统一、稳定、非竞争性的价格。目标与其说是降低食品价格，不如说是维持食品价格上涨。实际上，任何一个过度贪婪的竞争者如果想通过降价把总利润提高到比战前更高的水平，都会被食品管理局严酷对待。

让我们来看第一次世界大战时两个最重要的食品管制计划：关于小麦

---

① 出处同前，p. 56。

的和关于糖的。控制小麦价格是当时最重要的一个管制计划。它是在战时需求高涨的情况下被推出的,当时小麦价格迅速上涨到美国历史上的最高水平。在战争开始后两个月内,每蒲式耳①小麦的价格增加了 1 美元,达到前所未有的 3 美元。价格骚动之后,客观形势要求政府介入,通过设定小麦的最高价格阻止“投机者”,小麦价格管制计划就是在这个时候出台的。然而,在农场主的压力之下,政府出台的法案,规定的不是小麦的最高价格而是最低价格:1917 年的《食品管制法》(*Food Control Act*)限定次年收割小麦的最低售价是每蒲式耳 2 美元。然而,总统不满足于这个特殊扶持,在 1918 年年中把最低价格又提高到每蒲式耳 2. 26 美元,这正是当时市场上小麦的价格。提升的最低价格有效地固定了战争期间的小麦价格,因此,政府确保了消费者不可能从小麦价格的任何下跌中获益。

为了执行人为提高的小麦价格,赫伯特·胡佛建立了“由实务粮食商人”领导的谷物公司(Grain Corporation)。该公司在美国以“公平价格”购买大部分小麦,再以同样的价格把小麦转售给全国的面粉厂。为了让面粉厂放心,谷物公司向面粉厂保证,他们不会因小麦或面粉未能售出而遭受损失。另外,每个面粉厂都得到保证,战争期间他们在行业中的相对位置将得到维护。以这种方式,面粉工业借政府工具成功实现了企业联盟化。对于在企业联盟化安排面前犹豫不决的少数面粉厂,食品管理局轻而易举地施与他们责罚;如保罗·加勒特(Paul Garrett)所说的:“根据许可证的要求,他们的经营被合理地控制起来……”②

小麦和面粉的高价格,也意味着人为提高了面包师的成本。由此,面包师也进入了企业联盟舒适的保护伞,并以“保护”的名义,要求他们在小麦面粉中混入一定比例的次品。当然,每个面包师都乐意遵守要求生产劣质产品的规定,因为他知道竞争对手也被强制要求遵守这个规定。食品管理局强制要求面包尺寸标准化,并且禁止面包师通过给予特定客户折扣或者回扣的方式降价——这是每个企业联盟从内部瓦解的经典途径。③ 这些也抑

---

① (译者注)1 蒲式耳约为 35. 238 升。

② 出处同前,p. 66。

③ 出处同前,p. 73。

制了竞争。

糖的情况比较特殊。在糖的例子中，食品管理局降低价格的努力显得更为真诚，因为美国在很大程度上是糖的进口国而不是糖的生产国。赫伯特·胡佛和盟国政府及时地组成了一个国际糖业委员会，以人为设定的低价主要从古巴等国家采购所需的原糖，再把原糖分配给各种精炼糖厂。由此，盟国政府充当了一个巨大采购企业联盟的角色，降低了精炼糖厂原材料的价格。

赫伯特·胡佛促成了成立国际糖业委员会的计划，美国政府任命了五人委员会中的大多数委员。胡佛作为国际糖业委员会主席，选择美国人精炼糖公司（American Sugar Refining Co）总裁艾尔·巴布斯特（Earl Babst）以及其他几位代表精炼糖业者利益的商人作为国际糖业委员会成员。在成立之后，国际糖业委员会立即大幅削减了原糖的价格：把纽约市的古巴原糖市场价格从1917年夏季的每磅6.75美分，降到每磅6美分。当古巴人不出意外地对这种人为强制性降低他们经济作物价格的做法表示拒绝时，美国国务院和食品管理局联手迫使古巴政府达成协议。莫名其妙地，古巴人被告知无法从美国食品管理局获得所需小麦和煤的进口许可，这造成了古巴国内面包、面粉和煤炭的严重短缺。古巴人于1918年1月中旬被迫让步，此后很快获得了美国的小麦和煤进口许可。[①] 古巴还被说服，禁止向国际糖业委员会之外的任何对象出口原糖。

显然，巴布斯特先生为自己的美国人精炼糖公司保障了一份额外利润。因为，代表精炼糖业其他竞争对手的官员开始向国会作证，指责这家公司从国际糖业委员会的活动以及古巴原糖的限价措施中获得了额外利润。[②]

尽管美国政府付出了巨大努力为美国的精炼糖业降低原糖价格，但是它也意识到不能把原糖的价格压得太低，因为不得不考虑美国的甘蔗和甜菜种植者的利益，这些种植者必须得到他们应有的“公平回报”。出于协调和扶持美国的精炼糖商和糖作物种植者的考虑，胡佛成立了一个糖业均衡

---

① Robert F. Smith, *The United States and Cuba* (New York: Bookman Associates, 1960), pp. 20 - 21.

② 出处同前，p. 191。

委员会，以在把古巴原糖的价格保持在一个较低水平的同时，使美国原糖的价格保持在一个足够高的水平。糖业均衡委员会完成了这个艰巨的任务，它以固定低价格购买古巴的原糖，然后以高价格把原糖转售给精炼糖商，以中间的差价补贴美国原糖生产者。[①]

人为地降低原糖的价格，不可避免地减少了原糖的供给，并刺激了公众对糖的过度消费，导致了严重的原糖短缺。结果是糖的消费在之后受到联邦糖配给制度的严格限制。

毫无疑问，食品工业对食品管制计划感到满意。在保罗·加勒特的笔下，赫伯特·胡佛体现了整个战时集体主义体制的精神：

> 作为一项从最初就确定的基本策略，胡佛与业界保持了密切的关系。他为他的各个商品部门选择的领导人在很大程度上是商人。每个食品业细分部门的控制政策，都是与那个细分部门的商人开会达成的……可以说……食品管制的框架，从原材料控制开始，都是在与行业达成协议的基础上完成的。此外，所达成协议的实施，部分有赖于体制内行业组织的合作。行业感觉到自身对所有这些条例和规则的实施负有责任。[②]

独立于战时工业委员会之外的还有美国的铁路。与其他行业相比，铁路公司得到了最伟大的政府单独管理服侍。事实上，铁路公司由联邦政府直接接管和运营。

美国参战后，政府立即敦促铁路公司为了战争联合起来。铁路公司愿意遵从，迅速组建了铁路作战委员会(Railroads' War Board)，承诺将诚心诚意地追求他们在和平时期就长期追求的目标：停止竞争性活动，协调铁路运营。[③] 战时工业委员会主席伯纳德·巴鲁克的前任、巴尔的摩-俄亥俄铁路公司总裁丹尼尔·威拉德，高兴地说，铁路公司同意授予铁路作战委员会

---

① Garrett, *Wartime Price Control*, pp. 78 – 85.

② 出处同前，pp. 55 – 56。

③ Kerr, *American Railroad Politics, 1914 – 1920*, pp. 44 ff.

凌驾于任何私人铁路利益之上的权力。

在铁路作战委员会主席、南方铁路公司(Southern Railroad)的费尔法克斯·哈里森的领导下,铁路作战委员会成立了一个协调全国汽车运输供应的汽车服务委员会。协助这项工作的是长期监管铁路的联邦机构——州际商业委员会。又一次,政府推动的垄断鼓舞许多人畅想和平时期的经济。几年来,作为争取更高铁路费率和政府强制企业联盟的一种方法,铁路公司一直在鼓动"科学管理",但是由于遭到有组织的货运商——铁路的工业用户的反对,他们的努力失败了。

但是,现在托运人也被强制征用了。加利福尼亚州铁路委员会主席、全国铁路和公共事业协会(National Associationof Railway and Utilities Commissions)首领、有组织托运人的代言人马克斯·西伦(Max Thelen)同意:铁路公司的关键问题是"重复"和铁路之间"非理性"地缺乏协调。联邦参议员弗朗西斯·G.纽兰兹作为有关交通规制的一个联合委员会的主席,在铁路事务上最有权威。他认为战时的经验"一定程度上粉碎了我们持有的反托拉斯法旧观念"。①

然而,很快人们就清楚地看到,自愿的私人协调机制并不能顺利运转。铁路兄弟工会一直要求大幅增加工资,铁路公司和有组织的货运商因铁路公司要求全面提高费率而争执不休。

各个利益集团均感觉到,达成区域性协调和总体效率改善的最好办法是联邦政府全面接手铁路运营。货运商率先提出了实现协调和防止较高费率的计划。工会为了依靠政府获得加薪附议了这个计划。当威尔逊总统向铁路公司保证每条铁路今后都可以获得比肩1916年和1917年的利润——这两年是铁路行业非同寻常的高获利时期,铁路公司欣然表示同意。联邦政府提出接手令人头痛的战时混乱和管理难题,同时保证铁路公司无需做什么就得到高利润,铁路公司还有什么理由不赞成呢?

政府中最热心支持联邦政府铁路运营计划的是财政部部长麦卡杜。他是纽约市一家铁路公司的前执行官、摩根利益集团的亲密合伙人,摩根则是

① 出处同前,p. 48。

铁路债券的主要承销商和持有人。麦卡杜获得的回报是，威尔逊总统于1917年12月28日夺取铁路之后，旋即任命他出任美国铁路管理局局长。

以摩根为瞻的麦卡杜领导的联邦规制，被证明给美国铁路公司带来好运。铁路公司现在通过政府直接运营实现了完全垄断，铁路公司的高层管理人员还发现自己被联邦政府的强制权力全面武装起来。麦卡杜不仅挑选了一批铁路公司的高层管理人员作为他的直接助手，还在他的任期之内把原属州际商业委员会制定费率的权力移交给了由铁路公司主导的铁路管理局。[①] 这种权力转移是因为，尽管铁路公司在州际商业委员会的成立及其发展成铁路企业联盟代理机构的过程中起到决定性作用，但是在战前十余年州际商业委员会的控制权已经落入有组织的货运商手中。也就是说，铁路公司发现已经很难从州际商业委员会那里获得运输费率的增长。现在，战时联邦政府对铁路的控制正在把货运商搁置于旁边。[②]

麦卡杜把铁路管理局的领导职位几乎都交给铁路公司的人，把有组织的货运商和经济学家排除在外。此举激怒了货运商，他们在1918年仲夏对这个体系发起了猛烈的抨击。随着麦卡杜把铁路管理局越来越多地交给铁路公司打理，包括他把区域主任的任命权交给他的首席助理沃克·D.海恩斯，攻击的火力达到了顶峰。货运商和州际商务委员会委员抱怨说：

> 全国的铁路律师纷纷赶到华盛顿，把他们的麻烦告诉为麦卡杜班子服务的律师，并“被告知进入一个相邻的房间，把他们的诉求记录下来”。[③]

---

① 麦卡杜的“内阁”协助他经营铁路，其成员包括：沃克·海因斯和爱德华·钱伯斯（Edward Chambers），分别是圣塔菲铁路公司（Santa Fe R.）的董事长和副总裁；亨利·沃尔特斯（Henry Walters），大西洋岸线铁路公司（Atlantic Coast L. R.）董事长；黑尔·霍尔登（Hale Holden），伯灵顿铁路公司的负责人；A. H. 史密斯（A. H. Smith），纽约中央铁路公司董事长；约翰·巴顿·佩恩（John Barton Payne），芝加哥大西部铁路公司（Chicago Great Western R.）前首席法律顾问；通货监理局的金融检查长约翰·斯凯顿·威廉姆斯（John Skelton Williams），滨海铁路公司（Seaboard R.）前董事长。海因斯是麦卡杜的主要助手；佩恩成为交通部门负责人；负责运营部门的卡尔·R.格雷（Carl R. Gray），是西马里兰铁路公司（Western Maryland R）总裁。劳工部门负责人是工会主义者W. S.卡特（W. S. Carter），他也是消防员和工程师共济会领导人。

② Kerr, *American Railroad Politics, 1914－1920*, pp. 14－22.

③ 出处同前，p. 80。

就像战时工业委员会一样，铁路公司的高管代表着垄断利益，他们利用政府的强制力量，以“效率”和标准化的名义给予多样性和竞争严重打击。再一次，铁路管理局不顾货运商的反对，下令强制标准化铁路机车及设备的设计，取消了“重复”（即竞争性）的客运服务和煤炭运输，撤销了非铁路沿线交通运输办公室，并下令停止铁路公司自行招揽货物的做法。

这些法令减少了对倒霉货运商的铁路服务。强制减少的服务还有其他一些，其中一项是终结了货运商选定货运路线的权利，货运商原先可以选定最便宜的货物运输路线。另外一项则颠覆了和平时期的做法，即铁路公司对铁路运输货物的损失和损害承担赔偿责任；现在的情况是，全部举证责任由货运商承担。铁路管理局还有一项规定是“启航日计划”，它要求货运汽车待在站点直到满载，因此大幅削减了对小镇货运商的服务。

1918 年 3 月的《联邦控制法》（*Federal Control Act*），赋予铁路公司主导的铁路管理局绝对的权力，这个事后通过的法律合法化了之前非法的联邦接管。铁路管理局在威尔逊总统的全力支持下，与铁路公司说客密切合作，驱使国会把制定运输费率的权力从州际商业委员会移交给自己。进一步，一直由货运商主导的州铁路委员会的所有权力都被拿走了。

铁路管理局匆忙开始行使它制定运输费率的权力，宣布在 1918 年春季全境的运输费率上涨 25%。这条法令使得货运商对联邦运营体制的反感永久固化了。伤害之上再加侮辱的是，铁路管理局在设定这个新高运输费率时没有举行任何公众听证会，也没有咨询任何机构或利益相关集团。

二、知识分子和战时集体主义的遗产

历史学家通常认为，第一次世界大战时的经济计划是由当时的时代背景所决定的孤立场景，本身并无更多意义。但是，恰恰相反，战时集体主义为一个塑造美国 20 世纪历史的强大军团提供了鼓舞和范例。对于大企业来说，战时经济意味着一个可以达成国家性协调和企业联盟化的经济模式，可以稳定生产、价格和利润，系统性替代旧的竞争性自由放任市场体系。这个体系可以让他们控制大局，并在几个强大的经济利益集团之间达成调和。事实上，这个体系在标准化的名义下废除了很多竞争性多元化。战时经济计划尤其鼓励了诸如伯纳德·巴鲁克和赫伯特·胡佛这样的商界领导人，后者在20世纪20年代将作为商务部部长推动了商业贸易群体之间的合作性“联盟”。这种联盟主义为富兰克林·罗斯福的农业调整署（Agricultural Adjustment Administration，AAA）和国家复兴署（National Recovery Administration，NRA）的合作性中央集权主义扫清了道路。

与此同时，战时集体主义为这个国家的知识分子树立了一个范式，因为似乎有一个体系可以替代自由放任的经济体系，即所有的主要经济集团和谐地通过一个新型、强大的国家来计划和组织经济。毫无悬念，这是一种新型的重商主义，一个“混合经济”，其中充斥着同一批自由主义知识分子。

最后，大企业和自由主义者都在战时模式中发现了一种组织和整合通常不受约束的劳工力量的方式，即把通过让他们成为合作体系中的初级合伙人，把他们变成他们自己的“负责任”工会领导者约束下的一股力量。

在余下的生涯中，伯纳德·巴鲁克一直在试图恢复战争经济模式的总体框架。在总结战时工业委员会的经验时，巴鲁克称赞了这样一个事实：

> 许多商人在战争中第一次体验到联合、合作和共同行动的巨大的好处，无论是对他们自己而言，还是对社会公众而言……

巴鲁克呼吁维持这种法团联盟，并“创新规则”以消除“无用之物”（如竞争），交换贸易信息，议定彼此之间的供求渠道，避免“过度”竞争，以及分配生产地点。在完成一个法团联盟的轮廓后，巴鲁克敦促这个联盟由一个联邦机构来管理，如商务部或联邦贸易委员会。这个机构的职责应该是在严格的政府监督下，鼓励这种合作和协调。[①]

巴鲁克还设想在战争结束后成立一个联邦劳工再培训和分流委员会。此外，他敦促就价格控制、工业协调和战时动员进行备用立法，以防备另一

---

① Bernard M. Baruch, *American Industry in the War* (New York: Prentice-Hall, 1941), pp. 105 - 106.

场战争的发生。[①]

在20世纪二三十年代，伯纳德·巴鲁克是推动向法团国家发展的力量核心；这股力量中的许多领导者都曾在巴鲁克担任战时工业委员会首领期间在他手下工作过，此后在国家事务中仍直率地以“巴鲁克属下”的身份自居。因此，在巴鲁克的支持下，莫林犁具公司（Moline Plow Company）的乔治·皮克，在20世纪20年代初通过联邦政府组织的农场企业联盟发起了农业价格补贴运动。这场运动分别以1929年胡佛总统的联邦农场委员会（Federal Farm Board）和富兰克林·罗斯福总统的农业调整署（Agricultural Adjustment Administration）为标志，达到两次高潮。当然，皮克的农场设备业务将从农业扶持中大大受益。胡佛任命的联邦农场委员会的主席，恰恰就是巴鲁克第一次世界大战时的高级助手、来自美国领先的农业机械制造商万国收割机公司的亚历山大·莱格。当富兰克林·罗斯福创建农业调整署时，他先把署长的职位交给巴鲁克，再传给巴鲁克的手下乔治·皮克。

巴鲁克在推动法团主义工业系统方面也没有落后。1930年春季，巴鲁克倡议建立“工业最高法院”，作为和平时期的战时工业委员会化身。次年9月，通用电气公司总裁、巴鲁克最亲密的朋友赫伯特·巴亚德·斯沃普（Herbert Bayard Swope）的兄弟杰勒德·斯沃普，提出了一个详细的法团国家方案，再现了战时计划经济制度的核心内容。与此同时，巴鲁克的一位老朋友，前财政部部长威廉·吉布斯·麦卡杜提出了类似的一个“和平时期工业委员会”计划。胡佛拒绝了老朋友的计划，这使得麦卡杜感到沮丧。之后，富兰克林·罗斯福用国家复兴署实践了这个计划。富兰克林·罗斯福让杰勒德·斯沃普帮助起草方案，并且选择巴鲁克的另一位门生、战时助手、来自莫林犁具公司的休·约翰逊（Hugh S. Johnson）将军领导国家法团主义的这个主要政策工具。约翰逊被解雇后，巴鲁克本人得到了这个职位。[②]

---

① Coit, *Mr. Baruch*, pp. 202 - 203, 218.

② 出处同前，pp. 440 - 443。

国家复兴署的其他主要官员也都是战争动员时的"老兵"：休·约翰逊的办公室主任是巴鲁克的另一个老朋友约翰·汉考克(John Hancock)，在战争期间是海军军需部部长，也是当时战时工业委员会海军工业项目的负责人；利奥·沃尔曼(Leo Wolman)博士，曾是战时工业委员会生产统计部负责人；查尔斯·F. 霍默(Charles F. Homer)，曾是战时自由公债项目的领导人；克拉伦斯·威廉姆斯(Clarence C. Williams)将军，曾是掌管陆军战争采购的军械局局长。在新政中盘据重要职位的战时工业委员会其他老资格人士，还包括：伊萨多·鲁宾(Isador Lubin)，新政中的美国劳工统计局局长；莱昂·亨德森(Leon Henderson)上校，来自战时工业委员会军需部；民主党宾夕法尼亚州联邦参议员约瑟夫·古费(Joseph Guffey)，曾经在战时工业委员会从事石油"保护"，他在战时燃料管理局的基础上为新政塑造了石油和煤炭的管控模式。①

另一个根据自己的战时经验继续推动新合作的主要领导人，是赫伯特·胡佛。战争刚刚结束，胡佛就着手按照和平时期的合作方针推动"重建美国"。他敦促，在政府的"中央指导"下，通过商人和其他经济集团之间的"自愿"合作实施国家计划。他提出，联邦储备系统向重要行业分配资本，从而消除自由竞争市场上的竞争性"浪费"。在20世纪20年代担任商务部部长期间，胡佛孜孜不倦地鼓励通过同业公会实现企业联盟化。除了通过联邦农场委员会开创现代农业价格扶持项目，胡佛还敦促咖啡买家成立企业联盟以降低购买价格，在橡胶行业建立了一个收购企业联盟，领导石油行业在"保护"的名义下限制石油制品的生产，在煤炭行业鼓励市场合作以限制生产、提高价格，并试图强迫棉纺织品行业成立一个全国性企业联盟以限制生产。特别是，为了深化战时对数以千计的多样化和竞争性产品的废除，胡佛在19世纪20年代继续强制推行原材料和产品的标准化和"简化"。通过这种方式，胡佛设法又废除或"简化"了大约一千种工业产品。"简化"是由

① William E. Leuchtenburg, "The New Deal and the Analogue of War", in *Change and Continuity in Twentieth-Century America*, John Braeman et al., eds. (New York: Harper & Row, 1967), pp. 122 – 123.

商务部与各行业委员会合作商定的[①]。格罗夫纳·克莱森对此表示欢迎：

> 很遗憾地告诉你，机械和其他一些笨重和昂贵的物品，很可能再也不会有战前限制之前那么多的款式和型号……战争期间由战时工业委员会构想和实施的想法，在和平时期正由商业部推行……[②]

不仅是权势群体着迷和沉醉于战时集体主义的经验，自由主义知识分子也是如此。从来没有过这么多知识分子和学者涌入政府部门，帮助政府规划、控制和调动经济体系。知识分子以顾问、技术人员、立法筹划者和行政管理人员等各种角色为政府提供服务。除了新获得的声望和权力的报酬，战争经济还向这些知识分子展现了社会转向“第三条道路”的可能性。

这是一个计划的法团经济，不同的利益群体和阶级似乎可以在一个强大民族国家的指引下达成和谐，自由主义知识分子则在掌舵或者就在舵的附近。在一篇著名的文章中，威廉·莱彻滕伯格(William Leuchtenburg)教授将战时集体主义视为“进步主义运动合乎逻辑的产物”。[③] 他展示了进步主义知识分子对通过战争达成的社会转型的热情。因此，《新共和》(*New Republic*)欢呼由战争手段达成的社会“革命”；约翰·杜威欢呼“以利润为目的的生产”和“私有财产的无节制性”被“由需要所决定的生产”取代。经济学家则对“战争所展示的推动齐心协力和集体计划的巨大力量”着迷，他们寻求“把现在用于在国外杀敌的中央集权指导，用于在国内重建他们自己的生活”。[④]

---

① Herbert Hoover, *Memoirs* (New York: Macmillan, 1952), vol. 2, pp. 27,66 - 70；关于胡佛和出口行业，参见 Joseph Brandes, *Herbert Hoover and Economic Diplomacy* (Pittsburgh: University of Pittsburgh Press, 1962)；关于石油行业，参见 Gerald D. Nash, *United States Oil Policy*, 1890 - 1964 (Pittsburgh: University of Pittsburgh Press, 1968)；关于煤炭行业，参见 Ellis W. Hawley, “Secretary Hoover and the Bituminous Coal Problem, 1921 - 1928”, *Business History Review* (Autumn 1968): 247 - 70；关于棉纺织业，参见 Louis Galambos, *Competition and Cooperation* (Baltimore: Johns Hopkins Press, 1966)。

② Clarkson, *Industrial America in the World War*, pp. 484 - 485.

③ Leuchtenburg, “The New Deal”, p. 84.

④ 出处同前，p. 89。

雷克斯福德·盖伊·特格韦尔(Rexford Guy Tugwell),一位曾对进步主义社会工程时刻保持警惕的知识分子,不久就开始怀念"美国战时集体主义";战争结束时,他哀叹"停战阻止了控制生产、控制价格和控制消费的伟大试验",因为,在战争期间,旧的工业竞争制度"在国家主义视野的热浪中融化了"。①

不仅仅是国家复兴署和农业调整署,几乎所有的新政设置,包括把一批自由主义知识分子和计划人士带到华盛顿的那些,都应该把启发归功于第一次世界大战时的集体主义。重建金融公司由胡佛在1932年发起,后来又在富兰克林·罗斯福新政中得到扩张,是战时金融公司(War Finance Corporation)的复兴和延展,后者曾经把政府资金借贷给军需企业。此外,在向巴鲁克抛去橄榄枝之后,胡佛任命了巴鲁克的门生、曾任战时金融公司总经理的小尤金·迈耶(Eugene Meyer, Jr.)为重建金融公司首任董事长。战时金融公司的许多工作人员和业务都被新的机构实体接收。田纳西流域管理局(Tennessee Valley Authority)脱胎于战时政府在马斯尔肖尔斯(Muscle Shoals)的硝酸盐和电力项目。事实上,老的硝酸盐工厂是田纳西流域管理局的第一批资产之一。除此之外,新政时鼓吹公共电力的人士都在应急舰队公司(Emergency Fleet Corp.)电力部等战时机构受过训练。田纳西流域管理局这种创新型政府公司形式也是在战争中先例的基础上发展起来的。②

战时经验也为新政时期的公共住房计划提供了启迪。战争期间,为了给工人提供住房,成立了应急舰队公司和美国住房公司(United States Housing Corp.)。这场战争创立了联邦住房系统的前身,并培养了像罗伯特·科恩(Robert Kohn)这样的建筑师。罗伯特·科恩曾是美国联邦运输委员会(United States Shipping Board)住房部首席生产官。战后,科恩高兴

---

① 出处同前,pp. 90–92。正是出于类似的考虑使得很多自由主义知识分子,尤其是《新共和》那帮人,至少在一个短时期内对意大利的法西斯主义产生了一种钦佩。参见 John P. Diggins, "Flirtation with Fascism: American Pragmatic Liberals and Mussolini's Italy", *American Historical Review* (January, 1966): 487–506。

② Leuchtenburg, "The New Deal", pp. 109–110.

地说:“战争把住房问题放到了这个国家的地图上。”1933 年,科恩如期得到富兰克林·罗斯福总统提名,成为新政时期首个公共住宅项目主管。

除此之外,应急舰队公司和美国住房公司按照“花园城市”规划原则,建造了一系列大型公共住房社区,如纽约州约克希普村(Yorkship Village)、特拉华州联合帕克花园(Union Park Gardens)、康涅狄格州布莱克洛克-克莱恩家园(Black Rock and Crane Tracts)。“花园城市”原则在新政时期被重新捡起,并在新政及之后得到应用。[①] 在新政中确立的对石油和煤炭的管制,也是基于战时石油管理的先例形成的。事实上,领导煤炭和石油控制的议员约瑟夫·古费,曾经是战时工业委员会石油部的负责人。

出于战争期间“国家团结”和“国家动员”留下的深刻印象,新政成立了平民保护合作团(Civilian Conservation Corps, CCC),向美国青年灌输军事精神。其目的是让“流浪男孩”离开马路,动员他们加入新形式的美国远征军。事实上,是军队在管理平民保护合作团的营地;平民保护合作团的新人在征兵站的军用帐篷里集合,身着第一次世界大战的军装。新政倡导者欢欣鼓舞,认为平民保护合作团这个新的“森林军队”赋予美国年轻人新的意义。

众议院议长亨利·T. 雷尼(Henry T. Rainey)说:

> 他们(平民保护合作团招募的新人)亦接受军事训练,当他们走出来的时候,健康改善,在心智和身体上都得到发展,他们将成为更加有用的公民……他们可以为一支军队提供有价值的内核。[②]

三、延续战时集体主义的努力

战时集体主义留下深刻印记的最好证明是,战争结束时,其中的很多领

---

① 出处同前,pp. 111 - 112。

② 出处同前,p. 117。富兰克林·罗斯福提名的工会领袖罗伯特·费克纳(Robert Fechner)——曾经在战时从事劳工工作,成为平民保护合作团的主任——为这个项目提供了一个平民化的包装,p. 115。

导人都不愿放弃它。工商界领袖强烈要求实现战后的两个目标：保持政府限价，以免他们遭受战后通缩的影响；在和平时期推动工业的企业联盟化——一个更长远的考虑。特别是，工商界领袖想把战争时期的最高限价——实际上经常是最低限价，直接转换为战后的最低限价。此外，他们希望保持战时用于限制生产的配额制度，作为和平时期企业联盟提高价格的手段。

因此，许多工业界战争服务委员会和战时工业委员会之中他们的同道，都在敦促和要求战时工业委员会及其价格固定系统在和平时期继续存在。需要特别指出的是，战时工业委员会各部负责人始终在担心受到战后通缩影响的行业敦促继续价格控制，而预计战后保持繁荣的行业倡导回到自由市场。罗伯特·希默尔伯格教授总结道：

> 战时工业委员会各部负责人在向战时工业委员会提出的建议书中，坚持要求遵循他们所在行业的意愿：如果这个行业预期战后的价格将下降，则要求继续实行价格保护；如果这个行业预期战后的市场将更有利，则要求解除所有管制。①

战时工业委员会价格固定委员会主席罗伯特·S.布鲁金斯宣称，战时工业委员会“在重建时期依然有用，就像战争时期我们在稳定价格方面做到的那样”。②

与此同时，美国商会主席、来自大企业的哈里·蕙勒，于1918年10月初向伍德罗·威尔逊总统提交了一项雄心勃勃的“重建委员会”计划。根据该计划，重建委员会将由这个国家的几乎所有经济利益集团共同组成。

战时工业委员会怂恿总统允许其在战后继续存在。巴鲁克劝说威尔逊至少保留战时工业委员会的最低限价政策。但是，当巴鲁克说战时工业委员会在战后的存在可以同时预防通缩和通胀时，他欺骗了公众；事实上，战

① Robert F. Himmelburg, “The War Industries Board and the Antitrust Question in November 1918”, *Journal of American History* (June, 1965): 65.

② 出处同前。

时工业委员会根本没有意愿施行最高限价以对抗通货膨胀。

这些雄心勃勃计划遭遇的最大障碍，是威尔逊总统本人。也许是出于对自由竞争理想的依恋，或者至少为了修辞，总统并没有给予这些战后计划任何赞许。[①] 战争部部长牛顿·D. 贝克（Newton D. Baker）助长了威尔逊总统的这种依恋。在威尔逊的所有顾问中，贝克最像一个自由放任主义信徒。1918 年 10 月，威尔逊总统拒绝了所有这些战后建议。巴鲁克和战时工业委员会的反应是，在 11 月初对威尔逊总统施加进一步的压力。他们利用舆论预言，战后重建过程将非常需要战时工业委员会。因此，《纽约时报》在停战次日报道：

> 战时工业委员会的官员宣称该组织有许多工作要做。在政府严格把控所有战时工业和物资的情况下，预计不会发生任何严重的工业混乱。[②]

然而，这位美国总统是顽固的。11 月 23 日，他宣布将在年底彻底解散战时工业委员会。失望的战时工业委员会官员悄无声息地接受了这个决定，部分原因是预期国会将反对任何让战时工业委员会继续存在的提案，部分原因是那些会迎来战后繁荣的行业对继续实施控制抱有的敌意。比如，制鞋业对继续实施控制尤为恼怒。[③] 那些赞成价格控制的行业敦促战时工业委员会在解散之前为即将到来的冬天做一些准备，至少批准自己所在行业的最低价格和限制生产协议。战时工业委员会痛苦地面对进行这个最后尝试的诱惑，而且法律人士告诉他们，这些措施可以在他们的机构消亡之后继续存在，即使它们违背了总统的意愿。然而，12 月 11 日，战时工业委员会不情愿地拒绝了酸、锌、钢制造商提出的如此请求。[④] 它拒绝了价格固定

---

① 出处同前，pp. 63 - 64；Urofsky, *Big Steel and the Wilson Administration*, pp. 298 - 299。

② Himmelburg, "The War Industries Board", p. 64.

③ 赞成继续价格控制的一般是化学、钢铁、木材及其制成品行业，反对的行业则包括磨具、汽车产品和新闻纸等。出处同前，pp. 62,65,67。

④ Urofsky, *Big Steel and the Wilson Administration*, pp. 306 - 307.

计划，因为它担心如果司法部部长对这个问题提出质疑，法院将驳回这个方案。

最积极主张战时工业委员会继续控制价格的行业，是伟大的钢铁业。停战两天后，美国钢铁公司的加里法官，敦促战时工业委员会继续执行其管制，并宣称："钢铁业的成员愿意以每一种正确的方式彼此合作。"加里希望限定价格再延长三个月，此后逐步削减，以防止"破坏性"竞争的恢复。巴鲁克回应说，他本人"愿意出力到极限"，但是他被威尔逊的态度所阻碍。[①]

如果不能维系战时工业委员会，也许战时企业联盟化能以其他形式存在。芝加哥工业家、战时工业委员会保护委员会负责人阿奇·W. 肖在战时建立的标准化工作被移交给商务部。11 月，阿奇·W. 肖和商务部部长威廉·雷德菲尔德合作提出一项议案：在联邦贸易委员会的监督下，允许制造商合作实行"为了公众利益消除不必要的浪费的计划"。当这个议案遭遇失败时，战时工业委员会优先项目委员会的埃德温·E. 帕克（Edwin B. Parker）在 11 月下旬提出了一个更加直白的企业联盟议案。这个议案允许任何一个给定行业在多数公司同意的情况下设定生产配额，且这个行业有权要求业内所有人遵从。埃德温·E. 帕克的计划得到巴鲁克、皮克以及许多政府官员和商人的赞同，但是战时工业委员会的法律顾问警告说，国会永远不会同意这个议案。[②] 巴鲁克感兴趣的另外一个议案是由食品管理局局长助理马克·雷夸（Mark Requa）提出的，即成立一个美国贸易委员会负责鼓励和管理"促进国家福利"的工业协议。[③]

不管是出于什么原因，伯纳德·巴鲁克没有强力推进这些议案，所以它们都死在了半路上。如果说巴鲁克囿于谨慎，那么他的伙伴、战时工业委员会制成品委员会负责人乔治·皮克则大胆得多。1918 年 12 月中旬，皮克写信给巴鲁克说：战后必须保留"恰当合作的益处"。特别是，

> 为了我们在战争期间学到的经验可以在和平时期得到利用……应当

---

① 出处同前，pp. 294 - 302。

② Himmelberg，"The War Industries Board"，pp. 70 - 71.

③ 出处同前，p. 72；另参见 Weinstein，*The Corporate Ideal in the Liberal State*，pp. 231 - 232。

颁布适当的法律允许工业内的合作……保护、产品和工艺的标准化，以及在某些条件下的价格固定等，都应该在与政府合作的基础上继续下去。[①]

12月底，皮克提议立法：

成立和平时期紧急状态的某种管理部门，以便商人可以通过这样的部门，与政府合作。[②]

各大企业集团支持类似的计划。12月初，美国商会召集工业界各战时服务委员会，举行了"美国工业重建大会"。重建大会呼吁修改谢尔曼法，允许在监督机构之下的"合理"贸易协议。在此基础上，美国商会于1919年初举行了一次全国性投票，以压倒性的多数票批准了这个提案。哈里·惠勒主席敦促"有组织的商业衷心接受"相关机构的监管，这个监管机构将负责审批"合作协议"。战前热衷于竞争的全国制造商协会，也热情地支持同样的目标。

战时企业联盟苟延残喘，直到1919年2月商务部工业委员会成立。[③] 商务部部长、美国制造商出口协会(American Manufacturers Export Association)前主席威廉·C.雷德菲尔德，长期鼓吹政府应该促进和协调产业合作。停战后不久，随着战时工业委员会保护委员会的职责向他所管辖的部门移交，雷德菲尔德看到了进入的契机。雷德菲尔德继续推行战时的同业公会，甚至成立了一个以战时工业委员会前官员为主的顾问委员会。这些咨询顾问之一是乔治·皮克，另一位是皮克在战时工业委员会的助手、俄亥俄州木材公司总裁威廉·M.里特(William M. Ritter)。事实上，正是里特提出了商务部工业委员会的想法。

由里特于1919年1月提出并由商务部部长雷德菲尔德采纳和推动的

① Himmelberg, "The War Industries Board", p. 72.

② Robert D. Cuff, "A 'Dollar-a-Year Man' in Government: George N. Peek and the War Industries Board", *Business History Review* (Winter 1967): 417.

③ 关于商务部工业委员会，参见 Robert F. Himmelberg, "Business, Antitrust Policy, and the Industrial Board of the Department of Commerce, 1919", *Business History Review* (Spring 1968), pp. 1-23。

商务部工业委员会构想，是一个狡猾的方案。表面上，正如他们向威尔逊总统、其他政府管理部门和国会建议时表示的，商务部工业委员会仅仅是一个确保大幅降价的机构，可以降低总体价格的通胀水平和刺激消费需求。这看起来与先前的企业联盟化毫无关系，因此得到了总统的批准，并在2月中旬成立了该委员会。在里特的推荐下，乔治·皮克被任命为商业部工业委员会主席。其他成员包括：里特本人；乔治·R. 詹姆斯（George R. James），孟菲斯一家大型纺织品公司的总裁、战时工业委员会棉花和棉绒部前负责人；刘易斯·B. 里德（Lewis B. Reed），美国硅石公司（U. S. Silica Co.）副总裁、里特的另一位助手；塞缪尔·布什（Samuel P. Bush），一位钢铁铸件制造商、战时工业委员会设施委员会前负责人；托马斯·格伦（Thomas Glenn），一位亚特兰大钢铁制造商、战时工业委员会的老兵；以及两个"局外人"，一个代表劳工部，另一个代表铁路管理局。

商务部工业委员会运行没多久，就脱掉伪装，开始追求其真正的目的：并非降低价格，而是把价格稳定在现有的高水平。此外，他们所采取的方法是他们渴望已久但之前遭到拒绝的那种，即批准与他们达成合作的工业价格协定。商务部工业委员会在1919年在3月初确立了这个企业联盟化政策。在3月19日至20日举办的一次会议上，他们首次提出了该政策的实施。毫不令人感到意外，这次会议是与钢铁业一起举办的。会议开幕时，乔治·皮克主席隆重宣布，这次盛会可能会被历史证明是"划时代的"，特别是因为建立了"政府、工业和劳工之间真正的合作，由此我们可以消除……可能存在的破坏性力量"。[①] 钢铁业人士当然感到兴奋，为"这个与政府密切接触的伟大机会"而欢呼。[②] 商务部工业委员会告诉钢铁业，会议达成的任何维持价格的协议都不受反托拉斯法的约束。尽管商务部工业委员会向钢铁业提供的价目表略低于现有价格，但依然非常高；而且皮克同意向公众宣布钢铁价格不会在当年剩余的时间内进一步降低。皮克对钢铁业

---

① Himmelburg, "The War Industries Board", p. 13.

② 梅尔文·乌洛夫斯基（Melvin Urofsky）教授从1919年头几个月钢铁有序和适度的价格下降中推测，罗伯特·布鲁金斯悄悄地给钢铁业开了绿灯，让它继续自己的价格固定措施。参见 Urofsky, *Big Steel and the Wilson Administration*, pp. 307 - 308。

人士说，他的声明将成为他们最大的资产，因为“我不知道我还能给你们什么。想想看，美国政府在市场上公开说这是一个可以得到的最低价格”。①

商务部工业委员会和钢铁业的协议把钢材价格小幅下调10%至14%，成本较高的小型钢铁生产商对此不满，但是大型钢铁企业普遍欢迎这份协议，将之视为协调且有序地降低价格通胀，并特别欢迎工业委员会对当年剩余时间内固定价格的保证。

得意扬扬的商务部工业委员会接着为煤炭和建筑材料行业举办类似的会议，但很快出现了两朵乌云：政府自己的铁路管理局拒绝按照达成协议的钢轨和煤炭的固定价格实施采购；司法部也开始关注这些明显违背反托拉斯法的协议。运营铁路管理局的铁路业人士尤其对他们将被迫支付的虽然调低但仍然很高的钢轨价格犹豫不决，他们宣称这个价格至少比自由市场的价格每吨高2美元。铁路管理局负责人沃克·海恩斯谴责商务部工业委员会是一个由钢铁和其他行业主导的价格固定机构，呼吁废除商务部工业委员会。有权势的财政部部长卡特·格拉斯(Carter Glass)附和这个呼吁。司法部部长认定商务部工业委员会的政策是非法固定价格，违反了反托拉斯法。最后，威尔逊总统于1919年5月初解散了商务部工业委员会；战时工业计划被取消，正式的企业联盟化将在15年后再次出现。

然而，战时集体主义的残余仍然存在。战争时期高达每蒲式耳2.26美元的小麦最低限价跨过1919年的收割季，一直持续到1920年6月。战时集体主义最重要的遗物是铁路管理局：政府对国家铁路的运营。威廉·吉布斯·麦卡杜在战争末期辞去铁路管理局局长职务后，铁路管理局运营实际负责人沃克·海恩斯接任了局长职务。没有人要求立即恢复私人运营，因为铁路行业普遍同意采取严厉的监管措施遏制或消除“浪费性”铁路竞争，协调行业以固定价格，确保“公平价格”，并通过强制仲裁禁止罢工。这些是铁路行业整体的观点。此外，由于有效控制了铁路管理局，铁路公司并不急于恢复私人运营，或者把管辖权交给不太可靠的州际商业委员会。虽然麦卡杜把恢复私人运营的日期从1920年再往后推五年的计划没有得到

① Himmelburg, “The War Industries Board”, p. 14.

多少支持，但一些国会议员从1919年开始加强铁路垄断。

共和党爱荷华州联邦参议员艾伯特·康明斯（Albert Cummins），以"科学管理"的名义，着手实现铁路公司最美好的梦想。康明斯法案（Cummins Bill）得到沃克·海恩斯和铁路执行官丹尼尔·威拉德的热烈赞同。该法案下令合并众多铁路公司，并将根据"公平"、固定的资本回报率来设定铁路费率。罢工将被禁止，所有的劳动争议都将通过强制仲裁解决。为了支持他们，铁路执行官协会（Association of Railroad Executives）以及主要由储蓄银行和保险公司组成的全国铁路证券持有者协会（National Association of Owners of Railroad Securities）分别提交了类似康明斯法案的立法计划。由铁路投资者个人组成的全国公民铁路联盟（Citizens National Railroad League）走得更远，提议强制合并成一家国家铁路公司，并保证这家新公司的最低收入。

所有这些计划都旨在颠覆战前的平衡，支持铁路公司，打压托运人。结果，康明斯法案在参议院获得通过后，在众议院遇到了麻烦。这种麻烦是由托运人怂恿的，他们要求恢复由托运人主导的州际商业委员会掌权的原状。此外，战时的经历令托运人感到痛苦，他们与州际商业委员会一起，要求恢复通过铁路竞争提供的更高质量服务，而不是由各种铁路法带来的更大程度的垄断。不出所料，支持康明斯法案的主要非铁路团体之一是铁路业务联盟（Railway Business Association），这是一个由铁路物资和设备制造商和分销商组成的团体。作为反击，众议院通过了埃施法案（Esch Bill），该法案基本上重建了战前州际商业委员会的统治规则。

威尔逊总统要求国会作出决定，并威胁将于1920年1月1日恢复铁路私人运营。但是，迫于急于推动康明斯法案的铁路公司的压力，威尔逊总统将最后期限延长至3月1日。最后，国会联合会议委员会通过了1920年《运输法》（*Transportation Act*）。这是一个妥协，实质上是根据埃施法案把铁路归还给战前的州际商业委员会，同时增加了康明斯法案的部分条款，为铁路公司设定了两年期获得5.5%年投资"公平回报率"的费率。此外，在托运人和铁路双方同意的情况下，设定最低铁路费率的权力现在交给州际商业委员会。这份协议是铁路公司渴望设立最低运费费率的产物，也是托运人渴望保护萌芽中的运河运输免受铁路竞争的产物。此外，尽管铁路工会的反对意见阻碍了禁止罢工的规定，但还是成立了一个铁路劳工委员会(Railroad Labor Board)以解决劳资纠纷。[①]

随着铁路在1920年3月恢复私人运营，战时集体主义似乎从美国舞台上消失了。但是，它从来没有消失；整个20世纪20年代，它为美国走向法团国家提供的鼓舞和模式指引着赫伯特·胡佛和其他领导人，并将在新政和第二次世界大战经济中全面回归。事实上，它为新政建立法团垄断提供了大致的轮廓。对美利坚合众国而言，战时集体主义的影响似乎是永久性的。

① 关于相关操纵如何最终引致1920年《运输法》的出台，参见 Kerr, *American Railroad Politics*, pp. 128–227。

第十三章

第一次世界大战的成就：权力和知识分子[①]

一、概述

历史学家曾认为，第一次世界大战破坏了进步主义改革，对此我持不同意见。我认为这场战争对美国而言可谓是“成就”，是进步主义的巅峰，促使进步主义在美国社会被真正地神化。[②] 我认为进步主义从根本上来说，是一场代表大政府的运动，覆盖了经济和社会的各个方面。推动这场运动的是两个群体的联合，他们希望通过政府获取自己的价值和利益。其中一个是摩根财团牵头的大商人，另一个是坚持技术专家治国论与中央集权主义的正在壮大的知识分子群体。大企业利用政府组建企业联盟，限制竞争，控制生产和价格，同时借助军国主义和帝国主义外交政策迫使海外开放市场，挥舞国家这把巨剑保护海外投资。知识分子利用政府限制他人进入自己的行业，自己在大政府就职，出面为政府的运营方式寻找合理的借口，并且协助规划政府的运营，安排人事。这两个群体都认为，在这种联合之下，他们可以利用大政府协调和诠释“国家利益”，避免“狗咬狗”的自由放任主义。在这两个进步主义群体中，比较活跃的是虔敬派新教信徒中的后千禧年派。后千禧年派在19世纪30年代主导了美国北方新教信徒扬基

---

① （编者注）最初发表于 *Journal of Libertarian Studies* 9，no. 1（1989）：81－125。

② 本文标题借自温斯坦的杰作 *The Corporate Ideal in the Liberal State*，1900—1918 中颇具创新精神的最后一章《战争的成就》（*War as Fulfillment*）。

佬地区，并迫使虔敬派借助地方政府、州政府、联邦政府，消除“罪”，以让美国乃至全世界变得圣洁，最终在地球上建立天国。在 1896 年的民主党全国大会上，布莱恩势力获得胜利。民主党此前是“礼仪派”罗马天主教和德国路德宗的工具，致力于个人自由和自由放任主义经济。但布莱恩势力的这场胜利摧毁了民主党的这个功用，建立了当今这种类同的、非意识形态的政党体系。进入 20 世纪后，这种发展造成了意识形态和权力的真空，结果被日渐壮大的进步主义技术官僚和行政官员填补。由此，权力中心从至少具有部分民主精神的立法机关向主张寡头政治和技术专家治国论的行政部门转移。

第一次世界大战让所有这些进步主义趋势均收获了成就。军国主义、征兵、海内外大规模的干预，以及战时的集体经济，这些在战争期间出现，并建立了庞大的企业联盟经济体系。体系内多数领导人余生都试图在和平时期复生该战时体系。在罗伯特·希格斯教授的杰作《危机和庞然大物》(*Crisis and Leviathan*)中，有一个章讨论了第一次世界大战。该章把重点放在战时经济上，阐述了战时经济与征兵之间的关联。在本章，我将重点探讨希格斯教授忽视的一个方面：各种进步主义知识分子群体在战争中登上权力舞台。[①] 这里的“知识分子”采用了弗里德里希·哈耶克(F. A. Hayek)的宽泛定义：知识分子不仅指理论家和学者，还包括社会上形形色色的观点塑造者，也就是哈耶克所称的“思想二道贩子”，例如作家、记者、传教士、科学家和各种行动主义者[②]。不管隶属于哪个派系或从事何种职业，这些知识分子中多数人或者是忠实的、以救世主自居的后千禧年派，或者是以前的虔敬派。他们都出生于虔诚的虔敬派家庭，尽管现在已经“世俗化”，却仍然坚定地认为需要借助大政府拯救国家和世界。此外，多数人除了有救世主般的思想或宗教狂热之外，还坚持所谓的“价值中立”，并且坚定地致力于社会科学。这种情况虽然奇怪，但颇具典型

---

① Higgs, *Crisis and Leviathan*, pp. 123 – 158. 我个人关于第一次世界大战期间战时集体经济的讨论，参见 Rothbard, “War Collectivism in World War I”, pp. 66 – 110。(编者注)参见第十二章。

② F. A. Hayek, “The Intellectuals and Socialism”, in *Studies in Philosophy, Politics and Economics* (Chicago: University of Chicago Press, 1967), pp. 178ff.

性。从追求科学和道德、致力于消除罪的医学人士，以及具有类似追求的经济学家或哲学家身上，可以看到这种混合情况是进步主义知识分子的典型特征。

在本文中，我将分析多个进步主义知识分子个人或群体的案例。美国加入第一次世界大战让他们的信念取得了胜利，这些个人和群体曾经为这场胜利和自己在其中扮演的角色而感到骄傲。遗憾的是，由于时间和空间有限，我无法谈及进步主义知识分子战时行为的方方面面，必须省略征兵运动。征兵运动是由 J. P. 摩根圈子中上层知识分子和商人牵头的"纪律疗法"的最佳例子。[①] 我也不得不省略美国传道士大规模参战这个重要问题，以及战争如何推动科学研究恒久地集中化。[②]

在进入本文之前，最好先看看威尔逊总统在 1917 年 4 月 2 日宣布参战后收到的一封贺信。写贺信的是威尔逊的女婿、同为南方虔敬派和进步主义者的财政部部长威廉·吉布斯·麦卡杜。麦卡杜终生都在纽约市从事实业，是摩根圈子里忠实的成员。他在给威尔逊的贺信里写道："您的这番举动伟大而崇高！我坚信这是上帝的旨意，美国应该为全世界的人类提供如此卓越的服务，而您就是上帝旨意的传达者。"[③]对于这些溢美之词，总统无法不赞同。

---

① 关于征兵运动，特别参见 Michael Pearlman, *To Make Democracy Safe for America: Patricians and Preparedness in the Progressive Era* (Urbana: University of Illinois Press, 1984)。也请参见 John W. Chambers II, "Conscripting for Colossus: The Adoption of the Draft in the United States in World War I" (Ph. D. diss., Columbia University, 1973); John Patrick Finnegan, *Against the Specter of a Dragon: the Campaign for American Military Preparedness, 1914 - 1917* (Westport, CT: Greenwood Press, 1974); John Gany Clifford, *The Citizen Soldiers: The Plattsburg Training Camp Movement* (Lexington: University Press of Kentucky, 1972)。

② 关于幕僚和这场战争，参见 Ray H. Abrams, *Preachers Present Arms* (New York: Round Table Press, 1933)。关于科学界的战争动员，参见 David F. Noble, *America By Design: Science, Technology and the Rise of Corporate Capitalism* (New York: Oxford University Press, 1977), and Ronald C. Tobey, *The American Ideology of National Science, 1919 - 1930* (Pittsburgh: University of Pittsburgh Press, 1971)。(编者注)参见下文 pp. 453 - 461。

③ 引自 Gerald Edward Markowitz, "Progressive Imperialism: Consensus and Conflict in the Progressive Movement on Foreign Policy, 1898 - 1917" (Ph. D. diss., University of Wisconsin, 1971), p. 375。这篇文章探讨了一个非常重要的主题，可惜被大家所忽视。

二、虔敬主义和禁酒

希格斯教授的著作忽略了部分重要的内容，其中包括后千禧年虔敬派在推动美国走向中央集权过程中发挥的重要作用。这种激进的福音派虔敬主义于19世纪30年代在美国北方的“扬基佬”地区占据主流，到19世纪90年代战胜了南部新教。从世纪之交到第一次世界大战这段期间，这种形式的虔敬主义在进步主义中扮演着至关重要的角色。福音派虔敬主义认为，任何人获得救赎的前提是竭尽所能地拯救其他人，而竭尽所能意味着美国政府必须成为一种重要的工具，最大限度提高人们得到救赎的概率。美国政府在消除罪和“圣化美国”中的作用尤为关键。在虔敬派看来，罪被广义地定义为可能遮蔽人们思想的力量，导致人们无法发挥神学自由意志，获得救赎。奴隶制（南北战争之前）、朗姆酒和罗马敌基督者领导的罗马天主教会都是尤为重大的罪。南北战争后的数十年里，虔敬派在指责民主党这个最大政敌时，以“叛逆”罪名取代了“奴隶制”罪名。[①] 此后，在1896年，南方新教皈依福音教派，人口稀少且信奉虔敬主义的山地各州加入了联邦，威廉·詹宁斯·布莱恩成功地联合力量，把民主党变成了一家虔敬派政党，永久地终结了该党曾经引以为豪的礼仪派基督教（天主教和高教会德国路德宗）支持者、个人自由支持者和自由放任主义支持者的身份。[②③]

19世纪和20世纪初期的虔敬派都是后千禧年派：他们认为只有在千禧年后，即人类付出努力在地球上建立天国1 000年后，基督才会复临。因此，后千禧年派通常都支持中央集权主义。国家政府是一种重要的工具，能

---

① 1884年，民主党在南北战争之后首次夺得总统之位。在选战终末，最著名的一句骂民主党的话是他们“是一个‘朗姆酒、天主教和叛乱’政党”。这位纽约市新教牧师用这句话总结出了虔敬派关心的多个政治问题。

② 对美国“族裔-宗教政治”历史的研究越来越多。想了解相关情况，请参考 *The Cross of Culture*; *and idem*, *The Third Electoral System*。关于共和党这个虔敬派政党形成的最新研究，以及虔敬派三大关注重点（反奴隶制、禁酒、反天主教）之间的关系，请参考“Nativism and the Creation of a Republican Majority in the North before the Civil War”, pp. 529 - 559。

③ 德裔路德宗信徒大部分是高教会/礼仪派路德宗信徒，强调去教堂礼拜和本教教义或圣事，而不是虔敬派的“重生”情感皈依。斯堪的纳维亚裔美国人主要是虔敬派路德宗信徒。

帮助他们消除罪，让社会秩序基督化，加速耶稣的复临。[1]

廷伯莱克教授对这种政治宗教冲突进行了简练的总结：

> 极端主义教派和世界末日论教派认为这个世界已经堕落到无可救药的地步，他们拒绝融入社会，选择退出。罗马天主教、新教圣公会和路德宗等教会则更为保守，在宗教对文化的影响这个问题上态度更加宽松。福音派新教希望以更加主动的方式消除这个世界的堕落，不仅要让人们皈依基督，还要通过权力和法律的力量基督化社会秩序。依照这个观点，基督信徒有义务利用世俗的国家力量改变文化，以保持信徒所在社会的圣洁，更加轻松地拯救那些冥顽不灵的人。因此法律不仅仅能约束罪恶，还有教育和提升道德的作用。[2]

禁酒和进步主义改革都是虔敬派做法。1900 年之后，这两项运动的规模都不断扩大，并且相互交织。禁酒党曾经只针对一个问题开展工作，至少其纲领是如此。但该党在 1904 年之后日渐明显地追求进步主义。反酒吧联盟是禁酒主义者在 1900 年之后开展工作的主要媒介，也明显地致力于进步主义改革。在该联盟 1905 年的年度大会上，霍华德·拉塞尔牧师为进步主义改革运动的发展感到高兴，向西奥多·罗斯福致以特别的敬意，称他是"英雄般的领导人，绝对诚实正直，生活纯洁无瑕，是这个世界最重要的人物……"[3]在反酒吧联盟 1909 年的年度大会上，牧师帕里·贝克（Purley A. Baker）为工会运动欢呼，称那是追求公正和公平交易的圣战。该联盟 1915 年的年度大会吸引了 1 万人参加，把中央集权主义、社会服务和激进

---

① 正统的奥古斯丁基督教以及之后的礼仪派是千禧年信徒，他们认为千禧年只是关于基督教会出现的一种隐喻，耶稣无需人类的帮助，在某个不确定的时间会自己复临。自 20 世纪初期以来所谓的现代原教旨主义者都是前千禧年派，他们认为耶稣将复临，给地球带来 1 000 年的天国，这段时期以"大灾难"和善恶大决战为起始，直到历史终结。前千禧年或千禧年信徒不像后千禧年派那样信奉中央集权主义，倾向于关注善恶大决战和耶稣复临的预言和迹象。

② James H. Timberlake, *Prohibition and the Progressive Movement*, 1900 – 1920 (New York: Atheneum, 1970), pp. 7 – 8.

③ 引文出处同前，p. 33。

的基督教掺杂在一起，那些是进步党1912年全国大会的标志性特征。[①] 在反酒吧联盟1916年的年度大会上，主教卢瑟・威尔逊(Luther B. Wilson)表示，所有与会人员一致支持所提议的进步主义改革，这点毋庸置疑。

在进步时代，社会福音派成为虔敬派新教的主流。大多数福音派教会成立了社会服务委员会宣传社会福音运动，基本上所有福音派教会都采纳了1912年由基督教会联盟委员会教会与社会服务委员会起草的《社会教义》(*Social Creed*)。该教义号召废除童工，对女性劳工加以管理，劳工拥有建立组织的权力(即强制性集体谈判)，扶助贫困，以及对国民产值进行"公平的"分配。该教义也对饮酒问题表示了担忧，认为酒精严重阻碍了在地球上建立天国的过程，所以倡导"保护社会和个人，减少烈酒贩卖导致的社会、经济和道德浪费"。[②]

社会福音派的领导人都是中央集权主义和禁酒的狂热拥护者，其中包括牧师沃尔特・劳申布施(Walter Rauschenbusch)和牧师查尔斯・斯特尔兹利(Charles Stelzle)。在美国参加第一次世界大战之后，基督教会联盟委员会禁酒委员会把查尔斯・斯特尔兹利牧师所著的宣传册《为什么禁酒》(*Why Prohibition*!)(1918)分发给工会领导人、国会议员，以及身居要位的政府官员。在社会福音派领导人中，牧师约西亚・斯特朗(Josiah Strong)是尤为重要的人物。社会福音派的月刊《天国的福音》(*The Gospel of the Kingdom*)由斯特朗领导的美国社会服务学会(American Institute of Social Service)出版。1914年7月出版的《天国的福音》刊发了一篇文章支持禁酒，宣称进步主义精神终将终结"个人自由"：

---

① 进步党大会融合了进步主义运动的各主要群体：中央集权主义经济学家、技术官僚、社会工程师、社会工作者、职业虔敬派信徒，以及J. P. 摩根公司的合伙人。社会福音运动领导人莱曼・阿博特、牧师理查德・赫伯・牛顿和牧师华盛顿・格拉登都是进步党的领袖人物。进步党称自己是在"重燃美国政治生活中的宗教精神"。西奥多・罗斯福在总统竞选提名演讲《信仰告白》中不时穿插"阿门"，代表们聚集在一起不断地哼唱虔敬派基督教圣歌《前进，基督战士》和《共和国战歌》，特别是宗教复兴运动的圣歌《追随，追随，我们将追随耶稣》，并且用"罗斯福"这个名字替代了所有的"耶稣"。《纽约时报》感到震惊，总结这段非同寻常的经历，称进步党大会是"一群狂热分子的大会"，并补充道："这根本就不是一场大会。它是宗教狂热分子的集会，是隐士彼得主持的大会，是披着政治外衣的卫理公会营会。"引自Gable，*The Bull Moose Years*，p. 75。

② Timberlake，*Prohibition and the Progressive Movement*，p. 24.

> “个人自由”最终是除去王冠、被废黜的王，无人向他致敬。社会意识不断发展，日益趋向专权主义，制度和政府必须听从它的号令，承担起相应责任。我们不再害怕“政府的家长式统治”这个老问题。我们大胆地断言，政府的责任就是如此，就是成为人民的家长……人的一切事情都与真正的政府相关。①

作为真正的斗士，虔敬派不满足于只是消除美国国内的罪。如果美国的虔敬主义笃信美国人是上帝的天选之子，注定在美国建立天国，那么虔敬派的宗教和道德责任肯定不会局限于美国这一个地方。从某种意义上来说，世界是美国的舞台。正如廷伯莱克教授所说的，一旦美国步入建立天国的进程，“美国就又肩负了到海外传播这些理想和体系，在全球建立天国的使命。美国新教信徒不再仅仅满足于为美国的天国作出努力，他们觉得有义务协助世界其他地方进行改革”。②

美国加入第一次世界大战为禁酒党提供了实现梦想的机会。首先，所有食品生产都归“食品沙皇”赫伯特·胡佛管理。既然美国政府打算对食品资源进行控制和集中分配，难道还会允许用稀缺宝贵的谷物生产烈酒吗？那种行为就算不是罪，至少也是一种“浪费”。就算美国谷物产量中只有不到2%用于生产烈酒，想想全世界还有孩童正在饿肚子，他们本可以拿那些谷物当粮食吃。进步主义周报《独立报》（*The Independent*）的总结颇具煽动性：“到底是让大多数人有饭吃，还是让少数人有酒喝呢？”

国会以“保护”谷物为借口，给1917年8月10日的《利弗粮食与燃料管制法》（*Lever Food and Fuel Control Act*）增加了一个条款，禁止在烈性酒的生产中使用粮食，也就是谷物。国会本来打算针对葡萄酒和啤酒的制造也增加一条禁令，但威尔逊总统说服了反酒吧联盟，请他们减缓实现该目标的

---

① 引自 Timberlake, *Prohibition and the Progressive Movement*, p. 27。原文中有斜体字。或者正如斯特尔兹利牧师在《为什么禁酒！》宣传册中所说的：“做任何特定的事情、食用或饮用任何特定的东西、与家人相处，甚至是整个生命，如果与公众的需求存在冲突，就没有绝对的个人权利可言。”引自 David E. Kyvig, *Repealing National Prohibition* (Chicago: University of Chicago Press, 1979), p. 9。

② Timberlake, *Prohibition and the Progressive Movement*, pp. 37 - 38.

速度,避免国会内支持饮酒的人士阻碍法案得到通过。不过,进步主义者兼禁酒主义者赫伯特·胡佛劝说威尔逊在 12 月 8 日发布命令,大幅降低啤酒中的酒精含量,并且限制啤酒生产中的粮食用量。①

禁酒主义者充分利用了《利弗粮食与燃料管制法》和战时的爱国主义。新墨西哥州州长夫人华盛顿·林德赛夫人(Mrs. W. E. Lindsey)在 1917 年 11 月发表演说,提到了《利弗粮食与燃料管制法》,并且宣称:

> 烈酒贩卖除了带来众多可怕的悲剧之外,经济浪费巨大,此时令人难以承受。盟友国家中有很多人濒临饿死,我们如果继续生产、酿造威士忌,那就是一种犯罪,一种不义。②

战时禁酒的另一个理由是保护美国士兵,不能让酒精侵蚀了他们的健康、道德和不朽的灵魂。在 1917 年 5 月 18 日的《义务兵役法》(*Selective Service Act*)中,国会规定在每个陆军基地周边必须设定禁酒区,在这些区域内向军事设施的任何成员销售、提供烈酒都属违法行为,就算在私宅内也不允许。任何军人若醉酒都将被送交军事法庭。

但是,全美最严厉的禁酒举措是由反酒吧联盟提议的宪法第 18 修正案。该修正案规定制造、销售、运输、进口或出口所有会导致醉酒的烈酒都属于非法。国会通过了该修正案,并在 1917 年 12 月底提交给各州。支持饮酒的人士辩称,事实证明禁酒无法执行。支持禁酒的人士则通常会把问题拔高:就因为禁止谋杀和抢劫的法律难以得到完全执行所以废除这些法律吗? 有人辩称私人财产不得随意没收。对此,禁酒人士的回答是,私人财产如果会伤害到他人的健康、道德和安全,则必须无偿没收。

《利弗粮食与燃料管制法》对烈酒(禁止)和啤酒/葡萄酒(限制)加以区

① David Burner, *Herbert Hoover: A Public Life* (New York: Alfred A. Knopf, 1979), p. 107.

② James A. Burran, "Prohibition in New Mexico, 1917", *New Mexico Historical Quarterly* 48 (April, 1973): 140 - 141. 林德赛夫人当然不会关心德国以及欧洲的盟国和中立国家的人民因为英国海上封锁而在挨饿。

在 1917 年 11 月的全民公投中,新墨西哥州内坚持抵制禁酒运动的只有西班牙裔天主教信徒占多数的地区。

分，酿酒行业为了自救，试图洗白蒸馏酒。美国酿酒商协会坚称："蒸馏酒接近啤酒、低度葡萄酒和软饮料，而不是烈酒……"酿酒商强调，他们希望"彻底砍断把我们有益健康的产品与烈性酒捆绑在一起的桎梏……"但这种表白并没有给酿酒商带来什么好处。不管怎样，禁酒主义者的目标之一是彻底打击酿酒商。酿酒商的产品充分体现了德裔美国人的饮酒习惯。这些人是天主教信徒和路德宗信徒，都是礼仪派，喜欢喝啤酒，被禁酒主义者痛恨。德裔美国人现在是理所当然的打击对象。他们难道不是决心征服这个世界的邪恶德国皇帝的间谍吗？他们难道不是可怕的德国军国主义间谍，刻意破坏美国文明？多数酿酒商不都是德裔吗？

反酒吧联盟宣称"本国的德裔酿酒商让数千人变得能力低下，削弱了国家与普鲁士军国主义作战的战斗力"。很显然，反酒吧联盟完全不在乎这些德裔酿酒商在德国开展的"工作"。这些酿酒商在德国让"普鲁士军国主义"变得能力低下，这份工作应该算是崇高的！酿酒商被控亲德，资助报刊（显然，亲英或者非酿酒商资助报刊是正确的）。一位禁酒主义者的谴责非常到位。他警示说："这个国家内部存在德国敌人。德国敌人中最恶劣的、最奸诈的、最邪险恶的是蓝带啤酒（Pabst）、施利茨啤酒（Schlitz）、布拉茨啤酒（Blatz）和米勒啤酒（Miller）。"①

在这种环境之下，酿酒商根本没有机会。禁止各种形式烈酒的第 18 修正案被提交给各州。鉴于 27 个州已经禁止烈酒，这意味着只有 9 个州需要批准该不同寻常的修正案。该修正案直接涉及联邦宪法，而禁酒问题过去至多属于各州的治安权范围。1919 年 1 月 16 日，第 36 个州批准了第 18 修正案。到 2 月底，除了三个州（新泽西州、罗德岛州和康涅狄格州）之外，所有州都明确烈酒不仅违法，而且违宪。严格地说，该修正案在次年 1 月生效，但国会在 1918 年 11 月 21 日又通过了《战争禁酒法》（*War Prohibition Act*），加速了整个进程。该法令规定，从次年 5 月后禁止酿造啤酒和葡萄酒，并且自 1919 年 6 月 30 日后，禁止销售任何致醉饮料。该禁令将一直持续到战时动员解除。因此全国禁酒真正开始于 1919 年 7 月 1 日，第 18 修

① Timberlake, *Prohibition and the Progressive Movement*, p. 179.

正案在6个月后才生效。宪法修正案需要一个国会通过的法案加以实施，为此国会拿出了《沃尔斯特法》(*Volstead Act*)(或《全国禁酒法》)。尽管威尔逊总统否决了该法案，国会仍在1919年10月底通过了该法案。

在国内禁酒取得胜利之后，躁动的虔敬派禁酒主义者开始寻找新的征服对象。今天是美国，明天是整个世界。1919年6月，取得胜利的反酒吧联盟在华盛顿组织了一场国际禁酒大会，成立了世界反酗酒联盟(World League Against Alcoholism)。不管怎样，为了给民主创造一个安全的世界，必须在全球进行禁酒。在反酒吧联盟1917年的年度大会上，牧师A. C. 贝恩(A. C. Bane)一番热情洋溢的讲话充分表述了禁酒主义者的目标。当时在美国，取得禁酒胜利的曙光已经在前方。面对台下疯狂欢呼的人群，贝恩大声说：

> 美国将在人类(反对烈酒的)最伟大的战斗中"发起冲锋"，把禁酒的胜利旗帜插到国家最高处。接下来，我们看到海那边兄弟国家对我们招手，他们也在同那位宿敌作战。我们将秉承传教士和斗士的精神，把饮酒这个恶魔驱逐出各个文明世界。在美国的带领下，凭借我们对万能的上帝的信仰，凭借我们高举纯洁象征的爱国旗帜，我们很快就能给人类带来全球禁酒这个无价之宝。①

幸运的是，禁酒主义者发现，这个不情愿的世界是一块难啃的硬骨头。

三、战争和妇女参政权

第一次世界大战的另一项副产品是宪法第19修正案。该修正案在1919年提交给国会，次年得到批准，赋予了妇女参政权。妇女参政权运动和禁酒运动一直相伴进行，但其影响更为持久。妇女参政权运动和禁酒运动长期以来直接结盟。福音虔敬派发现人口发展趋势与己不利，且逆转无

① 引文出处同前，pp. 180－181。

望，因此呼吁赋予妇女参政权（在西部众多州颁布了相关法令）。之所以这样做，是因为他们明白，虔敬派妇女在社会和政坛都非常积极，而少数族裔妇女或礼仪派通常受文化影响，习惯于在家里围着灶台转，参与选举投票的可能性更小。所以妇女参政权在很大程度上可以提升虔敬派的表决权。1869 年，禁酒党成为首个公开支持妇女参政权的政党，并且一直延续这种立场。进步党在妇女参政权问题上同样热情洋溢，也是首个允许妇女代表参加党内大会的全国性大型政党。妇女参政权运动中，领头的组织之一是基督教妇女禁酒联合会，其成员数在 1900 年达到了庞大的 30 万人。全美妇女参政权协会是主要的妇女参政权群体，苏珊·安东尼、卡丽·查普曼·凯特夫人和安娜·霍华德·肖博士连续三位会长最初都是禁酒主义者，并以此为契机成为活动家。苏珊·安东尼说：

> 这个国家的家家户户都有一个共同的敌人，它就是酗酒。凡是涉足赌场、妓院和酒吧的人都坚决投票反对妇女的解放。如果你相信纯洁，如果你相信诚实正直，那么……就必须把选票交到妇女的手中。[①]

1914 年 11 月，内布拉斯加州妇女参政权公投失败。该州德裔美国人联盟（German-American Alliance）当时以德文发出呼吁："我们德裔妇女不需要投票权，我们的对手需要妇女参政权的唯一目的就是给我们的脖子套上禁酒的枷锁。我们要竭尽所能加以反对……"[②]

美国的参战推动妇女参政权运动战胜了强烈的反对意见。这是禁酒取得成功必然带来的结果，也是有组织妇女为支持战争付出努力获得的奖励。为了全局的成功，那些行动多数既要消除罪恶和酒精，也要对可疑的移民群体进行"爱国主义"教育。

就在美国宣布参战后不久，美国国防委员会（Council of National Defense）成了妇女国防工作咨询委员会（Advisory Committee on Women's

① 引自 Grimes，*The Puritan Ethic and Woman Suffrage*，p. 78。
② 出处同前，p. 116。

Defense Work)，也被称为妇女委员会。当时一份记录写道，该委员会的目的是"协调本国有组织和无组织的妇女的活动和资源，在必要时迅速发挥她们的力量，并且在妇女和政府部门之间搭建一个直接合作的新渠道"。[①] 妇女委员会的主席是全美妇女参政权协会前会长安娜·霍华德·肖博士，她兢兢业业地全职投入工作。另一位领导人物是全美妇女参政权协会现任主席、同样著名的妇女参政权论者卡丽·查普曼·凯特夫人。

妇女委员会迅速在全美各州和各市建立组织，并且在 1917 年 6 月 19 日召开大会进行工作协调。全国有 50 余家妇女组织参会。在这次大会上，"食品沙皇"赫伯特·胡佛"向美国妇女布置了第一项明确的任务"。[②] 胡佛邀请全美妇女加入他以"节约"和消除"浪费"为名发起的运动。这项雄心勃勃的运动旨在控制和限制食品行业，在业内建立企业联盟。专门揭露黑幕的进步主义作家艾达·塔贝尔(Ida M. Tarbell)夫人支持妇女联合起来。她也是妇女委员会的成员之一。塔贝尔夫人称赞"各地日渐意识到，我们发起的是一项伟大的民主事业，(美国参战)是全国大事。个人或一个社会如果希望尽自己的一份力量，就必须同华盛顿政府合作，在政府的领导下开展工作"。塔贝尔夫人称："这解释了为什么美国的妇女现在团结在一起，在统一的指挥下付出努力。"[③]

塔贝尔夫人是指挥者，而不是被指挥者，这可能促使她更加热情和积极。赫伯特·胡佛在那场妇女大会上提议所有妇女为食品节约运动签署并分发一张"食品节约承诺卡"。公众对食品节约承诺的支持不如预期那样强烈，于是通过教育推动食品节约承诺成为妇女节约运动的基础之一。妇女委员会任命塔贝尔夫人担任食品管理委员会主席。她不知疲倦地组织这场运动，并在报刊上发表大量文章，宣传该运动。

除了食品控制，妇女委员会的另一项重要职能是对全美所有可能从事

---

① Ida Clyde Clarke, *American Women and the World War* (New York: D. Appleton and Co., 1918), p. 19.

② 出处同前，p. 27。

③ 出处同前，p. 31。事实上，塔贝尔夫人揭露黑幕的行为只针对洛克菲勒和标准石油公司。她支持摩根圈子的商业领袖。证据是她曾为美国钢铁公司的埃尔伯特·加里法官(1925)和通用电气公司的欧文·杨(Owen D. Young)(1932)撰写传记，并毫不吝啬赞誉之词。

志愿或有偿工作支持参战的妇女进行登记。所有 16 岁及以上的女性都被要求填写并签署一张登记卡，内含所有相关信息，包括所接受的培训、经历和期望的工作类型等。通过这种方式，政府可以了解每位妇女的住所和受训情况，以便政府和妇女能够更好地匹配供需。在众多州，尤其是俄亥俄州和伊利诺斯州，州政府组建学校培训这类登记员。尽管妇女委员会坚称登记完全是自愿的行为，但正如艾达·克拉克（Ida Clarke）所说，路易斯安那州采用了一种"聪明的新方法"推进这个项目，妇女登记成为了强制性的。

路易斯安那州州长拉芬·普莱曾特（Ruffin G. Pleasant）宣布 1917 年 10 月 17 日为强制登记日，众多州级官员参与了登记推动工作。州食品管理委员会力争民众也同时签署了食品节约承诺卡；州学校委员会规定 10 月 17 日放假，以便教师可以协助进行强制登记，尤其是在农村地区。路易斯安那州委派了 6 000 名妇女指导登记工作。她们与州食品节约局官员和教区示范员并肩工作。在该州法裔聚居区，天主教神父呼吁教区所有妇女居民履行登记义务，为登记工作贡献了宝贵的力量。妇女活动家发放法语传单，上门进行劝说，并且在电影院、学校、教堂和县政府所在地发表演说，呼吁大家进行登记。记录资料显示，所有人都非常热情和兴奋，没有抵触情绪。我们也被告知，"就连黑人都认清了形势，间或会与白人一起开会，响应神职人员的号召"。[①]

为妇女登记和食品控制出力的还有另一家妇女组织。该组织规模相对较小，但气势更强。这家组织由国会在建设性爱国主义大会（Congress for Constructive Patriotism）上发起，是一家备战组织。建设性爱国主义大会于 1917 年 1 月底在华盛顿特区召开。所成立的组织名为全国妇女服务联合会（National League for Woman's Service，NLWS），后来在功能上与妇女委员会重叠，在影响力上逊色于后者。区别在于，全国妇女服务联合会的架构是直接采用军事化方式。每个地方工作组被称为"特遣队"，受"特遣队队长"指挥。各区和各州的特遣队会在每年一度的"营地"集会，每位妇女成员都身穿制服，佩戴组织的徽章。尤为突出的是，"各特遣队的训练都是以标

① 出处同前，pp. 58，277，275－279。

准的体能训练为基础”。[①]

妇女委员会的工作中，至关重要的一部分是“爱国教育”。政府和妇女委员会意识到，其他族裔的妇女移民迫切需要此类重要的指导。妇女委员会成立了教育委员会，由精力充沛的卡丽·查普曼·凯特夫人领导。凯特夫人清楚地向妇女委员会阐述了问题所在：美国有数百万人并不清楚我们为什么要参战，以及为什么“我们必须赢得这场战争，以让未来数代免受肆无忌惮的军国主义威胁”。[②] 可能美国的军国主义是“讲良心的”，所以就没有问题。

凯特夫人认为，太多人漠不关心，不了解情况，因此她提议动员2000万美国妇女，开启“一场庞大的教育运动”，让妇女“积极推动，以最快速度赢得战争”。这些妇女“在任何社会都是最具影响力的情感煽动者”。在凯特夫人继续探讨战争的目的时，她还指出，“不管国家喜欢与否”，我们必须参战并赢得战争，“不管愿意与否”，都必须作出“牺牲”。这些话语让人想起了最近那些支持罗纳德·里根采取军事行动的言论（“他必须做他该做的事情”）。在最后的陈述中，除了所谓的参战必要性，凯特夫人还为战争找到了一个合理的理由：必须赢得战争，让它“终结所有战争”。[③]

妇女组织的“爱国教育”运动在很大程度上是说服妇女移民（1）成为中立的美国公民，（2）学习“英语”，以实现“美国化”。这场运动被授予“美国第一”的名义。通过促使移民学习英语，并且劝说妇女移民参加下午或晚上的英语课程，“国家统一”这个概念得到了宣传。组织起来的爱国妇女也关心如何保留移民的家庭架构。如果孩童学习英语，但家长对英语一无所知，孩童会嘲笑家中的长者，“家长将无法对孩子进行教育和控制，整个家庭结构将被削弱。那么社区里这股重要的维稳力量会无法发挥作用”。为了维持“母亲对年轻人的控制”，“必须通过语言让妇女移民美国化”。在宾夕法尼亚州伊利市，妇女俱乐部任命了“街区管理员”，由她负责了解街区里的移民家庭，并且为教育当局敦促移民学习英语提供支持。艾达·克拉克天真

① 出处同前，p. 183。
② 出处同前，p. 103。引号内借用的是艾达·克拉克对凯特夫人原话的释义。
③ 出处同前，pp. 104－105。

地认为，这些街区管理员“会成为街区里妇女移民的邻居、朋友和名副其实的倾听者”。她真的应该去听听街区管理员关注对象的一些想法。

总的来说，艾达・克拉克表示，美国化运动的结果是“这个国家的妇女组织可以发挥重要的作用，助力我们的国家拥有共同的语言、共同的目标，以及共同的理想，即团结统一的美国”。①

政府和妇女组织都没有忘记进步主义经济改革。在1917年6月召开的妇女委员会成立大会上，卡丽・凯特夫人强调，第一次世界大战期间最大的问题是确保妇女“同工同酬”。大会建议成立治安委员会，防止违反关于劳工的“道德法律”，确保限制（保护）女工和童工的法律得到严格执行。显然，为了战争最大限度提高产量事宜必须被放到第二位，这具有一定的意义。全国妇女工会联盟（National Women's Trade Union's League）主席玛格丽特・德雷尔・罗宾斯夫人强调，妇女委员会事实上是各州内的组织委员会，以保护女工和童工在产业内的最低标准，实现妇女最低工资标准，缩短工作时间。罗宾斯夫人特别警告：“无组织的妇女工人数量庞大，在劳动力市场上工资低廉，企业借此降低行业标准。此外，她们还是我国工业中心里美国化程度最低的群体，对我们的制度和理想最为陌生。”所以“美国化”和妇女劳工企业联盟息息相关。②③

---

① 出处同前，p. 101。

② 出处同前，p. 129。玛格丽特・德雷尔和其丈夫罗宾斯・雷蒙德实质上是典型的进步主义夫妻。雷蒙德出生于佛罗里达州，是一名冒险家，也是一位成功的淘金者，在阿拉斯加荒野有过一段神奇的皈信经历，成为虔敬派布道者。他来到芝加哥，成为芝加哥社会服务所和市政改革的领导人。玛格丽特・德雷尔和她妹妹玛丽出身纽约名门，家境殷实。她们为新兴的全国妇女工会联盟提供资金，并在该联盟内工作。1905年，玛格丽特与雷蒙德・罗宾斯成婚，来到芝加哥，很快成为全国妇女工会联盟的主席，并长期担任该职。20余年里，罗宾斯夫妻领导和组织了芝加哥的进步主义政治事业，在1912年至1916年期间成为进步党最重要的领导人。第一次世界大战期间，雷蒙德・罗宾斯以美国红十字赴俄罗斯代表团负责人的身份参与了重大外交活动。关于罗宾斯夫妻，参见 Allen F. Davis, *Spearhead for Reform: the Social Settlements and the Progressive Movement, 1890－1914* (New York: Oxford University Press, 1967)。

③ 关于女性在战时的工作和妇女参政权，参见妇女参政权运动的标准历史：Flexner, *Century of Struggle*, pp. 288－289。有趣的是，全国战争劳工委员会（The National War Labor Board, NWLB）直接采纳了“同工同酬”的概念，强制提高雇主的成本，以限制女性工人的就业。全国战争劳工委员会承认，要减少女性工作量过度的情况，“唯一的方法就是确保雇佣女性的收益不再比雇佣男性高”。引自 Valerie I. Conner, "'The Mothers of the Race' in World War I: The National War Labor Board and Women in Industry", *Labor History* 21 (Winter 1979－80): 34。

四、让孩童远离酒精和堕落

妇女组织在战时的重要贡献之一，是积极配合让美国士兵远离堕落和酒精。除了在每个美国军营周边建立严格的禁酒区，1917 年 5 月的《义务兵役法》也规定军营周边的广阔区域禁止卖淫。为了加强这些规定的执行，陆军部成立了训练营活动委员会(Commission on Training Camp Activities)，海军部很快效仿，成立了类似机构。两家委员会由同一人领导。对于这个岗位而言，此人再合适不过，他就是纽约社会服务所的进步主义工作人员、市政改革者、伍德罗·威尔逊曾经的学生和门徒雷蒙德·布莱恩·福斯迪克(Raymond Blaine Fosdick)。

从个人背景、生活和职业来说，福斯迪克是那个时代典型的进步主义知识分子和活动家。福斯迪克的先辈是来自马萨诸塞州和康涅狄格州的扬基佬。其曾祖父乘着大篷车西行拓荒，在扬基佬的聚居地、"尽燃之地"核心地带的纽约州布法罗市成为一位拓荒农场主。福斯迪克的祖父是虔敬派平信徒宣教师，出生时正值浸信会的复兴。他是一位禁酒主义者，迎娶了一位宣教师的女儿，并且终生在布法罗市的公立学校任教。福斯迪克的祖父后来成为布法罗市教育主管，为扩大和加强公立学校系统而奋斗。

福斯迪克的父辈继续祖辈的道路。福斯迪克的父亲在布法罗市公立学校任教，后来成为一所高中的校长。他的母亲是虔诚的虔敬派，坚定地倡导禁酒和妇女参政权。福斯迪克的父亲是忠实的虔敬派新教信徒，也是"狂热的"共和党人。缅因州资深共和党人詹姆斯·布莱恩是福斯迪克父亲心目中的英雄人物，因此在给儿子雷蒙德取名时，中间名借用了那位英雄的名字。福斯迪克家共有三个孩子，老大哈里·爱默生(Harry Emerson)，老二雷蒙德，还有雷蒙德的孪生妹妹伊迪丝(Edith)。三人在这种氛围里长大，耳濡目染，都终生信奉虔敬主义，从事社会服务工作。

在纽约市积极参与改革管理期间，福斯迪克结交了一位非常重要的朋友。1910 年，小约翰·洛克菲勒与其浸信会虔敬派父亲一样，担任了特别大陪审团的主席，调查纽约市的卖淫问题，试图铲除卖淫现象。在小洛克菲勒看来，铲除卖淫现象是他终生的奋斗目标，也是他的热情所在。他深信卖淫这种罪必须被定罪，并且应该通过严厉打击禁止它公然出现。1911 年，小洛克菲勒组建了社会卫生局(Bureau of Social Hygiene)，开启了铲除卖淫的运动。他在此后的 25 年里向社会卫生局注入了 500 万美元的资金。两年后，他找到福斯迪克，让他研究欧洲的警察体系如何与各种运动配合，根除那个重要的“社会毒瘤”。福斯迪克当时已经成为小洛克菲勒浸信会圣经课年度晚宴上的演说者。应小洛克菲勒的要求，福斯迪克在欧洲待了一段时间，此后又研究了美国的警察体系。他惊讶地发现美国警察的工作并不“科学”，已经被政治势力“玷污”。①

在当时，新任战争部部长、克利夫兰市前市长、进步主义者牛顿·贝克正为一份报告头痛不已。这份报告称，在与墨西哥接壤的美国得克萨斯州边境地区，军营周边存在大量的酒吧和卖淫现象。军队被派驻那里，是为了打击墨西哥革命家潘科·维拉(Pancho Villa)。1916 年夏季，贝克派福斯迪克前往边境进行实地调查研究，那些粗俗的军官嘲笑他是“牧师大人”。福斯迪克惊讶地发现，在军营的周边似乎挤满了酒吧和妓院。他向贝克汇报了自己的惊愕和担心。在福斯迪克的建议下，贝克严惩了陆军指挥官，痛批他们对待酒精和堕落的松懈。此时，福斯迪克也开始萌发另一个想法。在对坏事进行镇压的同时，是否可以对好事积极鼓励，让士兵除了酒精和罪之外能有健康的娱乐可选择呢？在美国宣布参战之后，贝克迅速任命福斯迪克担任训练营活动委员会的主席。

手握联邦政府的强制权，福斯迪克快速建立了自己的官僚帝国，从只有一位秘书发展到拥有数千名成员。雷蒙德·福斯迪克从一开始就认定自己有双重的任务：在军营的内部和周边消除酒精和罪，并且为美国的士兵和水手提供健康的娱乐方式，填补空白。福斯迪克选择美国社会卫生协会(American Social Hygiene Association)的律师巴斯科姆·约翰逊(Bascom

---

① Raymond B. Fosdick, *Chronicle of a Generation*: *An Autobiography* (New York: Harper & Bros., 1958), p. 133. 另参见 Peter Collier and David Horowitz, *The Rockefellers*: *An American Dynasty* (New York: New American Library, 1976), pp. 103 - 105。福斯迪克惊诧地发现，在路上执勤巡逻的美国警察竟然抽雪茄！Fosdick, *Chronicle of a Generation*, p. 135.

Johnson)担任训练营活动委员会执法处负责人。[1] 约翰逊被任命为陆军少校,其手下40位野心勃勃的律师则被任命为少尉。

福斯迪克以卫生和军事需要为由,成立了该委员会下属的社会卫生部,宣传口号是“健体迎战”。当有城市违抗指令,不遵从时,福斯迪克就动用各种力量,并威胁要把联邦军队撤走。福斯迪克的棍棒政策就算不能取缔所有卖淫行为,至少是打击了美国各大红灯区。在这个过程中,福斯迪克和贝克动用了当地警力和联邦宪兵,远远超出了他们的合法权力。法律授权训练营活动委员会主席关闭每个军营或军事基地周边1.6公里范围内的所有红灯区。但在武力关闭的110个红灯区里,只有35家位于禁区之内。对其他75家红灯区的取缔事实上是非法扩大法律适用范围。但不管怎样,福斯迪克取得了胜利:“通过本(训练营活动)委员会的努力,红灯区不再是美国

---

① 美国社会卫生协会是一家重要的组织,以“纯洁运动”而知名,名下有颇具影响力的期刊《社会卫生》(*Social Hygiene*)。纽约市内科医生普林斯·莫罗(Prince A. Morrow)颇为认同法国梅毒研究著作者让-阿尔弗雷德·富尼耶(Jean-Alfred Fournier)关于自律的观点。受到反性病运动的启发,他在1905年成立了美国卫生和道德预防协会(American Society for Sanitary and Moral Prophylaxis, ASSMP)。很快,美国卫生和道德预防协会芝加哥分会提出的“社会卫生”和“性卫生”这两个词语因为披着医学和科学的外衣而被广泛使用。1910年,美国卫生和道德预防协会更名为美国性卫生协会(American Federation for Sex Hygiene, AFSH)。1913年年末,由外科医生组成的美国性卫生协会与国家警戒协会(National Vigilance Association)合并,组成了包罗万象的美国社会卫生协会。国家警戒协会由一群神职人员和社会工作人员组成,曾名为美国纯洁联合会(American Purity Alliance)。

在这场社会卫生运动中,道德和医学并肩前行。莫罗医生非常欢迎关于性病的新知识,因为这种疾病证明“性罪带来的报应”不需要“等到来世”。

美国社会卫生协会的首任主席是哈佛大学校长查尔斯·艾略特。在首次会议上发言时,艾略特明确表示,彻底禁酒、禁烟,甚至禁香料是反卖淫和纯洁运动不可或缺的一部分。

关于内科医生、纯洁运动,以及美国社会卫生协会的成立,参见Ronald Hamowy, “Medicine and the Crimination of Sin: ‘Self-Abuse’ in 19th Century America”, *Journal of Libertarian Studies* 1 (Summer 1972): 247 - 259; James Wunsch, “Prostitution and Public Policy: From Regulation to Suppression, 1858 - 1920” (Ph. D. diss., University of Chicago, 1976); Roland R. Wagner, “Virtue Against Vice: A Study of Moral Reformers and Prostitution in the Progressive Era” (Ph. D. diss., University of Wisconsin, 1971)。关于莫罗医生,参见John C. Burnham. “The Progressive Era Revolution in American Attitudes Toward Sex”, *Journal of American History* 59 (March, 1973): 899, and Paul Boyer, *Urban Masses and Moral Order in America*, 1820 - 1920 (Cambridge, MA: Harvard University Press, 1978), p. 201。另参见Burnham, “Medical Specialists and Movements Toward Social Control in the Progressive Era: Three Examples”, in Building the Organizational Society: Essays in *Associational Activities in Modern America*, J. Israel, ed. (New York: Free Press, 1972), pp. 24 - 26。

城市生活的一大特色。”[①]当然，永久性摧毁这些红灯区促使卖淫行为走向街头，消费者无法再得到自由市场或市场监管的保护。

有些时候，联邦政府扫黄运动会遭遇强烈的抵制。海军部部长约瑟夫斯·丹尼尔斯(Josephus Daniels)来自北卡罗来纳州，也是一位进步主义者。他不得不出动海军陆战队队员在抵制情绪强烈的费城街道上巡逻。1917年11月，在市长的反对声音中，海军部队出动，打击了新奥尔良著名的红灯区斯特利维尔。[②]

傲慢自大的美国陆军决定扩大扫黄运动的战果，将其覆盖国外。约翰·潘兴(John J. Pershing)将军对驻法美国远征军的成员发布官方公报，指出“节欲是美国远征军成员的义务，这既是为了能在战争中保持充沛精力，也是为了战后美国人的健康和纯洁”。潘兴将军和美国军方试图关闭美国部队驻扎地周边的所有法国妓院，但这项行动因为法国人的坚决反对而未能取得成功。法国总理乔治·克列孟梭(Georges Clemenceau)指出，“完全禁止美国部队周边的、受监管的性交易活动”只会导致“周边平民百姓的性病传播”增加。最后，美国只能宣布美国军人不得进入法国平民地区。[③]

雷蒙德·福斯迪克在战争期间执行的任务有更积极的一面，即他为士兵和水手提供了“健康的娱乐和陪伴”，能够建设性地替代罪和酒精。正像预期的那样，妇女委员会和有组织的妇女积极予以配合。她们听从战争部部长贝克的命令，认为政府“不能允许这些年轻人周边出现令人堕落的环

---

① Daniel R. Beaver, *Newton D. Baker and the American War Effort, 1917 - 1919* (Lincoln: University of Nebraska Press, 1966), p. 222。也请参考出处同前，pp. 221 - 224; C. H. Cramer, *Newton D. Baker: A Biography* (Cleveland: World Publishing Co., 1961), pp. 99 - 102。

② Fosdick, *Chronicle of a Generation*, pp. 145 - 147。事实上，斯特利维尔在1917年后已经禁止卖淫。但不同于传说中那样，斯特利维尔从未真正“关闭”，酒吧和舞厅仍然开放。而且不管是在斯特利维尔还是新奥尔良市，爵士乐从未停过，这点完全有悖于正统的报道。因此爵士乐也从未被迫往上游转移。如何从修正主义角度去看待斯特利维尔的关闭对爵士乐历史的影响呢？参见Tom Bethell, *George Lewis: A Jazzman from New Orleans* (Berkeley: University of California Press, 1977), pp. 6 - 7; Al Rose, *Storyville, New Orleans* (Montgomery: University of Alabama Press, 1974)。关于后来的斯特利维尔，参见Boyer, *Urban Masses and Moral Order*, p. 218。

③ Hamowy, “Crimination of Sin”, p. 262 n. The quote from Clemenceau is in Fosdick, *Chronicle*, p. 171. 牛顿·贝克忠心耿耿的传记作家宣称，克列孟梭的反应充分体现了“他作为‘法国之虎’的动物癖性”。Cramer, *Newton Baker*, p. 101.

境，我们也必须做些事情，防止他们受到不健康因素的影响，帮助他们抵制那些原始的诱惑”。但是，妇女委员会发现，在忙于保护年轻男性的健康和道德这项伟大事业时，事实告诉她们，最具挑战性的是如何保护那些被动员起来的年轻女性。遗憾的是，“在士兵驻扎的地方……如何避免女孩被战争的魅力和浪漫气息误导，被军装欺骗，这个问题日渐变得严重”。幸运的是，马里兰委员会建议成立“爱国荣誉联盟(Patriotic League of Honor)，鼓励女孩们遵循最高的女德标准，效忠她们的国家”。①

看到福斯迪克及其军队训练营活动委员会取得的成就，最高兴的莫过于新兴的社会工作职业。在运动和娱乐协会(Playground and Recreation Association)与拉塞尔塞奇基金会(Russell Sage Foundation)的协助下，福斯迪克和其他人“试图在每座军营四周建立庞大的社会服务所。此前从未有哪支军队见过这种事物，它是娱乐和社区组织运动的产物，是那些过去一直在力争创造性使用休息时间的人的胜利”。② 社会工作职业认为该项目取得了巨大的成功。著名的《调查》杂志在对成果进行总结时，称其是“现代最引人注目的社会工作”。③

社会工作者也热烈欢迎禁酒。1917 年，全国慈善和管教大会(National Conference of Charities and Corrections)更名为全国社会工作大会(National Conference of Social Work)，并大胆放弃其过去一直坚持的价值中立态度，

---

① Clarke, *American Women*, pp. 90，87，93。有时候，有组织的女性会主动到社区进行扫黄和禁酒工作。1917 年，得克萨斯女性扫黄委员会(Texas Women's Anti-Vice Committee)牵头在得克萨斯州的所有军事营地周边建立了“白区”。当年秋天，得克萨斯州女性扫黄委员会扩大成为得克萨斯社会卫生协会，协调根除卖淫和酒吧的工作。圣安东尼奥市是该州最大的问题所在。Lewis L. Gould, *Progressives and Prohibitionists: Texas Democrats in the Wilson Era* (Austin: University of Texas Press, 1973), p. 227.

② Davis, *Spearheads for Reform*, p. 225.

③ Fosdick, *Chronicle of a Generation*, p. 144. 战后，雷蒙德・福斯迪克名利双收，他先是担任国际联盟(League of Nations)的副秘书，然后余生都是小约翰・洛克菲勒身旁的核心成员。雷蒙德・福斯迪克后来成为洛克菲勒基金会负责人，以及洛克菲勒的官方传记作家。与此同时，雷蒙德・福斯迪克的哥哥哈里・爱默生・福斯迪克牧师成为洛克菲勒选用的教区牧师，最初是在公园大道长老会教堂，后来到了新的河畔教堂。该教堂由洛克菲勒资助修建。在新教教会中，哈里・爱默生・福斯迪克是洛克菲勒主要的支持者，协助他进行战斗，支持后千禧年派、中央集权主义和“自由”新教主义，并且一起反对前千禧年基督教，也就是第一次世界大战之前数年开始的“原教旨主义者”。参见 Collier and Horowitz, The *Rockefellers*, pp. 140－142，151－153。

转向支持禁酒。1917 年从俄罗斯返回后，纽约慈善组织协会（Charity Organization Society of New York）的爱德华·迪瓦恩（Edward T. Devine）宣称："相比废除独裁的政治革命，禁止伏特加所带来的社会革命意义更加深远……"社会服务所运动的元老级人物、资深的禁酒倡导者罗伯特·伍兹（Robert A. Woods）来自波士顿，他在 1919 年预言第 18 修正案将是"历史上最伟大、最美好的事物"，将减少贫困现象，消除卖淫和犯罪问题，并且解放"大量被压抑的人类潜能"。[①]

伍兹在 1917—1918 年担任全国社会工作大会的主席。他长期谴责酒精是"令人憎恶的恶魔"。作为后千禧年虔敬派，他笃信"基督教的政治能力"，即通过"行为宣传"，以一种法团和公共的方式对社会进行基督化，增进上帝的荣耀。同众多虔敬派一样，伍兹并不在乎什么教义或教条，他只在乎让大家都信仰基督教。他是一位活跃的圣公会信徒，但他的"教区"是整个社会。在贫民救济工作中，伍兹主张对那些"不合格的人"进行隔离或孤立，尤其是"流浪汉、酗酒者、乞丐和低能者"。在这场改革中，社会服务所就是核心。伍兹尤其迫切希望隔离和惩罚流浪汉和酗酒者。"积习难改的酒鬼"应该接受越来越严厉的"惩罚"，对之施以超长的禁闭。流浪汉将被围捕和监禁，然后送往感化院，强迫进行劳动，借此消除"流浪恶行"。

对伍兹来说，世界大战是一件重大的事情。它推动了"美国化"进程，是"一个伟大的人性化过程，在这个过程中，所有忠诚和信仰将更有序地共处"。[②] 这场战争很好地释放了美国人的活力。现在，必须让战时的动力在战后世界延续。罗伯特·伍兹在 1918 年春季为战时的集体主义社会欢呼，并且提出了一个至关重要的问题："为什么不一直这样呢？为什么不在和平时期继续这个健康的庞大有机体，提供服务，维持团结，激发建设性的创造力呢？"[③]

---

① Davis, *Spearheads for Reform*, *p. 226*; Timberlake, *Prohibition and the Progressive Movement*, p. 66; Boyer, *Urban Masses and Moral Order*, p. 156.

② Eleanor H. Woods, *Robert A. Woods*: *Champion of Democracy* (Boston: Houghton Mifflin, 1929), p. 316. 另参见出处同前，pp. 201 - 202，250ff.，268ff。

③ Davis, *Spearheads for Reform*, p. 227.

五、《新共和》的集体主义者

《新共和》杂志创立于1914年，是进步主义在知识领域的领头机构，充分体现了大企业利益（尤其是摩根财团）与发展中的集体主义知识分子的新兴联盟。《新共和》的创始人和出版人是J. P. 摩根公司的合伙人威拉德·斯特雷特，财务主管是斯特雷特的妻子、女继承人多萝西·惠特尼。这份新周刊颇具影响力，其主编是资深的集体主义者、西奥多·罗斯福新国家主义的理论家赫伯特·戴维·克罗利（Herbert David Croly）。克罗利手下有两位编辑，一位是爱德华·韦尔（Edward Weyl），一位是沃尔特·李普曼（Walter Lippmann）。爱德华·韦尔也是新国家主义的理论家。沃尔特·李普曼后来成为博学之士。随着伍德罗·威尔逊带领美国加入第一次世界大战，《新共和》开始成为积极的战争支持者，并且事实上成为威尔逊的战争成就、战时集体主义经济、战争塑造新社会的代言人，虽然该刊物最初是罗斯福主义的支持者。

第一次世界大战之前、期间和之后，在更高的理论层面，进步主义知识分子的领头羊毫无疑问是哥伦比亚大学的约翰·杜威教授。他是实用主义的拥护者。杜威在这段时期频繁为《新共和》撰稿，显然是该刊主要的理论家。杜威1859年出生于美国北部。用亨利·门肯（Henry Mencken）的话来说，杜威“像佛蒙特州的岩石一样坚不可摧，拥有无可比拟的清醒头脑”。约翰·杜威的父亲来自佛蒙特州的小镇，是一家杂货店主。[①] 一生中大部分时间里，杜威都是个实用主义者，信奉世俗人文主义。鲜为人知的是，在1900年之前，他曾是后千禧年虔敬派，希望通过科学和政府的扩张在地球上逐渐建立基督化社会秩序和天国。19世纪90年代，身为密歇根大学哲学教授，杜威面对学生基督教联盟就自己关于后千禧年虔敬主义观点发表了一系列的演讲。杜威提出，有了现代科学目前的发展，人类可以在地球上建立圣经中的理想天国。在人类打破传统宗教的束缚之后，真正的宗教天

① Mencken, “Professor Veblen”, p. 267.

国能够在“普通的化身生命”中实现。[1] 宗教将与科学和民主合作，打破人与人之间的隔阂，建立天国。1900 年之后，约翰·杜威与同期其他多数后千禧年派学者一起，决然地逐渐从支持后千禧年进步主义基督教中央集权主义变为支持进步主义世俗中央集权主义。实现路径，即扩张中央集权、“社会控制”和规划，保留了原样。尽管基督教教义被放弃，但这些知识分子和活动家保持着同样的热忱，打算拯救他们父母和他们自己曾经拥有的这个世界。这个世界必然通过进步主义和中央集权主义获得拯救。[2]

作为身处和平时期的和平主义者，约翰·杜威在美国即将军事干预欧洲的战争时，做好带领大家迎接战争的准备。首先，在 1916 年 1 月出版的《新共和》杂志中，杜威对“职业和平主义者”进行了攻击，批判他们对战争的谴责是一种“感情用事的幻想”，把手段和目的混为一谈。他表示，武力只是“争取结果的手段”，因此既不要去歌颂也不要去谴责武力本身。4 月，杜威签署了一份支持协约国的声明，为协约国的胜利欢呼，并宣称协约国“正努力保护世界的自由，维护文明的最高理想”。杜威支持美国参战，打败德国，尽管这“是一项艰巨的任务，但必须去做”。不过他更感兴趣的是战争可能将给美国国内政治带来美好的变化。因为战争，集体主义者获得了宝贵的机会，能为了社会公正对社会进行控制。正如一位历史学家所说的：

> 因为战争要求国家利益至上，政府的计划和经济管控必须达到前所未有的程度。杜威认为未来在国家内部和国家之间将永久地用公共和社会利益取代个人和私有利益。[3]

---

① 引自 Quandt，“Religion and Social Thought”，p. 404。另参见 John Blewett，S. J.，“Democracy as Religion：Unity in Human Relations”，in *John Dewey：His Thought and Influence*，Blewett，ed.（New York：Fordham University Press，1960），pp. 33 – 58；*John Dewey：The Early Works*，*1882 – 1889*，*J. Boydstan et al.*，eds.（Carbondale：Southern Illinois University Press，1969 – 1971），vols. 2 and 3。

② 后千禧年虔敬主义在 1900 年后基本上世俗化。关于这方面的内容，参见 Quandt，“Religion and Social Thought”，pp. 390 – 409；Moorhead，“The Erosion of Postmillennialism in American Religious Thought”，pp. 61 – 77。

③ Carol S. Gruber，*Mars and Minerva：World War I and the Uses of the Higher Learning in America*（Baton Rouge：Louisiana State University Press，1975），p. 92.

美国参战几个月后，在接受《纽约世界报》（*New York World*）的采访时，杜威高兴地宣称，"这场战争会开启一些事物的终结"。因为战争需要，"我们开始为了使用而生产，而不是为了销售，资本家在战争中不再是资本家……"资本家的生产和销售状态现在受到政府的控制，"所以没有理由认为旧的原则会永远继续……私有财产不再神圣不可侵犯……产业民主正在到来"。[①] 简而言之，国家终于开始运用智慧处理社会问题，这种做法将摧毁旧秩序，创造"民主集中控制"的新秩序。杜威宣称，这些发展正是他所努力的方向。[②]

此外，约翰·杜威认为战争将在全球范围内推动集体主义。在杜威看来，美国的参战把全球"人为地联系起来"，这个世界将"拥有一个世界组织，并且跨越国家边界和利益进行共同管理"，同时会"禁止战争"。[③]

《新共和》编辑的立场与杜威类似，只是他们比杜威更早立足于此。1914年11月，赫伯特·克罗利在《新共和》杂志的首刊发表社论，热情洋溢地预言战争将提升美国的国家主义精神，推动美国的民主。《新共和》最初对欧洲的战时集体主义经济有所迟疑，但很快就开始歌颂这种经济，并且呼吁美国紧跟欧洲参战国家的步伐，对经济实行统制，扩大国家的权力。在美国准备参战的时候，《新共和》分析了欧洲的集体主义，高兴地宣称"集体主义管理赢得了漂亮的大胜利"。诚然，欧洲的战时集体主义有一些冷酷和专制，但不必害怕，美国将使用完全一样的手段实现"民主"目标。

《新共和》的知识分子也为美国的"战争精神"而感到高兴，因为那种精神意味着"用国家、社会和组织的力量取代和平时期或多或少机械的个人私

---

① 引文出处同前，pp. 92 - 93。另参见 Leuchtenburg，"The New Deal and the Analogue of War"，p. 89。基于同样的原因，索尔斯坦·凡勃伦（Thorstein Veblen）也支持战争。该文之后再版，收入其著作 *The Vested Interests and the State of the Industrial Arts*（1919）。凡勃伦率先提出以使用为目的的生产和以利润为目的的生产这种两分法。参见 Charles Hirschfeld，"Nationalist Progressivism and World War I"，*Mid-America* 45（July，1963）：150。另参见 David Riesman，*Thorstein Veblen：A Critical Interpretation*（New York：Charles Scribner's Sons，1960），pp. 30 - 31。

② Hirschfeld，"Nationalist Progressivism and World War I"，p. 150.

③ Gruber，*Mars and Minerva*，p. 92.

力……”战争和社会改革的目的可能存在些许差别，但是，毕竟“它们都是目的。对人类而言幸运的是，在一处有用的社会组织也适用于另一处”。[1] 人类的确很幸运。

在美国准备参战时，《新共和》期盼集体化，深信集体化将“大幅提高国家效率和幸福度”。在美国宣战之后，该刊物提出，战争是“实现民主的得力工具”。该刊物问：“为什么不能用战争来对国家实施强制创新？”进步主义知识分子可以带头消除“蔓生、野蛮的自由竞争资本主义的典型罪恶”。

沃尔特·李普曼深信美国能够通过战争实现社会改革。在美国参战后不久，他在一场公开演讲中畅谈了自己的未来启示录：

> 我们参战是为了在全球维护民主。我们希望在推翻普鲁士的独裁之后，民主不会终结。我们将有兴趣将目光转向国内的残暴行为——我们的科罗拉多矿产，我们独裁的钢铁行业、血汗工厂，以及我们的贫民窟。美国内部有股力量正在得到释放……我们的反对派无法压制这股力量……我们应该懂得如何驾驭这股力量。[2]

沃尔特·李普曼事实上是《新共和》知识分子中最重要的鹰派人物。他推动克罗利支持威尔逊和支持干预，并与爱德华·豪斯(Edward House)上校携手，推动威尔逊同意参战。很快，狂热支持征兵的李普曼必须面对一个现实：他本人只有27岁，身体健康，完全符合征兵条件。但是，李普曼无法把理论和实践联系在一起。进步主义哈佛法学教授、《新共和》编辑的亲密伙伴、年轻的费利克斯·法兰克福特(Felix Frankfurter)刚刚被选任战争部部长贝克的特别助理。李普曼觉得把自己用于战后世界的规划才是上策，不应该用于在战壕面对战火。所以他致信法兰克福特，希望能在贝克的办

---

① Hirschfeld, “Nationalist Progressivism in World War I”, p. 142。《新共和》的知识分子认为，切实存在的个人是“机械的”，而“国家和社会”力量这种不存在的对象则是“有机的”。这个观点实在让人觉得颇为有趣。

② 引自 Hirschfeld, “Nationalist Progressivism, and World War I”, p. 147。

公室谋得一职。他请求说:“我希望全身心地研究和预测创造和平的方法,以及和平将带来的影响。冒昧地请您基于这个原因,为我争取免服兵役。”接着,他向法兰克福特再三保证,这份请求完全不是“为了个人”。他解释说,不管怎样,“需要考虑的事情非常重要,完全不能掺杂任何个人因素在其中”。在法兰克福特做好铺垫之后,李普曼又致信贝克部长。他向贝克保证,他申请这份工作并请求免服兵役是源于他人的恳请,是为了国家的利益。李普曼的话充分体现了他的伪善:

> 我咨询了所有人,他们的建议对我而言非常重要。他们都劝我申请免服兵役。这不是一件讨人喜欢的事情,相信您也能理解。但在深刻反省之后,我深信自己可以发挥更大的作用,而不只是在军队里担任一名列兵。

冠冕堂皇。

为了粉饰,李普曼还补充了一些重要的“假信息”。他可怜兮兮地致信贝克,称事实上“我父亲正生命垂危,母亲将独自一人留在世间。她还不清楚父亲的状况。我不敢告知其他人,担心母亲间接知晓”。显然,没有其他人“知道”他父亲的状况,包括他的父亲和医生,因为老李普曼在接下来10年里还在努力工作。①

在免服兵役之后,沃尔特·李普曼激动万分地奔赴华盛顿,在那里协助战争组织工作。几个月后,他协助豪斯上校召开历史学家和社会科学家的秘密会议,共同制订计划,草拟未来的和平条约和战后世界。让其他人去战壕送命吧,沃尔特·李普曼很满意至少自己的才干能够发挥最大作用,为新兴的集体主义国家贡献力量。

在战争期间,克罗利及其编辑队伍为战时经济大规模控制的每一步新

---

① 雅各布·李普曼(Jacob Lippmann)在1925年患癌,2年后过世。此外,在雅各布逝世前和逝世后,李普曼对自己的母亲都异常冷漠。Ronald Steel, *Walter Lippmann and the American Century* (New York: Random House, 1981), p. 5, pp. 116 - 117. 沃尔特·李普曼对征兵的热情(至少是对他人的征兵),参见 Beaver, *Newton Baker*, pp. 26 - 27。

发展而欢呼，尽管李普曼已经离开他们，奔向了更广阔的世界。铁路和运输的国有化、优先配给制度、赫伯特·胡佛及其食品管理局对食品行业各组成部分的全面控制、支持工会的政策、高税负，以及征兵等各种政策都得到了《新共和》刊物的颂扬，称这些举措加大了民主计划一般性商品的力量。迎来停战协议之时，《新共和》回顾了战争带来的影响，认为战争是一件好事："我们彻底改革了这个社会。"剩下要做的是组织新的制宪大会，完成重建美国的工作。①

但是，革命并没有完全结束。虽然伯纳德·巴鲁克和其他战时规划师极力反对，政府仍决定在战后放弃大部分战时集体主义体制。从那时起，把之前的战时体系变成美国生活中永久的制度，成为巴鲁克和其他战时规划者的最大愿望。在埋葬美国的"一战"政体时，最具洞察力的墓志铭是由雷克斯福德·盖伊·特格韦尔献上的。他是富兰克林·罗斯福新政智囊团中最坦率的集体主义者。回顾1927年的美国战时情景，特格韦尔遗憾地说，如果战争持续时间更长一些，那场伟大的"实验"就可以完成。特格韦尔哀叹："和平到来之时，我们正处于拥有国际化产业机器的前夜。""停战协议阻止了那场对生产、价格和消费进行管控的伟大实验。"②特格韦尔没必要忧伤，因为很快就会出现其他紧急情况、其他战争。

战争结束后，李普曼继续努力，成为美国的新闻界权威。赫伯特·克罗利因为对《凡尔赛条约》不满意，与威尔逊政府撕破脸，失望地发现《新共和》不再是一些伟大领导人的代言者。20世纪20年代末，他在海外发现了一

---

① Hirschfeld, "Nationalist Progressivism and World War I", pp. 148 – 150. 关于《新共和》和战争，尤其是关于约翰·杜威，参见 Lasch, *The New Radicalism in America*, pp. 181 – 224, especially pp. 202 – 204。关于《新共和》的三位编辑，参见 Charles Forcey, *The Crossroads of Liberalism: Croly, Weyl, Lippmann and the Progressive Era, 1900 – 1925* (New York: Oxford University Press, 1961)。另参见 David W. Noble, "*The New Republic* and the Idea of Progress, 1914 – 1920", *Mississippi Valley Historical Review* 38 (December, 1951): 387 – 402。在1918年出版的著作《战争的终结》(*The End of the War*)中，《新共和》编辑沃尔特·爱德华·韦尔向读者保证："新经济团结一旦实现，就永远不会再被放弃。"引自 Leuchtenburg, "New Deal, and the Analogue of War", p. 90。

② Rexford Guy Tugwell, "America's War-Time Socialism", *The Nation* (1927): 364 – 365. 引自 Leuchtenburg, "The New Deal and the Analogue of War", pp. 90 – 91。

位国家集体主义领导人典范：贝尼托·墨索里尼(Benito Mussolini)。[①] 克罗利的余生一直崇拜着墨索里尼。这并不令人感到意外。克罗利有一个宠爱他的父亲。他的父亲信奉奥古斯特·孔德(Auguste Comte)的实证主义和独裁主义。这些观点影响了克罗利的一生。赫伯特·克罗利的父亲戴维是美国实证主义的创始人，倡导政府拥有控制所有人生命的巨大权力。戴维·克罗利支持发展托拉斯和垄断，认为这种方式能终结并消除个体竞争和"自私"。同儿子一样，戴维·克罗利也批判杰斐逊党人"对美国政府的恐惧"，把汉密尔顿视作对抗那股潮流的榜样。[②]

杜威教授又是如何表现呢？他曾经是一位资深的和平主义者，后来却为战争摇旗呐喊。战争结束后的那几年(1919 至 1921 年)，尚未成名的约翰·杜威在北京大学教书，并到远东旅行。中国当时正处于动荡之中，《凡尔赛条约》把山东的控制权从德国转移给日本。此前，英法两国与日本签署秘密条约，承诺把控制权交给日本，以换取日本参战抗德。威尔逊政府夹在两个阵营中间左右为难。一方面，有些人希望支持协约国的决定，拉拢日本，共同对付亚洲的苏联。另一方面，有些人警示日本的威胁，而且希望支持中国。后者通常与美国新教传教士有一定的关系，传教士们希望维护并扩大他们在中国的治外法权。威尔逊政府最初选择支持中国，但在 1919 年春天改变立场，同意了《凡尔赛条约》。

---

① 1927 年 1 月，克罗利为《新共和》撰写社论《为法西斯主义的一份辩护》(*An Apology for Fascism*)，推荐著名哲学家霍勒斯·卡伦(Horace M. Kallen)所撰写的文章《意大利人的法西斯主义》(*Fascism for the Italians*)。卡伦是约翰·杜威的弟子，进步实用主义的支持者。卡伦在文中夸赞墨索里尼的实用主义举措，尤其是墨索里尼向意大利人灌输的活力和锐气。卡伦教授承认，法西斯主义的确具有强迫性质，但那肯定只是权宜之计。《新共和》的社论推荐了卡伦的这篇文章，并且补充写道"持异议的批判者应该小心，不要去禁止政治实验。现在，举国上下道德水平上扬，实验是为了共同的目标"。*New Republic* 49 (January 12, 1927): 207 - 213. 引自 John Patrick Diggins, "Mussolini's Italy: The View from America", (Ph. D. diss., University of Southern California, 1964), pp. 214 - 217。

② 赫伯特·克罗利出生于爱尔兰，后成为纽约市著名的记者，并且出任《纽约世界报》的编辑。戴维·克罗利组建了美国首个实证主义学派，并且资助了孔德实证哲学家亨利·埃德加(Henry Edgar)的美国巡回演讲。实证主义学派会在克罗利的家中碰头。1871 年，赫伯特·克罗利出版了著作《实证主义入门》(*A Positivist Primer*)。1869 年赫伯特刚出生，他的父亲就把他献给了孔德人道教(Religion of Humanity)的象征——人道女神(Goddess Humanity)。赫伯特·克罗利的最新传记，参见 David W. Levy, *Herbert Croly of the New Republic* (Princeton, NJ: Princeton University Press, 1985)。

身处复杂形势的约翰·杜威，觉得事情并不复杂，当然也觉得自己和美国不可能置身争斗之外。杜威全力支持中国的民族主义立场，欢迎中国积极的青年运动，并把亲传教士的中国基督教青年会（YMCA）称为“社会工作者”。杜威宣称，“我不想做沙文主义者”，但必须重视日本，日本是亚洲的巨大威胁。因此，杜威并非不再支持可怕的世界大战，而是在为更大的战争铺平道路。[①]

六、政府服务的经济账：理查德·埃利的经验论

知识分子是国家公务员和政府管理的初级合伙人，这个概念在第一次世界大战被强化。知识分子和国家联手，成为彼此得力的助手。知识分子可以为国家的行为提供合适的理由。国家也需要知识分子填充一些重要岗位，比如社会和经济的规划师和管理者。国家可以设置准入门槛，从而提高这些岗位的收入和地位，为知识分子提供回报。在第一次世界大战期间，历史学家发挥了特别重要的作用。他们为美国的参战进行宣传，说服公众相信德国人在历史上一直是鲜见的恶魔，是邪恶的撒旦。经济学家，尤其是经验主义经济学家和统计学家在国家战时经济的计划和管理方面发挥了极其重要的作用。历史学家是战争醒目的宣传机器，开展了大量的研究。经济学家和统计学家扮演的角色没那么显眼，自称“价值中立”，所以得到的关注相对较少一些。[②]

虽然有一句话属于陈词滥调，即 19 世纪的经济学家都是自由放任经济的忠实支持者，但事实证明，经济学演绎主义理论是反对政府干预的强大堡垒。基本上，该经济学理论认为，自由市场拥有固有的和谐和秩序，政府干

① Jerry Israel, *Progressivism and the Open Door: America and China*, 1905 – 1921 (Pittsburgh: University of Pittsburgh Press, 1971).

② 关于历史学家在第一次世界大战期间的各种行为，参见 C. Hartley Grattan, “The Historians Cut Loose”, *American Mercury*, August 1927, reprinted in Harry Elmer Barnes, *In Quest of Truth and Justice*, 2nd ed. (Colorado Springs: Ralph Myles Publisher, 1972), pp. 142 – 164。延伸阅读参见 George T. Blakey, *Historians on the Homefront: American Propagandists for the Great War* (Lexington: University Press of Kentucky, 1970)。谈及学术界和社会科学主义，并聚焦于历史学家的著作参见 Gruber, *Mars and Minerva*. 关于“克里尔委员会”(Creel Committee)——战时的官方宣传部门公共信息委员会(Committee on Public Information)——的故事，参见 James R. Mock and Cedric Larson, *Words that Won the War* (Princeton, NJ: Princeton University Press, 1939)。

预会带来适得其反的扭曲和经济枷锁。为了中央集权主义能主导经济领域,必须破坏演绎主义理论的声誉。其中最重要的方法之一就是宣传一个概念,即为了做到“真正的科学”,经济学必须放弃概括和演绎规律,只对历史事实和历史制度进行经验分析,规律最终在一定程度上会从这些详细的调查中自己显现出来。因此,德国历史学派不仅大力宣传其支持中央集权和政府管控,同时也反对“抽象”演绎政治经济学规律。该学派成功控制了德国的经济学科。这是经济学领域首个支持被路德维希·冯·米塞斯(Ludwig von Mises)后来称为“反经济学”的重要团体。历史学派的领头人古斯塔夫·施穆勒(Gustav Schmoller)骄傲地宣称,其和同事在柏林大学(University of Berlin)主要的任务就是担任“霍亨索伦家族(House of Hohenzollern)的知识保镖”。

19世纪80年代和90年代,历史和社会科学领域才华横溢的年轻研究生纷纷前往德国攻读博士。那里是哲学博士学位之乡。返回美国后,才子们怀揣着令人兴奋的“新”经济学和政治学,几乎都是到大学和新成立的研究生院教书。这是一种“新的”社会科学,颂扬德国和俾斯麦建立的强大的福利战争国家,国家利益似乎高于所有社会阶层,国家因此成为一个和谐的整体。管理新社会和新政体的是一个强大的中央政府,负责建立企业联盟、下达指令、进行仲裁,以及加以控制,从而消除了竞争激烈且自由放任的资本主义。新政治制度的核心是一群新兴的知识分子、技术官僚和规划师,他们在各种岗位上指挥和宣传,“无私地”推动大众利益,并规制和主宰社会其他阶层。简而言之,以行善获利。对于美国这群新的进步主义和中央集权主义知识分子而言,这种发展前景的确令人兴奋。

理查德·埃利是这个新群体的创始者。他是著名的进步主义经济学家,也是多数进步主义经济学家的老师。埃利是一位热忱的后千禧年虔敬主义者,深信自己是在侍奉上帝和耶稣。与众多虔敬派一样,出生于1854年的埃利是正宗的美国扬基佬,有着清教徒的血统,来自纽约州西部“尽燃之地”的中部。埃利的父亲以斯拉严格遵守安息日禁令,周日时会阻止家人阅读或玩游戏。尽管只是一个边区的贫困农场主,但身为虔诚的禁酒主义者,他拒绝种植适合于当地土壤的大麦,因为大麦可能会被用于酿造啤酒这种邪恶的产品。[1] 1876年从哥伦比亚大学毕业后，埃利前往德国。1879年，他在海德堡大学获得哲学博士学位。埃利先后在约翰霍普金斯大学和威斯康辛大学教学数十年。他精力充沛，决心打造自己的帝国，后来成为美国思想和政治领域颇具影响力的人物。在约翰霍普金斯大学教书期间，他在社会科学和经济学的各个领域内培养了众多颇具影响力的学生和中央集权主义信徒。这些信徒中的领头人是支持工会和制度主义的经济学家约翰·康芒斯，其他成员还包括支持社会控制的社会学家爱德华·阿尔斯沃思·罗斯、阿尔比恩·斯莫尔，纽约城市学院校长约翰·芬利，《美国评论评述》编辑、西奥多·罗斯福的得力顾问和理论家艾伯特·肖博士，市政改革家弗雷德里克·豪(Frederick C. Howe)，以及历史学家弗雷德里克·杰克逊·特纳和小富兰克林·詹姆森(J. Franklin Jameson)。牛顿·贝克是埃利在霍普金斯大学的学生，伍德罗·威尔逊也是他在那里的学生，不过并没有直接证据证明他们的学识受到埃利的较大的影响。

19世纪80年代中期，理查德·埃利创立了美国经济学会，希望在经济领域倡导中央集权主义，反对政治经济学俱乐部(Political Economy Club)之中推崇自由放任经济的老派经济学家。埃利连续7年在美国经济学会担任财务主管，直到其改革家盟友决定削弱学会对中央集权主义的支持，以吸引推崇自由放任经济的经济学家加入该组织。愤怒的埃利退出了美国经济学会。

1892年，埃利在威斯康辛大学组建了新的经济、政治和历史学院，身边围绕的都是自己昔日的学生。他提出了威斯康辛理念，并在约翰·康芒斯的帮助下，促使威斯康星州实施了一系列进步主义政府管控举措。埃利等人成为威斯康辛州进步主义政体的非正式智囊团，相当具有影响力。威斯康辛州州长罗伯特·拉福莱特在威斯康辛州政坛最初是禁酒的拥护者。尽管从未在学校上过埃利的课，但拉福莱特总是称埃利是自己的老师，是威斯康辛理念的铸造者。西奥多·罗斯福声称是埃利“最先向我介绍了经济学

---

[1] 关于埃利的传记，参见 Rader，*The Academic Mind and Reform*。

领域的激进主义,然后提醒我在激进主义中保持理智”。①

埃利也是那个时代最著名的后千禧年派知识分子。他笃信上帝挑选政府对社会进行改革和基督化,以便耶稣最终到来,终结历史。埃利宣称,政府“本质上是宗教化的”,此外,“上帝通过政府实现自己的目标,政府的覆盖面超过了其他机构”。教会的任务就是指导政府,并且利用它开展这些所需的改革。②

身为老练的活动家和组织者,埃利在福音派的肖托夸运动中也相当显眼。他在运动中成立了“基督教社会学”暑假班,给颇具影响力的肖托夸运动注入了社会福音运动的概念和人才。埃利是社会福音运动领导人华盛顿·格拉顿牧师、沃尔特·劳申布施牧师和约西亚·斯特朗牧师的朋友兼亲密伙伴。埃利与斯特朗牧师和康芒斯联手组建了基督教社会学研究所。③ 埃利还与基督教社会学家威廉·布利斯一起成立了圣公会基督教社会联盟,并且担任该联盟的会长。所有这些活动都浸润了后千禧年派中央集权思想。因此基督教社会学研究所誓言向上帝呈现“一个在地球上实现的完全理想化的人类社会”。此外,

> 埃利认为政府是社会中最强大的救赎力量……在埃利看来,政府是上帝给予的工具,我们必须加以使用。这个神圣的工具之所以出色,在于宗教改革运动之后,神圣和世俗之间的区别被废除,政府有权力针对公众问题从道德方面采取解决方法。自由派神职人员对神圣和世俗的类似认识,赋能埃利把政府神化,把基督教社会化:他把政府视为上

---

① Fine, *Laissez Faire and the General-Welfare State*, pp. 239 – 240.

② Fine, *Laissez Faire and the General-Welfare State*, pp. 180 – 181.

③ 约翰·康芒斯有着美国扬基佬的血统,是殉道者英格兰清教徒约翰·罗杰斯的后代。他出生于俄亥俄州西部保留地的扬基佬地区,在印第安纳州长大。康芒斯的母亲来自佛蒙特州,毕业于欧柏林学院,那里是虔敬主义的温床。她把康芒斯送到欧柏林学院就读,希望儿子以后能成为牧师。在大学读书期间,康芒斯及其母亲应反酒吧联盟请求,创办了一份禁酒主义刊物。毕业后,康芒斯来到约翰霍普金斯大学,拜在埃利门下学习,但后来在研究生院退学。参见 Commons, *Myself*。另参见 Dorfman, *Economic Mind in American Civilization*, vol. 3, pp. 276 – 277; Mary O. Furner, *Advocacy and Objectivity: A Crisis in the Professionalization of American Social Science*, 1865 – 1905 (Lexington: University Press of Kentucky, 1975), pp. 198 – 204。

帝进行救赎的主要工具。[1]

美国参战后，理查德·埃利出于某种原因（可能是因为他已经年过六十）未能参与华盛顿激动人心的战争安排和经济规划工作。他感到伤心和遗憾："在这场历史上最伟大的战争中，我没有能像过去一样积极地参与其中。"[2]埃利尽最大可能弥补自己的这种缺失。事实上，从欧洲战争开始之时起，他就在国内疾呼军国主义、征兵制度、打击持异议者和"不忠诚的人"。埃利终生都是军国主义分子，曾经在美西战争中报名志愿参军，号召镇压菲律宾起义，在第一次世界大战期间迫切地推动征兵制度、针对"懒汉"的强制工作制度。1915 年，埃利开始倡导强制兵役，并且在次年加入全国安全联盟（National Security League）。这家机构积极支持战争，而且深受大企业的影响。在全国安全联盟，他号召把德国人从"独裁"中解放出来。[3] 在宣传征兵时，埃利得心应手地把道德、经济和禁酒融合在一起："让男孩走出街角，走出酒吧，接受训练，这从道德层面来说相当具有意义，也能创造很好的经济效益。"[4]事实上，在埃利看来，征兵制度是解决所有问题的灵丹妙药。第一次世界大战的经历令他如此着迷，所以他又搬出了自己喜爱的灵丹妙药来应对 1929 年的经济衰退。他建议征募年轻人承担艰苦的体力劳动，成立一个永久性的和平时期"产业军队"，从事公共工作。这种征兵制度能够培养美国年轻人基本的"刚毅和自律的军事理念"。这种自律曾经是从农场

---

① Quandt, "Religion and Social Thought", pp. 402 - 403. 埃利认为千禧年的天国并不遥远。他认为大学和社会科学的任务是"教授基督教兄弟责任的复杂性"，从而达到"我们迫切期待的"圣域。教会的使命是攻击所有邪恶的机构，"直到地球换上新颜，所有的城市变成天国"。

② Gruber, *Mars and Minerva*, p. 114.

③ Rader, *Academic Mind and Reform*, pp. 181 - 191. 关于全国安全联盟领导人与大企业之间的关系，尤其是与 J. P. 摩根和摩根圈之间的关系，参见 C. Hartley Grattan, *Why We Fought* (New York Vanguard Press, 1929), pp. 117 - 118; Robert D. Ward, "The Origin and Activities of the National Security League, 1914 - 1919", *Mississippi Valley Historical Review* 47 (June, 1960): 51 - 65。

④ 美国商会概括了征兵制度的长期经济收益，即对美国年轻人而言，征兵制度将"提供一段时间大有裨益的自律，取代毫无约束和毫无斗志"。关于美国商会对征兵制度的热忱和巨大支持，参见 Chase C. Mooney and Martha E. Layman, "Some Phases of the Compulsory Military Training Movement, 1914 - 1920", *Mississippi Historical Review* 38 (March, 1952): 640。

生活中获得，但当前在疲惫城市长大的年轻人缺乏这种自律。这支长期存在的军队在经济衰退期可以大量吸收失业人员。在"经济总参谋部"的指挥下，这支产业军队"像我们在世界大战期间雇用的脑力和体力一样，能创造活力和资源，缓解经济困境"。[①]

埃利未在华盛顿谋得一职，只能在家乡努力打击"不忠人士"，为美国参战做贡献。他呼吁在这段时期内完全限制学术自由。他指出，任何教授如果发表"阻碍我们进行这场艰巨斗争的言论"，就应该被"枪毙"或"开除"。埃利投入巨大的精力发起一场运动，希望促使美国参议院除名罗伯特·拉福莱特。尽管罗伯特·拉福莱特是埃利在威斯康辛州政坛的老盟友，但他不断反对美国参战，因此惹恼了埃利。埃利宣称，罗伯特·拉福莱特的"叛国"和对战争的攻击，令自己"火冒三丈"。埃利认真地投入这场战斗，成立威斯康星州忠诚兵团（Wisconsin Loyalty Legion）麦迪逊分会并担任会长，并发起一场运动以驱逐拉福莱特。[②] 这场运动动员威斯康辛大学的教师队伍支持西奥多·罗斯福的激进爱国和鹰派行为。埃利致信西奥多·罗斯福说，"我们必须压制拉福莱特"。在这场坚持不懈反对威斯康辛州联邦参议员拉福莱特的运动中，埃利怒斥拉福莱特"向德国皇帝提供的帮助胜过百万军队。"[③]"经验主义"泛滥了。

威斯康辛大学的教师队伍震惊地发现，因为他们没有对拉福莱特加以谴责，该州和全国都认为这种态度证实了威斯康辛大学支持拉福莱特不爱国的反战政策。毕竟，长期以来该大学在州政坛一直和拉福莱特关系密切。在埃利的鼓动下，康芒斯和该大学的战争委员会起草并发布了一份请愿书。该大学校长、所有系主任，以及教师队伍中超过90%的人都签署了请愿书。这份请愿书成为美国历史中学术界讨好国家机器的最惹眼物证之一。这份请愿

① Richard T. Ely, *Hard Times: The Way in and the Way Out* (1931)，引自 Joseph Dorfman, *The Economic Mind in American Civilization* (New York: Viking, 1949), vol. 5, p. 671; in Leuchtenburg, "The New Deal and the Analogue of War", p. 94。

② 埃利为忠诚兵团麦迪逊分会起草了一份爱国承诺书，保证其成员"消除不忠诚的行为"。这份承诺书表达了对《反间谍法》(*Espionage Act*)的无条件支持，并誓言"反对拉福莱特的各种反战行为"。Rader, *Academic Mind and Reform*, pp. 183ff.

③ Gruber, *Mars and Minerva*, p. 207.

书在谴责叛国罪时基本上空话连篇，抗议“参议员拉福莱特的言行让德国及其战争盟友得到了帮助和慰藉，我们谴责他未能忠诚地支持政府从事战争”。①

埃利竭尽所能动员美国的历史学家反对拉福莱特，并证明拉福莱特曾经给予敌人支持和宽慰。埃利成功地邀请到国家历史服务委员会（National Board of Historical Service）和政府的宣传力量公共信息委员会为自己提供帮助。国家历史服务委员会是专业历史学家在战争期间建立的宣传机构。埃利动员历史学家在这些组织的庇护下调查德国和奥地利的报纸期刊，搜寻拉福莱特造成影响的证据，“证实他为德国提供的鼓舞”。埃利也提醒大家，这些工作必须秘密进行。历史学家埃利斯·默顿·库尔特（E. Merton Coulter）指出了这些调查的客观性：“依我的理解，这是对参议员拉福莱特的路线及其影响力进行公正的调查。但我们也都清楚，这种调查只会得出一个结论：叛国罪。”②

卡罗尔·格鲁伯教授（Carol Gruber）指出，这场针对拉福莱特的运动是“利用学术研究实施间谍活动的醒目例子。它根本不是公正的事实研究，而是一群教授发起一场秘密的研究运动，旨在为自己寻找‘弹药’，破坏在战争问题上持不同意见的美国参议员的政治生涯”。③ 不管怎样，这场运动没有找到任何证据，以失败告终。生疑的威斯康辛大学的教师开始脱离忠诚兵团。④

在德国皇帝的威胁被彻底清除之后，埃利教授与他在全国安全联盟的盟友，准备投身下一轮爱国镇压运动。在埃利发起的反拉福莱特研究运动中，他曾经敦促调查“他（拉福莱特）的叛国行为对俄罗斯造成的影响”。埃

① 出处同前，p. 207。

② 出处同前，p. 208。

③ 出处同前，pp. 209－210。在1938年所著的自传中，理查德·埃利改写了这段历史，试图掩盖自己在针对拉福莱特的运动中扮演的角色。他承认签署了教师队伍的请愿书，此后又声称自己“并非拉福莱特所认为的那样，是发起这份请愿书的元凶之一……”该书未提及他针对拉福莱特进行的秘密研究运动。

④ 欲更多了解反拉福莱特运动，参见 H. C. Peterson and Gilbert C. Fite, *Opponents of War: 1917－1918* (Madison: University of Wisconsin Press, 1957), pp. 68－72; Paul L. Murphy, *World War I and the Origin of Civil Liberties in the United States* (New York: W. W. Norton, 1979), p. 120; Belle Case La Follette and Fola La Follette, *Robert M. LaFollette* (New York: Macmillan, 1953), vol. 2。

利指出，现代“民主”要求“高度的统一性”，因此必须用“压制性手段”与布尔什维克主义“最严重的威胁”进行斗争。

但是，到1924年，理查德·埃利的镇压事业终结了。埃利自食其果，罕见地受到了报应。1922年，被百般诋毁的罗伯特·拉福莱特再次当选联邦参议员，并且带领进步党在威斯康辛州重新全面掌权。到1924年，进步党重新控制了大学委员会(Board of Regents)，开始切断那位前学术盟友和学术帝国建造者的资源。埃利感觉到，带着自己的基督教社会学研究所离开威斯康辛州是明智之举。他在西北大学(Northwestern)消磨了几年的时间，其声誉和权力已成往事。

七、政府服务的经济账：政府和统计学

统计学是现代政府的必备，可是得到的重视常常不够。如果没有统计部门和相关机构，政府甚至无法对任何经济领域进行管理、调控或者规划。政府如果缺失统计职能，会变成一个无助的瞎眼怪物，完全不知道自己应该干什么或者是从哪里着手。同样的道理，企业在正常运营中也需要统计工作。但企业对统计的需求和政府对统计的需求在数量上差距甚远，在性质上也存在差别。企业需要的自身微观经济领域的统计，限于自身的价格和成本。企业基本上不需要经济整体的全面统计或广泛的数据收集，可能只需要自己收集的、非公开的数据。此外，很多企业的知识都是定性的，不是定量的。然而，只局限于定性数据，政府机构会无所适从。现代政府如果没有统计数据，就不能对效率进行损益测试，或者说资金和运营成本全部向纳税人征募，无法高效地为消费者提供服务。政府将被迫遵守官僚主义的固定规则，事实上就是什么都干不了。[1]

因此，第一次世界大战的重要性不仅在于它为集体经济提供了力量和

---

① 因此T. W.哈奇森(T. W. Hutchison)从另一个截然不同的角度指出，卡尔·门格尔(Carl Menger)既强调社会无计划(例如自由市场)的益处，也强调“社会自我意识”与政府计划的发展，这两者之间存在冲突。哈奇森指出，那种社会自我意识的核心就是政府统计。T. W. Hutchison, *A Review of Economic Doctrines*, 1870－1929 (Oxford: Clarendon Press, 1953), pp. 150－151,427.

先例，还在于它大幅推动了统计师和政府统计机关的发展，其中许多机构（和人）一直留在政府中，做好了迎接下一步权力飞升的准备。

当然，理查德·埃利支持“观察-明白”新经验主义方法，其目的是收集事实，“发现在社会中起作用的力量，改善现有状况”。[①] 更重要的一点是，作为政府支出增长方面的著名权威之一，埃利把政府支出增长与统计和经验数据联系在一起：“经济学和统计学的发展……进一步让人相信可以借助集体行为处理社会问题。它也促使政府的统计工作和其他探寻事实行为的增加。”[②]早在 1863 年，参加柏林国际统计大会（International Statistical Congress）的美国代表塞缪尔·拉格尔斯（Samuel B. Ruggles）就宣称：“统计学是政治家的眼睛，让他们可以清楚且全面地看到国家的整体架构和经济状况。”[③]

这也意味着，如果没有了这些“眼睛”，政治家就不能进行干预、控制和计划。

此外，特定类型的干预显然需要政府开展统计工作。只有收集关于失业情况的统计数据，政府才能实施减少失业的干预，由此推动了政府对这类数据的收集。美国首任劳工部长卡罗尔·赖特（Carroll D. Wright）深受恩斯特·恩格尔（Ernst Engel）的影响。恩斯特·恩格尔是著名统计学家、德国历史学派成员，也是普鲁士皇家统计局（Royal Statistical Bureau of

---

① Fine, *Laissez Faire and the General-Welfare State*, p. 207.

② Solomon Fabricant, *The Trend of Government Activity in the United States since 1900* (New York: National Bureau of Economic Research, 1952), p. 143. 同样，在英格兰的一项关于政府发展的权威研究称：“关于社会状况的事实信息在不断累积，经济学和社会学也在发展，这些在不断地要求政府干预……统计学得到发展，研究社会状况的人成倍增加，这些社会状况在持续的事实被展示在公众面前。知识的增长唤醒了有影响力的群体，为工人阶级的运动提供了武器。”Moses Abramovitz and Vera F. Eliasberg, *The Growth of Public Employment in Great Britain* (Princeton, NJ: National Bureau of Economic Research, 1957), pp. 22 - 23, 30. 另参见 M. I. Cullen, *The Statistical Movement in Early Victorian Britain: The Foundations of Empirical Social Research* (New York: Barnes & Noble, 1975)。

③ Joseph Dorfman, “The Role of the German Historical School in American Economic Thought”, *American Economic Review*, *Papers and Proceedings* 45 (May, 1955): 18. 乔治·希尔德布兰德（George Hildebrand）在评论德国历史学派对归纳的重视时说：“这种教导可能与近代有关规划的不成熟思想的流行有一定关系。”George H. Hildebrand, “International Flow of Economic Ideas-Discussion”，出处同前，p. 37。

Prussia)的负责人。赖特认为,收集失业统计数据正是出于上述原因,进而能"改善产业和社会之间糟糕的关系"。恩格尔的门生亨利·卡特·亚当斯(Henry Carter Adams)成立了州际商务委员会统计局,认为"政府有必要加强统计工作,这是为了管理天生就具有垄断性质的行业……"亨利·卡特·亚当斯同埃利一样,是一位进步主义"新经济学家",支持中央集权主义。耶鲁大学教授欧文·费希尔(Irving Fisher)希望政府能稳定物价水平。他承认,之所以撰写《指数的编制》(*The Making of Index Numbers*),是为了解决指数不可靠的问题。"只有那个难题得到解决,价格水平才有望实现稳定。"

卡罗尔·赖特来自波士顿,是一位进步主义改革家。亨利·卡特·亚当斯的父亲是新英格兰虔敬派公理会牧师,在爱荷华州传教。亚当斯在父亲的母校安多弗神学院(Andover Theological Seminary)学习,目标是成为一名传道士,但他很快就放弃了这条道路。亚当斯设计了州际商务委员会统计局的统计报告系统,该系统"旨在为美国和全世界公共事业的调控提供一个样板"。①

欧文·费希尔的父亲是罗德岛州虔敬派公理会牧师,母亲是一个严守星期日为安息日的人,两人都有美国扬基佬血统。欧文·费希尔的儿子为父亲编撰了传记,称他有"斗争精神"。费希尔是一位执着的改革者,主张强制推行众多进步主义举措,包括世界语、简化拼写,以及历法改革。他尤其热衷于消除世界上"文明的邪恶,例如酒精、茶、咖啡、香烟、精制糖和精面粉……"②20世纪20年代,费希尔是经济和社会新时代的重要先知。他在20世纪20年代撰写了三本书籍,歌颂禁酒这项伟大的实验,赞赏本杰明·斯特朗州长和美联储听从他的建议,扩大货币供应量和信贷,确保了批发价格水

① Dorfman, "Role of the German Historical School in American Economic Thought", p. 23. 关于卡罗尔·赖特和亨利·卡特·亚当斯,参见 Dorfman, *Economic Mind in American Civilization*, vol. 3, 164-174, 123; Boyer, *Urban Masses and Moral Order*, p. 163。此外,美国首位统计学教授罗兰·福克纳(Roland P. Falkner)是恩格尔的虔诚学生,翻译了恩格尔助手奥古斯特·梅茨恩(August Meitzen)的作品。

② Irving Norton Fisher, *My Father Irving Fisher* (New York: Comet Press, 1956), pp. 146-147. 关于费希尔,参见 *Irving Fisher*, *Stabilised Money* (London: Allen & Unwin, 1935), p. 383。

平实质上保持不变。因为美联储强制推行了费希尔提出的价格稳定举措，所以费希尔确信不会出现经济衰退。1930 年，他撰写了一本书籍，称不会出现股灾，股价很快就会反弹。在整个 20 世纪 20 年代，费希尔坚持认为，因为批发价格水平保持不变，股市的疯涨没有什么问题。与此同时，他把自己妻子继承的大量财富投入股市，算是把自身理论付诸实践。股市大跌之后，他先把妻子的钱赔光，接着又挥霍掉了妻妹的钱。他疯狂地呼吁联邦政府扩大货币供应和信贷，促使股价重回 1929 年的水平。费希尔把两个家庭的金钱都耗尽了，但他把这场灾难的根源归咎到所有人身上，唯独没有他自己。[①]

我们看到，在第一次世界大战期间，韦斯利・克莱尔・米切尔（Wesley Clair Mitchell）在急速发展的政府统计工作中发挥了重要作用，因此米切尔有关统计学的观点尤为重要。[②] 米切尔是制度主义者，曾经是索尔斯坦・凡勃伦的学生。他是经济学中现代统计调查的重要创始人之一，迫切希望为"科学的"政府规划奠定基础。米切尔的朋友兼学生约瑟夫・多尔夫曼（Joseph Dorfman）教授说：

> "很显然，当今最需要的社会发明必须提供具体的技术，社会系统能借此得到管理和运行，为其成员创造最大优势。"（引自米切尔）为此他不断地扩大、改善和改进数据的收集和汇编……米切尔深信从商业循环分析中能找到方法，可以对商业活动进行有序的社会管理。[③]

或者，正如米切尔的妻子兼合作者在回忆录中所说的：

---

① Fisher, *My Father*, pp. 264 - 267。关于费希尔在这段时期的角色和影响力，参见 Murray N. Rothbard, *America's Great Depression*, 4th ed.（New York: Richardson & Snyder, 1983）。另参见 Joseph S. Davis, *The World Between the Wars, 1919 - 1939, An Economist's View*（Baltimore: Johns Hopkins University Press, 1975）, p. 194; Melchior Palyi, *The Twilight of Gold*, 1914 - 1936: Myth and Realities（Chicago: Henry Regnery, 1972）, pp. 240,249。

② 韦斯利・克莱尔・米切尔有着美国北方虔敬派的血统。他的祖父母最初在缅因州务农，之后来到纽约州西部。其父亲走了众多扬基佬的道路，移居北伊利诺斯州的一个农场。米切尔曾就读于芝加哥大学，在那里深受凡勃伦和约翰・杜威的影响。Dorfman, *Economic Mind in American Civilization*, vol. 3, p. 456.

③ Dorfman, *Economic Mind in American Civilization*, vol. 4, pp. 376,361.

> 他(米切尔)认为,如果不同的联邦政府机构独立收集的统计数据,能够得到系统化处理和规划,对数据之间的关系进行研究,那么政府就可以更加清楚地了解经济和社会问题。这种发展社会统计学的想法在他研究工作的早期已经形成。社会统计学不只是记录,还是规划的基础。①

统计学在第一次世界大战期间得到发展。在这个过程中,尤为重要的是,进步主义知识分子和法团自由主义商人都主张,民主决策必须逐渐被行政和技术专家治国取代。民主或立法决策凌乱、"低效",而且可能严重阻碍中央集权。19世纪民主党全盛时期曾经出现过这种情况。如果决策大部分是由行政管理人员和技术专家作出,国家权力就能不受约束地继续蓬勃发展。1896年,民主党内主张自由放任经济的派系垮台,在政府中留下了权力真空,行政管理人员和法团主义者迫切地予以填补。此后,全国公民联合会这类势力强大的法团主义大企业团体开始倡导政府决策权必须交给高效技术人员,也就是交给所谓的价值中立的专家。简而言之,政府的各个方面应该"脱离政治"。统计研究具有经验主义、量化精度、非政治性、价值中立的光环,因此被着重强调。在自治市,力量渐增的进步主义改革运动把决策权从选区代表手中转移到全市范围的职业管理者和学校督导手中。政治权力也日渐从工人阶层、德国路德宗和天主教选区转移到上层阶级的虔敬派商人群体。②

欧洲爆发第一次世界大战的时候,进步主义知识分子和法团主义商人联手,准备在美国国内倡导和支持所谓的客观统计研究机构和智库。戴维·埃金斯对他们的观点进行了恰如其分的总结:

> 1915年,这些人的结论是事实收集和政策制定必须脱离阶级斗争,

---

① Lucy Sprague Mitchell, *Two Lives* (New York: Simon and Schuster, 1953), p. 363. For more on this entire topic, 参见 Murray N. Rothbard, "The Politics of Political Economists: Comment", *Quarterly Journal of Economics* 74 (November, 1960): 659 - 665。

② Weinstein, *The Corporate Ideal in the Liberal State*; Hays, "The Politics of Reform in Municipal Government in the Progressive Era", pp. 157 - 169.

不受任何政治利益集团的影响。这些专家逐渐相信，只有客观的事实探寻者（例如他们自身）去确定数据，同时冷静可靠的组织（只有他们可以组建）加以支持，那些改革才能真正带来产业和平与社会秩序。只有摆脱民主决策的喧嚣，一心依靠专家，资本主义制度才能得到改进。重点在于效率，民主决策是低效的。要想让国家经济和社会政策摆脱传统的民主政策流程，其方法在美国正式宣布参加第一次世界大战之前已经出现。[①]

部分法团主义商人和知识分子几乎同时开始创立此类统计研究机构。1906—1907 年，哈佛集团（Harvard University Corporation）秘书杰罗姆·格林（Jerome D. Greene）在哈佛大学协助创立了精英组成的周二夜晚俱乐部（Tuesday Evening Club），共同探讨经济学和社会学领域的重大问题。1910 年，格林出任新成立的洛克菲勒医学研究所（Rockefeller Institute for Medical Research）的总经理，影响力倍增。3 年后，格林成为著名的慈善组织洛克菲勒基金会的首席执行官兼秘书。格林很快开始着手建立由洛克菲勒提供资金的经济研究所。1914 年 3 月，他在纽约市召集了一个探索性群体，由其在经济领域的导师兼好友、哈佛商学院首任院长埃德温·盖伊（Edwin F. Gay）担任主席。按照该群体的发展思路，盖伊将成为新“科学”和“经验主义”组织——经济研究所（Institute of Economic Research）的负责人，韦斯利·米切尔将成为该研究所的总监。该组织将从事统计数据的收集。[②]

---

① David Eakins, “The Origins of Corporate Liberal Policy Research, 1916 - 1922: The Political-Economic Expert and the Decline of Public Debate”, in *Building the Organizational Society*, Israel, ed. , p. 161.

② Herbert Heaton, *Edwin F. Gay, A Scholar in Action* (Cambridge: Harvard University Press, 1952)。埃德温·盖伊出生于底特律，有着新英格兰血统。他的父亲出生于波士顿，后来在其岳父位于密歇根州的伐木生意中帮忙。盖伊的外祖父是一位富裕的牧师，也是木材商。盖伊进入密歇根大学就读，深受在该校执教的约翰·杜威的影响。此后，他前往德国的研究生院学习了十来年的时间，最终获得柏林大学经济史博士学位。对盖伊影响最大的德国学者要数古斯塔夫·施穆勒和阿道夫·瓦格纳（Adolf Wagner）。古斯塔夫·施穆勒强调经济学必须是一门“注重归纳的学科”。阿道夫·瓦格纳同样来自柏林大学，支持政府为了维护基督教道德规范对经济进行大规模干预。回到哈佛大学后，盖伊同波士顿商会合作，推动在马萨诸塞州通过工厂检测法案，他当时是主要的单一力量。1911 年年初，盖伊成为美国劳工立法协会马萨诸塞州分会会长。该组织由理查德·埃利创立，致力于呼吁政府对工会、最低工资、失业、公共工程和福利等进行干预。

但是,小约翰·洛克菲勒的反对派顾问最终战胜了格林,成立经济研究所的计划就此搁浅。[1] 米切尔和盖伊继续向前走,然而领头人现在变成了米切尔的老友、美国电话电报公司首席统计师兼副总裁马尔科姆·罗蒂(Malcolm C. Rorty)。罗蒂争取到众多进步主义统计学家和商人对该构想的支持,其中包括芝加哥商业书籍和杂志出版商阿奇·肖、美国商会的E. H. 古德温(E. H. Goodwin)、通用电气公司统计师兼总裁助理马格努斯·亚历山大(Magnus Alexander)、威斯康辛大学经济学家兼埃德温·盖伊的助手约翰·康芒斯,以及统计学家内厄姆·斯通(Nahum I. Stone)。内厄姆·斯通是"科学管理"运动的领导人,在服装公司希基弗里曼(Hickey Freeman)担任劳工经理。通用电气公司与美国电话电报公司一样,都是唯摩根首是瞻的企业。这群人后来在美国参战后成立了国民收入委员会(Committee on National Income),不得不暂时搁浅了自己的计划。[2] 战后,这个群体在1920年成立了美国国家经济研究局(National Bureau of Economic Research)[3]。

虽然国家经济研究局直到战后才最终成立,但另一家秉持类似路线的组织更早争取到了格林和洛克菲勒的支持。1916年,雷蒙德·布莱恩·福斯迪克说服他们,成立了政府研究所(Institute for Government Research, IGR)。[4] 政府研究所与国家经济研究局的关注点略有区别,因为它的发展以市政进步主义改革和政治学专业为直接基础。市政改革者使用的重要组织之一是私营的市政研究所。私营的市政研究所代表高效的无党派组织,试图从"腐败的"民主机构手中夺取决策权。这些无党派组织由进步主义技

---

① 关于洛克菲勒的顾问就经济研究所的意见博弈,参见 David M. Grossman, "American Foundations and the Support of Economic Research, 1913 – 1929", Minerva 22 (Spring-Summer 1982): 62 – 72。

② 参见 Eakins, "Origins of Corporate Liberal Policy Research", pp. 166 – 167; Grossman, "American Foundations and the Support of Economic Research", pp. 76 – 78; Heaton, *Edwin F. Gay*. On Stone,参见 Dorfman, *Economic Mind in American Civilization*, vol. 4, pp. 42, 60 – 61; Samuel Haber, *Efficiency and Uplift: Scientific Management in the Progressive Era*, 1890 – 1920 (Chicago: University of Chicago Press, 1964), pp. 152, 165。

③ Guy Alchon, *The Invisible Hand of Planning: Capitalism, Social Science, and the State in the 1920's* (Princeton, NJ: Princeton University Press, 1985), pp. 54ff.

④ Collier and Horowitz, *The Rockefellers*, p. 140.

术官僚和社会科学家牵头。1910年，威廉·霍华德·塔夫脱总统对于行政预算思想中把权力集中到首席行政官手中的想法颇感兴趣。为此，他任命“预算之父”、政治科学家弗雷德里克·克利夫兰（Frederick D. Cleveland）担任经济效率委员会（Commission on Economy and Efficiency）的负责人。克利夫兰曾经担任纽约市政研究所（New York Bureau of Municipal Research）所长。在克利夫兰领导的经济效率委员会中，还有政治科学家、市政改革家弗兰克·古德诺（Frank Goodnow）和威廉·富兰克林·威洛比（William Franklin Willoughby）。弗兰克·古德诺是哥伦比亚大学的公法教授、美国政治科学协会（American Political Science Association）首任会长、约翰霍普金斯大学校长。威廉·富兰克林·威洛比曾经是埃利的学生，担任过人口普查局副局长，后来出任美国劳工立法协会会长。① 克利夫兰的经济效率委员会非常乐意只对塔夫脱总统讲他爱听的话。该委员会建议全面改变行政部门，成立中央行政管理局（Bureau of Central Administrative Control），形成“整个国家政府的信息和统计整合部门”。新中央行政管理局的核心是预算部门，该部门将代表总统制订并提交“联邦政府年度业务计划，由国会提供资金”。②

当国会反对克利夫兰经济效率委员会的建议时，这群技术官僚愤愤不平，决定在华盛顿成立政府研究所，为这些改革和类似的改革进行战斗。在获得洛克菲勒基金会的资助后，政府研究所任命古德诺为董事长，威洛比为总监。③ 很快，罗伯特·布鲁金斯（Robert S. Brookings）开始主管筹资工作。

---

① Eakins，“Origins of Corporate Liberal Policy Research”，p. 168. 另参见 Furner，*Advocacy and Objectivity*，pp. 282－286。

② Stephen Skowronek，*Building a New American State：The Expansion of the National Administrative Capacities*，1877－1920（Cambridge：Cambridge University Press，1982），pp. 187－188.

③ 政府研究所的副董事长是罗伯特·布鲁金斯。他退休前曾经是圣路易斯市的商人和木材商，也曾任圣路易斯华盛顿大学（Washington University）校长。担任政府研究所秘书的是詹姆斯·柯蒂斯（James F. Curtis）。他曾是塔夫脱政府的财政部副部长，时任纽约联邦储备银行的秘书兼副行长。政府研究所的其他领导人还有前总统塔夫脱，铁路公司高管弗雷德里克·德拉诺，富兰克林·罗斯福的舅舅、联邦储备委员会委员亚瑟·哈德利，耶鲁大学校长兼经济学家查尔斯·范海斯（Charles C. Van Hise），威斯康辛州立大学进步主义校长、埃利的盟友、改革家和著名的哈佛大学年轻法学教授费利克斯·法兰克福特，美国电话电报公司董事长西奥多·韦尔（Theodore N. Vail），进步主义工程师兼商人赫伯特·胡佛，以及金融家富尔顿·卡廷（R. Fulton Cutting）。富尔顿·卡廷是纽约市政研究所的官员。Eakins，“Origins of Corporate Liberal Policy Research”，pp. 168－169.

美国参战后，国家经济研究局和政府研究所的现任和未来的领导人聚集在华盛顿，他们是战时集体经济的核心人物和统计学家。

越来越多的经济学家和统计学家卷入第一次世界大战。在美国参战之前，这些学者中最具影响力的当属埃德温·盖伊。美国宣布参战后，阿奇·肖被美国国防委员会任命为新商业经济委员会（Commercial Economy Board）负责人。[①] 阿奇·肖热衷于战时对经济资源进行严格规划，曾在哈佛商学院任教，并担任哈佛商学院行政管理委员会委员。阿奇·肖担任新商业经济委员会负责人后，任用哈佛商学院的人填满了委员会。新商业经济委员会秘书是哈佛商学院经济学家梅尔文·科普兰（Melvin T. Copeland），哈佛商学院院长盖伊也成为其委员。该委员会后来成为战时工业委员会中颇具影响力的保护委员会，着重通过限制产品的数量与多样性和强制实施统一限制产业竞争。所有这些都举着"保护"资源以支持战争的旗号。例如，服装厂因为款式的数量和多样性抱怨竞争过于激烈，于是盖伊劝导服装厂成立行业协会，与政府合作，遏制过度竞争。盖伊还试图把烘焙师组织起来，避免他们沿袭惯例，从零售店回收不新鲜或未售出的面包。1917 年年底，盖伊厌倦了自愿和劝告的方式，开始督促政府采取强制性手段。

盖伊在 1918 年年初发挥了最重要的影响力。当时美国航运委员会（Shipping Board）决定彻底限制民用行业对船只的使用，将大部分运输能力用于运送美国部队前往法国。美国航运委员会已经把全国所有海洋运输力量纳入国家统一管理。盖伊在 1918 年 1 月初被任命为美国航运委员会"特别专家"，他在短时间里就成为民用运力转为军用这项工作中的核心人物。很快，埃德温·盖伊出任战时贸易委员会（War Trade Board）委员，负责其统计部。该统计部负责向允许进口的商品发放限制性许可证。此外，盖伊还担任了美国航运委员会统计处负责人、航运委员会派驻战时贸易委员会的代表、劳工部统计委员会负责人、战时工业委员会规划统计部负责人，以及新成立的中央规划统计局（Central Bureau of Planning and Statistics）负责人。中央规划统计局成立于 1918 年秋季。当时，威尔逊总统请战时工业委员会

---

① 关于商业经济委员会，参见 Clarkson，*Industrial America in the World War*，pp. 211ff。

主席伯纳德·巴鲁克每月对政府所有战时工作进行调查统计。这个“概念”发展成为中央规划统计局，直接向总统汇报。一位近代历史学家充分总结了该局的重要性：

> 新中央规划统计局标志着战时动员中统计部门的“巅峰”。该局在那段时期作为“先知”，协调安排参与研究的千名员工，负责向总统就整体经济情况提供精确的画面，最接近于“中央统计委员会”的角色。在战争的后半阶段，该局成立了统计工作交易所，组织各种战时委员会的统计人员相互联系，集中管理整个战时官僚体制的数据生产流程。在战争结束后，韦斯利·米切尔回忆称：“我们曾经有望首次建立系统性组织进行联邦统计工作。”①

仅仅一年的时间，埃德温·盖伊从一名特别专家上升为联邦统计系统庞大网络中的沙皇，直接领导一千名统计师和研究人员。难怪在美国取得战争的胜利后，盖伊没有因为曾经力争的目标得到实现而感到兴奋，而是认为停战协议“几乎……对个人是一个巨大的打击”，让他跌入“绝境”。他的统计和管理帝国刚刚建立，正在逐渐发展成为一台巨大的机器，此时突然“签署了令人讨厌的停战协议”。② 和平真的是一场悲剧。

盖伊英勇地试图推动这台战争机器继续运转。他埋怨众多助手的离职，并痛斥他所谓的“饿鬼”，后者以奇怪的理由叫嚣立刻终止所有的战时管控，其中包括外贸和航运这两个他最钟爱的领域。尽管巴鲁克和其他众多战时规划师费尽心机，但战时工业委员会和其他战时机构一个接一个地消失。③ 盖伊一度把自己的希望寄予中央规划统计局。在一场激烈的官僚斗争中，他试图安排自己的核心经济和统计团队在凡尔赛和谈中出任美方的谈判顾问，取代由豪斯上校领头的历史学家和社会学家队伍。尽管盖伊在

---

① Alchon, *Invisible Hand of Planning*, p. 29. 米切尔负责领导战时工业委员会下属定价委员会的价格统计部。

② Heaton, *Edwin F. Gay*, p. 129.

③ Rothbard, “War Collectivism”, pp. 100 - 112.（编者附注）参见第十二章。

这场斗争中取得了胜利，而且中央规划统计局欧洲团队的负责人、战时贸易委员会的约翰·福斯特·杜勒斯(John Foster Dulles)向凡尔赛和谈提交了该局编写的八册报告，但中央规划统计局事实上对最终的条约根本没有影响。[①]

和平终于到来，无法回避。在米切尔的支持下，埃德温·盖伊竭尽所能，希望中央规划统计局成为和平时期的永久性组织。盖伊提出，该机构可以为国际联盟持续提供数据，最重要的是可以成为总统的眼睛和耳朵，实现原塔夫脱委员会设想的行政管理预算。当然，应该由盖伊继续担任该机构的负责人。中央规划统计局的成员、哈佛大学经济学家埃德蒙·戴(Edmund E. Day)撰写了一份备忘录，列举了该局协助遣散和重建的具体任务，以及该局成为政府永久性机构的理由。中央规划统计局可以做的事情之一是对美国的商业状况进行"持续的仔细调查"。在向威尔逊总统陈述时，盖伊使用了自己偏爱的比喻方式。他表示，永久性的委员会可以作为"庞大且复杂的政府组织的神经系统，为控制一切的大脑(总统)提供必要的信息，帮助大脑高效地指挥各成员的运转"。[②] 威尔逊总统对盖伊的计划"非常热情"，但国会拒绝批准该计划。1919 年 6 月 30 日，中央规划统计局被解散，同时被解散的还有战时贸易委员会。埃德温·盖伊现在不得不去找工作，就算不去私营经济部门，至少也要去准独立的经济部门。

但盖伊和米切尔是不容被否认的，布鲁金斯和威洛比的小群体也是如此。他们会略微改变路径循序靠近自己的目标。在《纽约晚邮报》(*New York Evening Post*)的新老板、盖伊的朋友、摩根的合伙人托马斯·拉蒙特(Thomas W. Lamont)的庇佑下，盖伊成为《纽约晚邮报》的一名编辑。他在 1920 年协助成立了美国国家经济研究局，并出任该局首任局长。韦斯利·米切尔则出任该局研究总监。政府研究所实现了它的主要目标。1921 年

---

① Heaton, *Edwin F. Gay*, pp. 129ff.; Lawrence E. Gelfand, *The Inquiry: American Preparations for Peace, 1917 - 1919* (New Haven, CT: Yale University Press, 1963), pp. 166 - 168, 177 - 178.

② Heaton, *Edwin F. Gay*, p. 135. 另参见 Alchon, *Invisible Hand of Planning*, pp. 35 - 36。

财政部内部设立了预算局，政府研究所所长威廉·威洛比协助起草了设立该局的议案。[①] 政府研究所的成员很快就把经济研究也纳入自己的职责范围，成立了由罗伯特·布鲁金斯和亚瑟·哈德利领导的经济研究所（Institute of Economics），经济学家哈罗德·默尔顿（Harold G. Moulton）出任该所的总监。[②] 经济研究所由卡内基公司（Carnegie Corporation）提供资金，后来与政府研究所一起并入布鲁金斯研究所（Brookings Institution）。埃德温·盖伊成为外交关系委员会（Council on Foreign Relations, CFR）研究委员会的财务主管和负责人，进入了外交政策领域。外交关系委员会是一家新组织，极具影响力。[③]

最终，在政府统计领域，盖伊和米切尔找到了一条通往权力的道路，即与赫伯特·胡佛合作。这条道路更加平缓，也更加长远。1921 年年初，赫伯特·胡佛就任商务部长。他立刻扩充人口普查咨询委员会（Advisory Committee on the Census），把盖伊、米切尔和其他经济学家纳入其中，并在此后创立了月刊《当代商业调查》（*Survey of Current Business*）。《当代商业调查》将为行业协会提供商业信息，协助这些协会实现胡佛的目标，在各行业建立企业联盟。商业运营秘密是竞争中的重要武器；相反，公开和分享这些信息是企业联盟制定政策管理其成员的重要工具。《当代商业调查》发布合作行业和技术期刊提供的关于当前的生产、销售和库存数据。胡佛希望基于这些服务，最终"统计项目可以提供必要的知识和先见，能应对恐慌或投机，阻止病态行业的发展，并且为决策提供指导，消除而不是强化经

---

① 1939 年，预算局被划归总统行政办公室，彻底实现了政府研究所的目标。

② 默尔顿是芝加哥大学的经济学教授，也担任了芝加哥商会（Chicago Association of Commerce）的副会长。参见 Eakins, "Origins of Corporate Liberal Policy Research", pp. 172 - 177; Dorfman, *Economic Mind in American Civilization*, vol. 4, pp. 11, 195 - 197。

③ 盖伊得到了该组织创始人之一托马斯·拉蒙特的推荐。盖伊建议外交关系委员会首先创办"权威性"期刊《外交事务》（*Foreign Affairs*）。盖伊选择其在哈佛大学的同事、历史学家阿奇博尔德·卡里·柯立芝（Archibald Cary Coolidge）担任该刊首任编辑，选择《纽约邮报》（*New York Post*）记者汉密尔顿·菲施·阿姆斯特朗（Hamilton Fish Armstrong）担任该刊助理编辑和外交关系委员会执行主任。参见 Lawrence H. Shoup and William Minter, *Imperial Brain Trust: The Council on Foreign Relations and United States Foreign Policy* (New York: Monthly Review Press, 1977), pp. 16 - 19, 105, 110。

济周期”。[1] 在推进企业联盟的过程中，胡佛也遭到部分商人和司法部的抵制。这些商人拒绝回答窥探自身机密的调查问卷，拒绝分享能保证自身竞争力的秘密。但是，赫伯特·胡佛是一个可怕的帝国缔造者，他成功地从财政部夺过统计服务的职能，设立了一个“消除浪费部门”，以组织企业和行业协会继续实施并扩大战时的“资源保护”项目，强制实施商品统一，限制竞争性产品的数量和多样性。胡佛任命自己的助理弗雷德里克·费克(Frederick Feiker)领导该项目。费克是一名工程师、公关活动家，也是阿奇·肖商业刊物帝国的合作伙伴。胡佛还找来准将朱利叶斯·克莱因(Julius Klein)担任高级助手。朱利叶斯·克莱因曾是埃德温·盖伊的门徒，领导过国内外商务局(Bureau of Foreign and Domestic Commerce)拉丁美洲分局。作为该分局的领导人，克莱因组建了17个出口商品部门，让人联想到战时集体主义商品部门。在这些出口商品部门中，每个部门都纳入来自本产业的“专家”，并且与相应的产业顾问委员会合作。赫伯特·胡佛在1921年发表了一系列演说，详细解释精心设计的政府贸易项目与国内经济项目将如何刺激复苏，如何作为永久的“稳定器”，以及如何有助于避免取消关税或削减工资等糟糕的举措。这些演讲被广为宣传。不管是在国内还是国际贸易中，最好的武器都是通过政府和工业关系部的“合作和动员”，“消除浪费”。[2]

停战协议签署一个月之后，美国经济学会和美国统计协会(American Statistical Association)在弗吉尼亚州里士满市共同召开会议。发表开幕致辞的是一群站在政府规划前沿的男人，在社会科学的协助之下，令人兴奋的政府规划新世界似乎就在前方招手。在向与会者致辞时，韦斯利·克莱尔·米切尔宣称战争“导致统计学不再只是记录所发生的事情，而且是规划未来应做事项时的核心要素”。此前的春季，他在哥伦比亚大学教授了自己

---

① Ellis W. Hawley, “Herbert Hoover and Economic Stabilization, 1921 - 1922”, in *Herbert Hoover as Secretary of Commerce: Studies in New Era Thought and Practice*, E. Hawley, ed. (Iowa City: University of Iowa Press, 1981), p. 52.

② Hawley, “Herbert Hoover”, pp. 42 - 54. 关于胡佛、盖伊和米切尔在20世纪20年代的持续合作，参见 Alchon, *Invisible Hand of Planning*。

的最后一堂课。那时他指出，战争让大家看到，当社会希望实现某个伟大的目标，“那么在很短时间里就会出现意义深远的社会变革”。他在会上对此补充说：“对社会变革进行科学规划，这种需求前所未有。以聪明的方式实现这些变革……时机再好不过”。他还指出，和平将带来新的问题，各个国家“曾经借助中央集权方法杀死国外的敌人，在国内重建自己的生活时，他们希望借助其他方式解决问题”，但这些想法“似乎不太可行”。

同时，这位小心谨慎的经验主义者和统计学家也发出了警告。宽域的社会规划要求“对社会过程有相当准确的理解”，这种理解只有通过社会科学的耐心研究才能获得。在 8 年前写给妻子的信中，米切尔强调政府进行干预和规划时必须应用自然科学和产业知识，尤其是精确的定量研究和测量。米切尔告诉与会的统计学家，相比于强调定量的自然科学，社会科学“尚不成熟，具有一定的推测性，很多内容存在争议”，而且充斥着阶级斗争。定量知识是被公认为精确的、“客观的”知识，“可以使用数学公式验算”，而且“能够预测群体现象”，由此可以消除那些斗争和冲突。米切尔认为，统计学家“只有对或错”，而且对或错很容易证实。因此米切尔预料，有了对事实情况精确的了解，我们就可以“聪明地实验，再详细地规划，无须焦虑不安，纠缠于阶级斗争”。

在实现这些重要目标的过程中，唯有经济学家和统计学家能够提供核心要素，我们必须“越来越多地依靠训练有素的人员为我们规划变革，跟进变革，并且就调整和改变提出建议”。[①]

以类似的基调，耶鲁大学经济学家欧文·费希尔在开幕致辞中对未来进行了展望，令参加 1918 年大会的经济学家欢欣鼓舞。费希尔认为，经济“世界将重构”，为经济学家提供从事建设性工作的难得机会。费希尔指出，国家财富的分配肯定会导致阶级斗争继续。但是，如果这个国家的经济学家能设计一个“再调整”机制，就将够成为阶级斗争中独立公正的仲裁者。这些无私的社会科学家将为了公众利益进行重要的决策，其地位令人艳羡。

简而言之，米切尔和费希尔在微妙地或许下意识地推进一个战后的世

---

① Alchon, *Invisible Hand of Planning*, pp. 39 – 42; Dorfman, *Economic Mind in American Civilization*, vol. 3, p. 490.

界。在这个新世界中,他们这个所谓的公正和科学的专业将凌驾于争夺社会产品的狭隘阶级斗争之上,从而成为被广泛接受的、"客观的"新统治阶级,也就是20世纪版本的哲学王。

这些社会科学家是各自领域的杰出人物,也是20世纪20年代的各种发言人。在探讨和指导经济与社会时,他们究竟有多么正确呢?可能不难看出答案。我们已经看到,欧文·费希尔撰写了多部作品,庆祝禁酒取得成功,并且信誓鉴于价格水平已经保持稳定,不可能再出现经济大萧条或股市崩盘。他甚至在1929年后依然坚持此观点。米切尔在10年的时间里与赫伯特·胡佛密切合作,与盖伊和国家经济研究局共同指导美国经济研究,并匆忙撰写了大部头的作品。这本《美国最近的经济变革》(*Recent Economic Changes in the United States*)在胡佛登上总统之位时出版,尽管采用了大量科学的、量化的经济学与统计学资源,但图书中根本没有提及美国即将出现经济大萧条。

《美国最近的经济变革》由赫伯特·胡佛发起和组织,也是胡佛从卡内基公司争取到了相关的资金。其目的是庆祝商务部长胡佛的法团主义规划制造的多年繁荣,并且分析未来的胡佛总统如何通过吸取经验教训,把法团主义规划永久性纳入美国政治架构,维持这种繁荣。这本书指出,为了维持当前的繁荣,经济学家、统计学家、工程师和开明的管理者必须发现"平衡的技术",并将其安置在经济中。

作为愚蠢"科学"和政治的纪念碑,《美国最近的经济变革》迅速重印三次,被广为传播,得到了各方的热情回应。[①] 爱德华·艾尔·亨特(Edward Eyre Hunt)是胡佛组织规划工作的长期助手。该书的出版令他感到振奋,他在1929年至1930年期间频繁称颂该书及其为美国繁荣唱响

① 《商业金融纪事报》(*Commercial and Financial Chronicle*)(1929年5月18日)对该书进行了批评,实属例外。该评论嘲弄《美国最近的经济变革》令读者感觉美国"保持持续繁荣"的能力"几乎是无限的"。引自Davis, *World Between the Wars*, p.144。关于《美国最近的经济变革》和当时经济学家们的观点,参见出处同前,pp. 136-151,400-417;Eakins, "The Development of Corporate Liberal Policy Research in the United States, 1885-1965", pp. 166-169,205;Edward Angly, comp., *Oh Yeah*? (New York: Viking Press, 1931)。

的赞歌。[①]

现在，用一条发自内心的呼喊来终结我的关于政府和统计学的这个篇章是恰当的。这条呼喊并不复杂，但非常敏锐。1945 年，美国劳工统计局(Bureau of Labor Statistics)向国会提交申请，要求给政府统计工作增加一长串拨款。在劳工统计局局长 A. 福特·欣里希斯(A. Ford Hinrichs)博士接受质询的时候，来自威斯康辛州奥什科什保守的共和党联邦众议员弗兰克·基夫(Frank B. Keefe)提出了一个问题。这个问题直到现在都没能得到满意且全面的回答：

> 拥有大量统计数据是好的，这点毫无疑问……我只是想知道，当我们不断地增加再增加统计，是否这项工作会具有一定的危险性……
>
> 我们自 1932 年起一直在进行规划和统计，以了解国内的情况，但从未实现那个目标……现在，我们开始涉及国际问题……在我看来，尽管我们花了大量的时间处理图表，进行统计和规划，但人们想知道的是，那到底是在干什么，我们的发展方向是什么，你们的目标又是什么。[②]

---

① 1930 年，亨特发表文章《一份关于美国的审计》(*An Audit of America*)，对该书进行归纳总结。这篇文章的篇幅足有一本书那么长。关于《美国最近的经济变革》，另参见 *Alchon*，*Invisible Hand*，pp. 129－133，135－142，145－151，213。

② *Department of Labor — FSA Appropriation Bill for 1945*. Hearings Before the Subcommittee on Appropriations. 78th Congress，2nd Session，Part I (Washington，1945)，pp. 258ff，276ff. 引自 Rothbard，"Politics of Political Economists"，p. 665。关于政府中经济学家和统计学家地位的增长，尤其是在战争期间的发展，参见 Herbert Stein，"The Washington Economics Industry"，*American Economic Association Papers and Proceedings* 76 (May，1986)：2－3。

附录：科学领域的集权化——国家研究委员会[①]

第一次世界大战之前，科学研究是自由的、弥散的、独立进行的，是个人主义的，政府并没有进行控制或指导。多数科学家和美国人基本认同这种体制，但也会有一二位富有远见者呼唤另一种体制。天体物理学创始人之一乔治·埃勒里·黑尔（George Ellery Hale）就是后者之一，尤其是在其1902年成为国家科学院（National Academy of Sciences，NAS）院士之后。黑尔也是洛杉矶威尔逊山天文台（Mt. Wilson Observatory）的领导人，并与他人携手创立了加州理工学院（California Institute of Technology）。国家科学院成立于1863年，最初是由科学家组成的一家私营组织，在南北战争期间就科学和军事事务为政府提供咨询服务。20世纪初，国家科学院变得暮气沉沉，逐渐被所有人——包括美国总统——遗忘。不过，乔治·埃勒里·黑尔有着不同的愿景。他已经不再追求科学带来的快乐，转而追寻官僚帝国带来的愉悦。黑尔希望国家科学院变成一家充满活力的组织、一家由活动家组成的组织。他最重要的想法之一是，国家科学院应该在政府的支持下集中管理全国所有的科学研究。当然，坐在或靠近科学权力之位的将是乔治·埃勒里·黑尔。1913年至1914年期间，他在国家科学院发表了一系列演讲，也刊发了众多文章，可惜国家科学院的老古董没有听进去。

乔治·黑尔的这个想法并不完全是自己思索所得。作为洛杉矶威尔逊山天文台的领导人，他结交了一位著名的朋友，并拜他为政治导师。此人是美国东部权势集团中最具影响力的人物之一，一生拥有诸多身份：华尔街律师、战争部部长、国务卿、纽约州联邦参议员，以及摩根的私人律师。此人名为伊莱休·鲁特，其父是一位天文学教授。在黑尔加入默默无闻的国家科学院时，鲁特告知他，这家机构具有一种有待开发的潜力，即代表政府向科学界建言并协调科学界。事后证明，鲁特会竭尽所能地实现那个目标。[②]

对鲁特而言，幸运的是，世界大战在欧洲爆发了。1916年春季，黑尔迫

---

① （编者注）因篇幅有限，罗斯巴德在成稿中并未收录这部分内容。这部分内容首次以附录形式出版。

② Noble, *America by Design*, p. 151.

不及待地加入协约国的阵营，宣扬自己对德国人的痛恨，并且大力抨击亨利·福特和威廉·詹宁斯·布莱恩的不干预立场。黑尔很清楚应该怎样对付这些持不同政见的人。“他们应该以卖国贼的罪名被送入监狱，”他写道，“或者直接用三氯甲烷毒死。”[①]国家科学院执行委员会的爱国人士反应相对迟缓。黑尔施以压力，要求国家科学院在战争中为联邦政府提供服务。威尔逊总统颇为惊讶地得知了国家科学院的存在，他接受了国家科学院的请求。

乔治·埃勒里·黑尔很快成为国家科学院新委员会的主席，就国家科学院在美国参战后如何提供服务进行规划。他在国家科学院最积极的合作者是芝加哥大学物理学家罗伯特·米利肯（Robert A. Millikan），后者在 1915 年成为国家科学院院士。黑尔为战争将“是我们推动美国科学研究的最佳机会”而感到兴奋。[②] 1916 年 6 月，黑尔和米利肯决定国家科学院将创立一家新机构，即国家研究委员会（National Research Council）。新机构在战争到来时将有权协调科学研究。在伊莱休·鲁特的不断促请之下，威尔逊在 7 月批准成立国家研究委员会。下一个问题是资金。国家研究委员会将是一家私人资助的机构，而国家科学院没有多少余钱。就在这时，工程基金会（Engineering Foundation）为国家研究委员会提供了资金。工程基金会把自己的全年收入 1 万美元提供给国家研究委员会，工程基金会创始人兼会长安布罗斯·斯韦齐（Ambrose Swasey）个人也捐赠了 5 000 美元。安布罗斯·斯韦齐是克利夫兰市的机床和望远镜制造商，是黑尔的老朋友。

资金得到保障后，国家研究委员会在 9 月成立。其任务是：对美国所有科学研究人员、项目和设备进行备案，为战时规划做准备；与教育机构和研究基金会合作；扮演“交易中心”的角色，协调各种研究项目，交流科学信息。此外，国家研究委员会还鼓励国防和资源方面的研究。

工程基金会成立于 1914 年，是美国各种全国性工程协会的代表。工程基金会副会长迈克尔·普平（Michael Pupin）是黑尔的老朋友，也是科学界

---

① Tobey, *The American Ideology of National Science*, p. 35.

② 出处同前，p. 36。

的梦想家。他是一个塞尔维亚移民，物理学家、投资家兼哥伦比亚大学教授。尽管明白个人主义和科学自由都非常重要，但普平认为，科学获得发展和成功还有另一项更为重要的因素，即“创造性协调”。他对“创造性协调”的定义就是强制性合作。普平提出，如果不能把万物强制性捆绑在一起，那么世界就会变得混乱无序，科学也不例外。当然，正如普平所说的，国家绝对是最重要的强制工具。因此科学的集权化必须在国家的命令下进行。普平的目标是他所说的“理想的民主政治”，即“国家有机体”由指引人民命运的“训练有素的知识分子”实施统治和管理。那些训练有素的知识分子是社会有机体的大脑，科学家就算不是其中最核心的组成，也是至关重要的。迈克尔·普平当然认为国家研究委员会是朝着强制性协调美国知识分子及其组织迈进了第一步。[①]

他们组成了一支高效的队伍，推动科学领域的集权化：迈克尔·普平是理论学家，乔治·黑尔是活动家，米利肯予以协助。为了确保国家研究委员会在战争中发挥重要的作用，黑尔通过游说，成功地把国家研究委员会变为美国国防委员会下设的正式部门，唯一的责任是协调科学领域的战争资源。国家研究委员会愉快地在每个学科成立了分委员会：黑尔的好友埃德温·康克林(Edwin Conklin)是生物学委员会会长，詹姆斯·麦基恩·卡特尔(James McKeen Cattell)担任心理学委员会会长，普平和罗伯特·米利肯则负责领导物理学委员会。[②] 米利肯在 20 世纪 20 年代成为美国科学界的主要人物和思想力量。他曾经是迈克尔·普平的学生。身为芝加哥大学物理学助理教授，米利肯自 1896 年后陷入科学研究的困境。不过，他最后获得了极大的成功。1912 年，他投入了对电子电荷的研究，并最终凭借这项研究赢得诺贝尔奖。米利肯在 1916 年成为国家研究委员会组织委员会委员，继而成为执行委员会委员，最后就任国家研究委员会副会长兼首席行政

---

① Michael Pupin, *The New Reformation* (1927); Tobey, *American Ideology of National Science*, pp. 38ff.

② 卡特尔长期以来倡导政府对科学界进行支持和管理。他在美国科学促进会(American Association for the Advancement of Science)的科学研究百人委员会担任秘书。该委员会成立于 1913 年，旨在建立全国科学项目清单。战争开始后，卡特尔负责协调国家研究委员会与美国科学促进会的工作。

官，并兼任反潜艇委员会（Anti-Submarine Council）物理学委员会主席。米利肯把自己完全奉献给了战争事业，他离开芝加哥大学，加入在华盛顿的全职战争工作，成为陆军军官。[①] 美国众多顶级科学家和工程师都加入了军队。康奈尔大学物理学家欧内斯特·梅里特（Ernest Merritt）加入海军，成为康涅狄格州新伦敦市反潜艇海军基地负责人。该基地充满了高校科学家。

在战争结束前，这群科学家心中最重要的问题是如何让国家研究委员会变成一家永久性组织。有组织的科学家，尤其是与工业关系部联系密切的科学家，从最开始就认为国家研究委员会不应该只是一家战争临时机构，而应该是政府的一股永久性力量，支持并协调科学在工业关系部中的应用。1919 年 5 月，乔治·黑尔在国家研究委员会执行委员会分发了一份严格保密的匿名备忘录。该备忘录宣称该机构的初心和未来的目标是：

> 国家科学院组建国家研究委员会……是为了推动科学的发展和科学在工业关系部中的应用，尤其是协调科研机构，促使这些个人主义的民主组织有效地协同，朝着共同的目标发展，推动美国的发展。[②]

早在停战协议签署前 8 个月，这群有组织的科学家就开始争取一项总统令，以求国家研究委员会变成和平时期的永久性机构。尽管该机构隶属政府部门，但仍由私人提供资金，因此第一步是争取到可持续的、有保障的资金。卡内基公司欣然承诺捐献 500 万美元为国家研究委员会修建一栋大楼，并且提供保证该委员会运行的资金。该公司的领导人正是黑尔的朋友兼导师伊莱休·鲁特。很快，黑尔在工程基金会的朋友也保证会不断为国家研究委员会提供资助。与此同时，伊莱休·鲁特成功说服豪斯上校前去

---

① 罗伯特·米利肯的父亲是爱荷华州的牧师，他本人就读于美国扬基佬虔敬主义大本营欧柏林学院。1893 年至 1895 年，他是哥伦比亚大学物理系唯一的研究生，普平是其老师之一。1895 年米利肯获得博士学位。此后，普平借钱给他，助他到柏林大学进行博士后研究。

② Noble, *America by Design*, p. 154; Tobey, *American Ideology of National Science*, p. 52.

争取威尔逊总统的批准。[①] 1918 年 5 月 11 日，威尔逊颁布行政令，国家研究委员会成为永久性机构。

在威尔逊颁布行政令之前，狂热的乔治·黑尔已经在散发一封信，宣称国家研究委员会的重点将从军事转为永久性工业研究。他告知国家研究委员会的同事，他将着手成立新的工业关系部。该部门由知名公司从事工业研究的六位领导人组成，分别是西部电气公司（Western Electric，美国电话电报公司全资子公司）实验室负责人弗兰克·朱厄特、长期在美国电话电报公司担任首席工程师的约翰·卡蒂（J. J. Carty）、美国工程顾问亚瑟·利特尔、梅隆研究所（Mellon Institute）研究主任雷蒙德·培根（Raymond Bacon）、西屋电器公司（Westinghouse Electric，由梅隆投资）研究主任查尔斯·斯金纳（Charles E. Skinner），以及摩根盟友通用电气的研究主任威利斯·惠特尼（Willis Whitney）。

5 月 29 日，乔治·黑尔宣布工业关系部成立，并在纽约大学俱乐部（University Club of New York）举办了一场盛大的庆祝宴会。这场宴会意味着联邦政府与工业科学和研究的重要人物将继续携手。乔治·黑尔在宴会上说，"美国国家研究委员会之前的活动主要是为了战争，但我们拟订了工业研究的计划。现在，推动实施这些计划的时机已经成熟"。在宴会的发言中，黑尔和伊莱休·鲁特都强调必须从国家层面协调科学资源。

也许，发言人中最兴奋的当属国家研究委员最初的资助者、实业家安布罗斯·斯韦齐。美国和其他国家当时可能正在经历历史上最具破坏性的战争，成千上万人因为这场战争丧命，但在斯韦齐看来，战争是一种令人激动和兴奋的经历。"我们生活在这么美好的时代，"斯韦齐说，"我们拥有令人激动的机会，也相应地承担了巨大的责任。"斯韦齐列举了战争带来的伟大

① 工程基金会现在的领导团队包括黑尔的故交、J. G. 怀特工程公司（J. G. White Engineering Company）的加诺·邓恩（Gano Dunn），以摩根为瞻的美国电话电报公司贝尔实验室负责人、信奉有组织科学研究的弗兰克·朱厄特（Frank B. Jewett），波士顿出生的化学工程师、美国最大工程咨询公司的负责人亚瑟·利特尔（Arthur D. Little），以及以摩根为瞻的通用电气公司总裁威尔伯·赖斯（E. Wilbur Rice）。朱厄特的父亲是摩根控股的艾奇逊-托皮卡-圣塔菲铁路公司的工程师。朱厄特获得芝加哥大学物理学博士学位，师从米利肯，最后加入美国电话电报公司担任电力工程师。参见 Nobel, *America by Design*, pp. 115, 127, 155。

进步，指出“一年前，这个国家没有光学玻璃。但现在，这种材料在整车地生产”。他指出，战争带来伟大进步的部分原因在于美国拿到了德国的专利。在欢呼战争带来的无与伦比的益处之前，斯韦齐为自己简短地做了申辩：“尽管我对战争的爆发深表遗憾，但战争的确在道德、精神和心智领域推动了伟大的进步，给人类带来了伟大的利益……”①

这场宴会的主要成果是为工业关系部建立了一支由工业领导人组成的顾问委员会，并且出版了一份关于工业关系部的宣传册。宣传册由出席宴会的部分著名领导人合著。顾问委员会主席由美国电话电报公司总裁西奥多·韦尔出任。其他成员包括菲尔普斯-道奇公司(Phelps-Dodge)副总裁、威尔逊总统钟爱的工业家克利夫兰·道奇(Cleveland H. Dodge)，伊士曼柯达公司(Eastman Kodak)的领导人乔治·伊士曼(George Eastman)，庞大的梅隆银行和工业家族的族长安德鲁·梅隆(Andrew Mellon，很快将出任财政部部长)，皮埃尔·杜邦(Pierre DuPont)，安布罗斯·斯韦齐，伊莱休·鲁特，摩根掌控的美国钢铁公司的领导人埃尔伯特·加里法官，通用电气公司总裁威尔伯·赖斯，以及卡内基教育发展基金会(Carnegie Foundation for the Advancement of Teaching)主席亨利·普里切特(Henry S. Pritchett)。②

在宣传册中，各位杰出的合著者为国家集中协调科学研究摇旗呐喊，希望实现政府、科学界和工业界的协同努力。美国电话电报公司总裁韦尔宣称：

> 组织和协调科学研究以提升工业，这项工作迫在眉睫……我们应该立即制订计划……无论做什么工作，都必须在国家层级全面展开……任何组织若承诺有效协调和协同增强知识的努力，则工业领域应该大力予以支持，因为现在大家普遍意识到，工业的发展和成功主要

---

① Noble, *America by Design*, p. 156.

② 亨利·普里切特的父亲是天文学家，他本人也是美国最杰出的天文学家之一，曾是圣路易斯华盛顿大学的教授，曾担任美国海岸和大地测量局(U. S. Coast and Geodetic Survey)的负责人，后出任麻省理工学院校长，最后创立了卡内基教育发展基金会并担任首任会长。普里切特一直希望政府对标准化工作实施集中管理，认为这是与德国在工业方面竞争的举措之一。出处同前，pp. 72 – 73，156。

靠的就是我们的知识。①

在采用战时模式时，这些工业、科学和政治领域的领导人常常谈及军队的“纪律”。在文章《科学研究对组织的需要》(*The Need for Organization in Scientific Research*)中，伊莱休·鲁特提出“科学界最近才意识到……大量科学人士的效能需要通过组织提高，就像大量劳动者借助军纪提高效率一样”。鲁特补充道，科学的力量在战时“大幅提高了人类的生产力”。战后，同样的力量“将再次得到应用，只有国家最有效地组织自身的科学力量，工业和商业领导人才能真正获益”。

卡内基教育发展基金会的亨利·普里切特一直羡慕德国的国家物理实验室和国家统一协调科学的模式。他呼吁美国在战后建立类似的体系。普里切特认为，“国家的研究人员并不是孤立的个体，而是一支有组织的、相互协作的军队”。②

1919年年初，国家研究委员会形成了战后的多部门结构。一些部门积极地为工业提供服务和资助，其中包括工业关系部(后更名为工业研究部，并最终更名为工业拓展部)。该部门在各个产业设立合作研究项目，并且在金属和电镀等领域发起研究项目。工业关系部与多个行业协会合作成立了众多产业研究所。③

另一个活跃的部门是同样在战争期间就设立的工程部。1918年，工程部在工程基金会的支持下成立。当时，工程基金会已经成为美国工程委员会(American Engineering Council)下属的研究机构。美国各类工程协会都是美国工程委员会的成员。工程基金会的负责人安布罗斯·斯韦齐也是国家研究委员会新成立的工程部的成员。该部门的职责是鼓励工业研究，资金通常由相关的产业提供，但组织和协调工作由国家研究委员会实施。工程部的第一个项目是对金属疲劳进行大规模研究，研究资金由工程基金会

① 出处同前，p. 158。

② 出处同前，pp. 157 - 158。

③ 1919年前，工业关系部的主席是美国钢铁公司的约翰·约翰斯顿(John Johnston)。

和通用电气提供。其他的项目中，研究碳素钢热处理的由联邦政府提供资金，研究高速公路的由联邦政府和州政府共同资助。①

国家研究委员会的战后子机构中，还有重要的一员，即研究情报服务局(Research Information Service)。该局也是在战争期间成立，最初名为研究情报委员会(Research Information Committee)，负责人是物理学家、标准局(Bureau of Standards)领导人塞缪尔·斯特拉顿(Samuel Stratton)。该局负责在美国和欧洲盟友之间传递科学信息。战后，研究情报局负责汇编和发行科学文集、参考资料、摘要、手册和书目。用乔治·黑尔的话来说，是把信息提供给“能充分利用这些信息”的人。用杜邦公司研究和化学主任查尔斯·里斯(Charles L. Reese)的话来说，该局扮演的是“情报局”的角色。②

对国家研究委员会辖下及相关的科学家而言，最重要的分歧在于，战后的物理、化学研究是否应该全部集中于某一政府研究机构和国家实验室。洛克菲勒基金会会长乔治·文森特(George Vincent)及其同事、哈佛天文台(Harvard Observatory)负责人爱德华·皮克林(Edward C. Pickering)自1913年起一直在倡导建立一家中央研究机构，希望说服美国科学促进会接受该想法。战争期间，在洛克菲勒医学研究所(Rockefeller Institute for Medical Research)负责人西蒙·弗莱克斯纳(Simon Flexner)的支持下，文森特致信国家研究委员会执行委员会，建议在战后实施该计划。黑尔、普里切特和鲁特对此非常积极，但米利肯和惠特尼更为谨慎，倾向于在现有的大学建立3到6个区域性实验室。当然，谁都不想回到过去的模式，即分散的、自由的、个人主义的科学研究。最后，各方同意了一个折中计划，即不成立国家或区域性实验室，而是建立一个庞大的化学和物理研究生奖学金项目。该项目由代表政府的国家研究委员会进行管理，资金全部由洛克菲勒基金会提供。主张科学领域集权化的人可能没有实现所有的目标，但他们正朝着这些目标迈进。

---

① 1919年，担任工程部主席的是电气工程师、哈佛大学的康福特·亚当斯(Comfort A. Adams)。1923年，弗兰克·朱厄特接任。参见 Noble, *America by Design*, pp. 162－166。

② 出处同前，p. 161。

第十四章

作为企业联盟化工具的美联储：起始阶段(1913—1930年)[①]

对大多数经济学家、历史学家，甚至非专业人士而言，没有中央银行的现代经济体是不可想象的。在这种思想的指引下，美国联邦储备体系于1913年12月创设，其理由虽然简单却富有见地，即大家认为有必要引领美国经济朝着现代化方向发展。此外，普遍认为，有必要设立中央银行以抑制自由市场中银行热爱通胀的自然本能，从而抑制经济波动。然而，美联储在这个方面很少成功过，这在近年来尤其明显。自从美联储成立以来，美国经历了史上时间最长、程度最严重的萧条；自第二次世界大战以来，美国遇到了史上最难以解决并逐渐加强的长期通胀。自美联储成立以来，不稳定、通胀和萧条越来越严重，因此许多经济学家得出了美联储没有完成其使命的结论，并提出各种不同的改革建议，试图使美联储正确发挥功能。

---

① （编者注）最初发表于 *Money in Crisis*：*The Federal Reserve*，*the Economy*，*and Monetary Reform*，Barry N. Siegel，ed.（San Francisco，CA：Pacific Institute for Public Policy Research，1984），pp. 89－136。需要重点指出，"银行企业联盟"与传统的企业联盟有所不同。传统的企业联盟限制产量并提高价格。但是，银行企业联盟的目标不是限制信贷扩张和提高利率，而是为了银行联合进行信贷扩张和降低利率，并通过不触碰企业联盟内部其他银行的银行券和存款单来维持这种扩张。就像自由市场上传统的企业联盟失败一样，银行企业联盟也因为内部和外部的压力而失败，因为企业联盟内部的银行面临着不可抗拒的诱惑，会去兑付别家银行的银行券和存款单，而这些银行券和存款单最终也会流入企业联盟之外的其他银行，包括外国银行。参见 Mises，*Human Action*，pp. 441－445；Murray Rothbard，*The Mystery of Banking*（Auburn，AL：Mises Institute，2008[1983]），pp. 111－124。美联储的人事受到银行利益的左右。除了本章，还可参见 George Selgin，"New York's Bank：The National Monetary Commission and the Founding of the Fed"，*Cato Institute Policy Analysis*（June，2016）：1－38。

然而，对美联储的这些批评可能都忽视了最重要的一点，即美联储的创设要达成各种不同的目标。事实上，美联储在很大程度上被银行当作了一种企业联盟化的工具。进步时代的政府干预是限制竞争、形成行业企业联盟的系统性手段，是在行业自愿的企业联盟破裂后采取的策略。就像其他行业转向求助政府建立市场难以维持的企业联盟一样，银行也转向求助政府，让它们可以扩张货币和信贷，而不被竞争银行的兑付要求而拖累。简而言之，新设立的中央银行并非是为了限制银行的信贷扩张倾向，恰恰相反，是为了保障银行的信贷扩张。实际上，从美联储创设人以及那些致力于维持其权能的人所追求的实际目标来看，美联储管理下的美国经济取得了鼓舞人心的成功。

联邦贸易委员会副主席兼实际负责人爱德华·赫尔利对美联储的实际作用作出过恰当的评价。联邦贸易委员会是继《联邦储备法》通过之后，伍德罗·威尔逊的另一项重要进步主义改革。赫尔利时任伊利诺伊州制造商协会(Illinois Manufacturers Association)主席，对他的任命及他后来在新职位上的表现得到了整个贸易界的认可。1915 年 12 月，在向全美广告主协会(Association of National Advertisers)发表讲话时，赫尔利高兴地宣称："通过几年的努力，政府已经逐渐将其助力机制扩大到不同类别和不同组别的行业，国家的繁荣正是取决于这些行业的繁荣。"他接下来的话发人深省：铁路和托运人有国际商会，农场主有农业部(Agriculture Department)，银行有联邦储备委员会。赫尔利总结道："成立贸易委员会就是要为整个贸易行业做实事，就像上述机构为那些行业做的那样。"[①]那么，美联储为这个国家的银行家做些了什么呢?

一、美联储的起源：纽约银行家的不满

美联储并没有取代自由银行体系，恰恰相反，自由银行制度在美国只存在于南北战争之前的二十年间。共和党利用战时紧急状态，通过了其

① Kolko, *The Triumph of Conservatism*, p. 274.

前身辉格党很早就提议的变革。1863—1865年的《国民银行法》(*The National Bank Acts*)改变了南北战争之前以硬通货为核心的自由银行业，取而代之的是准中央集权的国民银行体系制度。通过征收高得令人难以承受的联邦税，国民银行体系实际上取缔了州银行券，把银行券的发行权集中到联邦特许国民银行手中。通过一系列精心设计的分类和法定存款准备金的制度安排，大城市中只有几家大型银行才能成为国民银行体系成员，并且鼓励银行存款向少数几家大型华尔街银行聚集。在南北战争前，任何一家银行的扩张都受到严格限制，因为自由市场会对不太牢靠的银行发行的银行券进行折价，折价幅度大致与银行券流通地离银行总部之间的距离成正比。[①]《国民银行法》要求，每家国民银行以票面价值接受其他国民银行发行的银行券和活期存款单，从而部分消除了这种限制。但银行券和存款单的实际兑付能力还是会受到限制，因为法律依旧禁止银行在州际甚至州内开设分行，这严重制约了一家银行要求另一家银行履行兑付义务的结算系统的效率。国民银行银行券的每月最高发行限额为300万美元，这个严格的法定上限也限制了兑付。此外，尽管私人国民银行的负债并非法定货币，但联邦政府同意在缴纳税费时以票面金额接受所有国民银行的银行券和存款单，从而赋予了它们准法定货币的地位。

因此，可以说，1865年以后的美国银行体系处于自由银行和中央银行之间的过渡阶段。在华尔街少数几家大型银行的推动下，整个银行业获得了扶持、特权和准中央集权。然而，即便如此，大型国民银行及其金融同行还是很不满意。没有政府性中央银行充当最后贷款人，银行可能比南北战争前更容易同步进入通胀。当银行陷入困境且它们促成的繁荣转变为衰退时，它们就必须收缩并进入通缩以自我拯救。正如我们将在下文进一步看到的，银行家要求进行根本性变革的动因通常都是通过对国民银行体系“缺乏弹性”的批判来表达的。“缺乏弹性”，通俗地说，是指银行体系无法对货

---

① 相反，那些经营稳健银行发行的银行券通常以票面价值进行流通，即便在离发行地很远的地方。

币和信贷进行扩张，尤其是在经济衰退时期。[①]

20世纪初，大银行产生了设立中央银行的想法。在华尔街国民银行管辖范围之外，州特许银行和私人银行的竞争日益激烈，这加重了大银行对现状的不满。州特许银行已经从最初的冲击中恢复，并且在19世纪60年代以后，通过扩张以国民银行银行券为基础的贷款和存款业务迅速发展。这些州特许银行和其他非国民银行为了争夺国家的银行业资源，与华尔街展开了激烈的竞争。州特许银行开展国民银行业务无需满足法定资本金的高要求。州银行法，特别是密歇根、加利福尼亚和纽约等这些重要地区的州银行法，在19世纪90年代变得越来越宽松。因此，非国民银行的存款与国民银行银行券和存款的比值，由1873年的67％增长为1886年的101％和1901年的145％。更糟糕的是，纽约市在1887年失去了其被指定的"中央储备城"的垄断地位——这是国民银行业呈金字塔式发展的基础——输给了圣路易斯和芝加哥。圣路易斯和芝加哥获得这个地位后，它们的银行存款总额由1880年仅占这三个主要城市存款总额的16％飙升到1912年的33％。在这个时期，要求更少法定准备金的城市的银行业增长更为迅速：纽约市以外的银行清算额从1882年占全国总额的24％增长到1913年的43％。[②]

---

① Milton Friedman and Anna Jacob Schwartz, *A Monetary History of the United States, 1867－1960* (Princeton, NJ: National Bureau of Economic Research, 1963), pp. 168－170. 米尔顿·弗里德曼(Milton Friedman)和安娜·施瓦茨(Anna Jacob Schwartz)认为缺乏弹性的抱怨至少在一个层面是有道理的：存款单和银行券的互换容易引起严重的问题。如果银行客户希望把银行存款单兑换成银行券，而部分准备金制度只适用于存款而不适用于银行券，因此这种简单的兑换会对货币供应产生多重收缩效应，反之亦然，把银行券换成存款单会产生扩张效应。弗里德曼和施瓦茨总结道，正是这种缺陷导致出现了各种集中救济措施。但他们没能指出另一种选择：回到南北战争前的分散式银行体系，它不会遇到存款单和银行券之间互相兑换带来的这些问题。国民银行体系的一个不同寻常而又有意思的特点是，法律规定国民银行发行的货币要与每家银行持有的联邦政府债券总量紧密挂钩。这个规定是辉格党在南北战争前加诸各种州特许银行体系上的，旨在将银行与国家赤字和公共债务捆绑在一起，它在战后得到了延续使用。参见 Ron Paul and Lewis Lehrman, *The Case for Gold: A Minority Report of the U. S. Gold Commission* (Washington, D. C.: Cato Institute, 1982), p. 67。然而，只要将这种捆绑废除，就可以很轻松地解决这种"缺乏弹性"的根源，而无需设立中央银行。19世纪90年代，许多早期银行改革提议就是朝着这个方向努力的。参见 Robert Craig West, *Banking Reform and the Federal Reserve, 1863－1923* (Ithaca, NY: Cornell University Press, 1977), pp. 42ff。

② U. S. Department of Commerce, *Historical Statistics of the United States, Colonial Times to 1957*, pp. 626－629.

纽约市大型银行对非纽约市银行和非国民银行带来的激烈竞争感到忧虑，这是可以理解的。令他们感到不安的是，他们彼此之间不得不相互竞争，以争夺迅速发展的州特许银行的存款。正如一位纽约市的银行家所说："我们热爱地方银行家，但他们是局势的掌控者。我们跟着他们的节奏，并付出代价。"①

纽约市的国民银行尤其对纽约市私人信托公司的迅速发展感到忧虑，因为这些私人信托公司正迅速占据全新的、高利润的信托业务的主要份额，而法律禁止国民银行和大多数州特许银行开展信托账户业务。在国民银行的要求下，银行券和存款清算私营组织纽约清算所（New York Clearing House），准备对信托公司收取一定比例的准备金，以削弱他们对银行的竞争。结果，17 家信托公司在长达 10 年的时间内不再通过纽约清算所进行清算。最后，摩根财团于 1903 年成立了由银行家持有的纽约银行家信托公司（Bankers Trust Company，又称为美国信孚银行），与私人信托公司展开竞争。②

摩根财团是华尔街乃至美国最强大的金融集团。从一家控制和拥有美国大部分重要铁路的投资银行起步，摩根财团控制了纽约担保信托公司、纽约第一国民银行（First National Bank of New York）和大通国民银行（Chase National Bank）（20 世纪 30 年代以前）等主要的华尔街国民银行。尽管（或许是因为）其庞大的规模和影响力，摩根在 1900 年后的一系列竞争中表现不佳。除了上述削弱纽约市各大银行的因素之外，摩根财团主要发力的铁路行业，在世纪之交后进入长期的衰退。此外，在 1898 年至 1902 年期间，各个行业争取垄断控制和垄断利润的并购几乎都随着新企业的进入而失败，并遭受了重大损失。其中一些最引人注目的失败，如国际收割机公司、美国钢铁公司和国际商业海运公司（International Mercantile Marine）遭遇的，都是摩根的手笔。

摩根长期支持在那些竞争带来麻烦的领域实行法团主义和政府企业联盟化。在其创建的铁路企业联盟惨败几十年之后，摩根于 1887 年牵头成立

① 引自 Kolko，*Triumph of Conservatism*，p. 141。

② Kolko，*Triumph of Conservatism*，p. 141；Lester V. Chandler，*Benjamin Strong*，*Central Banker*（Washington，D. C.：Brookings Institution，1958），pp. 25 - 26.

了美国州际贸易委员会，再次寻求铁路业的企业联盟化。现在，自 1900 年以来在自由市场之中严重滑坡后，摩根与其他大型商业利益集团，如洛克菲勒家族和贝尔蒙特家族，一起呼吁对美国经济强制实行企业联盟化。这个由大型商业利益集团、寻求权力和地位的专业人士组成的强大的联盟，缔造了现在所谓的进步时代（约 1900 年至 1918 年）。《联邦储备法》是一项"进步的"威尔逊式改革，正如爱德华·赫尔利等人所言，是为银行家们做了其他改革措施为其他行业所做的事。①

二、通往美联储之路②

在麦金利和西奥多·罗斯福执政期间，财政部部长莱曼·J. 盖奇（Lyman J. Gage）和莱斯利·M. 肖（Leslie M. Shaw）分别尝试让财政部承担中央银行的职能，即在经济衰退时期通过在公开市场上购买政府债券，从而把大量资金存放在商业银行，以向市场注入资金。1900 年，盖奇呼吁建立地区性中央银行。其后，肖在 1906 年递交的他的最后一份年度报告中提议，授予他监管全国所有银行的权限。他们的努力失败了，这些失败促使大银行家诉诸于成立一个正式的中央银行。③

盖奇和肖并非不懂市场、被权力冲昏头脑的财政部官僚。在任职财政部部长之前，盖奇曾担任芝加哥第一国民银行（First National Bank of

---

① 呼吁"进步"企业联盟化的主要压力集团是成立于 1900 年的全国公民联合会，这是一个由大型企业和知识技术官僚及一些法团主义工会领袖组成的联盟。关于全国公民联合会的重要性，参见 Weinstein, *The Corporate Ideal in the Liberal State*；及 Eakins, "The Development of Corporate Liberal Policy Research in the United States", pp. 53 – 82。在过去的二十年里，大量文献从企业联盟化和技术官僚追求权力的角度，对进步时代进行了研究。最佳论述参见 Kolko, *Triumph of Conservatism*；*Weinstein*, *Corporate Ideal in the Liberal State*；及 Gilbert, *Designing the Industrial State*。关于铁路和州际商务委员会，参见 Kolko, *Railroads and Regulation*。

② （编者注）更多有关美联储的背景知识，参见 Rothbard, "The Origins of the Federal Reserve", pp. 188 – 208，234 – 259。在本书中，罗斯巴德更深入地描述了早期采取的措施和发生的事件，包括 1897 年和 1898 年的《印第安纳波利斯货币公约》（*Indianapolis Monetary Conventions*）和 1900 年的《金本位法》（*Gold Standard Act*）。他还详细阐述了银行家、经济学家、技术官僚以及他们各自所在的组织鼓动建立中央银行的作用。

③ 关于盖奇和肖在执政期间提出的建议和采取的措施，详见 Friedman and Schwartz, *Monetary History of the United States*, pp. 148 – 56；Kolko, *Triumph of Conservatism*, pp. 149 – 150.

Chicago)行长。该银行实力雄厚,是洛克菲勒集团的重要银行之一。他还担任过美国银行家协会主席。从财政部离任后,盖奇成为洛克菲勒家族控制的美国信托公司(U. S. Trust Company)的总裁。盖奇在财政部亲自挑选的助手弗兰克·A. 范德利普(Frank A. Vanderlip),也离开财政部,成为洛克菲勒的旗舰银行国民城市银行①的高层管理者。盖奇之所以被任命为财政部部长,得益于麦金利总统的密友、政治智囊和资金支持者马库斯·汉纳的扶助。汉纳是一位煤炭巨头和钢铁制造商,也是老约翰·D. 洛克菲勒的亲密商业伙伴、老朋友和高中同学。②

莱斯利·肖原本是爱荷华州的一名小镇银行家,在丹尼森银行(Bank of Denison)担任了多年行长,1898 年成为爱荷华州州长。他之所以能当上州长,是因为他是共和党在爱荷华州的核心组织得梅因社团(Des Moines Regency)的忠实支持者,也是该社团领导人、德高望重的联邦参议员威廉·博伊德·艾利森(William Boyd Allison)的密友。正是艾利森为肖争取到了财政部部长的位置,继而与查尔斯·E. 珀金斯(CharlesE. Perkins)建立了密切联系。查尔斯·E. 珀金斯是芝加哥-伯灵顿-昆西铁路公司总裁、波士顿福布斯金融集团的族人,也是摩根的亲密盟友,与摩根家族深交已久。③

在肖的干预失败后,尤其是在 1907 年大恐慌之后,大银行家开始切实推动中央银行在美国的创立。这场运动始于 1906 年 1 月,彼时投资银行库恩-洛布公司负责人雅各布·H. 希夫敦促纽约商会对银行业进行根本改革。纽约商会响应号召,立即成立了一个特别委员会,以研究这个问题并提出立法建议。该委员会主要由商业银行和投资银行的领导者组成,R. H. 梅西百货公司的伊西多尔·斯特劳斯(Isidor Straus,希夫的密友)和国民城市银行的弗兰克·A. 范德利普也在其中。毫不意外,当年 3 月,特

---

① 约翰·D. 洛克菲勒是国民城市银行最大的股东;1905 年之前的行长是詹姆斯·斯蒂尔曼(James Stillman),他的两个女儿都嫁给了洛克菲勒的侄子(威廉·洛克菲勒的儿子)。参见 Carl P. Parrini, *Heir to Empire: United States Economic Diplomacy, 1916 - 1923* (Pittsburgh: University of Pittsburgh Press, 1969), pp. 55 - 65。

② 关于盖奇的人际关系网,详见 Burch, *The Civil War to the New Deal*, vol. 2, pp. 137,185,390.

③ 关于肖的人际关系网,详见 Burch, *Civil War to the New Deal*, pp. 148,402. 关于艾利森和珀金斯,参见出处同前,pp. 65,121,122,128,151。

别委员会发布的报告呼吁建立一个“类似于德意志帝国银行”的强大的中央银行。

事实证明，纽约商会勉强支持这个影响深远的方案，大银行家却热衷于此。1906 年年中，美国银行家协会成立了一个由来自全国各大城市的主要银行家组成的调查委员会，大通国民银行董事长 A. 巴顿·赫伯恩(A. Barton Hepburn)出任该委员会主席。赫伯恩主导的调查委员会比较谨慎，其 1906 年 11 月发布的报告呼吁对现行银行体系进行必要的改革，包括为银行发行的银行券建立区域性清算所体系。对这些银行券征收的税款将构成一个共同资金池，为这些银行券提供担保。①

在 1907 年的银行恐慌之后，国会于 1908 年 5 月通过了《奥尔德里奇-弗里兰法》，其中包含了赫伯恩方案的变通版。《奥尔德里奇-弗里兰法》规定，国家货币协会(National Currency Associations)中的银行家可以组团发行“紧急”货币。虽然这个区域性企业联盟安排的初衷是一种权宜之计，但国会授权的期限为 7 年，这是一个相当长的“临时”期限。②

然而，《奥尔德里奇-弗里兰法》中的那些规定只在 1914 年被使用过一次，也就是在美联储制度开始运转后不久。到目前为止，《奥尔德里奇-弗里兰法》最重要的规定条文在于，设立国家货币委员会(National Monetary Commission)，对美国和外国的银行体系加以研究，并提出改革方案。该委员会由 9 名参议员和 9 名众议员组成，由参议员纳尔逊·W. 奥尔德里奇(Nelson W. Aldrich)担任委员会主席，众议员爱德华·B. 弗里兰(Edward B. Vreeland)担任副主席。

众议员弗里兰是来自纽约州布法罗地区的银行家，关于他的情况不必多谈。更重要的人是来自罗德岛州的共和党人纳尔逊·W. 奥尔德里奇，他在美国国会担任参议员期间获得了巨大的财富。他是创立美联储的主要推动者之一，也是小约翰·D. 洛克菲勒的岳父，也可以说是洛克菲勒家族在

---

① Kolko, *Triumph of Conservatism*, p. 152.

② 关于《奥尔德里奇-弗里兰法》，参见 Friedman and Schwartz, *Monetary History of the United States*, pp. 170 - 172。关于各银行和商业集团争夺《奥尔德里奇-弗里兰法》各条款制定权的具体情况，参见 Kolko, *Triumph of Conservatism*, pp. 156 - 158。

参议院的代言人。[①]

从国家货币委员会成立到四年后向国会提交奥尔德里奇方案,参议员奥尔德里奇及其委员会始终是推动建立中央银行的重要力量。在国家货币委员会讨论审议该方案时,有两位非正式成员具备特别大的影响力。奥尔德里奇请求摩根推荐一位银行专家,摩根非常高兴地推荐了自己的合作伙伴亨利·P. 戴维森(Henry P. Davison)。另一位非正式成员是来自芝加哥的乔治·M. 雷诺兹(George M. Reynolds),美国银行家协会主席。[②]

然而,奥尔德里奇和国家货币委员会绝不是设立中央银行运动的唯一重要力量。另一个核心人物是保罗·莫里茨·沃伯格(Paul Moritz Warburg),他是创立美联储制度的最重要影响人士之一。沃伯格出身于大型国际银行家族,其家族拥有位于汉堡的德国投资银行 M. M. 沃伯格公司。保罗·沃伯格于 1902 年移民到美国,成为具有强大影响力的库恩-洛布公司纽约银行业务的合伙人。[③] 从他到达美国的那一刻起,沃伯格就通过亲自宣讲和书面文字的形式,不遗余力地把欧洲中央银行的各种好处介绍给这个货币制度落后的国度。沃伯格敏锐地感受到美国政界对中央集权或华尔街控制的反对,因此他反过来坚称,他的方案不是要建立中央银行。1907 年 1 月,他首次发表了关于银行业改革的文章:《关于中央银行改良的一个方案》(*A Plan for a Modified Central Bank*)。文章呼吁实行集中储备和集中发行纸币,并认为后者是确保经济稳定的关键。在 1910 年的两次演讲中,保

---

① 当洛克菲勒于 1930 年从摩根家族手中接过对大通国民银行的控制权时,他首先采取的行动之一是解除摩根的董事长艾伯特·H. 威金斯的职务,并由纳尔逊·奥尔德里奇的儿子温思罗普·W. 奥尔德里奇(Winthrop W. Aldrich)代之。

② West, *Banking Reform and the Federal Reserve*, p. 70. 投资银行过去以及现在都是合伙制,而不是公司制,摩根在政治上的活动以及产业并购都是由其合伙人实施的。在上述两个领域,摩根合伙人中最引人注目的是乔治·W. 珀金斯、托马斯·W. 拉蒙特、亨利·P. 戴维森、德怀特·莫罗和威拉德·斯特雷特。

③ 或者至少是部分移民。保罗·沃伯格每年有一半的时间待在德国,如果算不上这两个国家的金融联络人,至少也是这两大银行之间的金融联络人。保罗·沃伯格和雅各布·H. 希夫是姻亲关系。希夫是库恩-洛布公司的联合创始人所罗门·洛布的女婿,而保罗·沃伯格是妮娜·洛布(Nina Loeb)的丈夫,也即所罗门·洛布的女婿(妮娜是所罗门第二任妻子所生之女)。当希夫的女儿弗里达(Frieda)嫁给另一个合伙人,即保罗·沃伯格的弟弟菲利克斯·沃伯格(Felix)时,他们之间的辈分乱套了,因为从某种程度上说,保罗·沃伯格成为了他弟弟的叔叔。参见 Birmingham, "Our Crowd", pp. 21, 209 – 210, 383, appendix。

罗·沃伯格提出了“美国联合储备银行”和“美国货币改革的基本原则”，这是沃伯格改革方案的最核心内容。

沃伯格的联合储备银行勾勒出未来美联储制度的主要特征。美联储权力的关键在于其具有在美国发行全部纸币的法定垄断权；为了获得这些纸币，银行必须把其准备金放在储备银行中。因此，准备金将最终集中化。储备银行的存款人将严格限于成员银行和联邦政府。储备银行由董事会管理。成员银行、储备银行股东和联邦政府三方在选举董事会成员方面享有相同的权力。毫无悬念，沃伯格的方案复制了德意志帝国银行(他的出生地德国的中央银行)的核心特征。①

沃伯格方案最有力的支持者是哥伦比亚经济学家埃德温·塞利格曼，他是沃伯格的亲戚，来自J. &W. 塞利格曼投资银行家族，正是他把沃伯格的银行改革文章介绍给哥伦比亚大学政治学院。②

顶级银行家从一开始就清楚，为了平息人们对于中央集权和华尔街控制的普遍担忧，他们不能采纳英国或德国的传统中央银行模式。他们选择的模式是一种欺骗性的“地方主义”和“分权主义”，即表面上看是一个彼此之间缺乏协调的区域中央银行系统。1909年11月，当维克多·莫拉维茨(Victor Morawetz)发表他的著名演讲，呼吁划分地方性银行区域，统一接受中央控制委员会的指导时，这个想法已经浮出水面。虽然准备金和纸币发行在形式上分散于各地区的储备银行，但所有这些实际上是由中央控制委员会集权控制和协调。最终，这种模糊的分权方案被美联储制度采用。

前文提到的维克多·莫拉维茨是谁？他是一位杰出的律师和银行家。尤为重要的是，他是受摩根控制的艾奇逊-托皮卡-圣塔菲铁路公司的法律顾问和执行委员会主席。1908年，莫拉维茨与摩根的私人律师弗朗西斯·

---

① 关于沃伯格方案，参见 West, *Banking Reform and the Federal Reserve*, pp. 54 - 59。沃伯格的方案及其论文和他实施的其他有关美国中央银行的活动都收录在他的 *The Federal Reserve System*, 2 vols. (New York: Macmillan, 1930)书中。参见 Warburg, “Essays on Banking Reform in the United States”, *Proceedings of the Academy of Political Science* 4 (July, 1914): 387 - 612。

② 埃德温·塞利格曼教授的兄弟艾萨克·塞利格曼(Isaac N. Seligman)的妻子是保罗·沃伯格妻子妮娜的姐妹古塔·洛布(Guta Loeb)，因此塞利格曼也是沃伯格连襟的兄弟。参见 Birmingham, “Our Crowd”, appendix。

林德·斯特森(Francis Lynde Stetson)起草了一份摩根-全国公民联合会法案,旨在制定联邦公司法,实现美国公司的企业联盟化和监管。这份法案未获通过。后来,莫拉维茨成为联邦贸易委员会的高级顾问,这个委员会是伍德罗·威尔逊的一项"进步"改革。①

1910年年末,奥尔德里奇派系中的某个人,很可能是亨利·P.戴维森,建议召集支持成立中央银行的主要人物,小范围举行一次保密会议,起草一份有关中央银行的法案。11月,该秘密会议在杰基尔岛俱乐部(Jekyll Island Club)举行。这个俱乐部位于乔治亚州杰基尔岛(Jekyll Island),是一个为有钱人提供猎鸭休闲的会员制度假地。给媒体们的说辞是,与会者去参加一个猎鸭休闲活动。为了保密,他们采取了非常措施,与会者用假名乘坐奥尔德里奇包下的私人火车车厢,前往乔治亚州。一些记者听到了这次会议的风声,但戴维森设法说服他们保守秘密。②

被选中参加为期一周杰基尔岛会议的人包括:参议员纳尔逊·W.奥尔德里奇,洛克菲勒的岳父;亨利·P.戴维森,摩根合伙人;保罗·莫里茨·沃伯格,库恩-洛布公司合伙人③;弗兰克·A.范德利普,洛克菲勒麾下国民城市银行副行长;查尔斯·D.诺顿(Charles D. Norton),摩根麾下纽约第一国民银行行长;A.皮亚特·安德鲁(A. Piatt Andrew),哈佛大学经济学家、奥尔德里奇在货币委员会的助手。

顶级金融和银行利益集团的企业联盟促成了美联储的创立。这个企业联盟的更准确表述是,在经济专业人士的协助之下,洛克菲勒利益集团、库恩-洛布利益集团和摩根利益集团的有时结盟和经常冲突。

根据国家货币委员会的研究,杰基尔岛秘密会议起草了一份中央银行

① 关于莫拉维茨其人,参见 West, *Banking Reform and the Federal Reserve*, pp. 59-62;以及 Kolko, *Triumph of Conservatism*, pp. 134,183-184,272。

② 该会议一直处于保密状态,直到20年后奥尔德里奇授权出版自传,有关细节才得以透露。现在仍然不清楚是哪位俱乐部成员安排的会议设施,因为所有的与会者都不是俱乐部成员。最有可能为此提供帮助的杰基尔俱乐部成员是摩根。参见 West, *Banking Reform and the Federal Reserve*, p. 71; Nathaniel W. Stephenson, *Nelson W. Aldrich* (New York: Scribner's, 1930)。

③ 1910年,沃伯格在政治学院发表著名的"联合储备银行方案"演讲时,奥尔德里奇坐在听众席上。奥尔德里奇一年前随国家货币委员会访问欧洲时对德国中央银行印象深刻,因此迅速热情邀请沃伯格参加即将举行的杰基尔岛会议,参见 Kolko, *Triumph of Conservatism*, p. 184。

法案。其内容基本上反映了保罗·沃伯格的想法，并夹杂了少许莫拉维茨的权力分散理念，最终形成了奥尔德里奇法案。范德利普撰写了最终的定稿。会议的主要分歧在于，奥尔德里奇希望仿照欧洲模式直接建立一个中央银行，而沃伯格和其他银行代表，则比这位资深参议员更具政治敏锐性，坚持认为，虽然实际上是要建立一个中央银行，但还是要披上权力分散的美丽外衣。1911年1月，奥尔德里奇向国家货币委员会提交了杰基尔岛草案。一年后，它被稍作修改，和国家货币委员会的报告一起，以"奥尔德里奇法案"的名义向国会提交。它的主要内容构成了1913年12月通过的《联邦储备法》。

在奥尔德里奇的杰基尔岛方案中，中央银行被称为国家储备协会(National Reserve Association)，下设分支机构。该方案与最终立法的主要区别在于，在前者中，全国委员会的董事成员主要由银行选任，而不是由美国总统选任。这条规定所含的企业联盟主义过于张扬，因此将其修改为由总统任命董事成员。经济学家亨利·帕克·威利斯(Henry Parker Willis)在美联储制度的制定中扮演了重要角色。他对这条更改深表遗憾："事实证明，人们对于建立这种金融自治或金融'一体化'的政治偏见实在是太大了。"①

奥尔德里奇和货币委员会非同寻常地推迟了12个月才向国会提交报告，即从1911年1月推迟到1912年1月。因为1910年民主党在国会选举中取胜，他们需要用一年的时间争取民主党人、银行家和普通民众对中央银行的支持。1911年2月初，来自12个城市的22位顶级银行家在大西洋城(Atlantic City)闭门会晤三天，讨论奥尔德里奇方案。与会者热烈赞同该方案。在这场非公开讨论中，洛克菲勒控制的芝加哥第一国民银行的行长詹姆斯·B.福根宣布，出席的每个人都赞同奥尔德里奇方案。正如布里埃尔·科尔科所言："会议的真正目的是赢得银行界支持政府的控制，当然这种控制以银行家的目的为导向。大家普遍认为，(奥尔德里奇方案)将增强

---

① Henry Parker Willis, *The Theory and Practice of Central Banking* (New York: Harper & Bros., 1936), p. 77.

大型国民银行向迅速发展的州特许银行开展竞争的能力，有助于加强对州特许银行的控制，并提升国民银行在国外银行业务中的地位。”[①]

1911 年 11 月，奥尔德里奇方案得到美国银行家协会的支持。奥尔德里奇在大会演讲中说：“我们要设立的不是一家银行，而是一个由全国所有银行为明确目的组成的合作性联盟。”[②]

1911 年春，奥尔德里奇及其同事创立了重要组织“创立健全银行制度的全国公民联盟”（National Citizens' League for the Creation of a Sound Banking System，以下简称银行制度公民联盟），以向普通公众进行宣传。该联盟的产生源于保罗·沃伯格推动的于 1910 年 1 月在全国贸易委员会会议上通过的一项决议。这次会议还决定次年的 1 月 18 日将成为“货币日”，以向“商人货币会议”（Business Men's Monetary Conference）致敬。1911 年 1 月的会议任命了一个由沃伯格领导的七人委员会，以组建一个商业领袖货币改革联盟。以约翰·V. 法威尔（John V. Farwell）和美国商会主席哈里·惠勒为首的一批芝加哥商界领袖成立了银行制度全国公民联盟，芝加哥大学的经济学家 J. 劳伦斯·劳克林（J. Laurence Laughlin）担任执行长。

沃伯格和其他纽约银行家选择芝加哥作为银行制度公民联盟的所在地，是为了赋予该组织一个草根民粹主义的表象。事实上，它几乎完全受银行家控制。银行制度公民联盟所宣称的宗旨是推进“合作，通过我们清算所的不断发展，实现所有银行的主要集中化”。亨利·帕克·威利斯是劳伦斯·劳克林在银行制度公民联盟的第一助理、门生和长期追随者。十年后，威利斯教授承认，银行制度公民联盟曾是美国银行家的宣传机构。[③]

没有必要去探讨一些细枝末节，例如银行制度公民联盟内部的分裂，以及即将得势的民主党人于 1913 年把法案的冠名从共和党人奥尔德里奇的

---

① Kolko, *Triumph of Conservatism*, p. 186.

② West, *Banking Reform and the Federal Reserve*, p. 73. 奥尔德里奇演讲全文详见 Herman E. Krooss and Paul Samuelson, eds., *Documentary History of Banking and Currency in the United States* (New York: Chelsea House, 1969), vol. 3, p. 1202. 另参见 Kolko, *Triumph of Conservatism*, p. 189。

③ Henry Parker Willis, *The Federal Reserve System* (New York: Ronald Press, 1923), pp. 149–150. 与此同时，威利斯的话也顺理成章地忽略了他和他的导师在银行制度公民联盟所为之事中发挥的主导性作用；参见 West, *Banking Reform and the Federal Reserve*, p. 82。

姓氏替换成他们的众议员卡特·格拉斯的姓氏。这场冲突主要是源自劳克林和民主党人的想法，在某种程度上也是沃伯格的想法，即用一个更容易令人接受的名字替代“奥尔德里奇”。然而，格拉斯法案，也就是后来的《联邦储备法》，与最初的奥尔德里奇方案没有什么实质性的区别。弗里德曼和施瓦茨认为两个方案“几乎是一模一样的”，这无疑是正确的。[①] 重要的是，无论在次要的技术问题上有什么分歧，美国的银行家，尤其是大银行家，以压倒性的优势支持建立一个新的中央银行。1913年8月，在美国银行家协会年会上，大通国民银行的A.巴顿·赫伯恩(A. Barton Hepburn)说服银行家支持格拉斯法案。在演讲过程中，他没有掩饰自己的狂喜：“这部法律承认并采用了中央银行的各项原则。实际上，如果它像它的提议人希望的那样发挥作用，它将使所有法人银行集体成为中央控制权的共同所有者。”[②]事实正是如此。

关于美联储的起源，科尔科教授总结出了要点：

> 整个银行业的改革，在所有的关键阶段，都把控在少数几个人手中，而这些人多年来在理念上和个人关系上彼此都有着千丝万缕的联系。关于《联邦储备法》的起源以及各版草案的著作权，后来引起了(人们)的激烈争论，他们极力夸大其中存在的分歧，以便各自声称对美联储制度的指导方针负责。然而……尽管各个版本的草案可能在细节上有所不同，它们在主要政策路线和总体理论方面却是相同的。虽然谁是《联邦储备法》的确切起草者尚不明确，但这不应该模糊一个事实，即中央银行的主要功能、起源和指向是为整个银行业服务，特别是为大银

---

① Friedman and Schwartz, *Monetary History of the United States*, p. 171. 其他类似见解，参见 West, Banking Reform and the Federal Reserve, pp. 106–107; Kolko, Triumph of Conservatism, p. 222。在美联储成立二十年后，保罗·沃伯格用表格对比的方式详细地展示了奥尔德里奇法案和《联邦储备法》之间的惊人相似性；参见 Paul M. Warburg, *The Federal Reserve System: Its Origins and Growth* (New York: Macmillan, 1930), vol. 1, chaps. 8 and 9。研究各版草案和法案细节的资料有很多，可以首先从以下这两本书开始，即 West, *Banking Reform and the Federal Reserve*, pp. 79–135；以及 Kolko, *Triumph of Conservatism*, pp. 186–189, 217–247.

② 转引自 Kolko, *Triumph of Conservatism*, p. 235。

行家服务。[①]

三、美联储的架构

联邦储备体系于1913年12月获得立法通过，并于次年11月正式运行，其架构立刻被用来助长企业联盟主义和通胀。[②] 美联储的企业联盟化特性可以从它的组织结构中看出来，即联邦政府与美国银行界的亲密伙伴关系。美联储体系共有12家区域/地区联邦储备银行，分别由当地的成员银行持股。每家区域/地区联邦储备银行由九名董事共同管理，其中三名董事由区内银行直接选任；另外三名董事是商业、农业或工业界的代表，但也由区内的成员银行选任；留给华盛顿的联邦储备委员会任命的董事只有三位。此外，在三位由政府任命的董事中，被任命为地区联邦储备银行董事长的那位，必须是具有银行业经验的人士。简而言之，是一名前银行家。

每家联邦储备银行，不仅其六位（也可以说七位）董事都是私人银行家，而且其行长（最初称为governor，现在称为president）是由联邦储备银行董事会任命，而不是由联邦储备委员会任命（尽管人选必须得到后者批准）。联邦储备委员会有七名成员，全部由美国总统任命，其中两名必须是前银行家。

一些批评人士断言，美联储实际上是一家私人中央银行，因为它完全由其成员银行所有，并从其政策中获利。但这种观点忽视了一个事实，即现在联邦储备银行获得的所有利润都被财政部收走了。企业联盟的目的不在于为每家联邦储备银行的股东直接创造利益，而是整个系统从企业联盟主义政策和通胀政策中获益。

---

① 出处同前，p. 22。

② 本文对“通胀”这个词的使用都是取自它的本来含义——货币供应量的扩张——而不是目前流行的含义（价格上涨）。前一个含义精确而具有启发性，后一个含义则令人困惑，因为价格是一个复杂的现象，原因多种多样，既有供应方面的原因，也有需求方面的原因。把每一次供应方导致的价格上涨（比如说，由于咖啡减产或欧佩克组织的原因）都称为“通胀”，只会让问题变得更混乱。

也有人认为，说美联储是一个由政府完全控制的机构，有些言过其实。诚然，联邦储备委员会的所有成员都是政府任命的，并且所有的联邦储备银行的工作人员都被要求按照联邦储备委员会制定的指导方针行事。但是各联邦储备银行的行长主要还是由该地区的银行家选出的，这些行长可以对美联储的政策施加相当大的影响。[①] 正如我们下文所看到的，由银行家选举出的纽约联邦储备银行首任总裁，从1914年联邦储备委员会制度设立以来到1928年他去世之前，一直掌握着从联邦储备委员会夺过来的大权。

联邦储备体系，像所有的中央银行制度一样，都具有与生俱来的通胀性。首先，中央银行是一个庞大的拥有政府特权的机构，作为终端贷款人，随时准备为陷入困境的银行纾困。其次，通过调节银行活动，中央银行可以在整个系统中注入新的准备金，从而引发银行货币和信贷的成倍扩张。由于银行是统一进行通胀，个别扩张信贷的银行不再受到没有扩张信贷的银行的兑付限制的困扰，而在自由和非集中的银行体系中，这个问题却是普遍存在的。如果某个银行独自扩大信贷规模，它很快就会发现，其增发的银行券或存款单会从自己客户的手上转移到其他银行的客户手上，并且通过正常的业务流转，这些银行券或存款单又会回到这家扩张信贷的银行要求其兑付。然而，这家扩张信贷的银行并没有足够资金来应对这些兑付要求。此外，还有不那么显而易见的第三个原因，将准备金集中于美联储也会导致货币和信贷的大幅扩张。简而言之，在中央银行成立之前，每家银行各自持有自身的现金准备；之后大部分现金准备被存入中央银行账户，中央银行的负债会增加，进而在原有现金准备基础上产生了多重杠杆效应。C. A. 菲利普斯（C. A. Phillips）、T. F. 麦克马纳斯（T. F. McManus）和R. W. 纳尔逊（R. W. Nelson）在关于美联储和大萧条的一本启发性著作里对这个过程做了简要阐述：

> 因此，如果商业银行在中央银行系统开始运作之前，被要求对存款

---

① 另外一个不那么重要的银行家机构是联邦咨询委员会（Federal Advisory Council），它由地区联邦储备银行董事会选择的银行家组成。该委员会的建议得到了相当多的公众关注，但它在联邦体系内没有任何职权。

> 负债持有(比如说)平均10%的准备金,那么他们的存款数额可以是准备金的10倍,或者,他们可以大概成十倍地放大信贷规模。在商业银行将其准备金集中到联邦储备银行后,因为联邦储备银行只需要对其成员银行存款负债保持35%的准备金,所以信贷扩张最大可以达到准备金数额的大约三十倍。由此可以看出,(美国)中央银行体系的建立,实际上把以前的信贷扩张能力放大了三倍。①

这种说法忽略了一个事实,即美联储成立之前的银行系统并不是自由的、分散的,因此它在量上夸大了美联储成立所带来的通胀效应,但其基本论点是正确的。

美联储与生俱来的第四个通胀效应,与其说在于它的架构,不如说在于法律赋予其调整存款准备金率的权力。在美联储成立之前,美国银行的最低存款准备金率平均为21.1%。1913年的《联邦储备法》将存款准备金率削减至平均11.6%,降幅达45%。四年后的1917年6月,存款准备金率进一步下调至平均9.8%——较1913年,下调了54%。简而言之,除了美联储本身固有的集权化带来的货币和信贷的多重膨胀外,存款准备金率的大幅下调也导致了货币供应量在四年中的双倍扩张。② 此外,在20世纪20年代一次举足轻重的通胀运作中,《联邦储备法》大幅度降低了银行的定期存款准备金率。此前,活期存款与定期存款的法定存款准备金率并无区别,平均都是21.1%。然而,1917年6月,定期存款利率先是下调至5%,然后降至几乎可以忽略的3%。③

---

① C. A. Phillips, T. F. McManus, and R. W. Nelson, *Banking and the Business Cycle: A Study of the Great Depression in the United States* (New York: Macmillan, 1937), pp. 25-26.

② 1919年初,美国经济学会战争金融委员会(Committee on War Finance)对这种改变表示欢迎:"联邦储备体系的建立及其后续发展最近让我们的银行体系在近来得到了完善,使得我们的储备货币……比以前更有效率;换而言之,让准备金中的每一美元比以前发挥更多的货币功能。这在实际上就相当于增加了储备货币的供应。"如果说,货币的"功能"是尽可能地通胀,"效率"意味着尽快地制造通胀,那的确是这样。参见"Report of the Committee on War Finance of the American Economic Association", *American Economic Review* 9, Supplement no. 2 (March, 1919): 96-97; 转引自 Phillips, McManus, and Nelson, *Banking and the Business Cycle*, p. 24n(另参见 pp. 21-24). 34Phillips, McManus, and Nelson, Banking and the Business Cycle, p. 29。

③ Phillips, McManus, and Nelson, *Banking and the Business Cycle*, p. 29.

四、美联储的人事

美国的新央行由谁掌权的重要性不比如何设定央行架构的重要性低。银行家热烈欢呼美联储的立法通过，迫不及待地想看看谁将执掌这个强大的新机构。①

在联邦储备委员会的七名成员中，有两名(根据当时的法律规定)是当然成员，即财政部部长和货币监理署署长。在加入威尔逊政府之前，这两个人一直是亲密的商业和金融伙伴。美国财政部部长威廉·吉布斯·麦卡杜是纽约市的商人，一度生意失败，当时得到了摩根及其合伙人的友谊和帮助。摩根家族聘请麦卡杜担任哈德逊-曼哈顿铁路公司总裁，直到他去威尔逊政府任职。麦卡杜之后的金融和政治生涯牢牢地与摩根联系在一起。在他担任哈德逊-曼哈顿铁路公司总裁十年时间里，麦卡杜的同事和董事会成员，几乎都是摩根的人。他的副总裁是埃德蒙·C.康弗斯(Edmund C. Converse)和沃尔特·G.奥克曼(Walter G. Oakman)，前者是摩根控制的银行家信托公司的总裁，后者是摩根的旗舰商业银行担保信托公司的总裁。其他董事包括埃尔伯特·H.加里法官(曾任美国钢铁公司董事长和国际收割机公司的董事，摩根曾试图用这两家公司实现行业垄断，但都以失败告终)、弗雷德里克·B.詹宁斯[Frederic B. Jennings，摩根律师事务所斯特森-詹宁斯-拉塞尔(Stetson, Jennings &Russell)的合伙人，该律所的高级合伙人弗朗西斯·林德·斯特森(Francis Lynde Stetson)是摩根的私人律师]，以及约翰·G.麦卡洛(John G. McCullough，摩根控制的艾奇逊-托皮卡-圣塔菲铁路公司的董事)。哈德逊-曼哈顿铁路公司的母公司哈德逊公司的董事包括担保信托公司的副总裁威廉·C.莱恩(William C. Lane)和乔治·F.贝克(George F. Baker，乔治·F.贝克是摩根在美国的高级副手之一、纽约第一国民银行行长)的姐夫格兰特·B.施利(Grant B. Schley)。威廉·麦卡

① 参见1914年5月堪萨斯州和加利福尼亚州银行家协会会议记录等参考资料，详见Kolko, *Triumph of Conservatism*, pp. 247-328。参议员奥尔德里奇在2月写信给朋友："法案是否能成功发挥作用完全取决于……掌控各个机构，尤其是联邦储备委员会成员的品格和智慧"(p. 248)。

杜在被任命为财政部部长后不久，就和威尔逊总统的女儿结婚，进一步巩固了他的政治地位。①

货币监理署署长约翰・斯凯尔顿・威廉姆斯是麦卡杜的老同事。他是来自弗吉尼亚州的银行家，曾任里士满信托与保险公司（Richmond Trust & Safe Deposit Company）的总裁，以及摩根控制的海滨航空铁路公司（Seaboard Airline Railway）的总裁。在麦卡杜掌管哈德逊-曼哈顿铁路公司期间，威廉姆斯是该公司的董事。麦卡杜成为财政部部长后，随即任命威廉姆斯为他的两名助理部长之一。

威尔逊总统任命的五位联邦储备委员会成员中，有一位也是麦卡杜的亲密伙伴，即查尔斯・S. 哈姆林（Charles S. Hamlin），麦卡杜的另一名助理部长。哈姆林是一名波士顿律师，与富有的奥尔巴尼市普鲁恩（Pruyn）家族联姻，这个家族与摩根控制的纽约中央铁路公司素有往来。

保罗・M. 沃伯格位列威尔逊任命的五位联邦储备委员成员之中。其他三位分别是弗雷德里克・A. 德拉诺（Frederic A. Delano）、威廉・P. G. 哈丁（William P. G. Harding）和阿道夫・C. 米勒（Adolph C. Miller）。弗雷德里克・A. 德拉诺是富兰克林・D. 罗斯福的舅舅，也是洛克菲勒控制的沃巴什铁路公司的总裁。威廉・P. G. 哈丁是阿拉巴马州伯明翰第一国民银行行长，也是伍德沃德钢铁公司（Woodward Iron Company）总裁约瑟夫・H. 伍德沃德（Joseph H. Woodward）的女婿。该公司董事会中有好几位董事都是摩根和洛克菲勒的显眼亲信。阿道夫・C. 米勒教授是加利福尼亚大学伯克利分校的经济学家，与芝加哥的富人家族斯普拉格家族联姻。斯普拉格家族与摩根之间也有关联。米勒教授的岳父奥索・S. A. 斯普拉格（Otho S. A. Sprague）是一名著名的商人，曾在摩根控制的普尔曼公司担任董事。他妻子的叔叔艾伯特・A. 斯普拉格（Albert A. Sprague）在众多大公司担任董事，其中包括摩根控制的垄断企业美国电话电报公司的子公司芝

---

① Burch, *Civil War to the New Deal*, pp. 207 - 209，214 - 215，232 - 233. 关于麦卡杜的详细介绍，另参见 John J. Broesamle, *William Gibbs McAdoo: A Passion for Change*, 1863 - 1917 (Port Washington, NY: Kennikat Press, 1973)。

加哥电话公司(Chicago Telephone Company)。[①]

因此,成立的联邦储备委员会,其成员有三个来自摩根系,一个来自洛克菲勒系,一个是库恩-洛布公司(与洛克菲勒家族结盟)的领导人,一个是著名的阿拉巴马州银行家,一个是与摩根利益集团有着隐约家族关系的经济学家。没有任何一个委员会能比其更好地体现银行和金融利益集团的联盟。该联盟,在一些经济学家的助推下,构想并成功地推动了美国银行体系的彻底变革。

然而,从美联储成立到20世纪20年代之间,更重要的一个人物是被任命为纽约联邦储备银行行长的本杰明·斯特朗,他迅速掌控了整个联邦体系的政策出台。本杰明·斯特朗整个的商业和个人生涯几乎都是在与摩根的高级助手们打交道。作为纽约市几家信托公司的秘书,斯特朗住在当时的富人区,新泽西州恩格尔伍德郊区。在那里,他结识了摩根的三个顶级合伙人,并与他们成为密友,他们是亨利·P.戴维森、托马斯·W.拉蒙特和德怀特·莫罗(Dwight Morrow)。尤其是戴维森,他成为斯特朗的导师,并于1904年邀请斯特朗担任摩根新创建的银行家信托公司的秘书。不久之后,斯特朗与时任银行家信托公司总裁的大富豪埃德蒙·C.康弗斯的女儿结婚,并接替托马斯·W.拉蒙特出任公司副总裁。再往后,斯特朗实际上就是银行家信托公司的总裁了,因为康弗斯已经步入年迈。1914年1月,斯特朗正式就任公司总裁。

斯特朗至少从1907年开始就支持中央银行改革。1911年8月,他参加了在奥尔德里奇游艇上召开的有关于奥尔德里奇方案的漫长会议。除了纳尔逊·奥尔德里奇,与会者还有戴维森、范德利普以及其他几位主要银行家。斯特朗代表美国银行家协会在会上发言。当斯特朗在密友沃伯格的推荐下得到纽约联邦储备银行行长的职位邀约时,他最初是拒绝的,因为他想要的是一个"真正的中央银行……由来自纽约市的一群董事进行管理"——简而言之,直接公开的由华尔街管理的企业联盟式银行体系。在乡村度过

① Burch, *Civil War to the New Deal*, pp. 214－215,236－237. 威尔逊还试图任命老朋友托马斯·D.琼斯(Thomas D. Jones)为联邦储备委员会成员。琼斯是芝加哥律师,也是摩根系国际收割机公司的董事,但参议院驳回了这份任命。

了一个周末后，戴维森和沃伯格说服斯特朗改变主意，接受了这个任职；有可能，斯特朗现在意识到，他可以通过这个处于国家货币市场中心的享有强大实权的新职位，实现一个表面上不那么直接但实际上是由华尔街管理的企业联盟。1914 年 10 月，斯特朗成为纽约联邦储备银行行长。①

在联邦储备体系组建后不久，斯特朗开展了夺取指挥权的行动。在 1914 年 10 月举行的联邦储备体系组建大会上，一个不在法律框架范围内的行长委员会成立了。在 12 月举行的第一次会议上，本杰明·斯特朗不仅当选行长委员会的主席，还当选行长委员会执行委员会主席。从那时起，斯特朗成为联邦储备银行行长的头领，并控制了法律原本赋予联邦储备委员会的各项主要权力。威廉·P. G. 哈丁于 1916 年担任华盛顿联邦储备委员会主席（原称为 governor，现称为 chairman），对行长委员会进行了严厉抨击，但斯特朗保持了其在联邦储备体系中的主导地位，因为他的银行成为所有联邦储备银行公开市场业务的唯一代理商。②

美联储成立两年后，即美国卷入第一次世界大战的前一年，在众议院起草联邦储备法案最终稿的弗吉尼亚州民主党联邦众议员卡特·格拉斯，回顾了自己的洋溢企业联盟主义的手稿，并对此感到颇为满意。格拉斯指出，他的目的根本不是损害华尔街的金融支配地位：

> 支持创建美联储的人从来没想过损害纽约作为北半球金融大都市的应有威望。他们更期望能证实其独特性，甚至希望提供有力的帮助，从伦敦手中赢得权杖，并最终使纽约成为世界金融中心……事实上，这一点很快就要实现了。我们可以指出，1907 年旧体制下的纽约与现在新体制下的纽约之间惊人的反差，前者由于两次银行倒闭而动摇了根基以致摇摇欲坠，后者不仅其国内银行业务安然无恙，而且满怀信心地

---

① Chandler, *Benjamin Strong*, pp. 23 - 41. 有关于纽约联邦储备银行第一任组织结构的详细内容，参见 Lawrence E. Clark, *Central Banking under the Federal Reserve System* (New York: Macmillan, 1935), pp. 64 - 82。

② 关于斯特朗是如何掌控权力的，参见 Clark, *Central Banking under the Federal Reserve*, pp. 102 - 105，161; Chandler, *Benjamin Strong*, pp. 68 - 78。

为处于战争中的欧洲国家的大企业提供资金。[1]

然而，联邦储备体系仍然存在一个问题：州特许银行没有加入联邦储备体系。法律要求所有国民银行加入联邦储备体系，并将其准备金存入美联储。没有国民银行选择放弃国民银行的身份转而寻求州特许，这个现实体现出它们加入联邦储备体系的急切之情。州特许银行可以自由选择加入或不加入。美联储的失败之处在于，实际上没有州特许银行选择这样做，它们更倾向于州立法较宽松的监管。

本杰明·斯特朗在1916年10月写的一封信中对这种情况表示遗憾。他写道："坦白说，我们的银行家或多或少是一群无组织的乌合之众。我认为，在他们的经验告诉他们通过美联储体系进行合作的好处之前，依赖他们自愿缴纳准备金是不靠谱的。"[2]以这样的方式，企业联盟成员对个别企业或企业家打破企业联盟集体规则的野心表现出担心。所有美联储官员的想法都一样，只是处于政治考量，至今没有强制性规定所有银行必须加入美联储。

五、美联储和第一次世界大战

就为美国参加第一次世界大战提供资金而言，美国联邦储备体系的出现是一件幸事，因为政府是否有政治能力通过税收、向公众借款或简单地印刷美钞为战争提供所需资金是值得怀疑的。事实上，从1914年战争爆发到1919年，美联储将其货币供应量提高了两倍。

第一次世界大战也加强了联邦储备体系的力量，特别是本杰明·斯特朗和纽约联邦储备银行的支配性地位。由于银行业必须满足财政部的巨额赤字融资需求，财政部部长麦卡杜和本杰明·斯特朗实际上联合控制了美联储。威利斯写道："正是美国加入了第一次世界大战，最终为进一步的高

---

① 转引自 Kolko, *Triumph of Conservatism*, p. 254。卡特·格拉斯是弗吉尼亚小镇的一位报纸编辑和银行家。

② Chandler, *Benjamin Strong*, p. 81；另见 Clark, *Central Banking under the Federal Reserve System*, pp. 143 - 148.

度集权投下关键性一票;这实际上促进了以纽约联邦储备银行为中心的野心在一定程度上得到实现。”①

财政部授权美联储成为其唯一的财政资金代理机构,从而促进了斯特朗获得新的支配地位。在战争爆发之前,财政部从来没有这样做过,而是延续了杰克逊的政策,即把财政部的支付资金存入自己的国库分库(独立国库系统)。然而,在战争的刺激下,麦卡杜帮助斯特朗实现了他长期追求的宏大目标;美联储现在被授予了充分的政府权力。斯特朗写道:“如果可能的话,我们必须说服(麦卡杜)允许储备银行成为政府真正的、积极的和有效的财政代理机构。如果他这样做,我们将永远在美国银行体系中拥有一席之地。”②斯特朗的传记作者对战时财政部业务如何促进纽约联邦储备银行加速获得支配地位进行了总结:

> 战争和财政部的授权对纽约联邦储备银行以及斯特朗在联邦储备体系中的地位产生了特殊的影响。纽约联邦储备银行身处美国庞大的中央货币市场,在战争期间近一半财政部发行的证券都由其出售和分销,大量货币资金由其收付。作为美国的外汇中心和通往欧洲的门户,它处理了财政部的绝大部分外汇业务,安排财政部与外国之间的金融往来,作为其他储备银行以及纽约地区的中央资金托管人向外国代表或他们的军需供应商付款,同时是承兑票据的主要买家。因此,纽约联邦储备银行自然而然地享有政府首选银行的声望,财政部也开始把它作为与其他储备银行沟通的渠道,对斯特朗的建议予以高度重视。纽约联邦储备银行和斯特朗在战争期间中都获得了更高的声望,无论从绝对意义上而言,还是相对其他联邦银行和联邦储备委员会而言。③

此外,斯特朗一直希望把美国的金币和金条集中到美联储,脱离公众的

① Willis, *Theory and Practice of Central Banking*, pp. 90 - 91.
② Chandler, *Benjamin Strong*, p. 105.
③ 出处同前,p. 107。

控制。由此，企业联盟化会进一步加固，美联储实施通胀可能性也将大大增加，因为美联储是在其黄金储备的基础上发行其联邦储备券[①]和存款的。因为加入战争，1917年，美国修订法律，允许美联储发行的联邦储备券兑换黄金(以前它发行的联邦储备券只能兑换商业票据)，并要求所有的法定银行准备金作为存款存入美联储，而不是以现金的形式自己保管。1917年，联邦政府放宽了对州特许银行的监管，最终促使相当一部分州特许银行加入联邦储备体系，进一步加强了准备金和黄金的集中。最后，从1917年9月到1919年6月，美国悄悄地(尽管不是正式地)脱离了金本位制度，至少对外国人来说是如此。外汇业务受到控制，黄金出口被禁止。所有这些措施的结果是，黄金实际上被国有化，并顺利集中到美联储手中。1916年年底，各储备银行的黄金储备仅为7.2亿美元，占全国货币黄金存量的28%。两年后，美联储的黄金储备高达21亿美元，占全国黄金存量的74%以上。

六、企业联盟的国际化

自20世纪初以来，摩根财团的财富一直在减少，所以当战争在欧洲爆发时，它看到了一个摆在面前的好机会。摩根家族与英国有长期密切的金融往来。J. P. 摩根公司的伦敦分支机构摩根-格伦费尔公司(Morgan, Grenfell & Co.)的高级合伙人爱德华·格伦费尔(Edward Grenfell)，长期担任英格兰银行(Bank of England)的董事。后来受封圣贾斯特勋爵(Lord St. Just)的格伦费尔，一直是英格兰银行和纽约金融界之间的重要非正式联系人。当摩根的银行成为英格兰银行的金融代理机构时，一种正式关系确立了。[②] 1914年年底，在合伙人亨利·P. 戴维森的指引下，摩根财团成为英国和法国在美国采购战争物资的事实上的独家代理。为了购买这些出口

① (译者注)随着联邦储备券的发行量扩大，以及其他纸币(绿钞、国民银行券等)相继停止发行并退出流通，联邦储备券逐渐成为美国货币流通中的唯一法定纸币。目前，流通中的美国纸币基本上是1928年之后各版本的联邦储备券，也就是现在的美钞。

② Sir Henry Clay, *Lord Norman* (London: Macmillan, 1957), p. 87; Parrini, *Heir to Empire*, pp. 55-56.

武器和其他物资,英国和法国不得不从美国寻求巨额贷款,摩根财团成为这些协约国债券在美国的唯一承销商。摩根财团的这些垄断业务利润丰厚,而且做起来比强大的竞争对手库恩-洛布公司更得心应手。库恩-洛布公司是德国公司,与德国银行业和金融业有联系,因此被排除在协约国的战争相关业务之外。当摩根家族和债券市场铆足劲为协约国的大量军需品和其他物资出口融资时,戴维森的老朋友兼同事本杰明·斯特朗准备通过扩张货币和信贷规模,以为这些外国贷款提供资金。① 威尔逊政府和联邦储备委员会也为采取同样的措施做好了准备。②

本杰明·斯特朗在上任伊始筹划建立一个国际企业联盟,即世界主要央行之间的"国际合作"机制。实际上,这个冠冕堂皇的措辞只是意味着货币扩张的全球合作。第一次世界大战前,被广泛采纳的古典金本位制度,对各国中央银行的通胀倾向施加了严格的限制:一个国家的货币扩张会提高

① 关于摩根家族、协约国、外国贷款和美联储之间的相互联系,参见 Tansill, *America Goes to War*, pp. 32 - 134。(编者注)罗斯巴德在其他地方也引用了查尔斯·坦西尔(Charles Tansill)的这本书,阐述了摩根势力推动美国参加第一次世界大战的动机。在此,有必要完整引用他的分析:

> 从1914年开始,摩根财团就深入参与了协约国的战争过程……摩根的铁路公司陷入越来越严重的财务困境,1914年,摩根投资4亿美元的纽黑文铁路公司倒闭。由于过于专注铁路业务以及进入产业金融领域的步伐稍显滞后,自20世纪初以来,摩根在投资银行领域的主导地位有所下滑。现在,第一次世界大战给摩根带来了一次天赐良机,摩根财团的繁荣发展与协约国的进程紧密联系在一起。
>
> 毫不意外,摩根合伙人率先在美国开展亲英、亲法宣传,并大力鼓动美国加入战争,加入协约国。亨利·P. 戴维森于1915年成立了空中海岸巡逻队(Aerial Coast Patrol),摩根的两位合伙人威拉德·D. 斯特雷特和罗伯特·培根率先在纽约普拉茨堡组织商人训练营(Businessman's Training Camp),号召全民皆兵。尤其是伊莱休·鲁特和小摩根,积极督促美国参战,加入协约国。此外,威尔逊总统身边围绕的也有很多是摩根亲信:他的女婿,财政部部长威廉·G. 麦卡杜,受助于摩根才从财务破产中走出来;威尔逊的神秘而强大的外交政策顾问爱德华·M. 豪斯上校与得克萨斯州的摩根的铁路公司有关系。麦卡杜曾写信告诉威尔逊:向协约国出口战争物资会给美国带来"巨大的繁荣",因此有必要向协约国提供贷款为这些出口融资。

参见 Rothbard, *The Mystery of Banking*, p. 243; Rothbard, *Wall Street, Banks, and American Foreign Policy*, pp. 17 - 23。摩根财团为英法两国采购战争物资的总额达30亿美元,从而赚取了3000万美元的佣金。此外,摩根家族还为摩根的关联公司,包括通用电气公司和美国钢铁公司,带来英法等国的战争物资采购合同。参见 Murray Rothbard, "The Gold Exchange Standard in the Interwar Years", in *A History of Money and Banking in the United States*, Joseph Salerno, ed. (Auburn, AL: Ludwig von Mises Institute, 2005), pp. 370 - 371。

② 只有联邦储备委员会的两位成员是例外,他们是亲德派。沃伯格和米勒都是德裔,曾反对银行向协约国提供军火出口融资,但未能成功。参见 Tansill, *America Goes to War*, pp. 105 - 108。

该国的名义收入和物价，导致其国际收支平衡逆差和黄金外流，从而对通货膨胀产生抑制作用，并可能迫使中央银行将货币紧缩至原来的水平。当时和现在所谓的中央银行国际“合作”(或企业联盟化)，都是指建立正式和非正式的机制，以消除通胀国家的货币所面临的兑付和紧缩的压力。如果这不是其真正含义所在，那么就没有必要进行国际合作，甚至根本不需要中央银行，因为每家需要维持自身运转的银行，都会把通胀率控制在最低水平。

1915年下半年，本杰明・斯特朗开始推动中央银行的国际合作，并于1916年2月乘船前往欧洲，启动了第一项措施：把英格兰银行和法兰西银行作为纽约联邦储备银行的国外代理或关系机构。斯特朗欣赏英格兰银行作为央行的表现，与这家一流央行的密切合作将成为中央银行企业联盟化新机制的基石。1916年3月，斯特朗在英国促成纽约联邦储备银行和英格兰银行之间的一项紧密合作协议，双方相互在对方银行开立了账户，纽约联邦储备银行用设在英格兰银行的账户购买英镑票据。斯特朗以其一贯的强硬态度表示，即使其他储备银行反对或不配合，他仍会执行这项协议。最后，在对协议作出一些修改和补充之后，联邦储备委员会批准了该方案，并与法兰西银行达成了一个类似的协议。①

与斯特朗共同签署协议的是英格兰银行行长坎利夫勋爵(Lord Cunliffe)，但斯特朗在英国最重要的会晤，发生在他与时任英格兰银行副行长助理蒙塔古・科莱特・诺曼(Montagu Collet Norman)之间。此次会晤标志着20世纪20年代国际金融领域重要的斯特朗-诺曼合作的开始。②

---

① Chandler, *Benjamin Strong*, pp. 93 - 98.

② (编者注)摩根家族也参与了斯特朗和诺曼之间的合作。诺曼的多位密友都是前述摩根-格伦费尔公司的董事，同时是柯立芝政府中的重要人物。卡尔文・柯立芝的政治导师之一是摩根合伙人德怀特・莫罗。柯立芝首先邀请摩根的律师伊莱休・鲁特就任国务卿，在遭到拒绝后，最终决定由与摩根有联系的弗兰克・B. 凯洛格(Frank B. Kellogg)担任国务卿，约瑟夫・C. 格罗夫(Joseph C. Grow)担任助理国务卿。德怀特・莫罗和亨利・L. 史汀森(Henry L. Stimson，鲁特的追随者)也与墨西哥和尼加拉瓜之间存在一定的国际关系。财政部部长是安德鲁・C. 梅隆，他一直是摩根利益集团的盟友。摩根在胡佛政府中仍然有影响力，德怀特・莫罗是赫伯特・胡佛重要的非官方顾问。参见 Rothbard, “The Gold Exchange Standard”, pp. 368 - 381, 422。

蒙塔古·科莱特·诺曼出身于银行业世家,祖父、外祖父都是银行家。他的父亲是英国银行马丁公司(Martin & Co)的合伙人,与巴林银行家族有亲戚关系。实际上,诺曼的舅舅是巴林兄弟公司(Baring Bros)的合伙人。诺曼的母亲是国际银行布朗希普利公司(Brown Shipley & Co.)合伙人马克·W. 科莱特(Mark W. Collet)的女儿。布朗希普利公司是华尔街大型金融机构布朗兄弟公司(Brown Brothers)在伦敦的分支机构。此外,诺曼的外祖父马克·科莱特曾在19世纪80年代担任英格兰银行行长。

年轻的诺曼21岁时进入家族银行马丁公司工作,然后去了布朗希普利公司。1895年,他加入布朗兄弟公司纽约办事处,在那里工作了三年。1900年,诺曼回到伦敦,成为布朗希普利公司的合伙人。

斯特朗和诺曼一见如故,迅速成为好朋友和合作者。从1919年到1928年斯特朗去世,两人保持着稳定的书信往来,既有私人信件,又有工作信件,至少每年互访一次。他们的长假期在一起度过,有时是在巴尔港(Bar Harbor)或萨拉托加,但更多的是在法国南部。

七、英国和金汇兑本位制度

英国在第一次世界大战前是主要的金本位国家。战争结束后,英国面临着一系列严重的、相互交织的金融和经济问题。这些问题大部分是英国自己造成的。与其他交战国一样,英国采取了大幅通胀的措施,为战争筹集资金。因此,除了美国(它事实上暂停了黄金出口),其他国家都不得不放弃金本位制度。在第一次世界大战结束时,英国决定,为了它自己和世界的经济健康,回归金本位。此外,它还决定——令人惊讶的是,几乎没有经过讨论,就决定——必须重新回到战前,1英镑约等于4.86美元的汇率水平。① 由于英国的通胀率高于美国,在自由市场英镑兑美元汇率远低于

① 关于英国决定以1英镑兑4.86美元的汇率回归金本位的不利后果,参见 Lionel Robbins, *The Great Depression* (New York: Macmillan, 1934), pp. 77 - 87。

4.86。在J.P摩根公司的帮助下，英国政府成功地在1916年初到1919年3月期间人为地将英镑兑美元的汇率固定在4.75。之后，英国又决定让英镑汇率自由浮动。英镑很快暴跌，在1920年2月跌至1英镑兑3.21美元的低点。[①]

英国令人费解地坚持以高出其实际价值约34%的价格回归金本位制度，这意味着英国不得不面对巨大的通货紧缩。虽然在任何时候通货紧缩都是困难的，但在第一次世界大战之前它并没有带来大问题，因为价格和工资被灵活下调。但在战争期间，英国形成了庞大的高福利失业保险体系和强大的工会组织，如果维持福利国家措施和工会权力，就不可能实现通货紧缩。英国不愿意采取影响如此巨大的措施；事实上，它希望永久地延续在战争期间推行的吸引人的低息信贷和通胀体系。然而，为了恢复伦敦在战前享有的世界金融中心的声誉，它选择了不切实际的4.86美元兑1英镑的汇率。

简而言之，英国坚持把其战后对外货币政策建立在两个矛盾的原则之上：(1)以超过实际价值的战前标准回归金本位；(2)拒绝实施通缩，而通缩是执行原则(1)的必要条件。事实上，它坚持继续实行通货膨胀政策。20世纪20年代，英国的整个国际金融政策，都是在试图完成不可能的任务，并坚持这两个矛盾的原则。

它要怎么做呢？英国必须迫使或诱使其他国家实行通货膨胀(这样黄金就不会从英国流向其他国家)，或者回归一种特殊的新金本位制度，保留黄金的威望，但不以黄金为实际内容。因此，通过英国控制的国际联盟金融委员会(Financial Committee of the League of Nations)，英国迫使或诱使战后欧洲的战败国或小的战胜国(1)以高估的币值回归金本位，从而削弱他们的出口，并扶持英国的进口，(2)建立他们自己的中央银行，以与英格兰银行合作实行通货膨胀政策，减少出口或减少黄金从英国的流出，(3)也许是最重要的一点，即不回归古典金本位制度，而是实施一种新的“金汇兑本位制

---

① 参见Clay，*Lord Norman*，p. 135；Chandler，*Benjamin Strong*，p. 293；特别参见Benjamin M. Anderson，*Economics and the Public Welfare*：*Financial and Economic History of the United States*，1914-1946，2nd ed. (Indianapolis：Liberty Press，1979)，pp. 63-64。

度”。在真正的金本位制度下，每种货币的背后都是黄金，黄金在国家之间流入或流出。在新的虚金本位制度下，每个欧洲国家的外汇储备不再是黄金，而是英镑，英镑的背后才是黄金。这样，当英国通货膨胀时，黄金不会从英国流向其他国家，结存的英镑将堆积在伦敦，作为欧洲货币扩张的基础。

20世纪20年代，英镑不再像战前那样可以兑换金币，而只能兑换大额的金块，从而进一步使英国免受通货膨胀政策的影响。因为这确保了黄金不能在国内流通，只有大型的国际持有者才能以英镑兑付黄金。

在使得大多数欧洲国家不再成为其通货膨胀政策的威胁之后，英国仍然需要面对来自的美国的问题。其危险在于，像美国这样一个没有通胀的、有硬通货的、实施真正金本位的国家，很快就会耗尽实施通胀的英国的黄金，从而破坏新建立的脆弱的国际货币体系。因此，英国不得不说服美国以同样的比例与英国一起实施通胀，特别是，美国的价格水平不能低于英国，其利率也不能高于英国，这样黄金就不会从伦敦流入美国。于是，说服美国进行通货膨胀——表面上是为了帮助英国回归金本位制度——成为彼时蒙塔古·诺曼的首要任务。①

20世纪20年代晚期，英国国际金融政策的严厉批评者、法兰西银行行长埃米尔·莫罗(Emile Moreau)，在日记中写道：

> (英国建立了)让欧洲实际上在金融方面受制于人的基础。日内瓦的(国际联盟)金融委员会是该项政策的实施工具。其方式在于迫使每个有资金困难的国家加入英国控制的日内瓦委员会。制定的救济措施通常是在其中央银行设立一个外国监管者，该监管者要么是英国人，要么在英格兰银行内部指定，这既是为了支持英镑，也为了加强英国的影

① 参见 Murray N. Rothbard, “The New Deal and the International Monetary System”, inLeonard P. Liggio and James J. Martin, eds., *Watershed of Empire: Essays on New Deal Foreign Policy* (Colorado Springs: Ralph Myles, 1976), pp. 20 - 27。另参见 Rothbard, *America's Great Depression*, pp. 131 - 132; Chandler, *Benjamin Strong*, pp. 293 - 294; William Henry Beveridge, *Unemployment, a Problem of Industry*, chap. 16; Frederic Benham, *British Monetary Policy* (London: P. S. King, 1932)。

> 响力。为了避免可能的失败，他们努力地争取到纽约联邦储备银行的合作。如果一些外国贷款的金额太大，他们还会把这些外国贷款任务转嫁给美国，并保留运营这些业务的政治好处。①

莫罗还记录了他的得力助手1926年发来的一份有关蒙塔古·诺曼的意图的精彩报告。该助手在报告中说，诺曼和他的团队的主要目标是：

> 在各货币发行银行之间建立联系……在英格兰银行行长看来，世界经济和金融的结构似乎是20世纪的主要任务……因此，他的目的是支持完全自主的中央银行，可以支配他们自己的金融市场，并从他们之间的共同协议中获得力量。②

1922年4月，协约国最高委员会举行了热那亚会议。在会议上，诺曼成功地说服欧洲各国同意在战后采用金汇兑本位制度。20世纪20年代金融界的所有问题，都是由该会议成立的金融委员会商定的。英国实际上在1925年采用了金汇兑本位制度，其他欧洲国家几乎在同一时间跟进。由于苏联的参与，美国在最后一刻决定不参加热那亚会议，但是美国政府，特别是掌握实权的商务部部长赫伯特·胡佛，对中央银行之间合作以稳定货币

---

① Chandler, *Benjamin Strong*, p. 379. 诺曼的确控制了国际联盟金融委员会，特别是借助于他的三个亲密伙伴，即财政部的奥托·尼迈耶爵士(Sir Otto Niemeyer)、亚瑟·萨尔特爵士(Sir Arthur Salter)和亨利·斯特拉科什爵士(Sir Henry Strakosch)。诺曼实施的金汇兑本位制度的主要理论设计者是财政部金融咨询局的拉尔夫·霍特里(Ralph Hawtrey)。早在1913年，霍特里就主张中央银行间的国际合作以实现价格水平的稳定。1919年，他成为最早呼吁在欧洲金汇兑本位制度背景下进行中央银行国际合作的人之一。参见 Clay, *Lord Norman*, pp. 137－138; Rothbard, *America's Great Depression*, pp. 159－161; Paul Einzig, *Montagu Norman* (London: Kegan Paul, 1932), pp. 67, 78; Palyi, *The Twilight of Gold*, pp. 134, 155－159。

关于金汇兑本位制度和英国促使欧洲国家设定过高币值的详细内容，参见 H. Parker Willis, "The Breakdown of the Gold Exchange Standard and Its Financial Imperialism", *The Annalist* 33(16 October 1931): 626 ff.；以及 William Adams Brown, Jr., *The International Gold Standard Reinterpreted*, 1914－1934 (NewYork: National Bureau of Economic Research, 1940), vol. 2, p. 732－749。

② Palyi, *Twilight of Gold*, pp. 134－135.

的理念很感兴趣。[①]

八、20世纪20年代的公开市场购买

在1921年至1929年的经济大繁荣时期，美联储的货币以平均每年7%的速度扩张，这种扩张的驱动力是其成员银行准备金以平均每年6%的速度增长。[②] 到目前为止，导致准备金增加的最重要因素，一直是纽约联邦储备银行在公开市场上的购买行为。购买行动有三次大高潮：1921年至1922年的一次、1924年的一次，以及1927年下半年的一次。在第一次大规模购买中，美联储手头持有的政府证券增长了两倍，从1921年11月的1.93亿美元增加到1922年6月的6.03亿美元。公开市场购买具有通胀效应，这是当局乐于付诸实践的一项著名"发现"。战前，市场上只有很少的政府证券，几乎没有短期国债。因此，即使有人掌握了这个方法，把公开市场业务作为一种蓄意的扩张或紧缩手段，操作余地也不大。然而，第一次世界大战之后，市场上突然出现了大量需要展期的短期政府债券。[③] 美联储

---

① 关于热那亚会议的详细内容，参见出处同前，pp. 133－140，148－149（相关决议文本见后者）；Michael J. Hogan，*Informal Entente：The Private Structure of Cooperation in Anglo-American Economic Diplomacy，1918－1928*（Columbia：University of Missouri Press，1977），pp. 42－48（关于政府的立场）；Stephen V. O. Clarke，*Central Bank Cooperation：1924－1931*（New York：Federal Reserve Bank of New York，1967），pp. 34－36；Rothbard，*America's Great Depression*，pp. 161－162。

② 现在这被视为M2。从1921年6月到1929年6月，所有的现金、企业存款、居民储蓄及其他存款以平均每年6.8%的速度增长，同期M2加寿险保单准备金净额平均每年增长了7.7%。之所以将寿险保单准备金净额列入统计，是因为最后的数字包含了所有应按票面价值予以兑付的见索即付债权额。参见Rothbard，*America's Great Depression*，pp. 88－96，100－101；Board of Governors of the Federal Reserve System，*Banking and Monetary Statistics*（Washington，D. C.：Federal Reserve Board，1943），p. 34。关于20世纪20年代定期存款的实际见索可兑付性，详见Anderson，*Economics and the Public Welfare*，pp. 139－142；Phillips，McManus，and Nelson，*Banking and the Business Cycle*，pp. 98－101。

③ 参见Rothbard，*America's Great Depression*，p. 125；H. Parker Willis，"What Caused the Panic of 1929"，*North American Review* 229（February，1930）：178；Charles O. Hardy，*Credit Policies of the Federal Reserve System*（Washington，DC：Brookings Institution，1932），p. 287。另参见Esther Rogoff Taus，*Central Banking Functions of the United States Treasury，1789－1941*（New York：Columbia University Press，1943），pp. 182－183。

在 1921 年至 1922 年间的大规模回购，主要是为了获取在经济衰退时期可以赚取收入的资产。然后，它欣喜地发现自己找到了一个新的、强大的可用于货币扩张和通货膨胀的工具。

这个发现在一定程度上是在本杰明·斯特朗意料之中的。斯特朗在 1922 年 4 月 18 日给财政部副部长帕克·S. 吉尔伯特写的一封信，显示了这一点。帕克·S. 吉尔伯特对美联储异乎寻常地大量购买政府证券表示疑惑。斯特朗解释说，该措施的目的不仅仅是增加美联储的创收资产，而且是“控制利率水平，或者至少把利率保持在一定水平，这将促进外国在美国借款”，从而确保“更稳定的条件以及(将)促进商业发展”。这表明，至少在某种程度上，斯特朗购买证券是为了推低利率，扩张货币和信贷，以及刺激经济复苏。[①]

公开市场业务的货币扩张性促使斯特朗行长再次定期召开整个联邦储备体系的行长会议。1922 年 5 月，行长会议设立了一个执行委员会，负责集中执行今后整个联邦储备体系的公开市场业务。本杰明·斯特朗担任该委员会主席，这并非是一种巧合。[②] 从那时起，特别是从 1922 年 10 月第二次委员会会议开始，斯特朗开始替整个联邦储备体系进行公开市场采购和销售，而不仅仅是作为代理执行来自其他地区储备银行的指令。

1923 年 2 月，斯特朗生了一场病，直到 10 月才恢复健康。斯特朗病后不久，4 月，华盛顿的联邦储备委员会，在阿道夫·米勒的推动下，试图从暂时离开的斯特朗手中夺取联邦储备体系的主导权。联邦储备委员会解散了法律框架之外的行长委员会，组建了一个新的公开市场投资委员会(Open Market Investment Committee)，由联邦储备委员会牢牢控制。趁着斯特朗的暂时离开，联邦储备委员会迫使纽约联邦储备银行出售其持有的大部分政府证券，因为米勒以及财政部仍然对美联储前一年进行的大规模公开市

---

① Chandler, *Benjamin Strong*, p. 211. 另参见 Harold L. Reed, *Federal Reserve Policy, 1921 - 1930* (New York: McGraw-Hill, 1930), pp. 14 - 41。吉尔伯特原来是华尔街著名的克拉瓦斯-亨德森律师事务所(Cravath and Henderson，现更名为 Cravath, Swaine & Moore)的律师，之后到财政部任职，后来成为 J. P. 摩根公司的合伙人。(Burch, *Civil War to the New Deal*, pp. 298 - 299).

② 该委员会的全称是对其职能的详细描述：关于联邦储备银行集中购买和出售政府证券的行长委员会。(Chandler, *Benjamin Strong*, p. 215.)

场购买行为感到不安。斯特朗恼怒于自己权力的旁落和证券的出售，他担心这会导致经济衰退。11 月，斯特朗强势归来，夺回了对美联储的控制权，直到 1928 年春天他再次病倒。在成为公开市场投资委员会的主席重新掌权后，斯特朗在纽约联邦储备银行创建了一个联邦储备体系专门投资账户（Special System Investment Account），公开市场投资委员会通过该账户购买和持有证券。他公开表示，一旦出现经济衰退的迹象，他将加大购买政府证券的力度："储备体系应毫不犹豫地继续公开市场购买，从而减少银行借款，降低货币利率，而不是放任毫无根据的想法扰乱美国生产和消费发展的平稳进程。"①

第二次大规模通胀性信贷扩张发生在 1924 年。归来后不久，斯特朗开始大规模购买政府证券，在 1923 年 10 月到 1924 年期间，共购买了 4.92 亿美元的政府证券。其中的首要原因是，斯特朗决心帮助英国和蒙塔古·诺曼以高估的币值回归金本位制度。为了做到这一点，美国必须采取通胀和低息货币政策，以使美元的利率比英镑的利率更低，且美国物价的上涨水平比英国的更高，这样黄金就不会从英国流入美国。1922 年，诺曼为美国宽松的信贷和利率的降低而欢呼，它们配合了英国的信贷扩张。在 1922 年及其接下来的一年里，诺曼不断向斯特朗发出请求和呼吁，督促其进一步扩张美国的信贷，但斯特朗觉得时机尚未成熟。

最终，在 1924 年，英国将于下一年回归金本位的迹象显现，斯特朗觉得该下手了，于是又开始了大规模的公开市场购买。英镑兑美元汇率在 1922 年年底因为即将回归金本位的消息升至 4.61，但到 1924 年中期急剧下跌至 4.34，只有美国释放巨大的通胀压力才能使英镑兑美元汇率升至 4.86。

1924 年 5 月 27 日，斯特朗在给财政部部长安德鲁·梅隆的一封长信中阐述了他的基本政策：

> 由于财政失调和货币扩张，不同国家的物价水平差异仍然很严重，

① 出处同前，pp. 232－233。有关于斯特朗是如何重新掌权的，参见出处同前，pp. 222－234；Clark, *Central Banking under the Federal Reserve*, pp. 162－174。

> 必须解决这个问题，回归真正的黄金支付才是安全的。对这些问题进行修正，才能安全地回归真正的黄金支付。英国的物价和我们自己的物价正好可以说明这一点。英镑，以我们的黄金货币计算，大概要打10%的折扣……
>
> 目前，国际上交易的货物在英国的价格整体上可能确实比我们的价格高出百分之十左右。英国要重新实施黄金支付的前提之一，是在货币改革之前对物价水平进行逐步调整。换而言之，这意味着美国的物价将有小幅度上涨，以及英国物价可能有小幅度下跌……没有人可以指挥价格变动。在一定程度上它们都是偶然发生的，但是也还是可以通过英格兰银行和联邦储备体系的合作来推动价格的变动，在美国维持较低的利率，在英格兰维持较高的利率，这样我们将进一步成为世界贷款市场，而伦敦的贷款市场份额则会减少。我们必须更多地承担起这次重新调整的重担，而非它们。对于英国政府和英格兰银行来说，无论是从政治角度还是从社会角度，都很难在现有水平基础上调整英国的物价，因为他们的贸易情况很差，并且有超过100万的失业人口接受政府救助。①

1924年中期，公开市场购买的通胀效应终于使得美国的利率低于英国的水平。英镑再次升值，在1925年春季达到4.78美元。到该年年底，英国以战前的币值恢复了金本位制度。英国能够恢复金本位也得益于纽约联邦储备银行向英国提供的2亿美元的信贷额度，以及J. P. 摩根公司向英国提供的1亿美元的类似贷款。②

最后一次大规模的通胀，也是20世纪20年代最严重的一次，发生在1927年下半年。当时美联储购买了2.25亿美元的政府证券和2.2亿美

① Chandler, *Benjamin Strong*, pp. 282 - 284.

② 参见 Rothbard, *America's Great Depression*, pp. 133 - 134; Robbins, *Great Depression*, p. 80; Chandler, *Benjamin Strong*, pp. 301 - 321。

元的银行承兑票据，仅这两笔购买就为银行增加了 4.45 亿美元的准备金。[①]

问题是，英国回归金本位，很快被证明其结果并不令人满意。英镑的急剧升值给英国本已低迷的出口带来了巨大压力，尤其是对煤炭行业。英国陷入了长期萧条，僵化的工资标准加剧了失业。1926 年的大罢工和长时间的煤矿罢工是以高估的币值回归金本位制度的直接后果。然而，为了让 1 英镑兑 4.86 美元的汇率名副其实，英国不仅没有紧缩，反而坚持通胀，徒劳地试图缓解经济萧条。物价进一步上涨，英格兰银行降低了其再贴现率，国际收支赤字额和由此产生的黄金外流进一步恶化。英镑面临的贬值压力加剧。蒙塔古·诺曼不愿意停止通胀、实施紧缩信贷，于是再一次寻求老盟友本杰明·斯特朗的帮助。

本杰明·斯特朗购买了一些英镑，试图扭转美元从英国流出的趋势，还向法国出售了 6 000 万美元的黄金，以免法国向英国提出赎回英镑的要求。但这些都只是权宜之计。因此，1927 年 7 月，斯特朗邀请三家顶级央行高层官员参加在纽约市召开的一个高度机密会议。这次会议的保密规格非常高，斯特朗以其惯有的强硬方式，把纽约联邦储备银行董事长盖茨·W. 麦加拉（Gates W. McGarrah）排除在与会者名单之外，华盛顿的联邦储备委员会对这次会议也一无所知。[②] 除了诺曼之外，其他欧洲代表还有法兰西银行副行长查尔斯·里斯特（Charles Rist）教授和德意志帝国银行行长亚马尔·沙赫特（Hjalmar Schacht）。斯特朗和诺曼努力说服里斯特和沙赫特同意四国步调一致地实施大规模低息信贷和通胀，但欧洲人予以拒绝，对通胀趋势感到担心。当里斯特和沙赫特启航回国时，英国人和美国人留下来继续商讨他们的通货膨胀协定，扩张信贷，降低利率。在里斯特离开之前，斯

---

① Rothbard, *America's Great Depression*, pp. 102 – 103, 107. 关于承兑市场的重要性，参见下文“创建承兑市场”。

② Anderson, *Economics and the Public Welfare*, p. 189. 盖茨·麦加拉是摩根系大通国民银行董事长艾伯特·H. 威金（Albert H. Wiggins）的亲密商业伙伴。Clark, *Central Banking under the Federal Reserve*, p. 267. 也参见出处同前，pp. 313 – 314；Chandler, Benjamin Strong, pp. 440 – 454。

特朗轻飘飘地告诉他，自己“要给股市注入一剂强心剂”。①

柯立芝总统和梅隆部长都支持新的通货膨胀政策，唯二的高层反对者是阿道夫·米勒和赫伯特·胡佛。1927年末，美联储当局对其突然实施扩张政策的原因保持沉默，只有堪萨斯市联邦储备银行行长W. J. 贝利(W. J. Bailey)把斯特朗告诉他的话重复了一遍：采取低息信贷政策，包括公开市场购买、降低再贴现率、降低美联储购买承兑票据的利率，是为了“帮助农民”。“帮助英国”作为通胀飙升的主要原因，被掩盖起来，因为在当时的美国主流社会，这个出发点并不受欢迎。②

从1928年5月本杰明·斯特朗在巴黎向国际联盟金融委员会秘书、诺曼的同盟亚瑟·萨尔特爵士作出的解释中，可以看出20世纪20年代通货膨胀政策驱动因素中帮助英国所占的比重。在反对召开世界各国央行正式会议时，斯特朗提到了美国存在的政治对抗。他的一位助手总结道：

> 为了说明当下的决定可能给未来造成多大的危险，以及过去所作决定的结果开始显现时公众或政治舆论多么容易被激化，斯特朗行长列举了人们对目前纽约市场上充斥的过度投机行为的强烈抗议，以及对联邦储备系统未能遏制或阻止这种投机行为的批评。他说，很少有人真正意识到，我们正在为1924年初作出的帮助世界其他地区重建健康的金融和货币基础的决定付出代价。③

---

① Charles Rist, “Notice biographique”, Revue d'economie politique 65 (November-December, 1955): 1006 - 1008. 另参见 Rothbard, *America's Great Depression*, pp. 141 - 142。

② Anderson, *Economics and the Public Welfare*, pp. 189 - 91. 另参见 Benjamin H. Beckhart, “Federal Reserve Policy and the Money Market, 1923 - 1931”, in *The New York Money Market*, B. H. Beckhart, J. G. Smith, and W. A. Brown, eds. (New York: Columbia University Press, 1931), vol. 4, p. 45。

③ Chandler, *Benjamin Strong*, pp. 280 - 281. 1926年秋，一位重要的银行家承认，低息货币政策一定会带来一些不好的后果，但他补充道：“这是无奈之举，是我们帮助欧洲所要付出的代价。”参见 H. Parker Willis, “The Failure of the Federal Reserve”, *North American Review* 227 (May, 1929): 553。关于英国银行家和政治家对斯特朗的赞誉之词，参见 Clark, *Central Banking under the Federal Reserve*, pp. 315 - 316。

九、创建承兑市场

如今美联储用两种方法增加银行准备金，进而在准备金的基础上实施增发新货币的通胀。其一是公开市场业务，其二是调整再贴现率。美联储作为最后贷款人，通过调整再贴现率向陷入困境的银行出借准备金。但在20世纪20年代，还有非常重要的第三种方法：大力扶持或者创建一个承兑市场。

贴现政策在20世纪20年代引起了通货膨胀。首先，再贴现利率的设定低于市场利率，而不是设定为高于市场的惩罚性利率，从而诱使银行从美联储借入准备金。其次，美联储的出借行为不是仅仅针对紧急情况，而是不断出借准备金。正如美国联邦储备委员会在其1923年的年度报告中写道：

> 联邦储备银行是……当商界的需求超过成员银行独自拥有的资源时，它们转而求助的对象。美联储在商业扩张时期提供所需的额外信贷，在商业衰退时期吸收闲置资金。[①]

哈丁总统和柯立芝总统在20世纪20年代多次承诺降低利率，并保持低利率，他们竭尽全力兑现这个承诺。在1922—1923年、1925年和1928年，当美联储迟缓地试图停止其通货膨胀政策时，受到人为压低贴现率刺激的贴现业务拯救了银行。[②]

在1927年股市暴涨期间，每当繁荣出现疲乏迹象，总统柯立芝和财政部部长梅隆就会出现，鼓励股市继续上涨，预测利率将下调并敦促提高物价。在一次发言中，梅隆向市场保证，“有充足的低息货币供应，可以应对任何可能出现的紧急情况”。[③] 此外，哈丁和柯立芝任命的联邦储备官员都是

---

① Federal Reserve Annual Report 1923，p. 10；引自 Seymour E. Harris，*Twenty Years of Federal Reserve Policy*（Cambridge，MA：Harvard University Press，1933），vol. 1，p. 109。另参见出处同前，pp. 3－10，39－48，108－109。

② Rothbard，*America's Great Depression*，pp. 102－103，pp. 110－117.

③ 出处同前，p. 117。另参见 Anderson，*Economics and the Public Welfare*，p. 190；Oliver M. W. Sprague，“Immediate Advances in the Discount Rate Unlikely”，*The Annalist*（1926）：493。

打算实施低再贴现率、低利率政策的人。[①]

20世纪20年代美联储引发通货膨胀的一个不寻常特征是，它在美国建立了承兑市场并予以扶持。美国的商业票据市场当时只有单名票据，通常在商业银行贴现。相比之下，在欧洲，特别是在英国，对外贸易(非国内贸易)通常是通过账款背书或承兑机制来融资的。承兑银行对票据进行背书并购买票据，然后将其出售给"交易商"或票据经纪人，再由他们卖给商业银行贴现。

联邦储备体系创建以后，美联储试图通过大规模的扶持建立一个繁荣的承兑市场。由于美国实际上不存在自然产生的承兑市场，贴现银行对承兑的需求非常非常小。因此，美联储承诺会购买所有请求它购买的承兑票据，无论这些承兑票据是成员银行的，还是指定交易商的，并且是以非常低的扶持性利率购买。一般来说，承兑利率低于相似的商业票据的贴现率。由此，美联储以一种非常规的、有利于银行的方式为银行提供了准备金。首先，不仅便宜，而且承兑票据由美联储被动地提供，一直都存在，这个特点像贴现票据，却有别于公开市场业务。其次，承兑票据无需被迫向美联储赎回，这个特点有别于贴现票据，又与公开市场购买相同，它们构成了银行准备金的永久性增加。[②]

从美联储持有的承兑票据的比例，可以看出美联储在创建承兑票据市场上的主导地位。1927年6月30日，超过46%的银行承兑票据由美联储持有，其中26%属于美联储自持的，另外20%属于美联储替外国中央银行代持的。[③]

从最初开始，承兑扶持就高度集中在纽约。首先，纽约联邦储备银行在

① 参见 H. Parker Willis, "Politics and the Federal Reserve System", *Bankers' Magazine* (January, 1925): 13 - 20; idem, "Will the Racing Stock Market Become a Juggernaut?" *The Annalist* (24 November 1924): 541 - 542;以及 *The Annalist* (10 November 1924): 477。

② 关于承兑的详细解释和美联储在市场中的作用，参见 Caroline Whitney, "The Bankers' Acceptance Market", in *The Banking Situation*, H. Parker Willis and John M. Chapman, eds. (New York: Columbia University Press, 1934), pp. 725 - 736。另参见 H. Parker Willis, *Theory and Practice of Central Banking*, pp. 201ff.; Rothbard, America's Great Depression, pp. 117 - 123。

③ 1929年6月，美联储的持有比例还是如此，参见 Hardy, *Credit Policies of the Federal Reserve*, p. 258。

1922年获得了承兑政策的控制权，并将这个权力保留了十年。其次，大部分承兑票据涉及的是海外交易，这些承兑票据是美联储从位于纽约的九家大型承兑票据交易商手中购买的。再次，承兑银行的数量仍非常少：1932年全国有118家，其中40家位于纽约。四分之三的承兑票据是由纽约的银行签发的。承兑银行通常是大型商业银行。除它们之外，还有纽约国际承兑银行（International Acceptance Bank of New York）。它是世界上最大的承兑银行，在20世纪30年代与库恩-洛布控制下的曼哈顿银行公司合并。①

在20世纪20年代的关键时期，美联储的承兑政策发挥了通胀作用。1922年末，这项政策作为贴现票据政策的补充，猛烈地对冲掉美联储在公开市场上出售政府证券引起的紧缩。在1924年的信贷扩张中，美联储在公开市场上购买的承兑票据几乎是政府证券的两倍。在1927年的通胀飙升中，美联储购买承兑票据所增加的准备金几乎与美联储购买政府证券导致的准备金增加一样多。此外，在1928年下半年，当美联储停止购买政府证券，试图控制溜走的繁荣时，大量购买的承兑票据使得繁荣继续。

当然，本杰明·斯特朗是那个促使和支持美联储创建和扶持承兑市场的人。事实上，斯特朗经常领头敦促采取更低的承兑利率，以加大扶持力度。在斯特朗看来，这项政策对于促进对外贸易以及加强中央银行的国际合作和世界金融体系的管理都至关重要。②

但是，到目前为止，最热忱、最孜孜不倦地倡导美联储向承兑市场提供更多扶持的是斯特朗的密友保罗·莫里茨·沃伯格。从沃伯格在1907年发表推动成立中央银行的文章开始，中央银行对承兑票据的扶持就是其方案中的重要内容。沃伯格对单名票据在美国的盛行嗤之以鼻。他认为，这

---

① 九家指定的承兑票据交易商之一纽约贴现公司（Discount Corporation of New York）本身就是由一群承兑银行组建的，以处理银行承兑票据；参见 Whitney, "Bankers' Acceptance", 727－728, 732－733。另参见 Beckhart, *Money Market*, 3: 319, 333, 410; *Clark*, *Central Banking*, p. 168; H. Parker Willis, "The Banking Problem in the United States", in H. P. Willis et al., eds., "Report on an Inquiry into Contemporary Banking in the United States", 1925, vol. 1, pp. 31－37 (unpublished); Hardy, *Credit Policies of the Federal Reserve*, pp. 100－101, 256－257; A. S. J. Baster, "The International Acceptance Market", *American Economic Review* 27 (June, 1937): 298。

② Chandler, *Benjamin Strong*, pp. 86－93.

种做法使得美国的落后程度相当于“美第奇时代的欧洲以及汉谟拉比时代的亚洲”。在沃伯格的设想中，中央银行的货币供应量应以其购买的承兑票据为基础。①

我们已经知道，保罗·沃伯格是联邦储备系统最有影响力的创始人和塑造者之一。沃伯格自1914年起在联邦储备委员会任职，1918年因其德国血统辞职，但在整个20世纪20年代，他作为美联储联邦咨询委员会主席，仍然享有极强的影响力。1923年1月，沃伯格在美国承兑委员会(American Acceptance Council，一个四年前组建的承兑银行和交易商协会)面前夸口，他是美联储承兑票据购买政策的主要制定者，以及不断扩大这种购买的主要推动者。1922年，沃伯格要求购买承兑票据时适用更低的利率。1929年春，当他担心发展中的繁荣时，他仍然呼吁美联储创造一个更大的承兑市场。②

可以肯定的是，沃伯格对美联储大规模扶持承兑市场的不懈热情，以及承兑市场受控于几个纽约承兑银行家和交易商的企业联盟，与沃伯格是一名重要的承兑银行家的身份息息相关。保罗·沃伯格自1920年纽约国际承兑银行(世界上最大的承兑银行)成立之日起，一直担任这家银行的董事长。他还担任市场中非常重要的西屋承兑银行(Westinghouse Acceptance Bank)和其他几家承兑银行的董事，也是美国承兑委员会的主要创始人及其执行委员会主席。1923年初他在美国承兑委员会面前的自夸，出自他的执行委员会主席就任演讲。③

---

① 引自 Elgin Groseclose, *America's Money Machine: The Story of the Federal Reserve* (Westport, CT: Arlington House, 1980), p. 49。另参见出处同前，pp. 48 - 51，93 - 98；以及 Warburg, *Federal Reserve System*, vol. 2, pp. 9 - 25。

② 参见 Rothbard, *America's Great Depression*, pp. 119 - 120; Harris, *Twenty Years*, p. 324; *The Commercial and Financial Chronicle*, 9 March 1929，1443 - 1444，沃伯格在美国承兑委员会面前的演讲参见 Warburg, *Federal Reserve System*, vol. 2, p. 822。

③ Rothbard, *America's Great Depression*, pp. 120 - 121; Groseclose, *America's Money Machine*, p. 97. 本杰明·斯特朗去世后，沃伯格向他表示了深深的致敬，盛赞他把“央行团结成为一个亲密的团体”，并表示“美国承兑委员会的成员会永远记得他”，这是非常恰当的表态。(Warburg, *Federal Reserve System*, vol. 2, p. 870).

十、从繁荣到萧条

1928年5月中旬，本杰明·斯特朗病重离开工作岗位，美联储对股票市场的急剧上涨感到恐慌，试图为当时的通胀式繁荣按下停止键。美联储尝试通过出售政府证券缩减准备金，但其部分效果被大幅增长的再贴现以及银行信贷从活期存款转向所需准备金更少的定期存款所抵消。再贴现之所以出现大幅增长是由于美联储未能充分提高再贴现率。但总体上，从5月到7月，准备金一直在持续缩减，因此货币增长率大幅回落。[①] 股票价格上涨比之前慢得多，美国黄金流失的局面开始逆转。

经济繁荣原本可以在1928年中期结束，由此产生的紧缩原本可以较为温和。但事实并非如此。相反，美联储在1928年下半年大规模购买承兑票据，导致了准备金的增加，货币供应量再次增长。美联储未能坚持相对较低的通胀水平的原因之一是，它受到了来自欧洲的巨大压力。1927年的通货膨胀给欧洲注入的短期“好处”已经消散：英镑再次下跌，黄金从英国流出，美国的利率再次高于英国。除了法国以外，欧洲国家都强烈反对美国收紧货币。美联储在1928年末加剧通胀，缓解了黄金从英国的流出。[②] 本杰明·斯特朗虽然身体有恙，待在欧洲，但他不断跨洋施加压力，要求美联储实施更宽松的货币政策。7月中旬，斯特朗评估了自己制定的政策，认定它非常有效。他在给S.帕克·吉尔伯特的信中写道，他的自1924以来的政策，

> 使欧洲的货币重组得以完成，否则它将是不可能完成的任务。这个政策的实施具有众所周知的风险，即我们可能会遇到大规模的投机活动和一定的信贷扩张……六个月前，我们迎来了新的一年，几乎所有

---

① M2的年增长率在1927年下半年为7.7%（如果加上寿险保单准备金净额则为8.1%），但在1928年上半年的年增长率仅为3.2%（如果加上寿险保单准备金净额则为4.3%），参见Rothbard, *America's Great Depression*, pp. 102–103。

② Harris, *Twenty Years*, pp. 437–438.

> 的欧洲国家在货币问题上都采取强势态度……我们的路线很明显。我们不得不走这条路。条件也允许我们走这条路，而且这条路引起国外损失的可能性是最小的。①

斯特朗接下来表达了他对纽约当时普遍存在"非常高的利率"感到担忧，并期待利率在秋季下调。8月，斯特朗回到美国，继续表达他的忧虑，不是顾虑通胀式繁荣和失控的股票市场，而是担心他认为过高的利率。斯特朗明确希望重新实施他的通货膨胀政策。

斯特朗8月退休，之后，忠诚追随者设法延续他的路线。继任纽约联邦储备银行行长的乔治·L. 哈里森(George L. Harrison)，领导公开市场委员会对过高的利率表示担忧，并申请获得联邦储备委员会的许可，进行大规模的公开市场收购。

斯特朗时代的结束(他于1928年10月去世)导致了联邦储备体系内部的隐形分裂和权力的分散。尽管哈里森想把重点放在公开市场购买，但大多数联邦储备委员会委员还是希望美联储购买更多的承兑票据。每个派系都希望按自己的方案实施通胀性信贷扩张。

美联储重视承兑票据的原因之一是，华盛顿越来越接受"道义劝说"这个奇怪理论，这个理论对1928年下半年到1929年期间为结束通胀式繁荣而付出的努力是一种破坏。直到最后，柯立芝总统仍在努力提振股市。但新任总统胡佛和联邦储备委员会主席罗伊·杨(Roy Young)持有不同的理念：对于"正统"商业来说，信贷可以保持低息和宽松，但是对于股票市场来说信贷则应该有限度。胡佛上任后先采用了道义劝说加威慑的方法，他派了一个银行家老朋友，即来自洛杉矶的亨利·M. 罗宾逊，去纽约设法说服银行限制股票贷款，并召集编辑和出版商开会，向他们警示股价过高。② 道义劝说策略在1929年6月被弃用。3月，美联储把承兑利率提高到商业票据贴现率之上，从而关闭了承兑窗口。之后，在胡佛的压力之下，美联储则

---

① Chandler, *Benjamin Strong*, p. 458；另参见 pp. 459 - 463。

② Burner, *Herbert Hoover*, pp. 246 - 247.

推迟了再贴现率的提高。最终,美联储在 8 月提高了利率,同时降低了承兑利率,从而抵消了提高利率对经济飙涨的抑制作用。由于这种前所未有的“多空”策略,美联储从 7 月到 10 月间大量购买承兑票据的行为推动了股市再创新高。这些承兑票据中的大部分是英镑票据,由纽约联邦储备银行购买,以帮助英国。英国正处于萧条恶化期,试图进行通胀和采取低息信贷政策,而美联储正在设法阻止美国黄金的再次外流。[①]

然而,当所有的目光都集中在股票市场时,美国 20 年代的经济大繁荣结束了。尽管,或者可能正因为,美联储摇摆不定和政策混乱,货币供应量在 1928 年年末达到顶峰并一直保持到 1929 年 9 月。至此,经济衰退已经不可避免。

大多数美国人都不知道,美国经济在 1929 年 7 月已经开始下滑。3 个月后,也就是 10 月 24 日,美国股市暴跌,让大家注意到了从繁荣到萧条的转变。

美联储在面对股市暴跌时没有任何放任自流的想法,也没有让经济清除繁荣时期存在的不良投资的想法。相反,它在繁荣时期采取了通胀措施,在萧条时期采取了类似的,甚至是更激进的通胀措施。史无前例地,美联储在一周内,即股灾发生的那一周内,对准备金进行了大幅扩张。在 10 月的最后一周,美联储将其持有的政府证券增加了一倍,并向会员银行贴现了 2 亿美元,使银行的总准备金增加了 3.5 亿美元。几乎所有这些增加的准备金都涌入了纽约,以阻止股票市场的崩盘和诱使纽约的银行接手非银行贷款人忙于脱手的交易商贷款。结果,在 10 月那个关键的最后一周,联邦储备成员银行的存款增加了 18 亿美元——一周之内货币扩张了近 10%。这

---

① A. 威尔弗雷德·梅(A. Wilfred May)在一篇有关该政策的优秀评论文章中指出,1928 年和 1929 年间一面保持贸易和工业信贷宽裕、一面限制股票市场的做法存在严重谬误:“一旦信贷体系存在低息货币,就不可能在不削减所有信贷的情况下削减流向特定领域的信贷,因为不可能将各种货币都限制在某个领域不流动。不可能让进入股市的货币变得稀少,同时又保持商业领域的货币利率很低……准备金信贷产生之后,一旦它通过商业银行汇入总的信贷流中,就没有办法保证它用于特定目的。”(“Inflation in Securities”, in Willis and Chapman, eds., *Economics of Inflation*, pp. 292 - 293). 另参见 Hardy, *Credit Policies of the Federal Reserve*, pp. 124 - 177;以及 Oskar Morgenstern, “Developments in the Federal Reserve System”, *Harvard Business Review* 9 (October, 1930): 2 - 3。

些资金中的大多数，总计 16 亿美元，是来自纽约各银行增加的存款。与此同时，美联储大幅降低了再贴现率和承兑利率。

11 月中旬，股市大跌终于结束，并在人为信贷的刺激下恢复上涨。银行总准备金开始降低，在 11 月底达到了股灾前的水平。这种紧缩缘于贴现和承兑的减少、黄金外流以及流通中的货币增加；美联储试图通过购买更多的政府证券以抵消这种紧缩，但是徒劳无功。如果我们把 10 月 23 日，即股灾发生的前一天，与 1929 年年底的情况相比较，我们会发现，美联储控制的银行准备金——所有的政府债券——规模增加了两倍。这种扩张被影响准备金的其他不可控因素所抵消，例如公众对银行和美元信心的下降所导致的流通中的现金增加和黄金减少。1929 年第四季度，美联储竭尽全力实施通胀，但季节性的现金流出和金本位制度的影响，使其努力受挫。最终导致的结果是，总的货币供应量在 1929 年第四季度既没有增长也没有减少。

胡佛总统为自己在低息货币方面作的尝试感到自豪。12 月，胡佛在白宫召开的有几百位商业领袖参加的会议上发表演讲，称赞美国拥有庞大的联邦储备体系是一件大幸事，它成功地拯救了银行，重建了信心，并降低了利率。胡佛还透露，他亲自敦促银行到美联储实施更多的再贴现，因此尽了自己的一份力。财政部部长梅隆发表了一份现在看来是其一贯乐观风格的声明，表示"信贷充足"。美国劳工联合会主席威廉・格林(William Green)则称赞美联储成功结束了大萧条。1929 年 11 月 22 日，格林表示："让工业和经济快速复苏的所有因素已经具备，而且十分明显。联邦储备系统正在发挥作用，成为阻止金融业衰退的一道屏障。在几个月内，工业形势将恢复正常，工业和金融的信心和稳定将得到恢复。"①

显然，在 1929 年年底，联邦储备委员会的许多重要官员都倾向于"让货币市场'出汗排毒'，通过有益的清理过程实现货币的宽松"。② 但这种自由放任主义的政策是不可能被采纳的。相反，纽约联邦储备银行行长乔治・L. 哈里森主导了一项大规模宽松货币政策。美联储的再贴现率、承兑利率

---

① *The American Federationist* 37 (March, 1930): 344. 另参见 Rothbard, *America's Great Depression*, pp. 191 - 193。

② Anderson, *Economics and the Public Welfare*, p. 227.

和短期同业拆借利率都大幅下降。1930 年 8 月底，联邦储备委员会罗伊·杨主席辞职，取而代之的是彻底的通胀主义者小尤金·迈耶(Eugene Meyer, Jr.)①。这一年银行的总准备金是增长的，主要是通过美联储大量购买政府证券而实现。但是所有的这些通胀措施都是徒劳的，因为接近年底的时候，一波银行倒闭潮袭来，摇摇欲坠的银行不得不收缩业务。最终结果是，全年的货币供应总量保持不变。中间有一小段时间，股票价格再次上涨，但很快就大幅下跌，生产和就业持续下降。

与此同时，纽约联邦储备银行继续推进与外国中央银行的合作，而这种合作通常都是不符合联邦政府的意愿的。然后，蒙塔古·诺曼发起成立了新的“中央银行家银行”，即国际清算银行(Bank for International Settlements, BIS)，其中美国应缴纳的资本金大部分是由 J. P. 摩根公司提供。国际清算银行把纽约联邦储备银行视为美国的中央银行，哈里森行长在 1930 年年底出国访问，与欧洲银行家进行磋商。国际清算银行首届组织委员会的主席是纽约联邦储备银行的董事杰克逊·E. 雷诺兹(Jackson E. Reynolds)，国际清算银行首任行长是盖茨·W. 麦加拉，为此他辞去了纽约联邦储备银行董事长的职务。但是美国参与该银行并没有得到立法批准。

尽管政府和美联储的整个体系都致力于通胀和提供低息资金，但通胀主义者对事态的发展并不满意。10 月下旬，《商业周刊》(*Business Week*)对所谓的“掌权的通缩主义者”大加挞伐，这据说是受到了大型商业银行和投资银行的鼓动。②

相反，在同一个月，赫伯特·胡佛显然认为，到了可以自我祝贺的时候。在面对美国银行家协会发表演讲中，他总结了前一年进行的多方面干预。他称赞美国联邦储备体系是促进稳定的伟大工具，并呼吁“以低利率提供充足的信贷”。他指出，现在这“通过银行和联邦储备体系的合作”已经可以实

---

① 小尤金·迈耶是国际银行拉扎德弗雷尔斯公司(Lazard Frères)的一位合伙人的儿子。他和密友、股市投机者伯纳德·巴鲁克一样，通过与富有的古根海姆家族和摩根家族的矿业投资金融合作而挣了一大笔钱。小尤金·迈耶就任之时，他的妹夫乔治·布卢门塔尔(George Blumenthal)正担任 J. P. 摩根公司的合伙人。(编者注)有关小尤金·迈耶来历的更多内容，参见 Rothbard, “From Hoover to Roosevelt”, pp. 278–286。

② *Business Week*, 22 October 1930. 另参见 Rothbard, *America's Great Depression*, pp. 212–213。

现。胡佛接着指出，美联储是一个庞大的企业联盟化体系的中心：

> 联邦储备体系及其成员银行和财政部的参与实际上形成了一个广泛的合作组织，代表着全体人民的广泛利益。在很大程度上，它可以影响信贷的流向。银行家在每个管理层面都有自己的代表。此外，各种委员会和咨询委员会分别代表了工业、农业、商业和政府。因此，联邦储备体系为银行业、生产和销售行业和政府制定广泛而客观公正的业务稳定政策提供了一个极好的合作中心。①

此外，这些广泛和客观公正的合作政策成功地战胜了大萧条：

> 我们都在积极采取各种救济措施，从一年前的经济崩盘的影响中走出来。当时我就决定，即使没有先例，我也有责任号召这个国家的企业采取协调和建设性行动以抵抗分裂。商界、银行家、劳动者和政府在救济措施方面的合作比以往任何时候都要广泛。我们的银行家和储备体系带领这个国家安然度过了信贷风暴。②

剩下的就是历史了。

十一、结语

如果重新评估美联储的目的，那么我们对 1913 年它成立以来的加速通胀和经济衰退的惨淡记录可能会有不同的看法。成立美联储的初衷不是为了抑制所谓的自由竞争银行的通胀倾向，而是相反：让银行全部通胀，而不用担心不施行通胀的竞争对手要求兑付。简而言之，美联储被设计成一个政府支持和强制实施的企业联盟，通过阻止自由竞争发挥有利于消费者的

---

① William Starr Myers, ed., *The State Papers and the Public Writings of Herbert Hoover* (Garden City, NY: Doubleday, Doran & Co., 1934), p. 379.

② 出处同前，p. 381。

建设性作用而促进银行收入。美联储成立的当下，联邦和州政府也在许多领域实施这种措施，它为银行所做的，正是国际商会为铁路公司所做的，也是农业部为农场主所做的，以及联邦贸易委员会为广大工商业所做的。19世纪90年代末以及更早些时候，美国做了大量的尝试，在自愿的基础上建立企业联盟或垄断，但这些尝试几乎都以迅速而彻底的失败告终。之后，才有了进步时代的这些行动。因为，各大商业集团得出结论，为了成功完成企业联盟化，政府必须发挥积极的强制作用。

本章论述了美国银行尤其是大型华尔街银行对美联储成立之前银行体系"缺乏弹性"的不满，即无法创造更多的货币和信贷。他们对20世纪初美国银行业日益分散化的情况感到失望。在麦金利总统和西奥多·罗斯福总统任上的财政部部长开展中央银行业务的努力失败之后，特别是在1907年的银行业恐慌之后，大型银行和金融集团，尤其是摩根、洛克菲勒和库恩-洛布麾下的银行和金融集团，开始推动在美国建立中央银行。尽管存在一些小的政治分歧，但从奥尔德里奇方案到1913年的最终法案，美联储法案众多版本的核心内容是相同的。

《联邦储备法》的架构本身就会带来企业联盟化和通胀，联邦储备委员会的人事情况体现了大型银行集团尤其是摩根家族在推动建立中央银行中的主导地位。从美联储成立到1928年本杰明·斯特朗去世，这位纽约联邦储备银行行长一直掌控着美联储体系，而他整个一生都坚定地站在摩根阵营。

斯特朗的政策符合大家的期许。他愿意通过扩张货币和信贷购买政府赤字，解决了美国参加第一次世界大战的资金问题。他还迅速采取行动，通过与英格兰银行（摩根银行是其金融代理）建立密切联系，予以银行业企业联盟国际化。摩根财团还与军需品以及其他与战争有关物资的对英出口和对法出口有密切联系，并享有英国和法国战争债券在美国的独家承销权。

20世纪20年代，为帮助英国以高估的英镑价值回归通胀式金本位制度，本杰明·斯特朗不得不扩张货币和信贷。只有斯特朗增加美元的供应，他的密切合作者、英格兰银行的负责人蒙塔古·诺曼，才有希望阻止黄金从英国流向美国。为推动这种通胀，斯特朗不仅把再贴现率保持在低于市场的水平、在公开市场上购买美国国债，而且扶持了——实际上是创建了——银行承兑票据市场，在这个市场上，美联储随时准备以人为降低的利率购买任何数额的银行承兑票据。这项承兑政策，旨在促进对外贸易(特别是在伦敦的)，其采纳受到了美联储创始人之一、库恩-洛布公司的保罗·M.沃伯格的影响，后者也是美国最大的承兑银行家。

当股灾发生时，美联储和胡佛政府并没有打算通过自由市场发展推动经济复苏。相反，在胡佛的大力支持下，美联储大幅扩张了准备金，利率急剧下降——当然，这一切都是徒劳的。

第十五章

赫伯特·胡佛与自由放任主义迷思[①]

一、商务部部长赫伯特·胡佛

历史学家和非专业人士的传统观点认为，赫伯特·胡佛是美国自由放任主义政策的最后一个顽固捍卫者。根据这种观点，正是自由放任的经济模式导致了1929年的大萧条，而胡佛守旧的、无为而治的政策不能阻止这种萧条趋势。于是，胡佛及其墨守成规的政策被扫地出门，富兰克林·罗斯福开始主政，在美国实施新政——一种适合现代社会的有适当国家监管和干预的进步新经济。

本章的主要观点是，这种传统的历史观完全是一种迷思，事实恰恰相反：赫伯特·胡佛，远非自由放任主义的支持者，实际上他在各个方面是富兰克林·罗斯福及其新政的先行者。简而言之，他是20世纪美国从相对自由放任的资本主义转向现代法团国家的主要领导人之一。用威廉·A.威廉姆斯（William A. Williams）和新左派的话来说，胡佛是一位杰出的"法团自由主义者"。

1919年末，刚刚卸任救济署署长的赫伯特·胡佛，从欧洲回到美国，带回了一个"重建计划"。这个计划勾勒出一个法团国家轮廓，即在"中央指

① （编者注）最初发表于 Ronald Radosh and Murray N. Rothbard, eds., *A History of Leviathan*, (New York: E. P. Dutton & Co., 1972), pp. 111－115。罗斯巴德的原文并没有划分成小节，为了保持各章在格式上的统一，编者将其划分成小节。

导"下实现企业和其他组织之间的"自愿"合作。[1] 在这个计划中,联邦储备体系把资本配置到关键产业,从而消除自由市场的产业"浪费"。这个计划还包括建造公共水坝、改善水道、建立联邦住房贷款制度、促进工会和集体协商的发展,以及加强政府对股票市场的监管,以消除"恶性投机"。[2] 所以,毫不奇怪,共和党进步派、路易斯·布兰代斯和赫伯特·克罗利等民主党进步派,以及其他支持新共和的人,如爱德华·A.菲林、爱德华·M.豪斯上校以及富兰克林·罗斯福,在1920年总统竞选期间大力支持胡佛成为总统。

在党内进步派的压力下,哈丁总统任命胡佛为商务部部长,后者接受了任命,但前提条件是联邦政府的所有经济活动都要征求他的意见。于是,胡佛从容地开始"重建美国"。[3]

但是,胡佛借经济大萧条打破美国自由放任主义政策传统的意图受到了阻碍,因为1920年至1921年的严重但短暂的大萧条在他就职后不久就结束了。此外,他还面临来自哈丁总统和内阁的一些阻力。然而,即便这样,胡佛仍组建了一个联邦失业委员会,通过其分支机构和分支机构的分支向各个州以及许多城市和社区提供失业救济。此外,胡佛还组织联邦、州和市政府加强公共工程建设,并说服最大的商业公司,如新泽西州标准石油公司和美国钢铁公司,增加它们的维修和建设支出。他还敦促雇主减少全体工人的工作时间,而不是解雇那些可有可无的工人,以分摊失业的影响——在1929年的大萧条时期,他重复了这些措施。[4]

胡佛呼吁采取类似于战时计划与合作的干预主义措施,敦促美国人发挥"我们战时每个群体中的自愿合作精神重建美国"。[5]

---

① 胡佛早期的职业生涯印证了对他观点的这种总结,但限于篇幅,本文不对其早期思想和活动进行分析。

② 参见 Dorfman, *The Economic Mind in American Civilization*, vol. 4, pp. 26 - 28; Hoover, *Memoirs*, vol. 2, pp. 27ff;以及 Rothbard, *America's Great Depression*, p. 170 and Part 3。

③ Hoover to Professor Wesley C. Mitchell, July 29,1921. Mitchell, *Two Lives*, p. 364.

④ Hoover, *Memoirs*, vol. 2, p. 46; Joseph H. McMullen, "The President's Unemployment Conference of 1921 and Its Results" (Master's thesis, Columbia University, 1922), p. 33.

⑤ 关于第一次世界大战期间政府经济计划和"战时集体主义"的持续影响力,详见 Leuchtenburg, "The New Deal and the Analogue of War", pp. 81 - 143.

1921 年秋季，在胡佛的鼓动下，哈丁总统召集工业、银行和劳工界的知名领袖召开了一次关于失业问题的总统会议。这是胡佛在之后的大萧条中所采取政策的一个重要铺垫。与哈丁在讲话中肯定自由放任主义政策是应对经济萧条的正确方法不同，胡佛在大会的开幕辞中呼吁积极干预。① 此外，会议得出的重要共识，即协调联邦及各州扩大公共工程建设以治理经济萧条，是由胡佛和他的团队成员在开会之前准备好的。② 尤其重要的是，会议规定公共事业岗位和公共救济必须按照通常的工资标准予以提供——这是在经济萧条时期设法维持之前繁荣时期高工资标准的一种方法。

虽然这些干预措施在 1921 年的大萧条之中没来得及发挥作用，却给联邦政府干预经济萧条埋下伏笔。正如一位对胡佛充满敬意的传记作家所写的，“颇令保守主义者感到恐惧”。③

总统会议设立了三个常设研究委员会，由胡佛统一领导，在 20 世纪 20 年代持续发表研究报告，主张在经济萧条期间保持公共工程建设的稳定。其中一部题为“建筑业的季节性运营”(Seasonal Operations in the Construction Industry)，由胡佛撰写前言，敦促建筑业应保持季节性稳定。该项研究成果在一定程度上是一家建筑业协会即美国建筑委员会(American Construction Council)进行宣传的结果，它当然期望政府给建筑业带来大规模项目。该协会由赫伯特・胡佛和富兰克林・罗斯福于 1922 年夏季共同创立，其目标是

① E. Jay Howenstine, Jr., “Public Works Policy in the Twenties”, *Social Research* (December, 1946): 479－500.

② 其团队成员中起关键作用的是奥托・托德・梅勒里(Otto Tod Mallery)，他是倡导公共工程作为解决经济萧条的救济措施的重要支持者。梅勒里曾于 1917 年在宾夕法尼亚州促成了美国第一个此类稳定计划，曾是威尔逊政府公共工程建设方面的主要工作人员。他还是美国劳工立法协会的领导人。该协会是由知名人士、商人和经济学家组成的一个非常有影响力的团体，致力于促进政府对劳动、就业和福利领域的干预。美国劳工立法协会支持这次会议，并夸耀说，该会议建议遵循了其早在 1915 年提出的模式。除梅勒里之外，这次会议还聘请了 9 名经济学家，他们也都是美国劳工立法协会的成员。

美国劳工立法协会特别赞扬了美国商会的约瑟夫・H. 德弗里斯(Joseph H. Defrees)，后者呼吁商业组织配合会议计划，并对失业问题承担“商业责任”。

参见 Dorfman, *Economic Mind in American Civilization*, vol. 4, pp. 7－8; McMullen, “The President's Unemployment Conference”, p. 16; 以及 John B. Andrews, “The President's Unemployment Conference-Success or Failure?” *American Labor Legislation Review* (December, 1921): 307－310。

③ Eugene Lyons, *Our Unknown Ex-President* (New York: Doubleday and Co., 1948), p. 230.

稳定和企业联盟化建筑业，并通过制定各种“道德”规范和“公平”准则规划整个建筑业的发展。这些准则由赫伯特·胡佛提出。美国建筑委员会主席富兰克林·罗斯福沿袭了对个人主义竞争者怀有敌意的准企业联盟主义路线，多次谴责顽固的个人主义和个人追逐利润的行为。①

整个20世纪20年代，胡佛在国会对大萧条期间大量涉及公共工程项目的法案都投了赞成票。因为这些努力，他也得到美国劳工联合会、美国商会和美国工程委员会的支持。胡佛曾担任过美国工程委员会的主席。很明显，工程业也将从政府对建筑业的扶持中大获其利。20年代中期，柯立芝总统、梅隆部长以及美国民主党，都转向支持胡佛的计划，但国会仍没有被说服。

1928年年底，胡佛就任总统之前，请缅因州州长拉尔夫·欧文·布鲁斯特(Ralph Owen Brewster)向州长会议提交了一份公共工程计划(胡佛计划)。布鲁斯特将之称为“通往富足之路”，这个词组是胡佛从威廉·福斯特(William Foster)和瓦迪尔·凯辛斯(Waddill Catchings)②那里借用的。众所周知，福斯特和卡钦斯共同提出了一项计划，即用大规模通货膨胀和公共工程作为结束经济萧条的方法。尽管有七八位州长对这项计划感兴趣，但州长会议仍搁置了这项计划。很多媒体都盛赞该计划是“清除大萧条的协定”。带头鼓掌的是美国劳工联合会的威廉·格林主席和约翰·P. 弗雷(John P. Frey)。前者称赞该计划是十年来最重要的工资和就业宣言，后者

---

① Daniel Fusfeld, *The Economic Thought of Franklin D. Roosevelt and the Origins of the New Deal* (New York: Columbia University Press, 1956), pp. 102 ff.

② 瓦迪尔·凯辛斯是一位著名的投资银行家，创立了波拉克经济研究基金会(Pollak Foundation for Economic Research)。威廉·福斯特博士担任该基金会的董事，是布鲁斯特在州长会议上的技术顾问。福斯特和凯辛斯呼吁实施一项30亿美元的公共工程计划，以解决商业周期问题和稳定物价水平。William T. Foster and Waddill Catchings, *The Road to Plenty* (Boston: Houghton Mifflin & Co., 1928), p. 187. 布鲁斯特提交的报告详见 Ralph Owen Brewster, “Footprints on the Road to Plenty-A Three Billion Dollar Fund to Stabilize Business”, *Commercial and Financial Chronicle* (November 28, 1928), p. 2,527。

作为回应，福斯特和凯辛斯几个月以后对“胡佛计划”大加赞赏。他们高兴地表示，该计划将稳定物价水平和解决商业周期问题；“它是以测量数据为指导而非以直觉为引导的商业计划。它是科学时代的经济学——与新总统相匹配的经济学”。William T. Foster and Waddill Catchings, “Mr. Hoover's Plan: What It Is and What It Is Not — the New Attack on Poverty”, *Review of Reviews* (April, 1929): 77-78.

宣布胡佛接受了美国劳工联合会的理论，即萧条是由低工资引起的。媒体报道说，“工人们欢呼雀跃”，因为新总统解决失业问题的办法“与工人们提出的办法完全相同”。

胡佛和劳工领袖之间的密切联系表现在方方面面。胡佛一直呼吁工业界在新兴工业秩序框架内发展和纳入工会主义。此外，他在转变劳工领导人的观念方面发挥了至关重要的作用，使他们也抱有法团国家的理念，即国家将组织和协调劳动和资本，而工会是新加入该体系的合作伙伴。

胡佛担任威尔逊总统第二次工业会议（1919/20）主席期间，他的亲工会观点首次得到重视。他引导参加会议的法团自由主义工业家和劳工领袖，批评“公司工会主义”，并敦促扩大集体协商、劳动争议政府仲裁委员会，以及国民健康和老年保险计划。此后不久，胡佛安排了一次与具备“先进观点”的主要工业家的聚会，试图说服他们与美国劳工联合会“建立联系”，但未获成功。1921 年 1 月，美国劳工联合会的杂志发表了胡佛的一篇重要演讲，胡佛在其中呼吁建立各种经济集团的“全国性协会组织”以及他们之间的相互合作。这种合作有利于提高效率，缓解劳资冲突。最重要的是，工人将免受“血汗工厂的不公平竞争”的伤害。此外，这也意味着“保护”成本较低的大型雇主，使其免受来自规模较小的“血汗工厂”的竞争——这是垄断企业利用人道主义说辞为限制和压制竞争争取公众支持的典型例子。胡佛在这篇演讲中甚至支持只雇用工会会员的工厂，只要这种工厂能同时帮助雇主增加生产和打造合作的劳工队伍。总之，胡佛呼吁建立的新经济体系，实际上就是一个法团国家，以作为老式自由放任资本主义的替代品。①

在一份权威研究中，塞缪尔·冈帕斯的密友威廉·英格利希·沃林论述了胡佛的理论对冈帕斯和美国劳工联合会的重要影响，尤其是在 1920 年以后。劳工领袖被说服把所有大型职业群体组织起来，在联邦政府的支持和控制下实现他们之间的和谐与合作。每个行业的劳资协作组织都需要政

---

① Herbert Hoover, “A Plea for Cooperation”, *The American Federationist* (January, 1921). 另参见 Ronald Radosh, “The Development of the Corporate Ideology of American Labor Leaders, 1914－1933” (Doctoral dissertation in history, University of Wisconsin, 1967), pp. 82ff。

府在其中发挥作用。[1] 1920 年，法国政治家爱德华·赫里奥特（Edouard Herriot）赞扬胡佛把劳工、资本和政府“经济三要素”融入一个体系，从而结束了阶级争斗。[2]

胡佛支持工会也是因为，他接受了一种日益盛行的观点，即高工资标准是繁荣的主要动力之一。潜台词就是，工资标准在经济萧条期间不得降低。有别于之前的经济萧条，包括 1920 年至 1921 年的，工资标准被大幅削减，胡佛认为削减工资是不能容忍的，它会导致购买力下降和长期的经济萧条。这些观点是大萧条时期采纳政策的关键性前导。

20 世纪 20 年代，胡佛最重要的劳工干预之一发生在钢铁行业。1922 年 5 月，他说服哈丁召开钢铁制造商会议。之后，他们号召钢铁巨头答应工人的要求，把每天的工作时间从 12 小时改为 8 小时。胡佛与查尔斯·R. 胡克（Charles R. Hook）和亚历山大·莱格领导的钢铁业新自由派站在了同一阵线，后者的工厂已经实行了缩短工作日制度，当然急于给落后的竞争对手增加成本。当美国钢铁公司的加里法官和其他钢铁巨头拒绝追随时，胡佛动员舆论对他们加以谴责。他说服一家全国性工程协会支持每天 8 小时工作制，并为其支持声明撰写了按语。最后，胡佛替哈丁总统起草了一封严厉的谴责信。哈丁在 1923 年 6 月 18 日将之寄给加里，迫使加里投降。

赫伯特·胡佛还在铁路行业的劳动关系集体化方面发挥了主导作用，从而进一步加强了该行业的企业联盟化，并把铁路工会纳入企业联盟框架。在 1922 年铁路罢工期间，胡佛多次进行干预，试图获得有利于工会的让步，但基本上未获成功。之后，胡佛与工会律师唐纳德·里奇伯格（Donald Richberg）和戴维·E. 利林塔尔（David E. Lilienthal）共同起草了 1926 年《铁

---

① William English Walling, *American Labor and American Democracy* (New York: Harper & Bros., 1926), vol. 2: Labor and Government，转引自 Radosh, “The Development of Corporate Ideology”, pp. 85ff。冈帕斯在 1921 年 5 月面对国际技术工程师、建筑师和制图员协会（International Association of Technical Engineers, Architects and Draftsmen）发表演讲，热情洋溢地谈到工程相关团体与美国劳工联合会之间建立的亲密“友好关系”。此外，也正是冈帕斯劝说胡佛接受美国工程委员会主席的职位.

② Radosh, “The Development of the Corporate Ideology of American Labor Leaders”, p. 88.

路劳工法》(*Railway Labor Act*)。根据该法令,铁路工会在行业中确立了自己的地位。《铁路劳工法》是新政《瓦格纳法》(*Wagner Act*)的前身,规定钢铁行业必须进行集体协商;相应地,工会同意不再使用罢工这种武器。绝大多数铁路公司强烈支持美国劳动关系的这个新动向。①

1924 年 5 月 7 日,胡佛在美国商会发表重要演讲,详细阐述了他的法团主义观(各阶层合作观)。他呼吁通过行业协会、农业团体和工会等形式对本行业进行自律监管。胡佛断言,行会"通过集体行动得到了稳固"。行业协会的职责是消除"浪费"和"破坏性竞争",以加强行业的"道德标准"。简而言之,胡佛呼吁在政府的支持下实行全国工业企业联盟化。② 塞缪尔·冈帕斯高度称赞该演讲,认为这个"新经济政策"与美国劳工联合会的新立场是一致的。③

作为商务部部长,赫伯特·胡佛的活动计划全是为了促进工业扶持以及政府与商业的相互渗透。正如仰慕胡佛的美国商会前主席所言,胡佛推进了"政府与各行业领袖之间的合作"。④ 胡佛把国内外商务局的规模扩大了五倍,在国内外开设了许多办事处。他的贸易专员和随员以各种方式推进了美国的出口。他还按照商品分类重组了国内外商务局,每个商品部门的负责人都是精通或代表该行业的人,由行业或产业自己选出。⑤ 此外,胡佛授意每个行业建立一个委员会,负责与商务部的合作,并推选本行业商品部门的负责人,由此促进了每个行业的企业联盟化。商务部的工作人员一般从企业中招聘,在商务部工作几年后再回到私营企业从事薪酬较高的

---

① 如果想了解一位主要参与者对该事件的亲工会解释,参见 Donald R. Richberg, *Labor Union Monopoly* (Chicago: Henry Regnery, 1957), pp. 3–28。

② 胡佛在他的著作《美国个人主义》中盛赞美国工业界的"合作"和"协作行动"越来越多,"过度竞争的巨大浪费"随之减少。Hoover, *American Individualism* (New York: Doubleday, 1922).

③ Samuel Gompers, "The Road to Industrial Democracy", *American Federationist* (June, 1921). 另参见 Ronald Radosh, "The Corporate Ideology of American Labor Leaders from Gompers to Hillman", *Studies on the Left* (November-December, 1966): 70。1924 年冈帕斯去世后,他的继任者威廉·格林沿续了美国劳工联合会与胡佛之间的紧密合作。参见 Radosh, *The Development of Corporate Ideology*, pp. 201ff。

④ Julius H. Barnes, "Herbert Hoover's Priceless Work in Washington", *Industrial Management* (April, 1926), pp. 196–197. 另参见 Brandes, *Herbert Hoover and Economic Diplomacy*, p. 3。

⑤ Brandes, *Herbert Hoover and Economic Diplomacy*, p. 5.

工作。

胡佛偏爱的一个扶持及企业联盟化出口的方法是建立出口贸易协会。1926年,胡佛反复敦促咖啡业抱团成立全国咖啡委员会(National Coffee Council),所有的美国咖啡买家由此可以联合起来降低购买价格。胡佛和他的助手们细致地向咖啡业建议,拟成立的咖啡委员会应包含一位工会领导人和一位女性消费者,以此作为一种公关手段,缓解公众对企业联盟的恐惧。①

事实证明,成立咖啡企业联盟所遇到的难题是无法克服的,但胡佛在橡胶行业有着更好的运气。他把该行业组织起来,对抗英国企业联盟在1922年对亚洲橡胶生产施加的限制。胡佛领导橡胶行业采取行动,引导美国人减少购买橡胶,从而降低橡胶价格,同时加强美国的自有供应,比如由政府扶持在菲律宾发展美资橡胶种植园。② 1926年,美国橡胶采购联盟建立,一直持续到两年后英国限制结束。③

胡佛上任伊始,劝说哈丁总统向投资银行家施压,要求他们发放海外贷款购买美国的出口产品。发现总统的施压收效甚微,胡佛继而以国会行动作为要挟,即如果银行不同意,国会就采取行动。对于胡佛来说,扶持出口的目标是如此重要,以至于可以达到这个目的对外贷款即使不牢靠,也是值得的。④

当然,胡佛对外国"垄断"的反对并不妨碍他支持美国征收保护性关税,

---

① 出处同前,pp. 17-18,132-139。

② 关于胡佛反复督促美国石油公司参与美索不达米亚石油开发的具体情况,参见Nash, *United States Oil Policy*, pp. 56-57。

③ 哈维·费尔斯通(Harvey Firestone)是最支持胡佛计划、最热衷于在利比里亚发展美资橡胶种植园的橡胶用户。另一方面,强大的美国橡胶公司(U. S. Rubber Co.)在荷属东印度岛已经拥有了大片的橡胶种植园,它们不受英国限制。因此,美国橡胶公司是购买联盟中最不积极的橡胶用户。Brandes, *Herbert Hoover and Economic Diplomacy*, pp. 84-128. 关于费尔斯通对利比里亚土地的收购,参见Frank Chalk, "The Anatomy of an Investment: Firestone's 1927 Loan to Liberia", *Canadian Journal of African Studies* (March, 1967): 12-32。

④ Jacob Viner, "Political Aspects of International Finance, Part Ⅱ", *Journal of Business* (July, 1928): 339; *Hoover*, *Memoirs*, vol. 2, p. 90. 另参见Brandes, *Herbert Hoover and Economic Diplomacy*, pp. 170-191。胡佛与向德国提供贷款的美国银行发生了冲突,因为他担心这些贷款会给美国公司,尤其是化工制造商带来竞争对手。出处同前,pp. 192-195。

从而为美国国内企业以及出口企业提供优势。20 世纪 20 年代，胡佛还积极推动国内石油业的企业联盟化。自 1924 年柯立芝总统成立联邦石油保护委员会（Federal Oil Conservation Board）以来，胡佛一直是该委员会的积极成员。他与越来越多的石油企业合作，以“保护”的名义限制石油生产。顺便说一句，这是一种不管美国石油资源是稀缺还是过剩都在倡导的“保护”。胡佛特别感兴趣的是在施加这种限制性措施的同时消除对行业内合作的反垄断限制。①

在煤炭领域，胡佛多次发起企业联盟化的尝试。第一次尝试是 1921 年提出的一项法案，拟建立一个联邦煤炭委员会，负责收集和公布煤炭行业的统计数据，进而公开价格数据，促进整个行业的价格控制。由于该法案未能通过，联邦煤炭委员会的建立受阻，商务部急切地接手了这项工作。然而，这项工作与胡佛后来提出的豁免反垄断法约束的煤炭市场化合作计划一样，都因低成本的竞争对手南方煤炭经营者的反对而宣告失败。胡佛毫不气馁，于 1922 年制定了一个全面的企业联盟化计划。其构想是在煤炭行业建立失业保险制度，以增加临时性和季节性煤矿的保险成本，迫使成本较高的煤矿退出市场。然后，煤炭行业将组建合作社，由合作社分配生产份额，进而停产更多的煤炭，停产煤矿主的损失由其他煤矿主因企业联盟增加的利润来补偿。各地区煤炭合作社负责销售所有的煤炭，然后按比例分配收入。但是，胡佛这次仍然无法从煤炭业和公众得到其所需的支持。②

胡佛在企业联盟化棉纺织业的进程中也发挥了类似的作用。胡佛赞同用“公开价格”计划促成价格协议，授意商务部提供价格信息，因为若行业协会这样做，有可能违法。胡佛还促进了棉纺织业建立全国性而非区域性的行业协会，这让行业内的大部分人感到高兴。胡佛反复敦促许多顽固的企业加入棉纺织协会（Cotton Textile Institute），该协会承诺稳定行业发展和消

---

① Nash, *United States Oil Policy*, pp. 81 – 97.

② Hawley, “Secretary Hoover and the Bituminous Coal Problem, 1921 – 1928”, pp. 247 – 270. 另参见 Hoover, *Memoirs*, vol. 2, p. 70。在 1922 年春季的煤炭工人大罢工期间，胡佛组建了一个配额和价格控制的应急体系。根据其战时经验，胡佛设立了一个地区委员会网络以压低煤炭价格。在典型的胡佛式“自愿”价格控制失败后，胡佛呼吁政府进行定价。9 月底，国会立法，指定一名联邦燃料分配官（Federal Fuel Distributor）执行“公平价格”。

除生产中的“浪费”。胡佛甚至在1927年批准了CTFs计划，敦促每个成员企业都削减一定的产量。[①]

胡佛远不是自由放任主义的最明显代表之一，正是他主导了处于起步阶段的无线电行业的电波频道国有化。1927年，在胡佛的努力下，国有化性质的《无线电法》得以通过，结束了法院越来越多的适用普通法的做法。根据普通法，法院把电波频道的所有权授予那些首先使用这些电波频道的广播电台。[②]

20世纪20年代，胡佛帮助实现产业垄断最常见但对其研究最少的方法之一，是强制实施材料和产品的标准化和“简化”。通过这种方式，胡佛设法消除了无数产品中“最不必要的”品种，大幅减少了诸如汽车轮毂、轮胎以及螺母和螺栓等产品的竞争品种数。全部算起来，约有3 000多种商品被简化了。代表各行业的委员会热心地帮助商务部制定了简化建议。[③]

胡佛对农业的态度也是一样的：强调农业的企业联盟化。[④] 起初，最受青睐的方式是政府扶持农业合作社。胡佛协助起草了1921年8月的法案，增加向战争金融公司的拨款，允许它直接向农业合作社提供贷款。他还支持农业集团的法案，即建立庞大的联邦中间信贷银行（Federal Intermediate Credit Banks）和联邦农业贷款委员会（Federal Farm Loan Board），向农业合作社提供联邦借款。[⑤] 在商务部，胡佛还能在销售项目以及协助寻找出口市场等方面给予农业合作社帮助。

很快，胡佛进一步加强了其农业干预的理念；他是最早提出建立联邦农场委员会的人之一，该委员会旨在通过创建联邦稳定公司购买农产品和向

---

① Galambos, *Competition and Cooperation*, pp. 78－83, 102－103, 108, 114－115, 123, 128－129. 棉纺织业极力劝说商务部部长胡佛担任其协会的第一任会长；事实上，第一任会长是胡佛推荐的人。

② Ronald H. Coase, “The Federal Communications Commission”, *Journal of Law and Economics* (October, 1959): 30 ff. 另参见Hoover, *Memoirs*, vol. 2, pp. 139－142。

③ Hoover, *Memoirs*, vol. 2, pp. 66－68.

④ 就三文鱼捕捞，胡佛从1922年起就呼吁制定联邦法规。同年，他劝说哈丁在阿拉斯加建立三文鱼保护区，从而减少三文鱼产量，提高价格。参见Donald C. Swain, *Federal Conservation Policy, 1921－1933* (Berkeley: University of California Press, 1963), pp. 25 ff。

⑤ （译者注）美国国会中支持农业利益的政治团体。

农业合作社提供贷款购买农产品，以提高和支撑农业价格。1924 年，胡佛帮助起草了卡普尔-威廉法案（Capper-Williams Bill），但该法案未获通过。1928 年，作为总统候选人，胡佛向农业集团承诺，他将立即启动一个农业价格支撑计划。[①] 这是胡佛急于兑现的一个承诺，因为他就职总统后，立即驱动了 1929 年《农业市场法》（*Agricultural Marketing Act*）的出台。该法令设立了一个联邦农场委员会，配备 5 亿美元的周转基金，用于提高和支撑农业价格以及扶持农业合作社；该委员会通过各种商品的稳定公司开展提价活动，这些稳定公司同时还是农业合作社的销售代理。此外，胡佛还任命农业和农业合作社的各种利益代表为联邦农场委员会成员：由企业联盟主义者自己运作的企业联盟。[②]

二、赫伯特·胡佛抗击大萧条

胡佛是第一次世界大战的动员者和经济规划者；一贯主张通过企业联盟化以及政府与企业的合作，以稳定工业发展；率先在工业界推广亲工会理念，以保障劳工合作；支持高工资标准，以维持购买力和商业繁荣；积极支持在经济萧条时期开展大规模公共工程项目；倡导通过政府项目提高农产品价格和促进农业合作社的发展。没有人能像赫伯特·克拉克·胡佛那样完美地胜任大萧条之初的总统职位，以及完美地应对大萧条，即提出被称为“新政”的激进中央集权计划。这正是赫伯特·胡佛做的事情。历史学中最

---

① 不单是农业集团希望建立一个全国性的农业企业联盟。农业价格支持的两位发起人分别是乔治·N. 皮克和休·S. 约翰逊将军，他们是大型农业设备制造商莫林犁具公司的负责人，与农业扶持有直接的利益关系。大型企业总体上表现出热情，美国商会和全国工业联合会（National Industrial Conference Board）联合成立的农业商人委员会（Business Men's Commission on Agriculture）热情支持农业价格支持计划。参见 Dorfman，*The Economic Mind in American Civilization*，vol. 4，pp. 79 - 80。

② 联邦农场委员会共有八位成员，主席是亚历山大·莱格，大型农机制造商国际收割机公司的总裁。与乔治·N. 皮克和休·S. 约翰逊一样，莱格自第一次世界大战经济计划时期就是金融家伯纳德·M. 巴鲁克的追随者。联邦农场委员会其他成员代表的分别是烟草合作社、畜牧业合作社、中西部谷物利益集团以及水果种植商。参见 Theodore Saloutos and John D. Hicks, *Agricultural Discontent in the Middle West*（Madison：University of Wisconsin Press，1951），pp. 407 - 412。

具讽刺意味的事情之一就是，富兰克林·罗斯福新政的每一个政策措施的缔造者竟然被历史学家和普通大众奉为自由放任主义的最后一个坚定捍卫者。

让我们来看看新政。为应对严重的经济萧条，政府迅速加强了干预，其特点是：通过政府和企业的共同规划实现工业的企业联盟化；提高物价和工资标准，扩大信贷、大规模失业救济和公共工程项目，支持农产品价格，以及扶持薄弱和不稳定的商业。所有的这些政策措施都是由胡佛总统创立的。胡佛刻意地、深思熟虑地、剧烈而迅速地打破了美国对萧条采取自由放任主义政策的传统。正如胡佛在1932年总统竞选中宣称的那样：

> ……我们本可以什么都不做，那就彻底毁了。实际上，我们向私人企业和国会提出了共和国历史上最庞大的经济防御和反击计划。我们付诸实践。直到现在，华盛顿政府才认识到，在这种时候，它肩负着如此宽泛的领导责任……这是经济萧条历史上的第一次，股息、利润和生活成本在减薪之前已经下降……工资一直保持不变，直到生活成本下降和利润几乎消失。如今，美国的实际工资是世界上最高的。①

1929年10月24日股市崩盘，胡佛立即开始实施他的“巨无霸”计划。其中最重要的举动是召集美国主要金融家和实业家参加一系列白宫会议（White House Conferences），敦促他们保证不降低工资标准并扩大投资。胡佛解释道，这些会议的总体目标是协调企业和政府机构一致行动。一个又

---

① Rothbard, *America's Great Depression*, pp. 169 – 186. 沃尔特·李普曼是最早注意到与过去彻底决裂的是胡佛而不是富兰克林·罗斯福的人之一。他在1935年写道：“胡佛总统在1929年秋季实施的政策是美国历史上前所未有的。联邦政府致力于整个经济秩序的繁荣运转……国家设法通过公共知识分子带来经济周期的恢复，之前都是尽可能地减少个人对经济周期的干预。”Walter Lippmann, “The Permanent New Deal”, reprinted in *The Shaping of Twentieth-Century America*, R. M. Abrams and L. W. Levine, eds. (Boston: Little, Brown & Co., 1965), p. 430. 同样，“胡佛新政”这个富有洞察力的提法是由同期的评论员兼经济学家本杰明·M. 安德森首创的。参见“The Road Back to Full Employment”, in *Financing American Prosperity*, P. Homan and F. Machlup, eds. (New York: Twentieth Century Fund, 1945), pp. 9 – 70；以及Anderson, *Economics and the Public Welfare*。

一个行业团体承诺将维持工资标准不变。胡佛坚持认为，现在和之前的经济萧条完全不同，之前的工资标准快速、剧烈下降（我们可以做一个补充说明，当时的萧条很快就结束了），现在为了支撑大众购买力，工资标准必须是最后一个下降的。由此，经济衰退的全部负担落在了商业利润肩上。这一系列会议中最重要的一次发生在 11 月 21 日，当时亨利·福特（Henry Ford）、朱利叶斯·罗森沃尔德、沃尔特·蒂格尔、欧文·D. 杨、小阿尔弗雷德·P. 斯隆（Alfred P. Sloan，Jr）和皮埃尔·杜邦（Pierre du Pont）等重量级的工业领袖都承诺配合胡佛的计划。这些协议被公布于众，胡佛在 12 月 5 日的白宫会议上称赞这是“企业与公共福利之间的关系在整个观念上的进步……与三十或四十年前工业界的……专断和互撕的态度相去甚远”。美国劳工联合会对这个新发展表示赞许，宣称以前从未有工业领导人“被要求一起行动”。[①] 次年 3 月，美国劳工联合会报告说，大公司确实遵守了他们的协议，维持了工资标准不变。[②]

1930 年 9 月，胡佛采取了另一项缓解失业问题的措施，顺便提高了工资标准。胡佛实际上已经通过行政命令禁止了任何移民进入美国。为了与该政策的目标保持一致，即通过强迫某些人退出劳动力市场以解决失业问题，他刻意加速驱离“不受欢迎的”外来人口，每年被驱离的人数达到 2 万。

在灾难性的经济大萧条和史无前例的漫长大规模失业期间，工资协议得到了严格遵守。[③] 事实上，由于物价迅速下跌，那些足够幸运的没有失业的人的实际工资是急剧上升的。经济学家利奥·沃尔曼（Leo Wolman）指出，“事实上，在过去任何一个强度和跨度与 1930 年至 1931 年的大萧条相当的经济萧条期，工资都没能像后者期间那样保持那么长的时间未降低”。[④] 这是一个从美国劳工联合会的自由主义者到约翰·梅纳德·凯恩

① *The American Federationist* (January，1930). 有关白宫会议的详解介绍，参见 Robert P. Lamont，“The White House Conferences”，*The Journal of Business* (July，1930)：269。

② The American Federationist (March，1930)：344.

③ 在督促行业一致遵守该协议方面，总统就业紧急委员会（President's Emergency Committee）尤为积极主动。参见 E. P. Hayes，*Activities of the President's Emergency Committee for Employment*，October 17，1930 - August 19，1931 (Printed by the author，1936)。

④ Leo Wolman，*Wages in Relation to Economic Recovery* (Chicago：University of Chicago Press，1931).

斯(John Maynard Keynes)都为之欢呼的记录。1932 年,经历了数年的严重萧条和灾难性失业之后,企业再也无法维持工资水平了。1931 年秋季,美国钢铁公司鼓起勇气降低工资标准,尽管公司的总裁并不同意这样做,且威廉·格林也指责其违背了 1929 年对白宫所作的承诺。[①] 大公司们打破协议的速度缓慢,而且减薪也多发生在高管阶层,即失业概率最小的地方。尽管工资有所下降,但从 1929 年到 1933 年仅下降了 23%,低于物价的下降水平。因此,实际工资在这段时间里还是上涨了,在主要的制造业中上涨率超过 8%。1921 年的经济萧条虽然更温和,但工资水平的下降却更迅速,涉及的人数也更多。但是,在创记录维持工资水平的同时,失业率大幅上涨。到 1933 年,失业率上升到劳动力的 25%,主要制造业的失业率一度达到惊人的 46%。不幸的是,只有少数评论员和经济学家认识到这些事件之间的因果关系:维持工资水平正是加深和延长大规模失业和经济大萧条的主要因素。[②]

此外,胡佛竭尽全力推动了货币和信贷的大规模扩胀。美国联邦储备银行持有的政府债券从 1929 年 9 月的 3 亿美元增加到 1933 年 3 月的 18.4 亿美元,增长了 6 倍。通常情况下,这会导致银行准备金增加 6 倍,货币供应大幅增加。但胡佛对通胀的推动被经济力量挫败。尽管美联储再贴现率急剧下降,但由于商业需求疲软,美联储再贴现仍下降了 5 亿美元;由于公众对不稳定和通胀的银行体系越来越不信任,流通中的现金增加了 15 亿美元;银行开始囤积超额准备金,因为他们害怕投资在企业倒闭的浪潮中被卷走。胡佛恼怒银行的行径,谴责"商业银行在推动信贷扩张方面……不予配合"。重建金融公司的领袖阿特利·波梅雷内(Atlee Pomerene)宣称,任何

---

① 参见 Fred R. Fairchild, "Government Saves Us from Depression", *Yale Review* (Summer 1932): 667ff; Dorfman, *The Economic Mind in American Civilization*, vol. 5, p. 620。

② 参见令人遗憾被大家忽略的一篇研究论文,即 Sol Shaviro, "Wages and Payroll in the Depression, 1929 - 1933" (Master's essay, Columbia University, 1947)。另参见 Rothbard, *America's Great Depression*, pp. 236 - 39, 290 - 94; Phillips, McManus, and Nelson, Banking and the Business Cycle, pp. 231 - 32; *National Industrial Conference Board*, *Salary and Wage Policyin the Depression* (New York: Conference Board, 1933), pp. 31 - 38;以及 Dale Yoder and George R. Davies, *Depression and Recovery* (New York: McGraw-Hill, 1934), p. 89。

具备流动性但不发放贷款的银行都是“国家的寄生虫”。[1] 胡佛命令财政部部长奥格登·米尔斯成立一个由主要工业家和银行家组成的委员会，施压银行扩大信贷。[2] 在其任期结束及其通胀计划彻底失败前，胡佛提出了一些典型的新政措施：银行休假日和临时性银行存款联邦“保险”。

事实上，胡佛认真考虑过援引一项被遗忘的战时法律，从而把“囤积”黄金(即将美元兑换成黄金)变成一项刑事犯罪行为。[3] 虽然他最终没有走到这一步，但他确实竭力阻挠了金本位制度的运转，谴责那些合法把美元兑换成黄金或把银行存款兑换成现金的人。1932 年 2 月，胡佛成立了公民重建组织(Citizen's Reconstruction Organization)。该组织致力于谴责“黄金囤积者”和不爱国的“叛徒”，其领导人是芝加哥的弗兰克·诺克斯(Frank Knox)上校。主要的工业家和劳工领袖都加入了该组织。胡佛还试图悄悄阻止美国媒体刊登有关银行危机的全部真相以及公众对政府越来越多的批评。[4]

胡佛在增加联邦政府的开支方面也毫不松懈。联邦支出从 1929 年财政年度的 33 亿美元增加到 1932—1933 年财政年度的 46 亿美元，增长了 40%。与此同时，联邦预算收入减少了一半，从 40 亿美元下降到不到 20 亿美元。这表明胡佛是一个非常原始的凯恩斯主义者，他愿意承担近 60%的预算赤字。到那时为止，这是美国历史上和平时期联邦政府出现的最大财政赤字。

正如人们所料，一部分大幅增长的联邦支出是用于公共工程。胡佛扩大公共工程(提出在 1929 年 12 月前增加 6 亿美元投入)的行动是如此迅速，以至于经济学家 J. M. 克拉克在 1929 年年底为胡佛“建筑业政治家的伟

---

① *New York Times*, May 20, 1932.

② 该委员会的主席是通用电气的欧文·D. 杨，其成员包括美国电话电报公司的沃尔特·吉福德、国民城市银行的查尔斯·E·米切尔(Charles E. Mitchell)和新泽西标准石油公司的沃尔特·蒂格尔。更多有关胡佛对银行施加压力的有关内容，参见 Herbert Stein, "Pre-Revolutionary Fiscal Policy: The Regime of HerbertHoover", *Journal of Law and Economics* (October, 1966): 197。

③ Jesse H. Jones and Edward Angly, *Fifty Billion Dollars* (New York: Macmillan, 1951), p. 18. 另参见 H. Parker Willis and John M. Chapman, *The Banking Situation* (New York: Columbia University Press, 1934), pp. 9 ff. 此外，胡佛的财政部部长和副部长在任期结束前决定废除金本位制度。*New York Herald Tribune*, May 5, 1958, p. 18.

④ Kent Cooper, *Kent Cooper and the Associated Press* (New York: Random House, 1959), p. 157.

大尝试”欢呼。[①] 1931 年 2 月，胡佛的就业紧急委员会在推动国会通过参议员瓦格纳的《就业稳定法》(*Employment Stabilization Act*)方面发挥了重要作用。该法令设立了就业稳定委员会(Employment Stabilization Board)，以在经济萧条时期扩大公共工程建设，并设立了一笔 1.5 亿美元的基金用于相关实施。胡佛愉快地签署了这项法令，并向资深的公共事业倡导者奥托·托德·梅勒里表达了赞赏。[②] 胡佛在回忆录中自豪地说，他领导的联邦政府建设的公共工程比联邦政府在过去的 30 年里建设的更多，是自己亲自说服州政府和地方政府把它们的公共工程项目扩大了 15 亿美元规模。胡佛还启动了博尔德(Boulder)水坝、大古力(Grand Coulee 水坝)和加利福尼亚中央谷地(California Central Valley)水坝工程。博尔德项目成为联邦第一个大规模、多用途流域项目。[③] 在 1921 年发起这个工程后，胡佛还与加拿大签署了修建圣罗伦斯航道(St. Lawrence Seaway)的协议，但该协议被参议院否决。[④]

必须指出的是，胡佛，这位公共工程稳定派的资深先驱，在他任期的最后一年，发现公共工程快速发展的规模已经超出了他的设想。当评论家、经济学家、政治家、商人以及建筑业都在大声疾呼再向公共工程投入数十亿美元时，胡佛开始撤退。他意识到公共工程耗资巨大，而且只能给一部分人带来救济。胡佛开始偏向联邦援助拨款和可以收回成本并产生利润的公共工程。因此，联邦公共工程开支在 1932 年仅略有增加。正如我们将要看到的，胡佛对公共工程的疑虑越来越多，这反映出他被加速发展的集体主义思

---

① John Maurice Clark, “Public Works and Unemployment”, *American Economic Review*, Papers and Proceedings (May, 1930): 15 ff.

② 参见 Irving Bernstein, *The Lean Years* (Boston: Houghton Miffl in, 1960), p. 272; Dorfman, *The Economic Mind in American Civilization*, vol. 5, p. 7。

③ 私人电力公司对政府修建的博尔德大坝的态度引人深思。他们希望买到便宜的、享受政府补贴的电力，然后转手卖给客户。私人电力公司把博尔德大坝视为一个风险很高、得不偿失的项目，但他们乐于看到纳税人承担了该大坝的成本。参见 Harris Gaylord Warren, *Herbert Hoover and the Great Depression* (New York: Oxford University Press, 1959), p. 64。

④ Swain, *Federal Conservation Policy*, pp. 25 ff, 161ff.

想甩在了后面，这种思想是在他担任总统的最后一年发展起来的。[①]

政府的另一项大型干预措施是胡佛总统根据1932年7月的《联邦住房贷款法》设立的住房贷款银行体系。该法令得到了建筑协会和贷款协会的大力支持，对这些协会而言，该法令就是自己行业的《联邦储备法》。财政部提供2500万美元的资本金，在联邦住房贷款委员会之下设了12家地区银行，作为建筑业和贷款业的法定中央抵押贷款贴现银行。胡佛最初提出了一个宏大的全国抵押贷款贴现体系计划，打算也纳入储蓄银行和保险公司，但后者拒绝了这个提议。事实上，胡佛曾抱怨，国会对联邦住房贷款委员会可以提供的贴现金额设置了过于严格的限制，他尽了最大努力推动该新体系的运作。

胡佛为新政奠定的最明显基础之一，是他在1932年1月创立的重建金融公司。战争期间的战争金融公司向企业提供紧急贷款，重建金融公司的设立显然是受到之前这家公司的启发，并以其为蓝本。重建金融公司的主要发起人之一是联邦储备委员会主席、战争金融公司总经理小尤金·迈耶；战争金融公司的大多数老员工都受雇于这家新公司。[②]

重建金融公司始于1931年秋设立的国家信贷公司（National Credit Corporation）。在胡佛及其助手参加的一次秘密会议上，主要银行被劝说在美联储的协助下通过国家信贷公司向那些摇摇欲坠的银行提供信贷。当主要银行对这个安排支支吾吾时，胡佛威胁通过立法强制实施合作；作为他们同意国家信贷公司这种安排的答谢，胡佛政府答应国家信贷公司只是暂时的，很快会成立重建金融公司予以取代。

1932年1月，国会匆匆通过了重建金融公司法案。财政部向重建金融公司注资5亿美元，并授权它发行总额高达15亿美元的债券。迈耶成为这家新机构的董事长。在1932年上半年，重建金融公司以极为隐秘的方式发

① Vladimir D. Kazakevich, "Inflation and Public Works", in H. Parker Willis and John M. Chapman, eds., *The Economics of Inflation* (New York: Columbia University Press, 1935), pp. 344-349.

② Leuchtenburg, "The New Deal and the Analogue of War", pp. 98-100. 另参见 GeraldD. Nash, "Herbert Hoover and the Origins of the Reconstruction Finance Corporation", *Mississippi Valley Historical Review* (December, 1959): 455-468。

放了 10 亿美元的贷款，这些贷款中的大部分给了银行和铁路公司。[①] 铁路公司为了偿还大银行（主要是 J. P. 摩根公司和库恩-洛布公司）的债务，用去了其中的近 5 000 万美元。这项政策的一位重要支持者是小尤金·迈耶，其理由是“促进经济复苏”，直白地说，就是“向银行注入更多资金”。迈耶如此积极主动，很可能是因为他的妹夫乔治·布卢门塔尔是 J. P. 摩根公司的高管，而他本人也曾是摩根银行的一名高管。

但是，胡佛仍然不满意重建金融公司项目的规模。他认为，重建金融公司应该向更宽泛的工业和农业受众提供贷款，而且应该能够提供资本贷款。1932 年 7 月，国会通过了重建金融公司法修正案《紧急救济和建设法》（*Emergency Relief and Construction Act*）。该法令把重建金融公司的总资本从 20 亿美元增加到 38 亿美元，几乎增加了一倍，并大幅扩张了重建金融公司的贷款范围。[②] 1932 年全年，重建金融公司发放贷款总额达 23 亿美元。

赫伯特·胡佛对政府援助工业和银行业的热情并没有延伸到对穷人的经济萧条救济；在这方面，他更多地倾向于自愿主义。胡佛坚持自愿救济的立场，直到 1932 年年中。1930 年或 1931 年，亚瑟·伍兹（Arthur Woods）上校敦促胡佛实施联邦救济。伍兹上校是胡佛紧急就业委员会的主席，之前曾担任洛克菲勒普通教育委员会（General Education Board）委员。但是，真正发挥作用的是一批重要的芝加哥实业家。1932 年年中，他们说服胡佛改变主意，建立联邦救济计划。胡佛的《紧急救济和建设法》不仅把重建金融公司贷款的范围扩大到工业企业，而且是美国第一部联邦救济立法。重建金融公司得到授权向各州发放贷款 3 亿美元，用于救济穷人。[③]

在整个经济大萧条期间，赫伯特·胡佛显露出他对投机和股票市场的

---

① 获得重建金融公司大额贷款的许多银行是与重建金融公司董事或胡佛政府高层官员有关系的银行。因此，在查尔斯·道斯（Charles Dawes）将军辞去重建金融公司总裁职务后不久，他管理的中央共和信托公司（Central Republic and Trust Co.）就获得了重建金融公司的一笔大额贷款。参见 John T. Flynn, “Inside the RFC”, *Harpers' Magazine* (1933): 161 – 169。

② J. Franklin Ebersole, “One Year of the Reconstruction Finance Corporation”, *Quarterly Journal of Economics* (May, 1933): 464 – 487.

③ Bernstein, *The Lean Years*, p. 467.

厌恶。1930年秋季，胡佛威胁对纽约证券交易所实施联邦监管。此前，纽约证券交易所一直被认为只接受所在州的监管。胡佛迫使该交易所“自愿”同意不发放用于卖空的贷款。1932年，胡佛再次发起攻击，声称联邦政府将对卖空行为采取行动。他还极力劝说参议院调查交易所的“恶意……空头袭击”。胡佛似乎认为，股票市场根据当前的(低)收益来判断股票价值的做法是一种有罪的背叛。胡佛接着提出了设立监管机构的建议，该建议后来落地为新政中的证券交易委员会。胡佛对这个监管机构公开表示赞许。

当经济大萧条来临时，胡佛的联邦农场委员会已经做好了行动准备，即实行其新政农业政策原型，设法提高和支撑农产品价格。

联邦农场委员会的第一个大型行动是针对小麦的。该委员会建议有意愿的小麦种植者像企业联盟一样行事：简而言之，暂停小麦销售，等待价格的上涨。之后，它向小麦合作社发放贷款1亿美元，以保留小麦库存，从而抬高价格；它还建立了一个中央谷物公司，协调小麦合作社的行动。当发给合作社的贷款未能阻止小麦价格的下跌时，中央谷物公司开始自己购进小麦。联邦农场委员会的贷款和购买成功地把小麦价格维持了一段时间，但到了1930年春天，这种做法诱导农民扩大生产，加剧了小麦的过剩，唯一的结果是价格进一步下跌。

胡佛政府清楚地认识到，除非小麦产量下降，否则企业联盟化和抬价政策不会奏效。在美国农业部部长和联邦农场委员会的领导下，一轮典型的胡佛式道义劝说行动开始了；华盛顿派出一群经济学家敦促西北地区规模较小的小麦种植户——支撑小麦价格的最初倡导者——从种植小麦转向种植其他农作物。农业部部长亚瑟·M. 海德(Arthur M. Hyde)和联邦农场委员会亚历山大·莱格访问了中西部地区，敦促农民减少小麦种植面积。但是，正如大家所料，这些道义劝说无济于事，小麦继续堆积，价格继续下跌。在11月之前，政府的谷物稳定公司(Grain Stabilization Corporation)购买了超过6 500万蒲式耳小麦，试图阻止小麦市场价格下跌，但是收效甚微。接着，1930年11月，胡佛授权谷物稳定公司购买尽可能多的小麦，以阻止小麦价格的下跌。但是，经济的力量不会那么轻易被击败，小麦价格仍在下跌。最后，联邦农场委员会承认失败，抛售其囤积的小麦库存，进一步加剧了小麦价格的下跌。

类似的价格支撑计划也曾在棉花领域实施过，但带来的是同样的灾难性后果。联邦农场委员会主席詹姆斯·C. 斯通甚至动员各州州长，把每三排棉花都犁掉一排，但是仍没有起到作用。在羊毛、黄油、葡萄和烟草行业，也发生过导致灾难性结果的类似企业联盟化尝试。

很明显，除非强制性限制生产，否则企业联盟计划是行不通的；农民太多了，自愿性的道义劝说起不到任何作用。胡佛总统开始沿着这个思路行动，他建议停止耕种肥沃的土地，把庄稼犁倒，宰杀未成熟的牲畜——所有这些都是为了解决胡佛价格支撑计划所导致的产品过剩。①

与此同时，胡佛总统在其他领域推行的企业联盟化取得了较大的成功。1931 年 5 月，胡佛下令停止签订以伐木为目的的联邦森林新租约。他还把超过 200 万英亩的林地从生产用地变成“国家森林”，从而把国家公园的面积增加了 40%。②

1930 年 4 月，胡佛推动了《麦克纳里-瓦特斯法》(*McNary-Watres Act*)的通过，该法令旨在利用邮政航空邮件扶持和管制把商业航线置于联邦的组织和控制之下。仰慕胡佛的传记作者写道，由于该法令的实施，“这些航线被整合成一个精心规划的全国商业航线系统……这个国家免于陷入复杂混乱的航线之中，这种乱象曾在铁路运输业的发展中出现过”。③

胡佛还敦促国会制定第一部电力公司联邦监管法。胡佛最初的提议是授权联邦电力委员会(Federal Power Commission)与州电力委员会合作设定

---

① 最后就留待保守派参议员亚瑟·H. 范登堡(Arthur H. Vandenberg，密歇根州共和党人)提出整个链条上的最后一环，即强制农民减产，这构成了新政的《农业调整法》(*Agricultural Adjustment Act*)。Gilbert N. Fite, “Farmer Opinion and the Agricultural Adjustment Act, 1933”, *Mississippi Valley Historical Review* (March, 1962): 663.

② Warren, *Herbert Hoover and the Great Depression*, p. 65. 胡佛还支持私人企业发起的木材保护委员会(Timber Conservation Board)，该委员会旨在鼓励木材行业的合作。Ellis W. Hawley, “Herbert Hoover and the Economic Planners, 1931 – 1932”(Unpublished manuscript, 1968), p. 9.

在新政的民间资源保护队(Civilian Conservation Corps，亦译为平民保育团)成立之前，胡佛的林业局在国家森林的公共工程建设中实施了大规模失业救济计划。Swain, *Federal Conservation Policy*, p. 25.

③ William Starr Myers and Walter H. Newton, *The Hoover Administration* (New York: Charles Scribners, 1936), p. 430.

各州电力费率。国会拒绝了胡佛的这个提议；虽然联邦电力委员会的规模有所扩大，但其权力仍然限于河流的水力发电。

在煤炭行业，胡佛与销售额占阿巴拉契亚烟煤四分之三的阿巴拉契亚煤炭联合公司（Appalachian Coal combine）合作，试图提高煤炭价格，并分配各个煤矿的产量。胡佛呼吁减少煤炭行业盛行的“破坏性竞争”。①

胡佛采取了更具体的措施帮助石油行业的企业联盟化。胡佛和内政部部长雷·莱曼·威尔伯（Ray Lyman Wilbur）鼓励得克萨斯和俄克拉荷马等州以“保护”的名义通过石油配额生产法，减少原油生产，提高价格，并制定州际契约就配额生产计划开展合作。为了促进这些法规的执行和实施，胡佛暂停了所有涉及公共土地的石油开采租赁新增契约，并向公共土地附近的石油生产商施压，敦促他们减少石油生产。

特别是在支持和鼓励配额生产法方面，胡佛与大型石油公司站在了一起。胡佛和威尔伯关于周日停止石油生产的建议，得到了大公司的认同，却因为小生产商的反对未获通过。小企业强烈要求对进口原油和石油产品征收保护性关税，胡佛在1932年同意了这个要求。关税使国内企业联盟和配额生产法能更好地发挥作用。关税是用来限制进口的，这也表明，制定配额生产法的动机并不是简单地保护国内石油储备，而是旨在减少国内市场的石油供应。

尽管胡佛采取了这么多措施，石油行业仍然不满足。石油行业想得到更多，它希望联邦立法直接支持生产限制和价格提高。因此，在这个行业，胡佛总统也开始失去对美国工业中加速发展的企业联盟化运动的领导力。②

在棉纺织业，长期与胡佛保持密切关系的棉纺织协会，狡猾地举着“人道主义”幌子，推行垄断性减产。其方法是呼吁废除妇女和儿童的夜间工

---

① Myers and Newton, *The Hoover Administration*, p. 50; Waldo E. Fisher and Charles M. James, *Minimum Price Fixing in the Bituminous Coal Industry* (Princeton, NJ: Princeton University Press, 1955), pp. 21 - 27.

② George W. Stocking, “Stabilization of the Oil Industry: Its Economic and Legal Aspects”, *American Economic Review, Papers and Proceedings* (May, 1933): 59 - 70.

作;这种经过巧妙设计的方法既可以迎合胡佛(以及整个行业)的垄断理念,也符合胡佛的人道主义言论。棉纺织协会在1930年和1931年向各个工厂施压,要求废除妇女和儿童的夜间工作,这场运动得到了胡佛和他的商务部的大力支持,他们积极地"帮助鞭策非合作者就范"。胡佛公开表达了自己的坚决支持,商务部部长拉蒙特给棉纺织经营者寄去私人信件,敦促他们遵守行业决定。[①] 1931年和1932年,政府持续施加巨大的压力。拉蒙特召开了一次特别会议,召集几位主要的银行家,并得到胡佛的支持,一起向拒不合作的经营者施压,迫使他们就范。

但是,这个企业联盟计划也失败了,因为棉纺织品价格继续下跌。减产的约定继而瓦解。企业联盟的失败原因与联邦农场委员会的失败原因类似:尽管面临来自政府的巨大压力,减产仍然取决于自愿。只要政府不直接强制纺织企业遵守生产配额,价格就不会上涨。1932年,棉纺织业也对老朋友胡佛失去了耐心;该行业开始鼓动政府施加强制力,以使企业联盟化发挥作用。[②]

1931年至1932年,棉纺织业、石油业和农业等行业的态度迅速蔓延至整个美国的各行各业:对美国走向法团国家的速度不再抱有耐心。在经济大萧条的影响下,美国产业界与美国的知识分子和劳工领袖携手,疾呼建立一个彻底集体主义的法团国家——联邦把行业协会组织成强制性企业联盟,以限制生产和提高价格。

在呼吁建立强制性企业联盟化法团国家的人之中,最重要的是杰勒德·斯沃普,他是资深的法团自由主义人士,也是通用电气的负责人。1931年秋季,斯沃普在全美电器制造商协会(National Electrical Manufacturers Association)的会议中提出了著名的"斯沃普计划",并在12月得到了美国商会的认可。[③] 美国商会主席亨利·I. 哈里曼(Henry I. Harriman)对这个计划特别热心,宣称任何持反对意见的商人都会"被认为是特立独行的……

---

① Galambos, *Competition and Cooperation*, pp. 153 - 157,165 - 169.

② 出处同前,pp. 176 - 184。

③ 斯沃普演讲的全文参见 *Monthly Labor Review* 32(1931): 834 ff。另参见 David Loth, *Swope of GE* (New York: Simon and Schuster, 1958), pp. 202 ff。

会被孤立起来,烧上烙印,并且最终不得不跟随主流意见"。[①] 美国钢结构协会(American Institute of Steel Construction)的查尔斯·F. 阿博特(Charles F. Abbott)称赞斯沃普计划是打击"自称有权为所欲为的狂妄之徒"的"公共安全措施"。[②] 美国劳工联合会支持一个类似的计划,该计划在全局控制中赋予工会稍微多一些的权力。特别积极推动此计划的是约翰·L. 刘易斯和西德尼·希尔曼,他们后来组建了以新政为导向的产业工会联合会(Congress of Industrial Organizations, CIO)。[③]

全国工业联合会的经济学家维吉尔·乔丹(Virgil Jordan)博士对商业舆情进行了总结。他以赞许的口吻得出结论,商人们已经准备好迎接"经济墨索里尼"。[④]

鉴于赫伯特·胡佛对法团主义的长期实践,商界领袖自然希望胡佛能全心全意地支持商业集体主义新动向。[⑤] 但是,他们惊讶和懊恼地发现,胡佛从深渊中猛然抽身,不再追求他整个职业生涯一直遵循的逻辑。

革命吞噬其创始人和先驱者的事例并不罕见。随着革命进程的加速,早期领导人从他们毕生工作的隐含逻辑中抽身,跳出他们帮助发起的、正在加速发展的潮流。赫伯特·胡佛正是这样。胡佛毕生致力于法团主义,但他也一直喜欢用含糊的自愿主义掩盖他的法团国家强制性。他始终在传统自愿主义言辞的天鹅绒手套里寻求并使用强制手段。但是,现在他的老朋友和同事,如他的长期助手兼美国商会领导人朱利叶斯·巴恩斯(Julius Barnes)、铁路大亨丹尼尔·威拉德和实业家杰勒德·斯沃普等,都在敦促他扔掉自愿主义的外衣,接受赤裸裸的极端法团国家主义经济。赫伯特·

① 转引自 Arthur M. Schlesinger, Jr., *The Crisis of the Old Order, 1919 – 1933* (Boston: Houghton Miffl in Co., 1957), pp. 182 – 183。

② J. George Frederick, *Readings in Economic Planning* (New York: The Business Course, 1932), pp. 333 – 334.

③ 参见 Rothbard, *America's Great Depression*, pp. 245 – 249; Rothbard, "The Hoover Myth: Review of Albert U. Romasco, *The Poverty of Abundance*", in James Weinstein and David W. Eakins, eds., *For a New America* (New York: Random House, 1970), pp. 162 – 179; Hawley, "Herbert Hoover and the Economic Planners", pp. 4ff。

④ Schlesinger, *Crisis of the Old Order*, p. 268.

⑤ Hawley, "Herbert Hoover and the Economic Planners", pp. 4 – 11.

胡佛无法迎合他们；当他发现这种新趋势时，他开始与之抗争，但从来没有放弃他以前的任何立场。赫伯特·胡佛走向了朝着中央集权主义加速迈进的反面。仅仅是因为以一种慢得多的步伐在向前推进，这位昔日的"进步"法团主义者，相对于迅速涌动的意识形态潮流，现在变成了一个胆小的温和派。这位领导者和舆论塑造者正在成为过客。①

胡佛开始反击，坚持必须保留一定比例的个人主义和一定程度的旧"美国制度"。他指责斯沃普计划以及其他类似的计划将导致工业的完全垄断，将导致一个庞大的政府官僚机构的建立，并将导致社会的单一化。简而言之，就像胡佛气愤地对亨利·哈里曼说的那样，斯沃普-美国商会的计划简直就是"法西斯主义"。② 赫伯特·胡佛终于看到了极端中央集权主义深渊，却没有任何办法。

富兰克林·德拉诺·罗斯福没有这样的顾忌。胡佛的决定产生了至关重要的政治影响。哈里曼在1932年竞选开始时直截了当地告诉胡佛，富兰克林·罗斯福接受了斯沃普计划——他会以《全国工业复兴法》和《农业调整法》充分证明自己。哈里曼警告说，如果胡佛固执己见，工商界，特别是大企业，将支持富兰克林·罗斯福。胡佛干脆地予以拒绝，导致大企业实施了他们的威胁。那是赫伯特·胡佛最辉煌的时刻。③ 随着富兰克林·罗斯福新政的到来，美国的法团自由主义者找到了他们的圣杯。他们永远不会原谅，也永远不会忘记赫伯特·胡佛在带领美国踏入"应许之地"时的畏缩不前。对愤怒的法团自由主义者来说，胡佛的谨慎看起来非常像老式的自由放任主义。因此，赫伯特·胡佛的自由放任个人主义坚定

---

① 胡佛尽了最大努力，以更温和更渐进的方式推进法团主义。除了以上阐述的措施，胡佛在1929年至1930年间发起了强保护主义的《斯穆特-霍利关税法》(*Smoot-Hawley TariffAct*)。他还签署了1932年的《诺里斯-拉瓜迪亚法》(*Norris-LaGuardia Act*)，该法令认定排斥工会的劳动合同为非法，并减少劳动纠纷中禁令的使用，以支持工会主义。

② Hawley, "Herbert Hoover and the Economic Planners", p. 21. 胡佛还抵制了来自政府内部的社团-集体主义者的压力，主要是来自国内外商务局局长弗雷德里克·菲克(Frederick Feiker)和老朋友内政部部长雷·莱曼·威尔伯等人的压力。

③ Hoover, *Memoirs*, vol. 3, pp. 334 - 335. 另参见 Loth, *Swope of GE*, pp. 208 - 210; EugeneLyons, *Herbert Hoover* (Garden City, N. Y.: Doubleday & Co., 1964), pp. 293 - 294; Myers and Newton, *The Hoover Administration*, pp. 245 - 256, 488 - 489。

拥护者的形象深深地印入了公众的脑海。[①] 作为美国法团国家主义的伟大先驱，最后却留下这样一个形象，这对胡佛的职业生涯来说是一个讽刺性的结局。

① 有关这个常见观点的例外，参见 William Appleman Williams, *The Contours of American History* (Cleveland: World Publishing Co., 1961), pp. 385, 415, 425 - 438。

参考文献

Abramovitz, Moses, and Vera F. Eliasberg. *The Growth of Public Employment in Great Britain*. Princeton, NJ: National Bureau of Economic Research, 1957.

Abrams, Ray H. *Preachers Present Arms*. New York: Round Table Press, 1933.

Adams, George P., Jr. *Wartime Price Control*. Washington, DC: American Council on Public Affairs, 1942.

Alchon, Guy. *The Invisible Hand of Planning: Capitalism, Social Science, and the State in the 1920's*. Princeton, NJ: Princeton University Press, 1985.

Allen, Howard W., and Jerome Clubb. "Progressive Reform and the Political System". *Pacific Northwest Quarterly* (July, 1974).

Amenta, Edwin, Elisabeth Clemens, Jefren Olsen, Sunita Parikh, and Theda Skocpol. "The Political Origins of Unemployment Insurance in Five American States". *Studies in American Political Development* 2(1987).

Anderson, Benjamin M. *Economics and the Public Welfare: Financial and Economic History of the United States, 1914-1946*. Indianapolis, IN: Liberty Press, 1979[1949].

——. "The Road Back to Full Employment". In P. Homan and F. Machlup, eds., *Financing American Prosperity*. New York: Twentieth Century Fund, 1945.

Anderson, Oscar E., Jr. *The Health of a Nation: Harvey W. Wiley and the Fight for Pure Food*. Chicago: University of Chicago Press, 1958.

Anderson, William L., and David Kiriazis. "Rents and Race: Legacies of Progressive Policies". *Independent Review* (Summer 2013).

Andreano, Ralph, ed. *The Economic Impact of the American Civil War*, 2nd ed. Cambridge, MA: Schenkman, 1967.

Andrews, John B. "The President's Unemployment Conference-Success or Failure?" *American Labor Legislation Review* (December, 1921).

Angly, Edward, comp. *Oh Yeah?* New York: Viking Press, 1931.

Anthony, Susan B., and Ida H. Harper. *The History of Woman Suffrage*. Rochester,

NY: Susan B. Anthony, 1902.

Armentano, Dominick T. *Antitrust and Monopoly: Anatomy of a Policy Failure*, 2nd ed. Oakland, CA: Independent Institute, 1990.

Baack, Ben, and Edward John Ray. "The Political Economy of the Origin and Development of the Federal Income Tax". In *Emergence of Modern Political Economy*, ed. Robert Higgs. JAI Press Inc., 1985.

Barnes, Julius H. "Herbert Hoover's Priceless Work in Washington". *Industrial Management* (April, 1926).

Barron, Clarence W. *More They Told Barron*. New York: Harper & Bros., 1931.

Baruch, Bernard M. *American Industry in the War*. New York: Prentice-Hall, 1941.

Baster, A. S. J. "The International Acceptance Market". *American Economic Review* 27 (June, 1937).

Beaver, Daniel R. *Newton D. Baker and the American War Eff ort, 1917 - 1919*. Lincoln: University of Nebraska Press, 1966.

Beckhart, Benjamin H. "Federal Reserve Policy and the Money Market, 1923 - 1931". In *The New York Money Market*, eds. B. H. Beckhart, J. G. Smith, and W. A. Brown. New York: Columbia University Press, 1931.

Benham, Frederic. *British Monetary Policy*. London: P. S. King, 1932.

Beito, David T., and Linda Royster Beito. "Gold Democrats and the Decline of Classical Liberalism, 1896 - 1900". *Independent Review* (Spring 2000).

——. "The 'Lodger Evil' and the Transformation of Progressive Housing Reform, 1890 - 1930". *Independent Review* 20, no. 4(2016).

Bensel, Richard Franklin. *The Political Economy of American Industrialization, 1877 - 1900*. Cambridge: Cambridge University Press, 2000.

Benson, Lee. *Merchants, Farmers, and Railroads: Railroad Regulation and New York Politics, 1850 - 1887*. Cambridge, MA: Harvard University Press, 1955.

Bernstein, Irving. *The Lean Years*. Boston: Houghton Mifflin, 1960.

Bethell, Tom. *George Lewis: A Jazzman from New Orleans*. Berkeley: University of California Press, 1977.

Beveridge, William. *Unemployment, a Problem of Industry*. London: Macmillan, 1930.

Birmingham, Stephen. *"Our Crowd": The Great Jewish Families of New York*. New York: Pocket Books, 1977.

Bishop, Theodore. *Theodore Roosevelt and His Time*. New York, 1920. Vol. I.

Blakey, George T. *Historians on the Homefront: American Propagandists for the Great War*. Lexington: University Press of Kentucky, 1970.

Blewett, John, S. J. "Democracy as Religion: Unity in Human Relations". In *John Dewey: His Thought and Influence*, ed. John Blewett. New York: Fordham University Press, 1960.

Blumberg, Dorothy Rose. *Florence Kelley: The Making of A Social Pioneer*. New York: Augustus M. Kelley, 1966.

Bordin, Ruth. *Woman and Temperance: the Quest for Power and Liberty, 1873 - 1900*. Philadelphia: Temple University Press, 1981.

Board of Governors of the Federal Reserve System. *Banking and Monetary Statistics*. Washington, DC: Federal Reserve Board, 1943.

Boudreaux, Donald J., and Thomas J. Dilorenzo. "The Protectionist Roots of Antitrust". *Review of Austrian Economics* 6 no. 2(1993).

Boyer, Paul. *Urban Masses and Moral Order in America, 1820 - 1920*. Cambridge: Harvard University Press, 1978.

Bradley, Robert L., Jr. *Capitalism at Work*. Salem, MA: M&M Scrivener Press, 2009.

——. *Edison to Enron: Energy Markets and Political Strategies*. Salem, MA: M&M Scrivener Press, 2011.

——. *Oil, Gas, and Government: The U. S. Experience*. Lanham, MD & Washington, DC: Rowman and Littlefield Publishers and the Cato Institute, 1995. Vol. 1.

——. "On the Origins of the Sherman Antitrust Act". *Cato Journal* 9, no. 3 (Winter 1990).

Bradley, Robert L., Jr. and Roger Donway. "Reconsidering Gabriel Kolko: A Half-Century Perspective". *Independent Review* (Spring 2013).

Brandes, Joseph. *Herbert Hoover and Economic Diplomacy*. Pittsburgh, PA: University of Pittsburgh Press, 1962.

Brewster, Ralph Owen. "Footprints on the Road to Plenty — A Three Billion Dollar Fund to Stabilize Business". *Commercial and Financial Chronicle*. November 28, 1928.

Broesamle, John J. *William Gibbs McAdoo: A Passion for Change, 1863 -1917*. Port Washington, NY: Kennikat Press, 1973.

Brown, William Adams, Jr. *The International Gold Standard Reinterpreted, 1914 - 1934*. New York: National Bureau of Economic Research, 1940.

Burch, Philip H., Jr. *Elites in American History: The Civil War to the New Deal*. New York: Holmes & Meier Publishers, Inc., 1981.

Burner, David. *Herbert Hoover: A Public Life*. New York: Alfred A. Knopf, 1979.

Burnham, John C. "Medical Specialists and Movements Toward Social Control in the Progressive Era: Three Examples". In *Building the Organizational Society: Essays in Associational Activities in Modern America*, ed. J. Israel. New York: Free Press, 1972.

——. "The Progressive Era Revolution in American Attitudes Toward Sex". *Journal of American History* 59 (March, 1973).

Burnham, Walter Dean. *Critical Elections and the Mainsprings of American Politics*. New York: W. W. Norton, 1970.

——. "Rejoinder". *American Political Science Review* (September, 1974).

——. "Theory and Voting Research: Some Reflections on Converse's Change in the American Electorate". *American Political Science Review* (September, 1974).

Burran, James A. "Prohibition in New Mexico, 1917". *New Mexico Historical Quarterly* 48 (April, 1973).

Burt, William D. "Gabriel Kolko's *Railroads and Regulation* at Fifty". *Railroad History* (Spring-Summer 2016).

Camhi, Jane Jerome. "Women Against Women: American Antisuffragism 1880 – 1920". Unpublished doctoral dissertation in history, Tuft s University, 1973.

Casey, Gerard. *Murray Rothbard: Major Conservative and Libertarian Thinkers*. New York: Continuum, 2010.

Chalk, Frank. "The Anatomy of an Investment: Firestone's 1927 Loan to Liberia". *Canadian Journal of African Studies* (March, 1967).

Chambers, John W., Ⅱ. "Conscripting for Colossus: The Adoption of the Draft in the United States in World War Ⅰ". Ph. D. dissertation, Columbia University, 1973.

Chandler, Alfred D., Jr., ed. *The Railroads: The Nation's First Big Business*. New York: Harcourt, Brace & World, 1965.

——. "The Beginnings of Big Business in American Industry". *Business History Review* (Spring 1959).

——. *The Visible Hand: The Managerial Revolution in American Business*. Cambridge, MA: The Belknap Press of Harvard University Press, 1977.

Chandler, Lester V. *Benjamin Strong, Central Banker*. Washington, DC: Brookings Institution, 1958.

Chernow, Ron. *The House of Morgan: An American Banking Dynasty and the Rise of Modern Finance*. New York: Touchstone, 1990.

Chessman, G. Wallace. *Governor Theodore Roosevelt: The Albany Apprenticeship, 1898 – 1900*. Cambridge, MA: Harvard University Press, 1965.

Clark, John Maurice. "Public Works and Unemployment". *American Economic Review, Papers and Proceedings* (May, 1930).

Clark, Lawrence E. *Central Banking Under the Federal Reserve System*. New York: Macmillan, 1935.

Clarke, Ida Clyde. *American Women and the World War*. New York: D. Appleton and Co., 1918.

Clarke, Stephen V. O. *Central Bank Cooperation: 1924 – 31*. New York: Federal Reserve Bank of New York, 1967.

Clarkson, Grosvenor B. *Industrial America in the World War*. Boston: Houghton Mifflin Co., 1923.

Clay, Sir Henry. *Lord Norman*. London: Macmillan, 1957.

Cliff ord, John Garry. *The Citizen Soldiers: The Plattsburg Training Camp Movement*. Lexington: University Press of Kentucky, 1972.

Coase, Ronald H. "The Federal Communications Commission". *Journal of Law and*

Economics (October, 1959).

Coit, Margaret L. *Mr. Baruch*. Boston: Houghton Mifflin Co., 1957.

Coletta, Paolo E. *William Jennings Bryan, I: Political Evangelist, 1860 - 1908*. Lincoln: University of Nebraska Press, 1960.

Collier, Peter, and David Horowitz. *The Rockefellers: An American Dynasty*. New York: New American Library, 1976.

Comegna, Anthony. "'The Dupes of Hope Forever:' The Loco-Foco or Equal Rights Movement, 1820s - 1870s". Ph. D dissertation in history, University of Pittsburgh, 2016.

Commons, John R. *Myself*. Madison: University of Wisconsin Press, 1964[1934].

Conner, Valerie I. "'The Mothers of the Race' in World War Ⅰ: The National War Labor Board and Women in Industry". *Labor History* 21 (Winter 1979 - 80).

Cooper, Kent. *Kent Cooper and the Associated Press*. New York: Random House, 1959.

Coppin, Clayton A., and Jack High. *The Politics of Purity: Harvey Washington Wiley and the Origins of Federal Food Policy*. Ann Arbor: University of Michigan Press, 1999.

Cramer, C. H. *Newton D. Baker: A Biography*. Cleveland, OH: World Publishing, 1961.

Croly, Herbert D. *Marcus Alonzo Hanna*. New York: MacMillan Company, 1912.

Cross, Whitney R. *The Burned-Over District: The Social and Intellectual History of Enthusiastic Religion in Western New York, 1800 - 1850*. New York: Harper Torchbooks, 1950.

Crunden, Robert M. *Ministers of Reform: The Progressives Achievement in American Civilization, 1889 - 1920*. New York: Basic Books, 1982.

Cubberley, Ellwood P. *Changing Conceptions of Education in America*. Boston: Houghton Mifflin, 1909.

Cuff, Robert D. "A 'Dollar-a-Year Man' in Government: George N. Peek and the War Industries Board". *Business History Review* (Winter 1967).

——. "Bernard Baruch: Symbol and Myth in Industrial Mobilization". *Business History Review* (Summer 1969).

——. "Business, Government, and the War Industries Board". Doctoral dissertation in history, Princeton University, 1966.

Cuff, Robert D., and Melvin I. Urofsky. "The Steel Industry and Price-Fixing During World War Ⅰ". *Business History Review* (Autumn 1970).

Cullen, M. I. *The Statistical Movement in Early Victorian Britain: The Foundations of Empirical Social Research*. New York: Barnes & Noble, 1975.

Davis, Allen F. *American Heroine: The Life and Legend of Jane Addams*. New York: Oxford University Press, 1973.

——. *Spearhead for Reform: the Social Settlements and the Progressive Movement, 1890 - 1914*. New York: Oxford University Press, 1967.

Davis, Joseph S. *The World Between the Wars*, 1919 - 39, *An Economist's View*. Baltimore, MD: Johns Hopkins University Press, 1975.

DeCanio, Samuel. *Democracy and the Origins of the American Regulatory State*. New Haven, CT: Yale University Press, 2015.

Dewey, John. *John Dewey: The Early Works, 1882 - 1889*. In John Dewey: The Early Works, 1882 - 1889, eds. Jo Ann Boydstan and George E. Axetell. Carbondale: Southern Illinois University Press, 1969 - 71.

Dewing, Arthur S. "A Statistical Test of the Success of Consolidations". *Quarterly Journal of Economics* (1921).

——. *Corporate Promotions and Reorganizations*. Cambridge, MA: Harvard University Press, 1914.

——. *The Financial Policy of Corporations*. New York: Ronald Press, 1953. 5Thed. 2 Vols.

Diggins, John P. "Flirtation with Fascism: American Pragmatic Liberals and Mussolini's Italy". *American Historical Review* (January, 1966).

——. "Mussolini's Italy: The View from America". Ph. D. dissertation, University of Southern California, 1964.

DiLorenzo, Thomas J. "The Myth of Natural Monopoly". *Review of Austrian Economics* 9, no. 2(1996).

——. "The Origins of Antitrust: An Interest-Group Perspective". *International Review of Law and Economics* 5(1985).

Dodds, Gordon B. "The Stream-Flow Controversy: A Conservation Turning Point". *Journal of American History* (June, 1969).

Doherty, Brian. *Radicals for Capitalism: A Freewheeling History of the Modern American Libertarian Movement*. New York: Public Affairs, 2007.

Domhoff, William G. *The Power Elite and the State: How Policy is Made in America*. New York: Aldine de Gruyter, 1990.

Dorfman, Joseph. *The Economic Mind in American Civilization*, Ⅲ, *1865 -1918*. New York: Viking Press, 1949.

——. *The Economic Mind in American Civilization*, *1918 - 1933*. New York: Viking Press, 1959. Vol. 4.

——. *The Economic Mind in American Civilization*, *1918 - 1933*. New York: Viking Press, 1959. Vol. 5.

——. "The Role of the German Historical School in American Economic Thought". *American Economic Review*, *Papers and Proceedings* 45 (May, 1955).

Eakins, David W. "The Origins of Corporate Liberal Policy Research, 1916 - 1922: The Political-Economic Expert and the Decline of Public Debate". In *Building the Organizational Society: Essays in Associational Activities in Modern America*, ed. J. Israel. New York: Free Press, 1972.

——. "The Development of Corporate Liberal Policy Research in the United States,

1885－1965”. Ph. D. dissertation in history, University of Wisconsin, 1966.

Ebersole, J. Franklin. “One Year of the Reconstruction Finance Corporation”. *Quarterly Journal of Economics* (May, 1933).

Einzig, Paul. *Montagu Norman*. London: Kegan Paul, 1932.

Ekirch, Arthur A., Jr. *The Decline of American Liberalism*. Oakland, CA: Independent Institute, 2009[1955].

——. “The Reform Mentality, War, Peace, and the National State: From the Progressives to Vietnam”. *Journal of Libertarian Studies* (Spring 1979).

Everhart, Robert B. ed. *The Public School Monopoly: A Critical Analysis of Education and the State in American Society*. San Francisco: Pacific Institute for Public Policy Research, 1982.

Fabricant, Solomon. *The Trend of Government Activity in the United States since 1900*. New York: National Bureau of Economic Research, 1952.

Fairchild, Fred R. “Government Saves Us from Depression”. *Yale Review* (Summer 1932).

Ferguson, Thomas. “Industrial Conflict and the Coming of the New Deal: The Triumph of Multinational Liberalism in America”. In *The Rise and Fall of the New Deal Order, 1930－1980*, eds. S. Fraser and G. Gerstle. Princeton, NJ: Princeton University Press, 1989.

Fine, Sidney. *Laissez Faire and the General-Welfare State: A Study of Conflict in American Thought, 1865－1901*. Ann Arbor: University of Michigan Press, 1956.

Finnegan, John Patrick. *Against the Specter of a Dragon: the Campaign for American Military Preparedness*, 1914－1917. Westport, CT: Greenwood Press, 1974.

Fishback, Price. “The Progressive Era”. In *Government and the American Economy*. Chicago: University of Chicago Press, 2007.

Fishback, Price, and Shawn Kantor. *A Prelude to the Welfare State: The Origins of Workers' Compensation*. Chicago: University of Chicago Press, 2000.

Fischer, David Hackett. *Albion's Seed: Four British Folkways in America*. New York: Oxford University Press, 1989.

Fisher, Irving. *Stabilised Money*. London: Allen & Unwin, 1935.

Fisher, Irving Norton. *My Father Irving Fisher*. New York: Comet Press, 1956.

Fisher, Muriel Olivi. “The Evolution of the Conservation Cartel and its Effect on Forest Resource Policy”. Unpublished MA essay in history, University of San Diego, 1979.

Fisher, Waldo E., and Charles M. James. Minimum Price Fixing in the Bituminous Coal Industry. Princeton, NJ: Princeton University Press, 1955.

Fishlow, Albert. “Productivity and Technological Change in the Railroad Sector, 1840－1910”. In National Bureau of Economic Research, *Output, Employment and Productivity in the United States Aft er 1800*. New York, 1966.

Fite, Gilbert N. “Farmer Opinion and the Agricultural Adjustment Act, 1933”. *Mississippi Valley Historical Review* (March, 1962).

Flexner, Eleanor. *Century of Struggle: The Woman's Rights Movement in the United States*. New York: Atheneum, 1970.

Flora, Peter, and Jens Alber. "Modernization, Democratization, and the Development of Welfare States in Western Europe". In *The Development of Welfare States in Europe and America*, eds. Peter Flora and Arnold Heidenheimer. New Brunswick, NJ: Transaction Press, 1981.

Folsom, Burton, Jr. *The Myth of the Robber Barons: A New Look at the Rise of Big Business in America*. Herndon, VA: Young America's Foundation, 2007[1987].

Forcey, Charles. *The Crossroads of Liberalism: Croly, Weyl, Lippmann and the Progressive Era, 1900 - 1925*. New York: Oxford University Press, 1961.

Fosdick, Raymond B. *Chronicle of a Generation: An Autobiography*. New York: Harper & Bros., 1958.

Foster, William T., and Waddill Catchings. "Mr. Hoover's Plan: What It Is and What It Is Not — the New Attack on Poverty". *Review of Reviews* (April, 1929).

——. *The Road to Plenty*. Boston: Houghton Mifflin & Co., 1928.

Frederick, J. George. *Readings in Economic Planning*. New York: The Business Course, 1932.

Friedman, Milton, and Anna Jacob Schwartz. *A Monetary History of the United States, 1867 - 1960*. Princeton: National Bureau of Economic Research, 1963.

Furner, Mary O. *Advocacy and Objectivity: A Crisis in the Professionalization of American Social Science, 1865 - 1905*. Lexington: University Press of Kentucky, 1975.

Furniss, Edgar S. *The Position of the Laborer in a System of Nationalism*. New York: Kelley & Millman, 1957.

Fusfeld, Daniel. *The Economic Thought of Franklin D. Roosevelt and the Origins of the New Deal*. New York: Columbia University Press, 1956.

Flynn, John T. *God's Gold: The Story of Rockefeller and His Times*. New York: Harcourt, Brace and Company, 1932.

——. "Inside the RFC". *Harpers' Magazine* (1933).

Gable, John Allen. *The Bull Moose Years: Theodore Roosevelt and the Progressive Party*. Port Washington, N. Y.: Kennikat Press, 1978.

Galambos, Louis. *Competition and Cooperation*. Baltimore: Johns Hopkins Press, 1966.

Garraty, John A. *Right-Hand Man: The Life of George W. Perkins*. New York: Harper & Bros., 1960.

Garrett, Paul Willard. *Government Control Over Prices*. Washington, DC: Government Printing Office, 1920.

Gates, Paul W. "The Homestead Law in an Incongruous Land System". *American Historical Review* (July, 1936).

Gelfand, Lawrence E. *The Inquiry: American Preparations for Peace, 1917 - 1919*. New Haven, CT: Yale University Press, 1963.

Gienapp, William E. "Nativism and the Creation of a Republican Majority in the North before the Civil War". *Journal of American History* 72 (December, 1985).

Gilbert, James. *Designing the Industrial State: The Intellectual Pursuit of Collectivism in America, 1880 -1940*. Chicago: Quadrangle Books, 1972.

Gilchrist, D. T. "Albert Fink and the Pooling System". *Business History Review* (Spring 1960).

Goldin, Claudia. "Labor Markets in the Twentieth Century". In *The Cambridge Economic History of the United States*, eds. Stanley Engerman and Robert Gallman. Cambridge: Cambridge University Press, 2000. Vol. 3.

Gompers, Samuel. "The Road to Industrial Democracy". *American Federationist* (June, 1921).

Gordon, David. *The Essential Rothbard*. Auburn, AL: Mises Institute, 2007.

Gould, Lewis L. *Progressives and Prohibitionists: Texas Democrats in the Wilson Era*. Austin: University of Texas Press, 1973.

Graham, Otis L., Jr. ed. *From Roosevelt to Roosevelt: American Politics and Diplomacy, 1901 -1941*. New York, 1971.

Granitz, Elizabeth, and Benjamin Klein. "Monopolization by 'Raising Rivals' Costs': The Standard Oil Case". *Journal of Law and Economics* (April, 1996).

Grattan, C. Hartley. "The Historians Cut Loose". *American Mercury*, August 1927, reprinted in Harry Elmer Barnes, *In Quest of Truth and Justice*. Colorado Springs: Ralph Myles Publisher, 1972. 2nd ed.

——. *Why We Fought*. New York Vanguard Press, 1929.

Griffin, G. Edward. *The Creature from Jekyll Island: A Second Look at the Federal Reserve*. Westlake Village, CA: American Media, 1994.

Grimes, Alan P. *The Puritan Ethic and Woman Suffrage*. New York: Oxford University Press, 1967.

Grodinsky, Julius. *Jay Gould: His Business Career, 1867 - 1892*. Philadelphia: University of Pennsylvania Press, 1957.

——. *The Iowa Pool: A Study in Railroad Competition, 1870 - 1884*. Chicago: University of Chicago Press, 1950.

——. *Transcontinental Railway Strategy, 1869 - 1893: A Study of Businessmen*. Philadelphia: University of Pennsylvania Press, 1962.

Groseclose, Elgin. *America's Money Machine: The Story of the Federal Reserve*. Westport, CT: Arlington House, 1980.

Grossman, David M. "American Foundations and the Support of Economic Research, 1913 - 29". *Minerva* 22 (Spring-Summer 1982).

Gruber, Carol S. *Mars and Minerva: World War I and the Uses of the Higher Learning in America*. Baton Rouge: Louisiana State University Press, 1975.

Haber, Samuel. *Efficiency and Uplift: Scientific Management in the Progressive Era, 1890 -1920*. Chicago: University of Chicago Press, 1964.

Hamowy, Ronald. "Medicine and the Crimination of Sin: 'Self-Abuse' in 19th Century America". *Journal of Libertarian Studies* I (Summer 1972).

Hansbrough, H. C. *The Wreck: An Historical and Critical Study of the Administrations of Theodore Roosevelt and William Howard Taft*, 1913.

Harbaugh, William Henry. *Power and Responsibility: The Life and Times of Theodore Roosevelt*. New York: Farrar, Straus and Cudahy, 1961.

Harbeson, Robert. "Railroads and Regulation, 1877 - 1916, Conspiracy or Public Interest?" *Journal of Economic History* (June, 1967).

Hardy, Charles O. *Credit Policies of the Federal Reserve System*. Washington, DC: Brookings Institution, 1932.

Harris, Seymour E. *Twenty Years of Federal Reserve Policy*. Cambridge, MA: Harvard University Press, 1933.

Hawley, Ellis W. "Herbert Hoover and the Economic Planners, 1931 - 32". Unpublished manuscript, 1968.

——. "Herbert Hoover and Economic Stabilization, 1921 - 22". In *Herbert Hoover as Secretary of Commerce: Studies in New Era Thought and Practice*, ed. E.

Hawley. Iowa City: University of Iowa Press, 1981.

——. "Secretary Hoover and the Bituminous Coal Problem, 1921 - 1928". *Business History Review* (Autumn 1968).

Hayek, F. A. "The Intellectuals and Socialism". In *Studies in Philosophy, Politics and Economics*. Chicago: University of Chicago Press, 1967.

Hayes, E. P. *Activities of the President's Emergency Committee for Employment, October 17, 1930 - August 19, 1931*. Printed by the author, 1936.

Hays, Samuel P. *Conservation and the Gospel of Efficiency: The Progressive Conservation Movement, 1890 - 1920*. Cambridge, MA: Harvard University Press, 1959.

——. "The Politics of Reform in Municipal Government in the Progressive Era". *Pacific Northwest Quarterly* 55, no. 4(1964).

Hazlett, Thomas W. "The Legislative History of the Sherman Act Re-examined". *Economic Inquiry* 30 (April, 1992).

Heaton, Herbert. *Edwin F. Gay, A Scholar in Action*. Cambridge, MA: Harvard University Press, 1952.

Hidy, Ralph W., and Muriel E. Hidy. *Pioneering in Big Business, 1882 - 1911*. New York: Harper & Bros., 1955.

Higgs, Robert. *Crisis and Leviathan: Critical Episodes in the Growth of American Government*. New York: Oxford University Press, 1987.

——. *Murray N. Rothbard: In Memoriam*, ed. Llewellyn H. Rockwell, Jr. Auburn, AL: Mises Institute, 1995.

——. "Regulatory Harmonization: A Sweet-Sounding, Dangerous Development". In *Against Leviathan: Government Power and a Free Society*. Oakland, CA: The Independent

Institute 2004[2000].

High, Jack, ed. "Introduction: A Tale of Two Disciplines". In *Regulation: Economic Theory and History*. Ann Arbor: University of Michigan Press, 1991.

Higham, John. *Strangers in the Land: Patterns of American Nativism, 1860 - 1925*. New Brunswick, NJ: Rutgers University Press, 1955.

Hildebrand, George H. "International Flow of Economic Ideas-Discussion". *American Economic Review, Papers and Proceedings* 45 (May, 1955).

Hilton, George W. "Review of Albro Martin, *Enterprise Denied*". *Bell Journal of Economics and Management Science* (Autumn, 1972).

——. "The Consistency of the Interstate Commerce Act". *Journal of Law and Economics* (October, 1966).

Himmelberg, Robert F. "Business, Antitrust Policy, and the Industrial Board of the Department of Commerce, 1919". *Business History Review* (Spring 1968).

——. "The War Industries Board and the Antitrust Question in November 1918". *Journal of American History* (June, 1965).

Hirschfeld, Charles. "Nationalist Progressivism and World War Ⅰ". *Mid-America* 45 (July, 1963).

Hofstadter, Richard. *The American Political Tradition and the Men Who Made It*. New York: Vintage Books, 1961.

Hogan, Michael J. *Informal Entente: The Private Structure of Cooperation in Anglo-American Economic Diplomacy, 1918 - 1928*. Columbia: University of Missouri Press, 1977.

Hoover, Hoover. "A Plea for Cooperation". *The American Federationist* (January, 1921).

——. *American Individualism*. New York: Doubleday, 1922.

——. *Memoirs*. New York: Macmillan, 1952.

Howenstine, E. Jay, Jr. "Public Works Policy in the Twenties". *Social Research* (December, 1946).

Hummel, Jeffrey. *Emancipating Slaves, Enslaving Free Men: A History of the American Civil War*. Chicago: Open Court, 1996.

Hutchison, T. W. *A Review of Economic Doctrines, 1870 -1929*. Oxford: Clarendon Press, 1953.

Israel, Jerry. *Progressivism and the Open Door: America and China, 1905 - 1921*. Pittsburgh: University of Pittsburgh Press, 1971.

Jenkins, J. Craig, and Barbara G. Brents. "Social Protest, Hegemonic Competition, and Social Reform: A Political Struggle Interpretation of the American Welfare State". *American Sociological Review* 54 (December, 1989).

——. "Capitalists and Social Security: What Did They Really Want?" *American Sociological Review* 56 (February, 1991).

Jenks, Jerimiah W. *The Trust Problem*. New York: McClure, Phillips & Co., 1903. 3rd ed.

Jenks, Jerimiah W. , and Walter E. Clark. *The Trust Problem*. Garden City, NY: Doubleday, Doran and Co. , 1929. 5Thed.

Jensen, Richard J. *The Winning of the Midwest: Social and Political Conflict, 1888 –1896*. Chicago: University of Chicago Press, 1971.

Johnson, Arthur M. "Theodore Roosevelt and the Bureau of Corporations". *Mississippi Valley Historical Review* 45 (March, 1959).

Jones, Jesse H. , and Edward Angly. *Fifty Billion Dollars*. New York: Macmillan, 1951.

Josephson, Matthew. *The Politicos, 1865 – 1896*. New York: Harcourt, Brace & World, 1964[1938].

——. *The President Makers: The Culture of Politics and Leadership in an Age of Enlightenment, 1896 –1919*. New York: Harcourt, Brace and Company, 1940.

——. *The Robber Barons: The Great American Capitalists, 1861 –1901*. New York: Harcourt, Brace & World, 1962[1934].

Kazakevich, Vladimir D. "Inflation and Public Works". In *The Economics of Inflation*, eds. H. Parker Willis and John M. Chapman. New York: Columbia University Press, 1935.

Kennan, George. *E. H. Harriman*. Boston: Houghton Mifflin, 1922. Vol. 2.

Kenneally, James J. "Catholicism and Woman Suffrage in Massachusetts". *Catholic Historical Review* (April, 1967).

Kerr, K. Austin. *American Railroad Politics, 1914 – 1920: Rates, Wages, and Efficiency*. Pittsburgh, PA: University of Pittsburgh Press, 1968.

Kleppner, Paul. "From Ethnoreligious Conflict to 'Social Harmony': Coalitional and Party Transformations in the 1890s". In *Emerging Coalitions in American Politics*, ed. S. M. Lipset. San Francisco: Institute for Contemporary Studies, 1978.

——. "Religion, Politics, and the American Polity: A Dynamic View of Relationships". *Journal of Libertarian Studies* (Summer/Fall 1982).

——. *The Cross of Culture: A Social Analysis of Midwestern Politics, 1850 – 1900*. New York: The Free Press, 1970.

——. "The Demise of Ethnoreligious Politics, 1900 – 1920". In "The Demise of Ethnocultural Politics: Parties and Voters, 1896 – 1920". Unpublished paper delivered at the 1980 annual meetings of the Organization of American Historians, San Francisco, April, 1980. Vol. 3.

——. *The Third Electoral System, 1852 – 1892: Parties, Voters, and Political Cultures*. Chapel Hill: University of North Carolina Press, 1979.

Kirkland, Edward C. *Industry Comes of Age: Business, Labor, and Public Policy, 1860 –1897*. New York: Holt, Rinehart, and Winston, 1961.

Koistinen, Paul A. C. "The 'Industrial-Military Complex' in Historical Perspective: World War Ⅰ". *Business History Review* (Winter 1967).

Kolko，Gabriel. *Railroads and Regulation：1877 –1916*. Princeton，NJ：Princeton University Press，1965.

——. *The Triumph of Conservatism*. Glencoe，IL：The Free Press，1963.

Kousser，J. Morgan. *The Shaping of Southern Politics：Suffrage Restrictions and the Establishment of the One-Party South，1880 –1910*. New Haven，CT：Yale University Press，1974.

Kraditor，Aileen S. *The Ideas of the Woman Suffrage Movement，1890 –1920*. New York：Columbia University Press，1965.

Krooss，Herman E.，and Paul Samuelson，eds. *Documentary History of Banking and Currency in the United States*. New York：Chelsea House，1969.

Kyvig，David E. *Repealing National Prohibition*. Chicago：University of Chicago Press，1979.

La Follette，Belle Case，and Fola La Follette. *Robert M. La-Follette*. New York：Macmillan，1953. Vol. 2.

Lamont，Robert P. "The White House Conferences". *Journal of Business*（July，1930）.

Lamoreaux，Naomi. *The Great Merger Movement in American Business，1895 –1904*. New York：Cambridge University Press，1985.

Lasch，Christopher. *The New Radicalism in America，1889 –1963：The Intellectual as a Social Type*. New York：Random House，1965.

Lee，Susan Previant，and Peter Passell. *A New Economic View of American History*. New York：W. W. Norton & Co，1979.

Leonard，Thomas C. *Illiberal Reformers：Race，Eugenics & American Economics in the Progressive Era*. Princeton，NJ：Princeton University Press，2016.

Letwin，William. *Law and Economic Policy in America：The Evolution of the Sherman Antitrust Act*. New York：Random House，1965.

——. "The Origins of Antitrust Policy". *Journal of Political Economy*（April，1956）.

Leuchtenburg，William E. "The New Deal and the Analogue of War". In *Change and Continuity in Twentieth-Century America*，ed. John Braeman et al. New York：Harper & Row，1967.

Levy，David W. *Herbert Croly of the New Republic*. Princeton，NJ：Princeton University Press，1985.

Libecap，Gary D. "The Rise of the Chicago Packers and the Origins of Meat Inspection and Antitrust". *Economic Inquiry* 30（April，1992）.

Liggio，Leonard P. "A Classical Liberal Life". In *I Chose Liberty：Autobiographies of Contemporary Libertarians*，ed. Walter Block. Auburn，AL：Mises Institute，2010.

——. "Murray Rothbard and Jacksonian Banking". In *The Contributions of Murray Rothbard to Monetary Economics*. Winchester，VA：Durell Institute，1996.

Lippmann，Walter. "The Permanent New Deal". In *The Shaping of Twentieth-Century America*，eds. R. M. Abrams and L. W. Levine. Boston：Little，Brown，1965.

Loth, David. *Swope of GE*. New York: Simon and Schuster, 1958.

Lundberg, Ferdinand. *America's 60 Families*. New York: Vanguard Press, 1938.

Lyons, Eugene. *Herbert Hoover*. Garden City, NY: Doubleday and Co., 1964.

——. *Our Unknown Ex-President*. New York: Doubleday and Co., 1948.

MacAvoy, Paul W. *The Economic Effects of Regulation: The Trunk-Line Railroad Cartels and the Interstate Commerce Commission Before 1900*. Cambridge, MA: The MIT Press, 1965.

Markowitz, Gerald Edward. "Progressive Imperialism: Consensus and Conflict in the Progressive Movement on Foreign Policy, 1898–1917". Ph. D. dissertation, University of Wisconsin, 1971.

Marina, William. "From Opponent of Empire to Career Opportunist: William Howard Taft as Conservative Bureaucrat in the Evolution of the American Imperial System". In *Reassessing the Presidency: The Rise of the Executive State and the Decline of Freedom*, John Denson, ed. Auburn, AL: Mises Institute, 1999.

Martin, Albro. *Enterprise Denied: The Origins of the Decline of the American Railroads, 1897–1917*. New York: Columbia University Press, 1971.

Martin, George Whitney. *Madame Secretary: Frances Perkins*. Boston: Houghton Mifflin, 1976.

May, A. Wilfred. "Inflation in Securities". In *The Banking Situation*, eds. H. Parker Willis and John M. Chapman. New York: Columbia University Press, 1934.

McCraw, Thomas K. "Regulation in America: A Review Article". *Business History Review* (Summer 1975).

McDonald, Forrest. *Insull*. Chicago: University of Chicago Press, 1962. McGee, John S. "Predatory Price Cutting: The Standard Oil (N. J.) Case". *Journal of Law and Economics* (October, 1958).

McMullen, Joseph H. "The President's Unemployment Conference of 1921 and Its Results". Master's thesis, Columbia University, 1922.

McSeveney, Samuel T. *The Politics of Depression: Political Behavior in the Northeast, 1893–1896*. Oxford: Oxford University Press, 1972.

Mencken, H. L. "An American Bonaparte". *A Mencken Chrestomathy*. New York: Knopf, 1949.

——. "Professor Veblen". In *A Mencken Chrestomathy*. New York: Knopf, 1949.

Merk, Lois Bannister. "Boston's Historic Public School Crisis". *New England Quarterly* 31 (June, 1958).

Mitchell, Lucy Sprague. *Two Lives*. New York: Simon and Schuster, 1953.

Mises, Ludwig von. *Human Action*. Auburn, AL: Mises Institute, 2008[1949].

——. *Theory and History: An Interpretation of Social and Economic Evolution*. New Haven, CT: Yale University Press, 1957.

Mock, James R., and Cedric Larson. *Words that Won the War*. Princeton, NJ: Princeton University Press, 1939.

Mooney, Chase C., and Martha E. Layman. "Some Phases of the Compulsory Military Training Movement, 1914 - 1920". *Mississippi Historical Review* 38 (March, 1952).

Moorhead, James H. "The Erosion of Postmillennialism in American Religious Thought, 1865 - 1925". *Church History* 53 (March, 1984).

Morgenstern, Oskar. "Developments in the Federal Reserve System". *Harvard Business Review* 9 (October, 1930).

Morris, Charles. *The Tycoons*. New York: Owl Books, 2005.

Murphy, Paul. *World War I and the Origin of Civil Liberties in the United States*. New York: W. W. Norton, 1979.

Myers, William Starr, ed. *The State Papers and the Public Writings of Herbert Hoover*. Garden City, N. Y.: Doubleday, Doran & Co., 1934.

Myers, William Starr, and Walter H. Newton. *The Hoover Administration*. New York: Charles Scribner's, 1936.

Nash, Gerald D. "Herbert Hoover and the Origins of the Reconstruction Finance Corporation". *Mississippi Valley Historical Review* (December, 1959).

——. *United States Oil Policy, 1890 - 1964*. Pittsburgh, PA: University of Pittsburgh Press, 1968.

National Industrial Conference Board. *Salary and Wage Policy in the Depression*. New York: Conference Board, 1933.

Newman, Patrick. "Origins of the National Banking System: The Chase-Cooke Connection and the New York City Banks". *Independent Review* (Winter 2018).

——. "The Depression of 1873 - 1879: An Austrian Perspective". *Quarterly Journal of Austrian Economics* (Winter 2014).

Nevins, Allan. *Grover Cleveland: A Study in Courage*. New York: Dodd, Mead, 1932.

——. *Study in Power: John D. Rockefeller, Industrialist and Philanthropist*. New York: Charles Scribner's Sons, 1953. 2 Vols.

Noble, David F. *America By Design: Science, Technology and the Rise of Corporate Capitalism*. New York: Oxford University Press, 1977.

Noble, David W. "The *New Republic* and the Idea of Progress, 1914 - 1920". *Mississippi Valley Historical Review* 38 (December, 1951).

North, Gary. "Millennialism and the Progressive Movement". *Journal of Libertarian Studies* 12 (Spring 1996).

O'Connor, Harvey. *World Crisis in Oil*. New York: Monthly Review Press, 1962.

Palyi, Melchior. *The Twilight of Gold, 1914 - 1936: Myth and Realities*. Chicago: Henry Regnery, 1972.

Parrini, Carl P. *Heir to Empire: United States Economic Diplomacy, 1916 - 1923*. Pittsburgh, PA: University of Pittsburgh Press, 1969.

Paul, Ron, and Lewis Lehrman, *The Case for Gold: A Minority Report of the U. S. Gold Commission*. Washington, DC: Cato Institute, 1982.

Payne, Elizabeth Ann. *Reform, Labor, and Feminism: Margaret Dreier Robins and the Women's Trade Union League*. Urbana: University of Illinois Press, 1988.

Pearlman, Michael. *To Make Democracy Safe for America: Patricians and Preparedness in the Progressive Era*. Urbana: University of Illinois Press, 1984.

Peffer, E. Louise. *The Closing of the Public Domain: Disposal and Reservation Policies, 1900 – 50*. Stanford, CA: Stanford University Press, 1951.

Penick, James, Jr. *Progressive Politics and Conservation: The Ballinger-Pinchot Affair*. Chicago: University of Chicago Press, 1968.

Perlman, Selig. *A History of Trade Unionism in the United States*. New York: Macmillan, 1922.

——. *A Theory of the Labor Movement*. New York: Augustus M. Kelley, 1949.

Peterson H. C., and Gilbert C. Fite. *Opponents of War: 1917 – 1918*. Madison: University of Wisconsin Press, 1957.

Petro, Sylvester. "Injunctions and Labor Disputes, 1880 – 1932, Part I". *Wake Forest Law Review* 14 (June, 1978).

Phillips, C. A., T. F. McManus, and R. W. Nelson. *Banking and the Business Cycle: A Study of the Great Depression in the United States*. New York: Macmillan, 1937.

Pickens, Donald K. *Eugenics and the Progressives*. Nashville, TN: Vanderbilt University Press, 1968.

Porter, Robert H. "A study of cartel stability: the Joint Executive Committee, 1880 – 1886". *Bell Journal of Economics* (Autumn, 1983).

Potter, David M. "The Historical Development of Eastern-Southern Freight Relationships". *Law and Contemporary Problems* (Summer 1947).

Powell, Jim. *Bully Boy: The Truth about Theodore Roosevelt's Legacy*. New York: Crown Forum, 2006.

Previts, Gary John, and Barbara Dubis Merino. *A History of Accounting in America*. New York: Ronald Press, 1979.

Pringle, Henry F. *Theodore Roosevelt, A Biography*. New York: Harcourt, Brace and Co., 1931.

Purcell, Edward A., Jr. "Ideas and Interests: Businessmen and the Interstate Commerce Act". *Journal of American History* (December, 1967).

Quadagno, Jill. *The Transformation of Old Age Security: Class and Politics in the American Welfare State*. Chicago: University of Chicago Press, 1988.

——. "Welfare Capitalism and the Social Security Act of 1935". *American Sociological Review* 49 (October, 1984).

Quandt, Jean B. "Religion and Social Thought: The Secularizing of Postmillenialism". *American Quarterly* 25 (October, 1973).

Rader, Benjamin G. *The Academic Mind and Reform: the Influence of Richard T. Ely on American Life*. Lexington: University of Kentucky Press, 1966.

Radosh, Ronald. *American Labor and United States Foreign Policy*. New York:

Random House, 1969.

——. "The Corporate Ideology of American Labor Leaders from Gompers to Hillman". *Studies on the Left* (November-December, 1966).

——. "The Development of the Corporate Ideology of American Labor Leaders, 1914 - 1933". Ph. D. dissertation in history, University of Wisconsin, 1967.

Raimondo, Justin. *An Enemy of the State: The Life of Murray N. Rothbard*. Amherst, NY: Prometheus Books, 2000.

Reed, Harold L. *Federal Reserve Policy, 1921 - 1930*. New York: McGraw-Hill, 1930.

Richberg, Donald R. *Labor Union Monopoly*. Chicago: Henry Regnery, 1957.

Richman, Sheldon. "Commentator on Our Times: A Quest for the Historical Rothbard". In *Man, Economy, & Liberty: Essays in Honor of Murray N.*

Rothbard, eds. Walter Block and Llewellyn H. Rockwell, Jr. Auburn, AL: Mises Institute, 1988.

Riesman, David. *Thorstein Veblen: A Critical Interpretation*. New York: Charles Scribner's Sons, 1960.

Rist, Charles. "Notice biographique". *Revue d'economie politique* 65 (November-December, 1955).

Ritter, Gretchen. *Goldbugs and Greenbacks: The Antimonopoly Tradition and the Politics of Finance in America, 1865 - 1896*. Cambridge: Cambridge University Press, 1997.

Robbins, Lionel. *The Great Depression*. New York: Macmillan, 1934.

Rose, Al. *Storyville, New Orleans*. Montgomery: University of Alabama Press, 1974.

Rothbard, Murray. "A Conversation with Murray N. Rothbard". In *Austrian Economics Newsletter* 11, no. 2 (Summer 1990).

——. "A History of Money and Banking in the United States Before the Twentieth Century". In *A History of Money and Banking in the United States: The ColonialEra to World War II*, ed. Joseph Salerno. Auburn, AL: Mises Institute, 2005[1982].

——. *America's Great Depression*. 4Thed. New York: Richardson & Snyder, 1983 [1963].

——. *An Austrian Perspective on the History of Economic Thought: Classical Economics*. Vol. 2. Auburn, AL: Mises Institute, 2006[1995].

——. *An Austrian Perspective on the History of Economic Thought: Economic Thought Before Adam Smith*. Vol. 1. Auburn, AL: Mises Institute, 2006[1995].

——. "Beginning the Welfare State: Civil War Veterans' Pensions". N. d.

——. "Bureaucracy and the Civil Service in the United States". *Journal of Libertarian Studies* (Summer 1995).

——. *Conceived in Liberty*. Auburn, AL: Mises Institute, 2011[1975, 1975, 1976, 1979].

——. "Compulsory Education in the United States". In *Education, Free & Compulsory*. Auburn, AL: Mises Institute, 1999[1971].

——. "Economic Determinism, Ideology, and the American Revolution". *Libertarian Forum* (November, 1974).

——. "Egalitarianism and the Elites". *Review of Austrian Economics* 8, no. 2 (1995).

——. *For a New Liberty: The Libertarian Manifesto*. 2nd ed. Auburn, AL: Mises Institute, 2011[1978].

——. "From Hoover to Roosevelt: The Federal Reserve and the Financial Elites". In *A History of Money and Banking in the United States: The Colonial Era to World War II*, ed. Joseph Salerno. Auburn, AL: Mises Institute, 2005.

——. "Government Medical Insurance". In *Making Economic Sense*. Auburn, AL: Mises Institute, 1995.

——. "H. L. Mencken: The Joyous Libertarian". *New Individualist Review* (Summer 1962).

——. "Herbert Hoover and the Myth of Laissez Faire". *A New History of Leviathan*, eds. Ronald Radosh and Murray Rothbard. New York: E. P. Dutton, 1972.

——. "Historical Origins". In *The Twelve Year Sentence*, ed. William F. Rickenbacker. San Francisco, CA: Fox & Wilkes, 1999[1974].

——. "Introduction". In *Lysander Spooner: Libertarian Pietist, Vices Are Not Crimes*. Cupertino, CA: Tanstaafl, 1977.

——. "Left and Right: The Prospects for Liberty". In *Egalitarianism as a Revolt Against Nature and Other Essays*. Auburn, AL: Mises Institute, 2000[1965].

——. *Man, Economy, and State with Power and Market*. Auburn, AL: Mises Institute 2009[1962].

——. "Only One Heartbeat Away". *Libertarian Forum* (September, 1974).

——. "Origins of the Welfare State in America". *Journal of Libertarian Studies* 12, no. 2(1996).

——. *Power and Market: Government and the Economy*. Menlo Park, CA: Institute for Humane Studies, 1970.

——. "Recommended Reading". *Libertarian Forum* (December, 1972).

——. "Report on George B. DeHuszar and Thomas Hulbert Stevenson, *A History of the American Republic*, 2 vols". In *Strictly Confidential: The Private Volker Fund Memos of Murray N. Rothbard*, ed. David Gordon. Auburn, AL: Mises Institute, 2010[1961].

——. "Roots of the American Corporate State: 1890's－1920's". N. d.

——. "Roots of the Modern State: The Progressive Era". N. d.

——. "Selected Bibliographical Essay". N. d.

——. *Strictly Confidential: The Private Volker Fund Memos of Murray N. Rothbard*, ed. David Gordon. Auburn, AL: Mises Institute, 2010.

——. "The Anatomy of the State". In *Egalitarianism as a Revolt Against Nature and*

Other Essays. Auburn, AL: Mises Institute, 2000[1965].

——. *The Case Against the Fed*. Auburn, AL: Mises Institute, 1994.

——. "The Conspiracy Theory of History Revisited". *Reason* (April, 1974).

——. "The End of Socialism and the Calculation Debate Revisited". In *Economic Controversies*. Auburn, AL: Mises Institute, 2010[1991].

——. *The Ethics of Liberty*. New York: New York University Press, 2002[1982].

——. "The Federal Reserve as a Cartelization Device, The Early Years: 1913 - 1930". In *Money in Crisis: The Federal Reserve, the Economy, and Monetary Reform*, ed. Barry N. Siegel. San Francisco, CA: Pacific Institute for Public Policy Research, 1984.

——. "The Gold-Exchange Standard in the Interwar Years". In *A History of Money and Banking in the United States*, ed. Joseph Salerno. Auburn, AL: Ludwig von Mises Institute, 2005[1998].

——. "The Hoover Myth: Review of Albert U. Romasco, The Poverty of Abundance". In *For a New America*, eds. James Weinstein and David W. Eakins. New York: Random House, 1970.

——. *The Mystery of Banking*. Auburn, AL: Mises Institute, 2008[1983].

——. "The New Deal and the International Monetary System". In *Watershed of Empire: Essays on New Deal Foreign Policy*, eds. Leonard Liggio and James Martin. Colorado Springs, CO: Ralph Myles, 1976.

——. "The Origins of the Federal Reserve". In *A History of Money and Banking in the United States: From the Colonial Era to World War II*, ed. Joseph Salerno. Auburn, AL: Mises Institute, 2005[1999].

——. *The Panic of 1819: Reactions and Policies*. New York: Columbia University Press, 1962.

——. "The Politics of Political Economists: Comment". *Quarterly Journal of Economics* 74 (November, 1960).

——. "The Progressive Era and the Family". In *The American Family and the State*, eds. Joseph R. Peden and Fred R. Glahe. San Francisco, CA: Pacific Research Institute, 1986.

——. "The Railroading of the American People". In *The American Economy and the End of Laissez-Faire: 1870 to World War II*. 1986 audio lecture.

——. *Wall Street, Banks, and American Foreign Policy*. Auburn, AL: Mises Institute, 2011[1984].

——. "War Collectivism in World War I". In *A New History of Leviathan*, eds. Ronald Radosh and Murray Rothbard. New York: E. P. Dutton, 1972.

——. "World War I as Fulfillment: Power and the Intellectuals". *Journal of Libertarian Studies* 9, no. 1(1989).

Rushdoony, *Rousas John. "John Swett: The Self-Preservation of the State". In the Messianic Character of American Education: Studies in the History of the Philosophy of Education. Nutley, NJ: Craig Press, 1963.*

Rusk, Jerrold G., and John J. Stucker. "The Effect of the Southern System of Election Laws on Voting Participation: A Reply to V. O. Key, Jr". In *The History of American Electoral Behavior*, eds. J. Sibley, A. Bogue, and W. Flanigan. Princeton, NJ: Princeton University Press, 1978.

Salerno, Joseph T. "Introduction". In Murray Rothbard, *A History of Money and Banking in the United States: The Colonial Era to World War II*, ed. Joseph Salerno. Auburn, AL: Mises Institute, 2005.

Saloutos, Theodore, and John D. Hicks, *Agricultural Discontent in the Middle West*. Madison: University of Wisconsin Press, 1951.

Sanders, Heywood. "Paying for the 'Bloody Shirt': The Politics of Civil War Pensions". In *Political Benefits*, ed. Barry Rundquist. Lexington, MA: D. C. Heath, 1980.

Schlesinger, Arthur M., Jr. *The Crisis of the Old Order, 1919 - 1933*. Boston: Houghton Mifflin Co., 1957.

Sears, Marian V. "The American Businessman at the Turn of the Century". *Business History Review* (December, 1956).

Selgin, George. "New York's Bank: The National Monetary Commission and the Founding of the Fed". *Cato Institute Policy Analysis* (June, 2016).

Shaffer, Butler. *In Restraint of Trade: The Business Campaign Against Competition, 1918 - 1938*. Cranbury, NJ: Associated University Presses, 1997.

Shalev, Michael. "The Social Democratic Model and Beyond: Two Generations of Comparative Research on the Welfare State". *Comparative Social Research* 6(1983).

Shaviro, Sol. "Wages and Payroll in the Depression, 1929 - 1933". Master's essay, Columbia University, 1947.

Shoup, Lawrence H., and William Minter. *Imperial Brain Trust: The Council on Foreign Relations and United States Foreign Policy*. New York: Monthly Review Press, 1977.

Shradar, Victor L. "Ethnic Politics, Religion, and the Public Schools of San Francisco, 1849 - 1933". Ph. D. dissertation, School of Education, Stanford University, 1974.

Sklar, Kathryn Kish. "Hull House — the 1890s: A Community of Women Reformers". *Signs* 10, no. 4 (Summer 1985).

Skocpol, Theda. *Protecting Soldiers and Mothers: The Political Origins of Social Policy in the United States*. Cambridge, MA: Belknap Press of Harvard University Press, 1992.

Skowronek, Stephen. *Building a New American State: The Expansion of the National Administrative Capacities, 1877 - 1920*. Cambridge: Cambridge University Press, 1982.

Smith, Robert F. *The United States and Cuba*. New York: Bookman Assoc., 1960.

Smith-Rosenberg, Carroll. *Disorderly Conduct*. New York: Alfred A. Knopf, 1985.

Sprague, Oliver M. W. "Immediate Advances in the Discount Rate Unlikely". *The Annalist* (1926).

Steel, Ronald. *Walter Lippmann and the American Century*. New York: Random House, 1981.

Stein, Herbert. "Pre-Revolutionary Fiscal Policy: The Regime of Herbert Hoover". *Journal of Law and Economics* (October, 1966).

——. "The Washington Economics Industry". *American Economic Association Papers and Proceedings* 76 (May, 1986).

Steinreich, Dale. "100 Years of Medical Fascism". *Mises Daily* (April, 2010).

Stephens, John. *The Transition from Capitalism to Socialism*. London: Macmillan, 1979.

Stephenson, Nathaniel W. *Nelson W. Aldrich*. New York: Scribner's, 1930.

Stigler, George. "Can Government Protect the Consumer?" In *The Citizen and the State*. Chicago: University of Chicago Press, 1975[1971].

——. "The Theory of Economic Regulation". *Bell Journal of Economics and Management* (Spring 1971).

Stigler, George, and James Kindahl. *The Behavior of Industrial Prices*. New York: NBER, 1970.

Stocking, George W. "Stabilization of the Oil Industry: Its Economic and Legal Aspects". *American Economic Review, Papers and Proceedings* (May, 1933).

Stromberg, Joseph. "Introduction". In Murray Rothbard, *Man, Economy, and State, with Power and Market*. Auburn, AL: Mises Institute, 2004. First ed.

——. "The Spanish-American War as Trial Run, or Empire as its Own Justification". In *The Costs of War: America's Pyrrhic Victories*, ed. John Denson. Auburn, AL: Mises Institute, 1999.

——. "William McKinley: Architect of the American Empire". In *Reassessing the Presidency: The Rise of the Executive State and the Decline of Freedom*, ed. John Denson. Auburn, AL: Mises Institute, 1999.

Swain, Donald C. *Federal Conservation Policy, 1921 -1933*. Berkeley: University of California Press, 1963.

Tabarrok, Alexander. "The Separation of Commercial and Investment Banking: The Morgans vs. The Rockefellers". *Quarterly Journal of Austrian Economics* 1, no. 1 (1998).

Tansill, Charles Callan. *America Goes to War*. Boston: Little, Brown & Co., 1938.

Tariello, Frank. Jr., *The Reconstruction of American Political Ideology, 1865 - 1917*. Charlottesville: University Press of Virginia, 1981.

Taus, Esther Rogoff. *Central Banking Functions of the United States Treasury, 1789 -1941*. New York: Columbia University Press, 1943.

Thorelli, Hans B. *The Federal Antitrust Policy: The Origination of an American Tradition*. Baltimore: Johns Hopkins Press, 1955.

Tobey, Ronald C. *The American Ideology of National Science, 1919 - 1930*. Pittsburgh: University of Pittsburgh Press, 1971.

Thornton, Mark. *The Economics of Prohibition*. Salt Lake City: University of Utah Press, 1991.

——. "The Fall and Rise of Puritanical Policy in America". *Journal of Libertarian Studies* 12 (Spring 1996).

Timberlake, James H. *Prohibition and the Progressive Movement, 1900 -1920*. New York: Atheneum, 1970.

Troesken, Werner. *Why Regulate Utilities? The New Institutional Economics and the Chicago Gas Industry, 1849 -1924*. Ann Arbor: University of Michigan Press, 1996.

Tyack, David B. *The One Best System: A History of American Urban Education*. Cambridge: Harvard University Press, 1974.

U. S. Department of Commerce. *Historical Statistics of the United States, Colonial Times to 1957*. Washington, DC: Government Printing Office, 1960.

Ulman, Lloyd. *The Rise of the National Trade Union*. Cambridge, MA: Harvard University Press, 1955.

Urofsky, Melvin I. *Big Steel and the Wilson Administration*. Columbus: Ohio State University Press, 1969.

Valelly, Richard M. *Radicalism in the States: the Minnesota Farmer-Labor Party and the American Political Economy*. Chicago: University of Chicago Press, 1989.

Vietor, Richard H. K. "Businessmen and the Political Economy: The Railroad Rate Controversy of 1905". *Journal of American History* (June, 1977).

Viner, Jacob. "Political Aspects of International Finance, Part Ⅱ". *Journal of Business* (July, 1928).

Violas, Paul C. "Jane Addams and the New Liberalism". In *Roots of Crisis: American Education in the 20th Century*, eds. C. J. Karier, P. C. Violas, and J. Spring. Chicago: Rand McNally, 1973.

——. "Progressive Social Philosophy: Charles Horton Cooley and Edward Alsworth Ross". In *Roots of Crisis: American Education in the 20th Century*, eds. C. J. Karier, P. C. Violas, and J. Spring. Chicago: Rand McNally, 1973.

Wagner, Ronald R. "Virtue Against Vice: A Study of Moral Reformers and Prostitution in the Progressive Era". Ph. D. dissertation, University of Wisconsin, 1971.

Walton, Gary M., and Hugh Rockoff. *History of the American Economy*. New York: Harcourt Brace & Company, 1998. 8Thed.

Warburg, Paul. "Essays on Banking Reform in the United States". *Proceedings of the Academy of Political Science* 4 (July, 1914).

——. *The Federal Reserve System*. 2 vols. New York: Macmillan, 1930. Ward, Robert D. "The Origin and Activities of the National Security League, 1914 - 1919". *Mississippi Valley Historical Review* 47 (June, 1960).

Warren, Harris Gaylord. *Herbert Hoover and the Great Depression*. New York: Oxford University Press, 1959.

Weinstein, James. *The Corporate Ideal in the Liberal State, 1900 -1918*. Boston:

Beacon Press, 1968.

Weisberger, Bernard A. *They Gathered at the River: The Story of the Great Revivalists and their Impact Upon Religion in America*. Boston: Little, Brown, 1958.

West, Robert Craig. *Banking Reform and the Federal Reserve, 1863 - 1923*. Ithaca, NY: Cornell University Press, 1977.

White, Lawrence. "Foreword". In William Leggett, *Democratik Editorials: Essays in Jacksonian Political Economy*. Indianapolis, IN: Liberty Fund, 1984.

——. "William Leggett: Jacksonian editorialist as classical liberal political economist". *History of Political Economy* 18(1986).

Whitney, Simon N. *Antitrust Policies: The American Experience in Twenty Industries*. New York: The Twentieth Century Fund, 1958.

Whitney, Caroline. "The Bankers' Acceptance Market". In *The Banking Situation*, eds. H. Parker Willis and John M. Chapman. New York: Columbia University Press, 1934.

Wiebe, Robert H. *Businessmen and Reform: A Study of the Progressive Movement*. Cambridge: Harvard University Press, 1962.

Wilensky, Harold. *The Welfare State and Equality*. Berkeley: University of California Press, 1975.

Williams, William Appleman. *The Contours of American History*. Cleveland, OH: World Publishing Co., 1961.

Williamson, Harold F. and Arnold R. Daum. *The American Petroleum Industry: The Age of Illumination 1859 - 1899*. Evanston, IL: Northwestern University Press, 1959.

Willis, H. Parker. "Politics and the Federal Reserve System". *Bankers' Magazine* (January, 1925).

——. "The Banking Problem in the United States". In "Report on an Inquiry into Contemporary Banking in the United States", ed. H. P. Willis. Unpublished, 1925.

——. "The Breakdown of the Gold Exchange Standard and Its Financial Imperialism". *The Annalist* 33(16 October 1931).

——. "The Failure of the Federal Reserve". *North American Review* 227 (May, 1929).

——. *The Federal Reserve System*. New York: Ronald Press, 1923.

——. *The Theory and Practice of Central Banking*. New York: Harper & Bros., 1936.

——. "Untitled". *The Annalist* (10 November 1924).

——. "What Caused the Panic of 1929". *North American Review* 229 (February, 1930).

——. "Will the Racing Stock Market Become a Juggernaut?" *The Annalist* (24 November 1924).

Willis, H. Parker, and John M. Chapman. *The Banking Situation*. New York:

Columbia University Press, 1934.

Wolman, Leo. *Ebb and Flow in Trade Unionism*. New York: National Bureau of Economic Research, 1936.

——. *The Growth of American Trade Unions, 1880 - 1923*. New York: National Bureau of Economic Research, 1924.

——. *Wages in Relation to Economic Recovery*. Chicago: University of Chicago Press, 1931.

Woods, Eleanor H. *Robert A. Woods; Champion of Democracy*. Boston: Houghton Mifflin, 1929.

Woods, Thomas, Jr. "Theodore Roosevelt and the Modern Presidency". In*Reassessing the Presidency: The Rise of the Executive State and the Decline of Freedom*, ed. John Denson. Auburn, AL: Mises Institute, 1999.

Wunsch, James. "Prostitution and Public Policy: From Regulation to Suppression, 1858 - 1920". Ph. D. dissertation, University of Chicago, 1976.

Yellowitz, Irwin. *Labor and the Progressive Movement in New York State, 1897 - 1916*. Ithaca, NY: Cornell University Press, 1965.

Yoder, Dale, and George R. Davies. *Depression and Recovery*. New York: McGraw-Hill, 1934.

Young, James Harvey. *Pure Food: Securing the Federal Food and Drugs Act of 1906*. Princeton, NJ: Princeton University Press, 1989.

Zerbe, Richard. "Monopoly, The Emergence of Oligopoly and the Case of Sugar Refining". *Journal of Law and Economics* (October, 1970).

——. "The American Sugar Refinery Company, 1887 - 1914: The Story of a Monopoly". *Journal of Law and Economics* 12 (October, 1969).

图书在版编目(CIP)数据

现代美国的起源 / (美)默里·罗斯巴德著 ; 粟志敏等译 .— 上海 : 上海社会科学院出版社，2023
书名原文 : The Progressive Era
ISBN 978-7-5520-3899-6

Ⅰ. ①现… Ⅱ. ①默…②粟… Ⅲ. ①美国—现代史—研究 Ⅳ. ①K712.507

中国版本图书馆 CIP 数据核字(2022)第 169541 号

The Progressive Era
by Murray N. Rothbard (Author) and Patrick Newman (editor)
Originally Published 2017 by the Mises Institute

上海市版权局著作权合同登记号：图字 09-2018-564

现代美国的起源

著　　者：默里·罗斯巴德
整理汇编：帕特里克·纽曼
译　　者：粟志敏　陈　玲　姚晨辉　蔡建娜
校　　译：聂　彦
责任编辑：应韶荃
封面设计：璞茜设计
出版发行：上海社会科学院出版社
上海顺昌路 622 号　邮编 200025
电话总机 021-63315947　销售热线 021-53063735
https://cbs.sass.org.cn　E-mail：sassp@sassp.cn
照　　排：南京前锦排版服务有限公司
印　　刷：上海颛辉印刷厂有限公司
开　　本：710 毫米×1000 毫米　1/16
印　　张：34
字　　数：520 千
版　　次：2023 年 5 月第 1 版　　2025 年 3 月第 3 次印刷

ISBN 978-7-5520-3899-6/K·663　　定价：168.00 元

豆瓣年度读书榜单
知乎年度书单榜首
全国独立书店联合荐书
中华读书报年度百佳图书
FT 中文网年度商业书单榜首
多抓鱼年度鲜鱼榜

扫码购书

《工作、消费主义和新穷人》
Work, Consumerism and the New Poor

[英]齐格蒙特·鲍曼 著
郭楠 译

齐格蒙特·鲍曼
(Zygmunt Bauman, 1925—2017)

当代极具影响力的思想家,被誉为“当今用英文写作的最伟大社会学家”“后现代性预言家”。出生于波兰,曾任华沙大学社会系教授、英国利兹大学终身教授。鲍曼用文字译写世界,一生撰有 50 多部著作。著作中译本包括《工作、消费主义和新穷人》《社会学之思》《现代性与大屠杀》《现代性与矛盾性》《立法与阐释者》《流动的现代性》等。

在生产者和普遍就业的社会中,贫穷是一回事;在消费者社会中,贫穷又是另一回事。在消费者社会中,生活项目围绕消费者的选择而建立,而不是围绕工作、专业技能而建立。“贫穷”曾经与失业联系在一起,如今,它主要指向有缺陷消费者的困境。这种差异改变了贫穷的体验方式,对于拯救苦难产生重大影响。著名社会学家鲍曼的这部作品,对消费者社会及其影响进行了反思和论述。在本书中,鲍曼追溯现代历史上发生的这种变化,对其社会后果进行盘点,并考虑了与贫困作斗争和减轻困苦的各种方式的有效性。

燧石
Flint
文库

III

《工作、消费主义和新穷人》姊妹篇
对话鲍曼，探寻如何成为一个真正的“人”

扫码购书

《生活艺术》
The At of Life

［英］齐格蒙特 · 鲍曼　著
鲁擎雨　姚晨辉　译

齐格蒙特 · 鲍曼
（Zygmunt Bauman, 1925—2017）

当代极具影响力的思想家，被誉为“当今用英文写作的最伟大社会学家”“后现代性预言家”。出生于波兰，曾任华沙大学社会系教授、英国利兹大学终身教授。鲍曼用文字译写世界，一生撰有 50 多部著作。广为人知的中译著作包括《工作、消费主义和新穷人》《社会学之思》《现代性与大屠杀》等。

在个性化社会，我们都是生活艺术家。不管我们知道与否，愿意与否，喜欢与否，这都是社会的命令，而不是我们的选择。我们被期望使用技能和资源赋予生活以目的和形式，即使我们缺乏艺术家所需的工具和材料。

在液态现代社会，我们也被教导生活艺术的目的应该是幸福，尽管我们不清楚幸福是什么。幸福的形象在不断变化，幸福在大多数时候是一种有待实现的东西。

这本书不是关于生活艺术的设计指南，相反，它精彩地描述了我们生活设计的条件，施加在选择上的限制，以及设计、偶然性和性格之间的相互作用。我们身处一个液态现代性、个性化消费者社会。这本书是关于社会如何影响我们构建生活轨迹的研究。